KB273388

내 그림의 고향이자 오랫동안 나의 길을 지켜주고
함께 해준 사랑하는 가족에게 이 책을 드립니다.

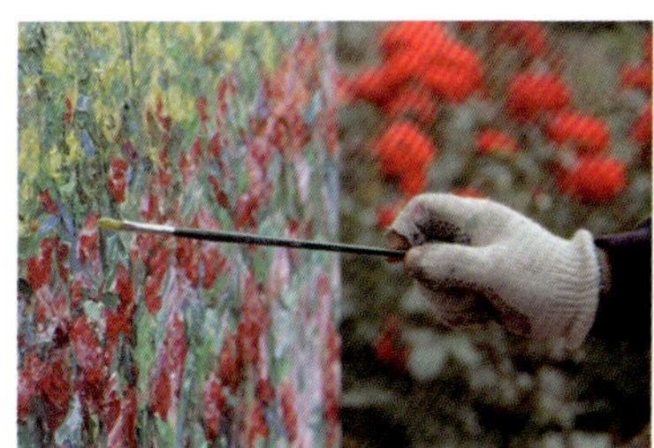

My paintings come from the hometown of the heart - my family.

Together, for many years, my family has given me great support and encouragement.

In loving appreciation, I dedicate this book to my beautiful family!

Kim Chang Han

Soul Travel Painting

김창한 작품집

영혼의 여행을 그리는 화가

Book
magazine&publishing

Publishing the Art-book

"The hearty aroma of the earth in spring and the nearness of people around me as I work inspire me to focus earnestly on my painting."
A friend of mine asked the following question of me while I was devoted to finishing the compilation of my select portfolio of paintings:
"Where did the idea of the art-book come from: was it someone's suggestion? Was it an old dream?"
Considering the many motives which drove me to arrange this art-book, I couldn't find the right words to serve as an answer to his question. Certainly, publishing a book like this has long been a dream of mine, but the impetus finally to undertake the project didn't come from anyone's specific recommendation, proposal or influence.
The main reason for the arrangement of the art-book is related to my own nature and habits; I have always been a collector, devoting all of myself to subjects that attract my attention. As such, I have a habit of compiling meticulously. And I wanted to share this collection which grew systematically over 30 years (1977 to 2010): my life story and evolution of aesthetic values as reflected in my drawings.
I have seen lots of other paintings and art-books on exhibition. But there are a few art-books I have cherished through the years and continue to turn to now, even 30 years after first discovering them. I find various reasons for the longevity of these favorites. Perhaps, for example, I liked the book's plot and design. Or, more importantly, I loved the artist's human nature, which emerged from the book. In the art-books which touch me most deeply, the artist's life story is sublimated into his paintings. With this quality in mind, I have endeavored to prepare an art-book in which my life story intertwines with the paintings I have created. My wish is for a final result to which others can relate, and which will bring new beauty to their lives.

작품집을 발간하면서

"이 땅의 흙 냄새와 사람 냄새가 향기롭게 느껴질 때, 내 그림에 대한 생각도 더욱 절실하게 와 닿는다."
작품집의 막바지 교정 작업에 몰두해 있을 때 한 외국인 친구가 제게 물었습니다. "왜 작품집을 만들게 된 거지?" 한 마디로 선뜻 답변하기 어려웠습니다.
물론 이런저런 이유가 많습니다. 그러나 특별히 누구의 영향/권유에 의한 것은 아니었습니다. 이 작품집을 만들게 된 가장 큰 이유는 아마도 제 자신의 습관 때문일 것입니다.
즉 무언가 모으기를 좋아하고, 무슨 일에 몰두하면 그것에 푹 파묻히고, 꼼꼼하게 정리하는 습관이 이런 일을 하게 된 바탕이 아니었나 생각됩니다. 그리고 제 자신이 30여 년간(1977~2010) 그림 속에 담아온 삶의 이야기와 미적 가치를 저 스스로 체계적으로 구체화시켜 많은 사람들과 함께 나누고 싶었습니다.
그 동안 수없이 많은 전시와 작품집을 보았는데 그 중 10년, 20년, 심지어 30년이 지났지만 지금도 소중히 간직하고 있는 작품집이 있습니다. 작품 자체가 좋아서, 작품집의 구성/디자인이 좋아서 혹은 작가의 인간성이 좋아서 등 각각의 작품집마다 좋은 이유가 다 다르지만 무엇보다 제 마음을 사로잡은 것은 작가의 삶의 이야기를 작품으로 승화시킨 것이었습니다. 저 또한 그림과 함께한 30여 년의 세월 속에 담긴 아름다운 삶의 이야기와 그림을 작품집에 담음으로써 이 책을 보는 사람들이 자신의 아름다운 삶을 가꾸는 데 도움이 되기를 바라는 마음으로 엮었습니다.
특히 이 작품집을 외국인과 함께 나누고 싶었던 것은 평소 한국의 문화와

Wanting to share the art-book with people all over the world comes from my personal experience of many foreigners' special interest in Korean culture, including my paintings. Most of the writings about me and my paintings were contributed by David Macri, a Canadian friend of mine. For the purpose of broadening understanding about main ideas and specific artwork, some of the writing was done by me. The book also includes various other writings from domestic or overseas sources exploring understandings of Korea and of my works.

The rationale for including impressions of my work written by friends from overseas is that I believe it will help to develop understanding about Korea and my works more objectively and thereby make them more accessible. It took as long as a few years to complete some writings, while several months were required to complete others. They could mostly only be done after lots of discussion between the writers and me, followed by their personal visits to the places where I work or exhibit my paintings. Although this process was far from simple or easy, it not only contributed to the deepening of their understanding, but also opened my eyes to new possibilities.

The process of preparing this art-book involved a great many paintings, writings, and photos, but only some of these works could be featured. Though forced to leave much out of the final publication, I feel very gratified by the overall undertaking. Publication has proven very demanding, and I thank the people who have helped me to bring this art-book to completion. I offer this art-book to them as a token of my appreciation.

For more details, please refer to my homepage.
www.kch.pe.kr

June, 2010
Kim Chang Han

제 작품에 대한 다양한 외국인들의 특별한 관심 때문입니다. 그래서 저와 제 그림에 대한 대부분의 글은 캐나다 인인 데이비드(David)가 썼고 좀더 심도 깊은 이해를 위해 작품의 주요 주제나 특별히 언급하고 싶었던 것은 제가 직접 쓰기도 했습니다. 아울러 여러 내/외국인의 다양한 글도 함께 담았습니다.

외국인이 제 그림에 대해 직접 글을 쓰게 된 이유는 그것이 한국과 제 작품을 좀 더 객관적으로 체계화하고 널리 해외에 소개하는 데 도움이 되리라 생각했기 때문입니다. 짧게는 몇 개월 길게는 몇 년에 걸쳐 이러한 작업이 진행되었고, 대부분은 작업현장을 직접 목격하고 수 차례에 걸쳐 협의한 후 글을 마감할 수 있었습니다. 결코 쉽지 않은 일이었지만 이러한 과정을 통해 그들의 이해는 더욱 깊어졌고 저 또한 새로운 가능성을 엿볼 수 있게 되었습니다.

작품집을 준비하면서, 수많은 작품/관련 자료를 데이터화했지만 그 중 일부(작품 580점)만 담았습니다. 아쉬운 점이 많지만 이렇게 시도할 수 있었던 것에 큰 보람을 느낍니다. 보다 상세한 것은 제 홈페이지를 참조해주시기 바랍니다. www.kch.pe.kr

작품집 발간에 도움을 주신 많은 분들께 깊이 감사 드리며 이 책을 선사하고 싶습니다.

2010년 6월
김창한

Contents 목차

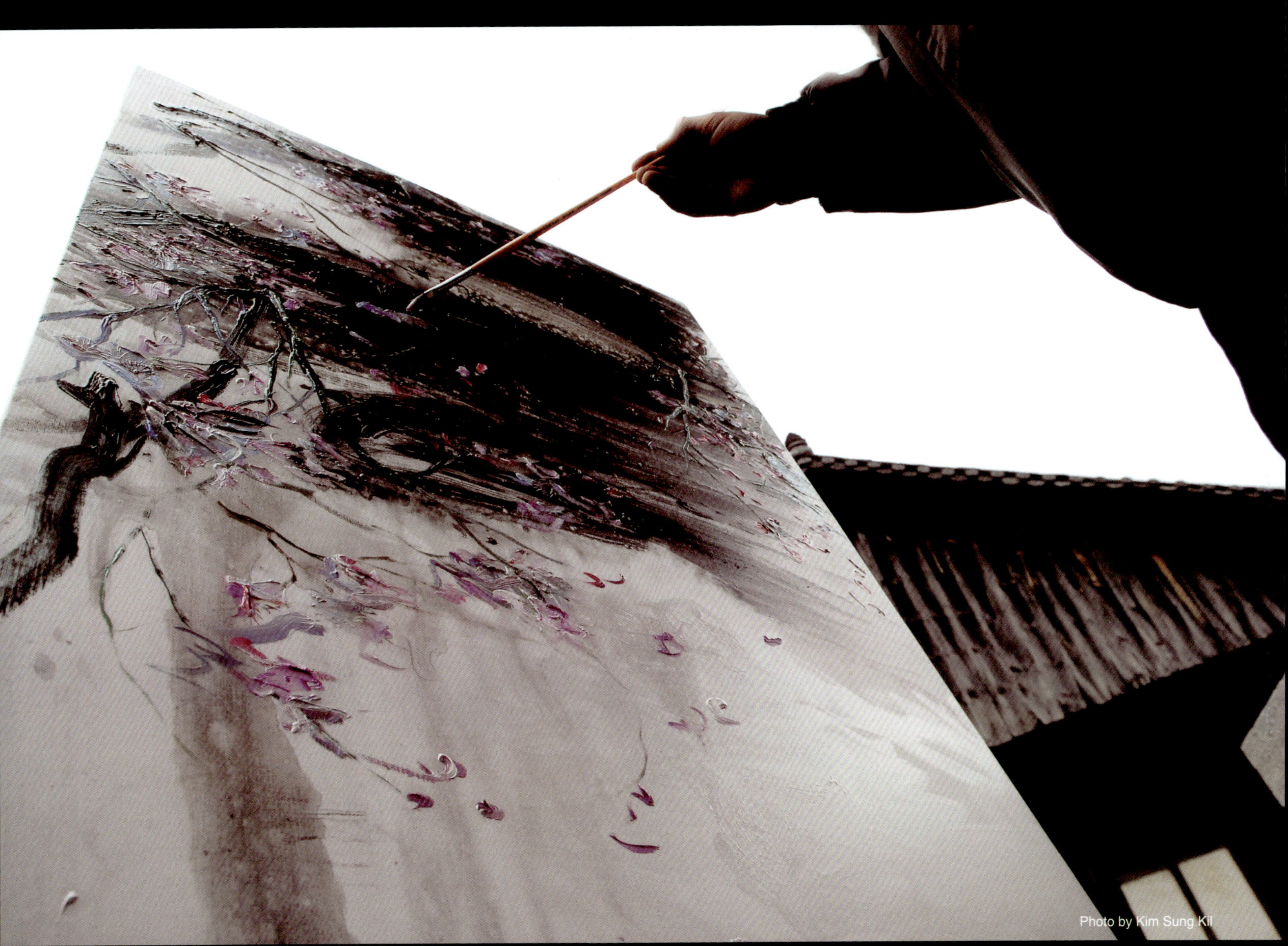

Photo by Kim Sung Kil

South Korean Artist

Mr. Kim was born and raised in South Korea. His life experiences and curious nature brought about in him a fascination with other countries, cultures, communication, and art. Chang Han's belief is that there is universality in art and that different cultures are not incommensurable with regards to their search for meaning and beauty.

Like many artists around the world, Chang Han is also a spouse, parent, teacher, and student. He and his family live in Ulsan, a bustling coastal city in South Korea. When it came to his interest in art, Chang Han had some definite advantages, living in a country well known for its long history of artistic traditions. Korea itself is a unique cultural bouquet, often assimilating ideas from its geographical neighbors. Its 5,000-year history includes wonderful visual and performing arts, calligraphy, and ceramics. Contemporary Seoul houses over 300 galleries (or museums) and private art schools are very common. It is evident that Korea recognizes value in the arts, as did Chang Han, who went on to earn a Bachelor of Fine Arts and Master of Fine Arts from Seoul's Hong-Ik University.

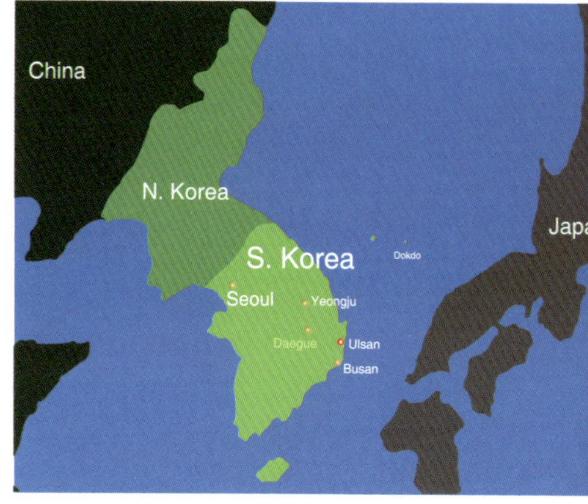

* **Kim Chang Han**
A Korean name is made up of a family name followed by a(usually 2-part) given name. Over the long history of the use of family names, some surname extinction has occurred. Of the(approximately) 250 Korean family names, the names Kim, Lee, and Park account for nearly half the population.

한국의 예술가, 김창한

김창한은 한국에서 태어나 그곳에서 자랐다. 그가 살아온 족적과 호기심 많은 그의 천성을 보면, 그가 다른 나라와 그 문화 및 예술에 매료된 이유를 잘 알 수 있다. 즉 예술에는 보편성이 있고, 아울러 각기 다른 문화라도 그 의미와 미(美)의 추구에 있어 비교가 불가능한 것은 결코 아니라고 믿고 있는 것이다.

모든 예술가와 마찬가지로 그 역시 가장(家長)이면서 스승이자 제자이기도 하다. 그를 포함한 그의 가족은 한국의 역동적인 해안도시로 유명한 울산에 살고 있다. 예술에 대한 그의 관심에 대해서 얘기해 보면, 세계적으로 오랜 예술적 전통을 가진 것으로 잘 알려진 한국이라는 곳에 살고 있다는 점이 그에게는 확실한 이점으로 작용하였다. 사실, 한국은 지리적으로 이웃한 국가의 아이디어를 자신의 것과 동화시켜 자신만의 고유한 문화를 창조하는 품격 높은 나라이다. 5,000년이 넘는 유구한 그 역사 속에는 뛰어난 시각 및 행위 예술을 비롯하여 서예와 도자기의 역사가 포함되어 있다. 오늘날 서울에는 300개 이상의 갤러리(혹은 미술관)가 있고, 사립예술학교도 흔하게 찾아볼 수 있다. 한국의 서울에 소재한 홍익대학교에서 미술전공으로 학사 및 석사 학위를 취득한 그가 그랬던 것처럼, 서울이라는 도시 역시 이러한 예술적 가치를 높이 평가하고 있는 것이 틀림 없어 보인다.

As a Student

Chang Han's practice has led him down many roads of exploration, and awoken a new understanding between him and the world in which he lives and paints. As a young student, Chang Han rigorously studied the structure of art, its rudimentary elements and principles, and how to communicate with them. Korean academic drawing and painting acted as a substantial foundation on which to begin.

In his first experiences at University, Chang Han turned his view inward, often painting interiors, activated with expressionistic brushwork. Chang Han instinctively draws or paints what is around him, but his perception is also evident. Being in a classroom with cement studio floors was far different from sketching in the orchard back home. At first, the paintings appeared to be introspective, dark and melancholy. He longed for fresh air and open sky.

Eventually, like a breaking dawn, the paintings began to lighten and take shape, turning into an imagined sort of internal wilderness. The canvases transformed into sublime gardens he could access even in the cool light of the indoor studio. His imagination became relief from the unforgiving closed spaces.

Being rewarded by the outcome of his previous explorations, Chang Han's

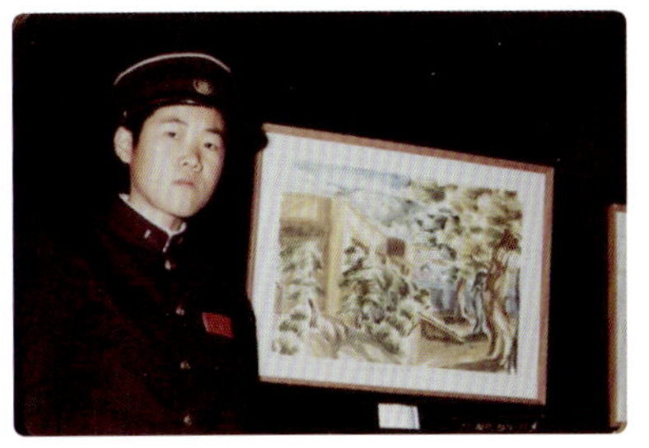

1977

1980

대학시절

수많은 탐구의 길을 따라온 그의 지난 습작 인생은 그의 삶이 녹아 있고 그가 그려가는 세상과 자신 간에 놓여진 새로운 이해의 다리를 건너는 과정이었다. 젊고 의욕이 왕성한 학생 시절, 그는 미술의 구조와 그것을 구성하는 기본적인 요소 및 원칙 그리고 이들과 교통하는 방법 등에 대해서 많은 연구를 하였다. 드로잉 및 회화과 관련하여 대학에서 그가 학습한 것들은 그가 걸어온 미술 인생의 실질적인 근간이 되었다.

대학에서 그가 처음 경험한 것은 가끔씩 실내 풍경 혹은 심상(心象)에 관한 그림을 그리는 동안 자신의 내면에 눈을 돌리게 되면서 붓 끝에 풍부한 표현들을 담아내는 것이었다. 그는 그를 둘러싸고 있는 주변의 것들을 드로잉하거나 회화로 표현할 때 직관에 의존하였지만, 그 속에도 그의 의식(perception)은 또렷하게 존재하였다. 바닥이 시멘트로 된 실기실에서 작업하는 것은 집에서 그림을 그리거나 과수원에서 스케치를 하는 것과는 분명 다른 것이었다. 초기에 그의 작품은 내향적이었고 분위기도 어둡고 우울해 보였다. 사실 그는 상쾌한 공기와 탁 트인 하늘을 갈망하는 듯 보였다.

하지만 밝아오는 새벽처럼 그의 작품도 밝아지면서 점차 그 형상을 갖추기 시작했다. 그리고는 내면의 상상 속에서 광활하게 펼쳐진 황야가 그 모습을 드러내었다. 화폭의 캔버스는 차가운 불빛 속의 실내

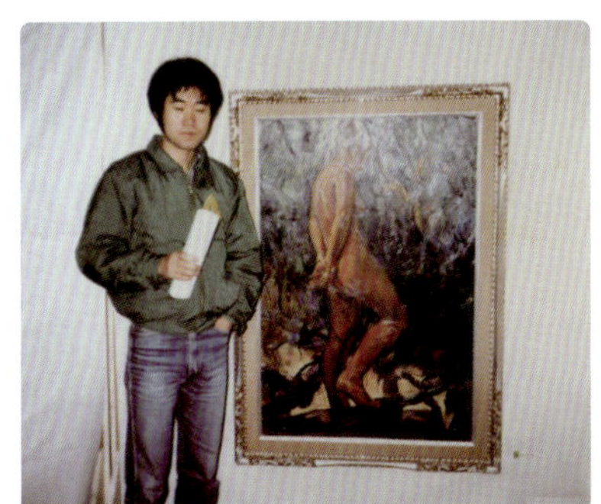

1985

subjects continued to broaden once again. Repetition of popular culture and socially charged imagery then marked an investigation of 'modern' themes. Even though Chang Han eventually found a subject he preferred, his short presence in this arena was an important step in his development. Chang Han can still see the intense contrast between a beautiful movie star, and the workers' tired faces on the bus at night. Only now, this struggle with inequity and modern strife is countered with a landscape painting. Instead of painting the laborer's pain, and the celebrity's pride, he offers a wish of nature and harmony for all. Chang Han is attempting to show that people, art, and everything are made of the same stuff; a life force that happens to translate well in oils.

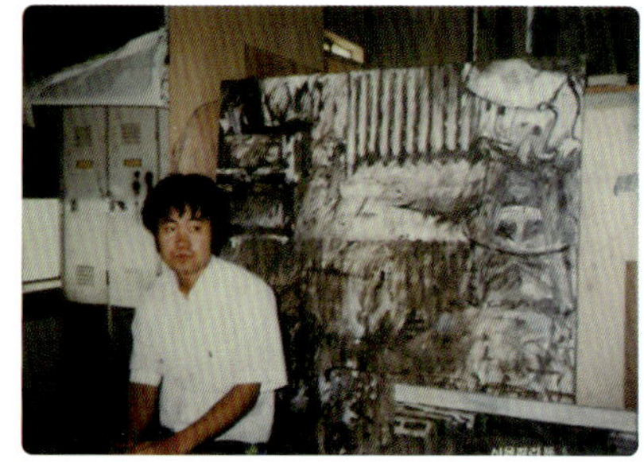

1986

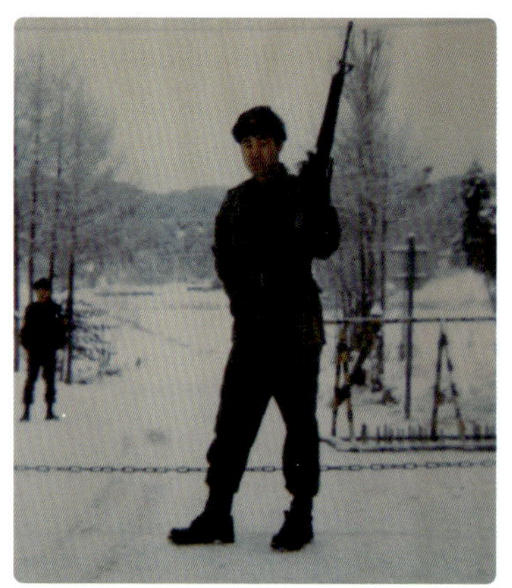

1989

작업실에 장엄하고 고결하게 가꿔진 정원이 펼쳐져 있는 듯한 느낌을 주었다. 그가 가진 상상의 세계는 무자비하고 폐쇄적인 공간에서조차도 하나의 휴식처가 되었다.

그의 작품세계가 다루고 있는 주제는 과거에 그가 거쳤던 수많은 탐색의 과정이 그 빛을 발하는 듯 다시 한 번 확장되었다. 대중문화와 사회가 각인하는 이미지의 재현을 통해 "현대적인" 테마를 탐구하게 된 것이다. 마침내 그는 자신이 선호하는 주제를 찾아내었다. 비록 이러한 테마를 중심으로 작품을 한 기간은 짧지만, 그의 작품세계가 거쳐간 각 단계에 있어서는 중요한 의미를 갖는다. 그는 영화 속 아름다운 스타와 한밤중에 버스를 타고 가는 지친 얼굴의 노동자가 얼마나 극명한 대비를 보이는지를 여전히 잘 알고 있다. 오늘날에 와서야 이러한 불평등과 현대적 모순을 극복하기 위한 노력이 풍경화풍의 작품을 통해 어느 정도 승화되고 있다. 즉 노동자의 고통 내지는 유명인사의 허영심을 그리기보다는 모두에게 조화로운 자연의 희망을 안겨주고자 한다. 지금 그는 사람과 예술 그리고 그 밖의 모든 것들이 똑같은 것들로 만들어진다는 것을 보여주고자 한다. 즉 유화용 물감을 사용하여 그 해석이 가능한 생명력을 말이다.

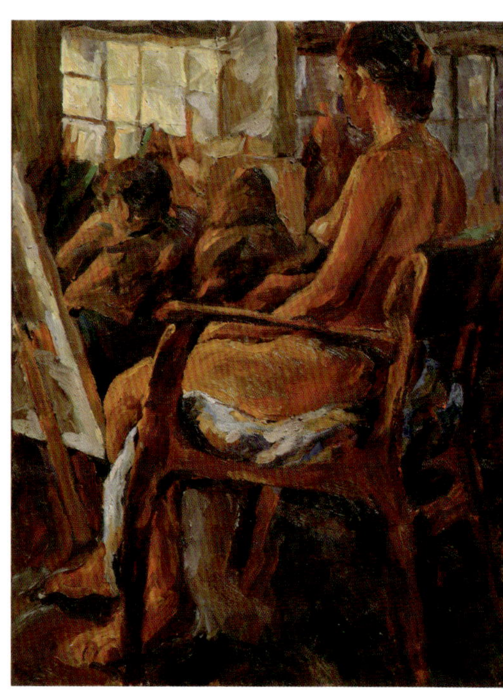

Nude 누드 1983, Oil on canvas 65.1x52cm

Post Graduate

After graduation, Chang Han set out into the world to create, aware of its short-comings and pitfalls. Determined to find true inspiration, he began to paint out-doors, on site, feeling the warmth of the sun on his face. Chang Han revels in places of natural beauty, and feels compelled to share this experience. Any place that holds beauty becomes a potential theme. Any tree, insect or brook might suddenly call to him. His contemporary work acts as a testament to the celebration of life and nature. He depicts historic sites, lush painterly gardens, wide green orchards, and serene ancient temples. His approach is a conscious decision to search for and depict beauty in nature, harmony, and paint. **Chang Han once described painting to me as "soul travel", and when I look at his art, it is truly a journey I see.**

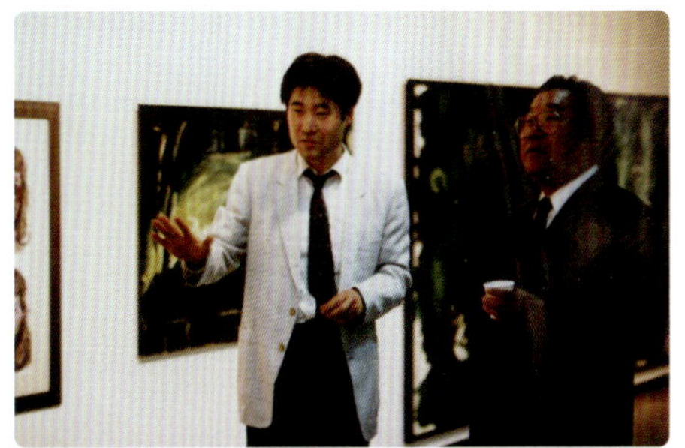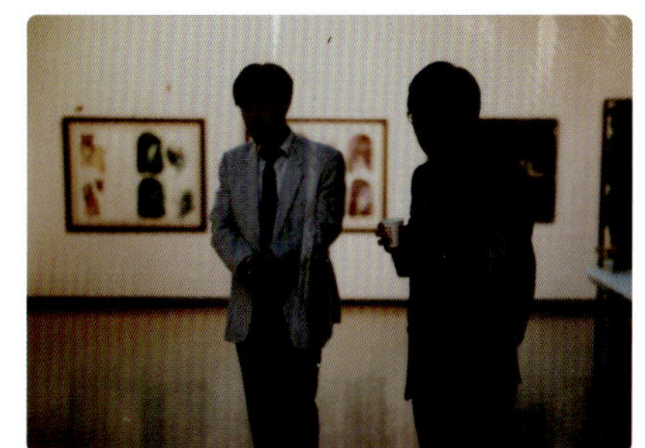

1991, First solo exhibition 첫 번째 개인전

대학원 시절

대학교 졸업 후 김창한은 자신의 한계를 인식하고 작품을 통해 새로이 만들어 낼 세계를 추구하게 된다. 진정한 영감(inspiration)이라는 것이 무엇인지 찾기 위한 결의에 찬 그는 현장에 서서 자신의 얼굴에 비친 태양을 느끼며 세상을 그리기 시작했다. 그는 자연의 아름다움에 탐닉했고, 그 아름다움을 모두가 공유해야 한다는 소명의식을 느꼈다. 그릇에 담듯 아름다움을 담아놓은 모든 곳은 그의 작품 테마가 되었다. 또한 나무, 곤충, 개울이 어느 순간 그의 관심을 끌기 위해 소리를 지를 수도 있을 것이다. 오늘날 그의 작품은 삶과 자연을 대변하고 있다.

그는 역사적으로 유명한 장소, 무성하게 우거져 있어 마치 그림 같아 보이는 정원, 넓게 펼쳐져 있는 파릇파릇한 과수원, 고즈넉한 옛 절 등을 그린다. 이러한 자연을 그릴 때 그가 추구하는 접근법은 자연 속에 깃든 아름다움을 찾아내서 표현하고 이를 조화롭게 구성하여 회화로 표현하는 일종의 의식적인 결정의 과정이다. **언젠가 그는 나에게 "그림은 영혼의 여행"이라고 얘기한 적이 있다. 실제로 그의 작품을 보고 있으면, 내가 보고 있는 것이 정말 여행 그 자체인 듯한 느낌을 받는다.**

Sharing his Art

The most obvious realization of Chang Han's "journey" is his success at reaching audiences not only at home in Korea, but also abroad, having exhibited and been collected around the globe. Chang Han's attempts to share his art and culture have opened avenues for several unique, artist-run international exchange programs, and ambitions for furthering such events. In an effort to communicate and explore, he cherishes any opportunity to visit another country, and sample the foods, music, and local art. Chang Han has created and displayed art in USA, Japan, Canada and Australia.

Being a perpetual student of art and culture makes him an effective teacher as well. When it comes to activating an interest in learning about culture and art, Chang Han's enthusiasm is infectious, to both students and fellow artists, and hopefully you, the readers of this book.

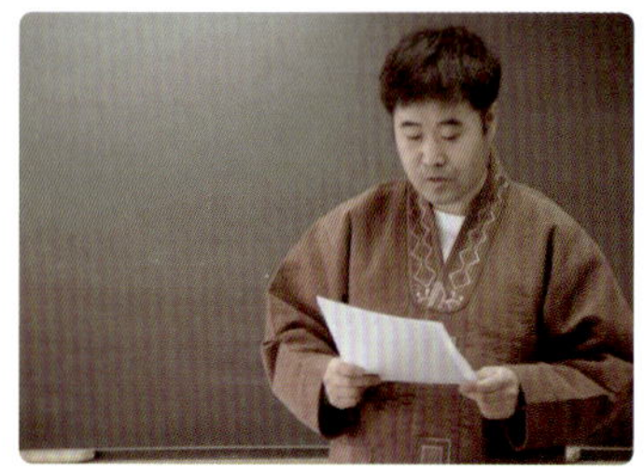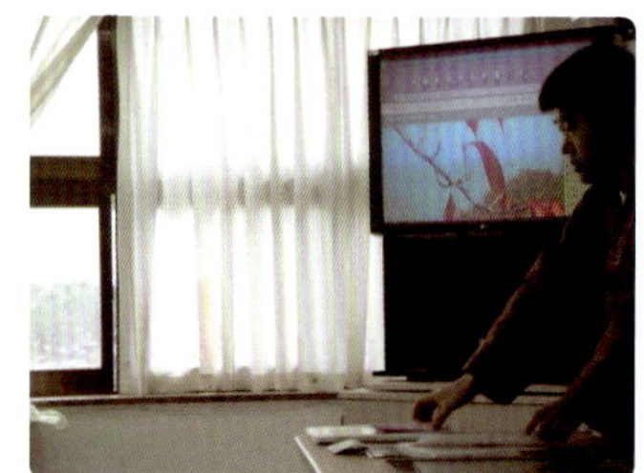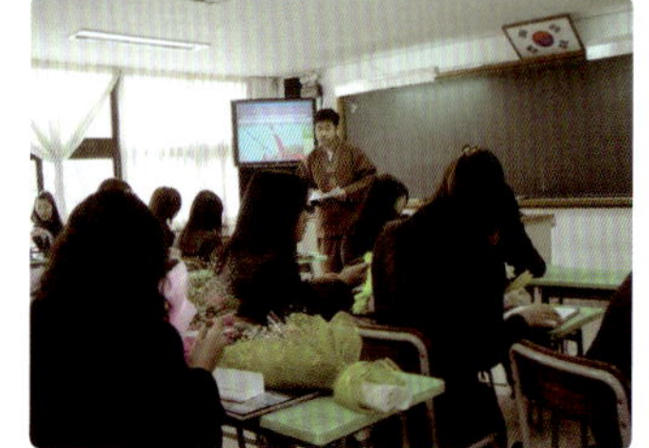

함께 나누는 그의 예술세계

그가 소위 이러한 "여행"을 가장 확실하게 실현하고 있다는 것은 한국에서뿐만 아니라 전세계적인 전시회 활동을 통해 관객들에게 다가가고 있다는 점에서 알 수 있다. 타인과 자신의 미술 및 문화를 공유하고자 하는 그의 노력은 예술가들이 직접 운영하는 몇몇 독특한 국제교환프로그램 및 이러한 행사들을 더욱 확장시키고자 하는 열망으로 이어졌다. 다른 나라와의 교통 및 이들에 대한 탐구의 일환으로 그는 다른 나라를 방문할 수 있는 기회는 물론이고 이들의 음식과 음악 그리고 그곳만의 예술을 맛볼 수 있는 기회를 마다하지 않고 기꺼이 수용한다. 실제로 그는 미국, 일본, 캐나다, 호주 등지에서 자신의 작품을 전시하고 있다.

예술과 문화를 사랑하는 영원한 학생이고자 했던 그가 이제는 스승이 되어 그 역량을 발휘하고 있다. 문화와 예술에 대한 학습적 관심을 자극하기 위한 그의 열정은 학생과 동료 예술가에게도 확산되고 있다. 바라건대 이 책자를 읽는 독자들 역시 이러한 그의 열정에 도달하기를 바라마지 않는다.

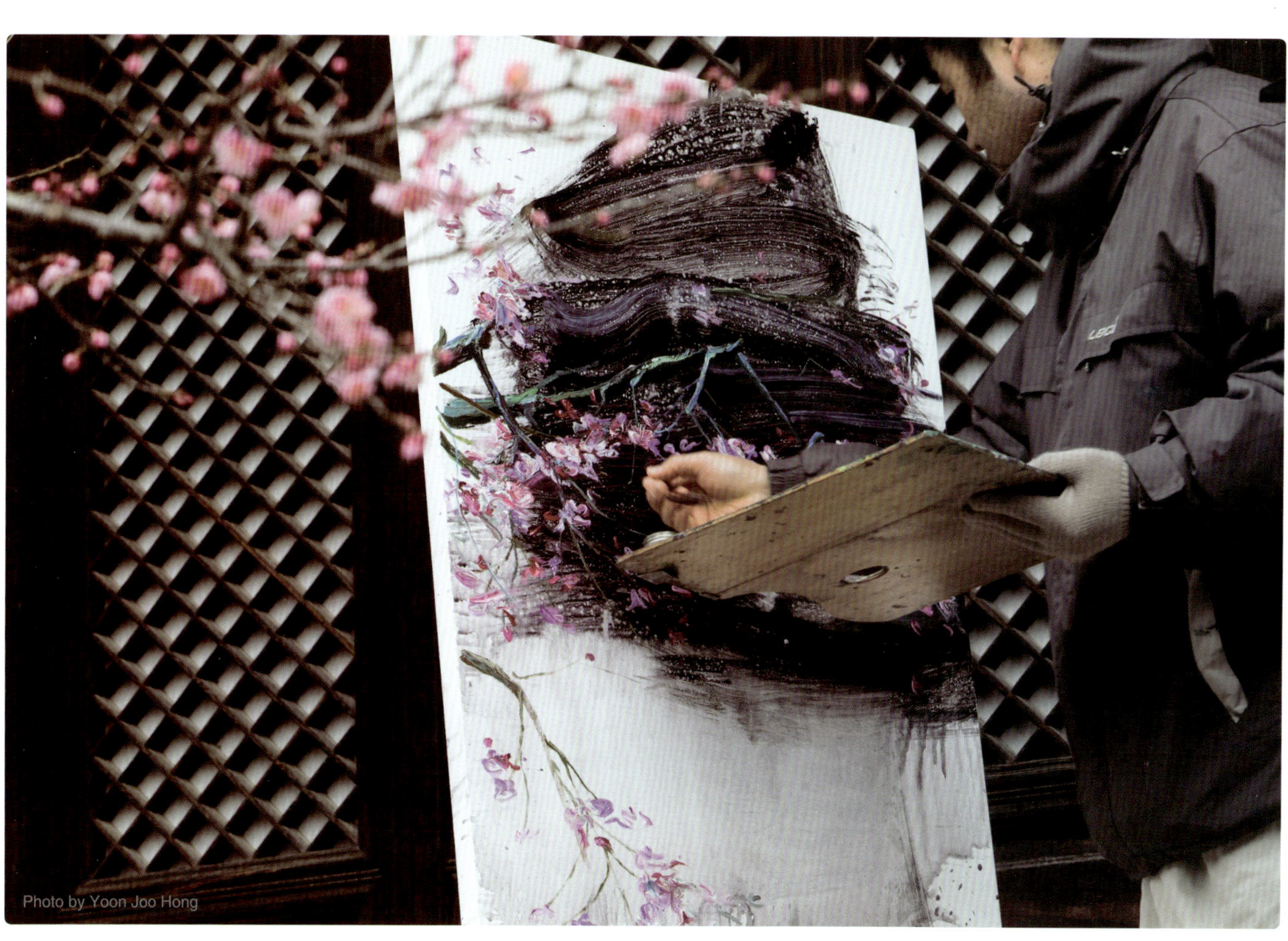

Photo by Yoon Joo Hong

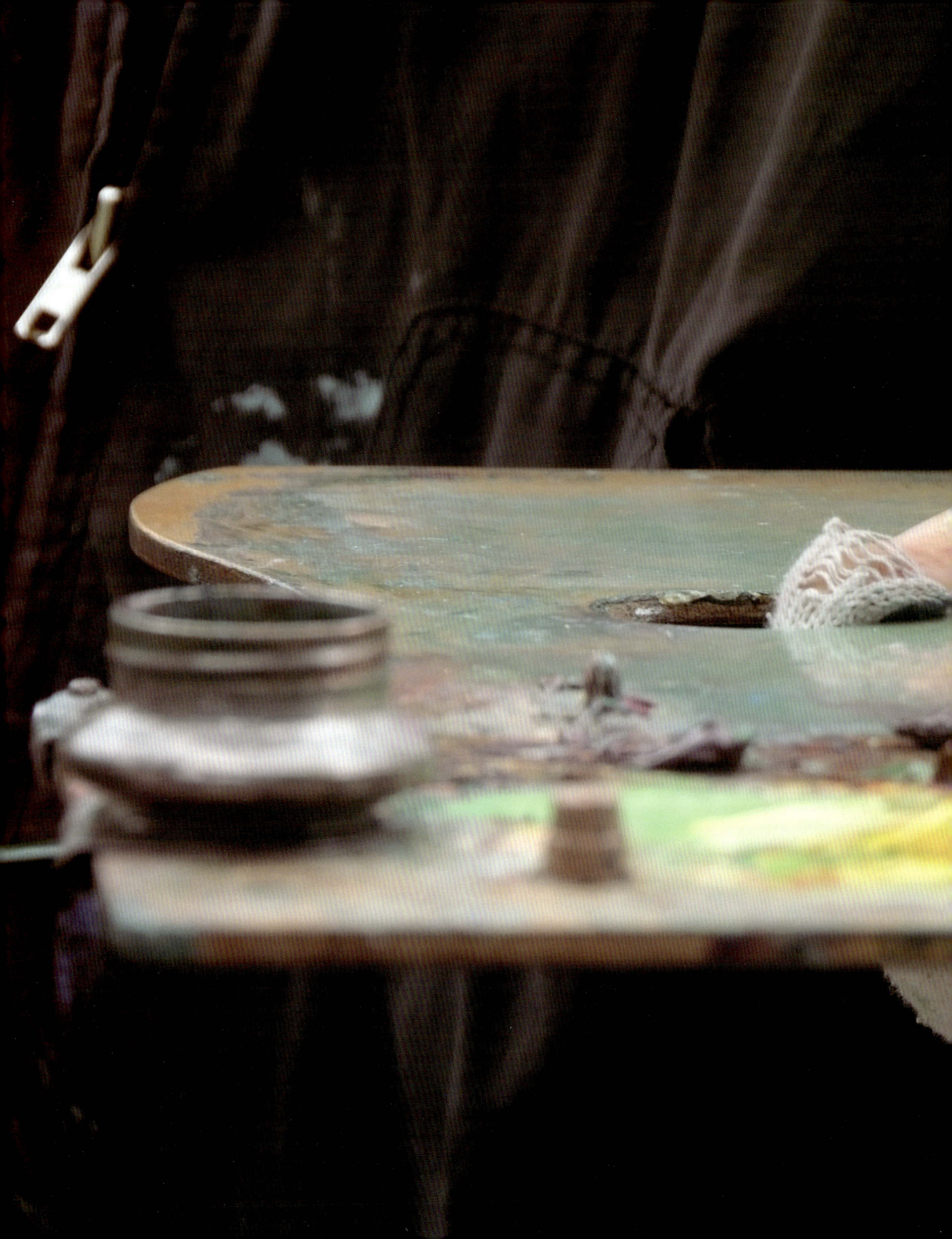

Foundation in Art

조기 화풍(畫風)

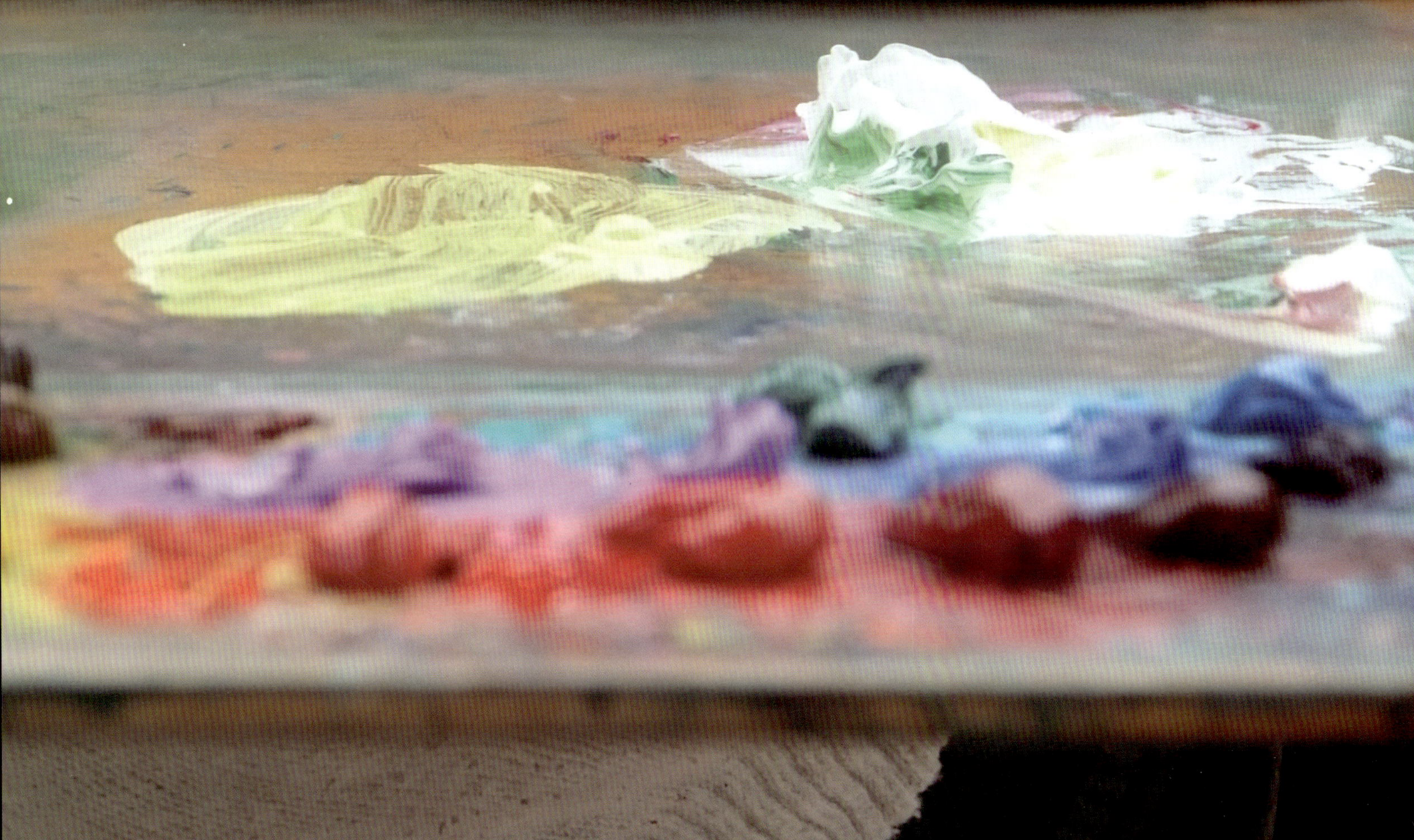

Part I

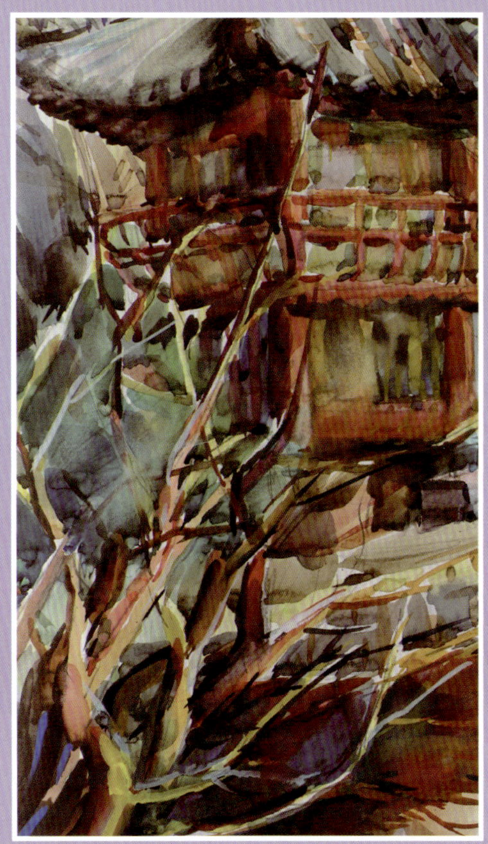

–Education, The Academy
미술교육, 학계에서의 김창한

–Dessin, Watercolour, Croquis
데생, 수채화, 크로키

–Self-portrait
자화상

Education

Education has long been a high priority in Korea. To this day, it is regarded as being crucial to one's success, and competition can be fierce. Since World War II, a distinct shift in cultural influence can be seen. Korea began to more commonly recognize European and Western ideals. The convergence of changing ideals and keen competition has led to some very interesting and distinct schools of art in Korea.

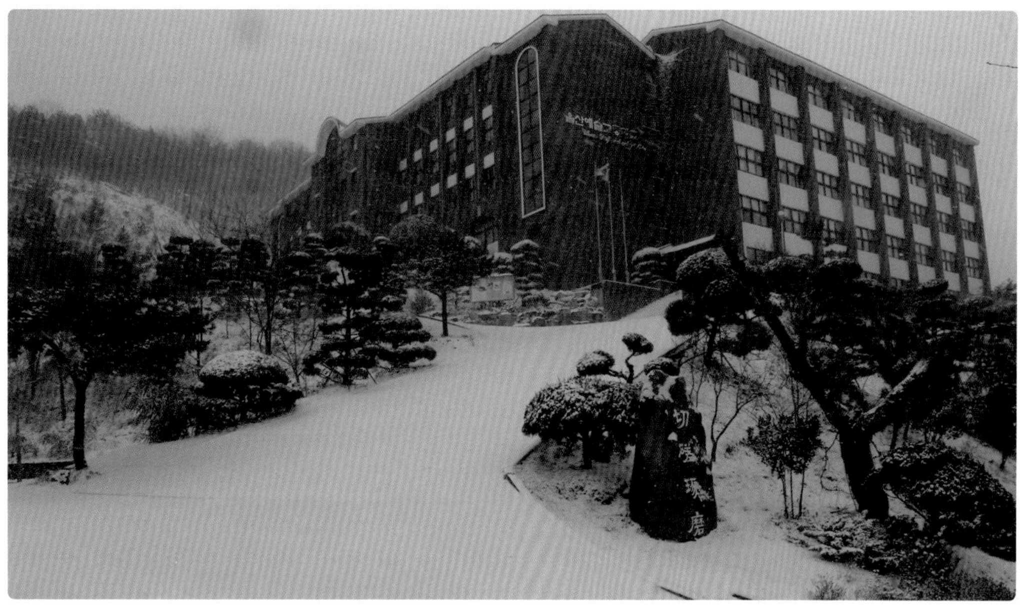

미술교육

한국에서는 전통적으로 교육이 그 어떤 관심사보다 우위에 있다. 오늘날까지도 교육은 개인의 성공에 있어 가장 중요한 요소로 간주되고 있으며, 그에 따른 경쟁은 치열하기까지 하다. 제2차 세계대전을 기점으로 하여 문화적으로 뚜렷한 변화가 발생하였다. 한국에는 유럽적·서양적 사상이 보다 폭넓게 유입되기 시작했다. 이렇듯 끊임없이 변하는 사상과 치열한 경쟁이 교차하는 지점인 한국에서는 매우 흥미롭고 독특한 형태의 예술학교가 생겨났다.

* In 2006 the OECD Program for International Student Assessment, Korea was in first place for problem solving, third in mathematics and eleventh in science. South Korea's technologically advanced education system is the first in the world to bring high-speed fibre-optic broadband to all the primary and secondary schools, nationwide. This infrastructure led to South Korea being the first nation to distribute Digital Textbooks so widely (projected to be nationwide by 2013).

The Academy

Since 2007 Chang Han has worked for a government program teaching and practicing art with "gifted students". He finds this very rewarding, as both a teacher and artist. These exceptionally bright students keep Chang Han in a perpetual state of awe. He calls it a "dream job", saying every moment is a blessing, being witness to so much sincere and imaginative creation.

He has also worked as a full-time professor at the Ulsan High School of Arts since 1995. Chang Han instructs drawing (Dessin), painting, and art history. Between 1991 and 2007, he also worked as a part-time professor at several universities in and around the cities of Ulsan, Busan and Pohang.

Chang Han is proud of his work as an educator, and respects his students' energy, diversity, imagination, sensitivity and technical skills. Working with them keeps him constantly thinking, practicing and learning.

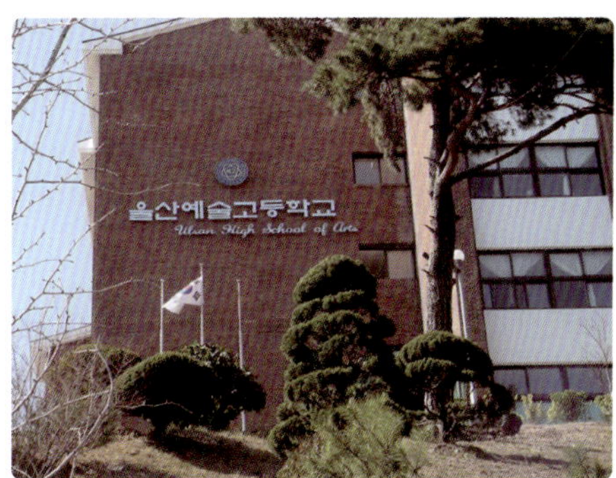

학계에서의 김창한

2007년부터 그는 "미술 영재"들에게 미술을 가르치고 있는데, 이것은 정부 차원에서 지원되고 있는 프로그램이다. 그는 이 일이 교사와 예술가로서 매우 보람 있는 일이라고 생각하고 있다. 이들처럼 뛰어난 재능을 가지고 있는 학생들을 볼 때마다 그는 항상 경외감을 갖게 된다. 그는 자신이 하고 있는 이 일을 "꿈의 직업"이라고 말한다. 매 순간마다 진지하고 상상력이 넘치는 많은 창작물을 볼 수 있다는 점에서 그것이 일종의 축복이라는 것이다.

그는 1995년도부터 울산예술고등학교에서 전임교사로도 활동하고 있다. 그는 이곳에서 드로잉(데생), 회화, 미술사(미술이론)를 가르치고 있다. 1991~2007년에는 울산·부산·포항 등지의 몇몇 대학에서도 강의한 적이 있다. 그는 교육자로서 자신이 하고 있는 일을 자랑스럽게 생각하고 있으며, 자신이 가르치는 학생들이 가지고 있는 에너지, 다양성, 상상력, 감수성, 기술적 능력 등을 존중한다. 그리고 이들을 가르치는 일 자체가 자신으로 하여금 끊임없이 생각하고, 연습하며, 학습할 수 있게 한다고 여긴다.

He invited me to have a look around the school where he works.

The steep winding road that climbs to the school was lined with thick dark green bushes and white statues of Venus and Mercury. As the building becomes visible from its mountain perch, I imagined it beckoning, as though I was a young aspiring artist on my way to the first day of classes. As I stepped in the front door, the faint scent of artist materials, particularly linseed oil, stirred a deep nostalgic feeling. One floor above, some nimble fingers flickered over piano keys, adding a romantic, mysterious ambience to the otherwise empty building.

Our steps echoed through the hallway as we passed by various wooden doors. Through the window of each, I caught a glimpse of a classroom full of magnificently drawn and painted images. The first room Chang Han showed me was where they practice what is referred to as "Dessin". Inside were dozens of drawings on easels, standing around the room. I was immediately surprised by the quality of the drawings. "This is a high school?" I asked. Chang Han laughed in agreement, and explained that the professors and students work together very hard to achieve this result.

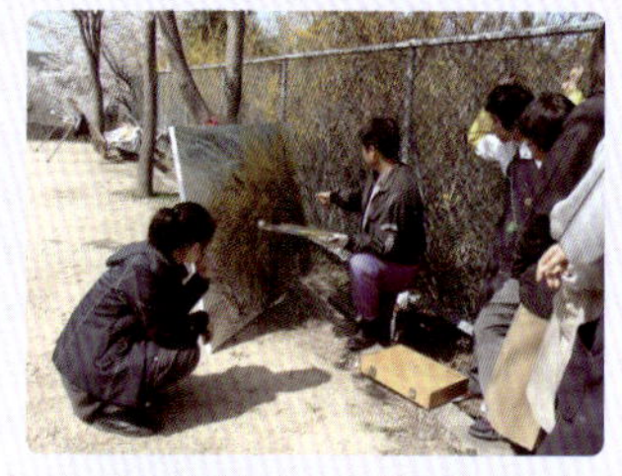

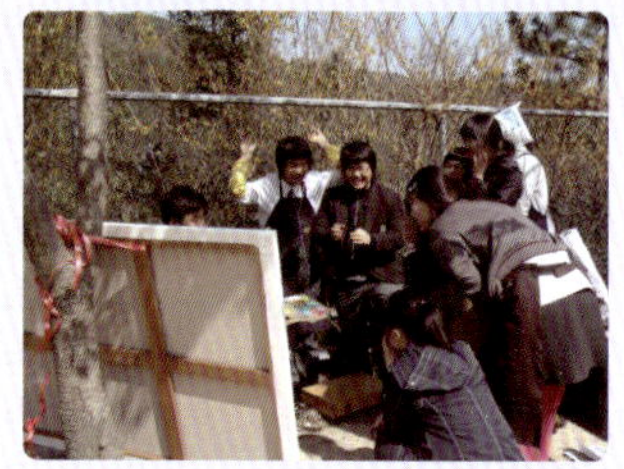

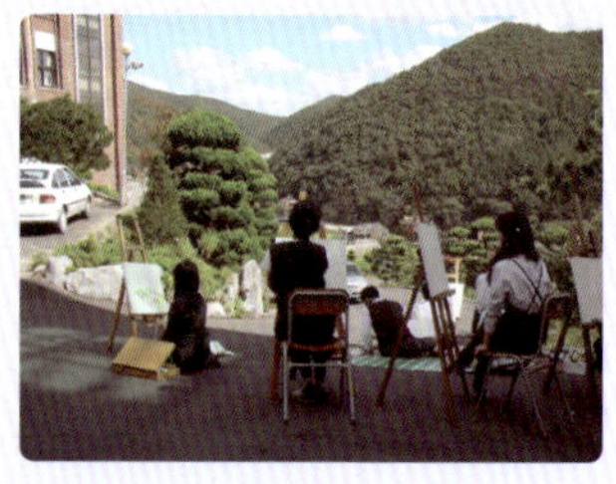

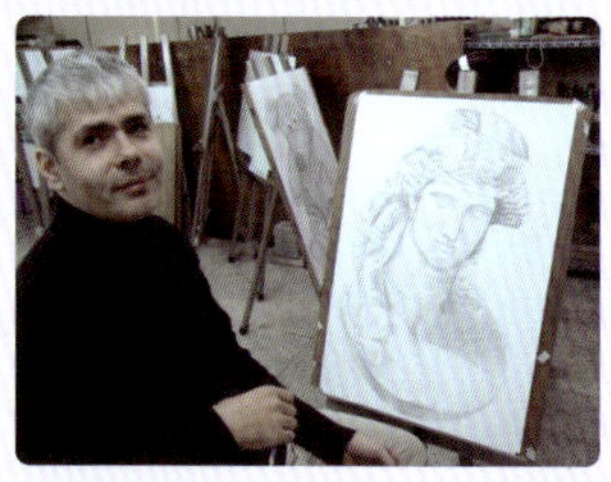

나는 그의 초대로 그가 가르치고 있는 학교를 방문한 적이 있다.

그가 일하는 학교로 오르는 가파르고 꼬불꼬불한 길에는 진녹색의 무성한 관목들과 더불어 비너스상과 머큐리상이 서 있었다. 건물은 산 정상에서도 보였는데, 마치 내가 첫 수업을 받으러 등교하고 있는 꿈에 부푼 젊은 예술가처럼 생각되었다. 학교 정문으로 들어서자 희미하게 풍겨오는 미술 재료 냄새(특히, 린시드 기름)는 깊은 향수를 불러일으켰다. 피아노 건반 위를 빠르게 움직이는 손가락의 모습이 위층 마루를 통해 전달되었고, 이는 그렇지 않았다면 텅 빈 느낌을 주었을 건물로 하여금 로맨틱하고 신비로운 분위기를 자아내도록 하였다.

목재로 만들어진 문들을 지나가자 우리의 발걸음 소리가 복도 저편을 통해 울려 퍼졌다. 교실 창문을 통해서 나는 대담한 기법으로 작업한 드로잉 및 회화 이미지들로 가득 차 있는 교실들을 확인할 수 있었다. 그가 내게 보여준 첫 번째 교실은 "데생실"이라고 불리는 연습실이었다. 교실에는 드로잉 작업을 한 수십 개의 이젤이 세워져 있었다. 나는 각 이젤에 있는 드로잉 작품들의 수준을 보고 놀라지 않을 수가 없었다. 그래서 나는 이렇게

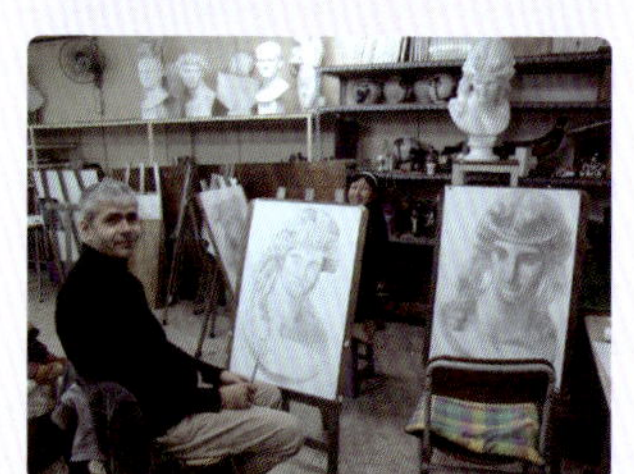

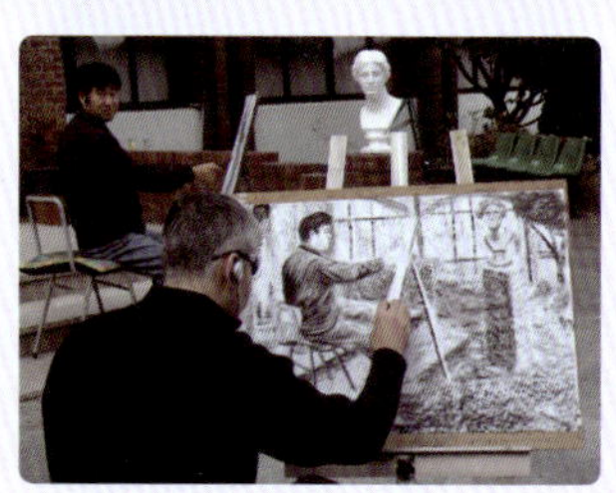

I was shown a few more painting and drawing studios, which all were fascinating, but what took my attention was the lunchroom, where a simple side project was taking place. Someone had taken a steel tube-frame coat rack and set it on its side for a paint job. There was a can of red spray paint sitting next to it. There were several pieces of paper on the floor, laid to protect the tiles from red overspray. What interested me was that instead of newspaper or scraps, there were large finished drawings spread about, and occasionally marked with a negative coat rack shape and a red arc of paint. The drawings were being used as a drop cloth! It was then that I began to realize just how intensely this skill was sought after, and how many attempts it takes to get it right. The students generate so many of these drawings, that they are using them for alternative (and mundane) uses!

Of course being an artist myself, I wanted to try. I asked Chang Han to guide me, and we spent a couple of afternoons at his school, sketching the plaster busts, sipping hot tea, and breaking for Ramien and Kimchi. Over lunch, he explained to me that what we were doing was quite different to what the students were doing. He explained how the entry into art schools at a university level was highly competitive, and all this practice

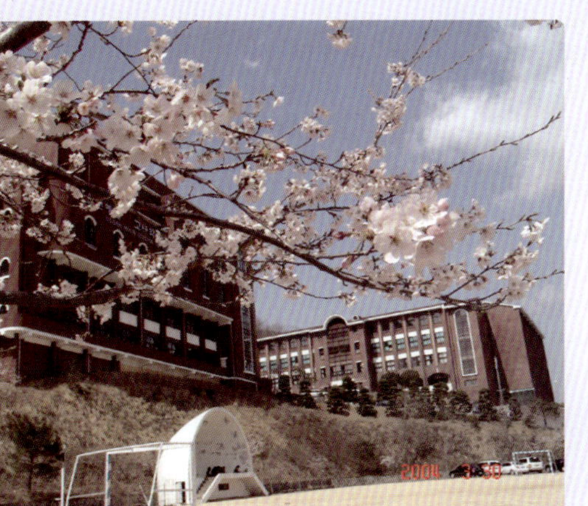
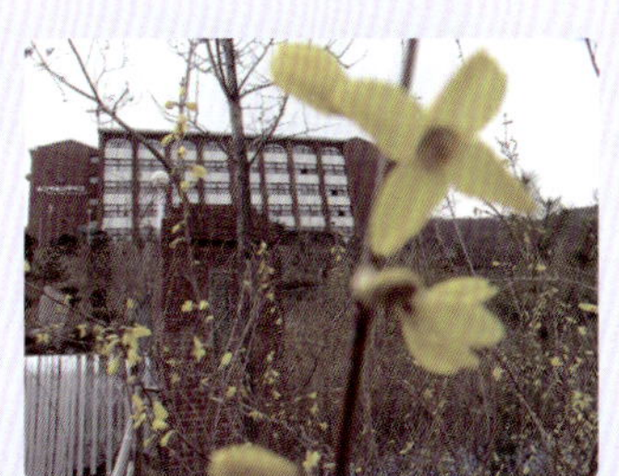
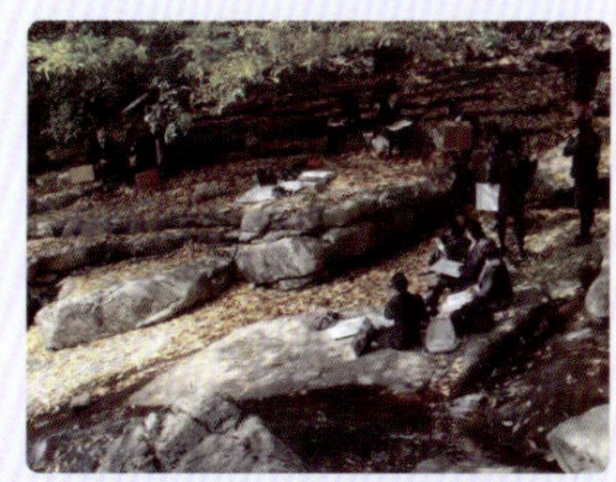

물었다. "이것들이 정말 고등학생들이 그린 작품 맞나요?" 그는 웃으면서 "맞다"고 하였고, 많은 선생님과 학생들이 이 정도의 성과를 만들어내기 위해 매우 열심히 작업하였다고 말하였다.

그는 나에게 회화 작품과 드로잉 작업실을 몇 개 더 보여주었다. 그가 내게 보여준 것들은 모두가 멋졌지만 그 중에서 특히 내 관심을 끈 것은 간단한 실내공사가 진행되고 있는 구내식당이었다. 거기에는 누군가가 가지고 온 튜브 골격의 철로 된 코트 걸이가 있었는데, 회화 작업을 위해 측면에 설치되어 있었다. 그리고 그 옆에는 빨간색의 스프레이 페인트 캔이 놓여 있었고, 바닥에는 그 빨간색의 스프레이가 바닥 타일에 묻지 않도록 하기 위해 몇 장의 종이가 깔려 있었다. 내가 관심 있게 본 것은 신문이나 종이조각이 아니라 다 완성되어 이리저리 널 브러져 있는 크기가 큰 드로잉 작품들이었는데, 음화 형식(negative)의 코트 걸이 형상과 활 모양의 빨간 페인트 로 표시된 곳이 군데군데 보였다. 바로 그 순간 나는 이들이 이 기법에 얼마나 많은 공을 들였고, 제대로 해내기 위해 얼마나 많은 노력을 했는지를 깨닫기 시작했다. 즉 학생들은 이러한 드로잉 작품들을 너무나 많이 만든 나머지 그저 하찮은 일상적인 용도로 사용하고 있지 않은가 말이다.

was to pass an entry examination. The test consisted of a mere 3 or 4 hours. In that time the student is expected to accurately measure all proportions and values, to have the multi-faceted planes of light and dark individually built up with an additive process of cross hatching. Dramatic light and shadow, expressionistic mark making, and concrete depiction of form, all add to areas to be judged and compared. I looked down at my own drawing which was about five hours in the making and realized I was nowhere near ready for my Korean art school exam. Smiling, Mr. Kim reassured me, and continued to explain. Over the next several months as we toured galleries and schools and studios, I learned more about art training in Korea.

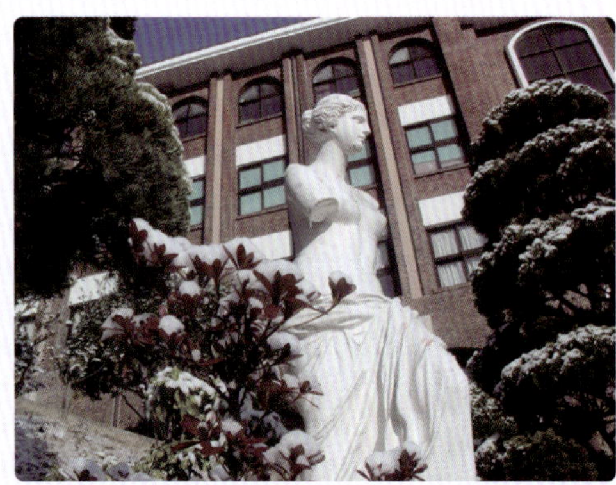 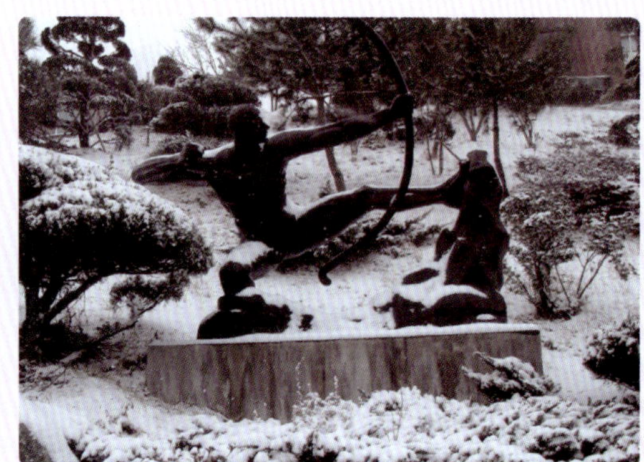

예술가인 나 역시 시도해 보고픈 충동을 느꼈다. 나는 그에게 알려 달라고 부탁하였다. 그리하여 우리는 이 학교에서 여러 날에 걸쳐 석고 흉상(plaster bust)을 그리게 되었고, 중간 중간에 따뜻한 차를 마시거나 라면에 김치를 곁들인 식사를 하면서 오후를 보내곤 하였다. 점심 식사 도중 그는 우리가 하고 있는 작업은 학생들이 하는 작업과는 매우 다르다고 설명했다.

그는 미술 전공으로 대학에 진학하기 위해서는 얼마나 심한 경쟁을 거쳐야 하는지 언급하면서, 이러한 모든 연습 자체가 오직 대학 입학 시험을 통과하기 위한 것이라고 하였다. 대학 입학 시험은 겨우 3~4시간 내에 그려진 그림만 갖고서 평가가 이루어진다고 했다. 그 시간 동안 학생들은 주어진 대상의 비례와 공간배치를 확인한 후 다양한 선의 중첩효과(cross hatching)를 동원해 입체적인 공간감을 표현해 내야 한다고 했다. 극적인 명암효과, 표현주의적인 기법의 재현, 구체적인 형태 묘사 등을 포함한 이 모든 것들이 평가 및 비교의 대상이 되었다. 나는 다섯 시간이 걸렸지만 아직도 덜 완성된 내 드로잉을 보면서 지금의 나로서는 한국의 미술대학 입학을 꿈도 못 꾸어볼 처지라는 점을 절감해야 했다. 하지만 그는 웃으면서 나를 안심시켰고, 계속해서 설명을 이어갔다. 그 이후 몇 달 간에 걸쳐 여러 미술관과 학교 그리고 작업실을 탐방하면서 나는 한국의 미술 교육에 대해 더 많은 것을 이해하게 되었다.

* In the late 1950s, it was normal practice to accept (settle on) "Dessin" for an art university entry examination, which usually involved drawing plaster cast Greek and Roman busts. Until tabout 2005, most art/design students studied "Dessin", as well as other mediums, in preparation for their art university entry examinations. For example, the Department of Modern Painting studies watercolour as a foundational skill, while the Traditional Painting Department focuses on ink on Korean paper. But recently, the situation has been changing, with students choosing one medium (test) in preparation for an art university entry examination. The subject matter/material of "Dessin" has also been changing, to become more diverse than previously.

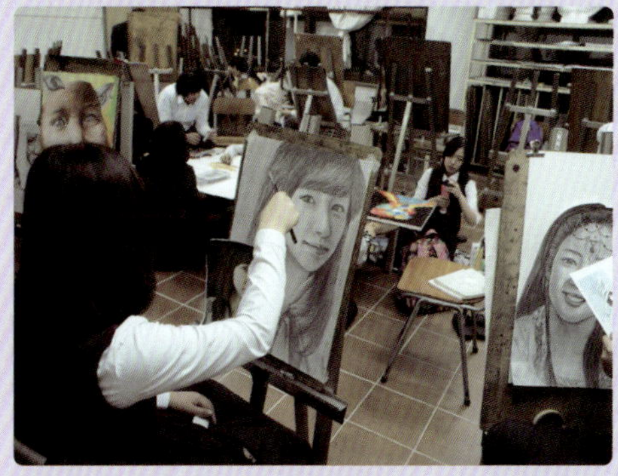

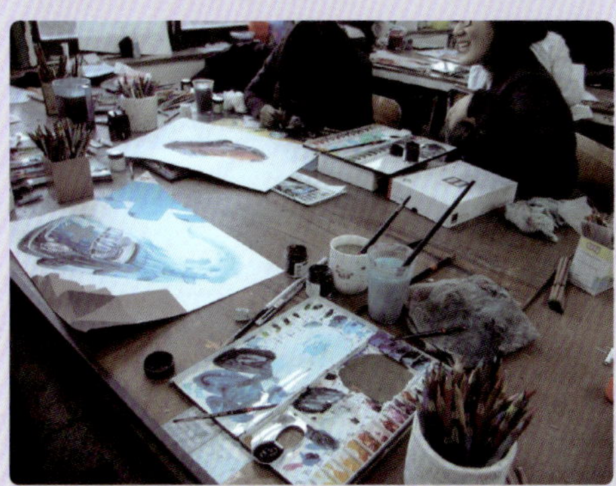

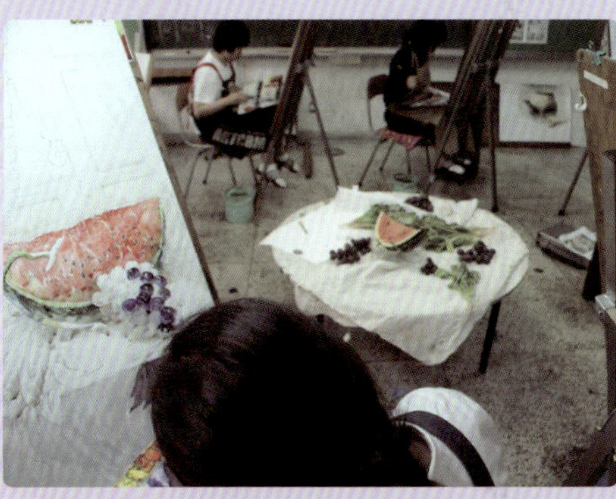

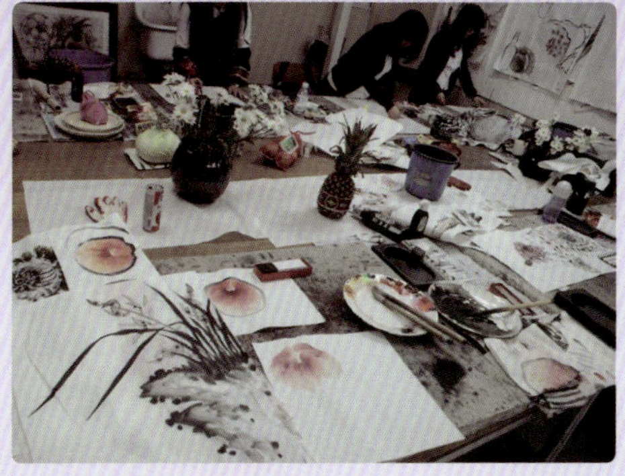

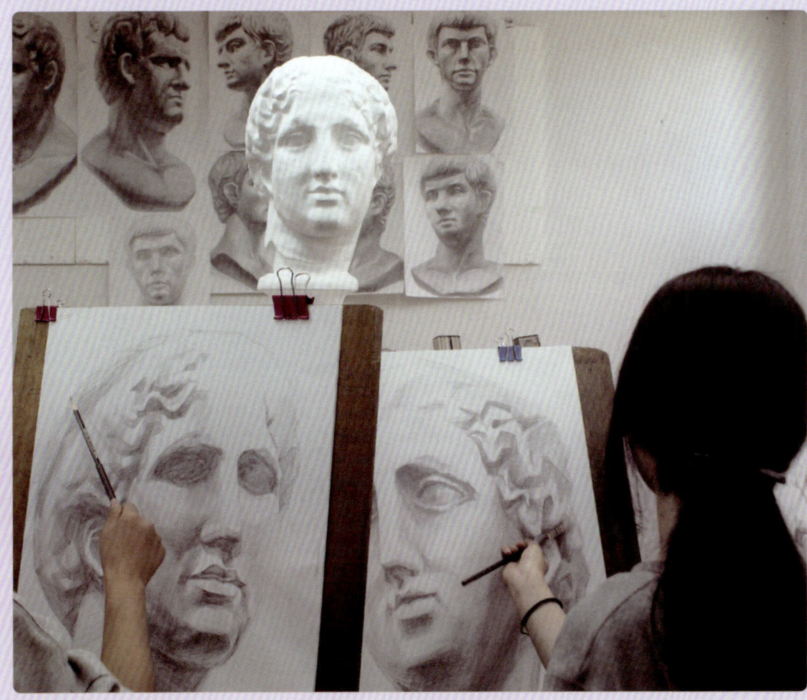

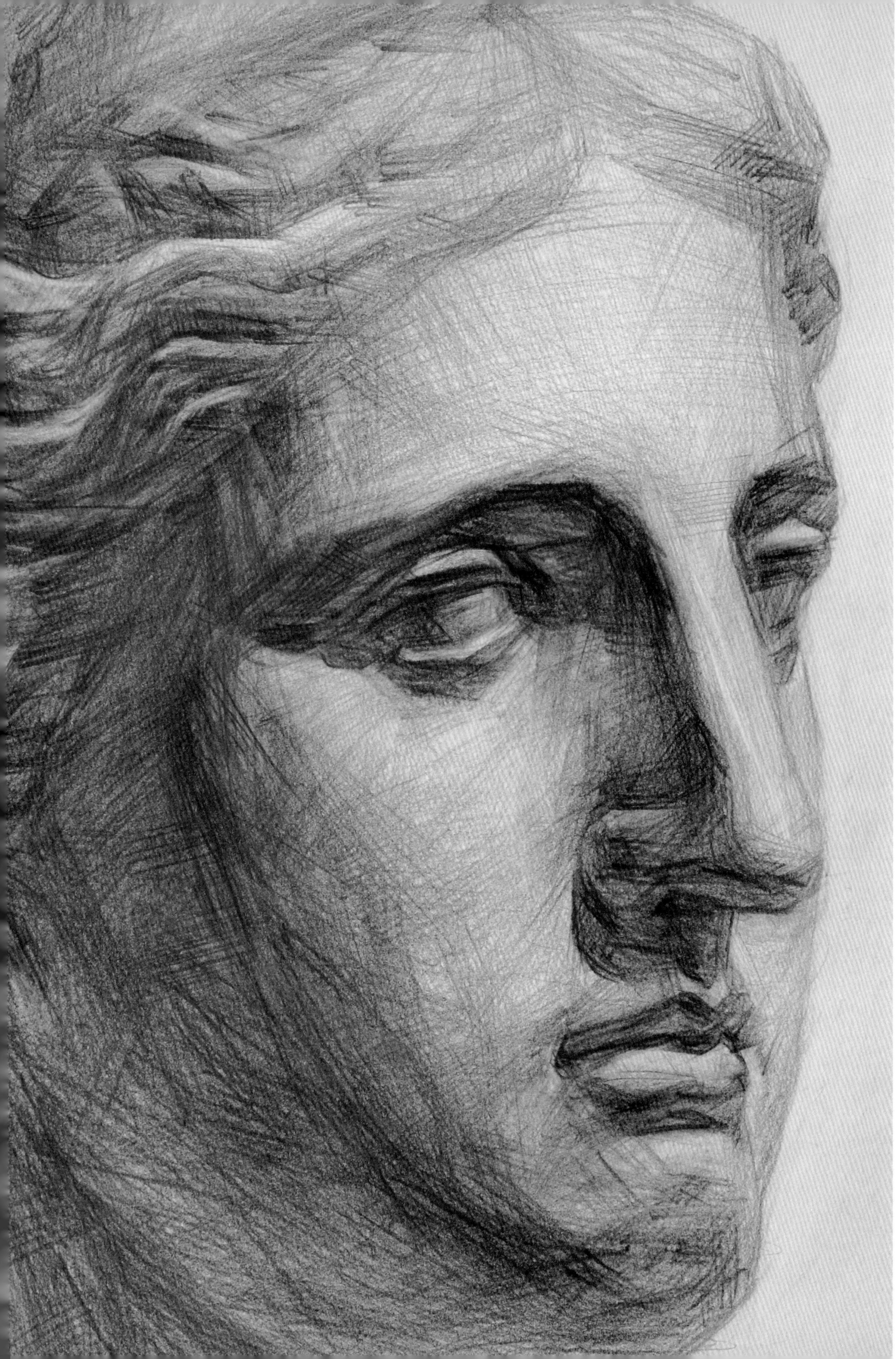

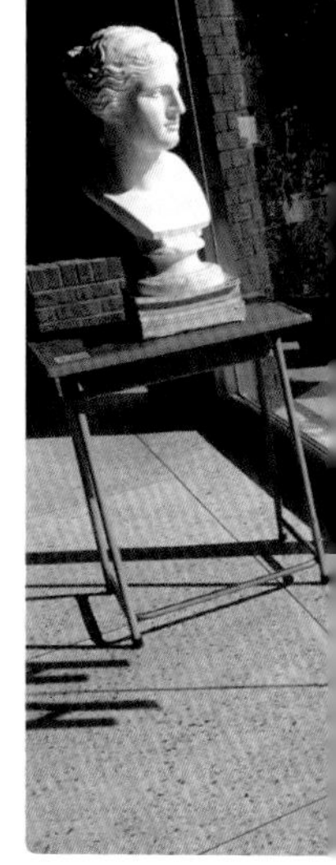

detail of aa5

Dessin

Korean modern classical drawing is often referred to with a French term, Dessin. This does reflect a European influence, which also accounts for the most popular subject of these drawings, plaster cast Greek and Roman busts. The evolution of this drawing technique and the criteria used to judge it, has grown increasingly refined and unique. There are several variations of Dessin. The drawings focus on different subjects, such as still life, figure, and landscape, with the bust being the most common. The most obvious defining element amongst the drawings is that they are all done with hatching and cross-hatching (and most often in pencil). These assignments, hundreds of drawings per student, are all aiming in the same general direction; university entrance.

I wondered how often the students were encouraged to, or allowed to invent their own expressions. There didn't seem to be much room for individuality. Are these artists or drawing robots? Moreover, why on earth are Korean people drawing pictures of Mercury and Venus, instead of their own marvelous mythology?

Chang Han reminded me that he had chosen modern ("Western focus") painting as his major, and that there was a traditional school of art as well. He admitted to me that he found the statues unfamiliar and a bit boring, saying the drawing process made him feel like a machine. He produced about five hundred drawings (and an even larger amount of watercolours, see below), all with the same process, subject, and dimensions.

While the exercises often seemed to have an oppressively narrow focus, he was compelled

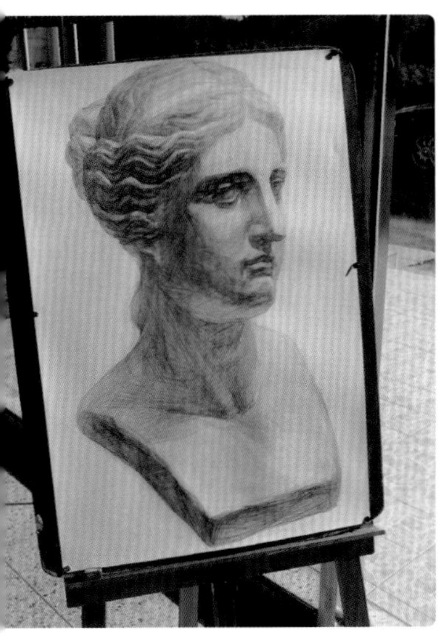

데생

한국에서는 근대식 고전 드로잉 기법을 프랑스 용어인 "데생(Dessin)"이라고 부른다. 이 용어는 유럽의 영향을 반영하는데, 이는 드로잉 작업에서 그리스 로마 시대의 석고 흉상이 가장 인기 많은 주제인 것과 상통한다. 이러한 드로잉 기법과 그것을 판단하기 위한 기준은 점차 독특해지고 정교해졌다. 데생에는 여러 가지 유형이 있다. 드로잉에서는 정지된 상태의 생물체, 인물, 풍경 등과 같이 다양한 주제가 사용되고 있지만, 그 중에서도 흉상이 가장 흔하게 사용된다. 한국식 데생기법을 구분 짓는 가장 확실한 요소는 이 작업이 고도(高度)의 선 긋기 및 선의 중첩 기법으로 구성된다는 점이고, 아울러 연필이 가장 많이 사용된다는 점도 들 수 있다. 그런데 한 명의 학생이 수 백 장의 드로잉을 습작해야 하는 한국 학생들의 부담은 이 모든 것이 오로지 대학 입시만을 목표로 하고 있다는 데 있다.

이러한 상황에서 나는 학생들이 자신만의 표현을 고안할 수 있는 분위기가 용인되는지 궁금하지 않을 수가 없었다. 개성을 드러낼 여지가 전혀 없어 보이기 때문이다. 이들이 진정 예술가인가? 아니면 이들은 드로잉하는 로봇에 불과한가? 게다가 한국 사람들은 도대체 왜 자신들만이 가지고 있는 경이로운 신화와 전설 속 인물 대신에 머큐리상이나 비너스상을 그리고 있는 것인가?

그는 자신이 근대 서양화를 전공하였다는 점과 한국에는 동양화 전공의 학교도 있다는 점을 상기시켜주었다. 그는 드로잉 작업을 하다 보면 자신이 기계가 된 느낌이 든다고 하면서, 자신도 석고상 작업이 낯설게만 느껴지고 심지어는 지루하기까지 하다고 털어놓았다. 그 역시 동일한 과정과 주제, 그리고 같은 크기의 비슷한 작업을 하면서 대략 5백 점 이상 드로잉 작업을 한 바 있다. 그리고 이후를 보면 알 수 있듯 그보다 더 많은 분량의 수채화 작업도 한 바 있다.

by what he learned, and how that even in such a narrow scope he was able to find wiggle room, to begin expressing himself, and invent. There are subtle differences from one drawing to the next. After looking at a selection from different artists, one can begin to recognize 'signature' differences.

After leafing through stacks and stacks of student drawings, Chang Han showed me some of his own, older works from his university days. He points out that his lines are longer than what is done nowadays. He seems partial to the older way, tracing his hand along the long flowing line. Even in this strict and narrowing set of ideals, Chang Han is able to find interest, and differences between each artists work, pointing out the subtle 'personalities' in mark making Even in this highly disciplined way of drawing, personal traits and philosophy can be seen in each artist's work. How they imagine to meet the requirements or interpret the rules of this specific kind of drawing, becomes their unique answer to the riddle. Chang Han prizes grace and fluidity, so that's why his drawings are a bit different, but still well within the boundaries for his time. He told me that the requirements are changing and it is becoming more and more rigid.

Chang Han learned to appreciate the soft white curves and cool white of the statues, in time, developing a genuine interest in drawing them. He tells me that, while many of the drawings selected for this book are not the best overall examples of Korean Dessin mas-

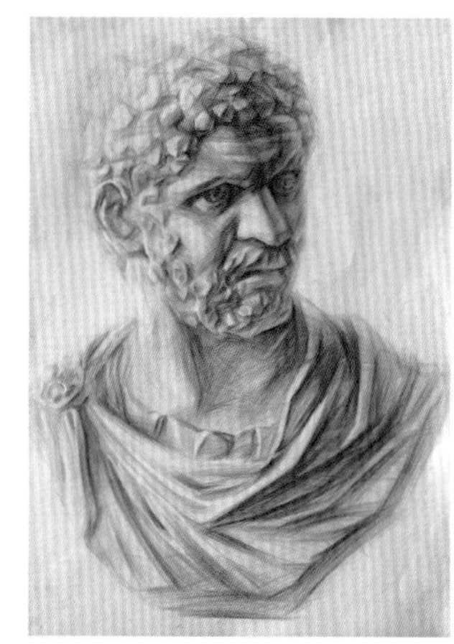

aa1

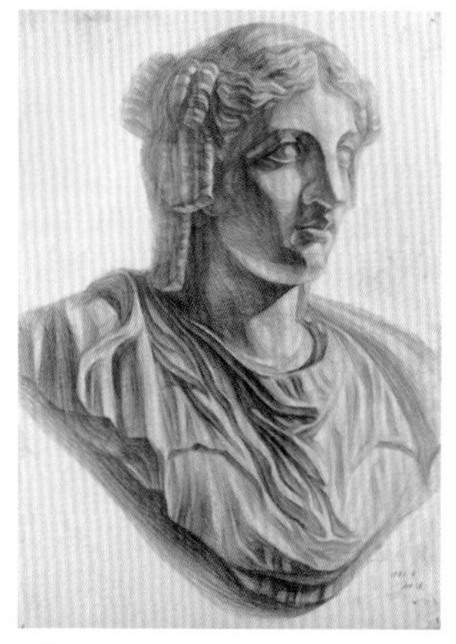

aa2

이러한 연습은 가혹하리만치 제한된 주제만을 사용하는 것 같아 보이지만, 그는 자신이 학습한 것과 그렇게 제한된 범위 내에서도 자신의 무한한 미적 특성을 나타낼 수 있다는 점에 매료되었다. 드로잉마다 조금씩 미세한 차이가 존재한다. 실제로, 다양한 예술가의 작품을 보고 나면 각 작품마다 각기 다른 작가들의 서명이 있다는 것을 인식하기 시작하는 것이다.

수북이 쌓인 학생들의 드로잉 작품을 한 장씩 넘기면서 그는 고등학교 및 대학시절에 그린 자신의 작품들도 보여주었다. 그 당시 그가 구사한 선은 요즘의 선보다 길이가 더 길다는 점을 지적하였다. 그는 길게 흐르는 선을 손으로 따라 그리는 자신의 옛날 방식을 좀더 좋아하는 것 같았다. 이렇듯 엄격하게 제한된 관념 속에서도 그는 미세하게 드러나는 "개성"의 차이를 지적하며, 각 예술 작품 간에 어떠한 차이가 있는지를 보여주었다. 그리고 이렇게 고도로 훈련된 드로잉 방식에서도 각 예술 작품 속에 깃든 각 개인의 특성과 철학을 찾아볼 수 있다. 이처럼 특정의 드로잉 관련 규칙이나 요구 조건을 어떻게 해석하고 충족시킬 것인지 그 방법은 그러한 수수께끼에 대한 그들 자신만의 고유한 해답이라고 볼 수 있다. 김창한은 자신만의 우아함과 유려함을 소중하게 생각하였고, 그렇기 때문에 그의 드로잉은 약간 다르면서도 동시대의 미적인 가치를 구현해 낼 수 있었다. 그는 드로잉의 요구 조건이 계속해서 변하고 있으며, 그것이 때로는 더 엄격하고, 때로는 더 자유로워진다고 하였다.

그는 시간이 지나면서 드로잉에 대한 진정한 미적 가치를 발견하게 되었고, 그러면서 각 석고상들이 풍기고 있는 부드럽게 뻗은 하얀 곡선과 차가운 흰 곡선을 음미하는 법을 체득하기 시작했다. 그는 이 작품집에 싣기 위해 엄선된 많은 드로잉 작품들이 한국의 데생 기술을 대변하는 가장 모범적인 작품들은 아니지만 이 분야에서 활동

aa1. **Caracalla**
카라칼라
1981, Pencil on paper
78x54cm

aa2. **Untitled**
퍼전트
1981, Pencil on paper
78x54cm

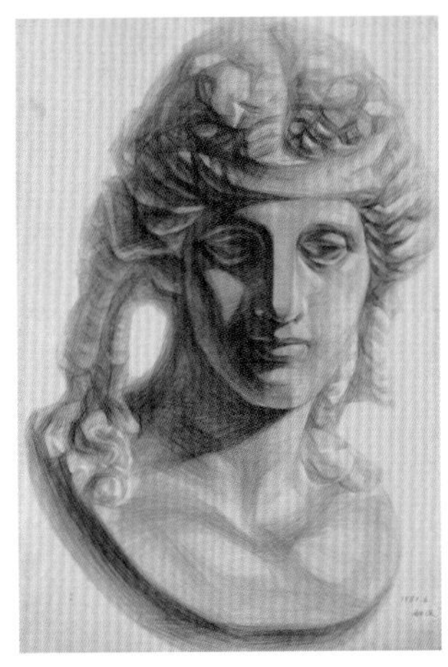

aa3

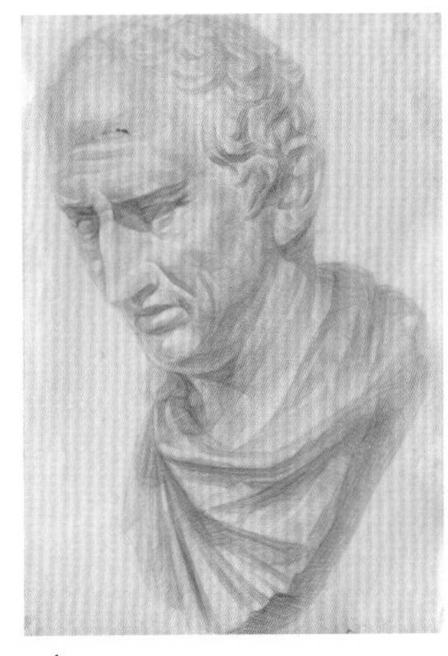

aa4

tery, they do map out his own personal development, as well as some of the characteristics of his generation, in regards to this particular type of training. He laughingly says, "They aren't the very best drawings in the world of Dessin, but they show the history and potential of one very eager student."

Chang Han recognizes the importance of this formal training (Dessin, Watercolour) as his foundation in art. He acknowledges that the practice, even though it felt oppressive at the time, gave him new freedoms. Having a concrete understanding of how to draw representationally, gave him greater confidence and range. As an art teacher, he values the different genres of Korean academic art and the skills they bring.

Hatching or cross-hatching is used to build up areas of shade, or in its absence, white paper, represents light. Overlapping or angle changes create the appearance of facets, or different planes on the surface, angled differently and reflecting a gradient value of light. The results have certain similarities, but invariably differ in more subtle ways. The pencil is used to achieve the effects ranging from gentle ghostly forms that emerge from the page, to grinding hard deliberate marks that more resemble a stone carving, and everything between. What else may be distinctively Korean is the masterfully practiced technique. Virtuosity is a prerequisite in Korea.

aa3. **Arias**
아리아스
1981, Pencil on paper
78x54cm

aa4. **Cicero**
키케로
1981, Pencil on paper
78x54cm

하는 그 자신의 세대에서 나타나는 특징뿐만 아니라 자신만의 독특한 개성(미적 특성)을 보여주고 있다고 하였다. 그는 웃으면서 이렇게 말했다. "이 작품들이 제가 그 동안 그렸던 데생 작품 중 최고 수작은 아닙니다. 다만, 열정이 가득한 한 학생이 거쳐온 역사와 그 학생이 가진 잠재력을 보여 준다고 할 수 있을 것입니다."

그는 자신의 미술을 위한 토대로서의 의미를 갖는 이러한 정규교육(데생과 수채화)의 중요성에 대해 잘 인식하고 있다. 그 당시에는 이러한 습작의 과정이 가혹할 정도라고 느낀 적도 있었지만, 그러한 연습의 과정이 그에게 새로운 자유를 주었다고 말했다. 그는 드로잉을 통한 재현 방법을 구체적으로 이해함으로써 확신과 범위의 지평을 보다 넓힐 수 있었다. 미술을 가르치는 스승으로서 그는 한국 미술계의 다양한 장르와 이러한 장르별로 존재하는 다양한 기법을 높이 평가하고 있다.

선 긋기 기법이나 선의 중첩 기법은 명암을 강조하는 기법으로서, 이러한 기법을 쓰지 않는다면 빛을 재현하는 수단은 하얀색의 종이밖에 없을 것이다. 오버래핑(overlapping: 덧칠하기)이나 앵글 조정을 통해 빛이 갖는 다양한 경사각을 재현함으로써 사물의 면이 갖는 형상이나, 표면에 드러난 각기 다른 모습의 평면을 재현할 수 있다. 이러한 기법을 어떻게 사용하느냐에 따라 그 결과는 비슷해 보일지라도 항시 보다 미세한 방식으로 그 차이를 나타내게 된다. 연필은 종이에서 볼 수 있는 부드러운 그림자 효과에서부터 돌에 조각을 새긴 것 같은 그라인딩 효과까지 다양한 효과를 연출하는 데 사용된다. 그 밖에 한국의 고유한 특성이라고 볼 수 있는 것은 장인에게서만 나타나는 기술(실력)이다. 한국에서는 이러한 기술이 매우 중요한 것으로 인식되고 있다.

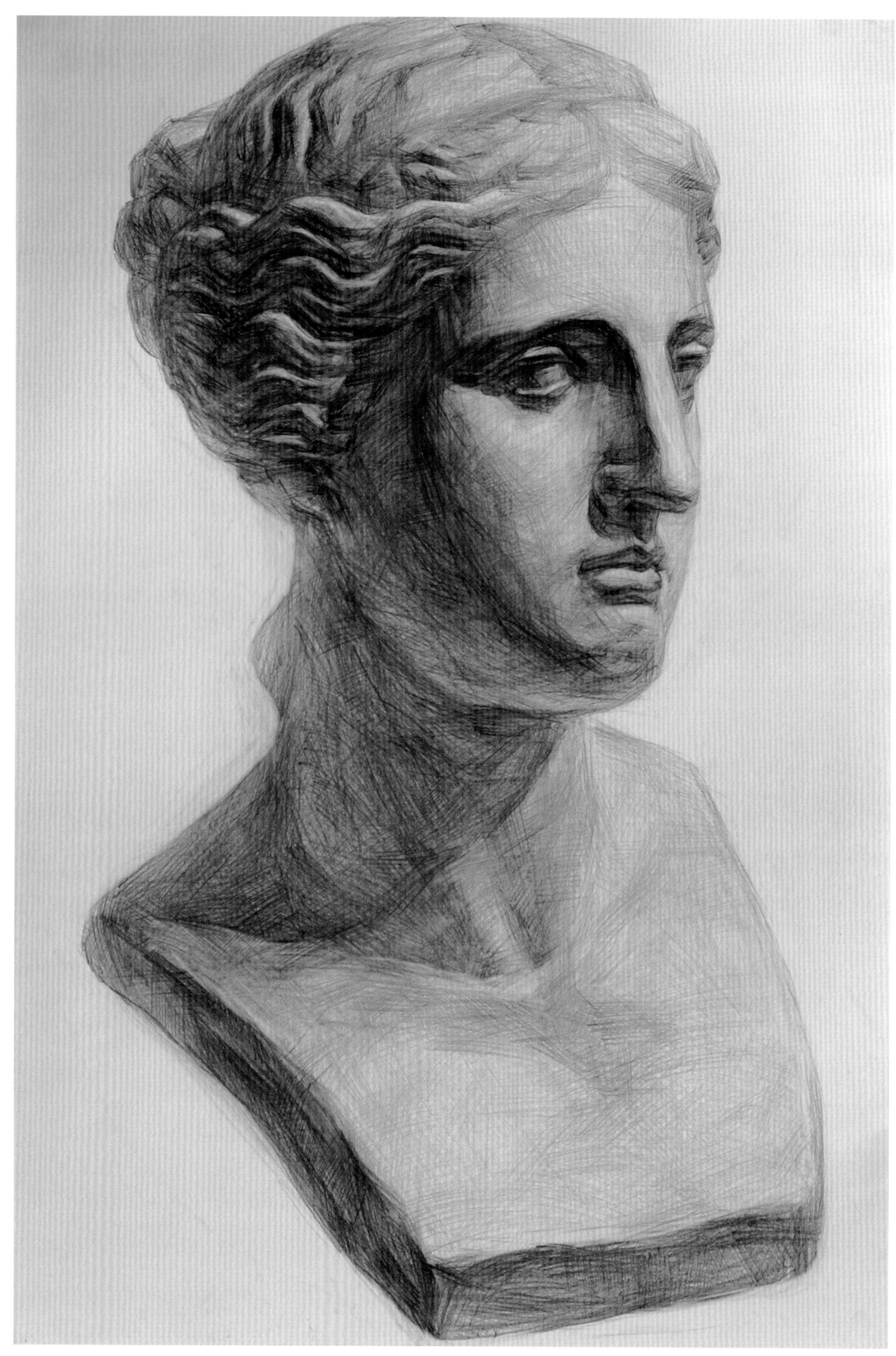

aa5. **Venus** 비너스 2007, Pencil on paper 78x54cm

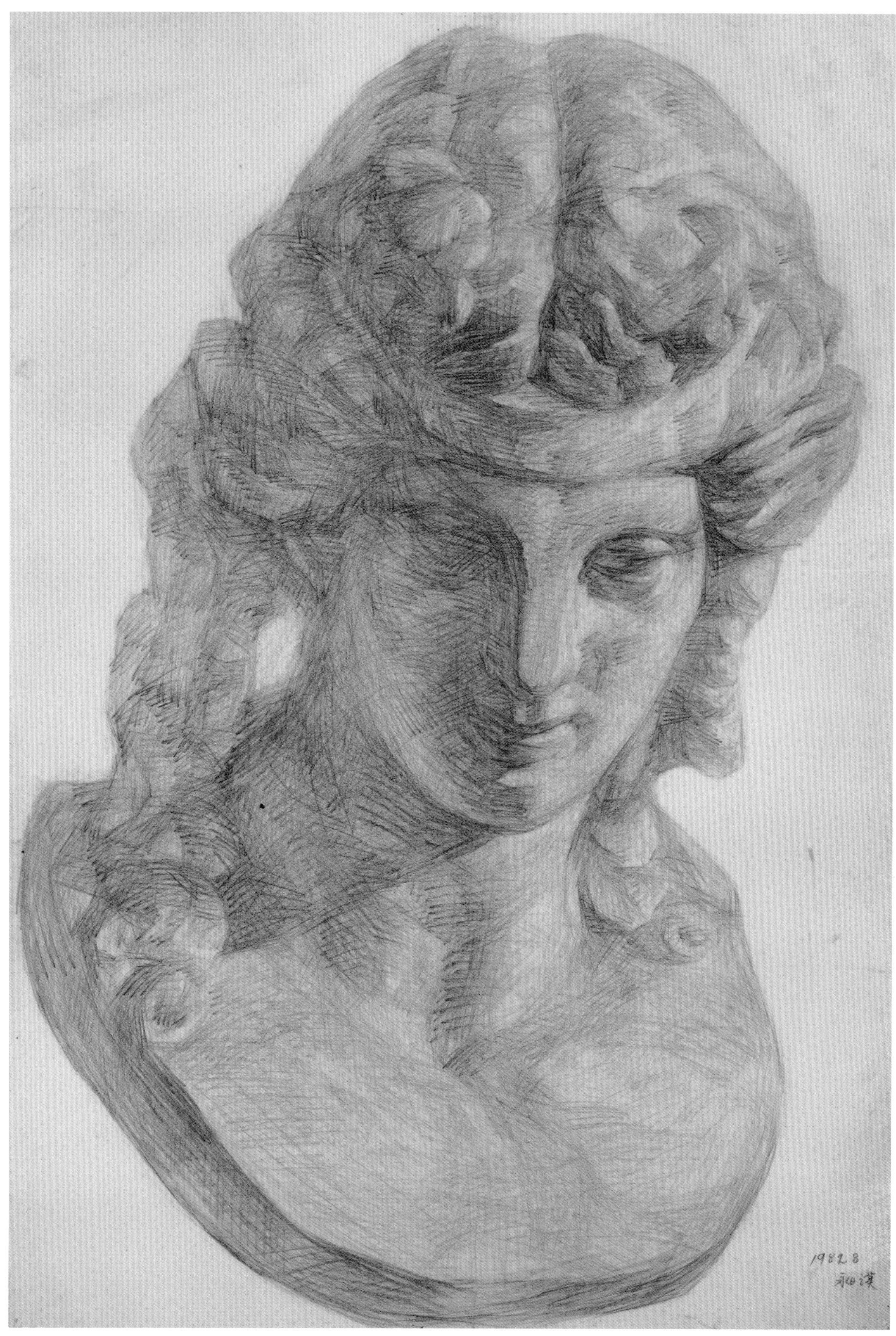

aa6. **Arias** 아리아스 1982, Pencil on paper 78x54cm

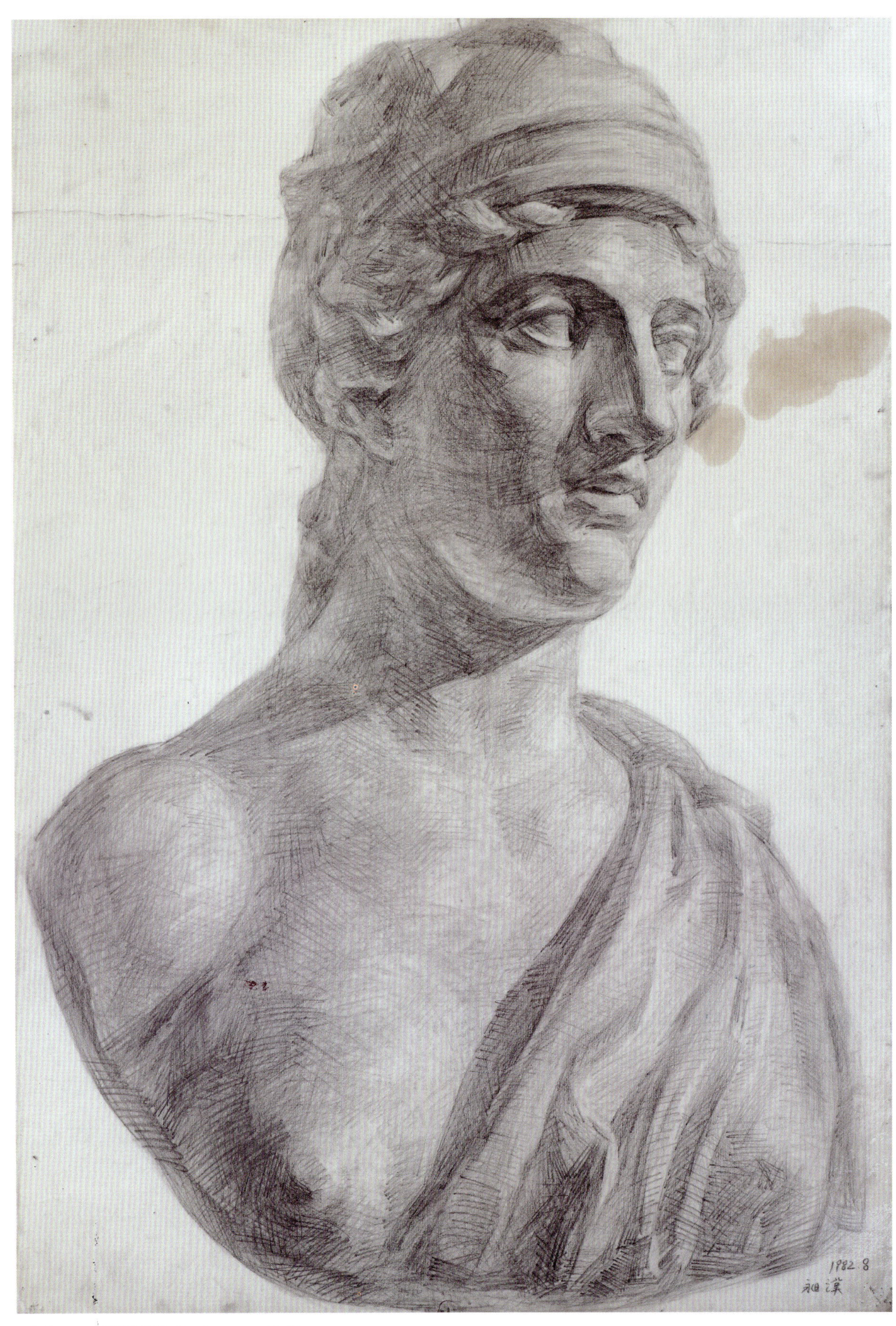

aa7. **Amazon** 아마존 1982, Pencil on paper 78x54cm

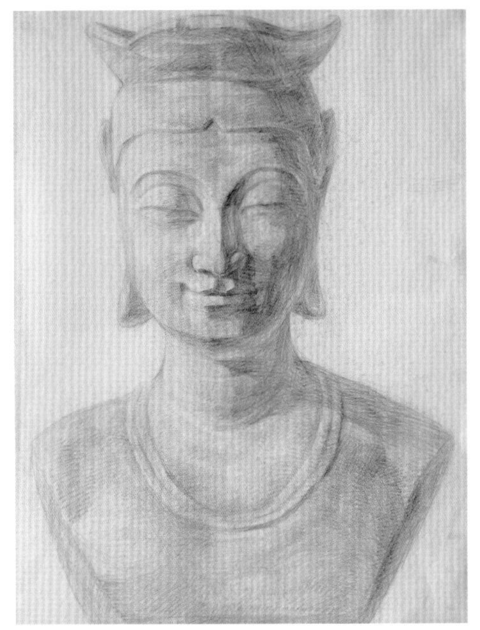

aa8

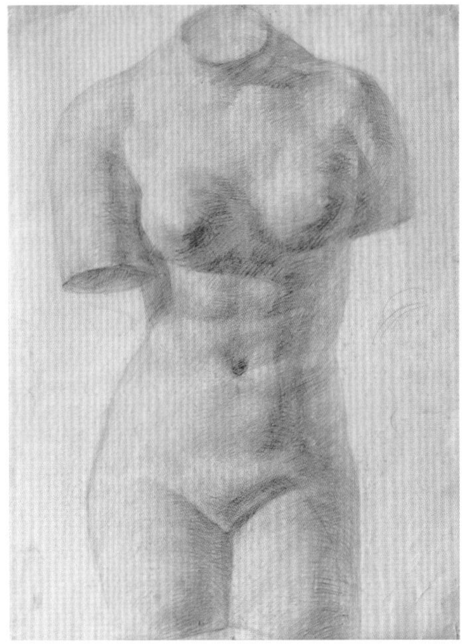

aa9

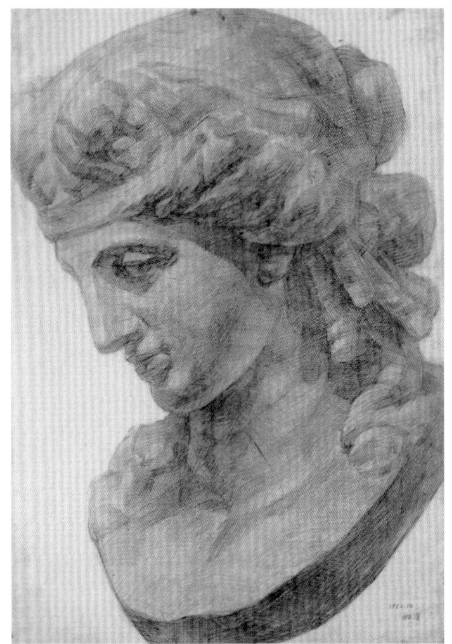

aa10

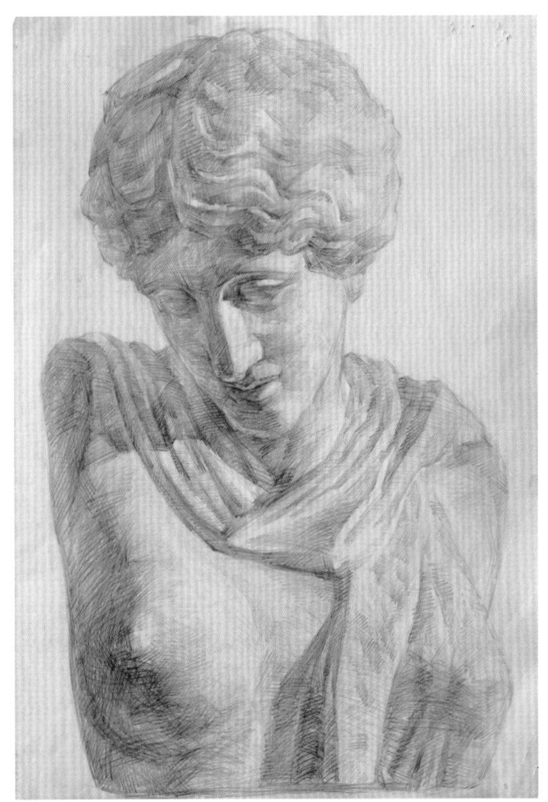

aa11

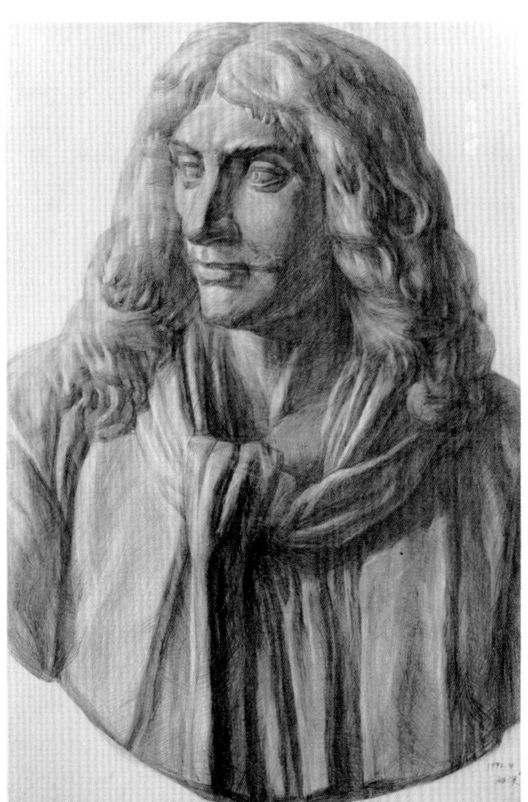

aa12

aa8. **Buddha**
금동미륵보살반가상
（金銅彌勒菩薩半跏像）
1981, Pencil on paper
65x49cm

aa9. **Torso**
토르소
1981, Pencil on paper
65x49cm

aa10. **Arias**
아리아스
1982, Pencil on paper
78x54cm

aa11. **Greek lady**
그리스 부인상
1982, Pencil on paper
78x54cm

aa12. **Moliere**
몰리에르
1992, Pencil on paper
78x54cm

aa13. **Gwon Yeong Joo**
권영주
2007, Pencil on paper
78x54cm

aa14. **Dan C Gauthier**
댄 고치
2007, Pencil on paper
78x54cm
Private collection in Ulsan (Korea)

aa15. **A Boy**
소년
1982, Pencil on paper
78x54cm

aa16,17. **Already the leaves are falling**
벌써 낙엽이 지고 있어
2007, Pencil on paper
49x65cm

aa18~21. **Family**
가족
2007, Pencil on paper
49x65cm

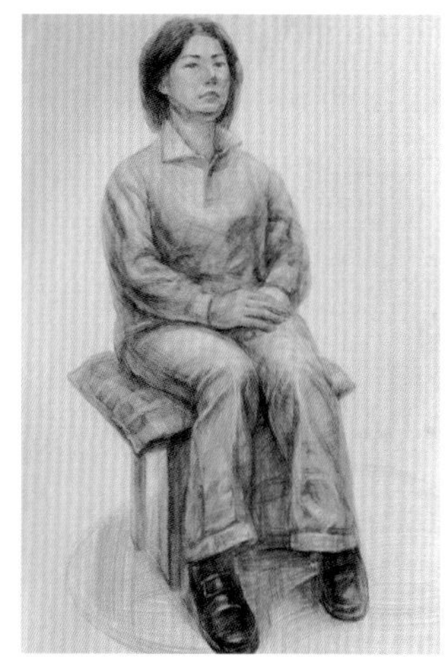

aa13

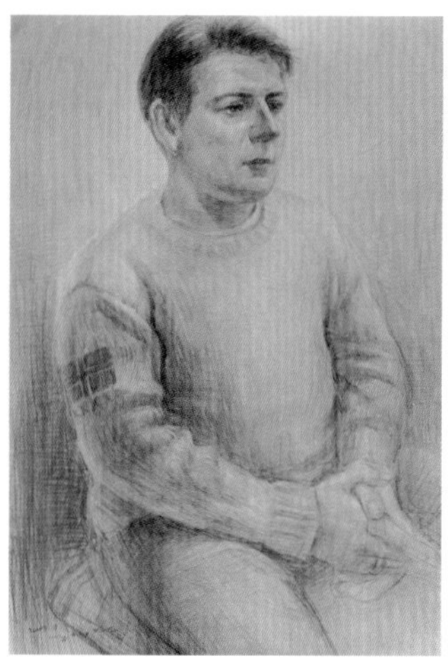

aa14

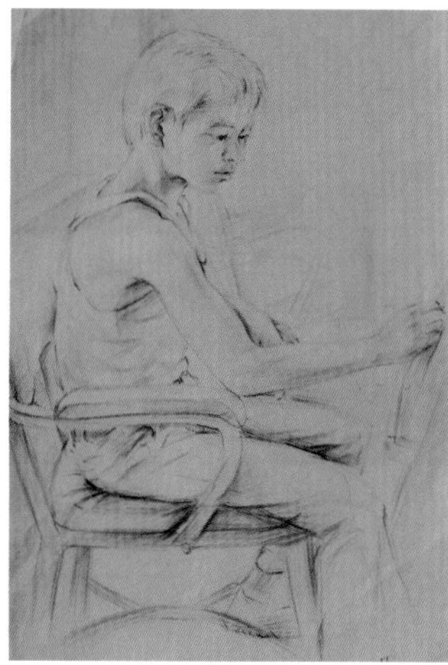

aa15

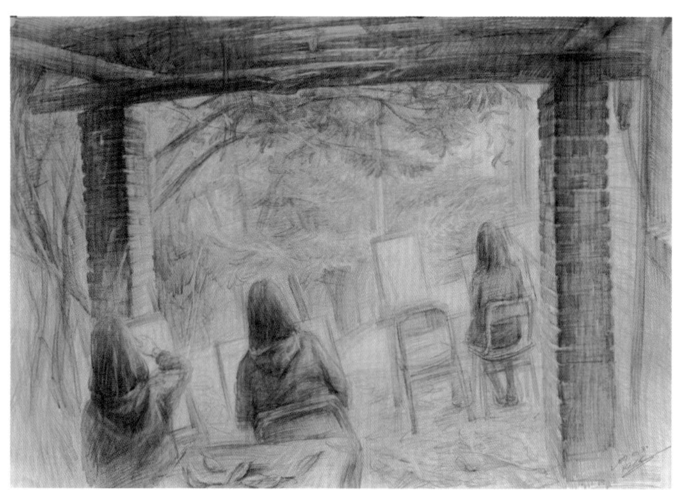

aa16

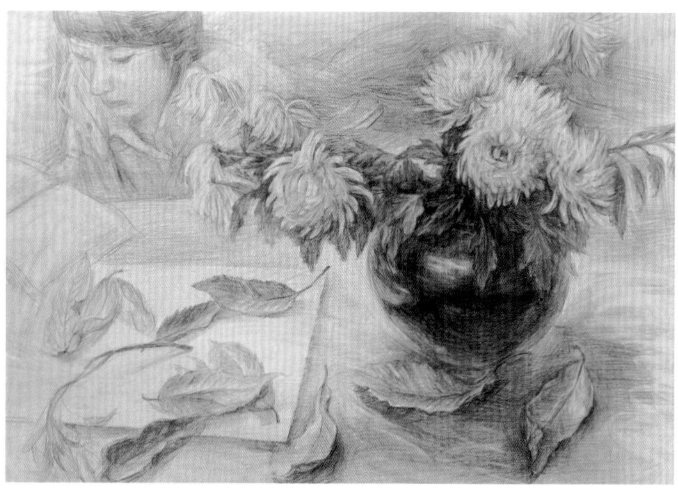

aa17

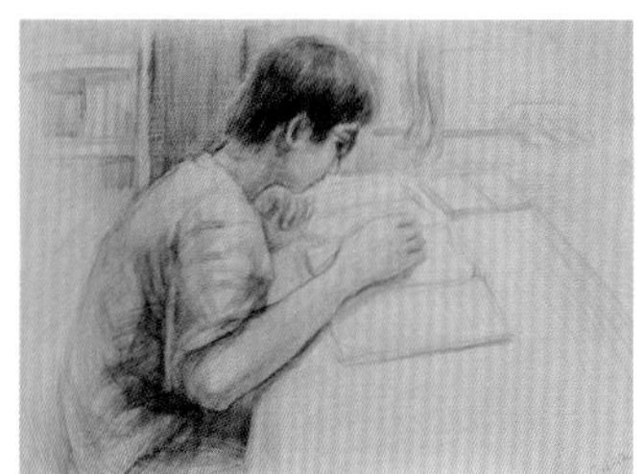

aa18

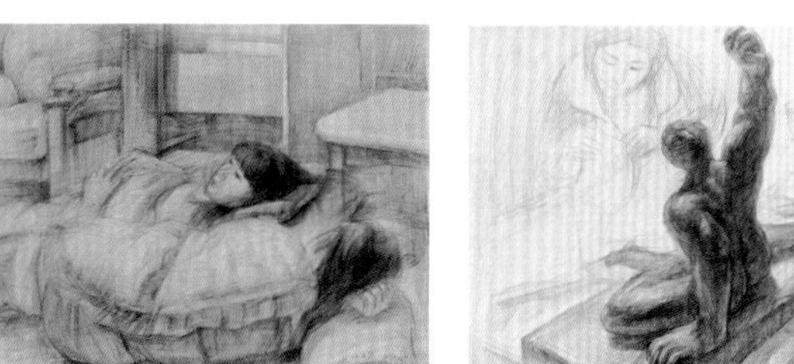

aa19

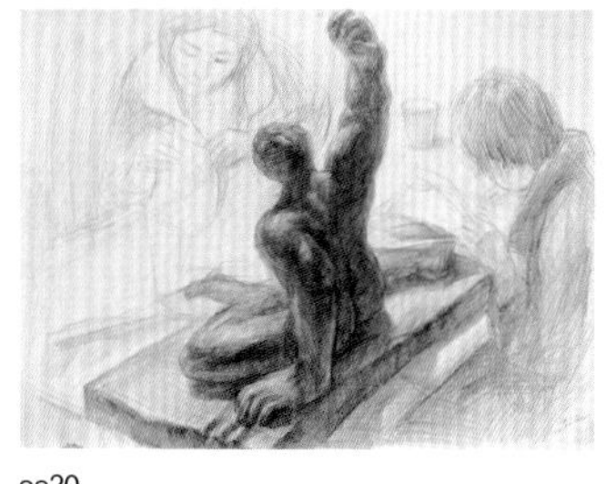

aa20

aa21

Watercolour

Being a relatively benign medium, watercolours are introduced to students at a very young age. Chang Han began using watercolours in middle school, and has continued until the present. In a similar format to the Dessin, students use a large piece of paper and gradually build up representation of form. While they do work from the same subjects as Dessin, the addition of colour gives a new life to the mixed still life or landscape. The still life subjects often mix traditional and modern parts. The composition could include a dried fish, a soju or cola bottle, grass sandals, or pack of Ramien noodles. The motive for this range of materials, while obvious with its potential for symbolism, is largely to give the student opportunity to attempt different colour and texture combinations. The objects are reflective, transparent, soft, rough, and come in every hue. Watercolours were a favourite for Chang Han in school.

Even though he enjoys stepping in and out of each medium's discipline, there has always been favouritism toward colour- lots of colour. While Chang Han produced hundreds of these drawings for academic preparation, he now selects only subjects that he feels are suited for the medium. In the case of something like the orchard, oil would be better. The inherent characteristics of oil would make it superior to capture the physicality of branches, leaves, twigs and grass. Its variable surface texture and vivid colours are preferred to depict the green tangled life of an apple tree. On the other hand, transparent washes are the best choice for ghostly insects, atmosphere, and ephemeral abstraction. They are all harmonious, caught in the drying pools of water and pigment.

수채화

상대적으로 부드러운 매체인 수채화(물감)는 아주 어린 나이의 학생들도 사용하는 매체이다. 김창한은 중학교 시절부터 본격적으로 수채화(물감)를 사용하기 시작했고, 현재까지도 이를 사용하고 있다. 데생의 경우와 마찬가지로, 한국 학생들은 큰 종이를 사용하여 점차 형상을 재현하는 훈련을 강화해 간다. 수채화 작업의 경우, 초기에는 데생과 같은 주제에서 출발하지만, 데생과 달리 색이 추가됨으로써 고정된 물체나 풍경에 새로운 생명을 불어넣게 된다. 수채화 작업에서는 고정된 물체에 전통적인 것과 현대적인 것이 혼용되기도 한다. 가령, 바짝 말라 있는 생선에 소주병이나 콜라병 혹은 유리 구두 내지는 라면 봉지를 서로 섞어 놓는 것이다. 이러한 식의 재료들을 서로 섞어 놓는 모티브를 생각해 보면(물론, 상징성의 측면에서 그것들이 갖는 가능성은 굳이 말하지 않아도 분명한 것이겠지만), 그 무엇보다도 학생들로 하여금 각기 다른 색깔과 질감(texture)을 시도해보도록 하는 데 있다. 각 물체의 특성들을 보면, 반사 특성을 갖는 물체, 투명한 물체, 부드러운 물체, 거친 물체 등 매우 다양하며, 아울러 이 물체들은 그 색상조차도 각기 다르게 존재한다. 수채화(물감)는 김창한이 학생 시절에 가장 좋아한 매체였다. 그는 모든 매체의 특성들을 넘나드는 것을 즐겼지만, 그러한 경우에도 그는 색에 대한 일관된 특별한 관심을 갖고 있었다. 즉 수많은 색에 대해서 말이다.

그 역시 대학입시를 준비하기 위해 수백 장의 드로잉 습작을 한 바 있지만, 이제 그는 수채화에 적합하다고 생각되는 주제만을 선택한다. 가령 과수원과 같은 주제는 유화가 더 나을 것이다. 오일이 갖는 본래의 특성으로 인해 줄기, 나뭇잎, 잔가지, 풀 등이 갖는 물리적인 특성을 표현하는 데 유화만한 것이 없기 때문이다. 또한 사과 나무에 매달린 녹색 열매가 갖는 생명력을 묘사하기 위해서는 유화와 같이 다양한 표면 질감과 생생한 색상을 재현할 수 있는 매체가 필요하다. 반면에, 그림자를 비추는 곤충이나 대기 그리고 추상화를 재현하는 데에는 투명한 특성의 수채화(혹은 아크릴)만한 것이 없다. 그것들은 물과 물감이 마른 자리에서 온전한 조화를 만들어낸다.

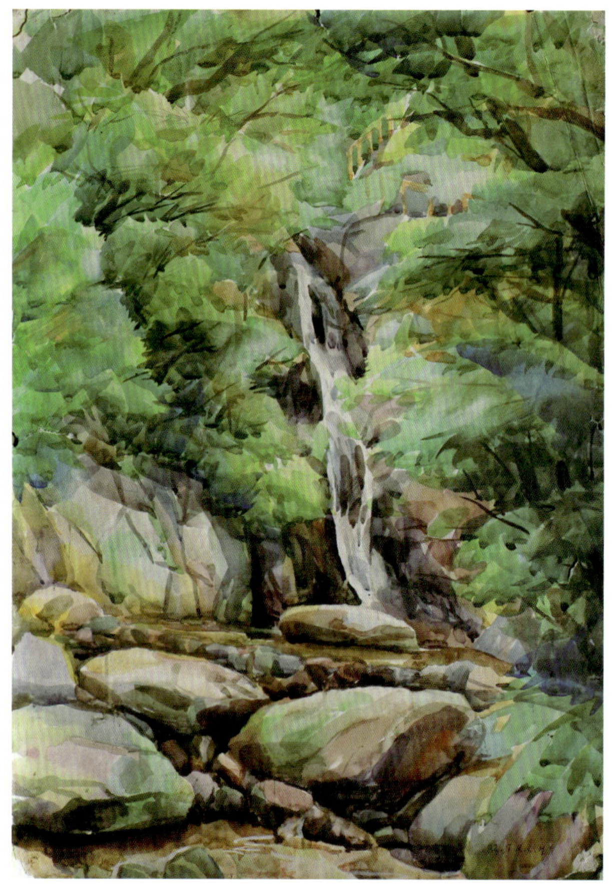

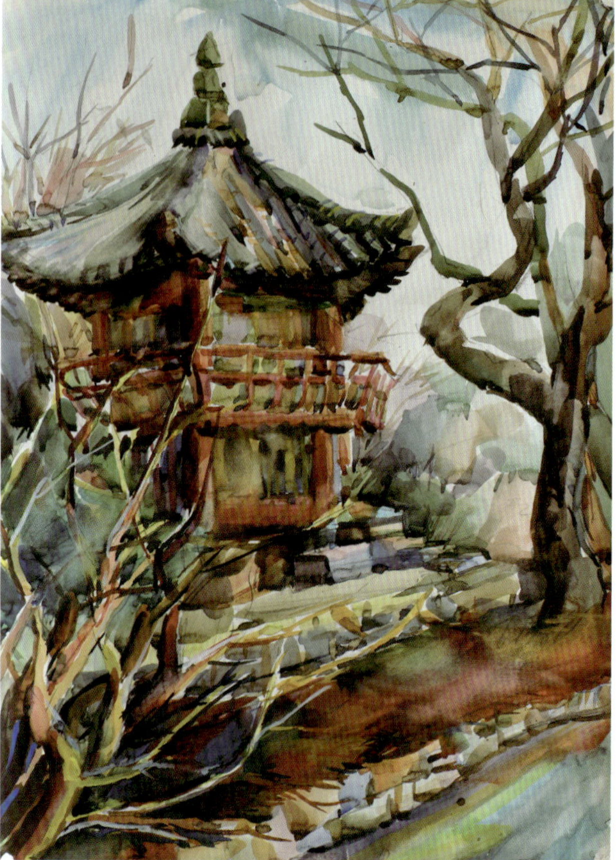

ab1. **Waterfall** 폭포 1981, Watercolour 79×55cm　　　ab2. **In Winter** 겨울날 1982, Watercolour 55×40cm

By Kim Chang Han

The work **'Waterfall** (1981)**'**, made during my second year of high school, shows the Hye-Bang (in Yeongju) waterfall located on the mountain known as So-Bak. I have a clear memory of making this picture. It was exhilarating to draw, fixing my attention on the spout of the waterfall, while feeling the chilling touch of its spray.

I consider the work **'In Winter** (1982)**'**, one of my best. It was drawn in Gyeongbokgung (in Seoul) during a spell of freezing weather. It reminds me of my friends and university. I feel that both of these works are imbued with all the passion of my young heart. Capturing Hye-Bang waterfall in oils on that freezing, snowing day, I felt alive.

김창한

'폭포(1981)**'**는 고(高) 2때 희방폭포(소백산, 영주)를 그린 것이다. 쏟아지는 비를 흠뻑 맞으면서 이 그림을 그렸던 기억이 지금도 생생하다. 시원하게 뿜어 내리는 폭포의 물줄기를 마주한 채 쏟아 붓는 소나기를 맞으며 그림을 그리는 통쾌한 느낌이 너무나 좋았다.

'겨울날(1982)**'**은 한참 대입실기시험을 준비하던 중 친구들과 잠깐 짬을 내어 스케치북을 들고 나가서 그렸던 그림이다. 영하의 날씨에도 불구하고 경복궁(서울)에서 끝까지 버티며 그려낸 인상 깊은 작품이다.

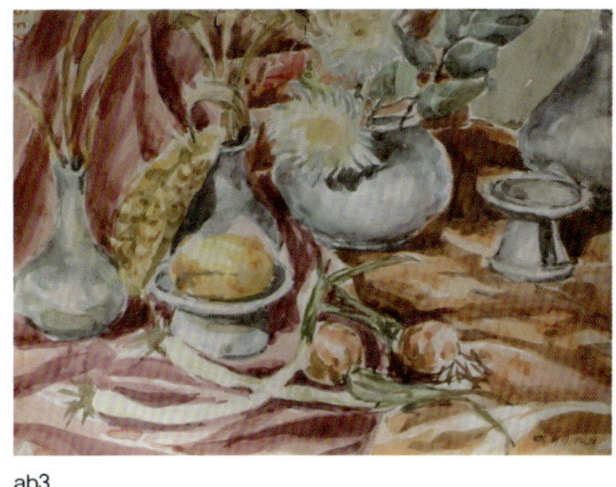

ab3

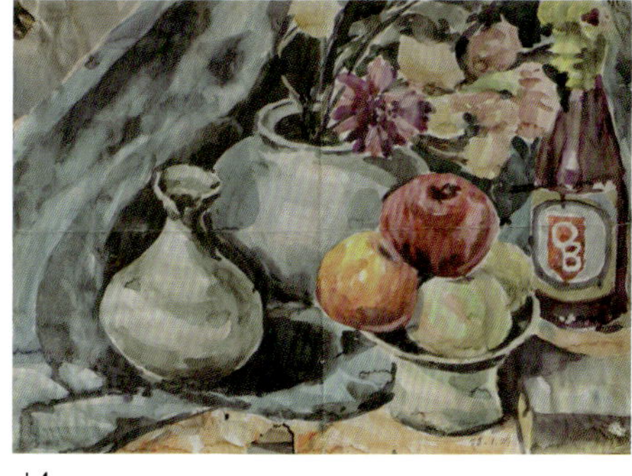

ab4

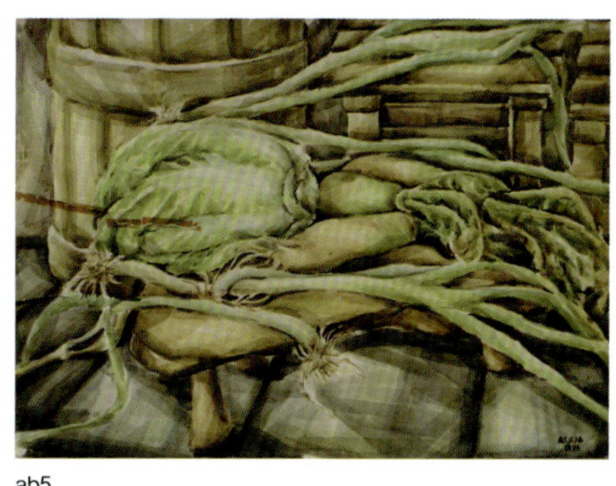

ab5

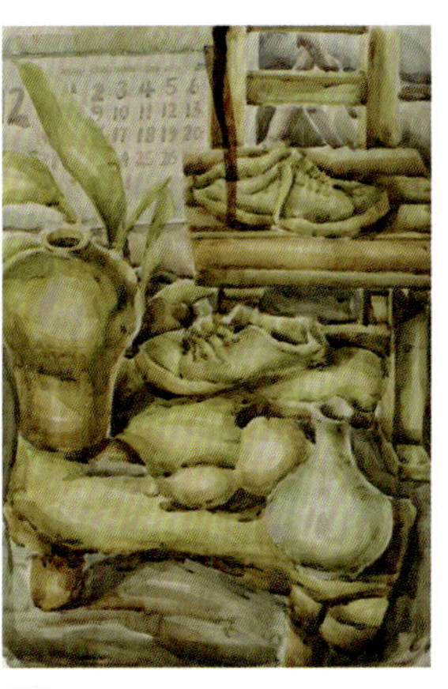

ab6

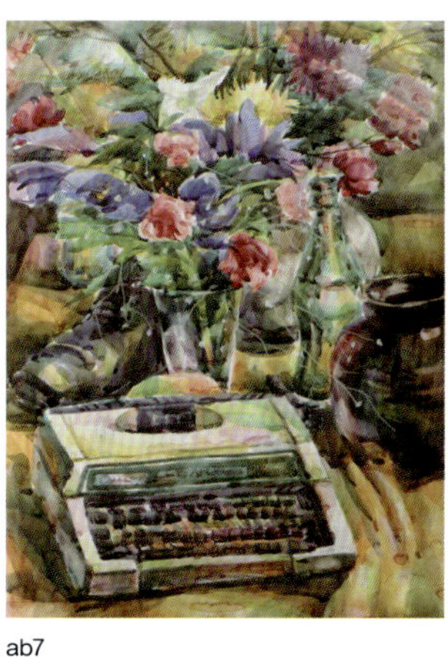

ab7

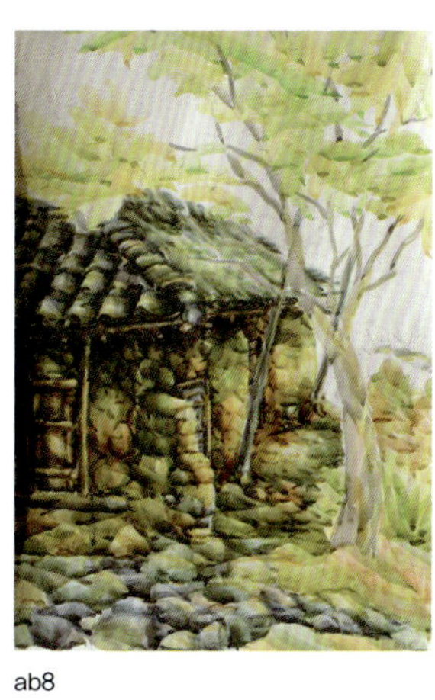

ab8

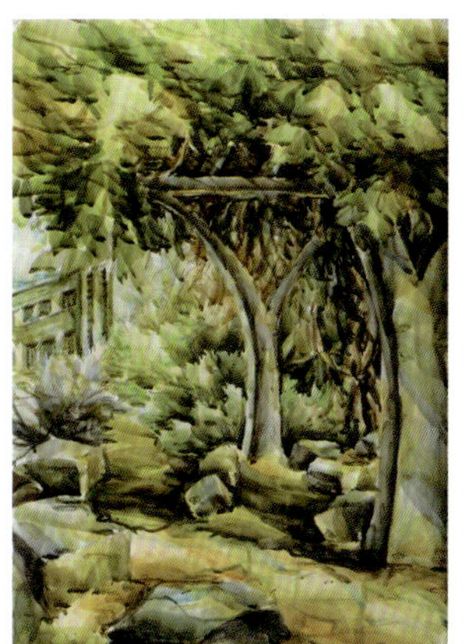

ab9

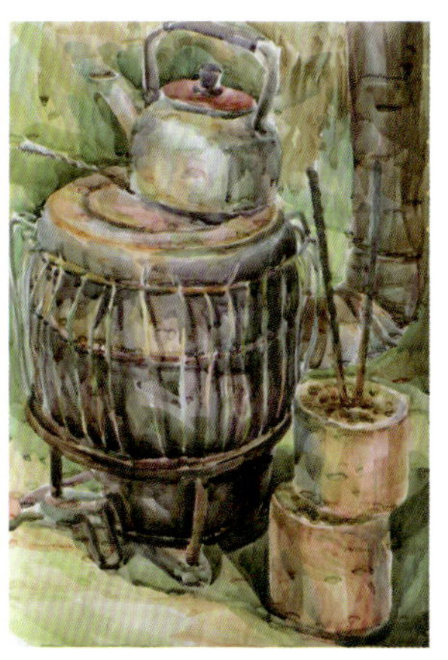

ab10

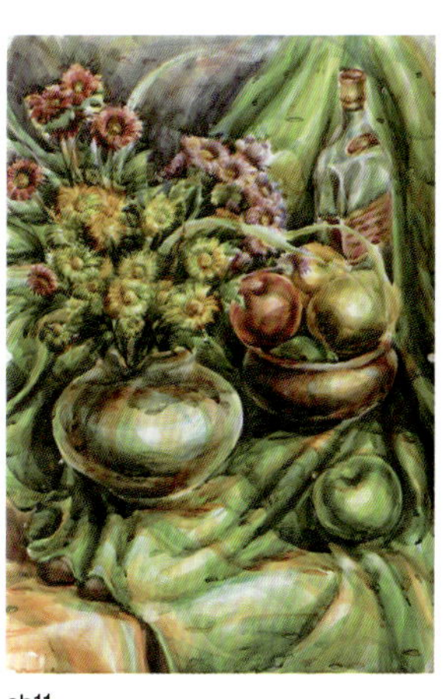

ab11

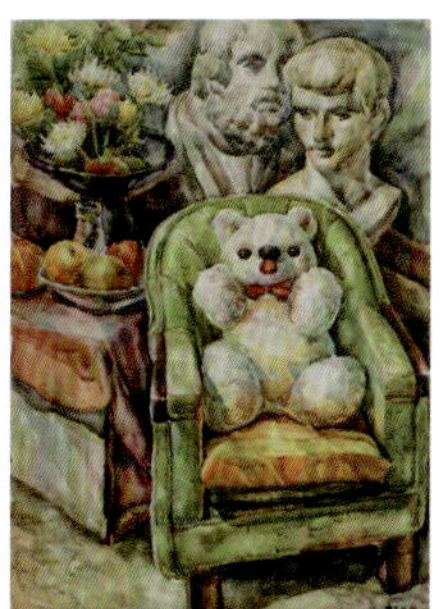

ab12

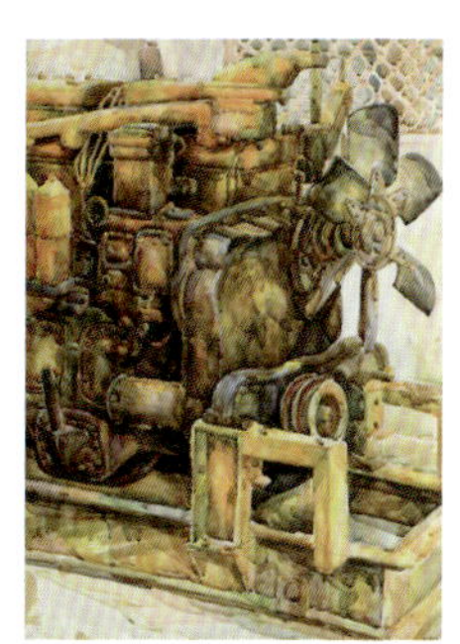

ab13

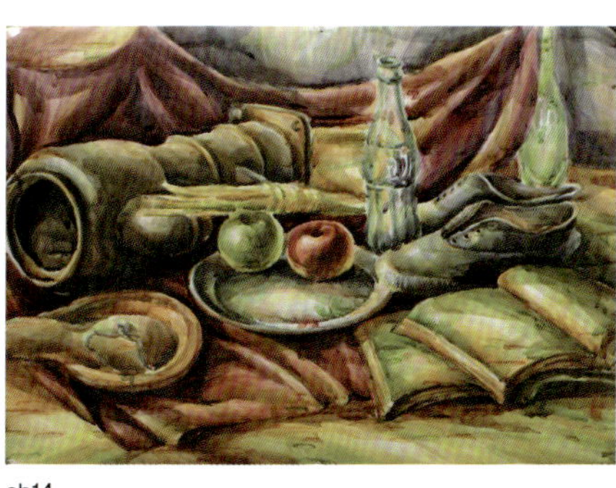

ab14

ab3. **Still - life** 정물
1977, Watercolour on paper
39×54cm

ab4. **Still - life** 정물
1978, Watercolour on paper
39×54cm

ab5. **Still - life** 정물
1980, Watercolour on paper
54x78cm

ab6. **Still - life** 정물
1980, Watercolour on paper
78x54cm

ab7. **Still - life** 정물
1980, Watercolour on paper
65x49cm

ab8~10. **Landscape** 풍경
1981, Watercolour on paper
78x54cm

ab11. **Still - life** 정물
1981, Watercolour on paper
78x54cm

ab12,13. **Landscape** 풍경
1982, Watercolour on paper
108x78cm

ab14. **Still - life** 정물
1981, Watercolour on paper
54x78cm

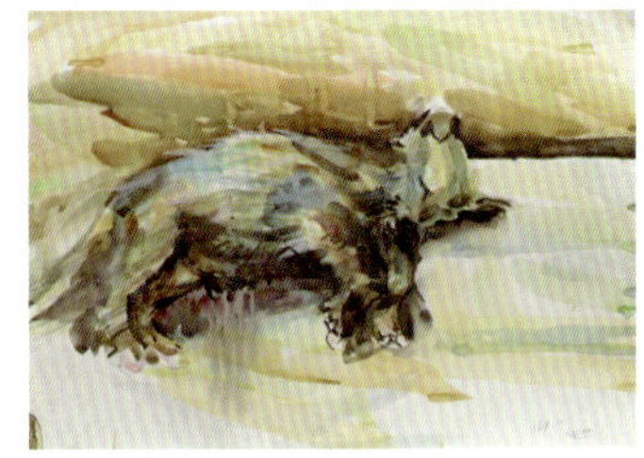

ab15

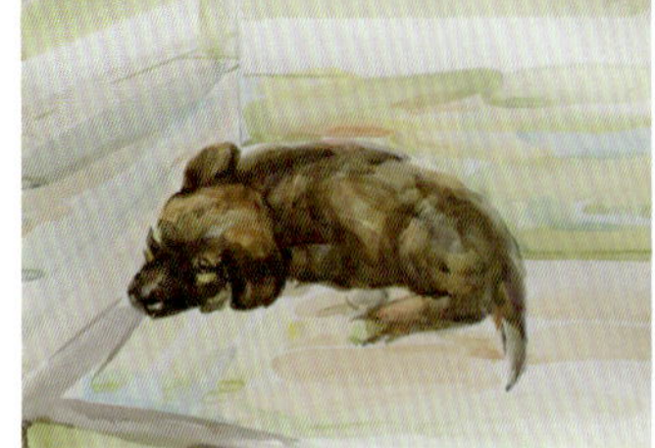

ab16

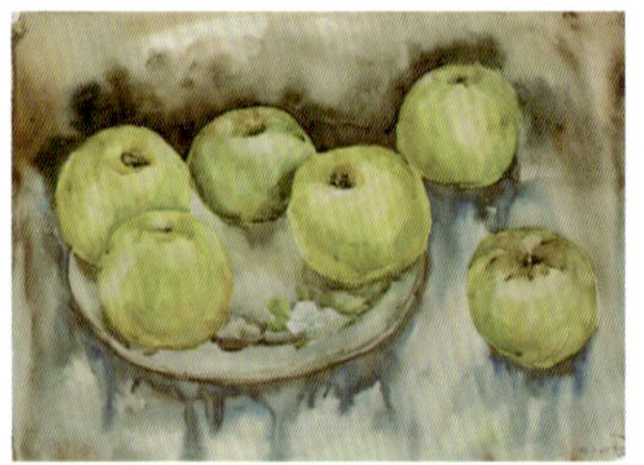

ab17

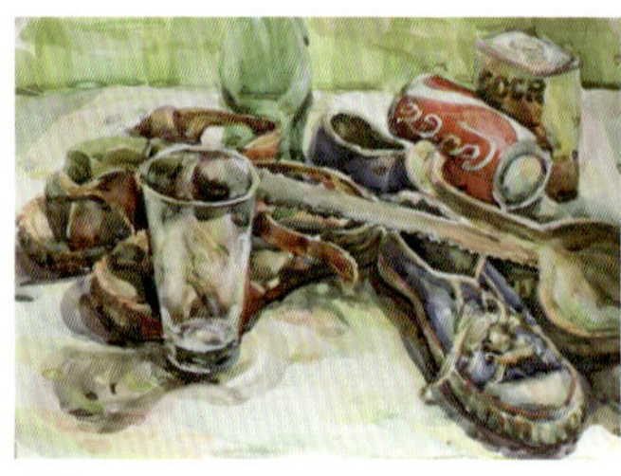

ab18

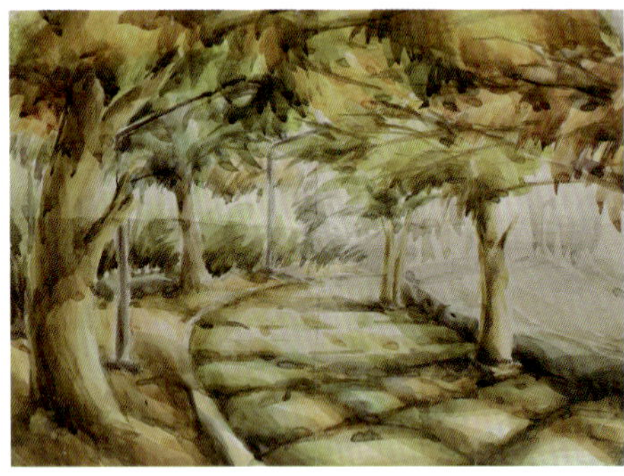

ab19

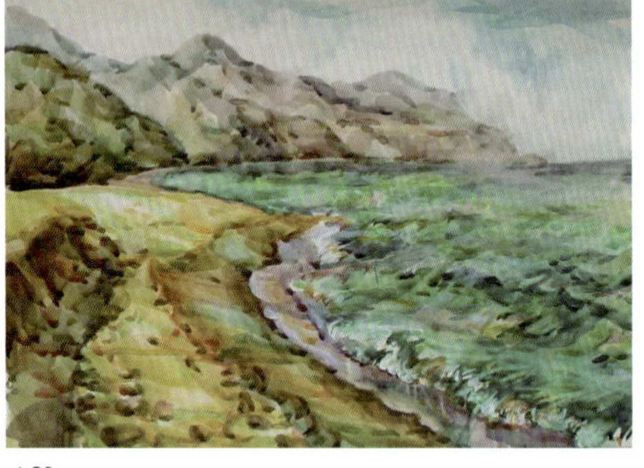

ab20

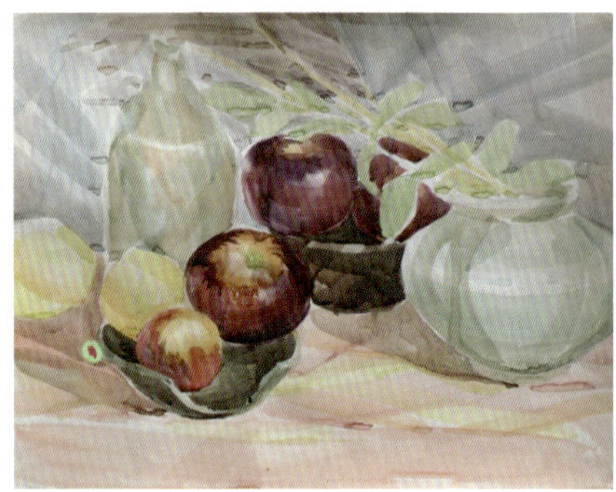

ab21

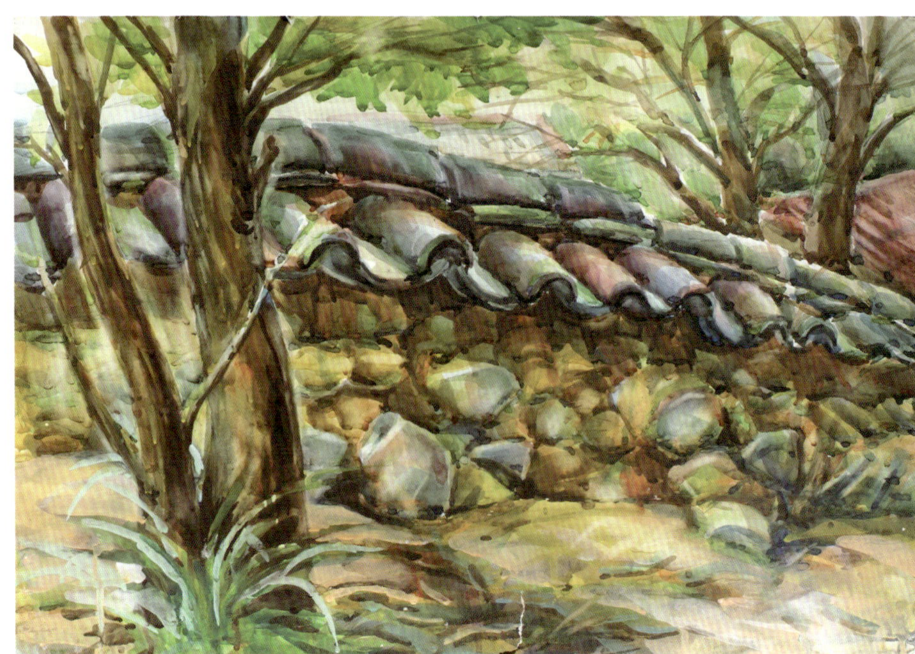

ab22

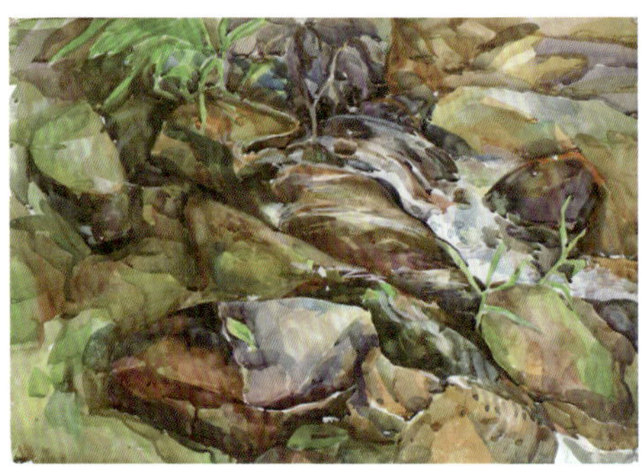

ab23

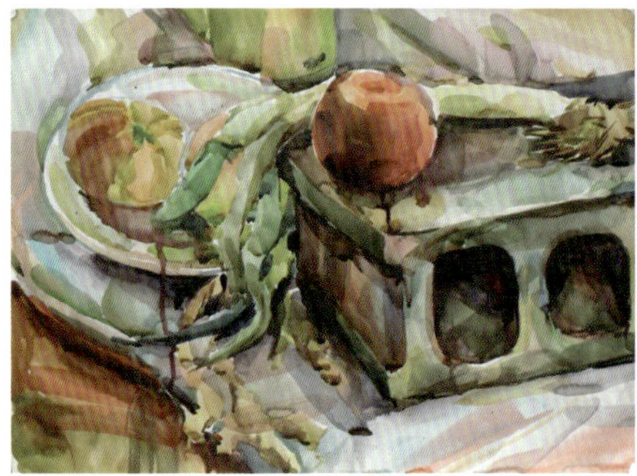

ab24

ab15,16. **A Puppy** 강아지
1981, Watercolour on paper
39×54cm

ab17,18. **Still－life** 정물
1982, Watercolour on paper
39×54cm

ab19,20. **Landscape** 풍경
1982, Watercolour on paper
39×54cm

ab21. **Still－life** 정물
1980, Watercolour on paper
49x65cm

ab22,23. **Landscape** 풍경
1982, Watercolour on paper
54x78cm

ab24. **Still－life** 정물
1982, Watercolour on paper
39×54cm

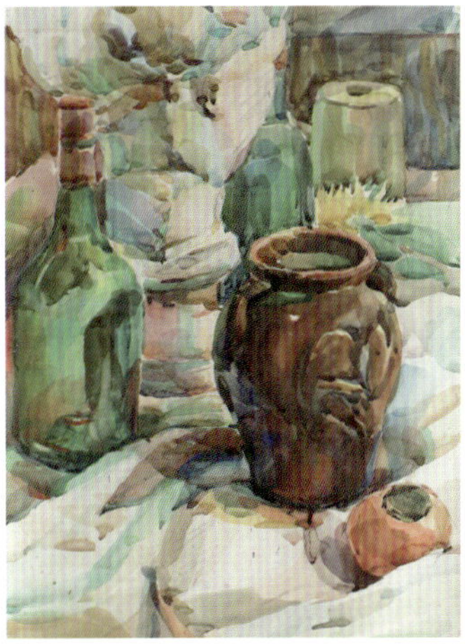

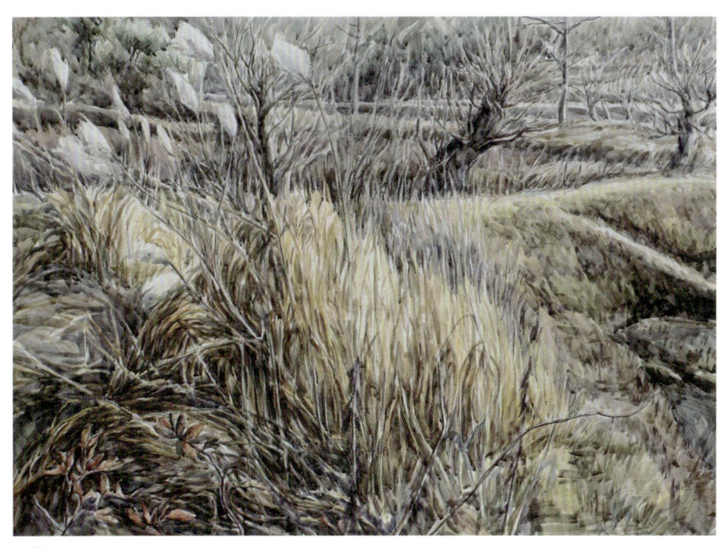

ab33

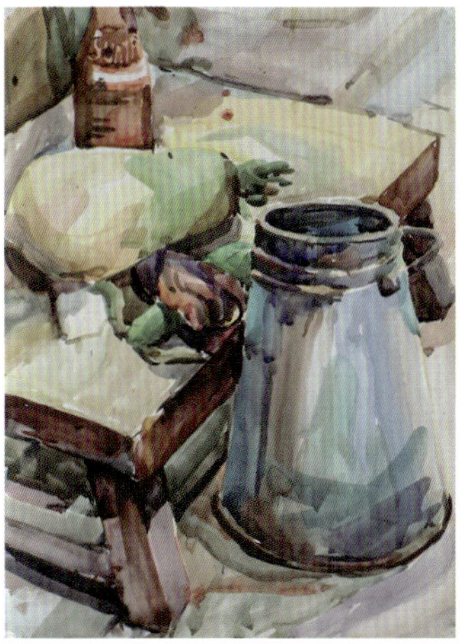

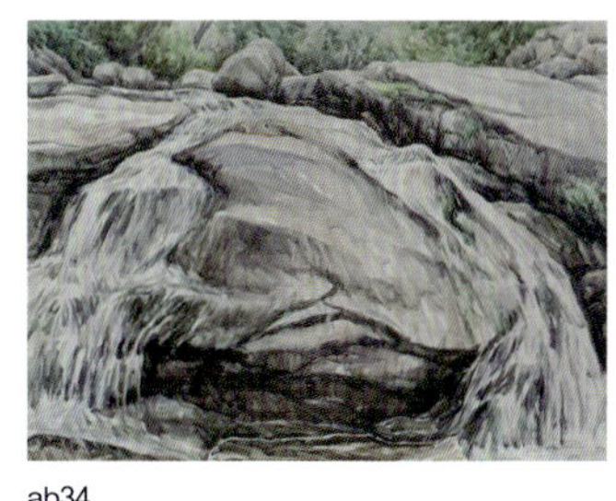

ab34

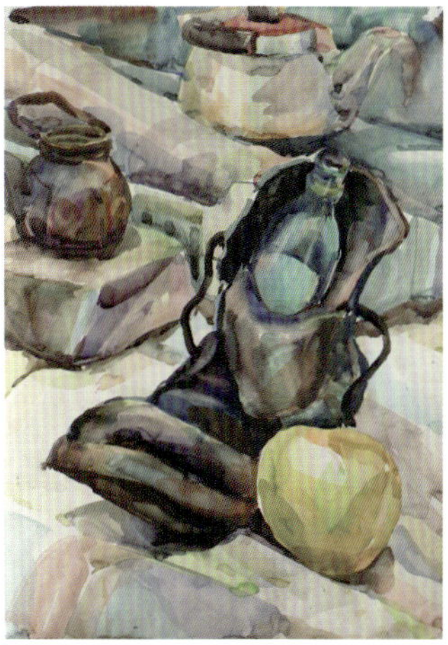

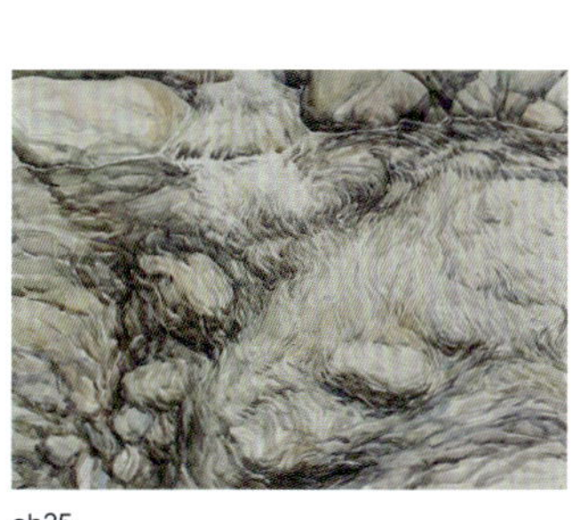

ab35

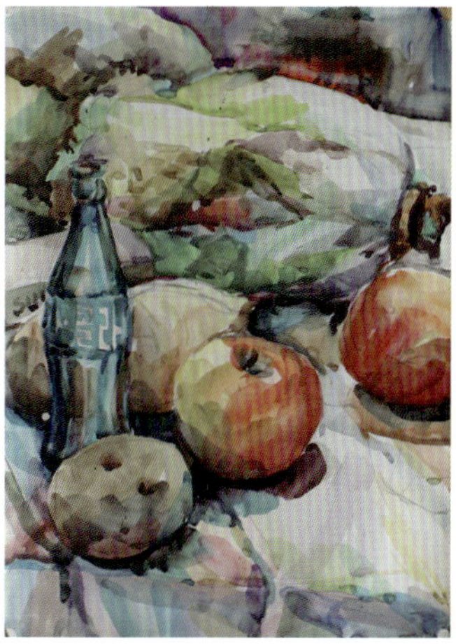

ab25~28. **Still－life** 정물
1982, Watercolour on paper
54×39cm

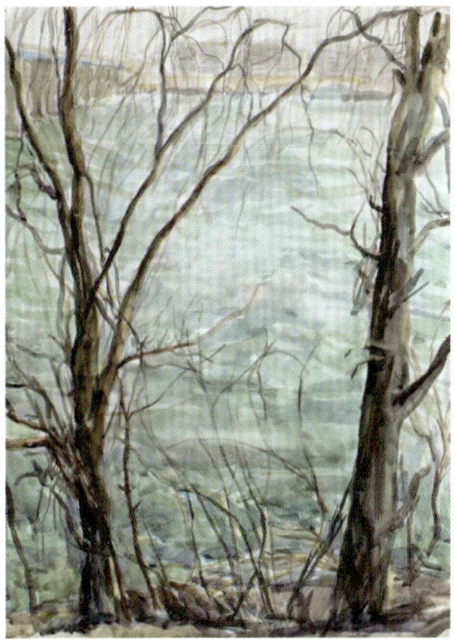

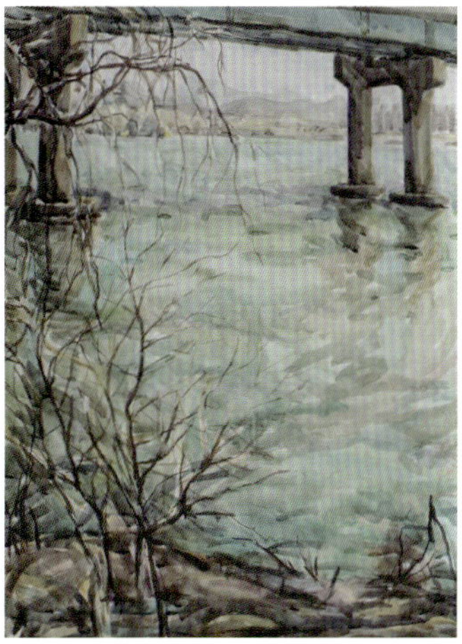

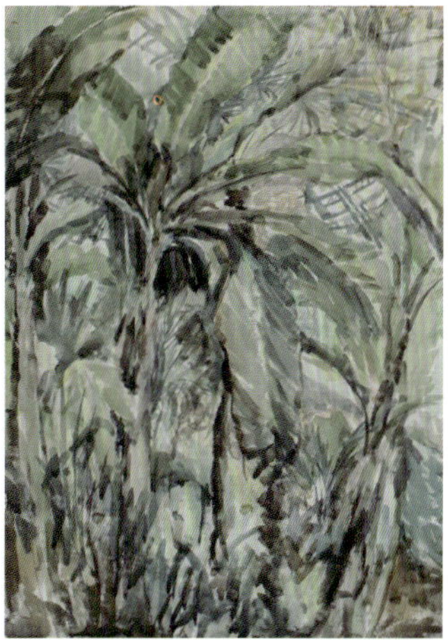

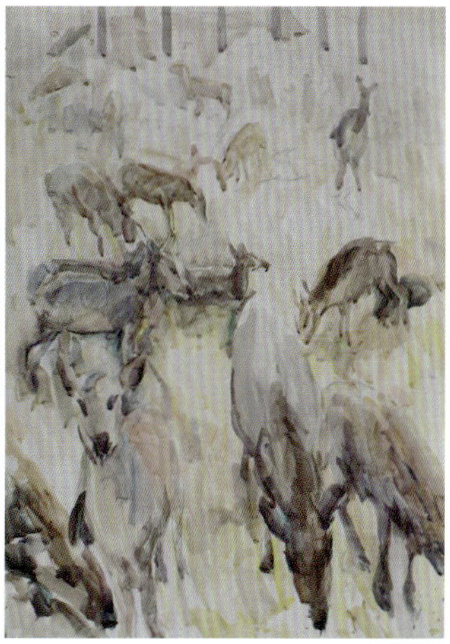

ab29~31. **Landscape** 풍경
1985, Watercolour on paper
108x78cm

ab32. **Deer** 사슴
1985, Watercolour on paper
108x78cm

ab33~35. **Landscape** 풍경
1997, Watercolour on paper
78x108cm

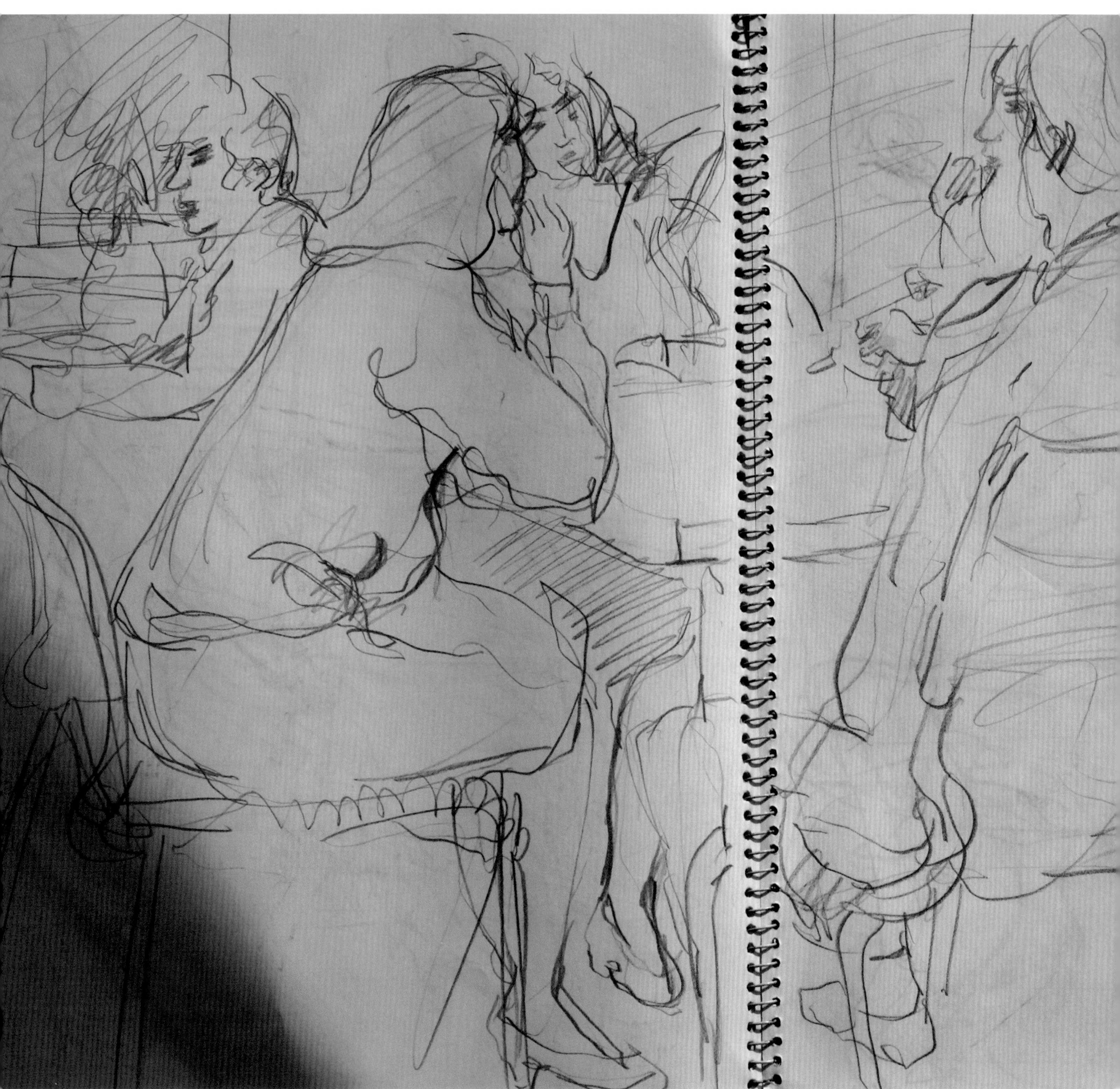

ac1. **On the Street** 거리에서 1986, Pencil on paper 50x70cm

Croquis

Drawing and painting in the studio regularly isn't enough. Students are expected to keep a sketchbook, and frequently draw from life. The style referred to as Croquis, is another of the foundational skills. Dessin deals with form and value, watercolours of course deal with colour, and the Croquis is all about contour. When looking back at Chang Han's drawings in this area, it is evident that his aesthetic sense has had some constants.

Even perhaps the most rudimentary of the academic art practices, a simple line drawing, can be telling with its strong flowing waves and curls. The same visual rhythm that makes up a Chang Han contour drawing can be found in his oils painting, Dessin, and so on. In the simple Croquis, we see the lines are deliberate, carefully searching. The drawings are clear, despite their unapologetic edits. They are composed as a ritual of a moment. Slower than a camera, but picking up a spectrum that it cannot; the movement of lines on a naked woman, or the edges of an elderly man asleep on the bus. Croquis is excellent for recording on the spot, and even the most fleeting subjects can be captured. Just like each moment, the drawings' lines can be eloquently simple, or complexly intertwined.

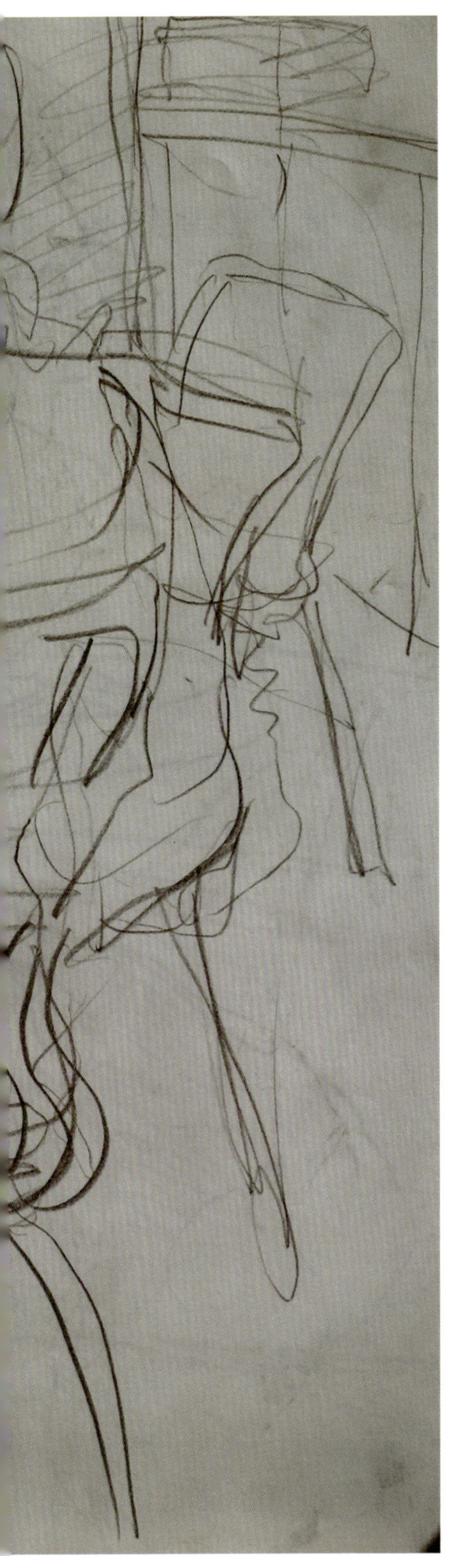

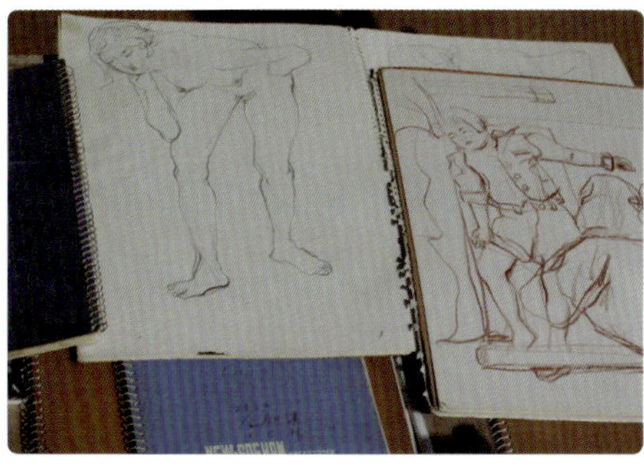

크로키

작업실에서 정기적으로 드로잉 및 회화 작업을 하는 것만으로는 충분치가 않다. 학생들은 스케치북을 들고 다니면서, 실생활에서 주제를 찾아 수시로 드로잉 습작을 해야 한다. 크로키(Croquis)라고 불리는 기법은 또 하나의 기본 토대가 되는 기법이다. 데생이 형상과 명암에 관한 것이고 수채화는 색깔에 관한 것이라면, 크로키는 윤곽에 관한 것이다. 이 분야와 관련하여 김창한의 드로잉 작품을 살펴보면, 그의 미적 감각에 일관된 요소가 존재함을 알 수 있다.

학생시절에 미술 습작을 위한 가장 기본적인 요소인 간단한 선만으로도 격렬하게 굽이치는 파도와 물보라를 재현할 수 있다. 김창한의 드로잉에서 재현된 굴곡을 구성하는 것으로서, 앞서 언급한 파도 및 물보라와 같은 동일한 시각적 리듬을 그의 유화 및 데생 작품 등에서 확인할 수 있다. 간단한 크로키 작품들을 보면, 각 라인들의 면밀한 구성을 확인할 수 있다. 이 작품집을 엮는 과정에서 임의적으로 편집되어 버렸음에도 불구하고 그의 드로잉 작품에는 그러한 특성들이 명확하게 드러나 있다. 이들 작품은 순간의 의식(ritual)으로 구성되어 있다. 즉 카메라보다는 느리지만, 그것이 잡아내지 못하는 것들을 잡아내는 것이다. 가령, 벗은 여인의 라인에서 보이는 동적 특성이나 버스에 앉아서 조는 노인의 윤곽 등과 같이 카메라는 포착할 수 없는 영역을 잡아내는 것이다. 크로키는 순간을 기록하는 데 좋다. 매우 빠르게 지나가는 주제도 포착할 수 있다. 매 순간마다 드로잉의 라인은 아주 간단하거나 혹은 실타래처럼 복잡하게 얽혀 있을 수 있다.

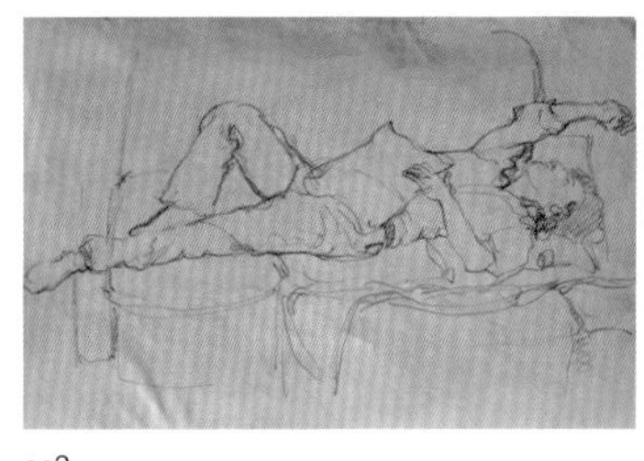

ac2

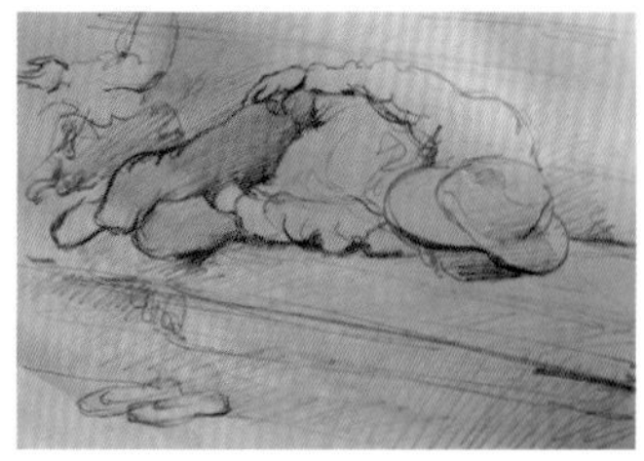

ac3

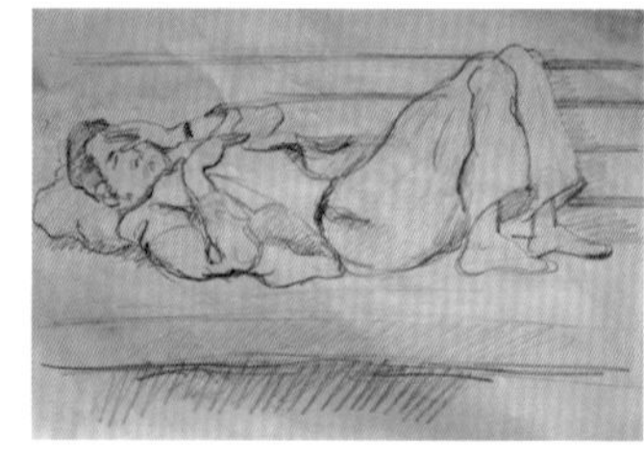

ac4

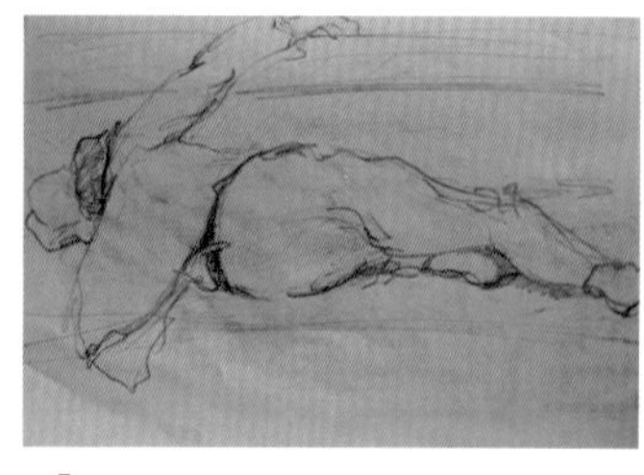

ac5

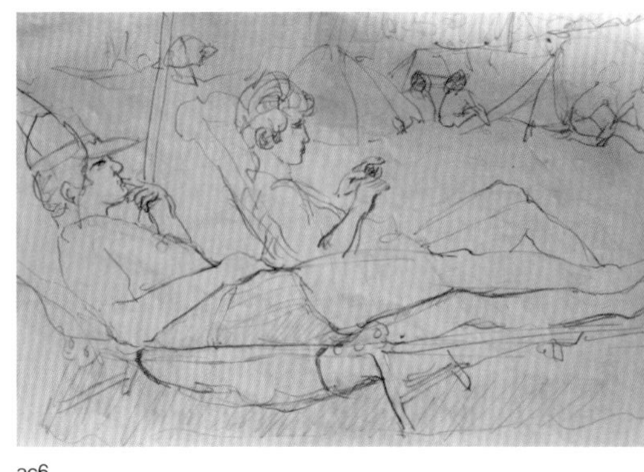

ac6

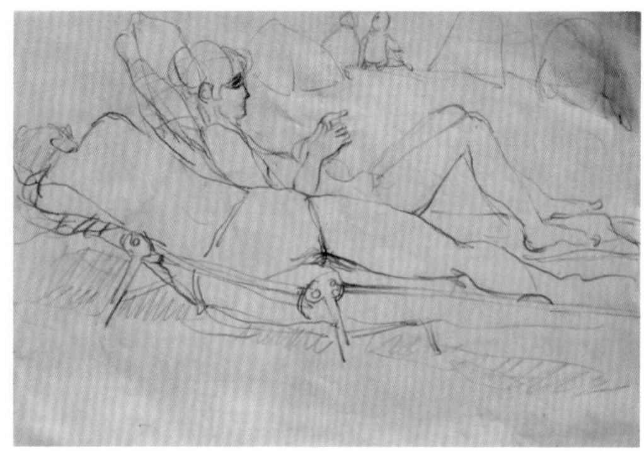

ac7

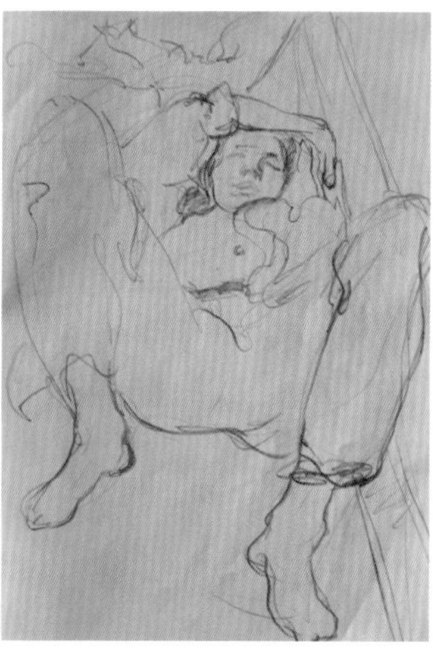

ac8

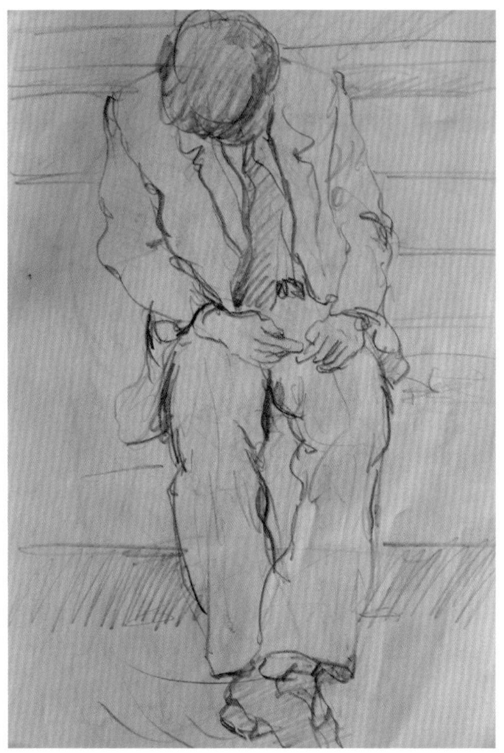

ac9

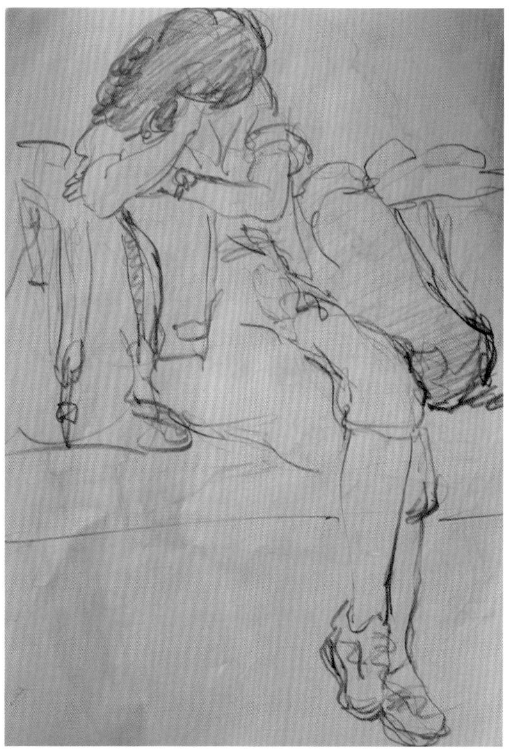

ac10

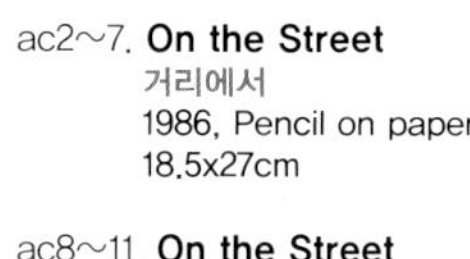

ac2~7. **On the Street**
거리에서
1986, Pencil on paper
18.5x27cm

ac8~11. **On the Street**
거리에서
1986, Pencil on paper
27x18.5cm

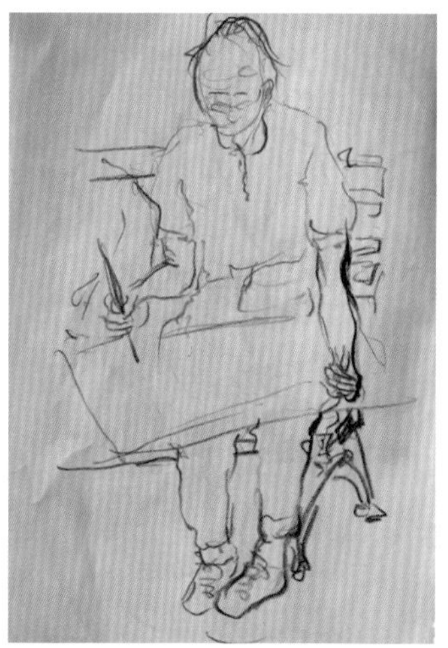

ac11

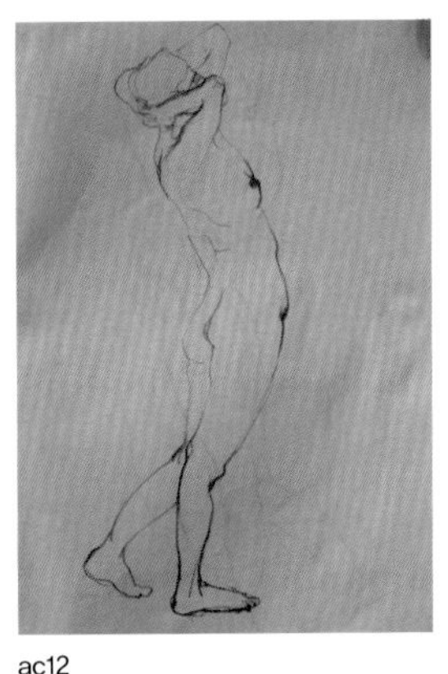

ac12

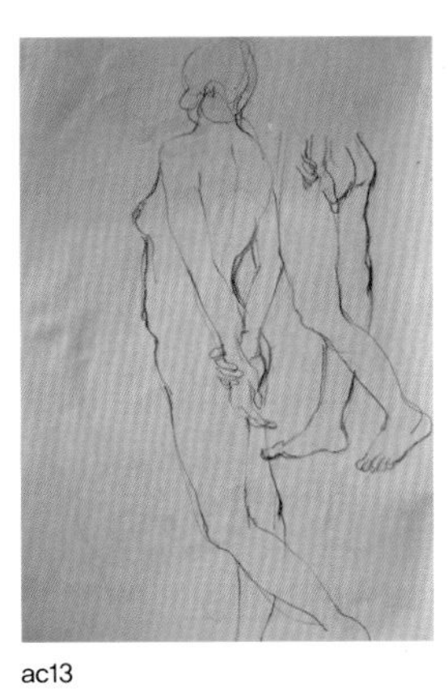

ac13

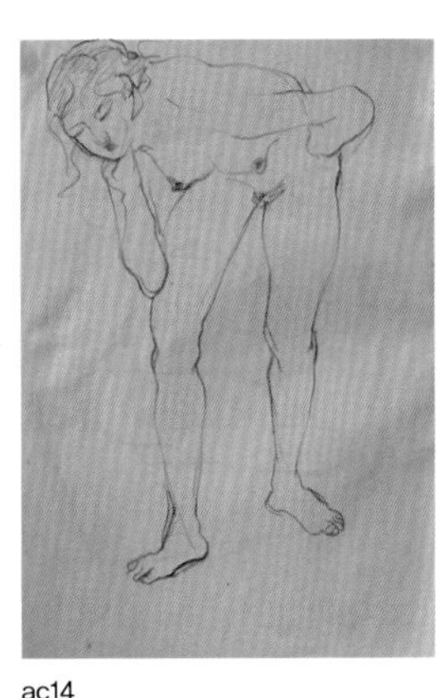

ac14

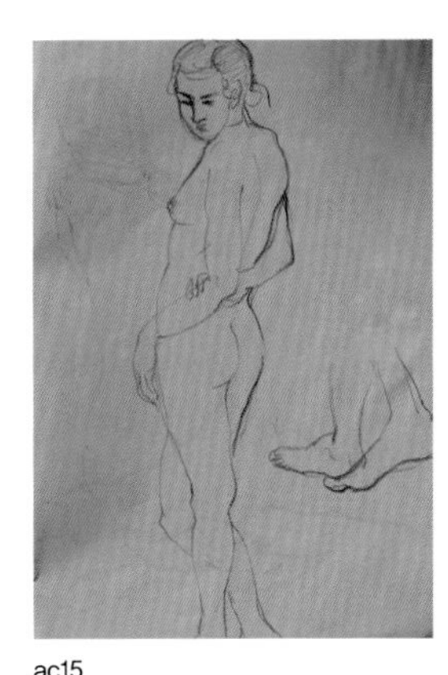

ac15

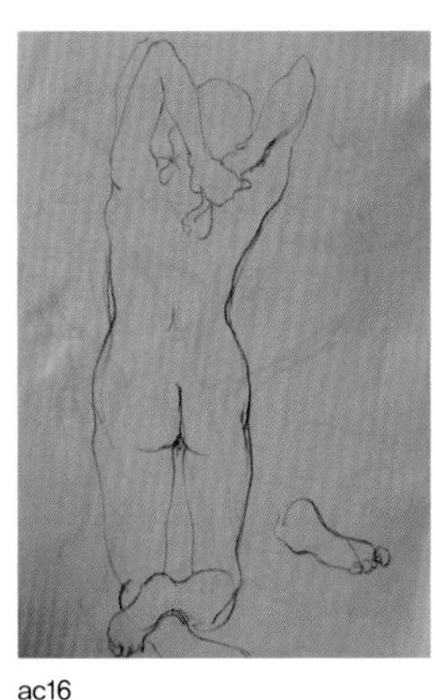

ac16

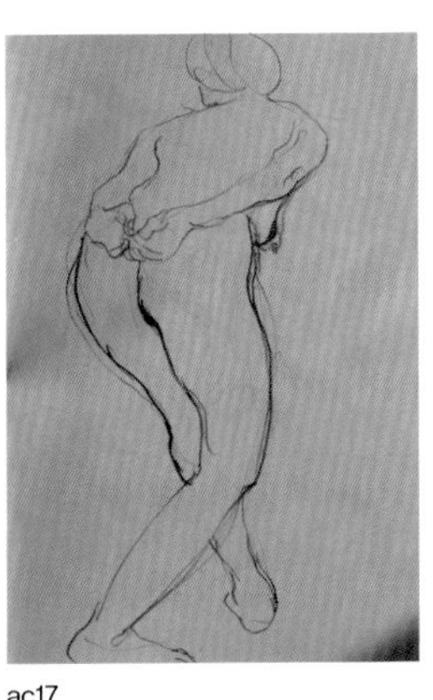

ac17

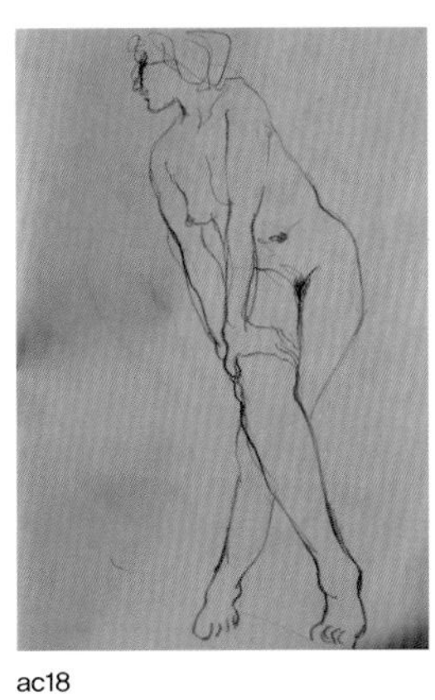

ac18

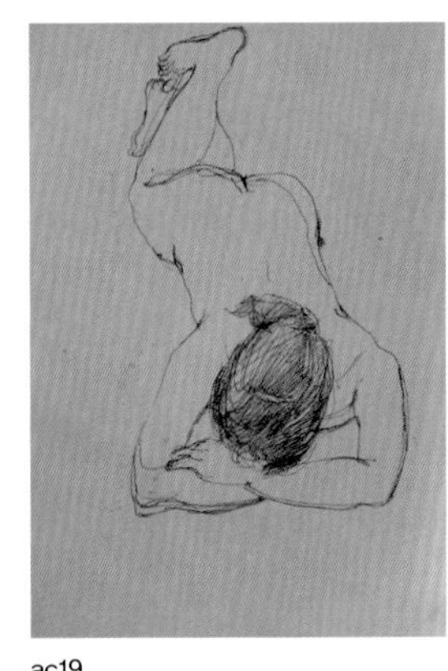

ac19

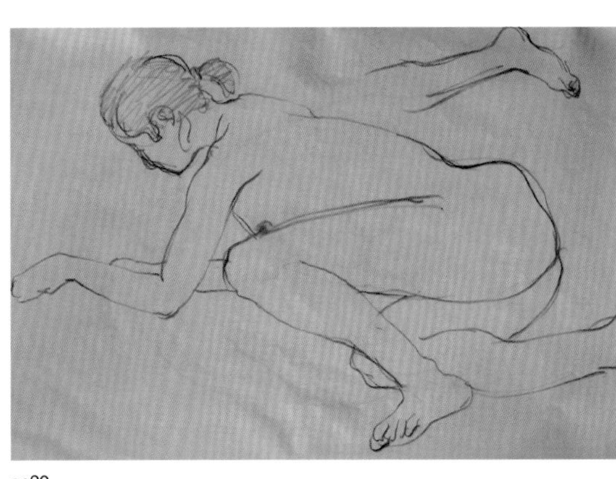

ac20

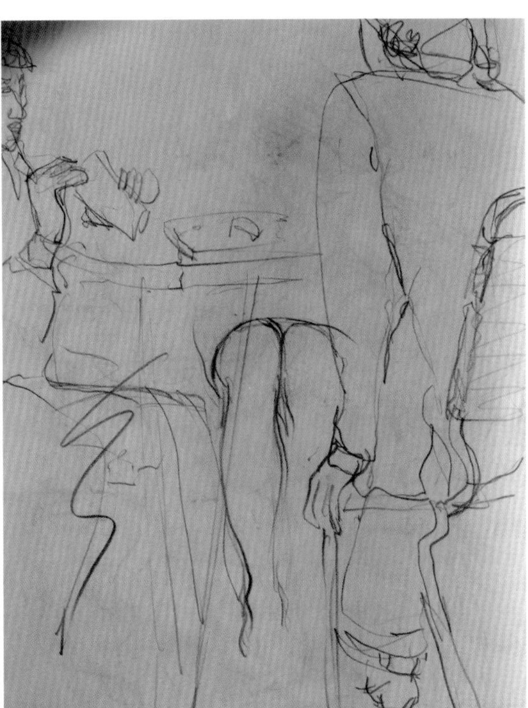

ac21

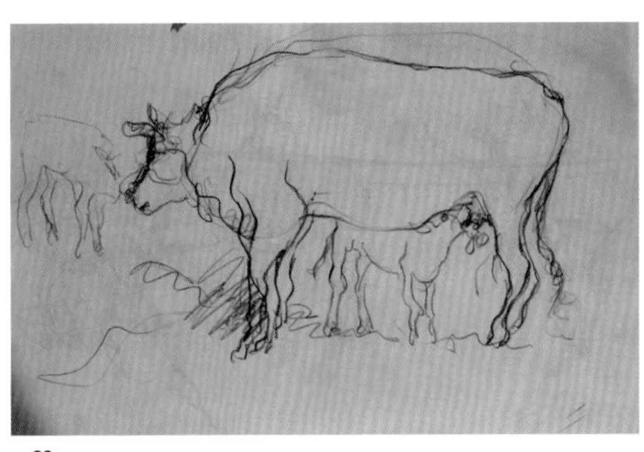
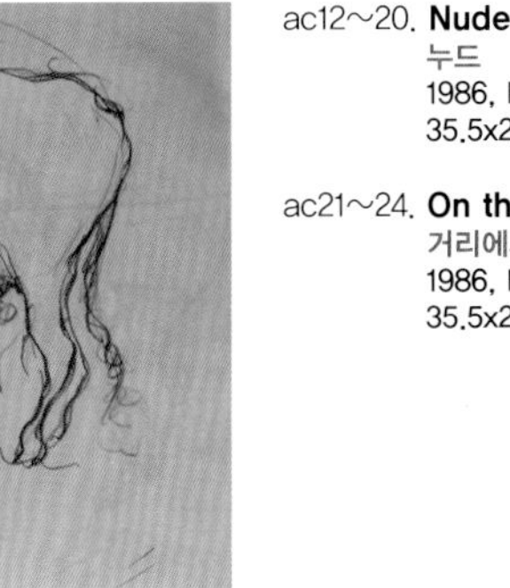

ac22

ac12~20. **Nude**
누드
1986, Pencil on paper
35.5x25cm – 25x35.5cm

ac21~24. **On the Street**
거리에서
1986, Pencil on paper
35.5x25cm – 25x35.5cm

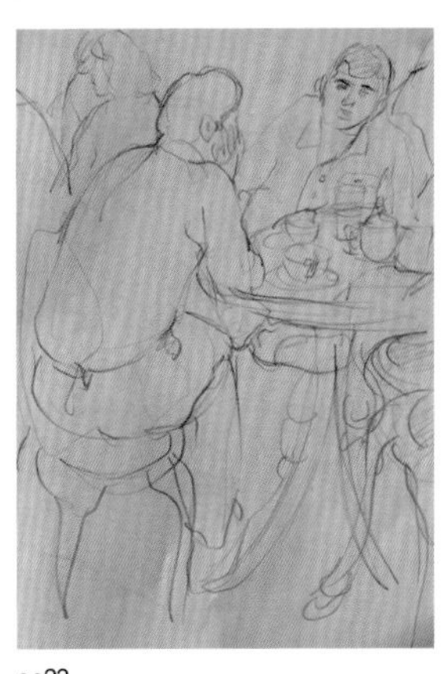

ac23

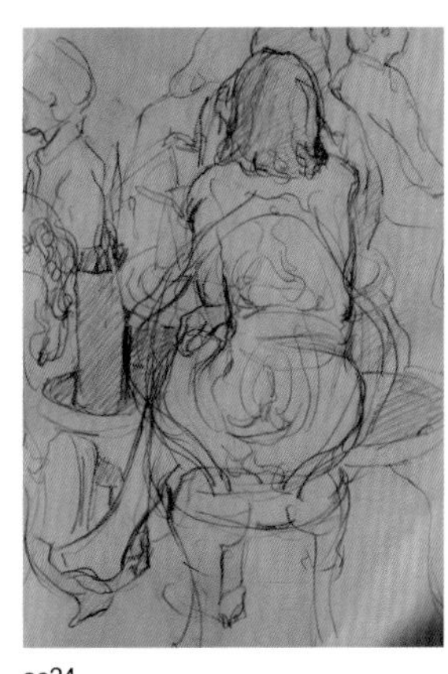

ac24

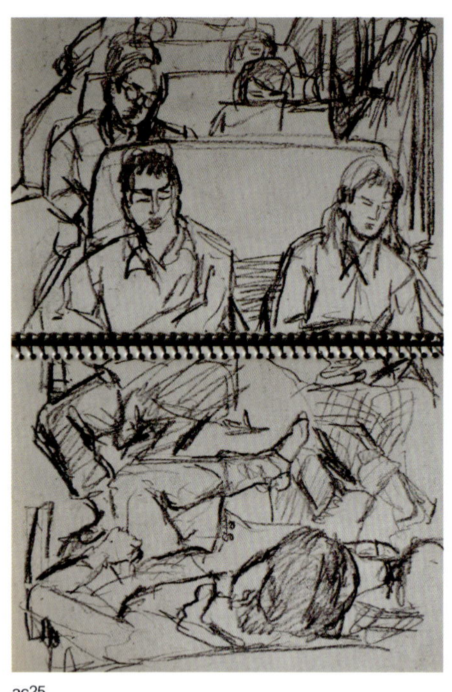 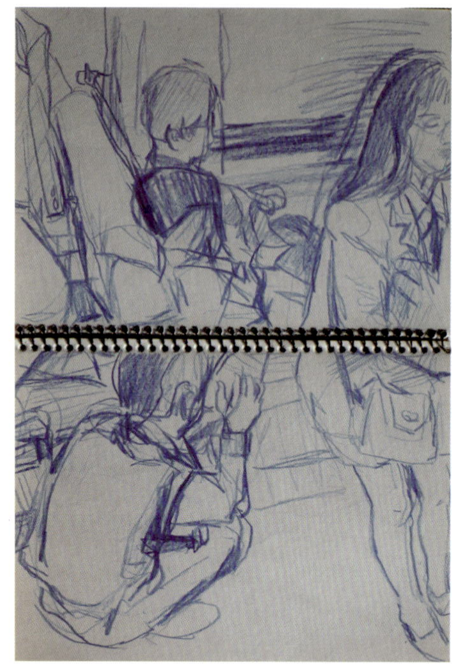 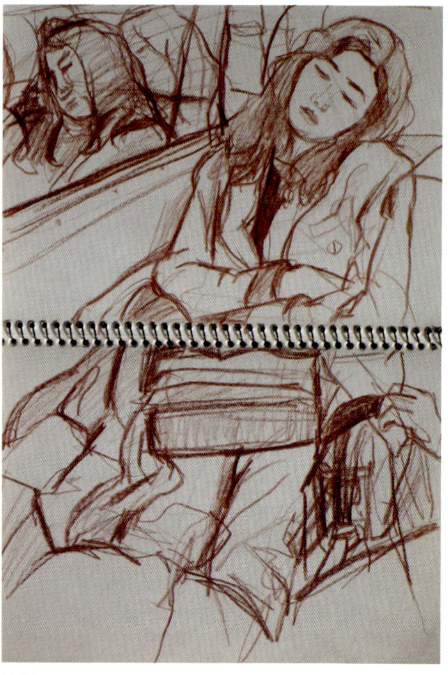

ac25   ac26   ac27

ac25~28. **Night Train**
    밤차
    1993, Coloured pencil on paper
    27x18.5cm – 18.5x27cm

ac29,30. **Night Train**
    밤차
    1994, Coloured pencil on paper
    35.5x25cm – 25x35.5cm

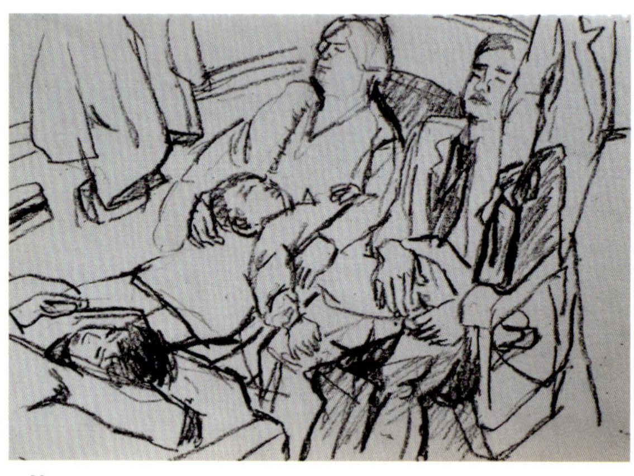

ac28

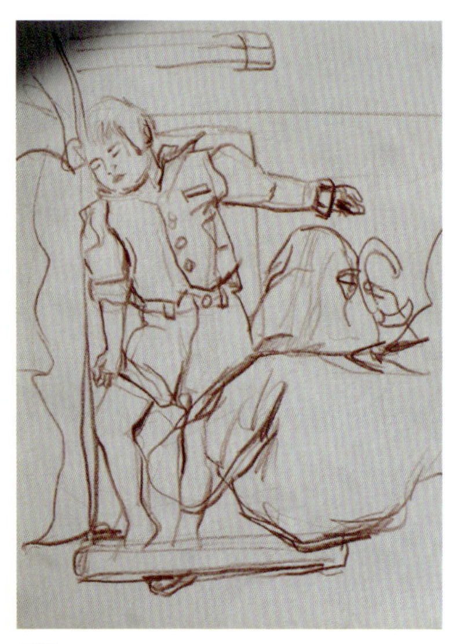 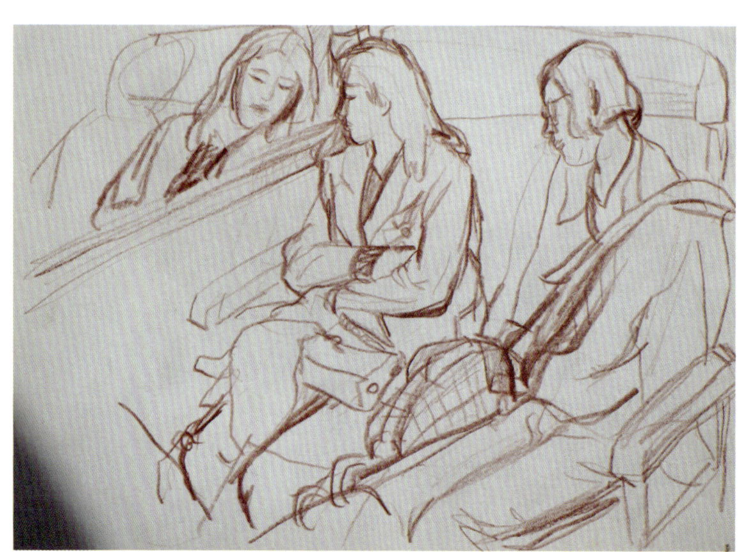

ac29   ac30

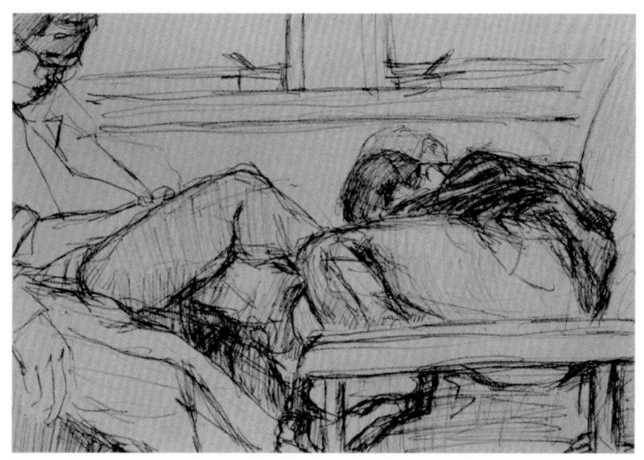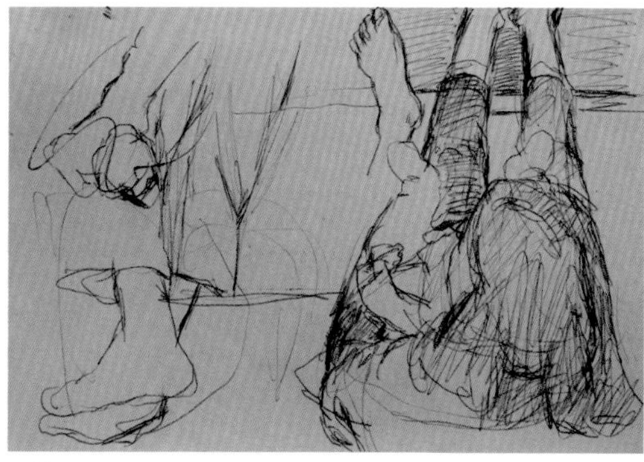

ac31,32. **Night Train**
밤차
1993, Ballpoint pen on paper
18.5x27cm

ac31

ac32

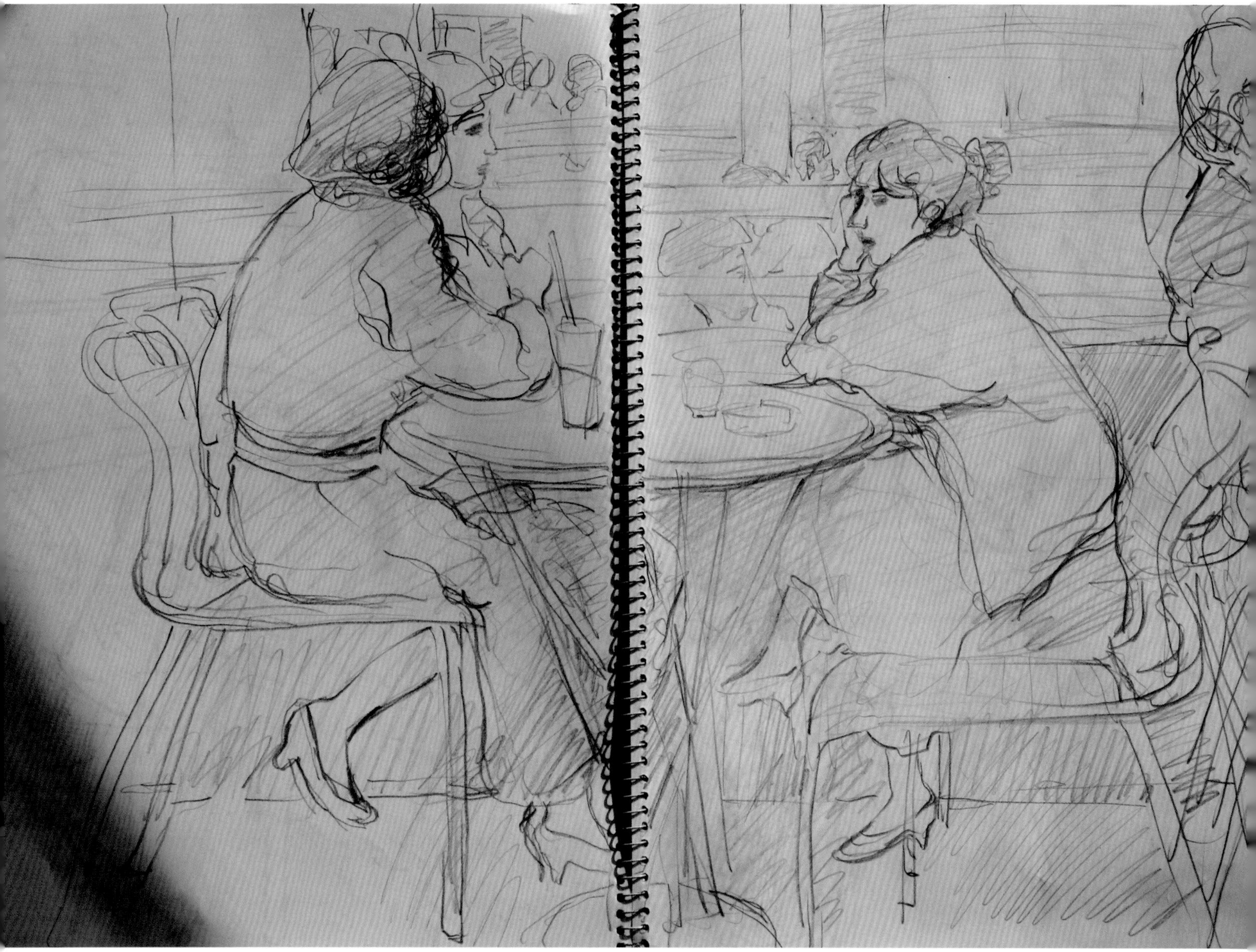

ac33. **On the Street** 거리에서 1986, Pencil on paper 50x70cm

Self-portrait 자화상

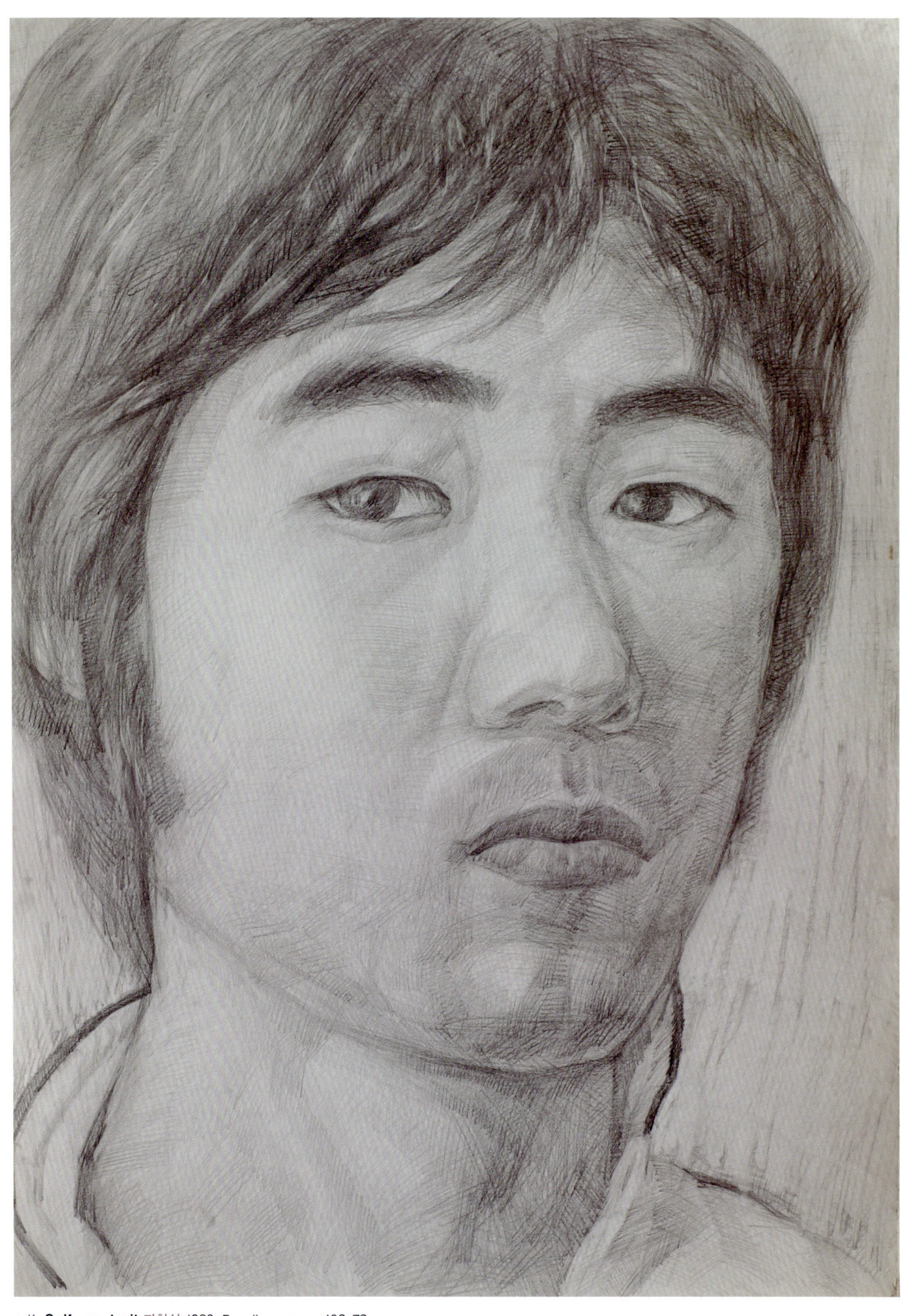

ad1. **Self - portrait** 자화상 1983, Pencil on paper 108x78cm

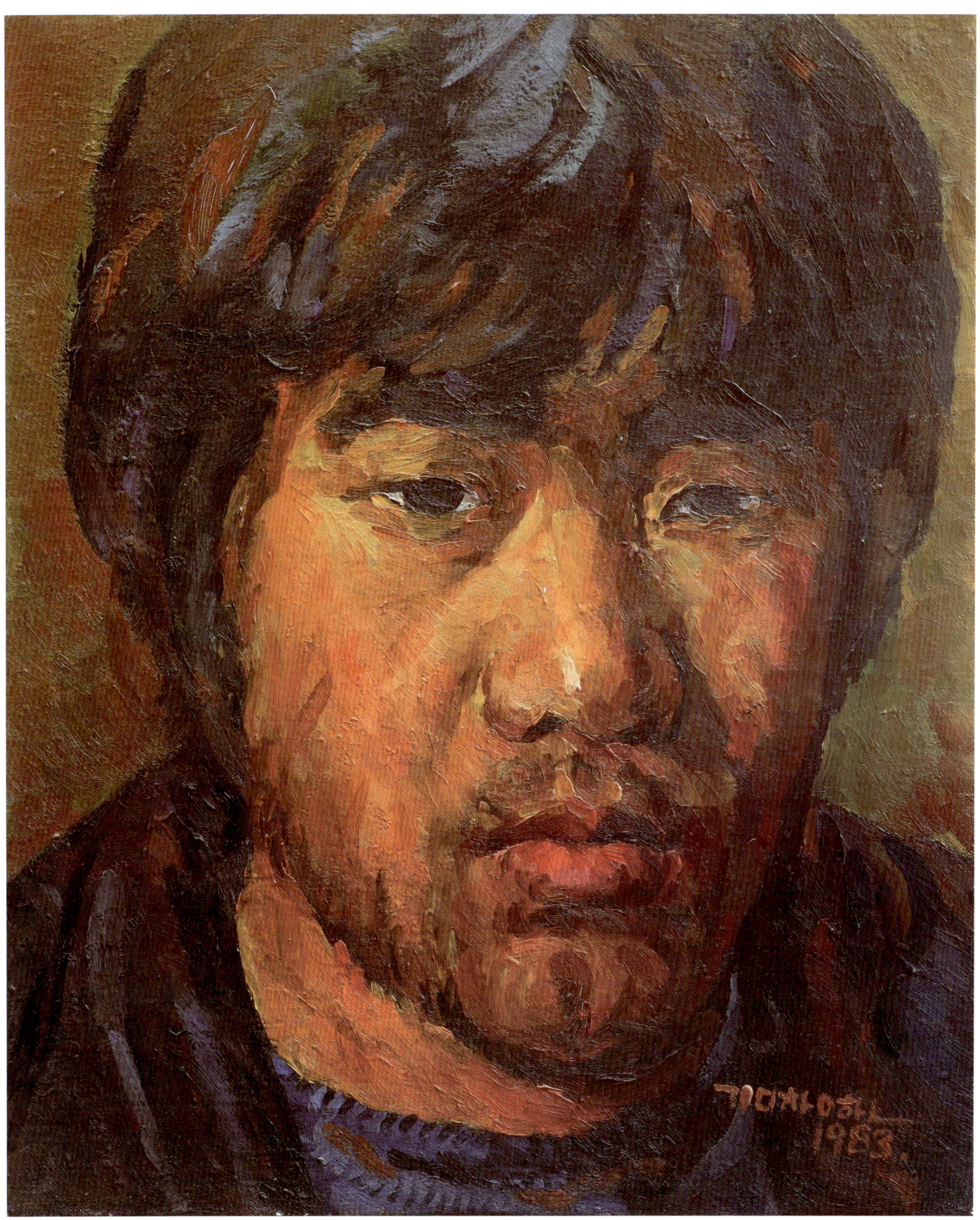

ad2. **Self – portrait** 자화상 1983, Oil on linen 45.5x37.9cm

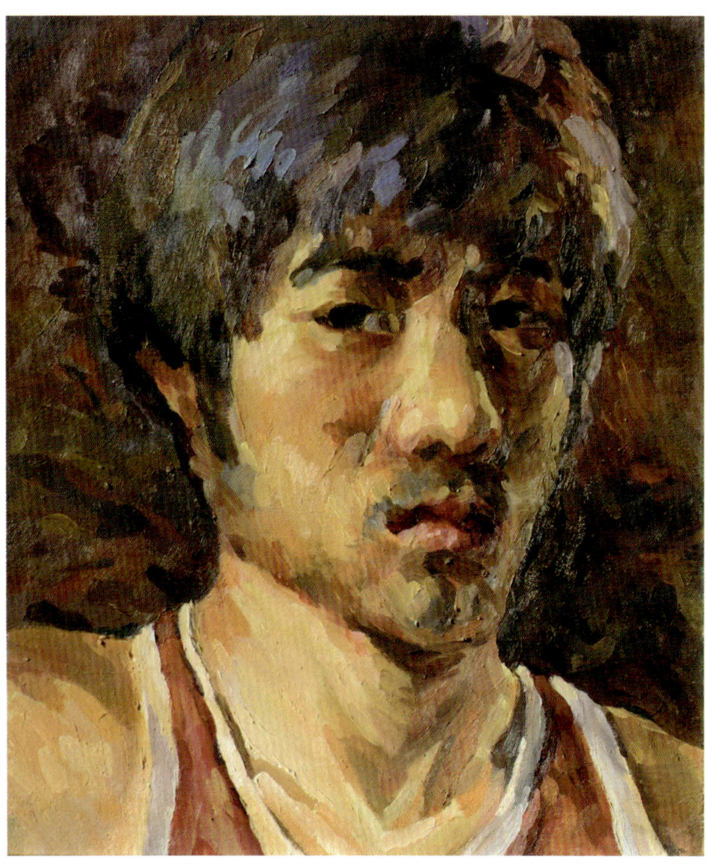

ad3

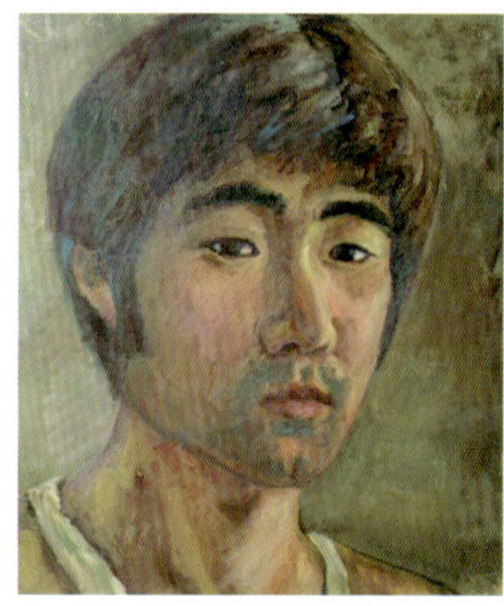

ad4

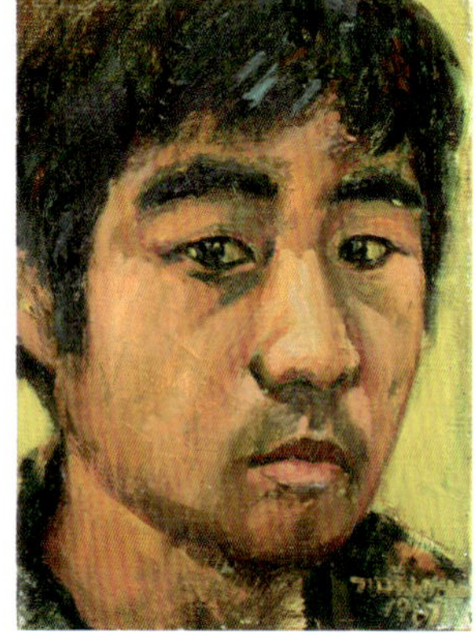

ad5

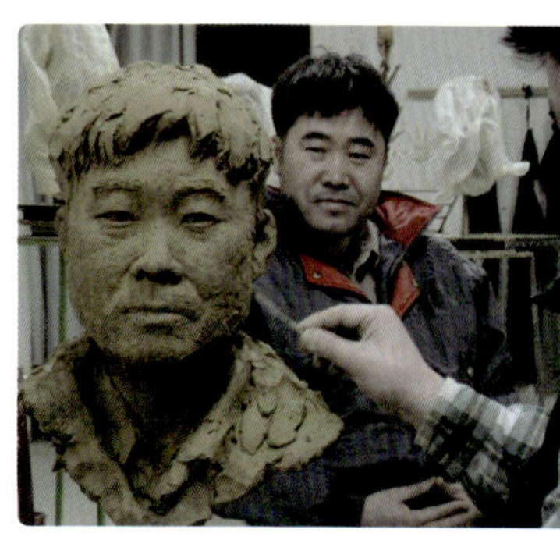

ad3. **Self – portrait**
자화상
1983, Oil on canvas
53x45.5cm

ad4. **Self – portrait**
자화상
1984, Oil on canvas
53x45.5cm

ad5. **Self – portrait**
자화상
1987, Oil on linen
41x32cm

ad6. **Self – portrait**
자화상
1993, Oil on linen
53x45.5cm

ad7. **Self – portrait**
자화상
1993, Watercolour on paper
78x54cm

ad8. **Self – portrait**
자화상
1990, Watercolour on paper
27×19cm

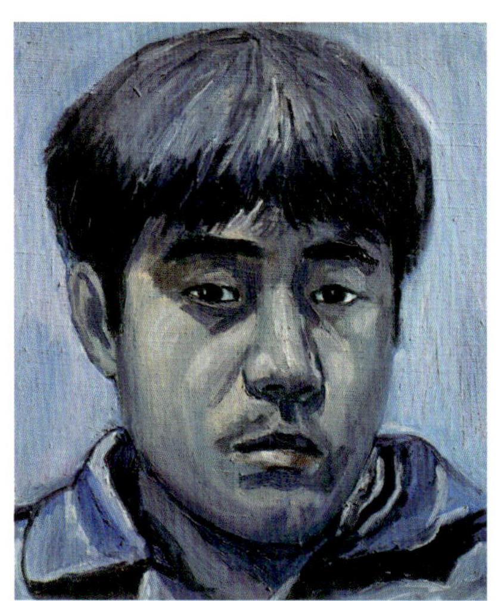

ad6

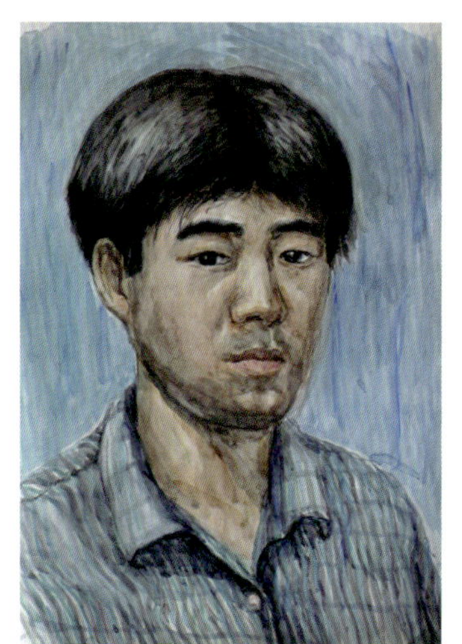

ad7

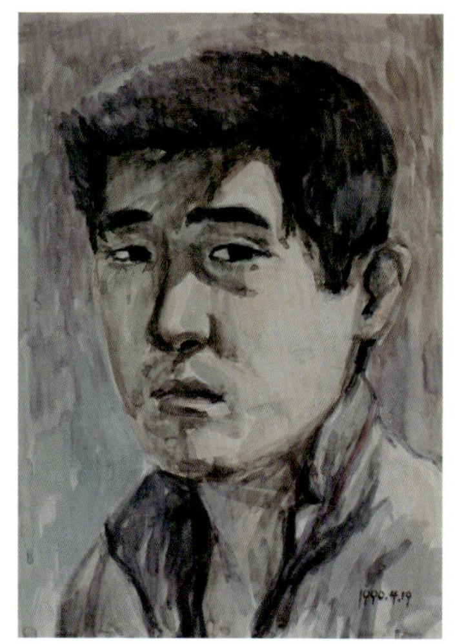

ad8

Part Ⅱ

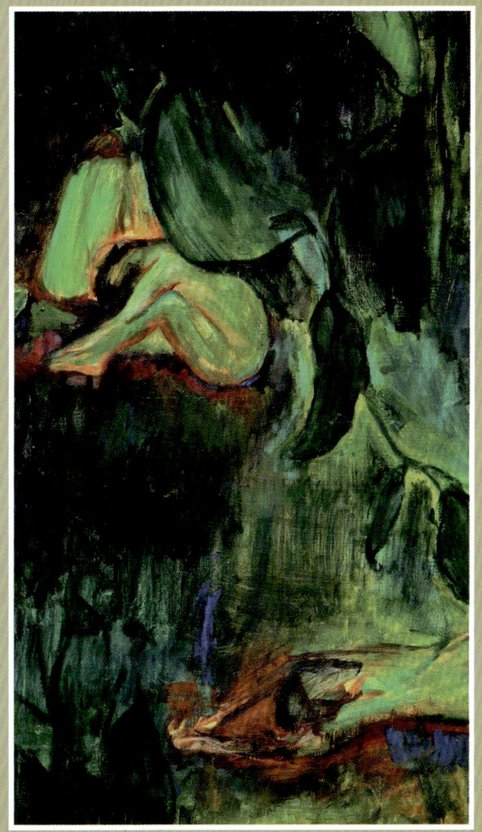

- **Naturalistic Expressionism** 1986~2003
  자연주의적 표현주의

- **Nature and Form** 1985~1994
  자연과 형상

- **Real Life** 1990~2005
  일상의 삶

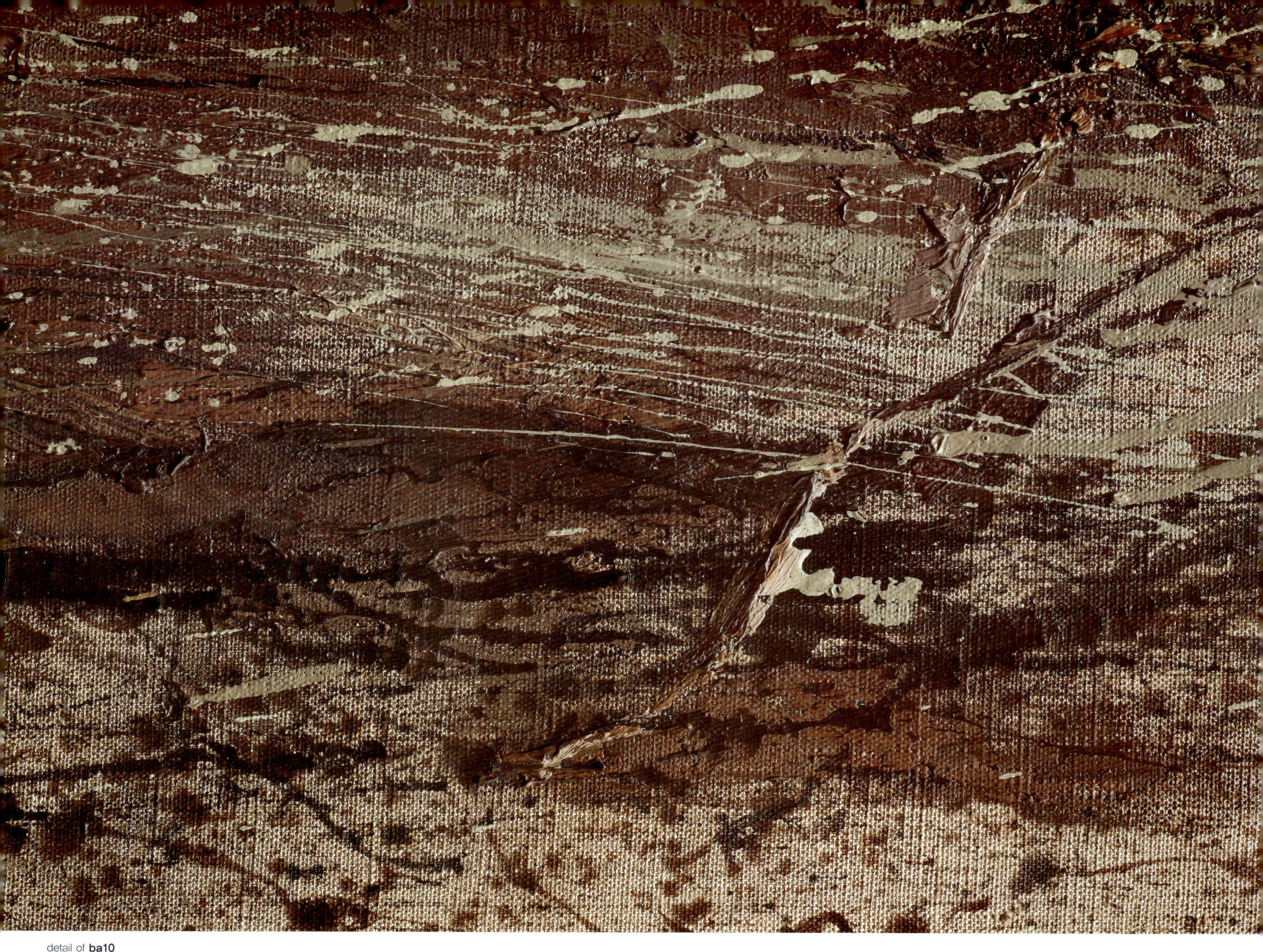

detail of ba10

Naturalistic Expressionism 1986~2003

Being influenced by both modern and traditional art, Chang Han identified with the visible brush strokes and calligraphic gestures that appeared in European (Impressionism), North American (Abstract Expressionism) and a great deal of Asian art. In this set of ideals, each pass of the brush is like a single note in a song, valued as integral and expressionistic in its relation to the whole. Chang Han doesn't focus solely on the paint, but allows representation, reality, to set the melody. In his earliest university oil paintings, he paints a chair, a stool, a wall, and the studio floor.

It seems like anything in his immediate vicinity is qualified to be a topic. Indeed, everything in the universe is beautiful if one is listening to the beats of emanation. The surroundings depicted in Chang Han's earliest work begin to change pitch. The interiors and monotone palettes symbolize a contrast to his yearning for nature and vitality, searching for any escape from his concrete urban environment. Eventually he finds it, on the floor of the studio he sees the footprints, smeared paint and grime, as an intricate pattern, interlocking with everything in the room (including himself).

Anywhere he looks he can find this connection. In this philosophy, nature is everywhere and everything has a pulse. According to Chang Han, these works are not abstract, but a naturalistic expression, showing something we often overlook. The impasto, cavalierly spontaneous qualities remain throughout Chang Han's career with oils. These elements provide the best harmony for his investigation and enjoyment in art. Chang Han's early work marks the beginning of his identity as an artist, and all the discoveries yet to come.

자연주의적 표현주의

현대미술과 전통미술의 영향을 모두 받은 김창한의 작품을 보면, 외연적으로 확연하게 드러나는 뛰어난 붓 놀림과 기술을 확인할 수 있는데, 이러한 기법은 유럽(인상주의)과 북미(추상적 인상주의) 그리고 많은 아시아 지역의 미술계에서 등장한 기법이다. 이러한 일련의 관념에서 각각의 붓 놀림은 마치 전체 노래에서 그 표현과 중요성에 있어 없어서는 안 되는 특정 음표와 같다. 그는 채색에만 주안점을 두지 않고 하나의 멜로디를 시현하기 위한 재현성(즉, 현실성)도 추구한다. 대학/대학원 시절 유화 작품들을 보면, 여러 종류의 의자나 벽, 작업실 바닥 등을 주제로 한 것을 알 수 있다. 이는 마치 주변에 있는 모든 것들이 그 주제가 될 수 있는 것처럼 보인다. 사실 우주의 모든 것들은 마치 아름다운 선율을 듣는 것처럼 아름답다. 그의 초기 작품에서 묘사되고 있는 주변적 요소들은 그 음색을 점차 달리하기 시작한다. 실내풍경과 단색조의 그림들은 콘크리트로 둘러싸인 도시환경에서 벗어나 자연과 생명을 갈망하는 모습을 상징한다. 마침내 그는 작업실 바닥에서 복잡하게 얽혀 있는 발자국, 물감, 얼룩 등이 자신을 포함한 실내의 모든 것과 서로 맞물려 있다는 사실을 발견하게 된다. 그가 볼 수 있는 모든 곳에서 그는 이러한 연계성을 발견하게 된다. 이러한 철학에서는 자연이 모든 곳에 있고 모든 것은 나름의 맥(pulse)을 가지고 있다고 간주한다. 김창한에 따르면, 이들 작품은 추상적이지 않음에도 불구하고 우리가 간혹 간과할 수도 있는 것들을 보여주는 자연주의적 표현을 재현하고 있다. 두껍게 칠하기(impasto)의 대범한 자연스러움은 그의 유화 작품 전반에서 확인되고 있다. 이러한 요소들은 예술을 즐기고 이를 탐구하는 그의 품성과 가장 잘 조화를 이루고 있다. 그의 초기 작품은 예술가로서 그 자신의 정체성의 시작을 나타내며, 아울러 아직 오지 않은 모든 발견의 시작을 의미한다.

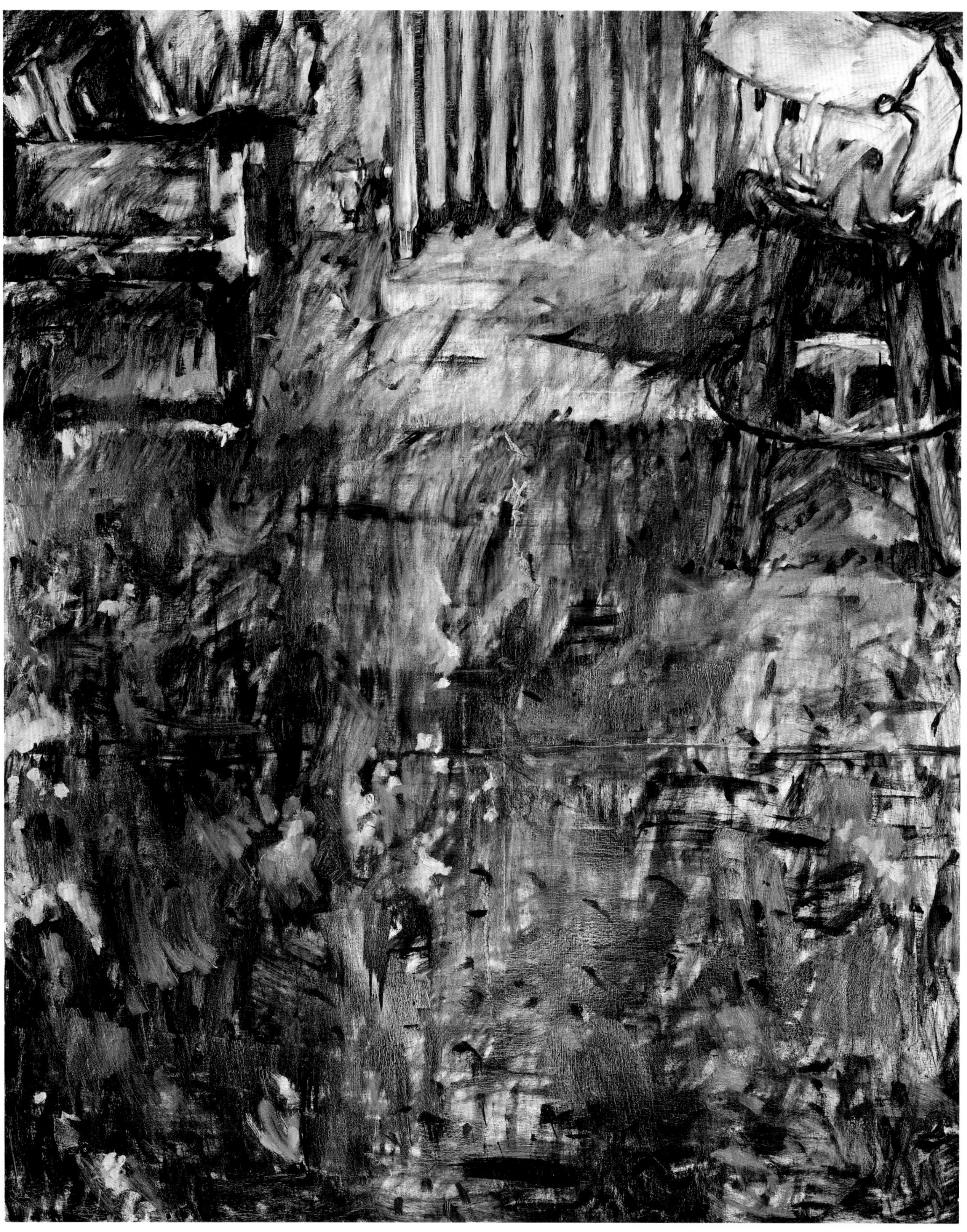

ba1. **Already the leaves are falling** 벌써 낙엽이 지고 있어 1986, Oil on canvas 162.2x130.3cm

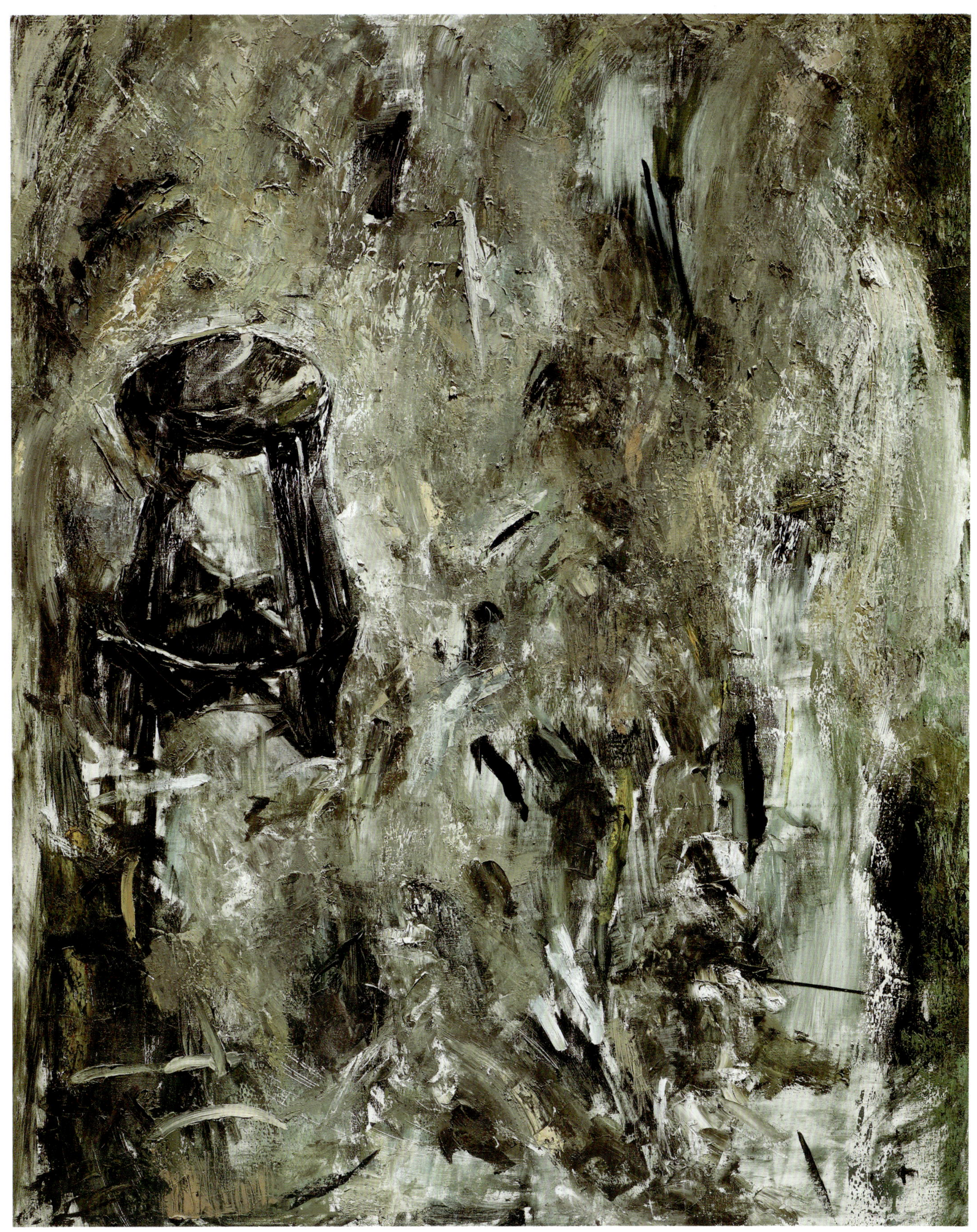

ba2. **When a chilly wind is blowing** 찬바람이 불어올 때 1987, Oil on canvas 162.2x130.3cm

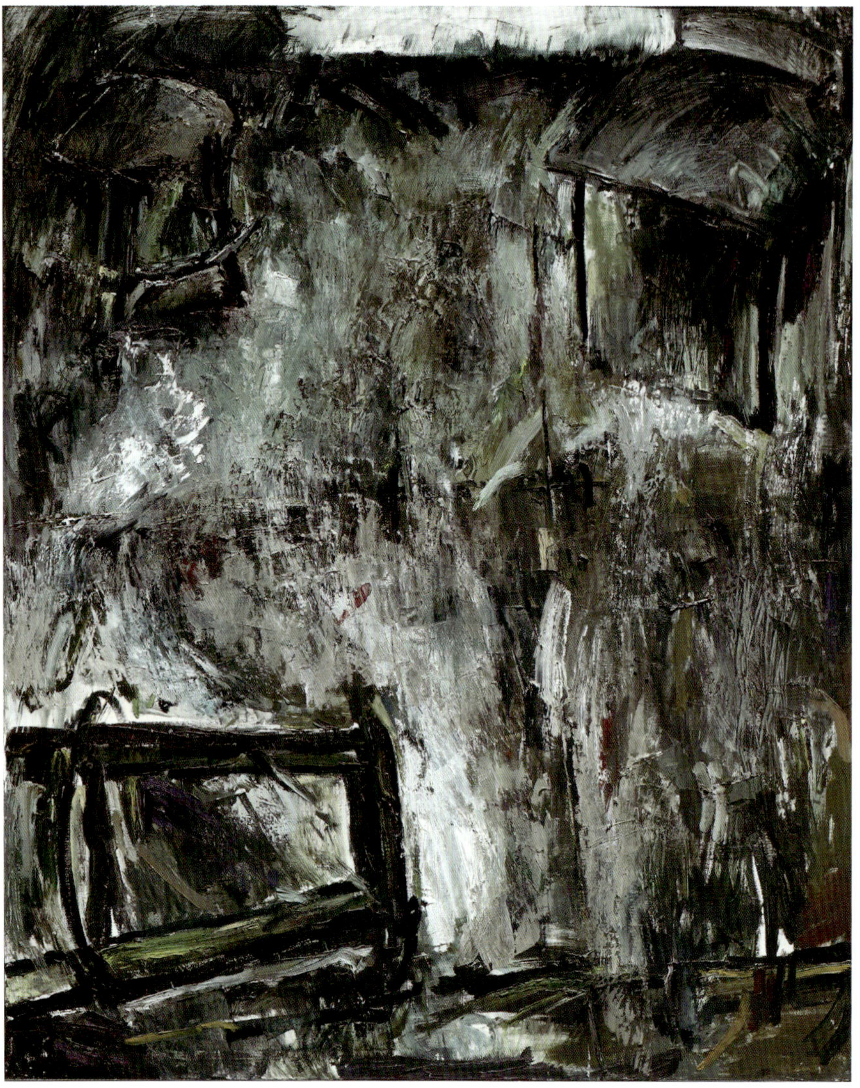

ba3

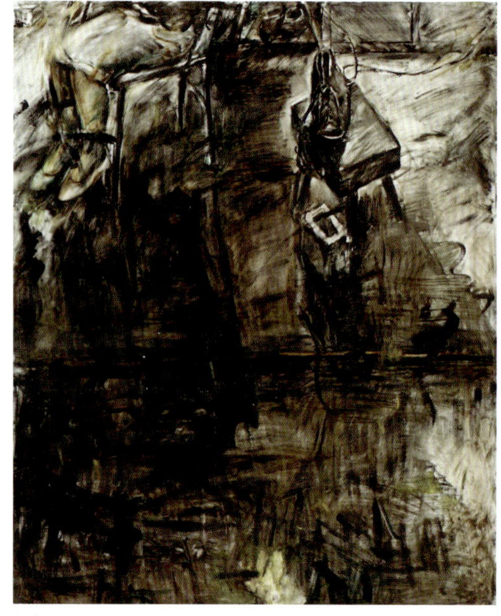

ba4

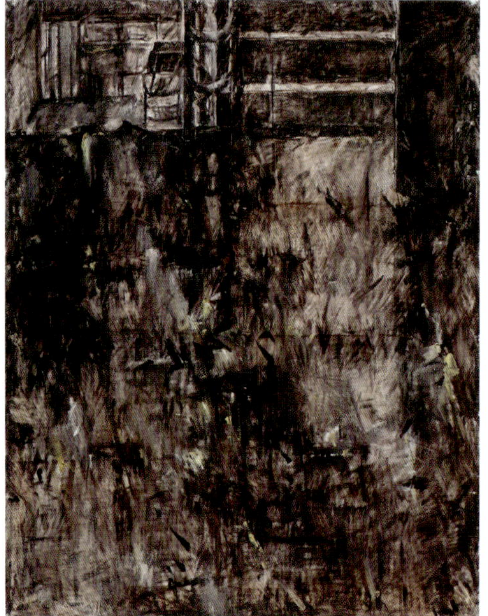

ba5

ba3~5. **When a chilly wind is blowing**
찬바람이 불어올 때
1987, Oil on canvas
162.2x130.3cm

ba6. **When a chilly wind is blowing**
찬바람이 불어올 때
1987, Oil on canvas
162.2x130.3cm

ba7. **When a chilly wind is blowing**
찬바람이 불어올 때
1987, Oil on canvas
130.3x162.2cm

ba8,9. **Image of Nature**
자연에 대한 이미지
1987, Oil on linen
162.2x130.3cm

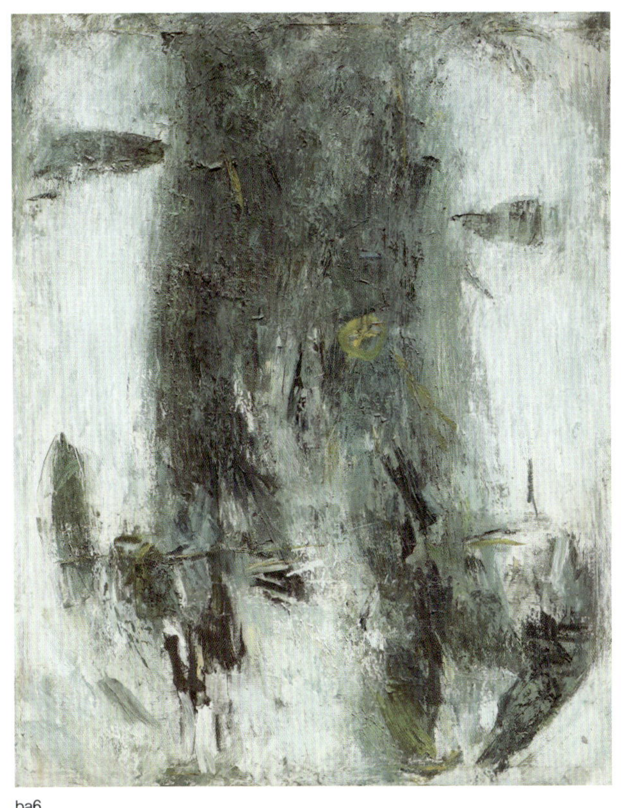

ba6

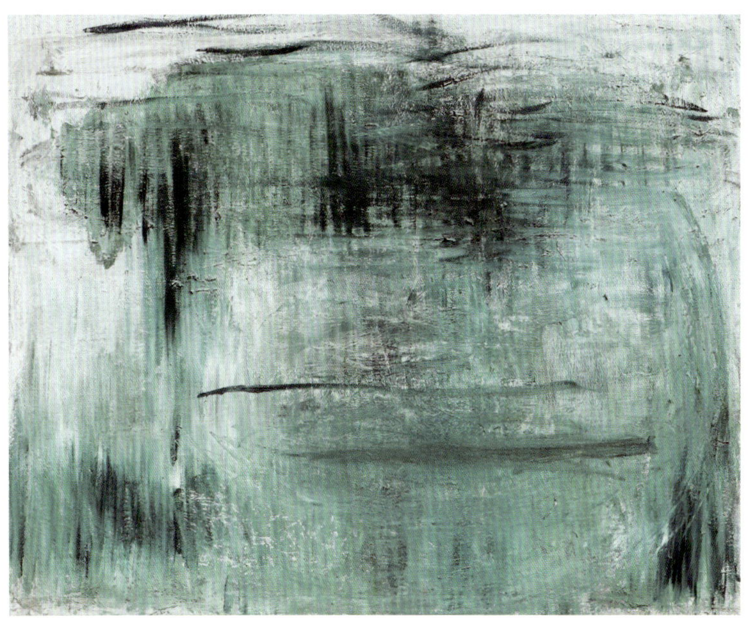

ba7

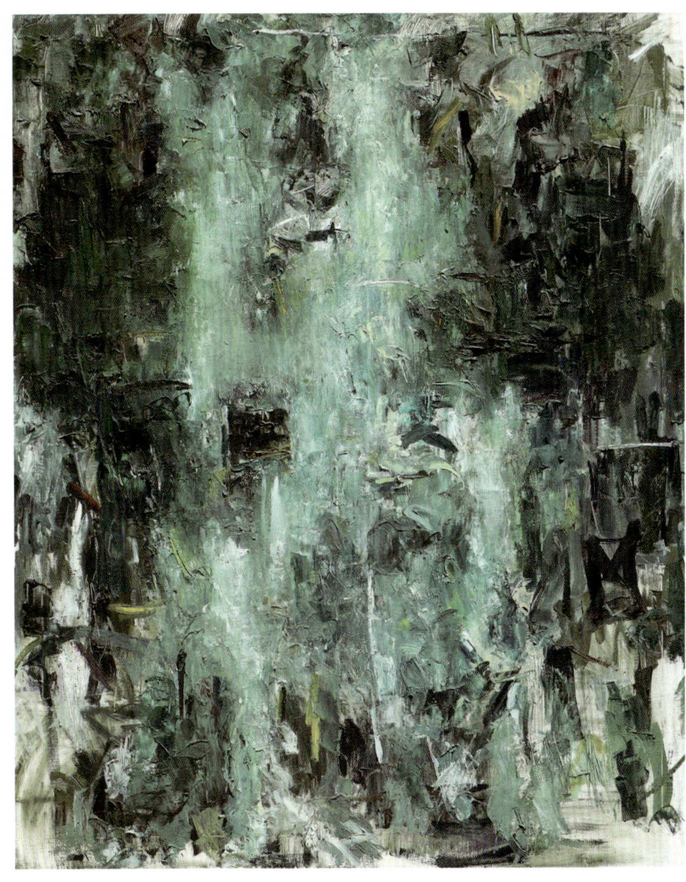

ba8

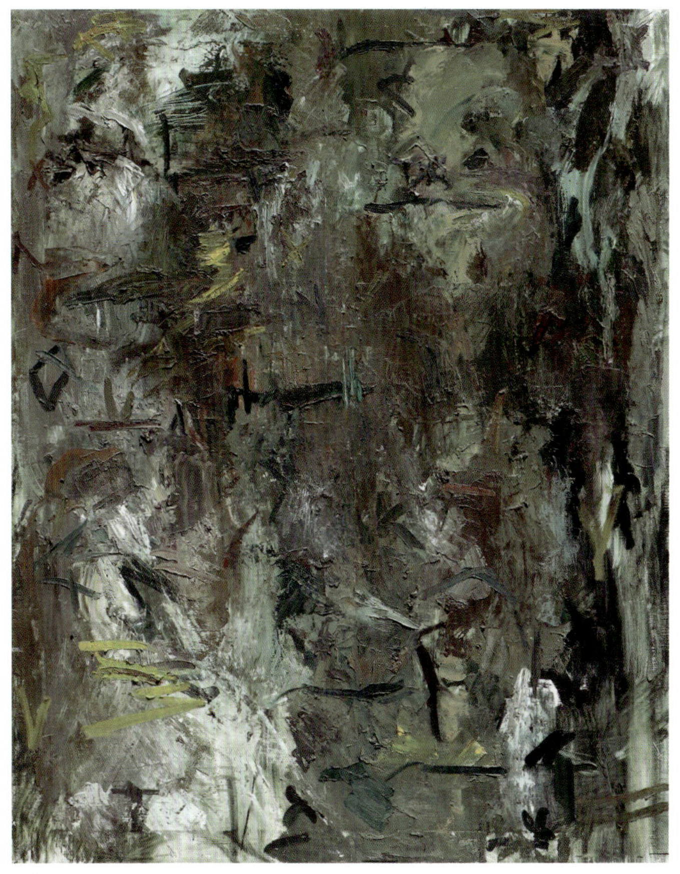

ba9

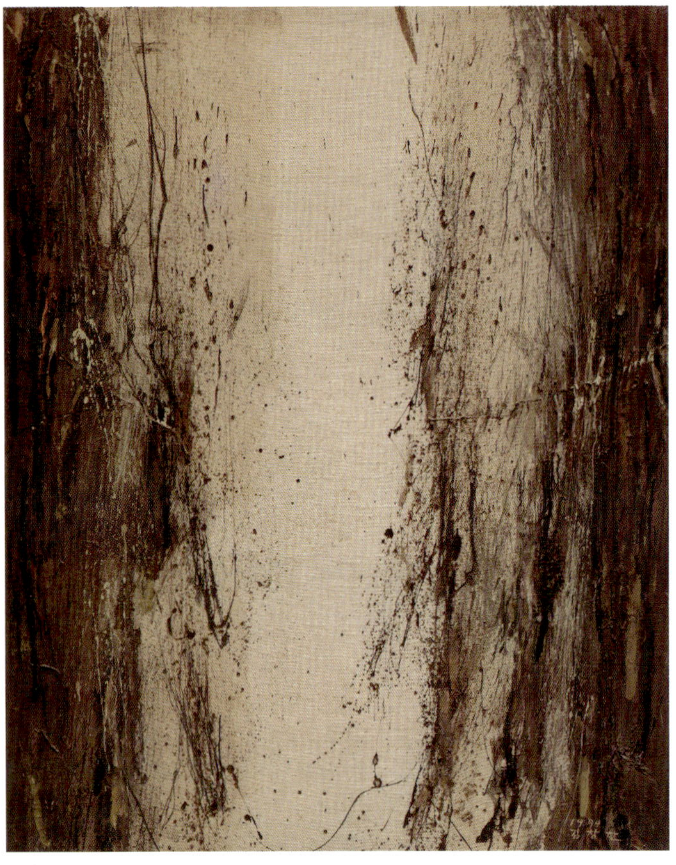

ba10

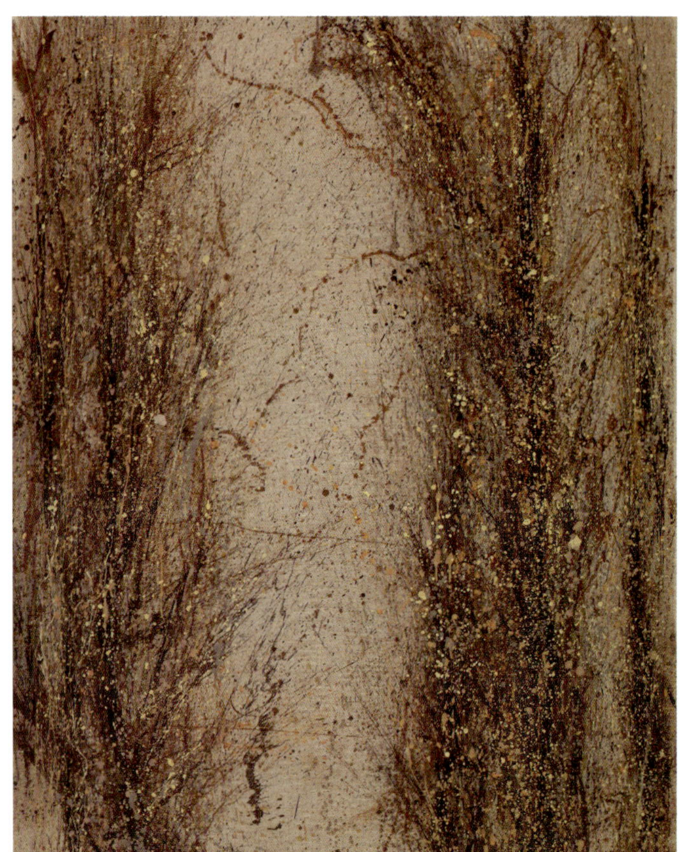

ba11

ba10. **Making Memories**
추억 만들기
1991, Acrylic & Oil on linen
162.2x130.3cm

ba11. **Making Memories**
추억 만들기
1991, Acrylic on linen
162.2x130.3cm

ba12. **Image of Nature**
자연에 대한 이미지
2003, Acrylic on linen
162.2x112.1cm

ba13. **Image of Nature**
자연에 대한 이미지
2003, Acrylic on linen
162.2×260.6cm

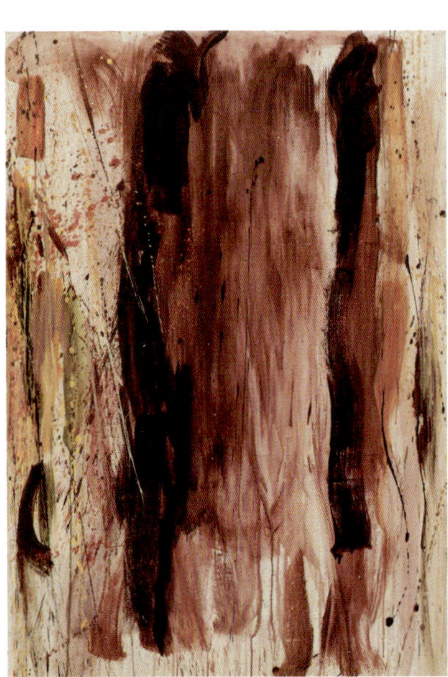

ba12

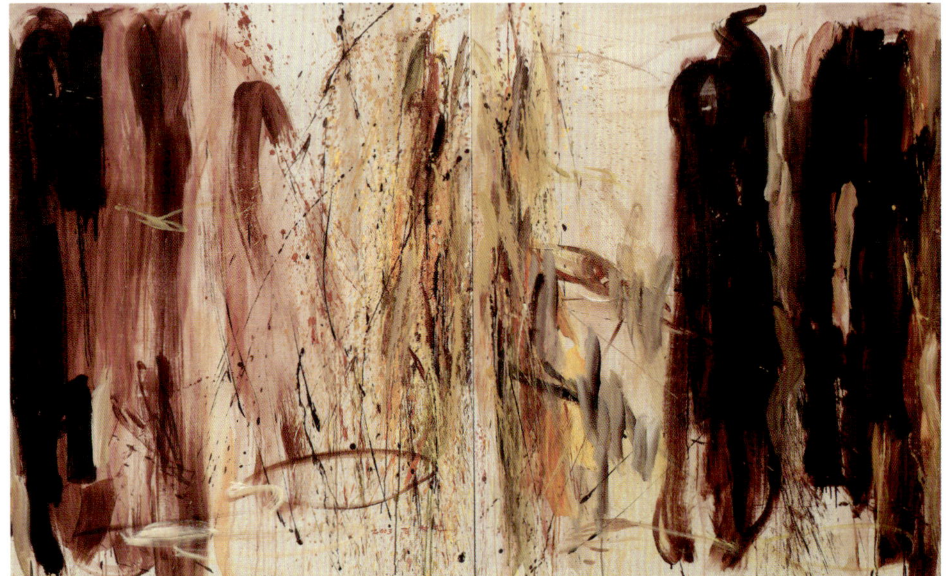

ba13

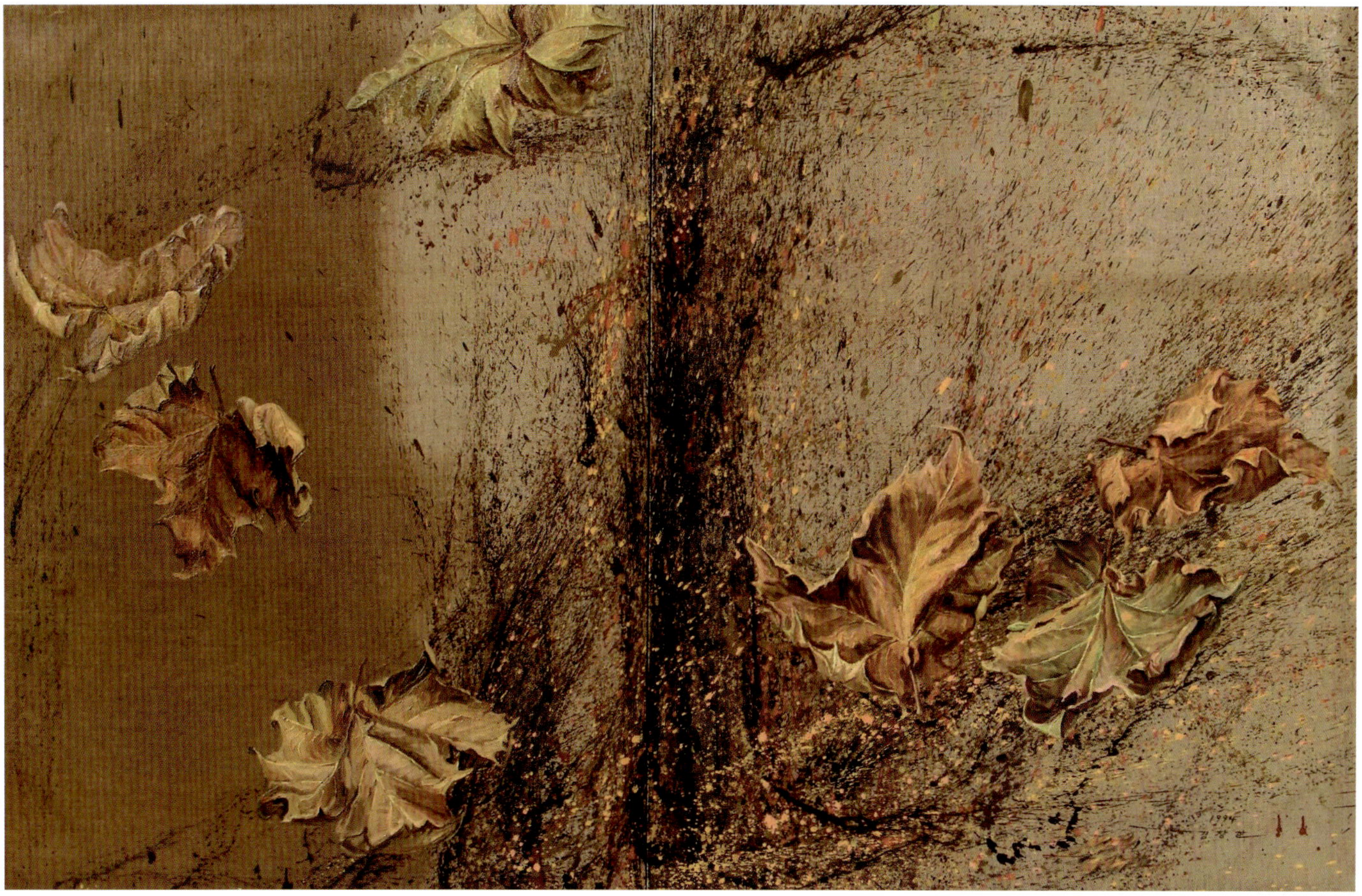

ba14. **Making Memories** 추억 만들기 1991. Acrylic Oil on linen 162.2x260.6cm
Public Collection in Ulsan (Korea) 울산광역시교육청

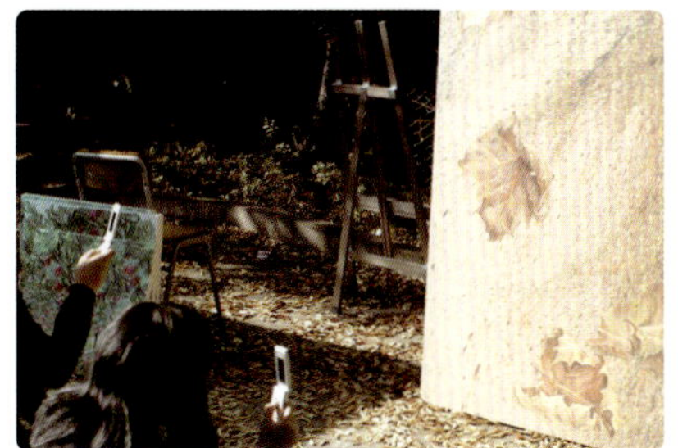

By Kim Chang Han

This work is one of the 'Fallen Leaves' series, which I have developed since 1990. It also belongs to the 'Memory Making' series. Fallen leaves blowing away in the wind represent an afterimage of nature, a charmed moment surrounded by the silent end of summer. I strove to express not only the mysterious beauty of outer nature, but also the inner courses of human life.

김창한

이 작품은 90년대 이후 즐겨 그린 '추억 만들기–낙엽시리즈' 중 일부이다. 뜨거운 여름이 지난 후, 온 세상을 고요한 정적으로 감싸려는 순간의 황홀함을 표현했다. '추억 만들기' 시리즈 연작은 바람에 흩날리고 부스러지는 낙엽과 자연의 잔상에 대한 여운을 캔버스에 담은 것이다. 자연의 신비로운 아름다움뿐만 아니라 삶의 여정도 함께 표현하고자 했다.

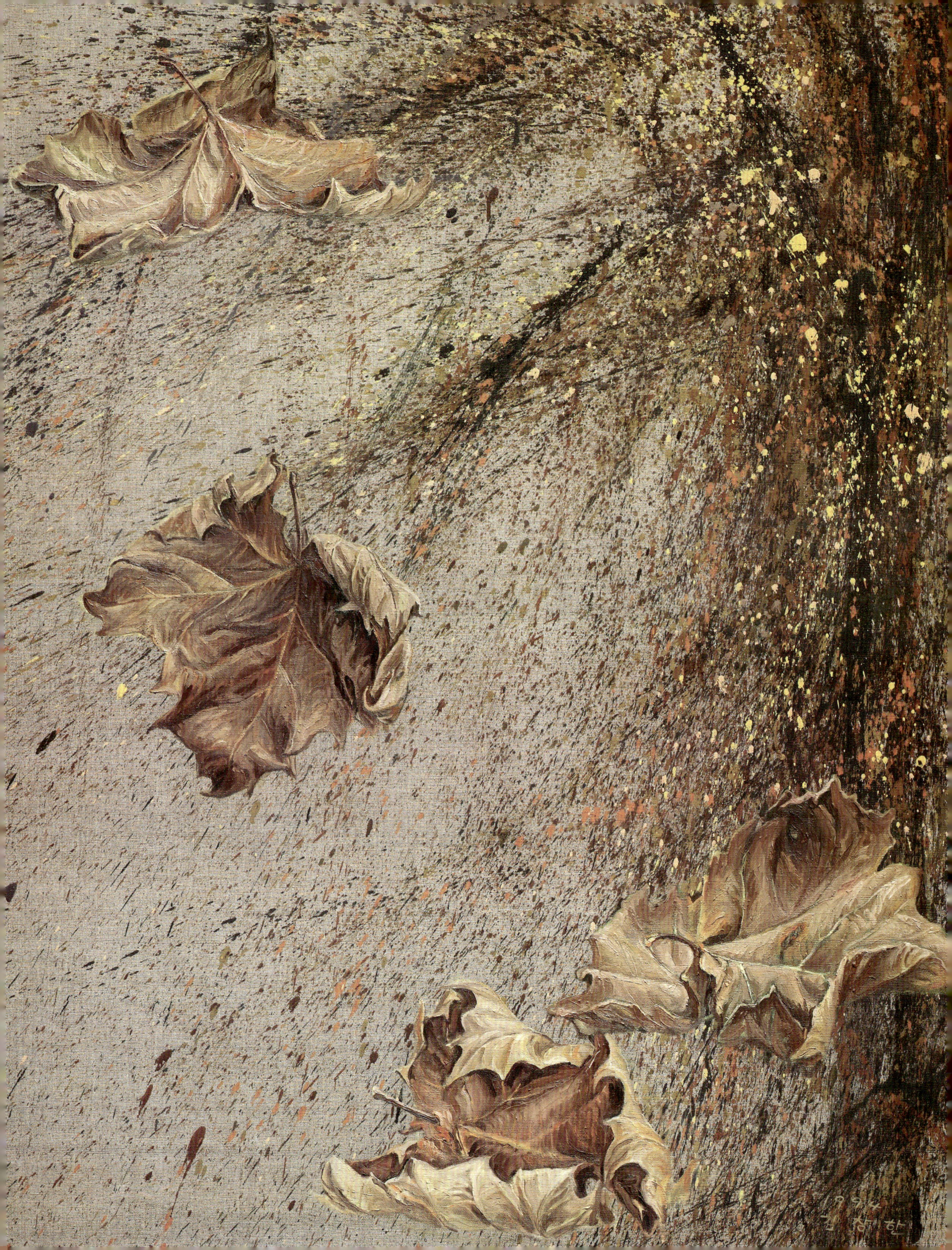

Nature and Form 1985~1994

Having established his ideals in material and formal characteristics, Chang Han wandered into a new realm of subjects: figurative oil painting. The figures (mostly women) are often in an imaginary scene, an idealized dream jungle or paradise. This otherworldly place can defy reason and physics while at the same time emphasize the relationship of natural form in the human body and plants. Heavy use of browns, pinks and greens allow the paintings to look leafy, fleshy, or both.

To the current day, Chang Han enjoys drawing from life, and is as interested in the beauty of the human form as he is in nature and landscapes. In fact, he argues there should be no differentiation, and that you can tell a human is part of nature, simply by looking at them. The gentle bend of a vine or leaf takes the same shape as a hip or thigh. The figure's skin reflects the foliage, shining soft green, and the branches' tan hue echoes that of the human complexion, Chang Han attempts to relate man (and the human body) to nature, seeing them as analogous in so many ways.

자연과 형상

재료와 형식적 특성에서 자신만의 이상을 구축해오고 있는 김창한은 새로운 영역의 주제(즉 조형적 유화)를 개척하고 있다. 그의 작품 속에 등장하는 ㅡ대부분이 여성인ㅡ 인물들은 상상 속의 장면인 경우가 많으며, 이러한 상상 속의 장면들은 이상이 실현된 꿈의 정글이거나 천국이었다. 이렇듯 초자연적인 곳에서는 이성과 물리적 현상이 통하지 않으며, 대신에 인간의 신체와 식물 속에 깃든 자연적 형상의 관계를 강조한다. 갈색, 분홍색, 녹색 등을 많이 사용함으로써 그의 작품은 잎이 더욱 무성해 보이고 더욱 풍성해 보인다.

지금도 그는 삶의 모습을 드로잉하는 것을 즐기고 있으며, 그 자신이 자연과 풍경 속에 존재하고 있는 것처럼 인간의 형상이 갖는 아름다움에 관심을 갖고 있다. 사실 그는 자연과 인간 간의 차이가 없어야 하고, 따라서 누가 보아도 인간이 자연의 일부라는 것을 알 수 있어야 한다고 주장한다. 그의 작품을 보면, 부드럽게 굽은 포도나무나 잎의 형상이 마치 인간의 엉덩이나 허벅지와 같은 형상을 하고 있다. 등장 인물의 피부는 부드럽게 초록색 빛을 띠고 있는 무성한 잎사귀들을 반영하고 있고, 햇볕에 탄 그을린 가지는 흡사 인간의 그것처럼 보인다. 그는 인간 및 그 신체와 자연 간의 관계를 모색하고자 한다. 즉 이 둘은 많은 측면에서 서로를 닮아 있다고 보는 것이다.

ba15. **Making Memories**
추억 만들기
1991, Acrylic & Oil on linen
162.2x130.3cm

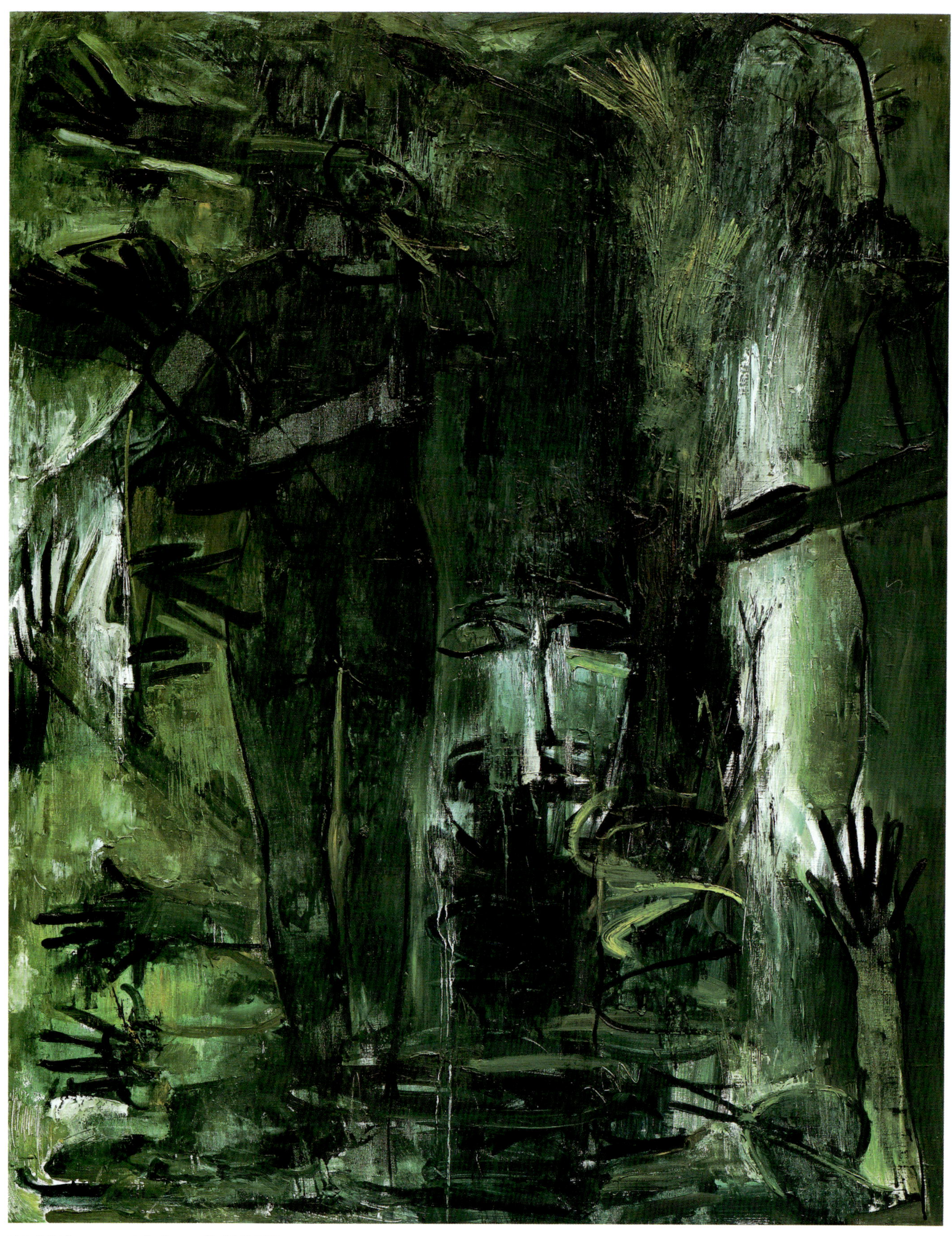

bb1. **A Midsummer−night Dream** 한여름 밤의 꿈 1991, Oil on linen 162.2x130.3cm

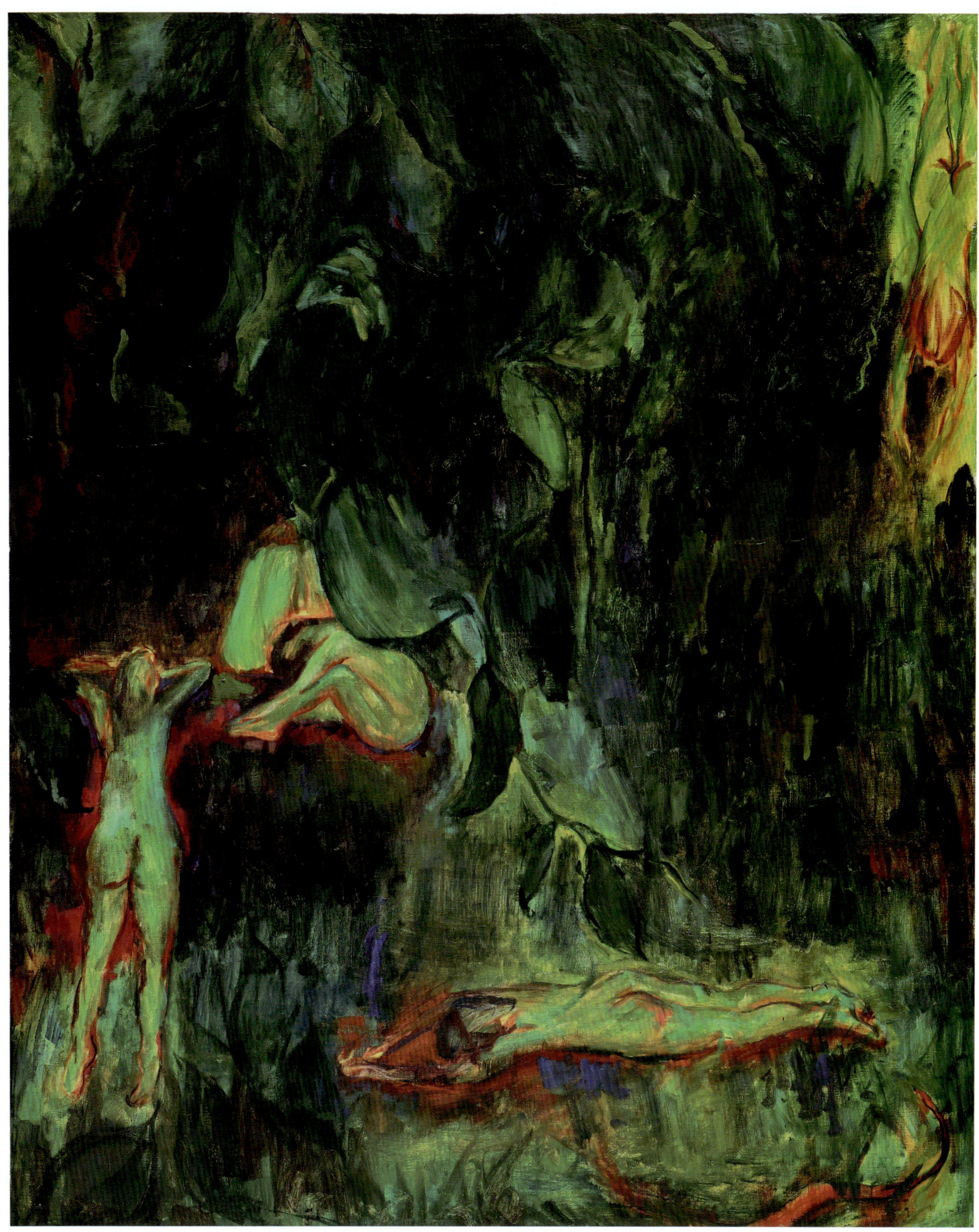

bb2. **A Midsummer–night Dream** 한여름 밤의 꿈 1987, Oil on linen 162,2x130,3cm

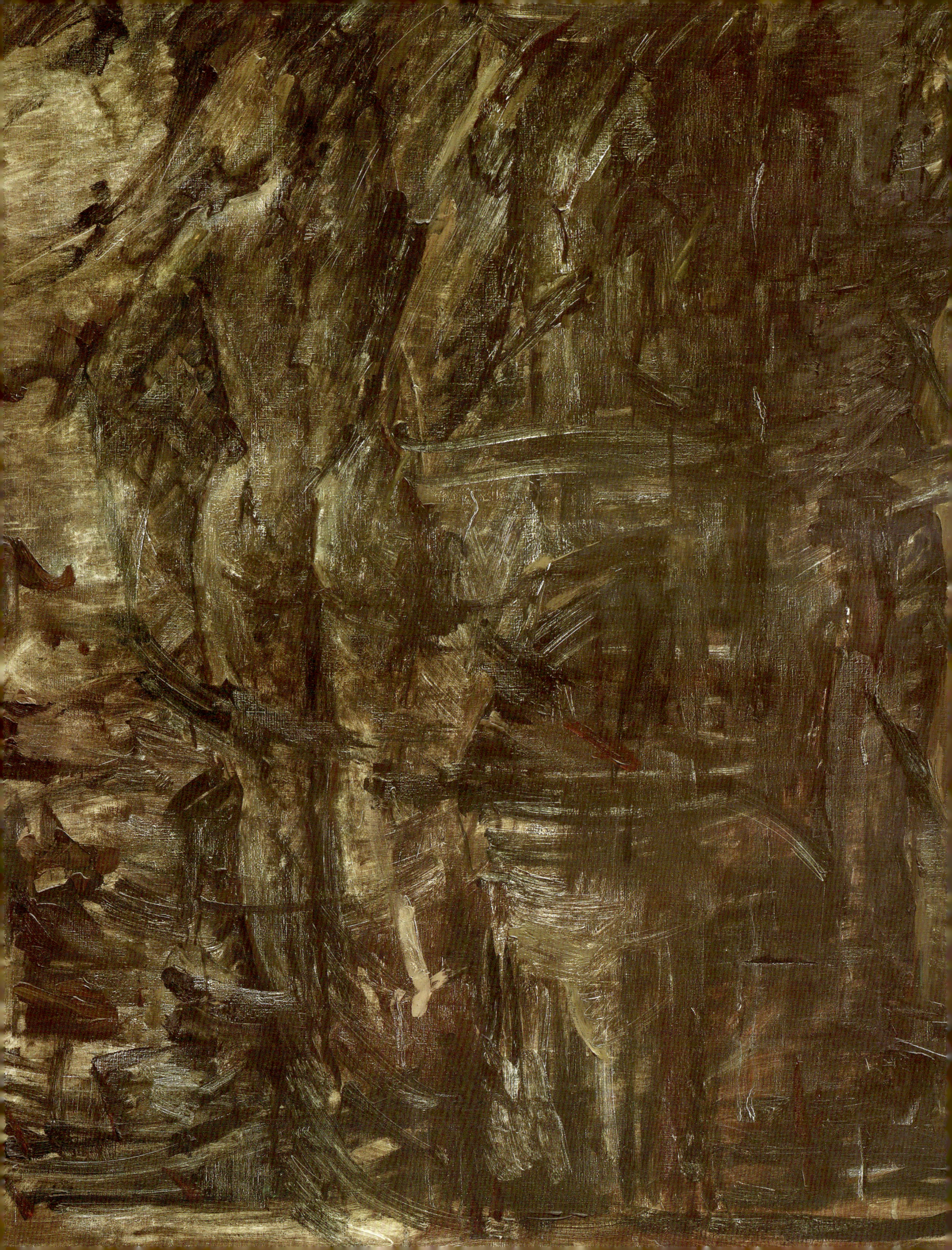

◂ bb3. **Ladies**
   여인들
   1987, Oil on linen
   162.2x130.3cm

bb4. **In the Jungle**
   밀림 속에서
   1991, Oil on linen
   162.2x130.3cm

bb5. **In the Jungle**
   밀림 속에서
   1990, Oil on linen
   162.2x130.3cm

bb6,7. **A Midsummer–night Dream**
   한여름 밤의 꿈
   1993, Oil on linen
   53x45.5cm

bb8,9. **A Midsummer–night Dream**
   한여름 밤의 꿈
   1987, Oil on linen
   53x40.9cm

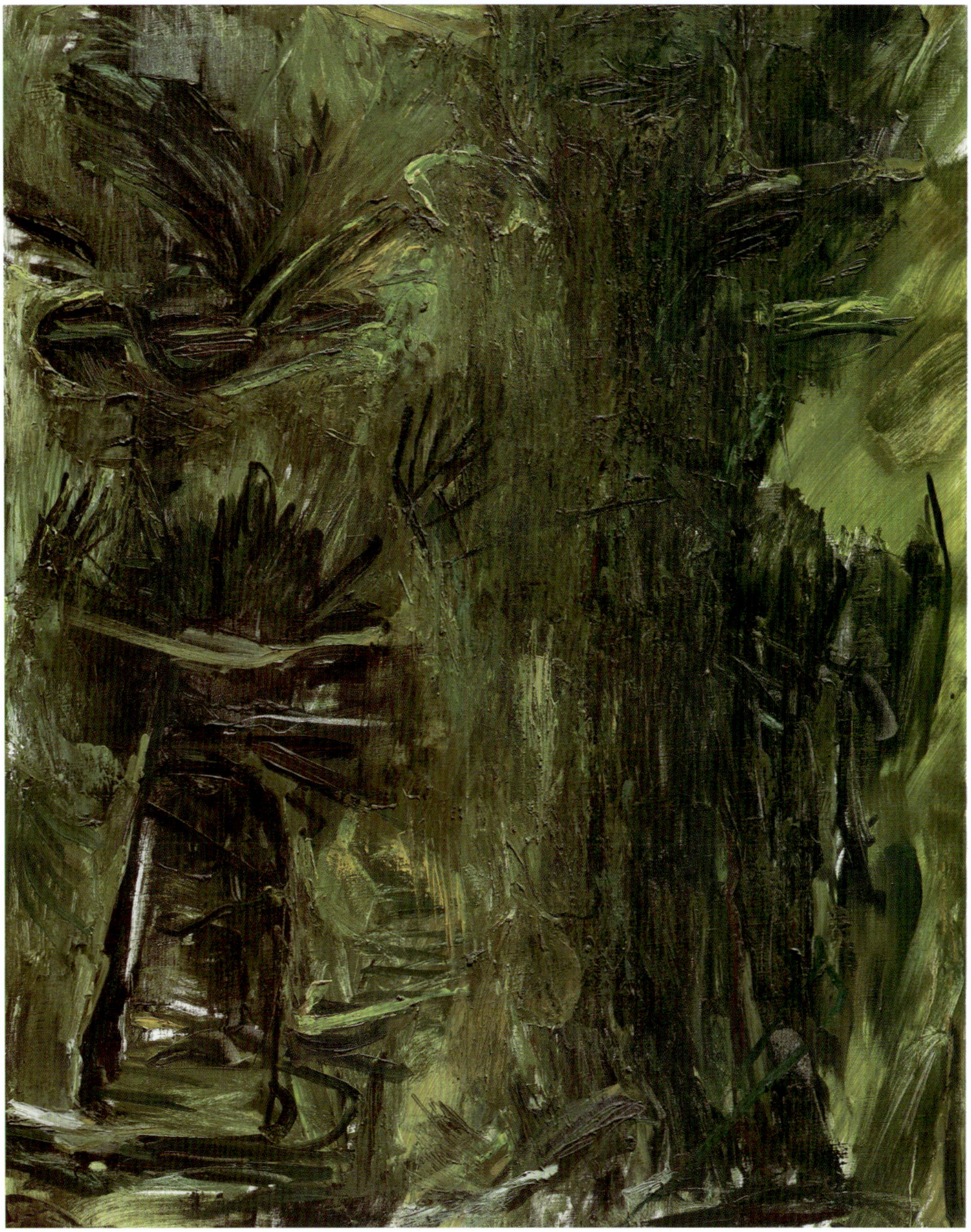

bb4

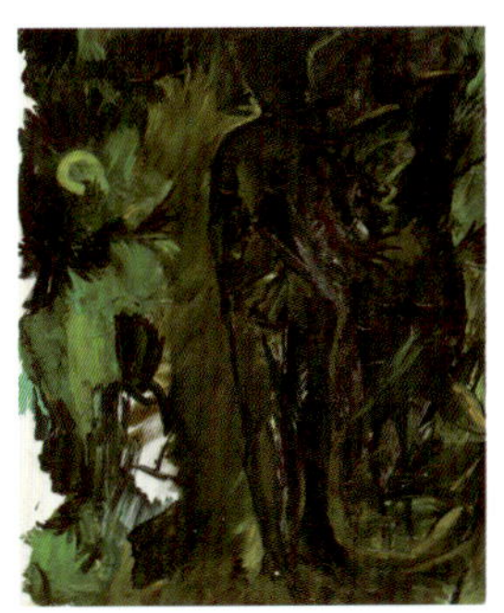

bb5

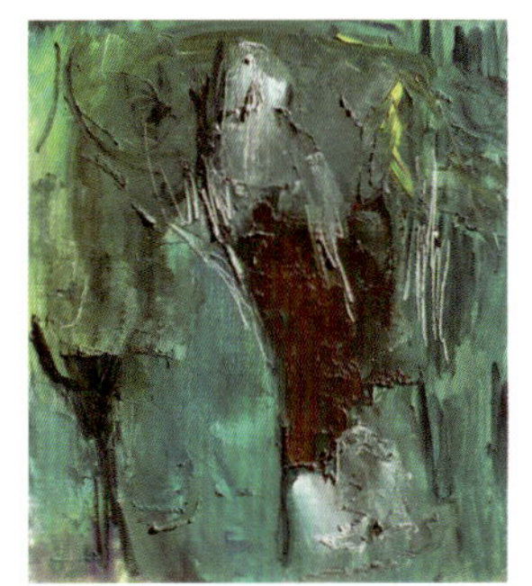

bb6

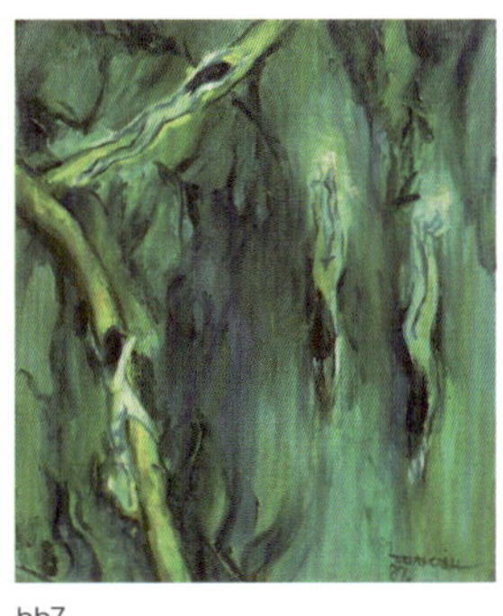

bb7

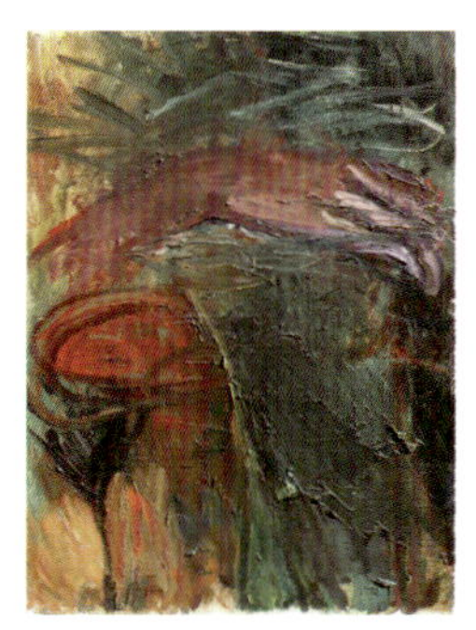

bb8

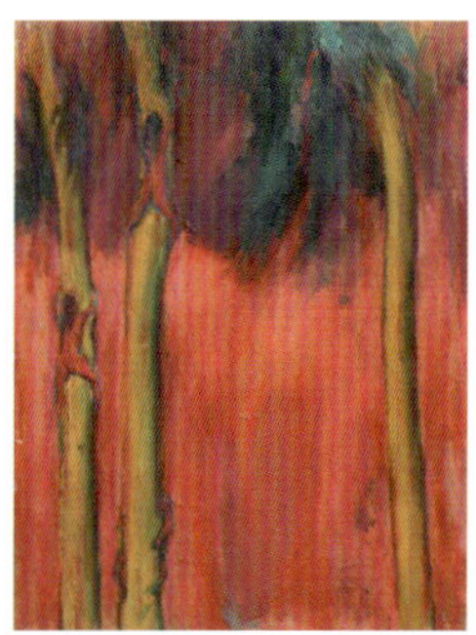

bb9

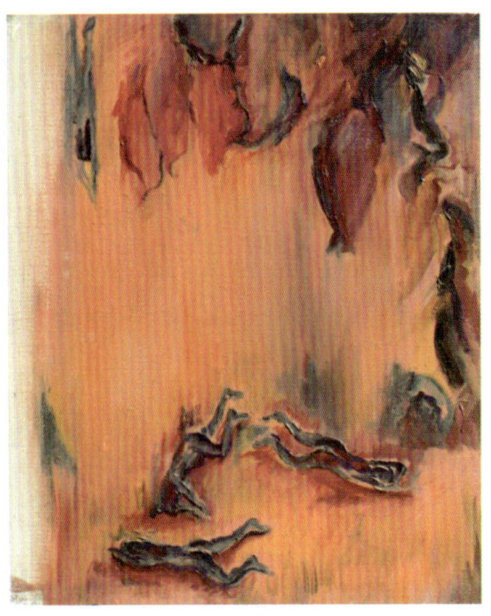

bb10

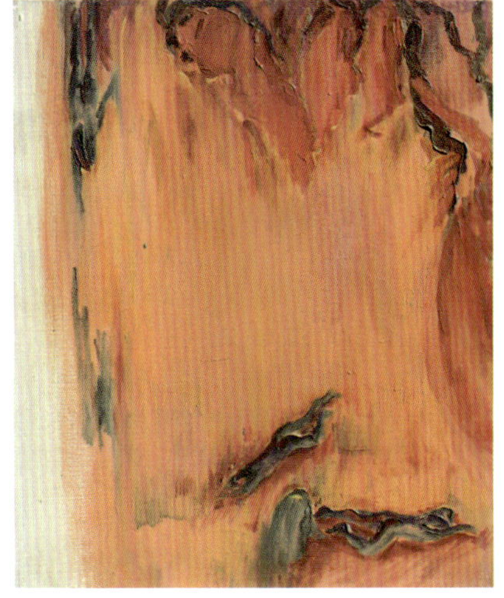

bb11

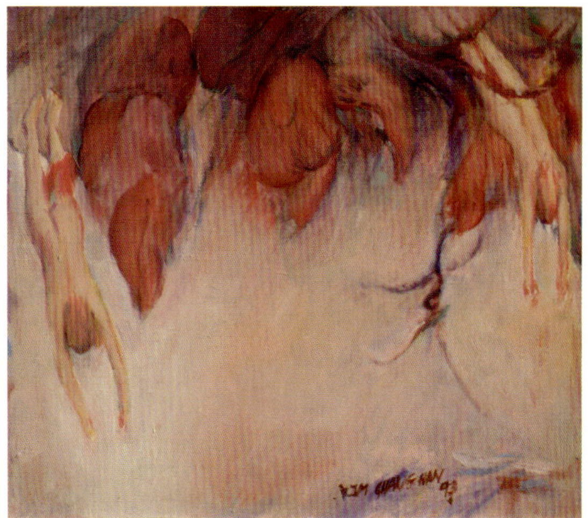

bb12

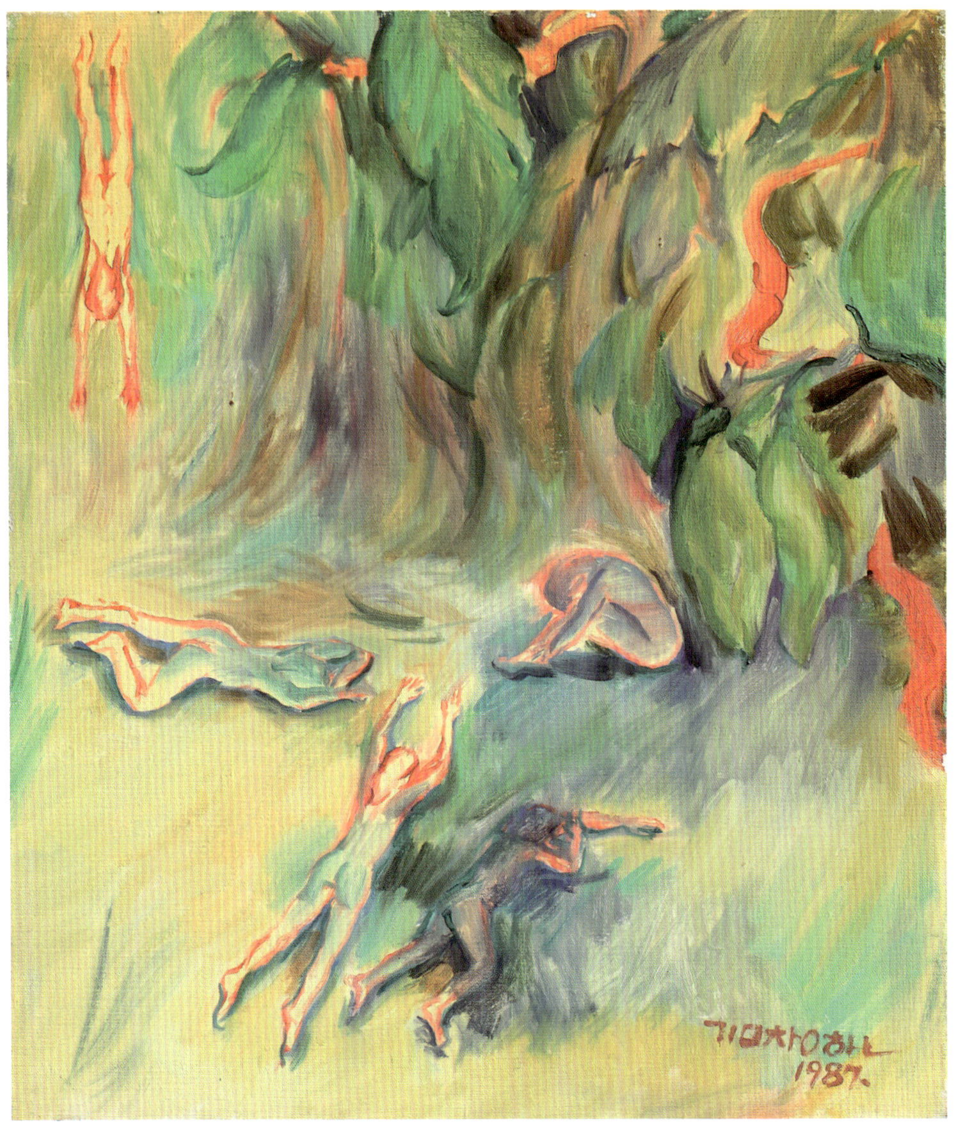

bb13

bb10~13. **A Midsummer—night Dream**
한여름 밤의 꿈
1987, Oil on linen
53x45.5cm ~ 45.5x53cm

bb14. **A Midsummer—night Dream**
한여름 밤의 꿈
1991, Watercolour on paper
78x108cm

bb15. **A Midsummer—night Dream**
한여름 밤의 꿈
1994, Oil on linen
112x145.5cm

bb16. **A Midsummer—night Dream**
한여름 밤의 꿈
1994, Oil on linen
130.3x162.2cm
Private collection in Ulsan (Korea)

bb17. **A Midsummer—night Dream**
한여름 밤의 꿈
1994, Oil on linen
130.3x162.2cm

bb18. **A good day for wind blowing**
바람불어 좋은 날
1994, Oil on linen
130.3x162.2cm

bb19. **A Lady**
여인
1990, Watercolor on paper
39.5x55cm

bb20,21. **A Midsummer—night Dream**
한여름 밤의 꿈
1985, Oil on linen
116.8x80.3cm

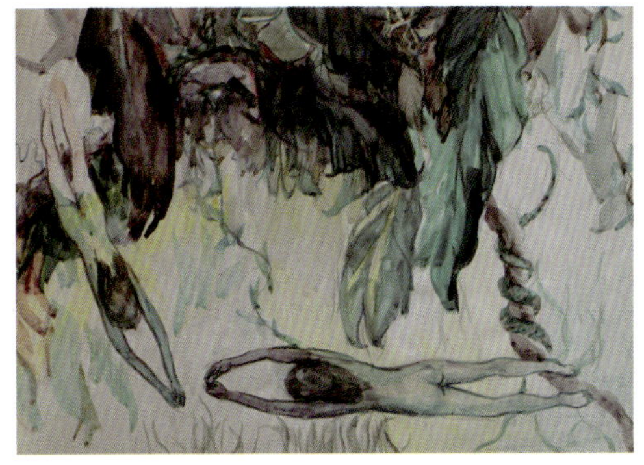

bb14

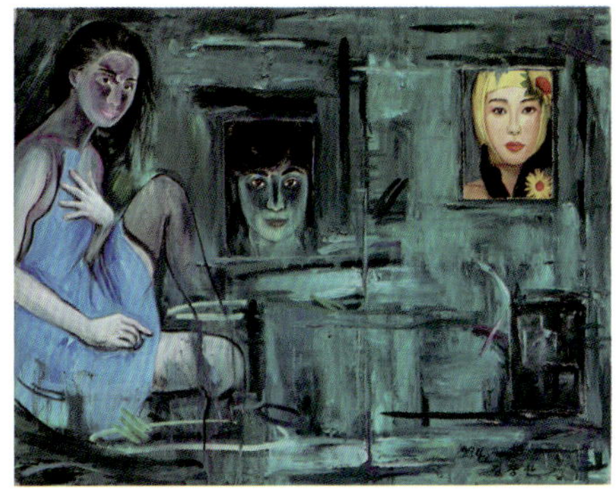

bb15

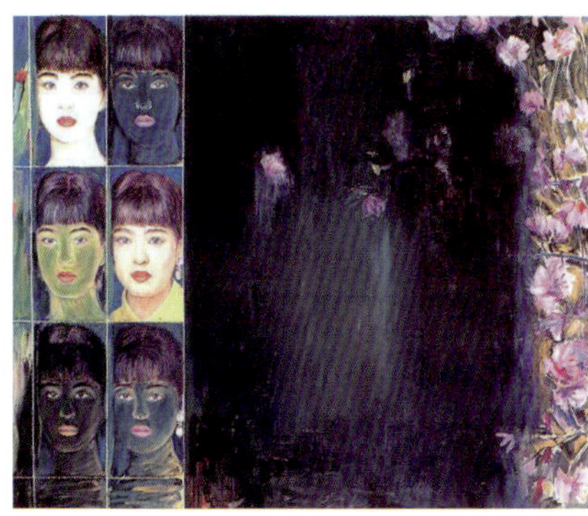

bb16

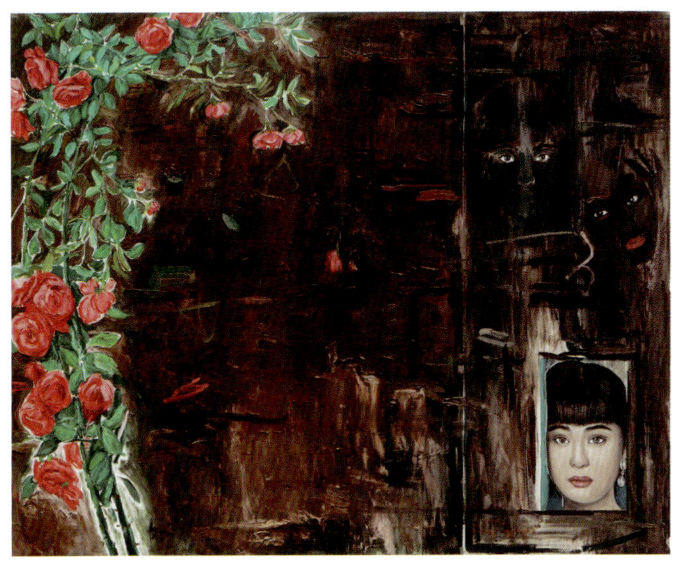

bb17

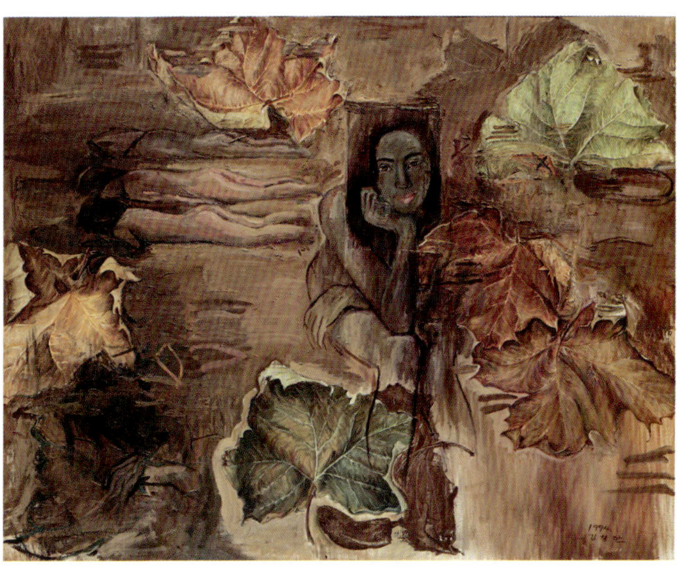

bb18

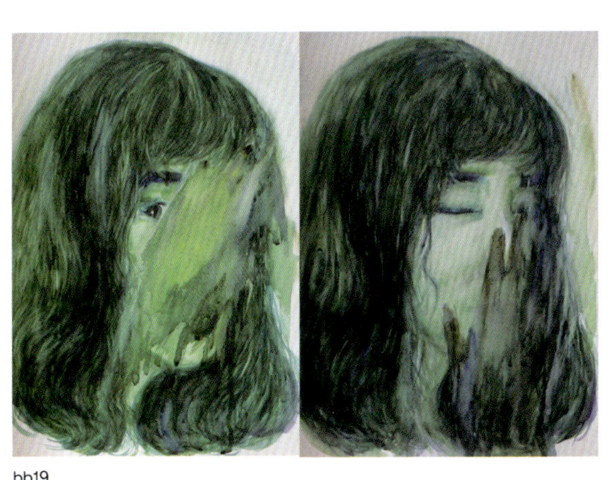

bb19

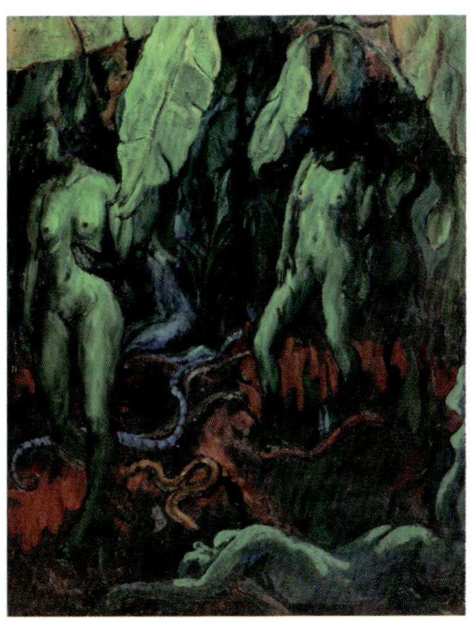

bb20

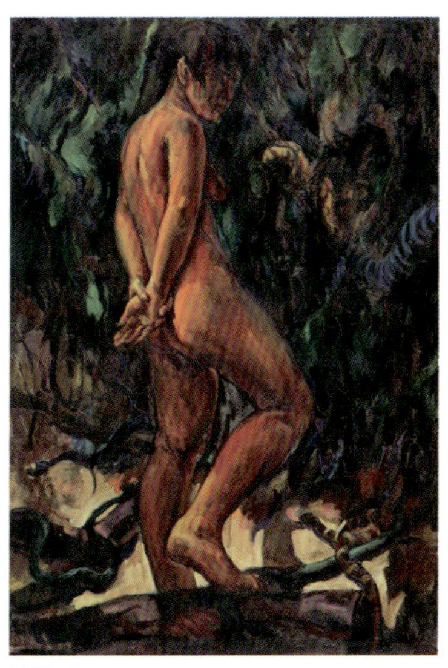

bb21

Real Life 1990~2005

As much as he would like it to, Chang Han's life has not been all fluttering dragon-flies and pretty gardens. The challenges of life were no stranger to him. Shortly after his high school graduation, Chang Han's mother lost her battle against a long-time illness. This of course had a profound effect on him for many years. Chang Han began to see the inequity and cruelty of life's struggles, and reflect these issues in his work. From this period, Chang Han's work ranges from Korean movie stars, to rugged workers on public transit. While Chang Han's first work with the human figure consists of mostly idealized nudes and jungles, the people in the work from this time onwards, are more often 'real'. On the weekends (1991~1994), Chang Han would travel home (Yeongju/Bonghwa) to Busan/Ulsan, and often see the people on the bus (or train) as a striking metaphor. He saw the poetry in the tired bodies twisted together in the night, churning in search of a moment of comfort and rest.

Chang Han's father was a bus driver for many years (prior to 1980s), and Chang Han felt deep sympathy for his hard work on dangerous busy streets. Many of the privileges of a Korean household go to the eldest son, so he also felt guilt about his sibling's comparative lack of opportunity. Everyone seemed to be working so hard, like the passengers on the bus, never quite comfortable enough to close their eyes and

일상의 삶

김창한의 삶은 두 날개를 팔랑거리는 잠자리나 예쁘게 가꿔진 정원의 그것은 결코 아니었다. 그의 인생에서 도전은 낯선 것이 전혀 아니었다. 그가 고등학교를 졸업하고 얼마 되지 않아 그의 어머니는 오랜 지병 때문에 세상을 떠났다. 물론 이 일은 수년 동안 그에게 많은 영향을 미쳤다. 그는 삶 속의 불평등하고 냉혹한 현실에 직면하기 시작했으며, 이러한 현실은 그의 작품에도 투영되었다. 이 시기부터 그의 작품은 소위 아름다운 영화 속 스타뿐만 아니라 대중 교통을 타고 가는 누더기 행색의 노동자도 주제로 삼게 되었다. 초기 작품의 인물들이 대부분 누드와 정글을 주제로 했던 반면 이 시기의 인물들은 대부분 "실재하는" 인물들이었다.

그는 1991년부터 1994년까지 매주 주말마다 부산 및 울산에서 고향집(봉화/영주)을 오갔으며, 버스나 기차 속 사람들을 인상적인 모습으로 표현하곤 하였다. 그의 피곤에 지친 온몸은 편안함과 휴식의 순간을 찾아 밤마다 몸부림쳤다.

그의 아버지는 1980년대 중반까지 오랜 기간 동안 버스 기사 생활을 하였고, 그는 위험하고 혼잡한 거리에서 힘든 일을 하고 있는 아버지를 보면서 깊은 연민을 느꼈다. 한국 사회에서 으레 그렇듯 그의 집안도 맏이인 그에게 가장 많은 혜택이 돌아갔는데, 이에 대해 그는 자신의 동생들이 상대적으로 더 많은 기회를 갖지 못한 것에 대해 죄책감을 느껴야만 했다. 사람들은 너무나 열심히 일했지만 버스 안의 승객들처럼 눈을 감고 편안한 휴식을 취할 만한 여유가 되지 못하는 것처럼 보였다. 이러한 많은 감정들이 그 자신을 대변하였고,

truly rest. So much of this was on his behalf, that it made him wonder about the balances of privilege and suffering, not only in his own life, but on a larger scale.

In contrast to the laborers, the repetition of a beautiful face, a well-known female actress seemed an example of a person unaffected by toil and pain. Of course, the reality is that everyone has some form of suffering in his or her life, and that we are all striving for a better state of mind, a truer state of peace. Chang Han put himself to work with a new zeal. Working as many hours as he could at a part-time job, he took to his studies with great resolve.

Trying to make the most of his precious good fortune, Chang Han took advantage of his proximity to Insadong's most famous stretch of galleries during the six years he spent at university achieving his Masters. Seeing so many different forms of art and expression, seeing the importance and fortune of being able to speak with art, has fueled his interest in reaching out to others and perfecting his own craft.

The open and loving mind he practiced was rewarded in many ways. Most importantly, Chang Han found the love of his life, Yeong Ju. The palette begins to brighten, and a new purpose and confidence becomes apparent in his art.

이는 다시 그로 하여금 그 자신의 삶이 아니라 보다 큰 차원에서의 특권과 고통의 균형에 대해 번민하게끔 하였다.

노동자의 그것과는 달리, 여배우의 아름다운 얼굴은 수고로움이나 고통 따위는 전혀 받아본 적이 없는 사람을 대변하는 것처럼 보였다. 물론, 현실은 모든 사람이 자신의 삶에서 어떤 형태로든 고통을 겪고 있으며, 또한 보다 나은 평정심과 평화를 찾기 위해 노력하고 있다. 그는 새로운 열의를 보이며 그 자신의 작업에 매진하고 있다.

자신에게 다가온 귀중한 행운을 활용하고자 했던 그는 대학교와 대학원을 졸업하기 위해 6~7년 동안 서울 시내 인사동에서 가까운 곳에 살면서 그곳의 유명한 갤러리들과의 근접성을 최대한 활용했다. 그토록 다양한 형태의 예술과 표현들을 접하면서 미술을 통해 말할 수 있는 행운과 그것의 중요성을 인식하게 된 그는 자신만의 장인적 능력을 보다 완벽하게 하고, 아울러 다른 사람들에 대한 관심의 끈 역시 놓지 않았다.

열린 마음과 사랑의 마음으로 부단히 펼쳐온 그의 노력에 새로운 희망이 다가왔다. 그의 평생 반려자인 영주를 만나게 된 것이다. 이때부터 그의 팔레트는 밝아지기 시작했고, 새로운 목적과 신념이 그의 미술 작품에 묻어나기 시작했다.

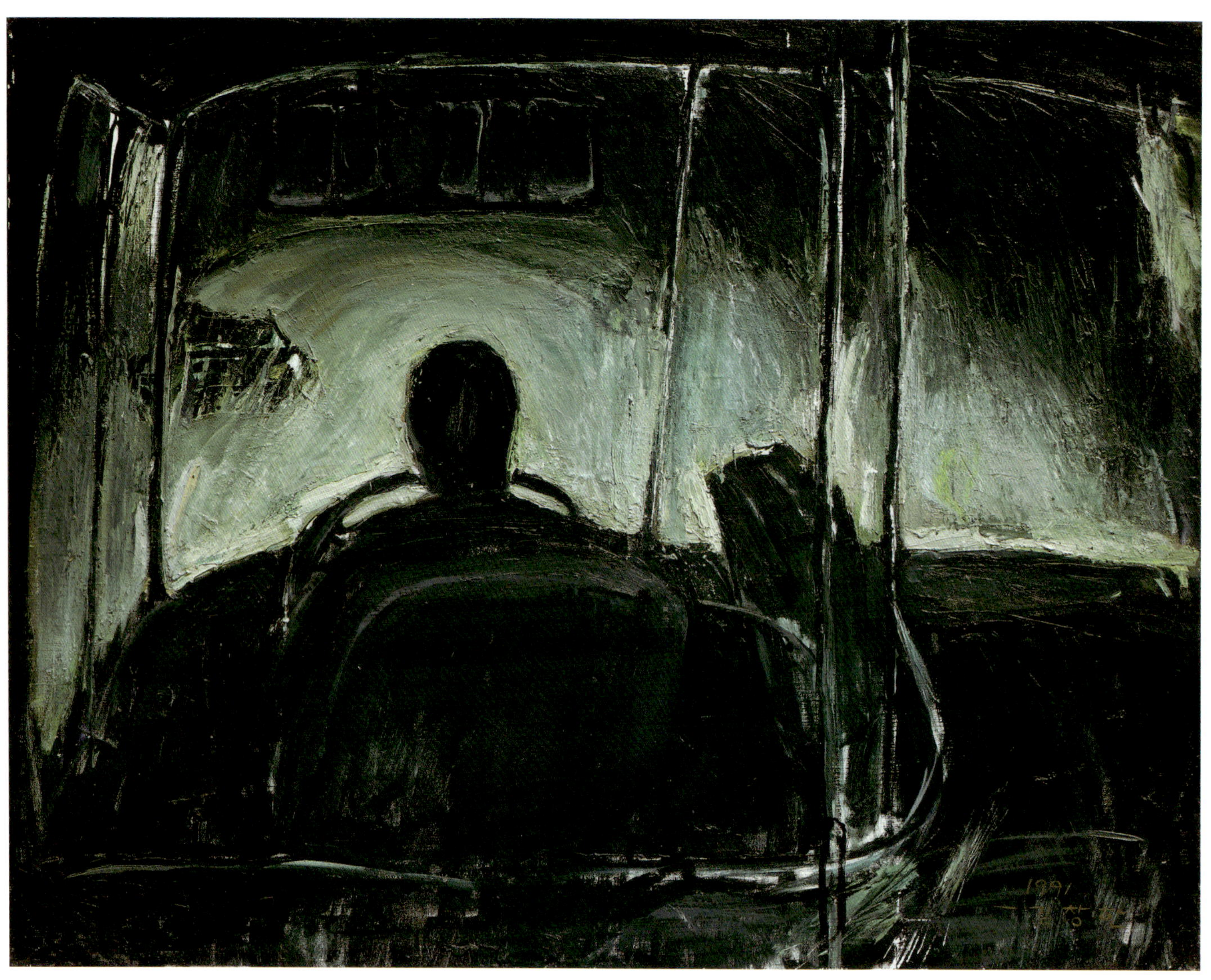

bc1. **The Last Bus** 막차 1991, Oil on linen 91x116.8cm

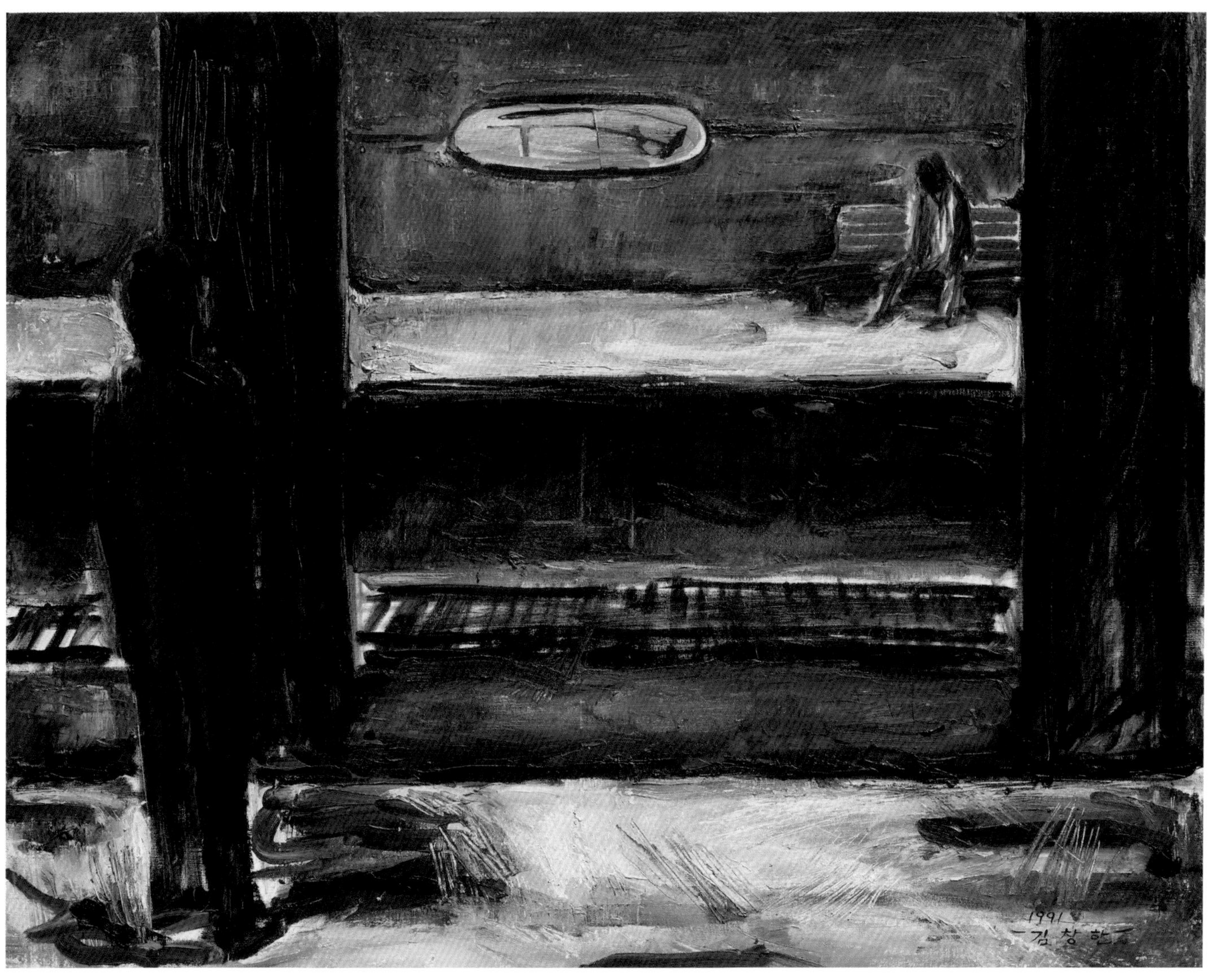

bc2. **The Last Subway** 막차 1991, Oil on linen 91x116.8cm

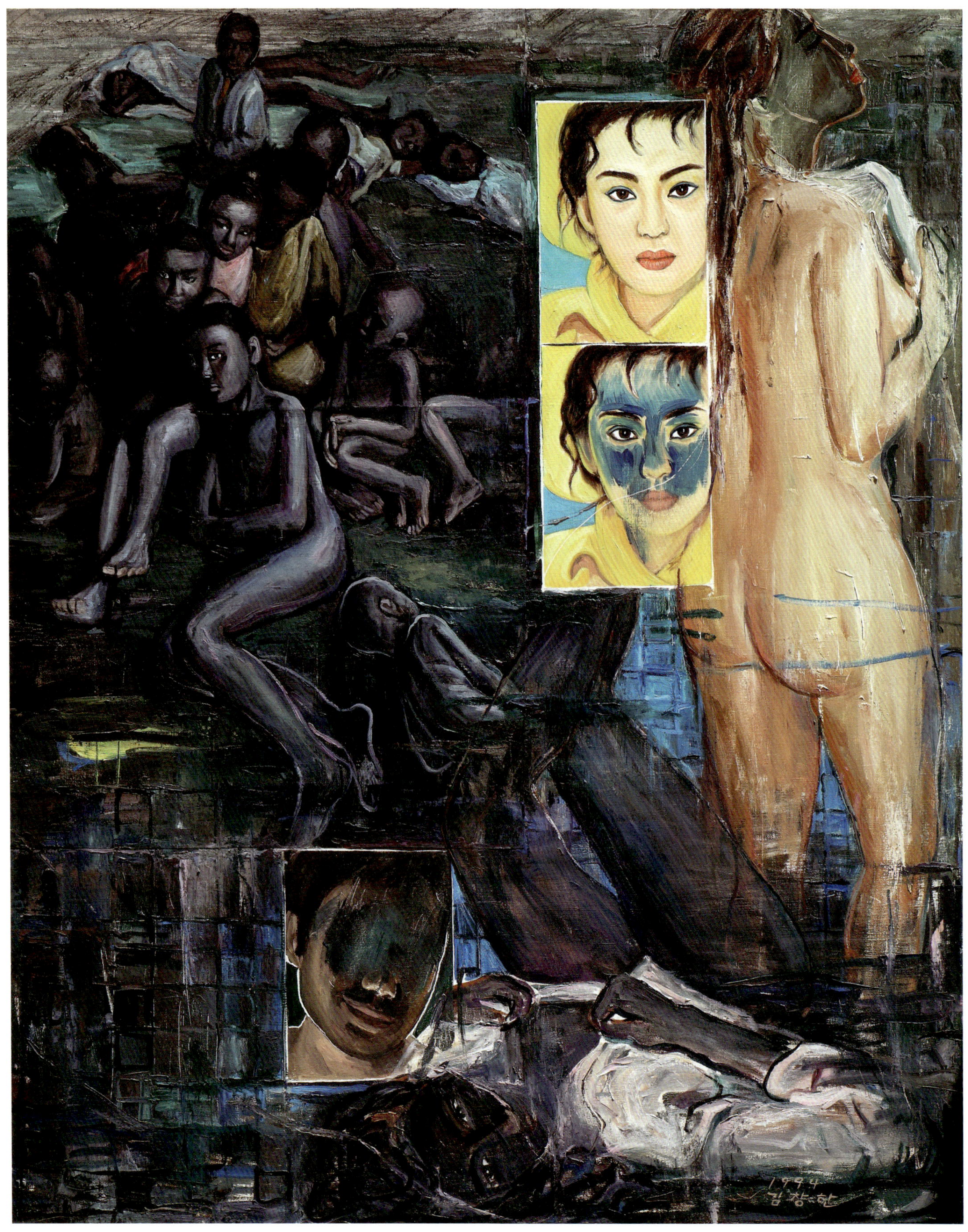

bc3. **Another Dream** 또 다른 꿈 1994, Oil on linen 162.2x130.3cm

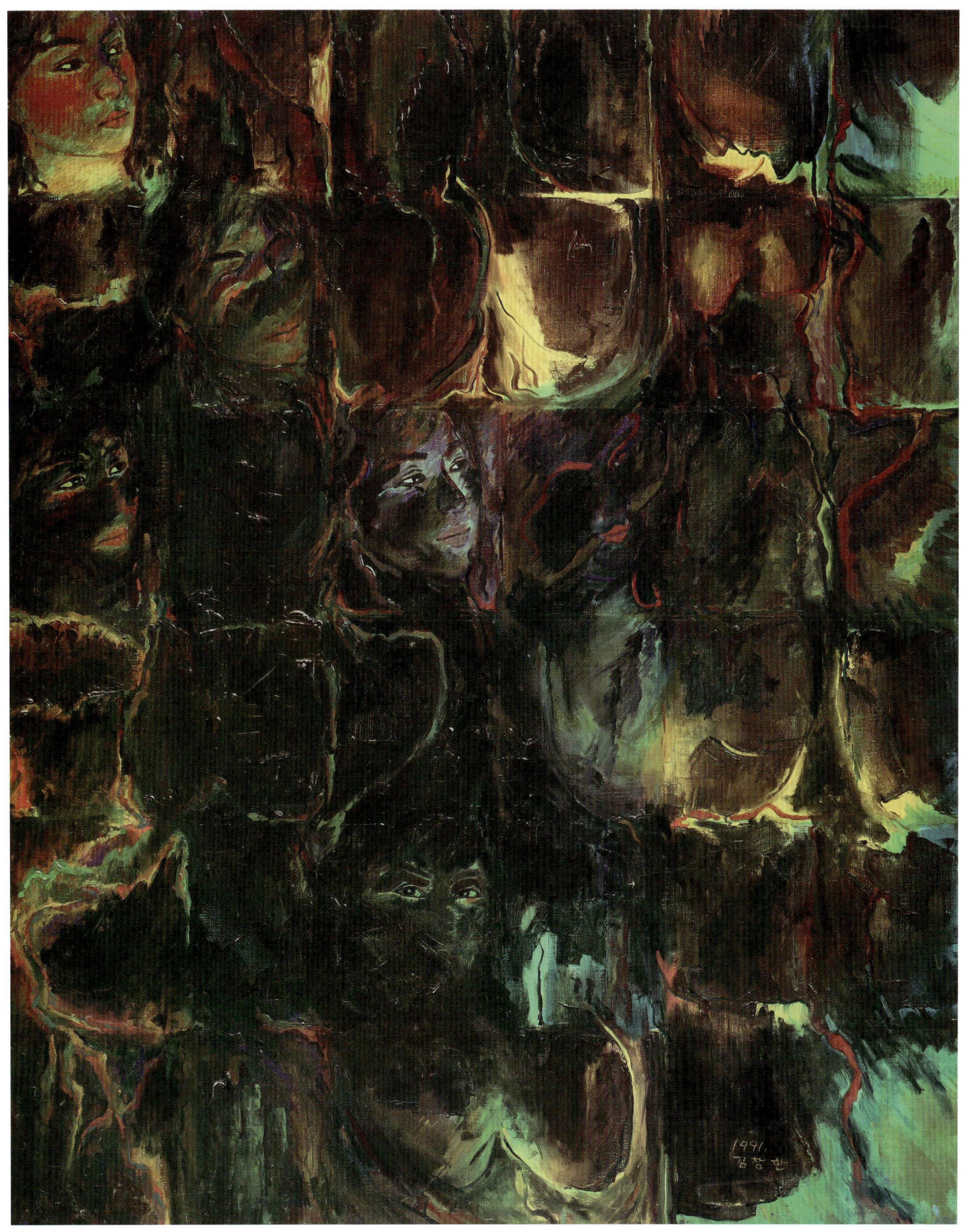

bc4. **Image of Woman** 심상(心像)-여인 1991, Oil on linen 162.2x130.3cm

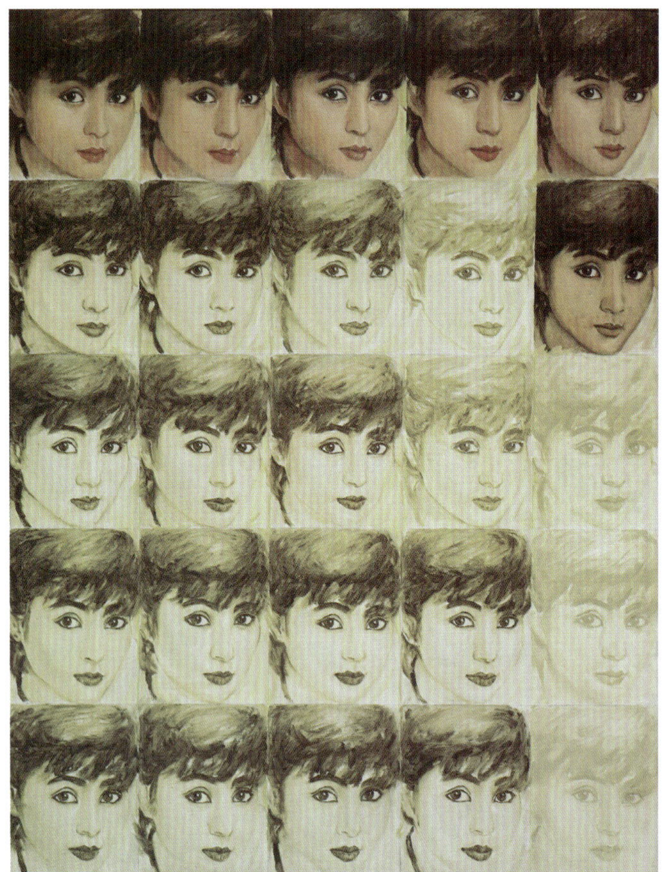

bc5

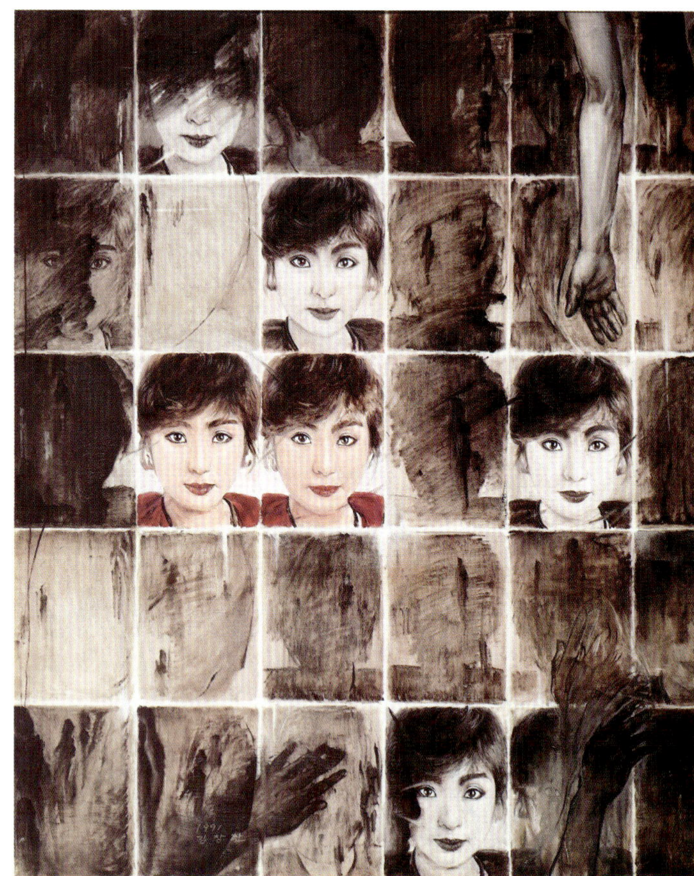

bc6

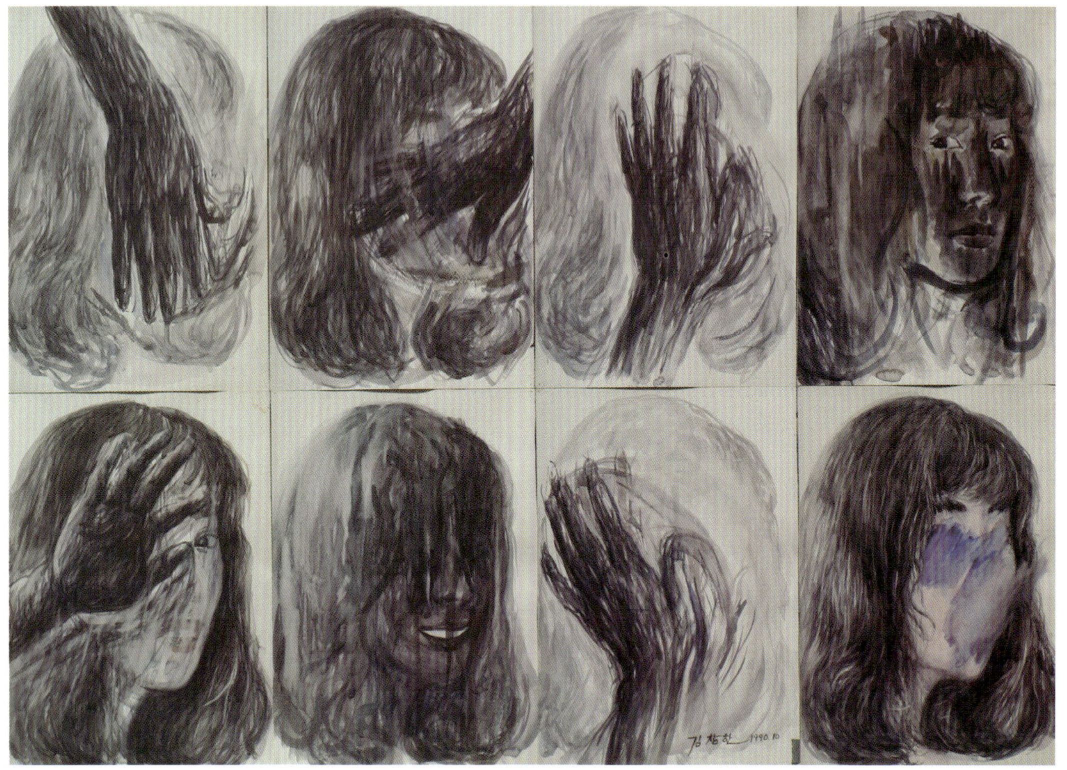

bc7

bc5. **Image of Woman**
심상(心像)-여인(유지인)
1991, Oil on linen
116.8x91cm

bc6. **Image of Woman**
심상(心像)-여인(최명길)
1991, Oil on linen
162.2x130.3cm

bc7. **Image of Woman**
심상(心像)-여인
1990, Watercolour on paper
80x110cm

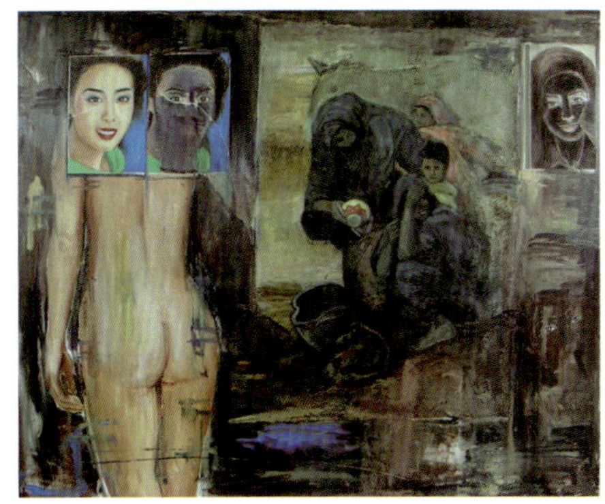

bc8

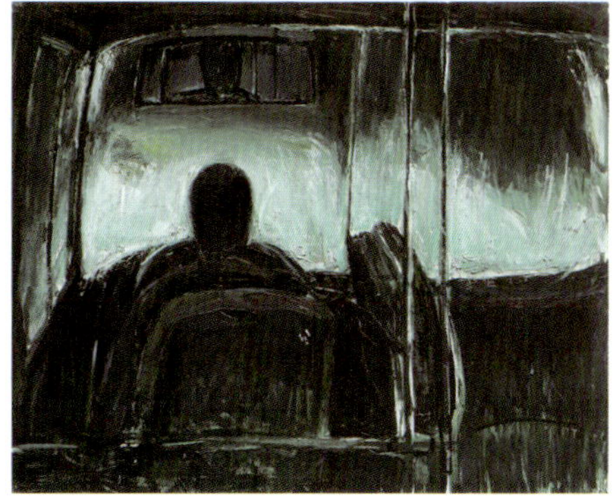

bc9

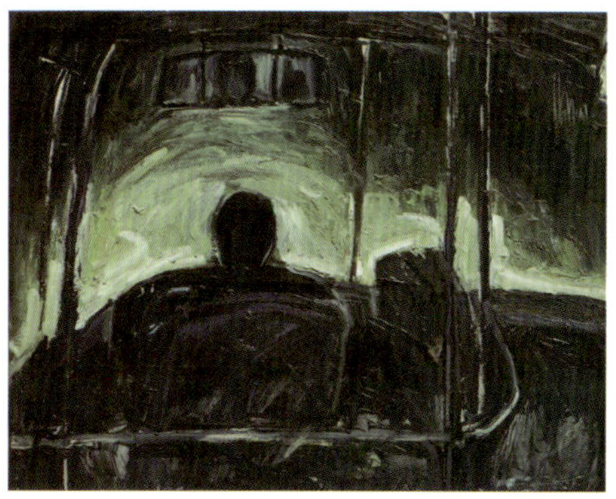

bc10

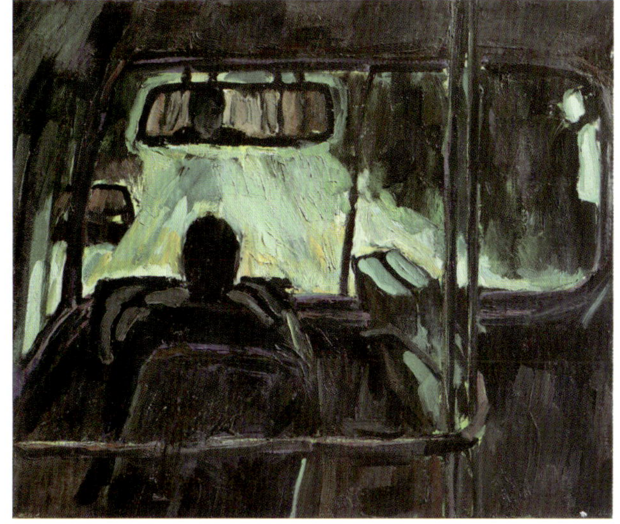

bc11

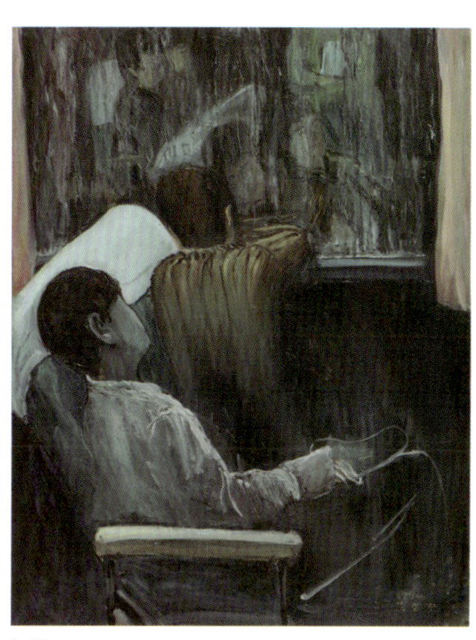

bc12

bc8. **Another Dream**
또 다른 꿈
1994, Oil on linen
130.3x162.2cm

bc9. **The Last Bus** 막차
1991, Oil on linen
130.3x162.2cm

bc10. **The Last Bus** 막차
1990, Oil on linen
91x116.8cm

bc11. **The Last Bus** 막차
1990, Oil on linen
45.5x53cm

bc12. **The Night Train** 밤차
1994, Oil on canvas
116.8x91cm

bc13. **The Night Train** 밤차
1995, Oil on canvas
91x53cm

bc14. **The Night Train** 밤차
1995, Oil on canvas
53x45.5cm

bc15. **The Night Train** 밤차
1994, Acrylic on paper
54x39cm

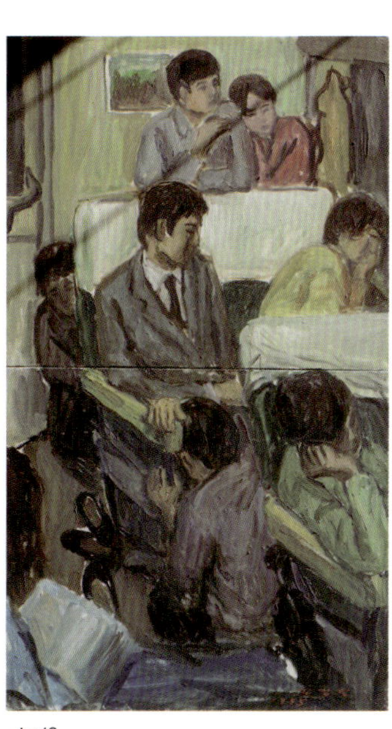
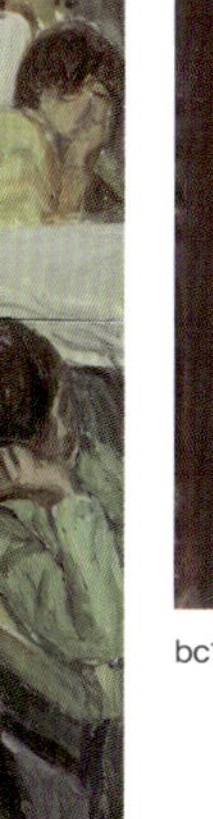

bc13

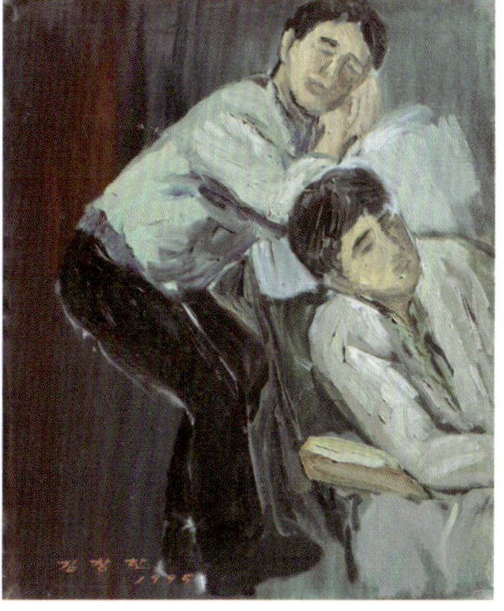
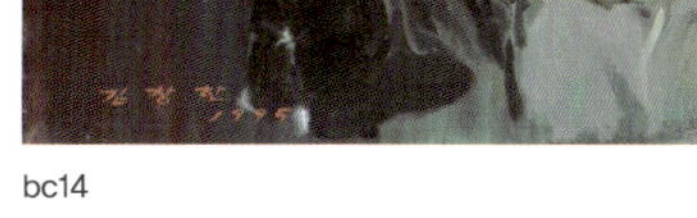

bc14

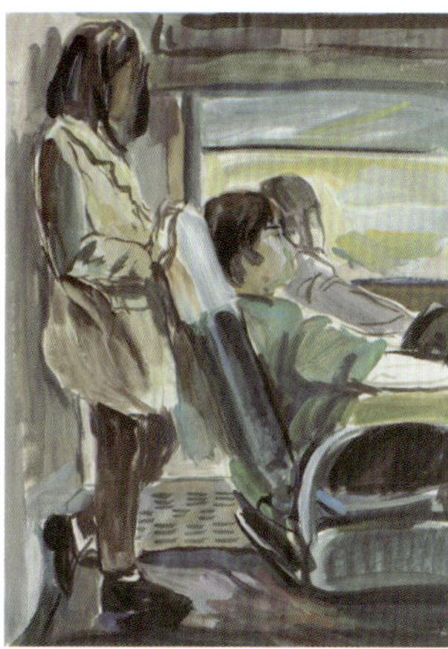

bc15

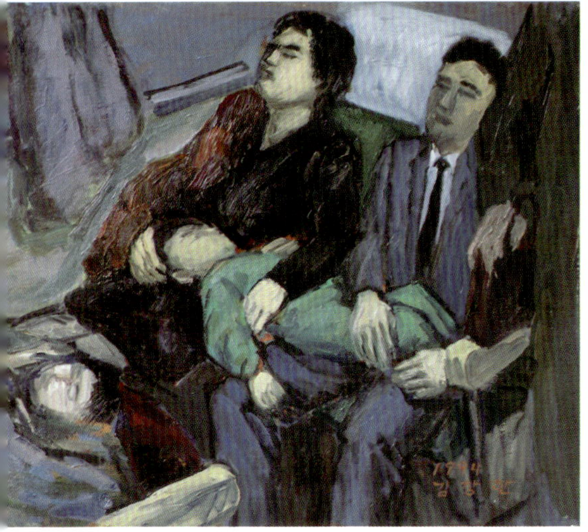

bc16

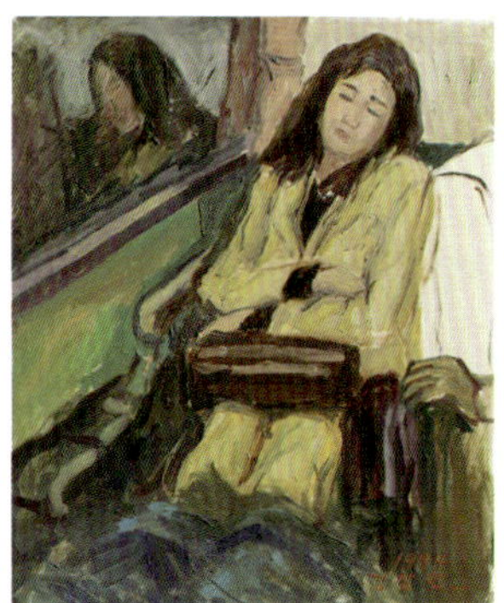

bc17

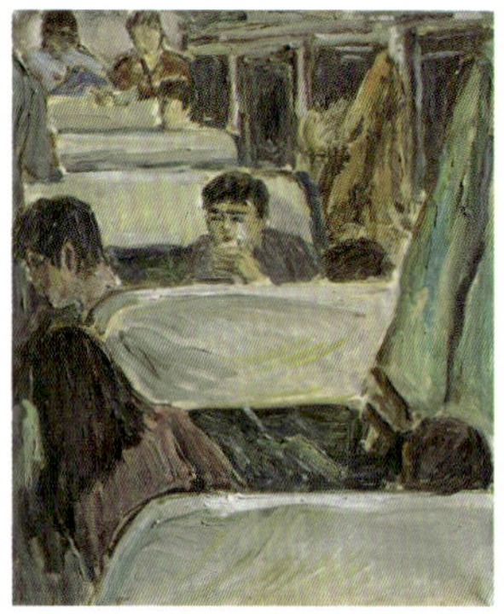

bc18

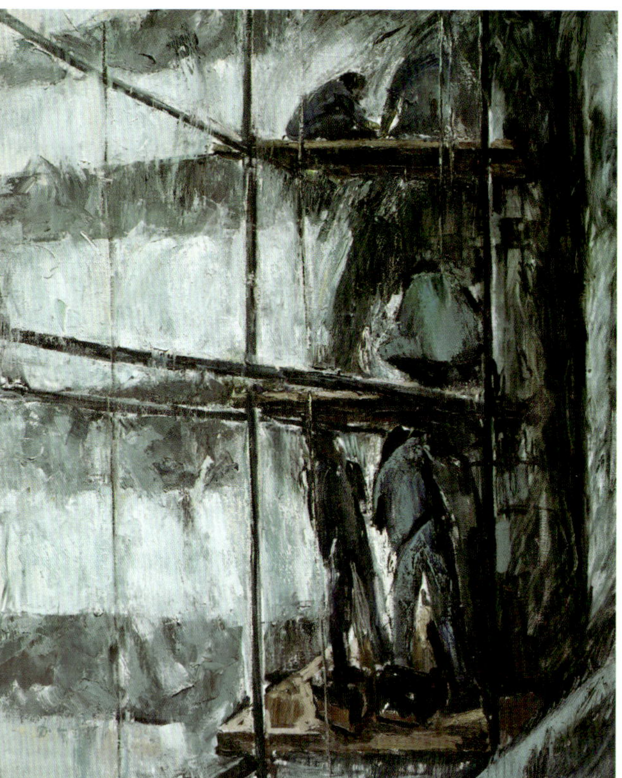

bc19

bc16~18. **The Night Train** 밤차
1994, Oil on canvas
45.5x53cm – 53x45.5cm

bc19. **The Laborer** 노동자
1991, Oil on linen
162.2x130.3cm

bc20. **The Family** 가족
1994, Oil on linen
130.3x162.2cm

bc21. **My Wife** 아내
1995~2000, Crayon on paper
54x39cm

bc22. **Kim Eun Bi** 김은비
1995~2000, Pencil on paper
39x27cm

bc23. **Kim Sang Heon** 김상헌
1995~2000, Crayon on paper
54x39cm

bc24. **Kim Eun Bi** 김은비
1995~2000, Crayon on paper
54x39cm

bc25. **The Family** 가족
2005, Mixed media on linen
53x91cm

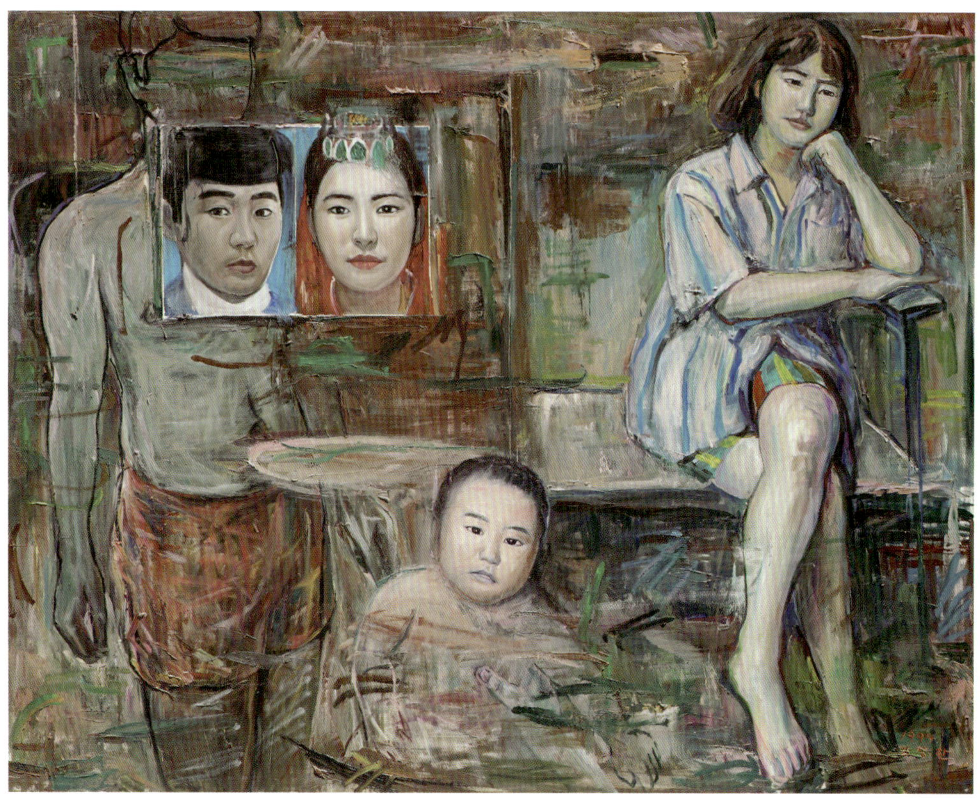

bc20

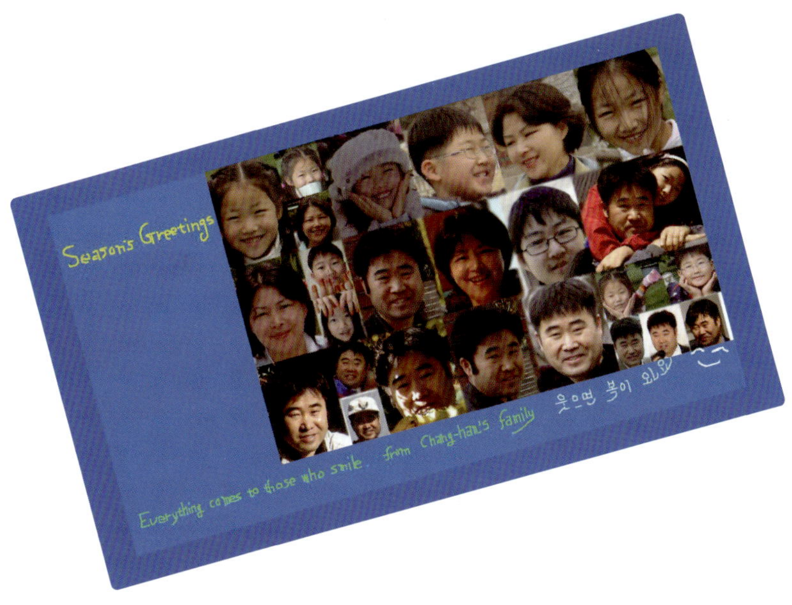

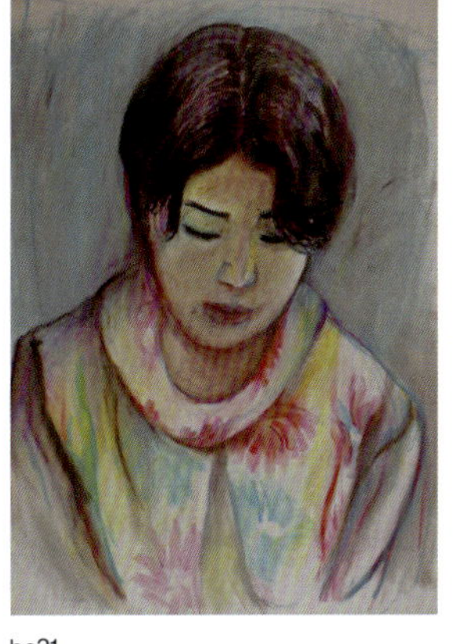
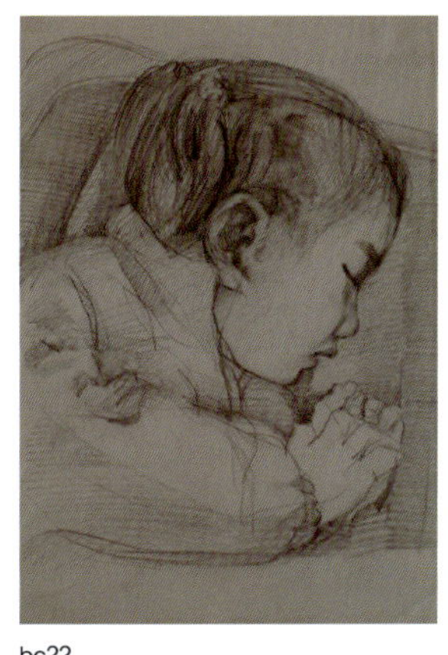

bc21　　　　bc22

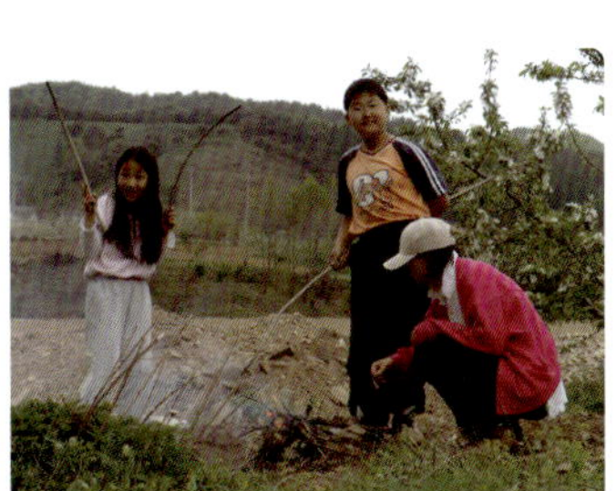
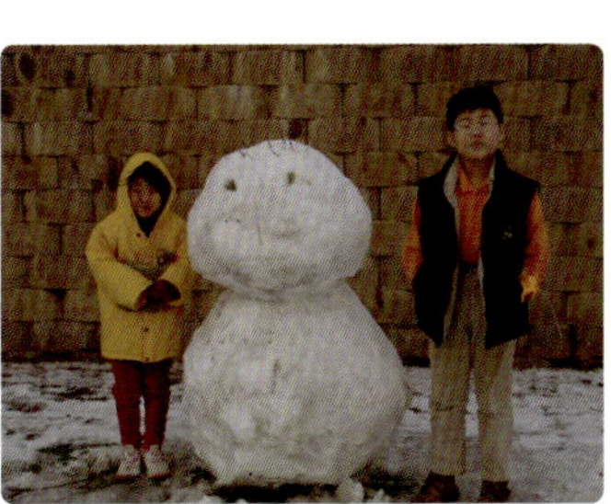

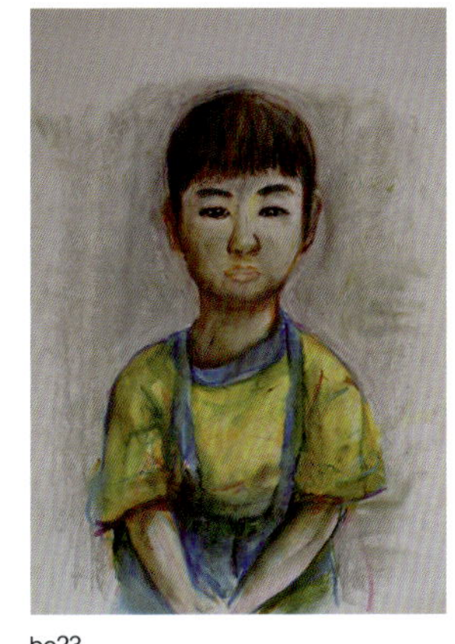
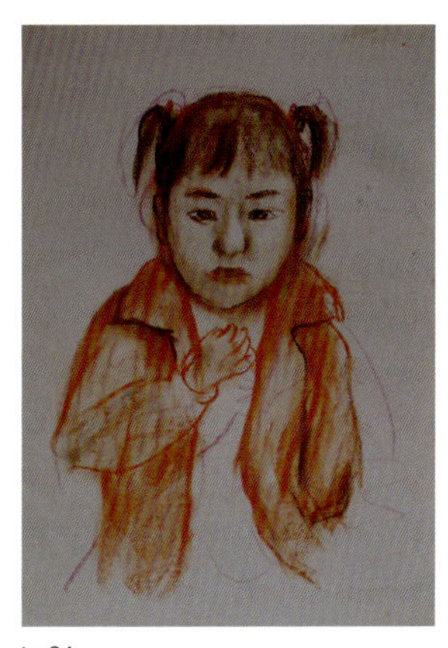

bc23　　　　bc24

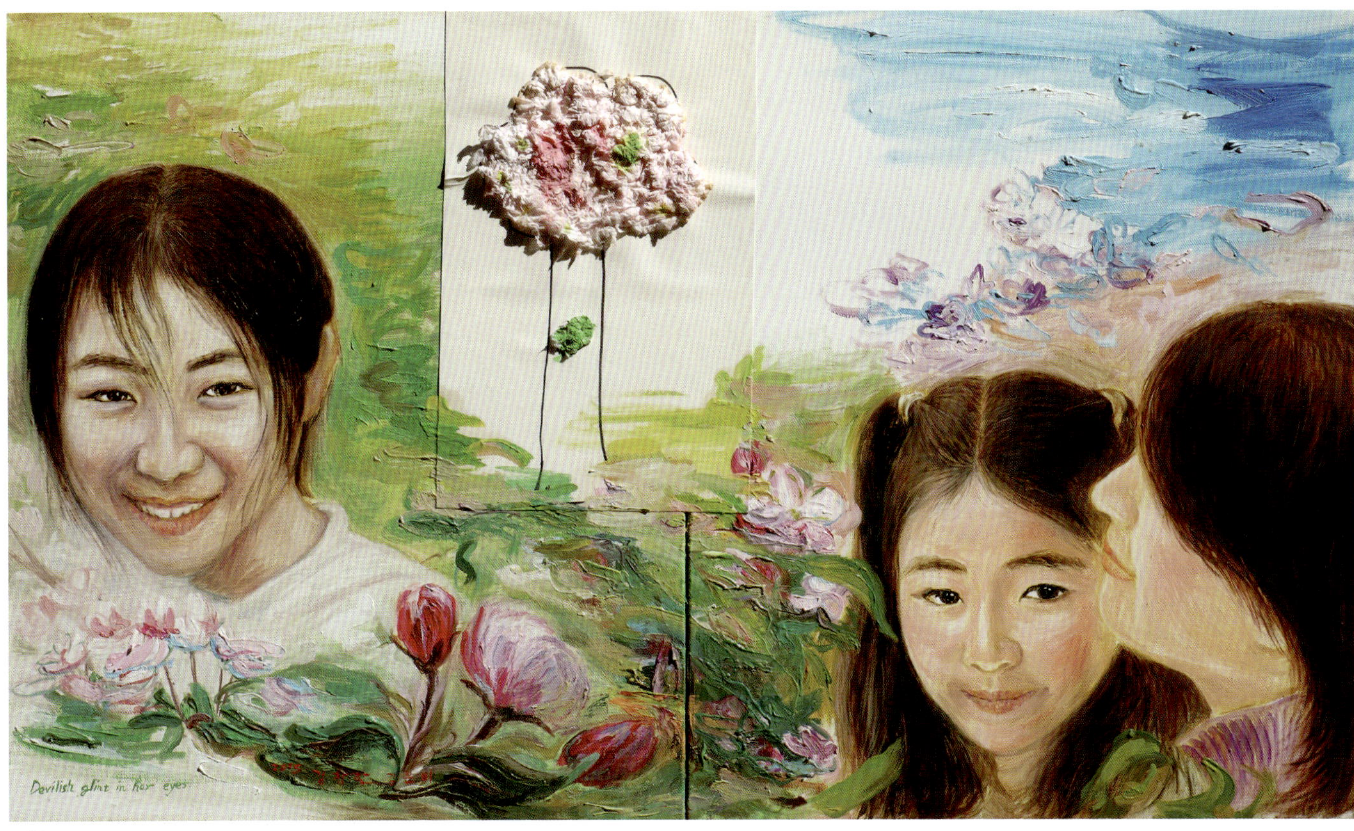

bc25

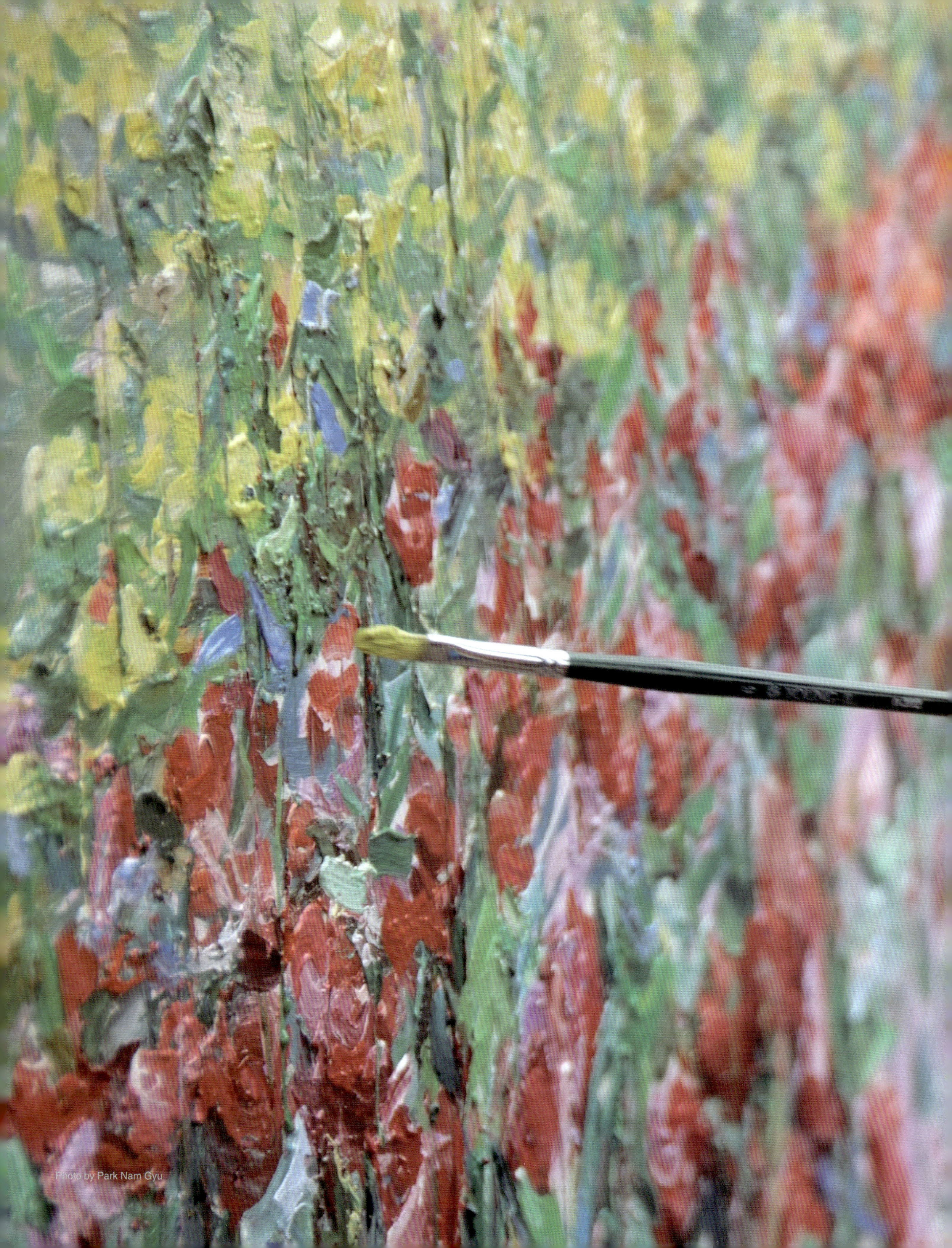
Photo by Park Nam Gyu

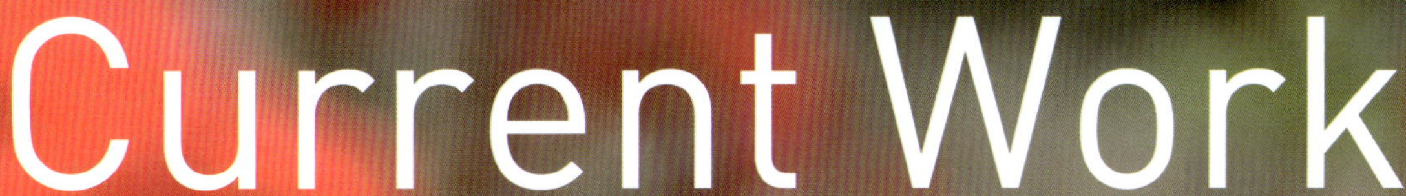

Current Work

최근 작품

I am conscious of the ways in which the subjects of my art fit with my constitution and with a perhaps particularly Korean emotional sensibility. I try to stick to experiences from my real life and times, striving to locate my identity relative to my heritage and a positive vision of the future. I bring to this endeavor a heartfelt appreciation for mysterious nature overflowing with the force of life, and a conception of life as essentially beautiful and pure.

Kim Chang Han – 2003

나는 나의 성격 그리고 한국적인 정서가 내 작품의 주제와 어떻게 하면 잘 조화를 이룰 수 있을 것인지를 늘 염두에 두고 있다. 나는 실생활 속에서 겪은 경험에 주안점을 두고 내 안에 흐르는 나의 정체성과 미래에 대한 긍정적인 시각을 찾고자 한다. 나는 이러한 노력을 통해 생명의 힘과 근원적 아름다움 그리고 순수함으로 넘치는 신비로운 자연에 대한 마음의 경외를 표현하고자 한다.

Kim Chang Han is a prolific artist, with thousands of works attributed to his name. In his studio and home, there are rooms full of beautiful, unique art. Each piece is imbued with energy only attainable with an intrinsic love for the act of painting. Chang Han is an inspiring man who is able to share his observation of the natural world through art. From wispy dry brushed dragonflies to the lush crimson flower petals, he creates with a seemingly effortless grace. Even among the changing subjects, there remains a constant. Chang Han points out many similarities in his work dating back to his earliest days as an artist. While new work can be likened to old, with brushstroke/color/composition/tastes, the main constant is a painterly jubilance. Ever since Chang Han first picked up a brush, he knew the importance of enjoying the act of painting. For the sake of spontaneity and the heightened instinct that comes with it, Chang Han often forgoes initial stages of planning or design. Being free of preconceived expectations opens the way for greater fluidity and intuition.

Having specialized in "Western-focused painting", Chang Han was drawn to the rich colour and physicality of oil paint. One of Chang Han's earliest influences was the Impressionists. He found the natural scenes very appealing. The Impressionists loosely patterned brushstrokes seemed to hold some kind of magic. **Noticeable brushwork was an aesthetic with which Chang Han was familiar, and he utilizes it like calligraphy, where the strokes are thought to reveal the artist's personality and/or the personality of the subject.** Striving to access this non-verbal language, Chang Han focuses on the rhythm of pattern and shapes. What he observes is an underlying unity to all things. With a lifetime of looking at and making art to inform him, he says the most recognizable and the most beautiful motif, is that of nature.

An interesting example to support this, is in, perhaps, one of the most recognizable paintings in the world, Starry Night by Van Gogh who was also inspired by impressionism.

This painting is now mathematically compared to water turbulence and swirling galaxies. It seems ubiquitous pat-

김창한은 매우 왕성하게 활동하는 예술가이다. 실제로 그가 그린 작품만 해도 수천 점에 달한다. 그의 작업실과 집에 가보면 아름답고 독특한 작품들로 방안이 가득하다. 모든 작품 하나 하나가 그림에 대하여 타고난 열정을 가지고 있는 사람만이 가질 수 있는 에너지로 충만해 있다. 김창한은 자연에 대한 자신의 교감을 예술을 통해 모두와 공유할 수 있는 능력을 가진 영감의 예술가이다. 김창한은 길쭉한 몸매와 바짝 말라 있는 듯한 숱을 가진 잠자리에서부터 탐스러운 선홍 빛 꽃잎에 이르기까지 그 대상을 정말이지 너무나 쉽게 창조해낸다. 그의 작품을 보면 그림 속 대상은 계속해서 변하고 있지만 예나 지금이나 변하지 않은 것이 있다는 점을 확인할 수 있다. 그의 말에 의하면 이처럼 매 작품들이 유사한 특성을 유지하는 것은 초기 작품 때부터라고 한다. 붓 놀림이나 색상 그리고 구성 및 취향 등에서 새로운 작품들은 예전의 작품들과 유사하지만, 그 중에서도 변하지 않는 가장 중요한 것은 화가 특유의 경쾌함이라고 볼 수 있다. 김창한은 자신이 붓을 든 시점부터 지금까지 줄곧 그림이라는 행위 자체를 즐기는 것이 얼마나 중요한지를 잘 알고 있었다. 이러한 자발적 행위와 그리고 그것이 함께 동반하는 영감의 충전을 위해 김창한은 그림 혹은 디자인의 초기 단계를 생략하곤 한다. 편견(혹은 선입관)으로부터의 자유로운 영혼은 보다 유연하고 직관적인 길을 걸어갈 수 있기 때문이다.

서양화를 중심으로 작품활동을 해온 김창한은 유화의 풍부한 색상과 실체성에 매료되었다. 김창한에게 최초로 영향을 미친 것 중 하나는 인상주의이다. 그는 자연의 경관이 가지는 매력을 그림 속에 구현하였다. 일정한 패턴이 없는 그의 붓 놀림은 마치 하나의 마술을 보는 것과 같다. 이처럼 뛰어난 붓 놀림은 하나의 미학이며, 김창한은 이러한 미학의 달인이다. 그는 능숙한 붓 놀림만큼이나 이러한 미학의 가치를 잘 인식하고 있다. 하나 하나의 점이 모두 예술가로서의 개성이나 혹은 그리는 대상의 개성을 대변하고 있다. 이러한 말없는 언어에 더욱 다가가기 위해 김창한은 패턴과 형태가 가지는 리듬감에 주목하였다. 그가 지금까지 자연을 관찰해오면서 깨달은 것은 모든 만물에는 일체성이 기저에 깔려 있다는 것이다. 평생에 걸쳐 그를 각성시켜준 예술을 바라보면서 혹은 창조하면서 그가 예술을 추구한 가장 분명하고 가장 아름다운 동기는 자연의 아름다움이라고 그는 말한다.

이러한 사실을 뒷받침하는 흥미로운 사례는 아마도 세계에서 가장 유명한 작품 중 하나인 반 고흐의 "Starry Night(별이 빛나는 밤)"일 것이다. 반 고흐 역시 인상주의에 영감을 받은 화가이다. 오늘날 이 그림은 수학적인 관점에서 난류나 나선형 은하에 비유되고 있는데, 이러한 패턴은 인간과 우주의 통합을 보여준다. 물리학적 원리는 미생물과 꽃 그리고 은하계에 영향을 미치면서 모든 곳에 존재하는 중력 그리고 생명과 뒤엉켜 존재한

terns unify the human and cosmic-scale events. Physics affects a microorganism, a flower, or a galaxy, and in each case spirals with the forces of gravity and life. From primordial dust and gas, this generative force spun the first planets and stars into existence. It should be no wonder that it is a part of our perception of beauty.

The spontaneous impasto and intense feeling of Abstract Expressionism was also appealing to Chang Han. One very well known painter from Abstract Expressionism, Jackson Pollock, created wild splattered canvases full of movement and chance. Later, mathematical analysis showed that amidst even that chaos, there was a high similarity to fractals. There is an undeniable order, brought about by the physics of paint and the arcs of the human

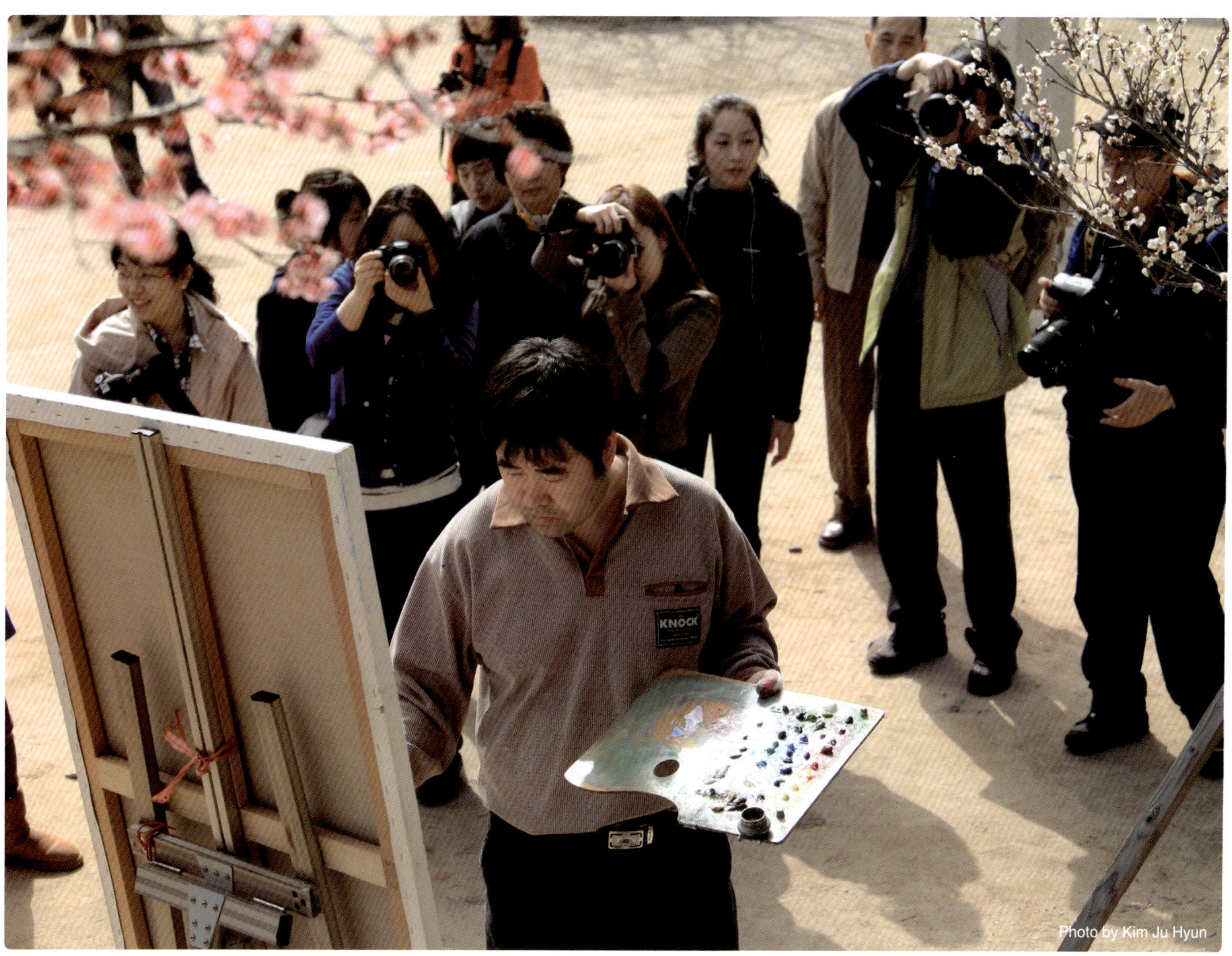

Photo by Kim Ju Hyun

다. 이러한 힘은 태고적 먼지와 가스를 이용하여 최초의 행성과 별을 만들었다. 따라서, 우리가 그 아름다움을 놓칠 수 없는 것은 결코 놀라운 일이 아니다.

김창한은 추상적 표현주의의 야생적 임파스토 기법과 그것이 만들어내는 강렬한 느낌에도 매료되었다. 이러한 추상적 표현주의로 유명한 사람이 있는데, 바로 "잭슨 폴록(Jackson Pollock)"이다. 그는 캔버스를 야생의 역동성과 모험으로 가득 채웠다. 나중에 수학적인 분석을 통해 그러한 혼란 속에서도 프랙탈 패턴과 매우 유사한 패턴이 존재한다는 사실이 알려지기도 했다. 즉 그림에 존재하는 물리학적 원리와 인체의 영역을 통해 부인할 수 없는 질서가 만들어지고 있는 것이다. 폴록과 반 고흐의 경우는 이들의 명성 그 자체가 그러한 발견을 가능하게 하였다. 그런데 이런 류의 일들이 예술계에서는 매우 흔한 일이라는 것을 생각해본다면 흥미로운 일이 아닐 수 없다.

우주와 자연의 기저에 질서가 존재하고, 따라서 예술에도 질서가 존재한

body's range. It may very well be the painter's renown, that brings the researcher about in the case of Pollock or Van Gogh, and it is interesting to consider how common this sort of thing might actually be in art. Even though there appears to be an underlying order to the universe/nature and consequently, art, computer printed fractal images do not automatically guarantee beauty. It seems we need another's perception to activate that inherent framework. We need a personality - a soul. Painting cannot be reduced to a simple equation without losing potency.

In fact, the ambiguity of art is often daunting. Luckily, Chang Han is aware that beauty is not meant to be solved, but rather to be expressed, and he continues to create unaffectedly. To the benefit of his art, he enjoys the mystery in what he does.

Chang Han's most recent work is a culmination of all his previous trials and successes as an artist and individual. The lesson gleaned has been one of appreciation for the gifts of life that nature gives us. The blessings come as health, family, friends, beauty and experience.

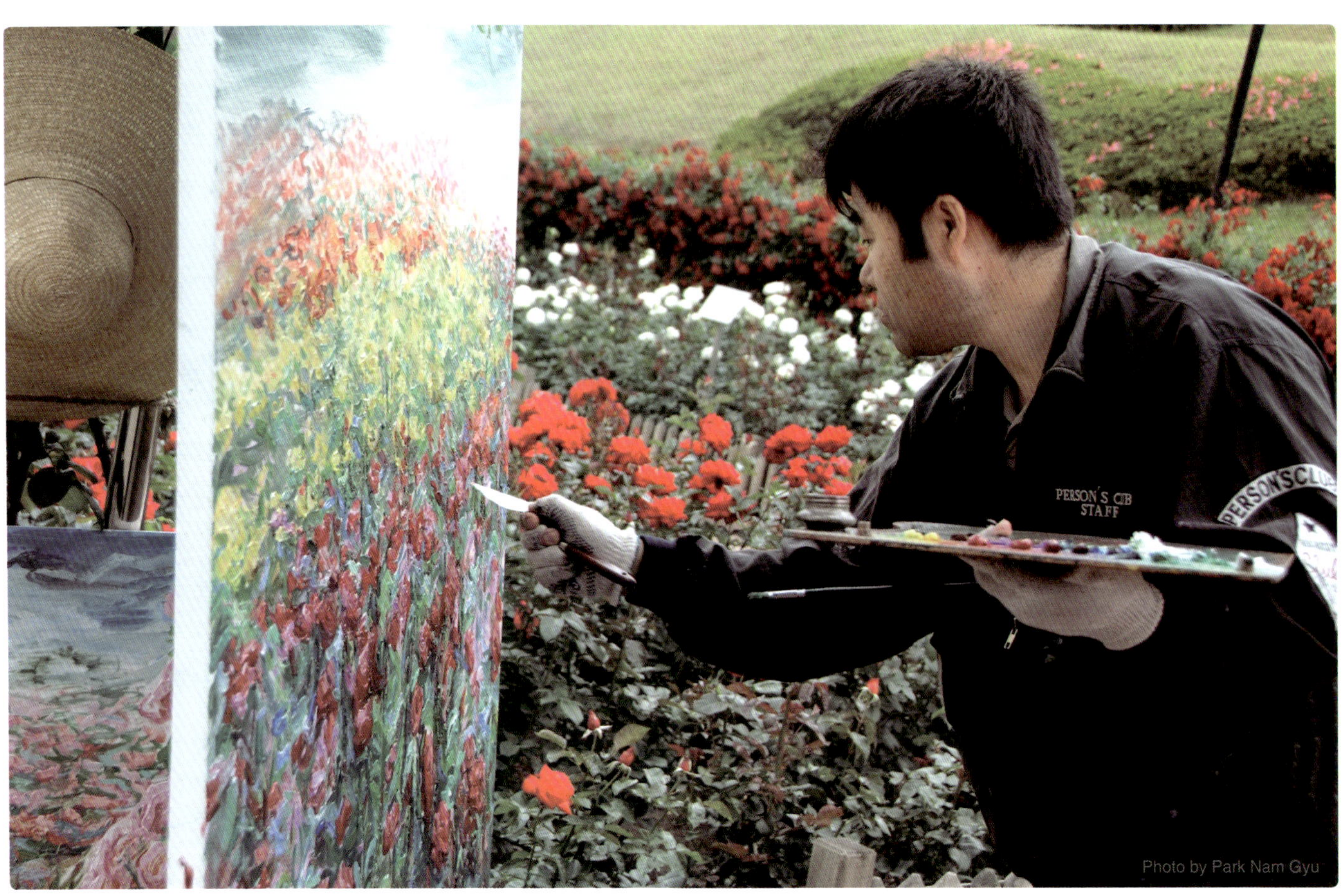

Photo by Park Nam Gyu

다고 해서 컴퓨터로 출력한 프랙탈 이미지도 자동적으로 아름다울 것이라고 생각하면 그것은 잘못된 생각이다.(솔직히, 이 말은 듣기만 해도 지루하지 않은가?) **우리가 우리 내면에 존재하는 본유의 것을 작동시키기 위해서는 또 다른 인지적 지각이 필요한 것 같다. 즉, 영혼이 깃든 개성이 필요하다.** 그림이라는 것은 모름지기 하나의 단순한 방정식으로 정리할 수 있는 것이 아니다. 그렇게 된다면 이미 그림이 아닌 것이다. 사실, 예술이 가지는 모호함은 종종 당황스러운 것이 사실이다. 하지만 다행스럽게도 김창한은 아름다움이라는 것이 주어진 문제를 풀어야 하는 그런 류의 것은 결코 아니라는 점을 잘 인식하고 있으며, 여전히 그러한 인식 속에서 창작활동을 지속하고 있다. 그가 자신이 하는 일에 깃든 신비함을 즐기고 있다는 점은 그의 예술에 있어서도 좋은 일이 아닐 수 없다. 김창한의 가장 최근 작품은 하나의 예술가로서 그리고 하나의 개인으로서 지나온 세월 동안 그가 겪은 시행착오 및 달성한 성공의 절정체라고 할 수 있다. 이는 삶과 자연이 우리에게 준 선물에 대해 김창한이 표하는 경외감과 다르지 않다. 그리고 그 축복은 건강함, 가족, 친구, 아름다움의 경험 등의 형태로 다가왔다.

Part Ⅲ

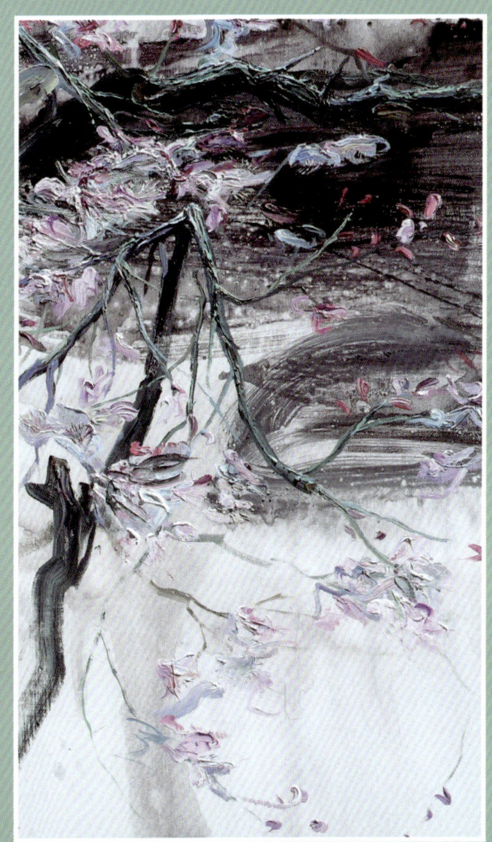

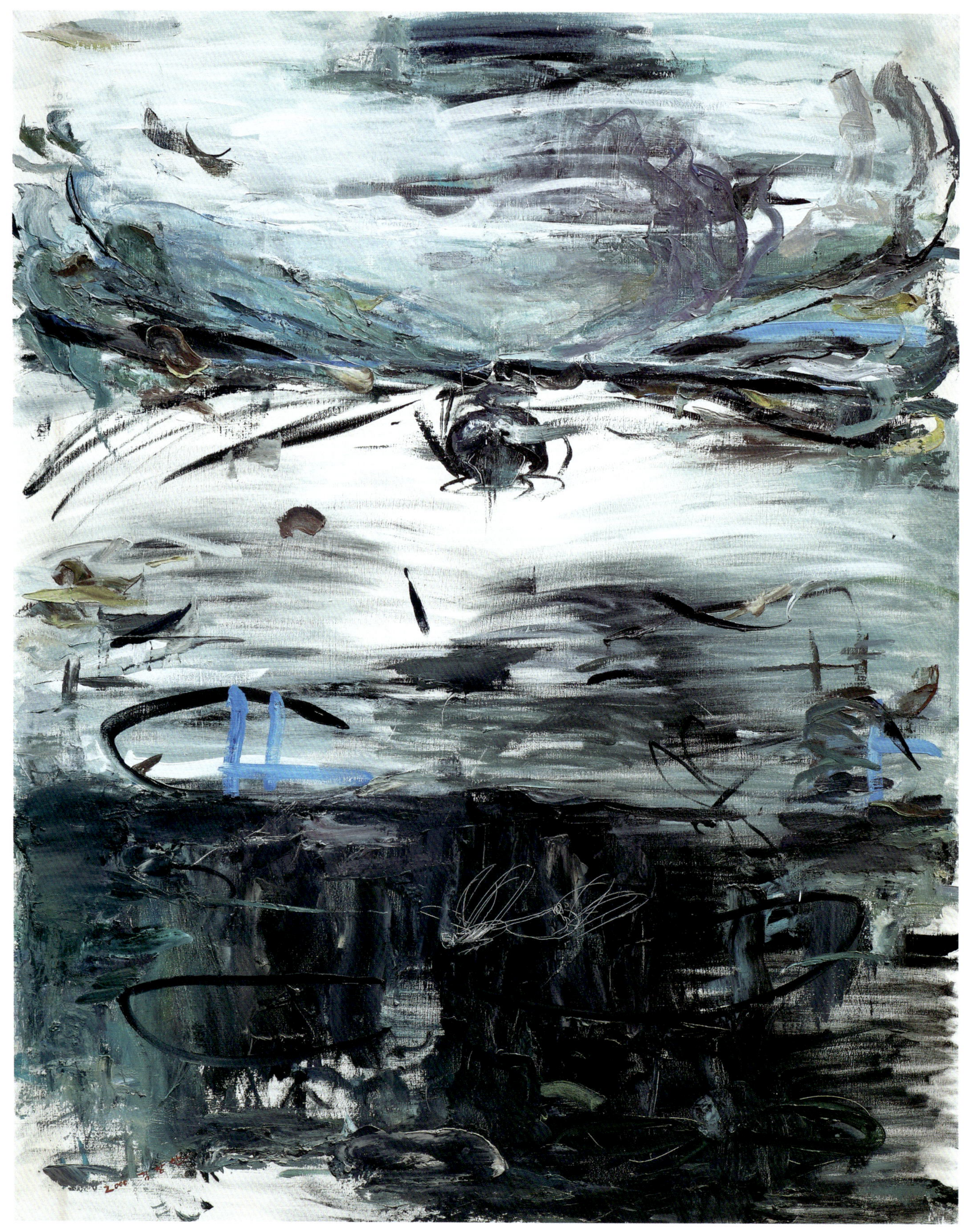

ca1. **Dragonfly Flight** 잠자리-비행(飛行) 2000, Oil on linen 162.2x130.3cm

Dragonfly Seasons 1990~2010

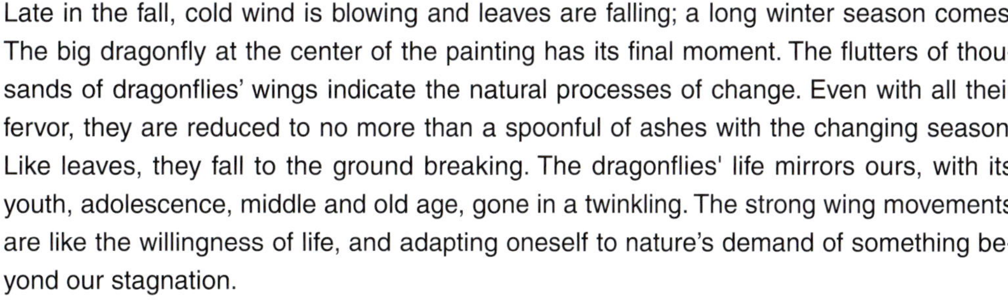

Dragonfly Seasons-1

By Kim Chang Han

Late in the fall, cold wind is blowing and leaves are falling; a long winter season comes. The big dragonfly at the center of the painting has its final moment. The flutters of thousands of dragonflies' wings indicate the natural processes of change. Even with all their fervor, they are reduced to no more than a spoonful of ashes with the changing season. Like leaves, they fall to the ground breaking. The dragonflies' life mirrors ours, with its youth, adolescence, middle and old age, gone in a twinkling. The strong wing movements are like the willingness of life, and adapting oneself to nature's demand of something beyond our stagnation.

The dragonflies dart about with what seems to be smiles and love. It is the buzz of hope and life. I have painted them, at times scratching out drawings with a palette-knife. The touch of a big paint-brush represents the wind, waves, or time. There is a truth revealed in the dynamic rhythm of freedom and control, of chaos and order. The paint itself is like life.

When I was working on my series of drawings and paintings about the dragonfly in the fall of 2000, I had an interesting experience. Two dragonflies flew into my studio, and inspected my work. They flitted around my canvas and then back from whence they came. I believe these works are touched by the essence of that auspicious moment.

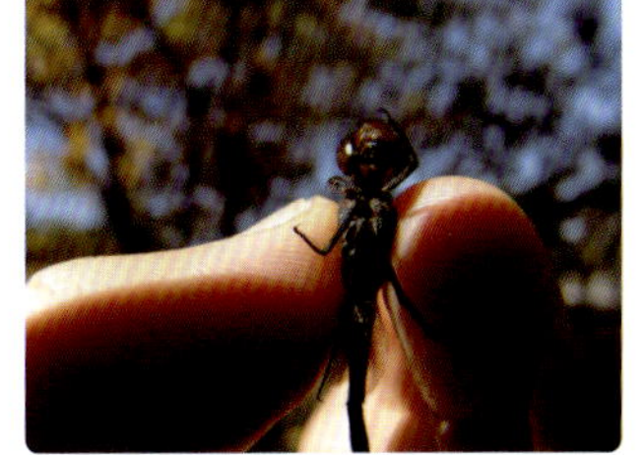

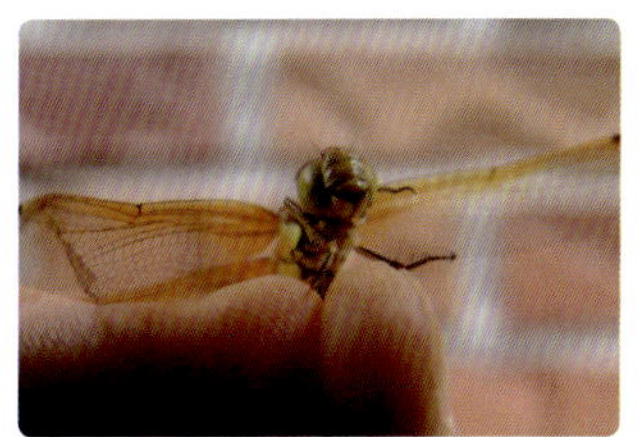

잠자리의 사계(四季)-1

김창한

작품집을 엮으면서 그간 그린 그림 중 가장 인상적인 작품으로 이 작품(ca1)을 선택했다.

가을이 깊어지고 차가운 바람이 불면서 낙엽이 떨어지고 있다. 그리고는 기나긴 겨울이 시작된다. 그림의 중앙에 있는 큰 잠자리는 이제 자신의 마지막 순간에 와 있다. 주변에 있는 수많은 잠자리의 날갯짓은 자연의 변화를 상징한다. 이들의 열정이 어떠했든지 간에 계절이 바뀌면 이들은 한 줌의 재가 될 것이다. 마치 떨어진 잎사귀처럼 이들도 가루가 되어 땅에 그대로 내려 앉을 것이다.

이들 잠자리의 인생은 인간의 삶을 그대로 보여준다. 어린 시절을 거쳐 청년기에 접어들고, 이런 청년기가 지나면 다시 중년과 노년의 시기로 접어들면서 지는 별처럼 스러져 가는 삶 말이다. 이 그림의 힘찬 날갯짓은 삶의 자발성을 닮아 있다. 즉 우리에게 우리가 가지고 있는 젊음 이상의 뭔가를 요구하는 자연의 요구에 우리 자신이 순응하는 몸짓과 다르지 않다.

잠자리가 날갯짓 소리를 내며 가뿐하게 달아나는 모습이 마치 웃음소리와 사랑을 닮아 있다. 그것은 희망과 삶의 소리이다. 나는 때때로 팔레트 나이프로 스크래칭 기법을 써서 그림을 그린다. 큰 붓질은 바람, 물결 혹은 시간을 나타낸다.

진실이라는 것은 자유와 통제 그리고 혼란과 질서의 역동적인 리듬 속에서 드러나게 된다. 그림, 그것은 인생이다.

2000년 가을, 잠자리를 주제로 드로잉 및 그림 작업을 하고 있을 때, 나는 흥미로운 경험을 하게 되었다. 두 마리의 잠자리가 내 작업실에 날아 들어와 내 그림을 보는 것이 아닌가? 그들은 캔버스 주위를 이리저리 선회하다가 이내 되돌아 갔다. 나는 이 작품들이 그처럼 상서로운 순간을 그대로 재현해줄 수 있을 것이라고 믿는다.

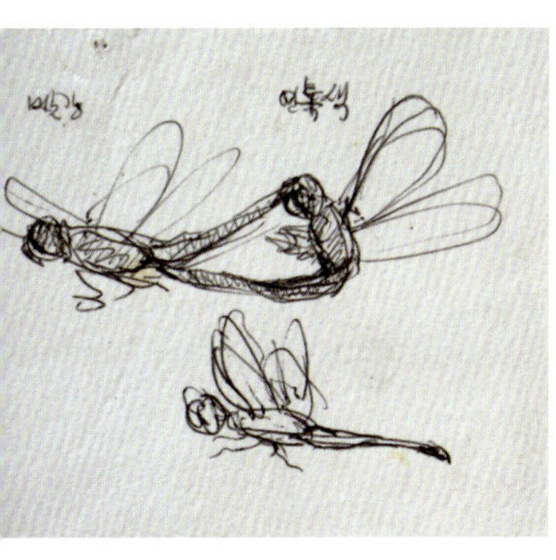

ca2. **Untitled** 2000, Ballpoint pen on paper

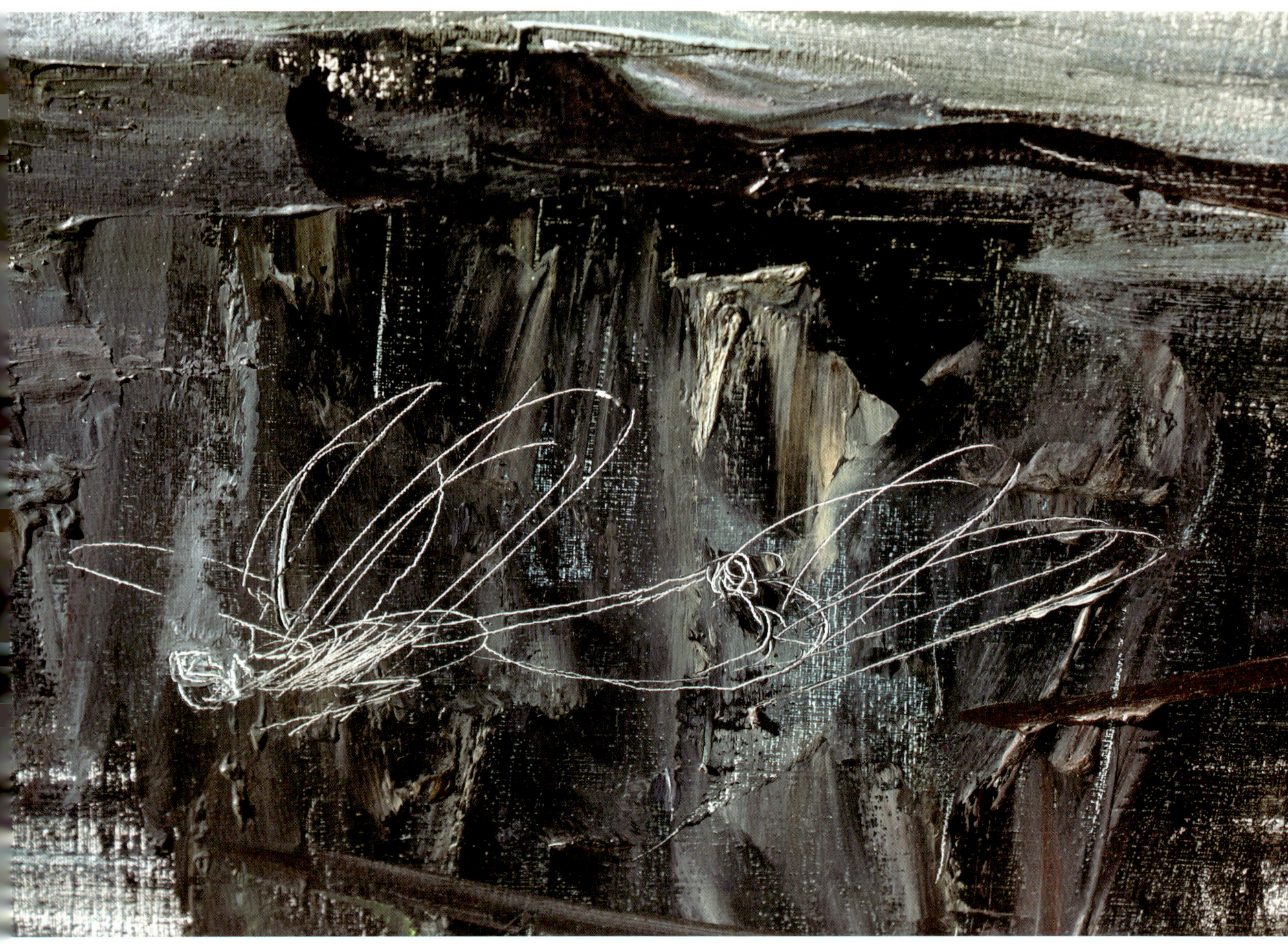

detail of **ca1**

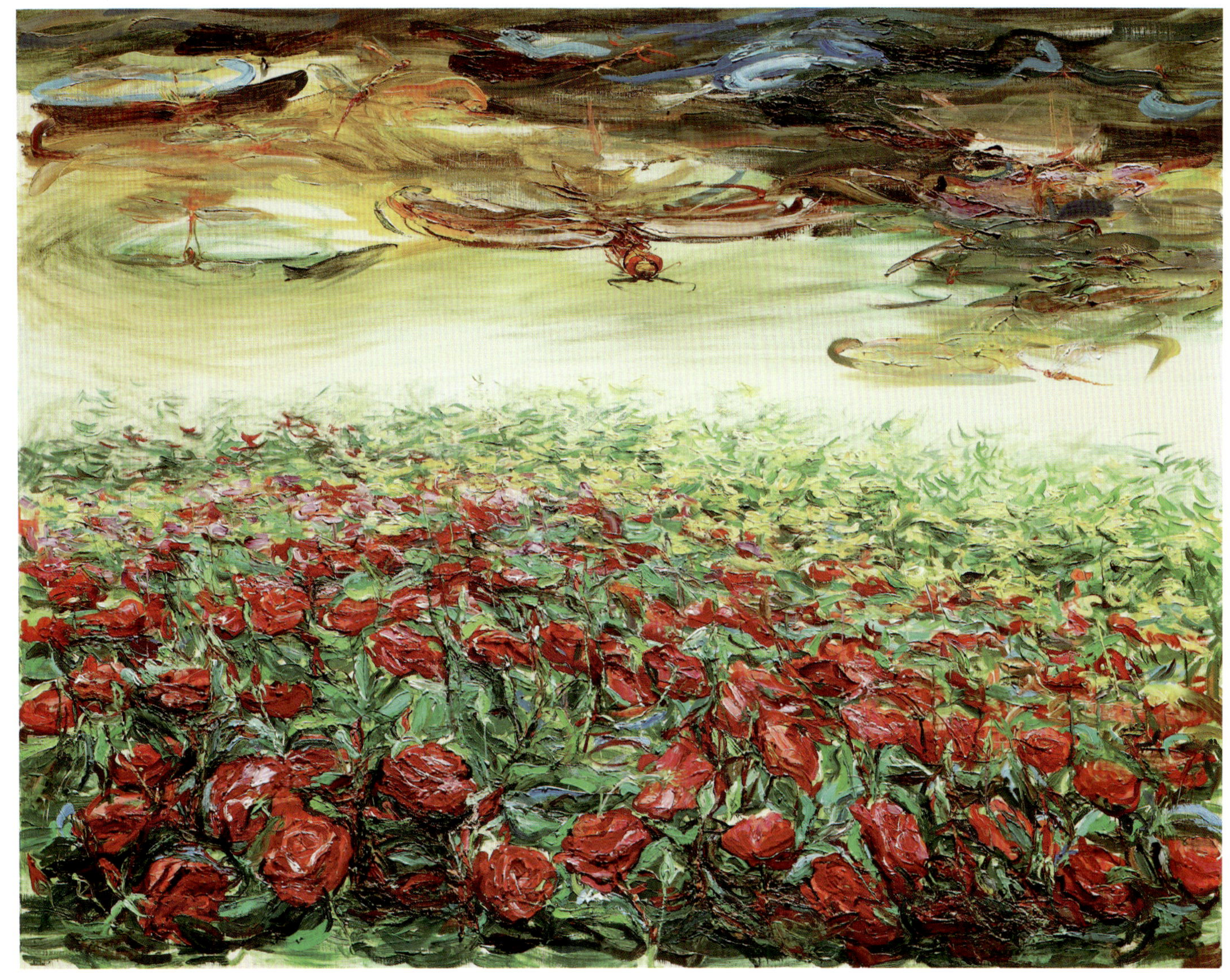

ca3. **Dragonfly Seasons** 잠자리의 사계 2009, Oil on linen 112.1x145.5cm

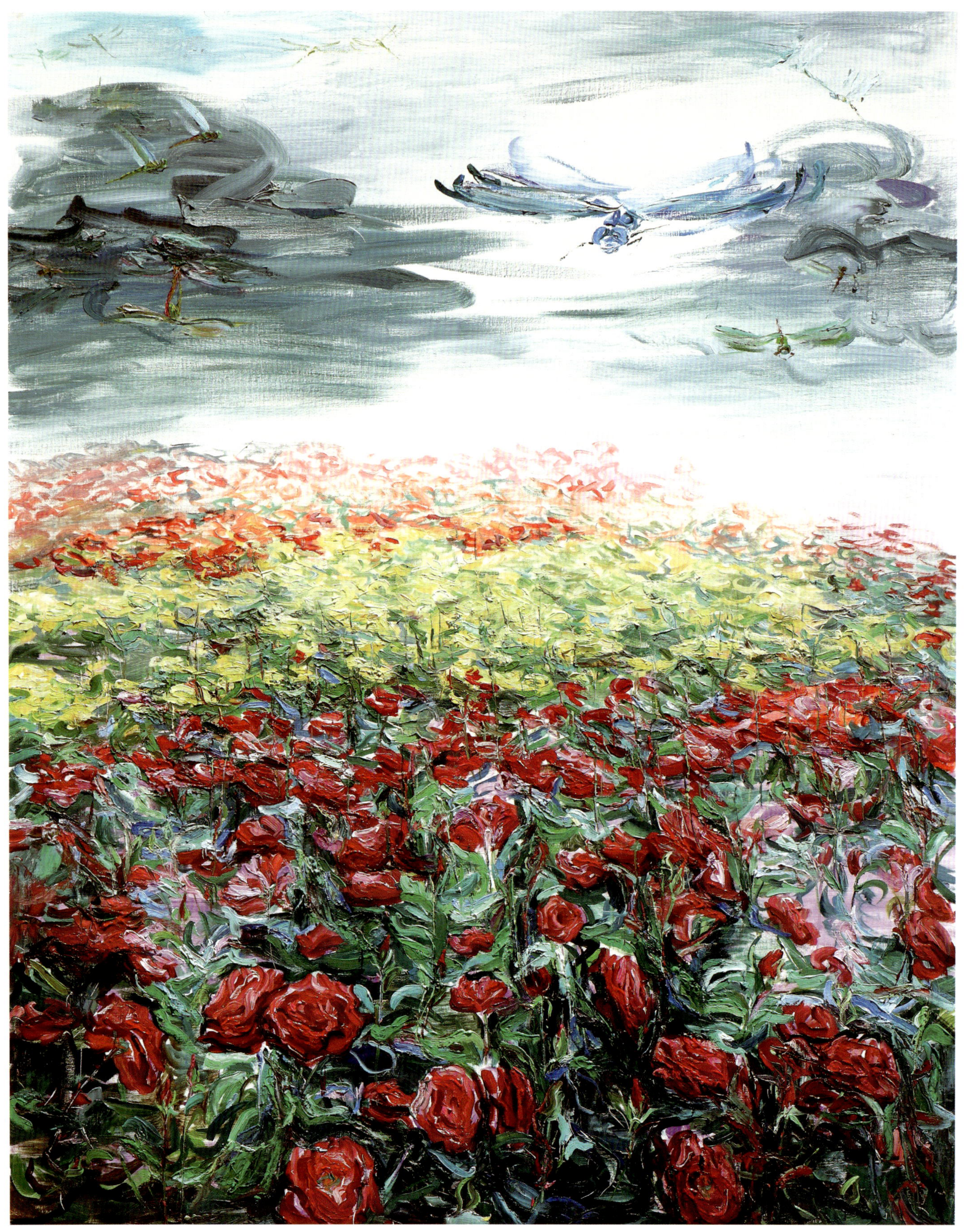

ca4. **Dragonfly Seasons** 잠자리의 사계 2009, Oil on linen 162.2x130.3cm

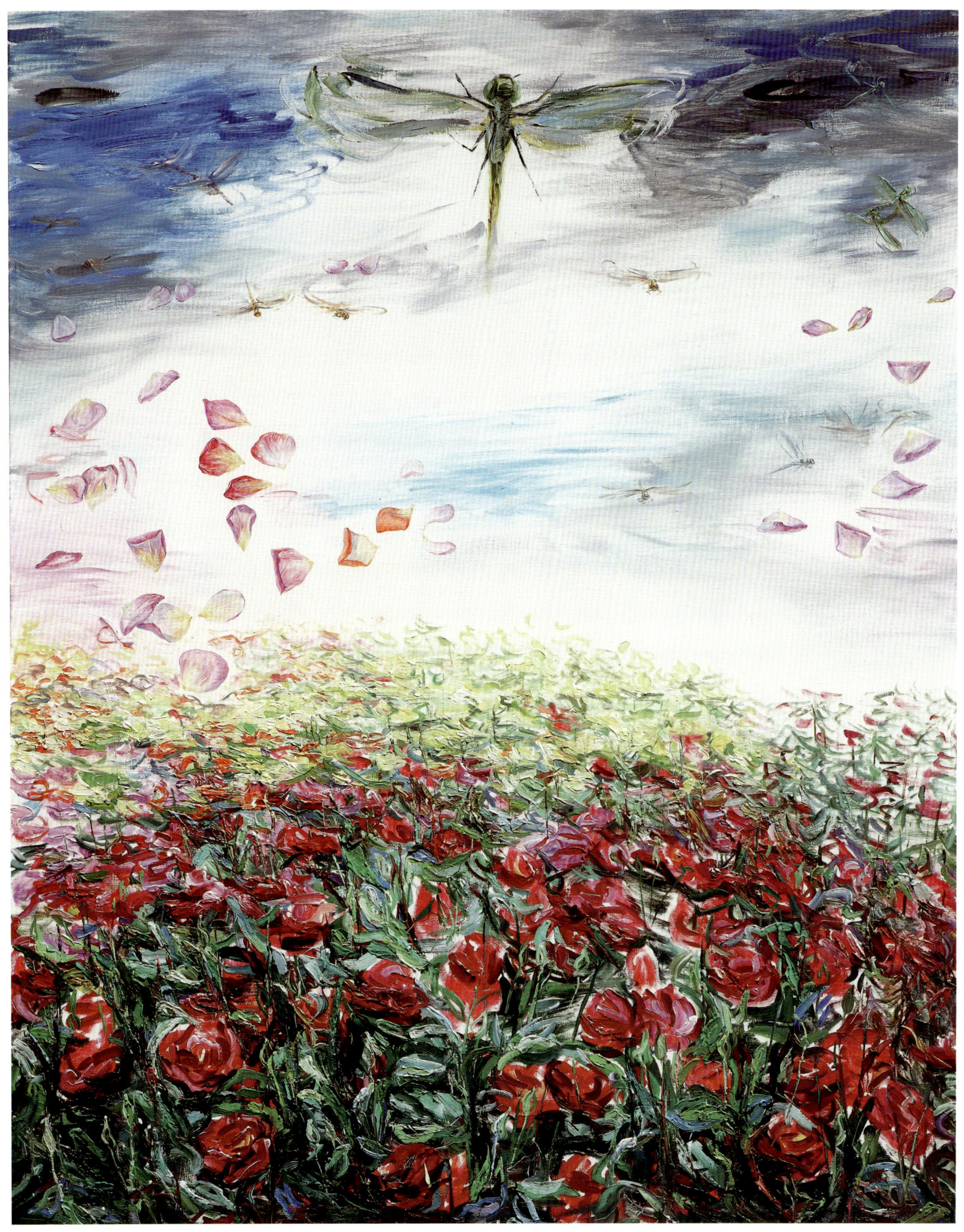

ca5. **Dragonfly Seasons** 잠자리의 사계 2009, Oil on linen 162,2x130,3cm

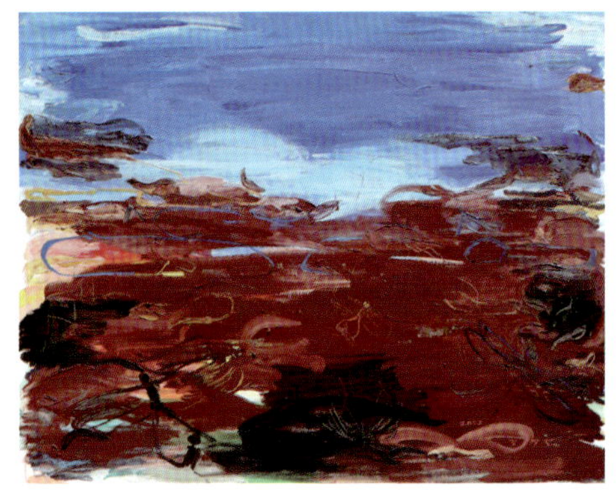

ca6

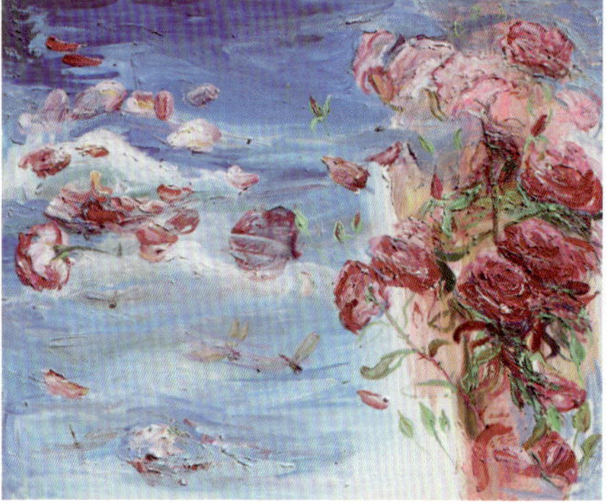

ca7

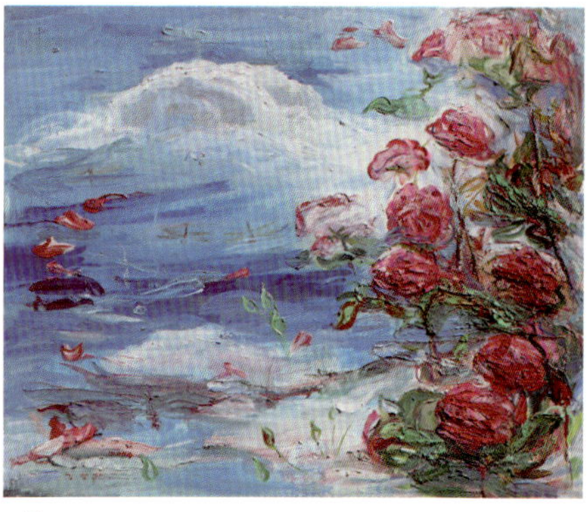

ca8

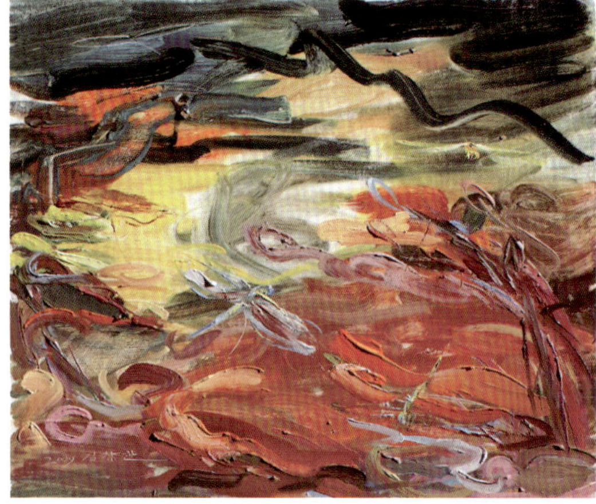

ca9

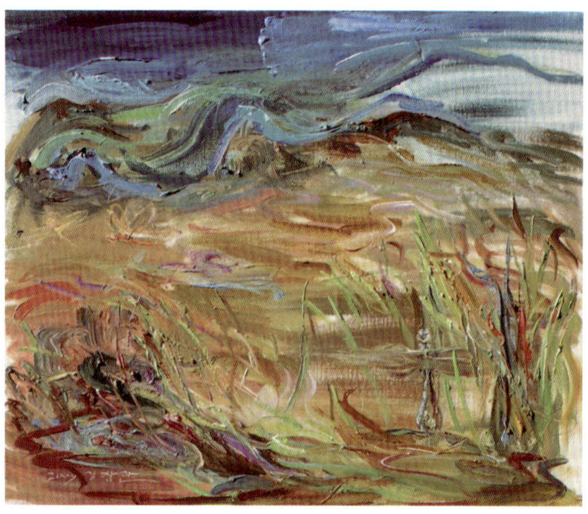

ca10

ca6. **Dragonfly Seasons**
잠자리의 사계
2003, Acrylic & Oil on linen
130.3x162.2cm

ca7,8. **Dragonfly Seasons**
잠자리의
2009, Oil on linen
60.6x72.7cm

ca9,10. **Dragonfly Seasons in Fall**
잠자리의 사계
2009, Oil on linen
45.5x53cm

ca11. **Dragonfly Seasons**
잠자리의 사계
2009, Acrylic & Oil on linen
53x72.7cm
Private collection in Toronto (Canada)

ca12. **Dragonfly Seasons**
잠자리의 사계
2006, Acrylic & Oil on linen
45.5x53cm

ca13. **Dragonfly Seasons in Fall**
잠자리의 사계
2009, Acrylic on linen
112.1x145.5cm

ca14. **Dragonfly Seasons in Fall**
잠자리의 사계
2010, Acrylic on linen
60.5x91cm

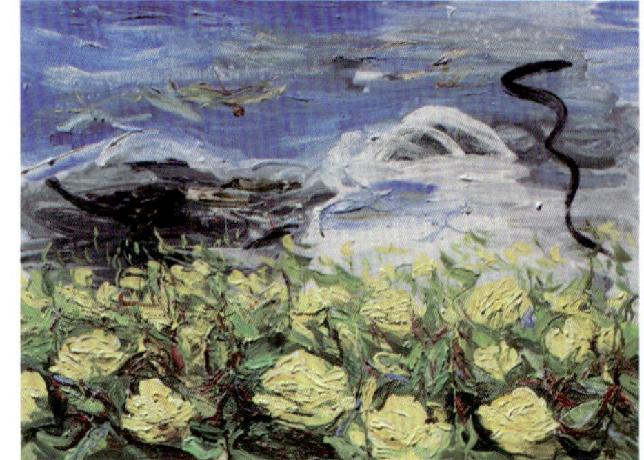

ca11

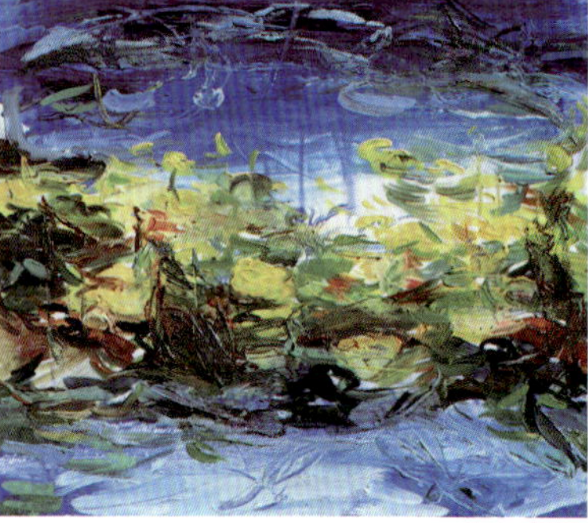

ca12

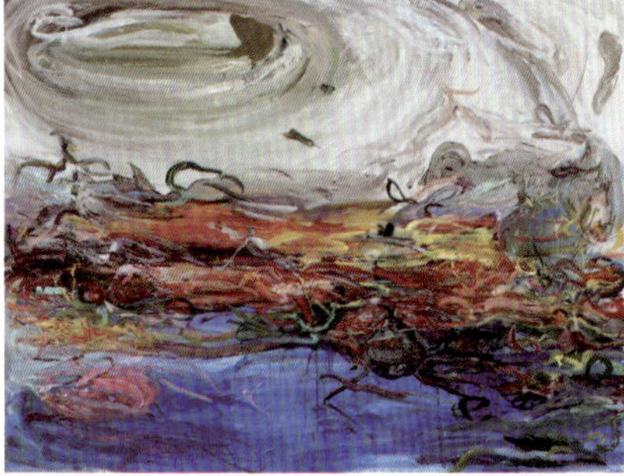

ca13

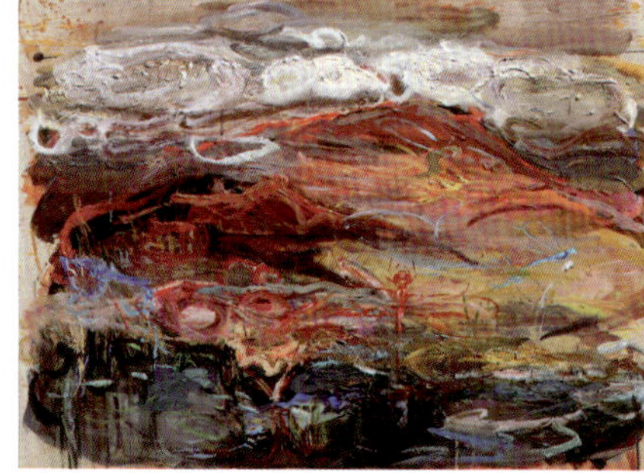

ca14

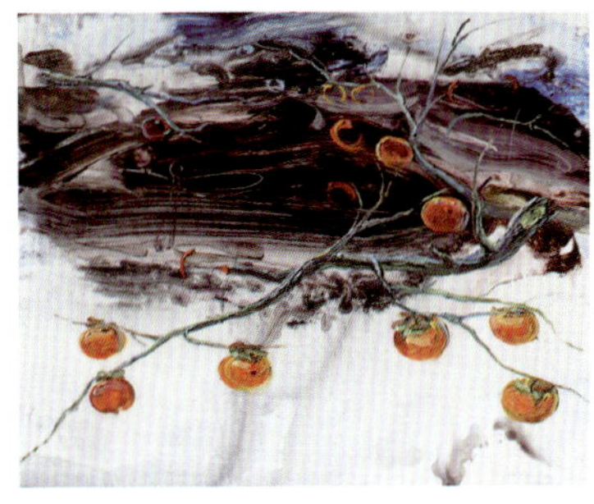

ca15

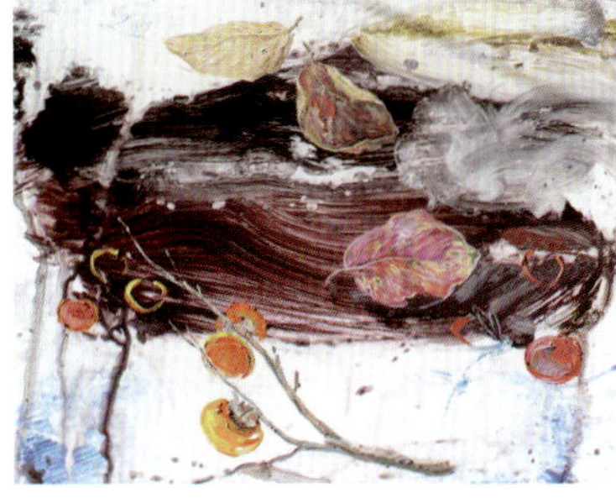

ca16

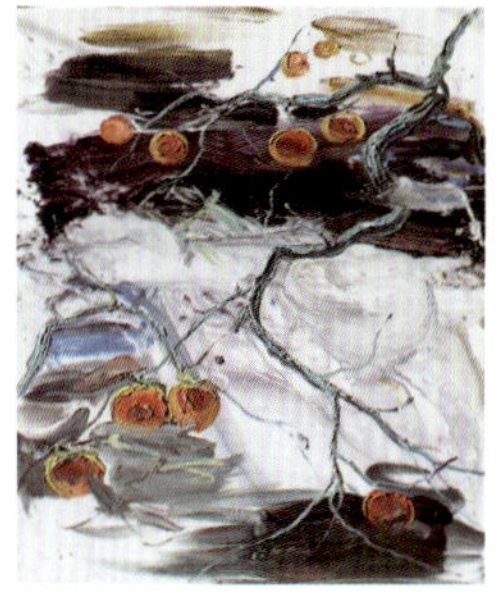

ca17

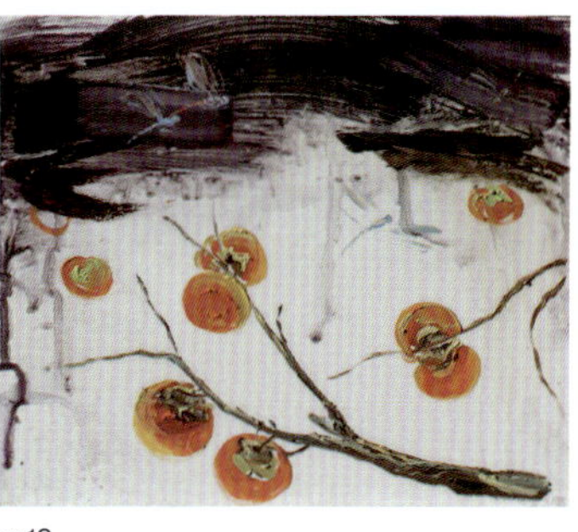

ca18

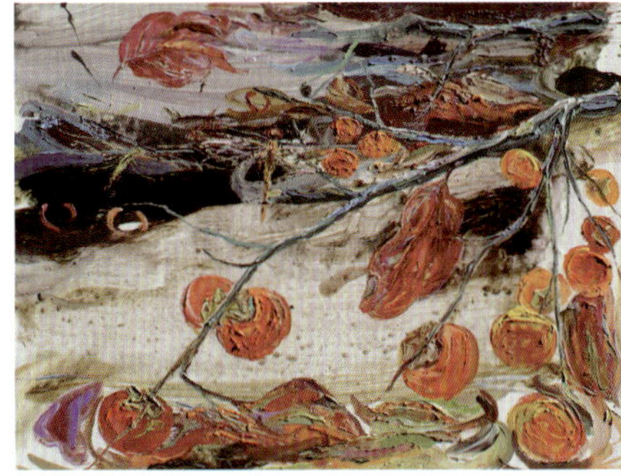

ca19

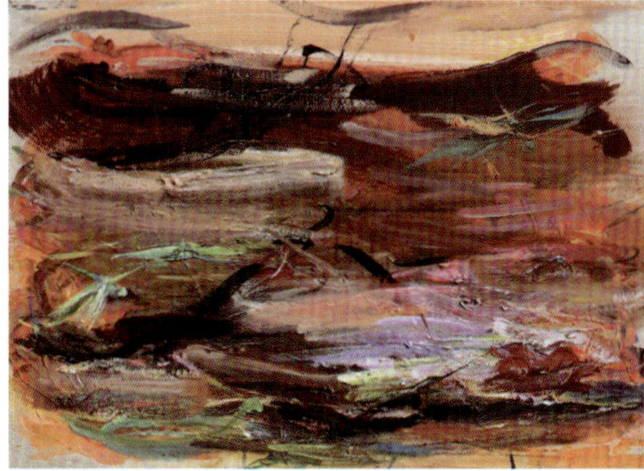

ca20

ca15,16. **Dragonfly Seasons with Persimmon**
잠자리의 사계
2009, Acrylic & Oil on linen
53x65.1cm

ca17. **Dragonfly Seasons with Persimmon**
잠자리의 사계
2009, Acrylic & Oil on linen
65.1x53cm(in canada, 2010)
(in Canada, 2010)

ca18. **Dragonfly Seasons with Persimmon**
잠자리의 사계
2009, Acrylic & Oil on Canvas
45.5x53cm
Private collection in Bloomington
(America)

ca19. **Dragonfly Seasons with Persimmon**
잠자리의 사계
2009, Acrylic & Oil on Canvas
40.9x53cm

ca20. **Dragonfly Seasons in Fall**
잠자리의 사계
2010, Acrylic on linen
53x72.7cm

ca21. **Dragonfly Seasons in Fall**
잠자리의 사계
2010, Acrylic on linen
60.6x72.7cm

ca22. **Dragonfly Seasons in Fall**
잠자리의 사계
2010, Acrylic on linen
60.6x72.7cm(in canada, 2010)
(in Canada, 2010)

ca23. **Dragonfly Seasons in Fall**
잠자리의 사계
2005, Acrylic on linen
60.6x72.7cm
Private collection in Murwillumbah
(NSW, Australia)

ca24,25. **Dragonfly Seasons in Fall**
잠자리의 사계
2010, Acrylic on linen
60.6x72.7cm

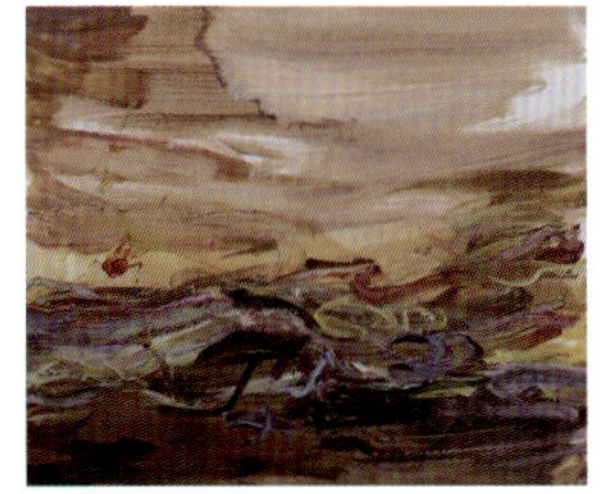

ca21

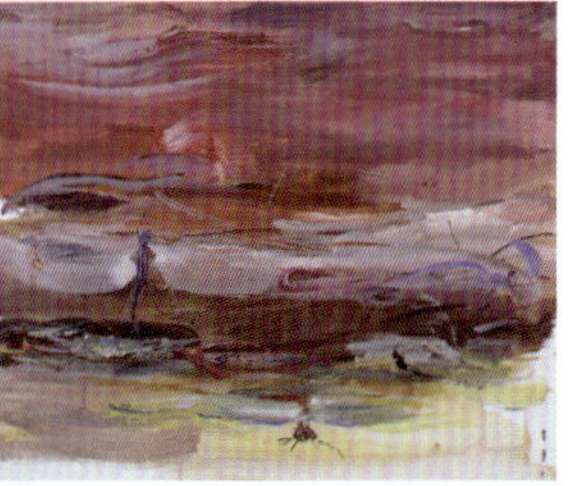

ca22

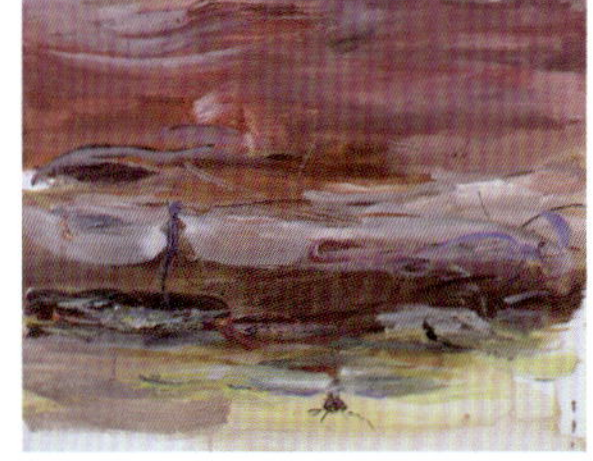

ca23

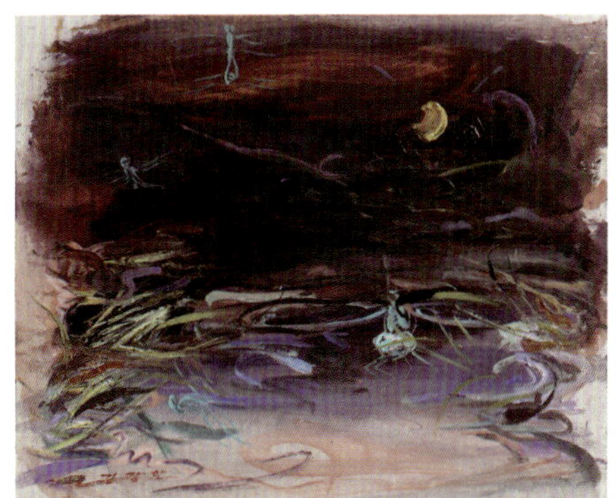

ca24

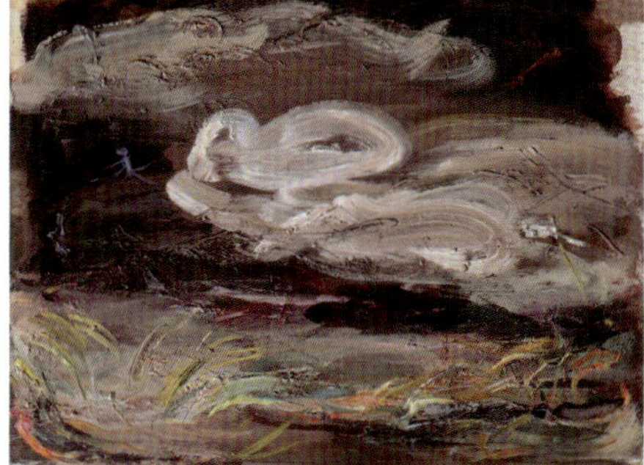

ca25

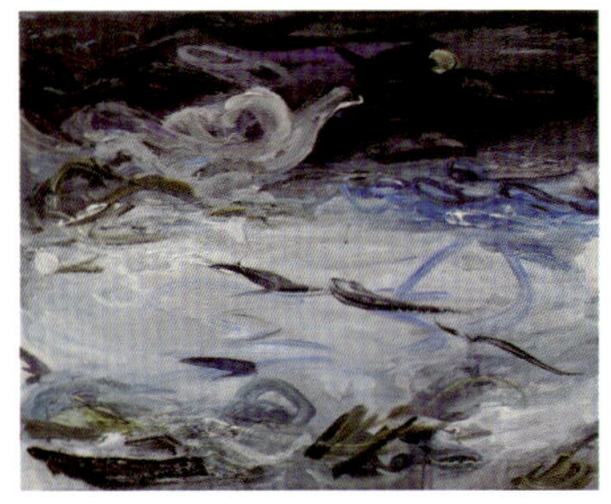

ca26

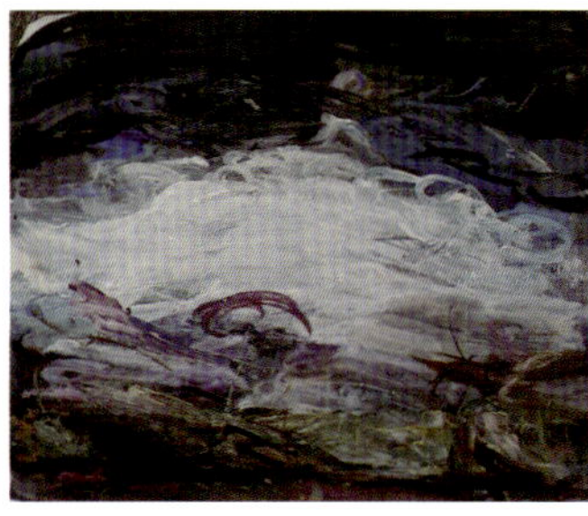

ca27

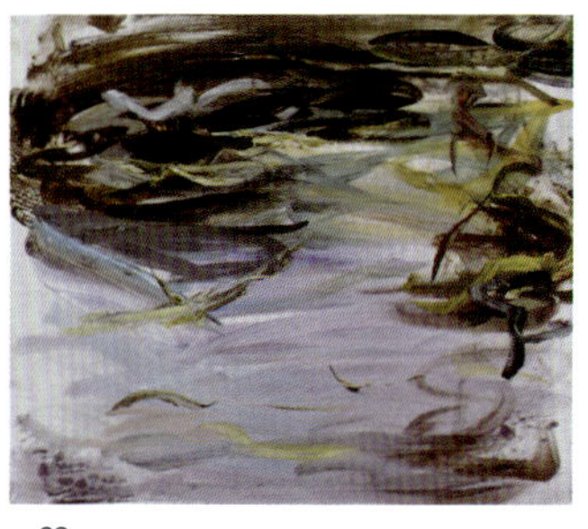

ca28

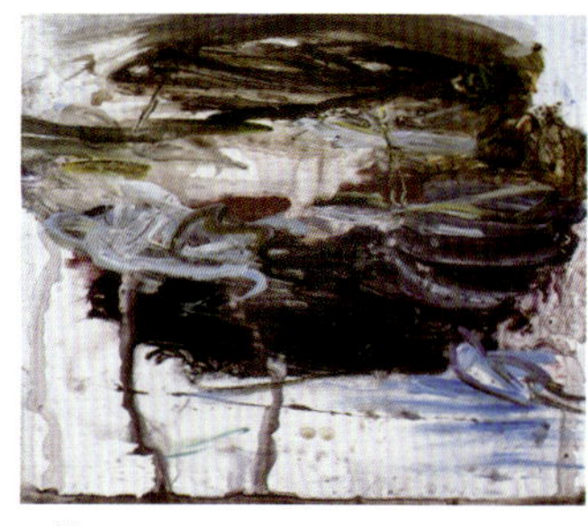

ca29

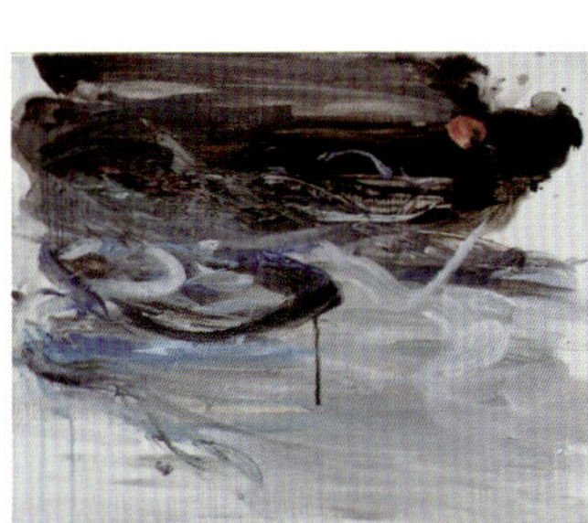

ca30

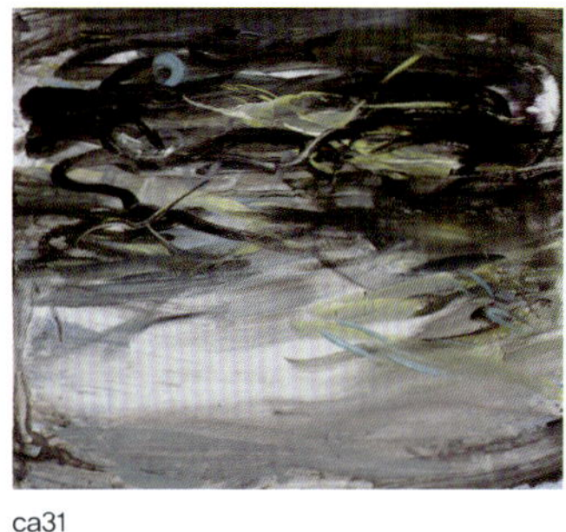

ca31

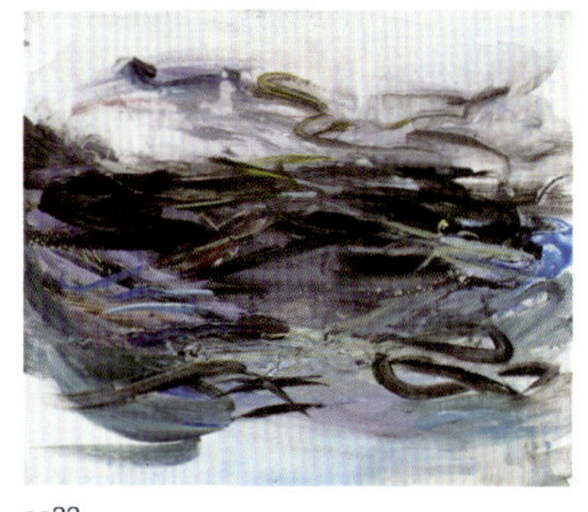

ca32

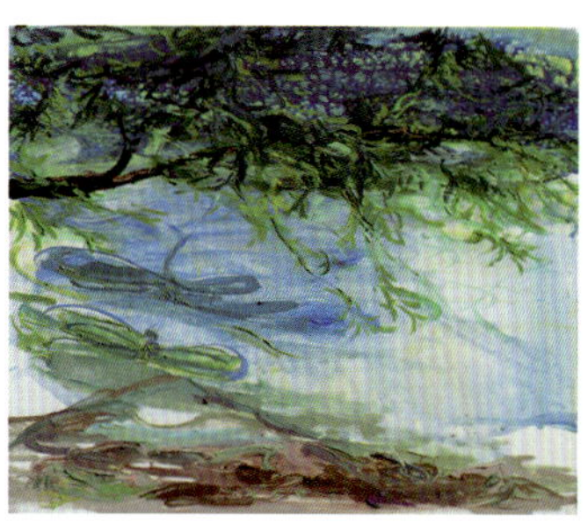

ca33

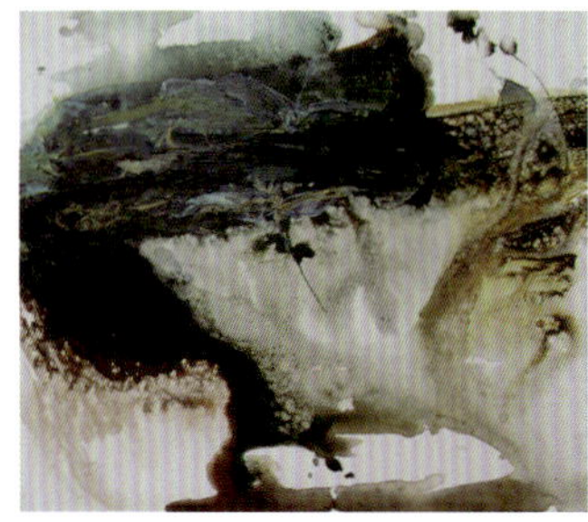

ca34

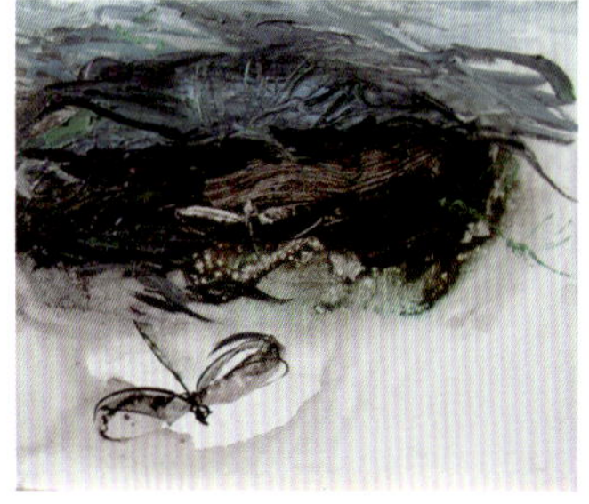

ca35

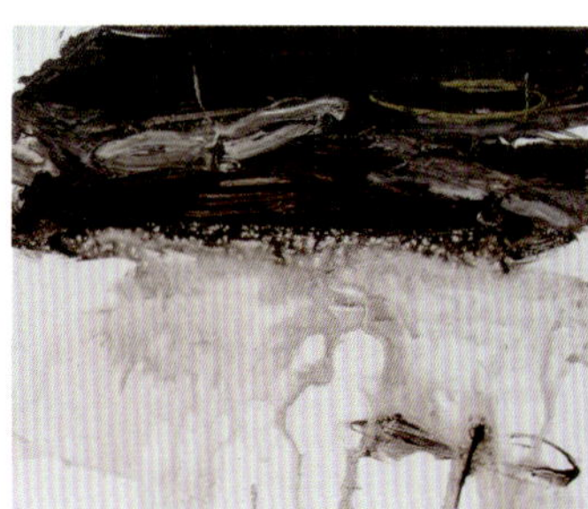

ca36

ca26. Dragonfly Seasons in Winter
잠자리의 사계
2010, Acrylic on linen
65.1x53cm

ca27. Dragonfly Seasons in Winter
잠자리의 사계
2010, Acrylic on linen
65.1x53cm
Private collection in Winnipeg
(Canada)

ca28~32. Dragonfly Seasons in Winter
잠자리의 사계
2010, Acrylic on linen
45.5x53cm

ca33. Dragonfly Seasons in Spring
잠자리의 사계
2005, Acrylic & Oil on linen
45.5x53cm

ca34,35. Dragonfly Seasons in Fall
잠자리의 사계
2005, Acrylic on linen
45.5x53cm

ca36. Dragonfly Seasons in Winter
잠자리의 사계
2005, Acrylic on linen
45.5x53cm
Private collection in Murwillumbah
(NSW, Australia)

ca37,38. Dragonfly Seasons in Summer
잠자리의 사계
2005, Acrylic on linen
45.5x53cm
(in Australia, 2010)

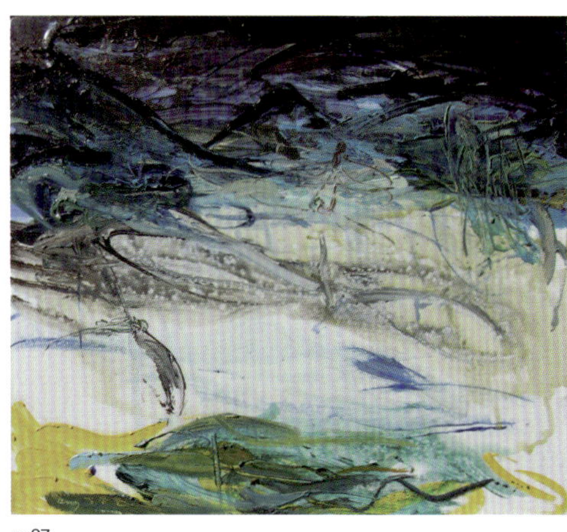

ca37

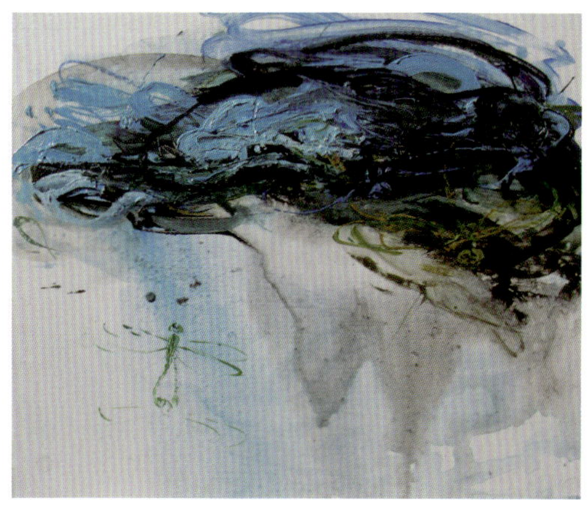

ca38

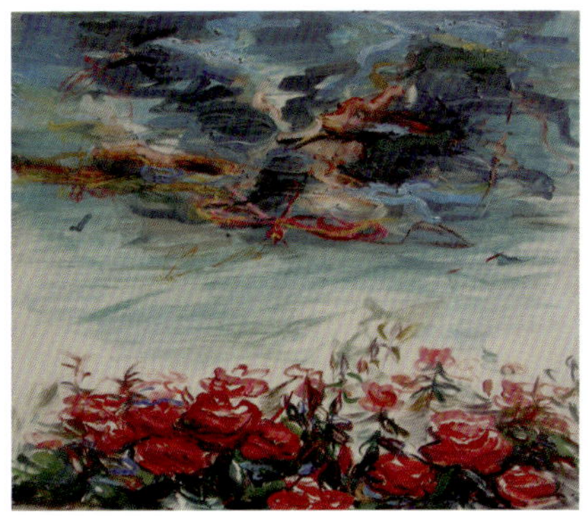

ca39

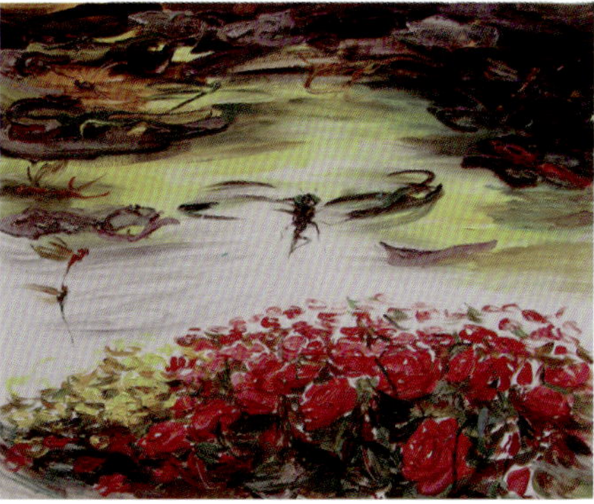

ca40

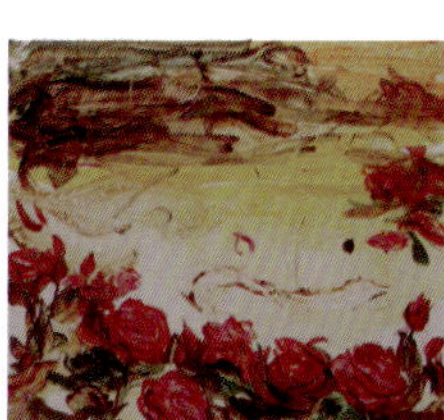

ca41

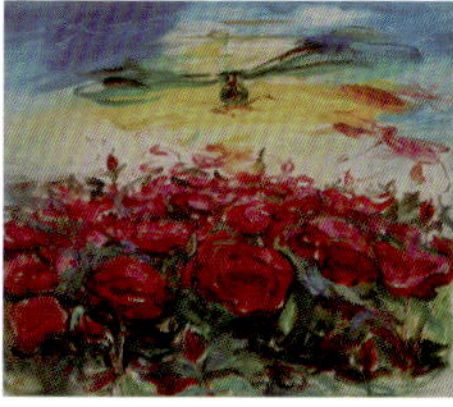

ca42

ca39. **Dragonfly Seasons**
잠자리의 사계
2005, Oil on linen
60.6x72.7cm
Private collection in America

ca40. **Dragonfly Seasons**
잠자리의 사계
2005, Oil on linen
60.6x72.7cm
Private collection in
Byron Bay (NSW, Australia)

ca41. **Dragonfly Seasons**
잠자리의 사계
2005, Acrylic & Oil on linen
45.5x53cm
Private collection in
Byron Bay (NSW, Australia)

ca42. **Dragonfly Seasons**
잠자리의 사계
2005, Oil on linen
45.5x53cm
Private collection in
Tweed Heads (NSW, Australia)

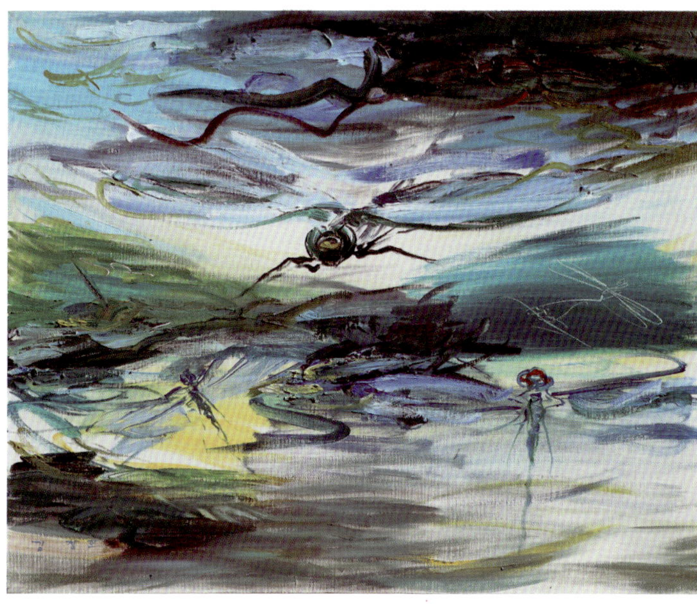

ca43. **Dragonfly Seasons** 잠자리의 사계 2010, Oil on linen 60.6x72.7cm

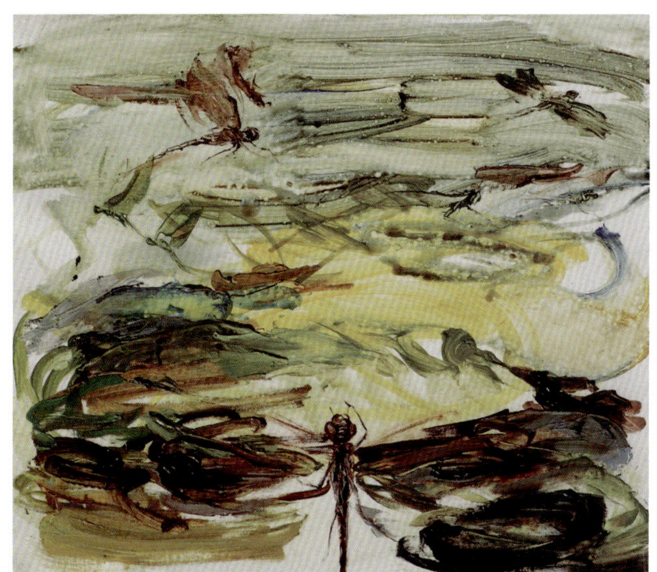

ca44. **Dragonfly Seasons in Fall** 잠자리의 사계 2005, Acrylic on linen 45.5x53cm

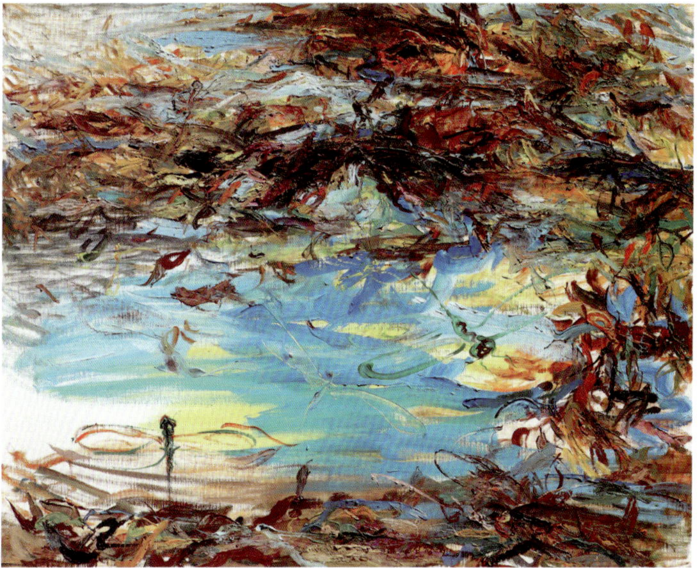

ca45. **Dragonfly Seasons in Fall** 잠자리의 사계 2005, Oil on linen 72.7x90.9cm

ca46. **Dragonfly Seasons in Winter**
잠자리의 사계
2005, Acrylic on linen
45.5x53cm

ca47. **Dragonfly Seasons in Winter**
잠자리의 사계
2005, Acrylic on linen
60.6x72.7cm

ca48. **Dragonfly Seasons in Winter**
잠자리의 사계
2005, Acrylic on linen
60.6x72.7cm
Private collection in Uki (NSW, Australia)

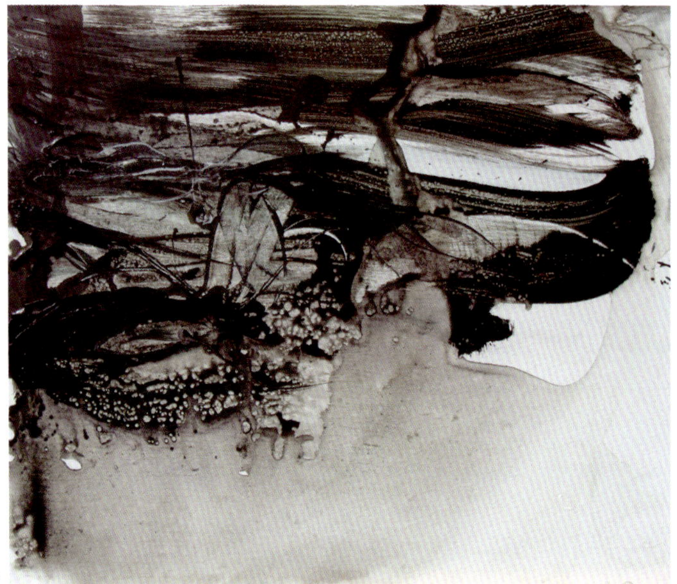

ca46

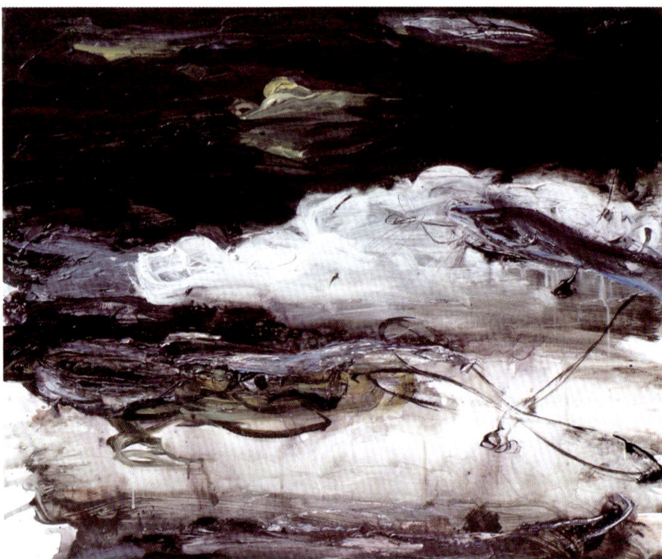

ca47

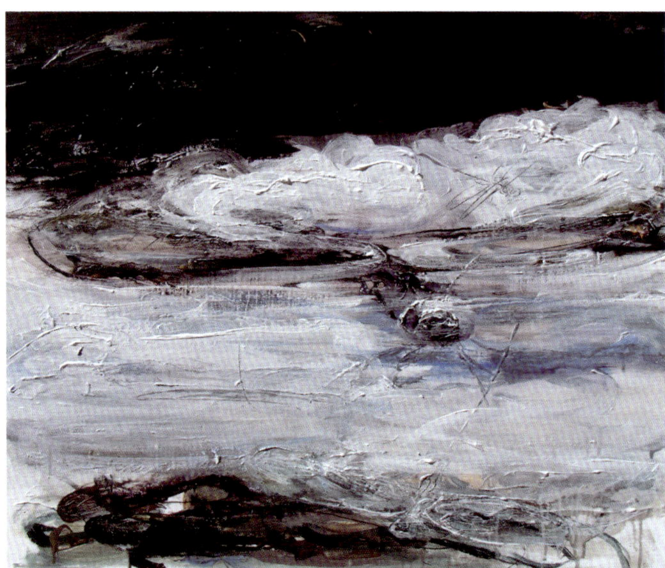

ca48

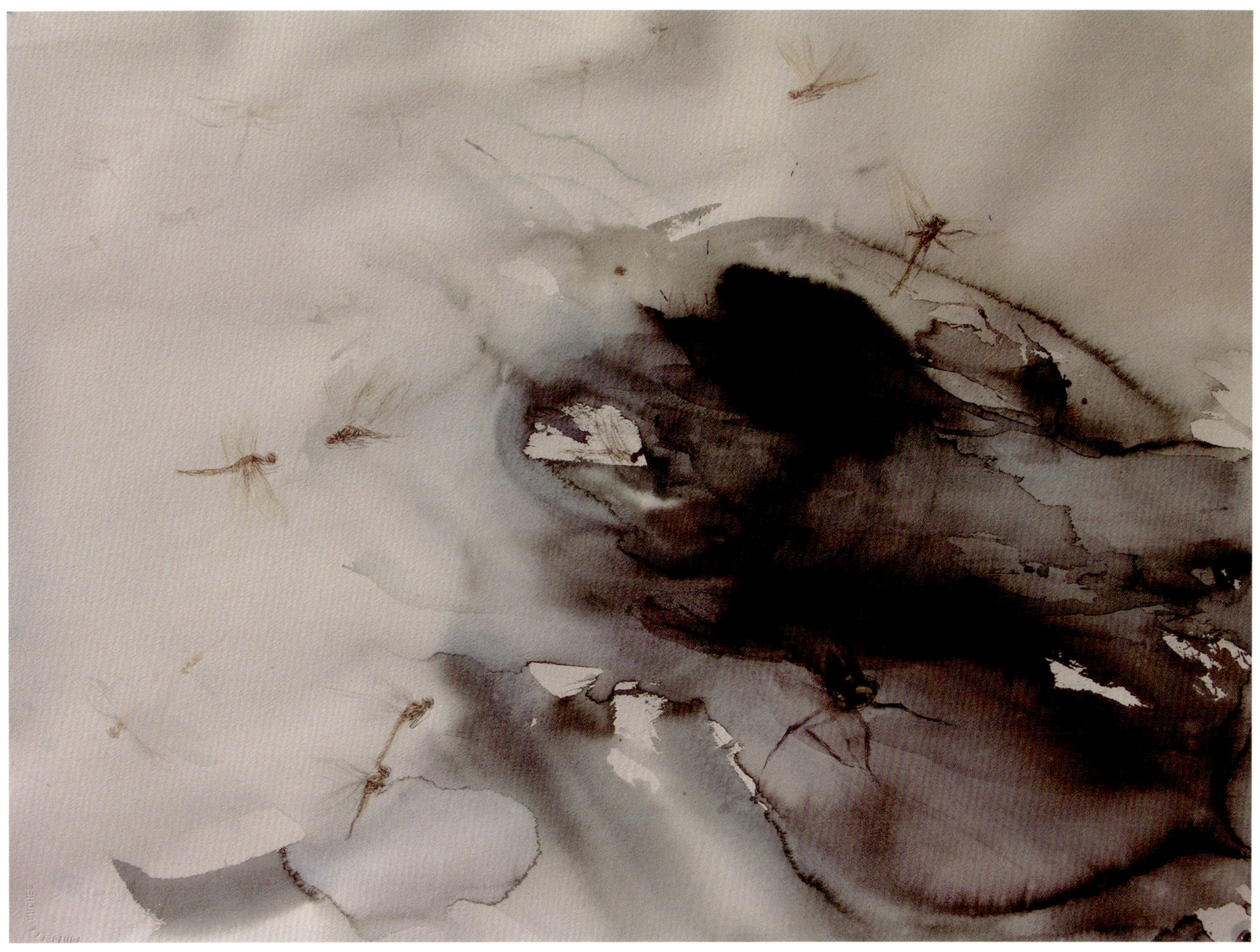

ca49. **Dragonfly Seasons** 잠자리의 사계 2006, Watercolour on paper 57x76cm

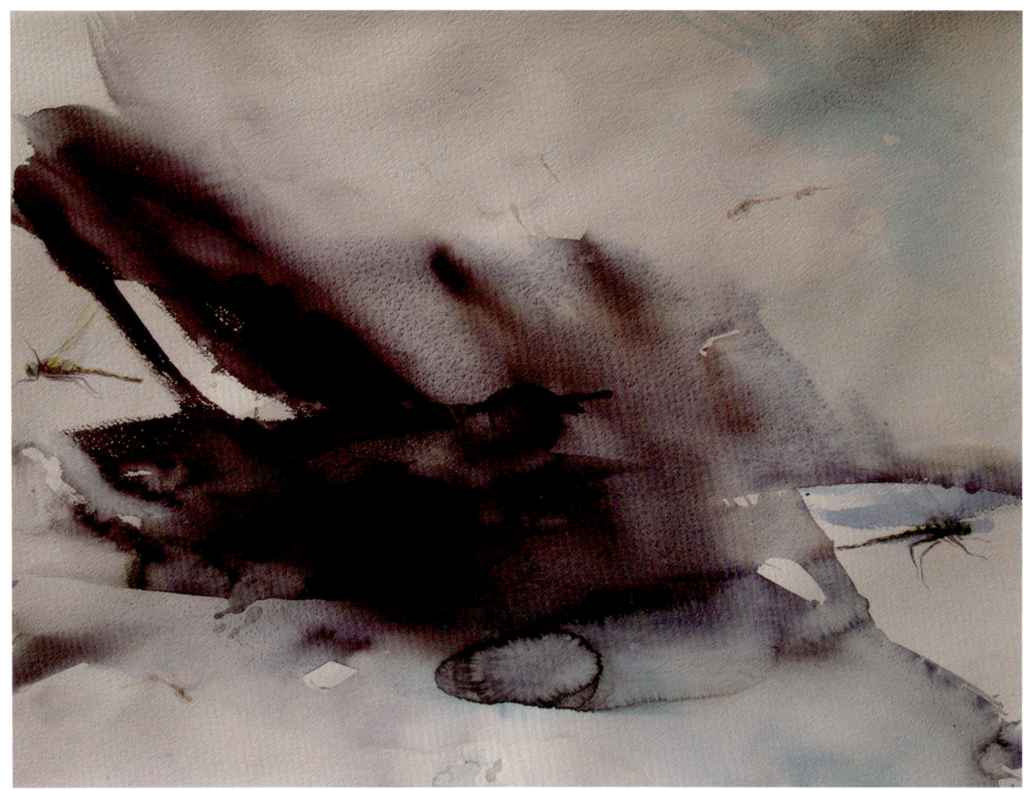
ca50

ca50~54. **Dragonfly Seasons**
잠자리의 사계
2006, Watercolour on paper
57x76cm

ca55,56. **Dragonfly Seasons**
잠자리의 사계
2006, Watercolour on paper
39×54cm

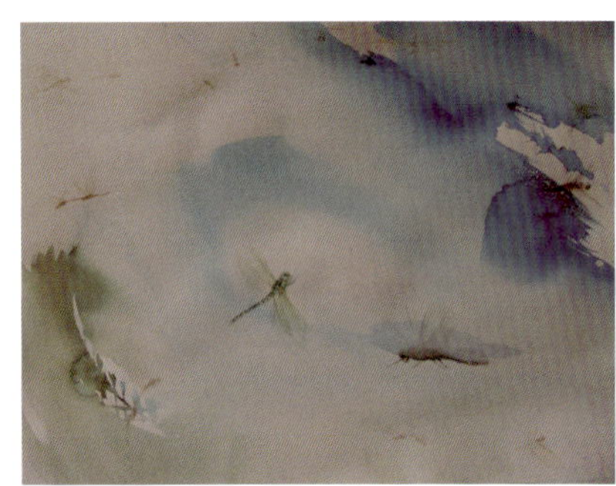
ca51

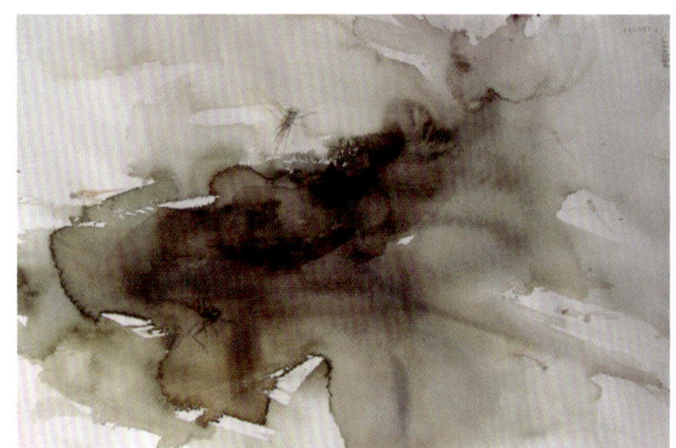
ca52

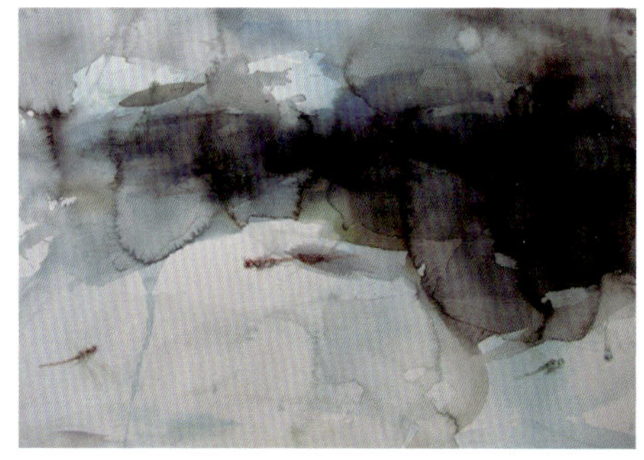
ca53

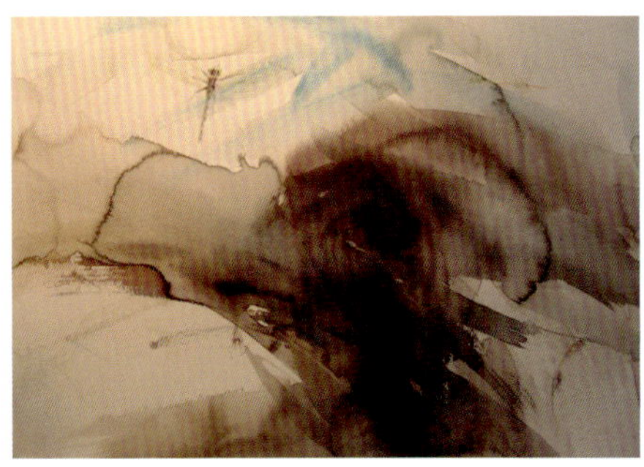
ca54

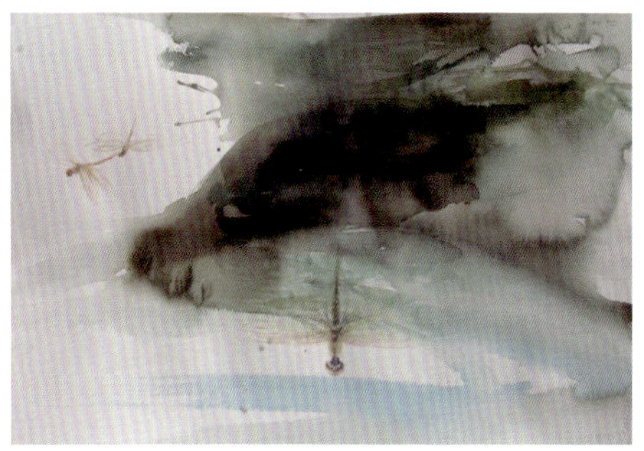
ca55

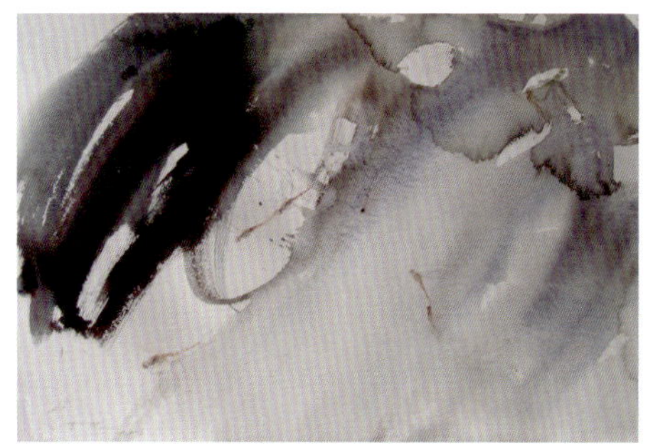
ca56

Dragonfly Seasons-2

By Kim Chang Han

My dragonflies have found expression in all seasons and many settings.

The dragonfly in flight is a natural image I have worked with since 1990. I find combined in this symbol the great power and activity of modern civilization and the vivid life of greater nature.

The dragonfly, which flies freely in blue sky, signifies human mental and physical freedom as well as the whimsical world of a child.

In short, my dragonflies invoke a return to nature and express the desire for living naturally. The space of this painting is boundless, and represents the human imagination and the mysteries of physical and mental space.

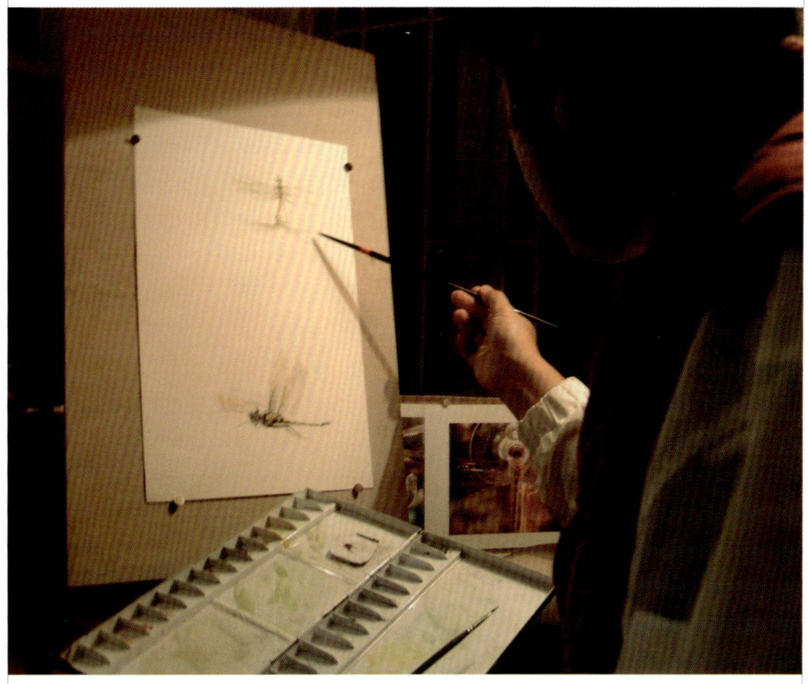

잠자리의 사계(四季)-2

김창한

잠자리 시리즈는 사계절 내내 계속되면서 다양한 표현을 나타낸다. 90년대 이후 그린 자연의 단편적인 이미지 중 잠자리는 지금까지도 즐겨 그리는 소재(주제)이다. 잠자리의 포효(砲哮)하는 듯한 날갯짓은 현대문명의 거대한 힘에 대한 역동성과 대자연의 힘찬 생동감을 담은 것으로, 삶의 건강함과 순수함을 표현했다. 푸른 창공을 마음껏 날아가는 잠자리는 인간의 육체적 정신적 해방을 나타내기도 하며 동심의 세계이기도 하다. 즉 자연 그대로의 모습으로 살다가 자연 속으로 돌아가고자 하는 염원을 담은 것이다. 주변의 작은 잠자리들은 끊임없는 무아(無我)의 경지에 대한 갈구를 나타내기도 한다. 여백의 공간은 무한한 상상의 공간이며, 우주의 신비로움이다.

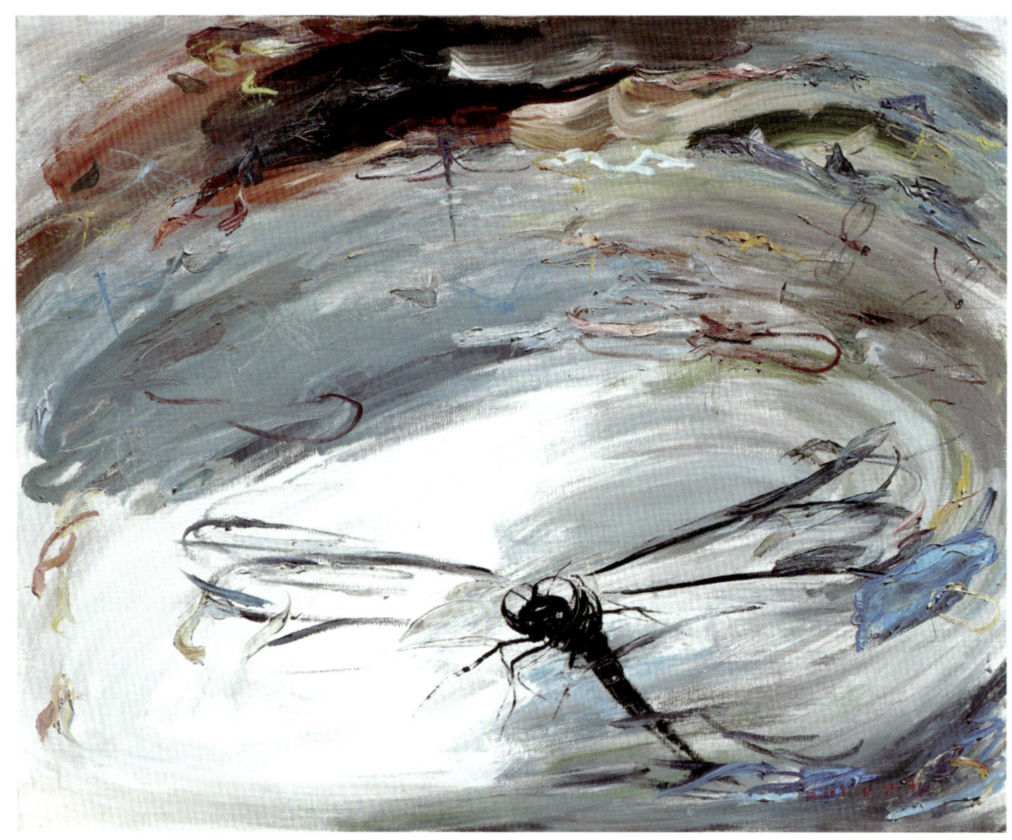

cb1. **Dragonfly Flight** 잠자리-비행(飛行) 2003, Acrylic & Oil on linen 130.3x162.2cm

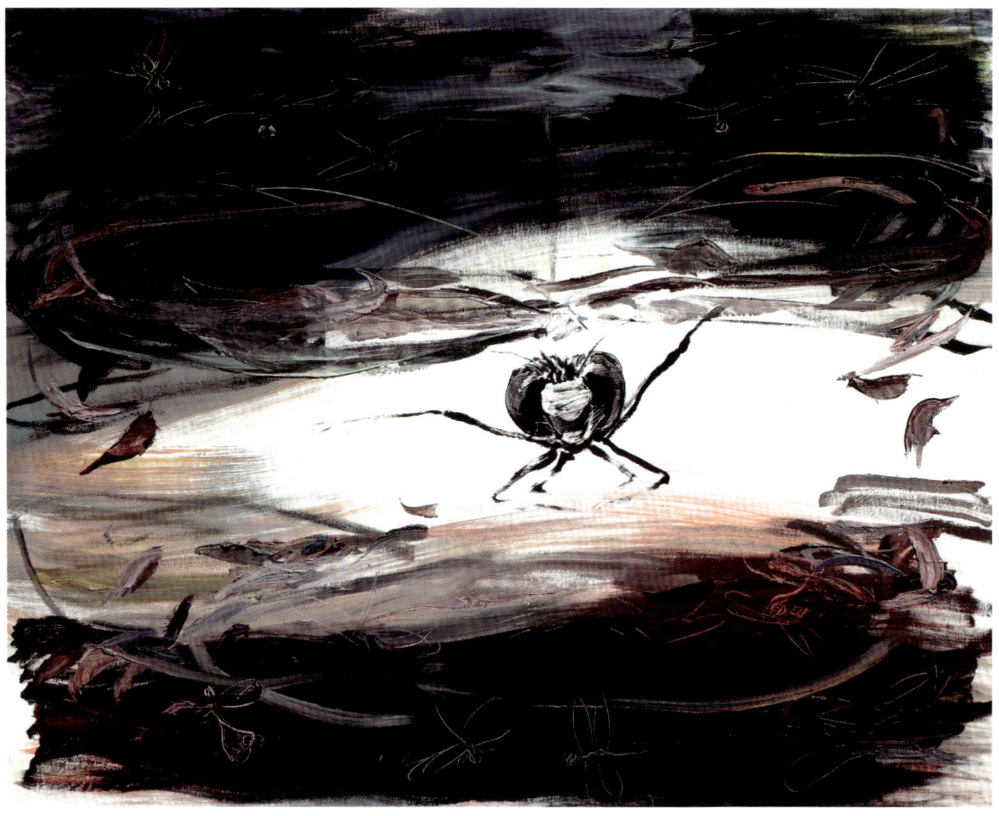

cb2. **Dragonfly Flight** 잠자리-비행(飛行) 2003, Acrylic on linen 91x116.8cm

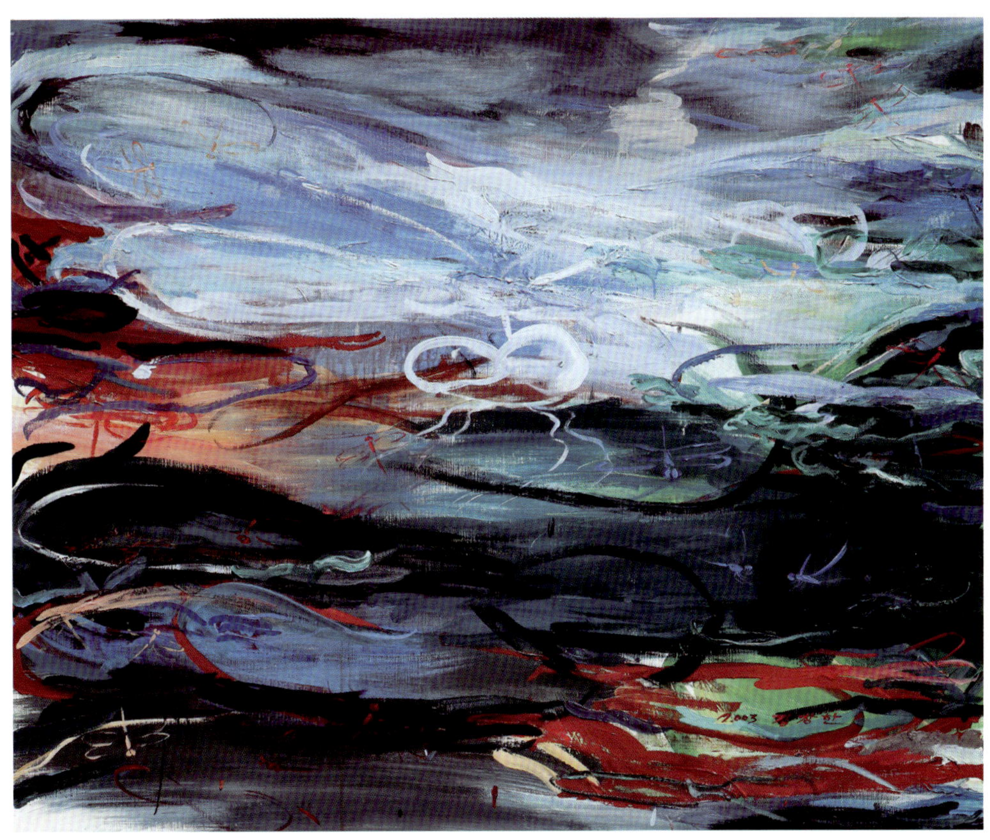

cb3. **Dragonfly Flight** 잠자리-비행(飛行) 2003, Acrylic on linen 130.3x162.2cm

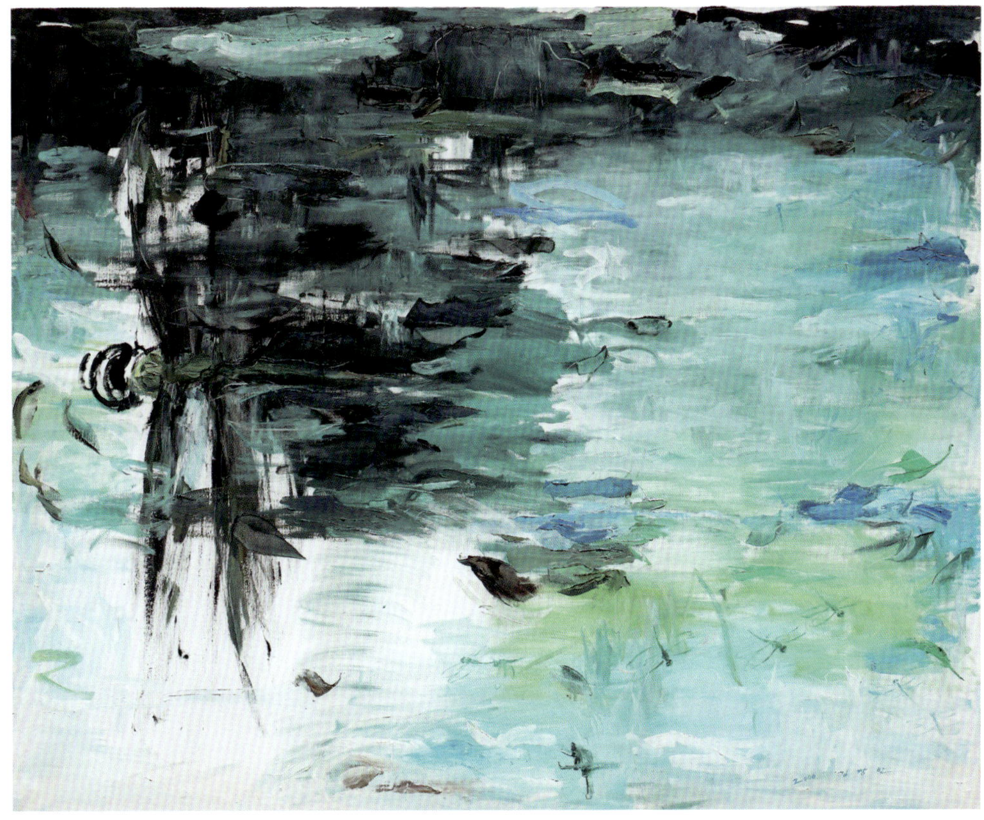

cb4. **Dragonfly Flight** 잠자리-비행(飛行) 2000, Oil on linen 130.3x162.2cm

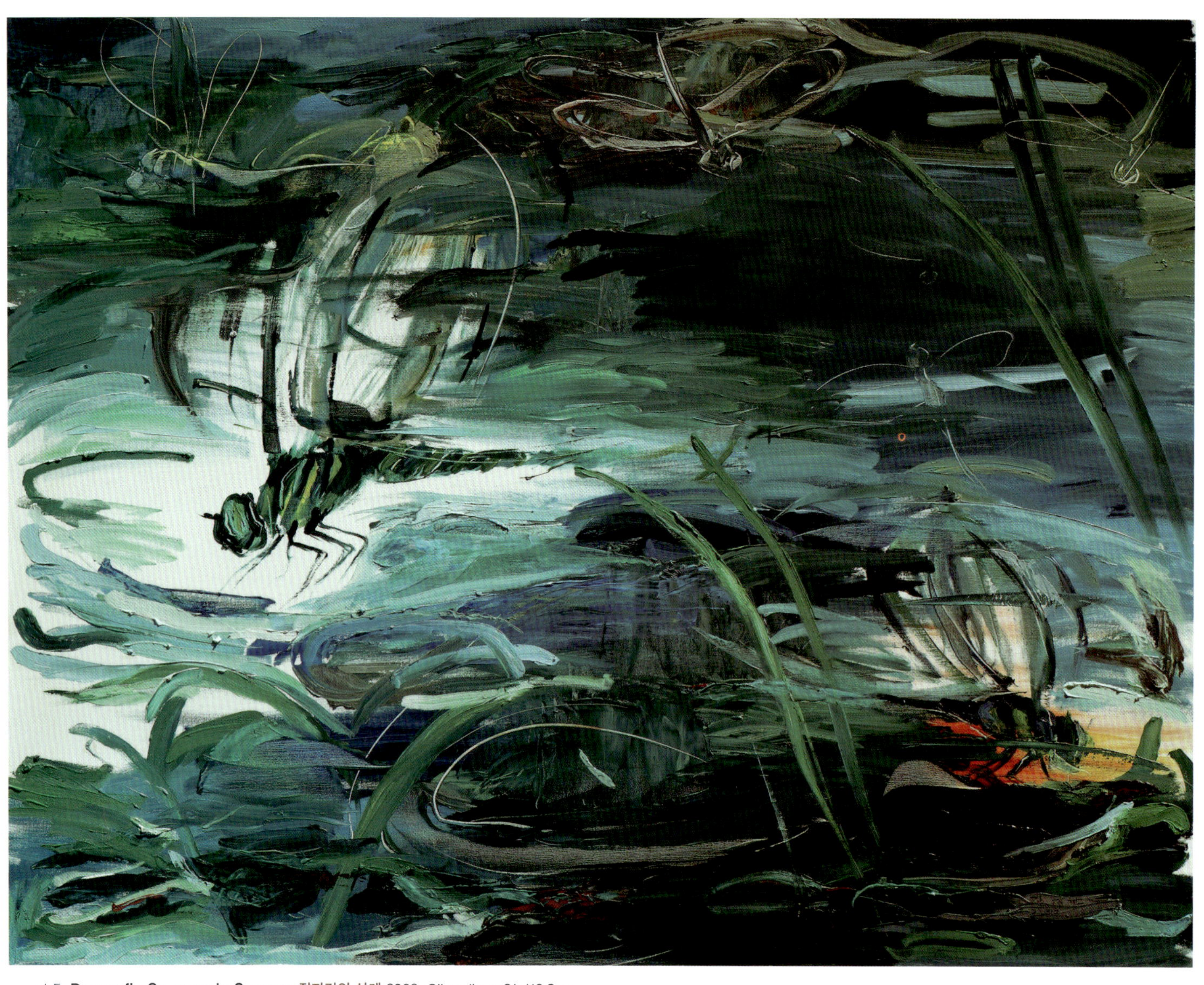

cb5. **Dragonfly Seasons in Summer** 잠자리의 사계 2003, Oil on linen 91x116.8cm

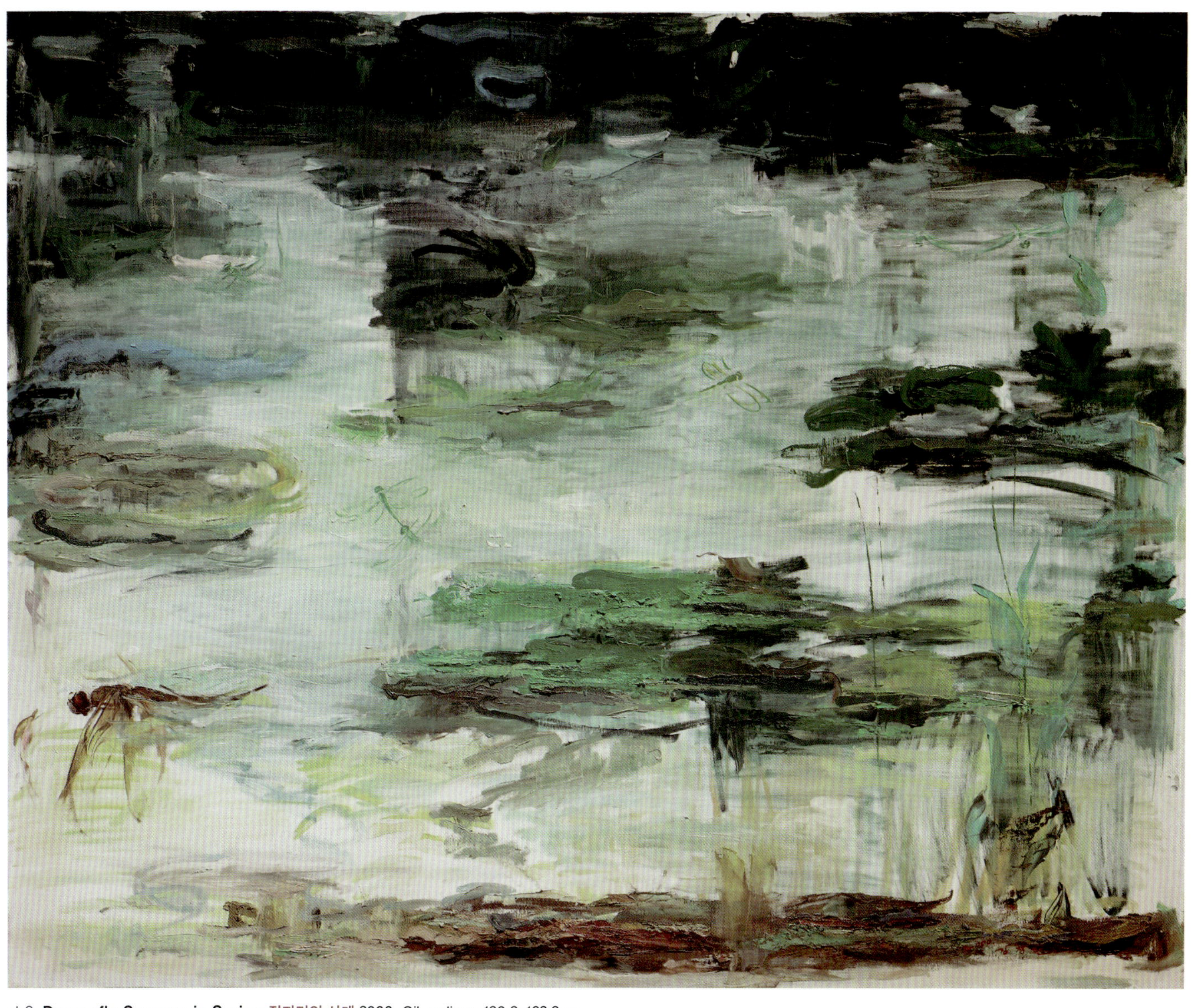

cb6. **Dragonfly Seasons in Spring** 잠자리의 사계 2000, Oil on linen 130.3x162.2cm

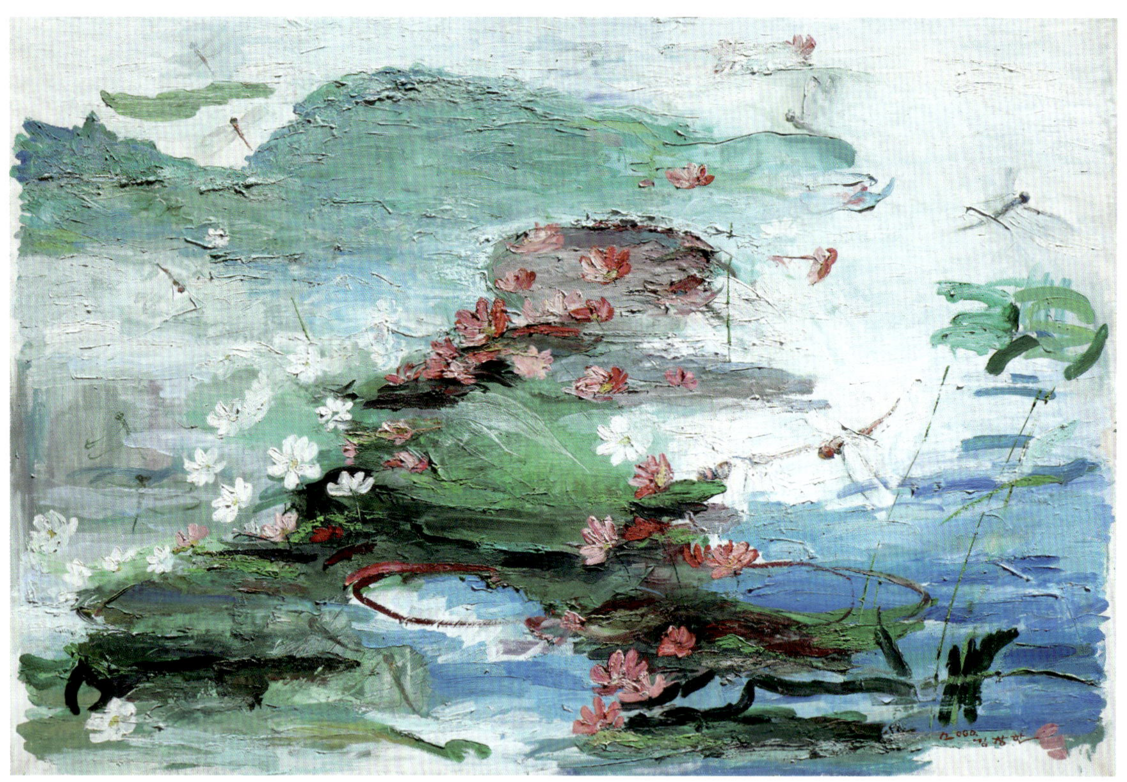

cb7. **Dragonfly Seasons in Fall** 잠자리의 사계 2000, Oil on linen 80x116.7cm

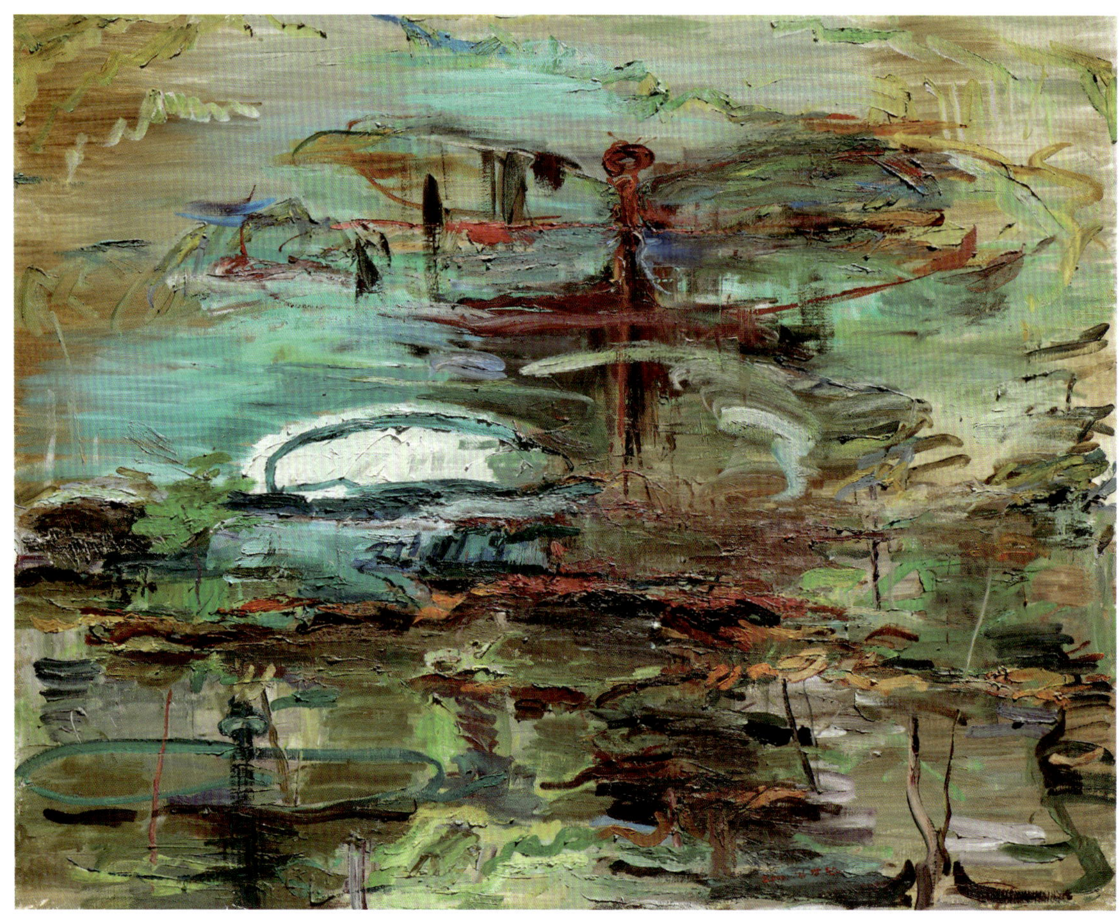

cb8. **Dragonfly Seasons in Fall** 잠자리의 사계 2000, Oil on linen 130.3x162.2cm

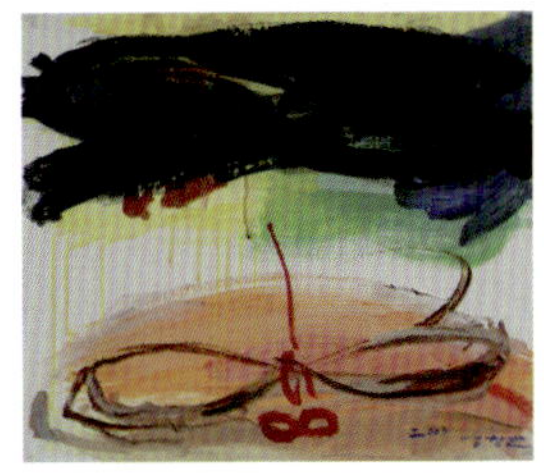

cb9

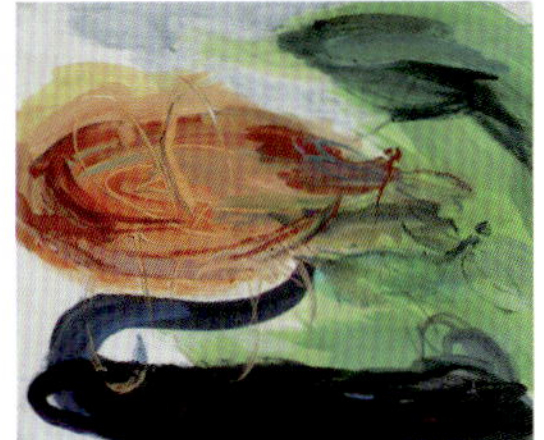

cb10

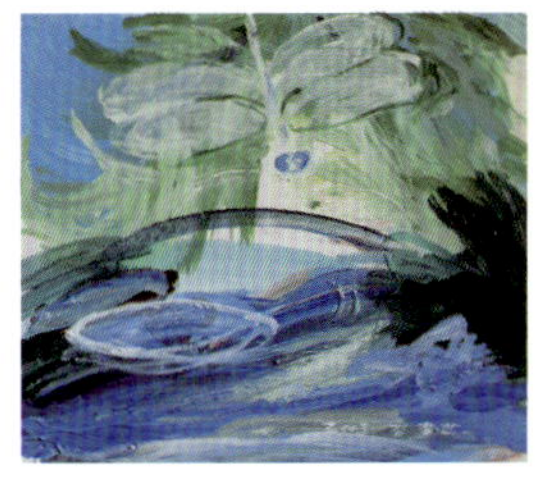

cb11

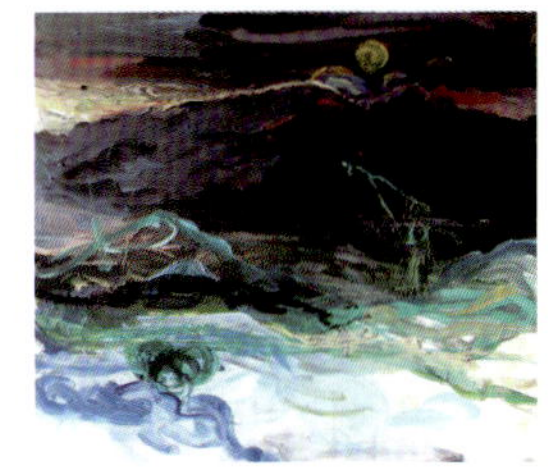

cb12

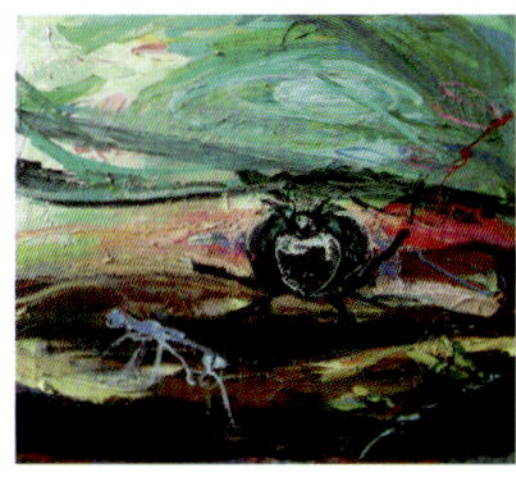

cb13

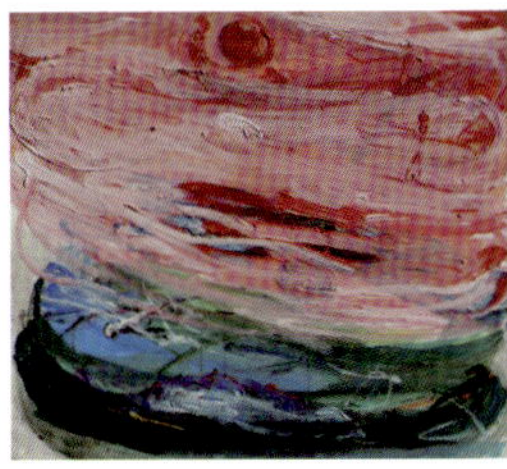

cb14

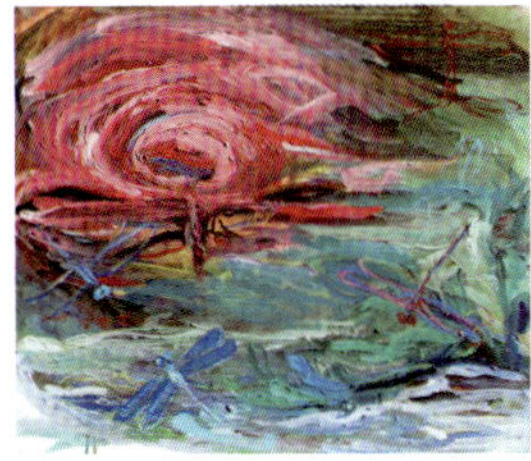

cb15

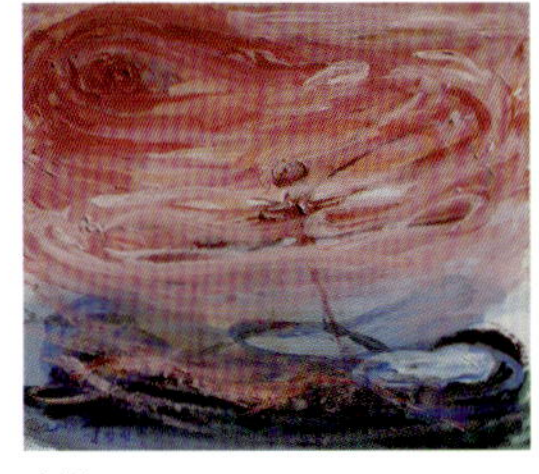

cb16

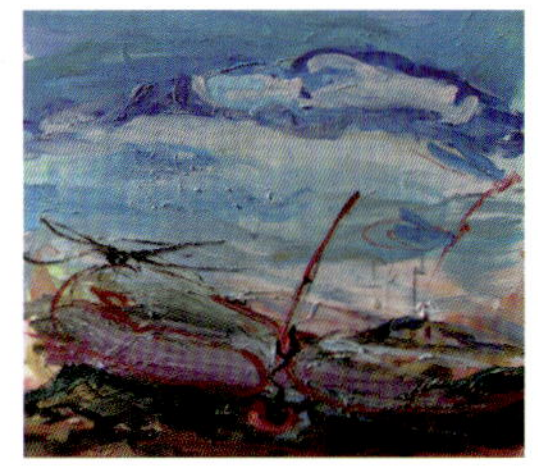

cb17

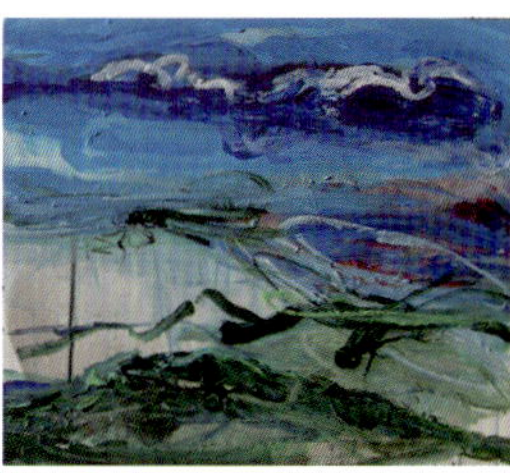

cb18

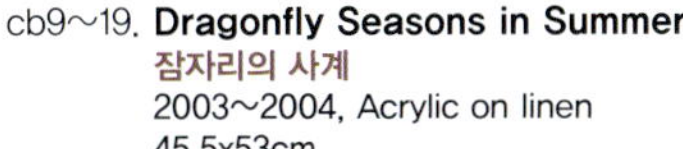

cb9~19. **Dragonfly Seasons in Summer**
잠자리의 사계
2003~2004, Acrylic on linen
45.5x53cm

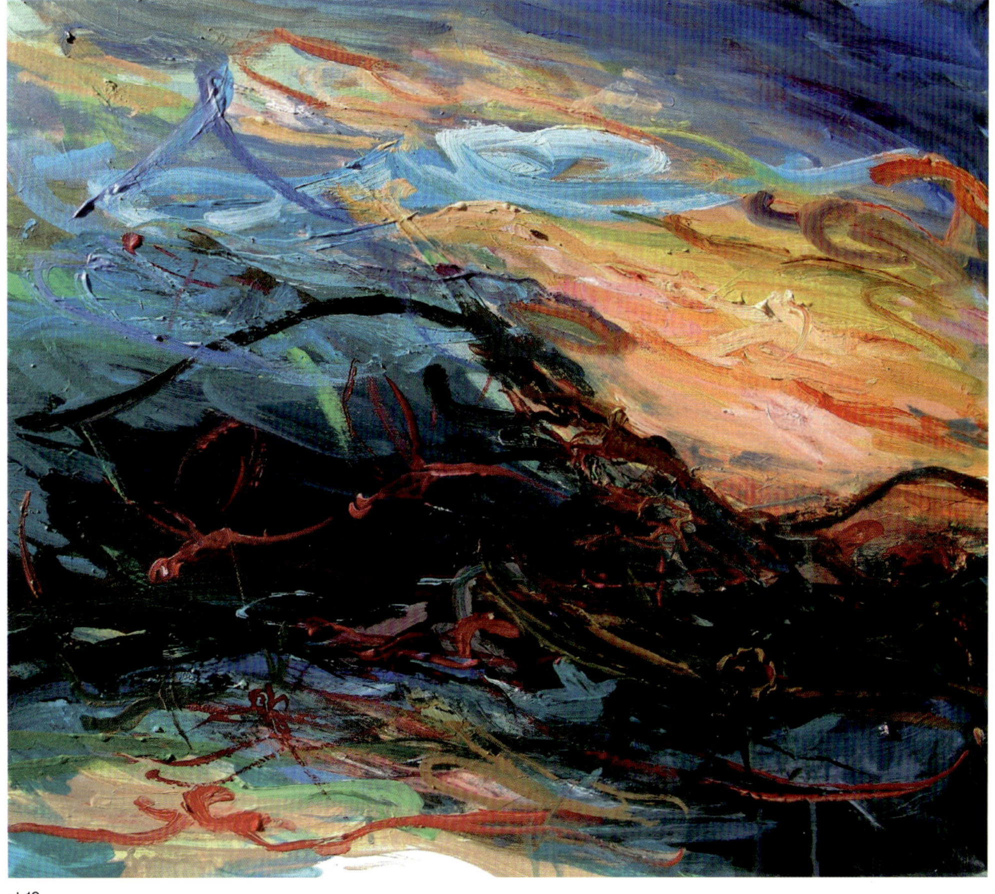

cb19

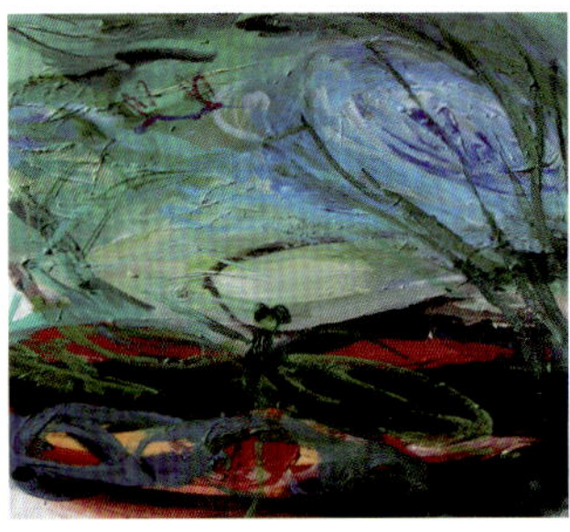

cb20

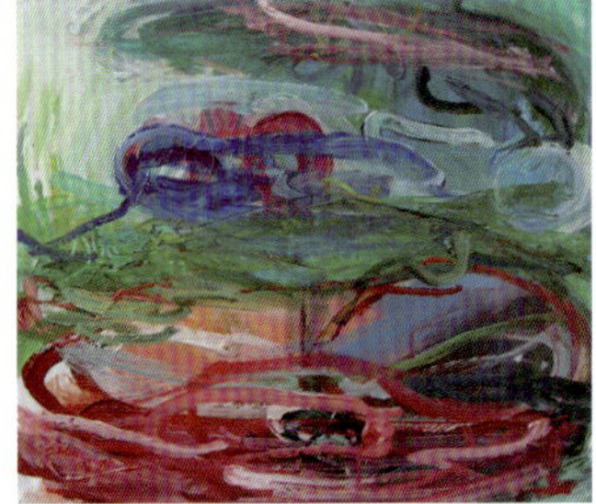

cb21

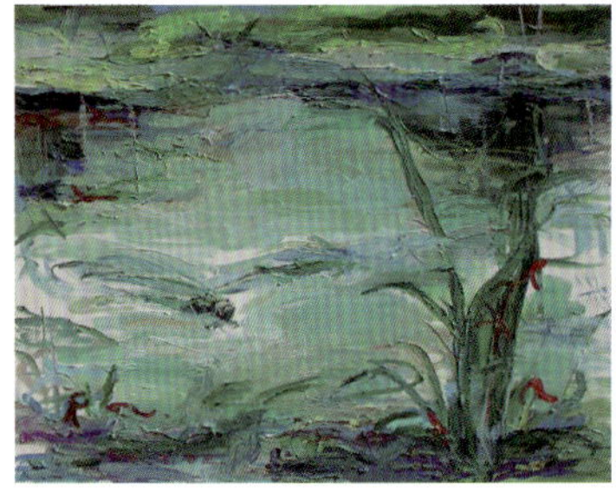

cb22

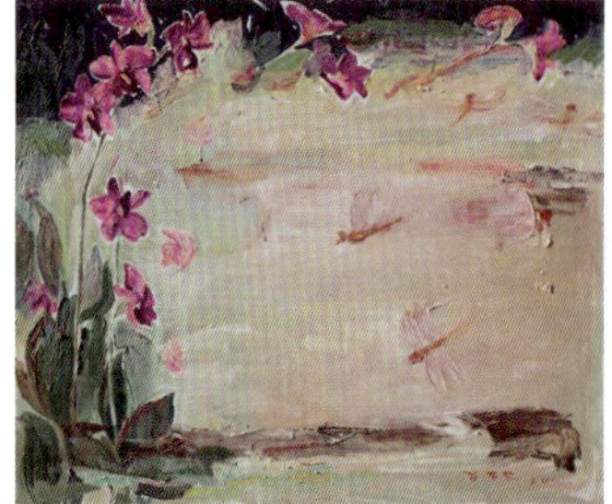

cb23

cb20. **Dragonfly Seasons in Summer**
잠자리의 사계
2004, Acrylic on linen
45.5x53cm
Private collection in Murwillumbah
(NSW, Australia)

cb21. **Dragonfly Seasons in Summer**
잠자리의 사계
2004, Acrylic on linen
45.5x53cm
Private collection in Suwon (Korea)

cb22. **Dragonfly Seasons in Summer**
잠자리의 사계
2003, Oil on linen
91x116.8cm

cb23. **Dragonfly Seasons**
잠자리의 사계
2000, Oil on linen
60.6x72.7cm

cb24. **Dragonfly Seasons in Fall**
잠자리의 사계
2003, Acrylic on linen
60.6x72.7cm
Private collection in Ulsan (Korea)

cb25. **Dragonfly Seasons in Fall**
잠자리의 사계
2004, Acrylic on linen
60.6x72.7cm

cb26,27. **Dragonfly Seasons in Winter**
잠자리의 사계
2004, Acrylic on linen
45.5x53cm

cb28. **Dragonfly Seasons in Fall**
잠자리의 사계
2004, Acrylic on linen
45.5x53cm
Private collection in Bloomington
(America)

cb29. **Dragonfly Seasons in Fall**
잠자리의 사계
2003, Acrylic on linen
60.6x72.7cm
Private collection in America

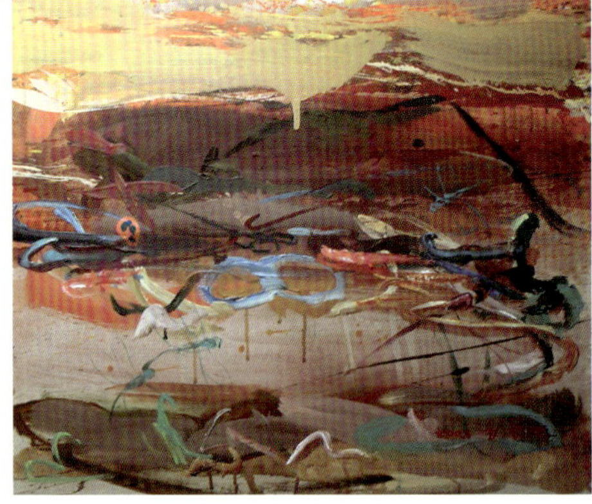

cb24

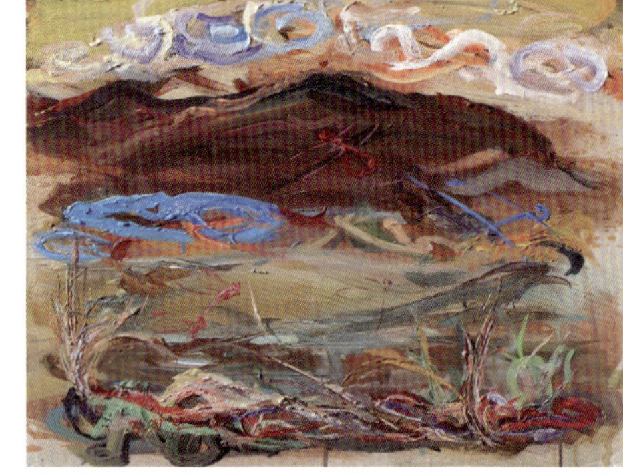

cb25

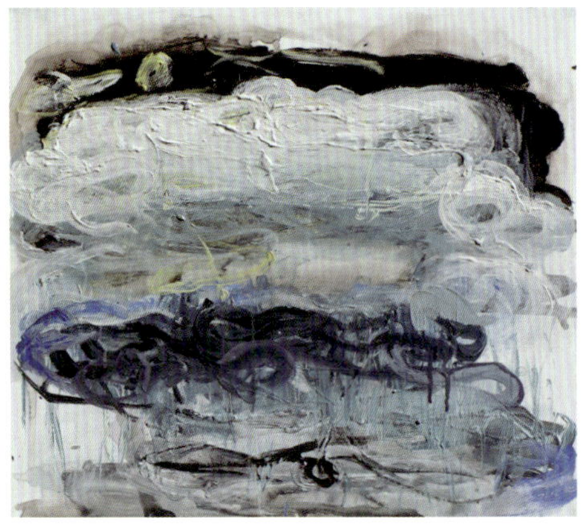

cb26

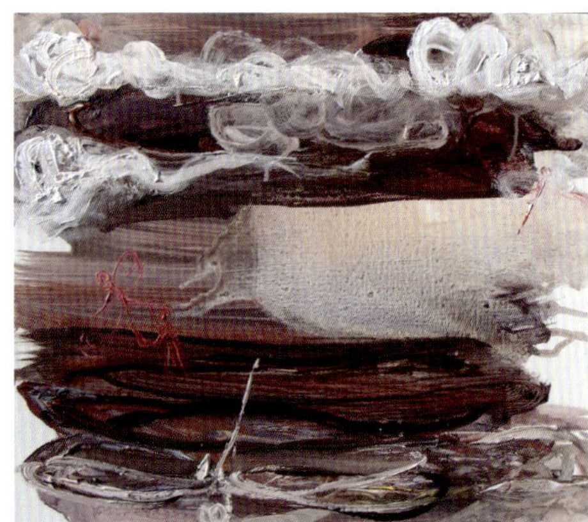

cb27

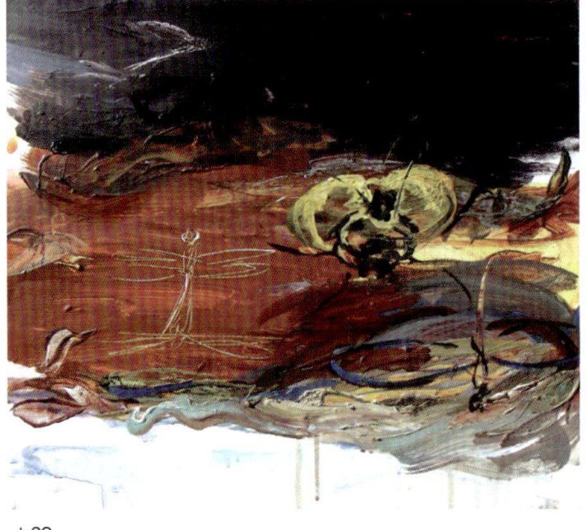

cb28

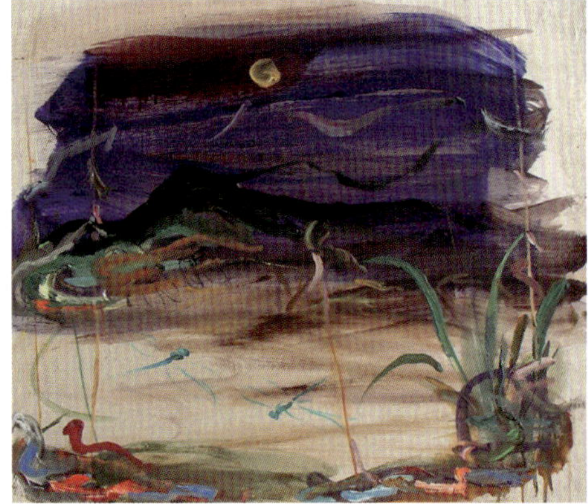

cb29

cb30. **Dragonfly Seasons in Fall**
잠자리의 사계
2004, Acrylic on linen
60.6x72.7cm

cb31,32. **Dragonfly Seasons in Winter**
잠자리의 사계
2004, Acrylic on linen
45.5x53cm

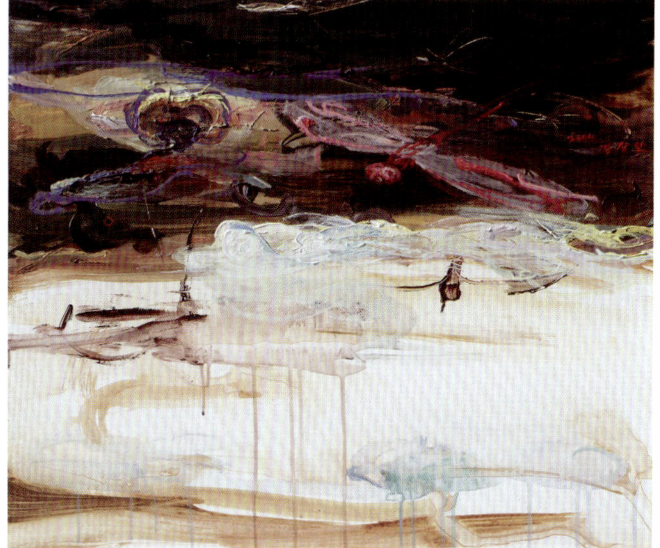

cb30

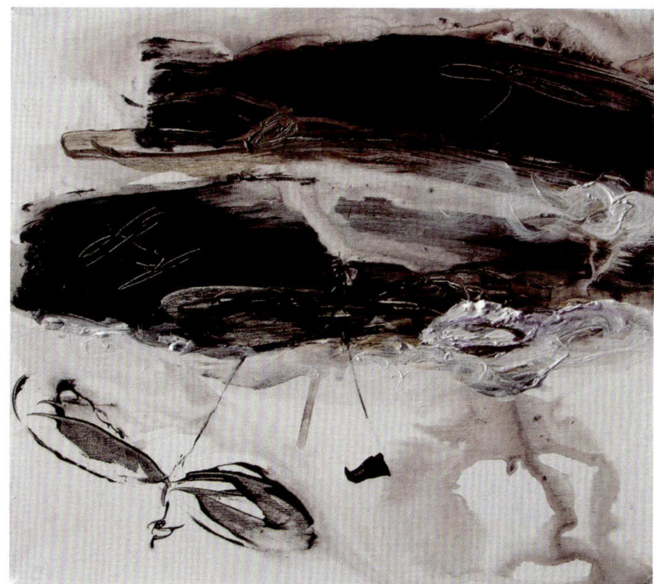

cb31

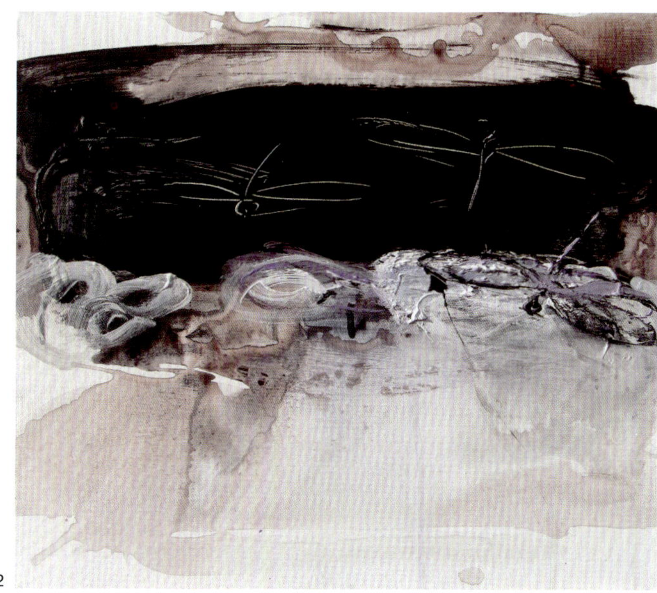

cb32

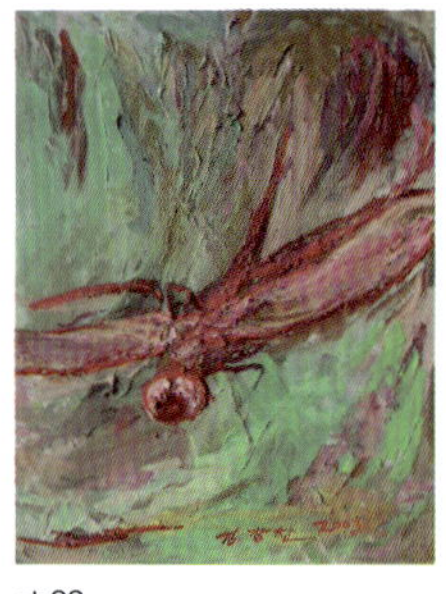

cb33

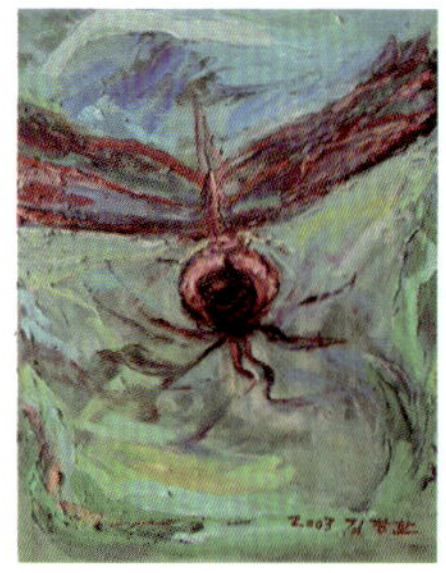

cb34

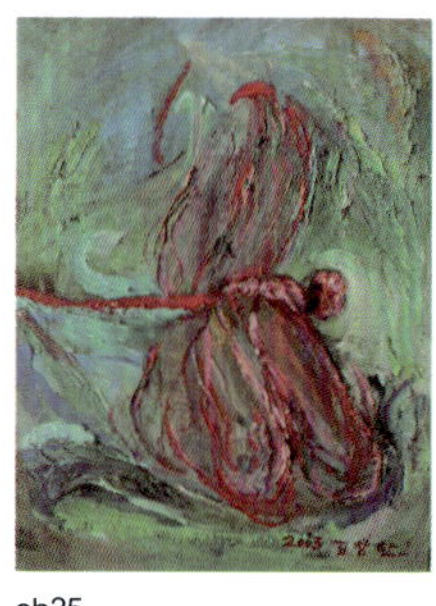

cb35

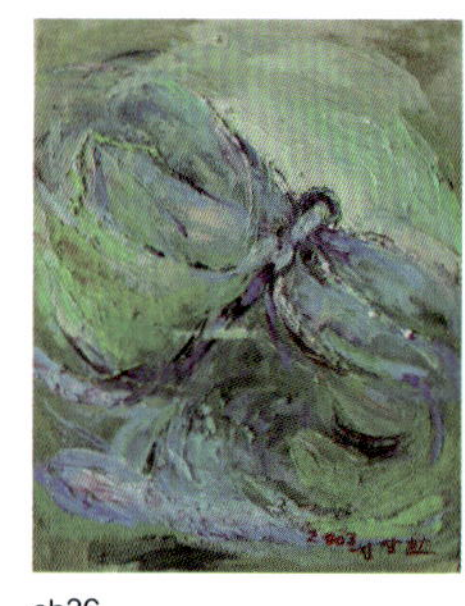

cb36

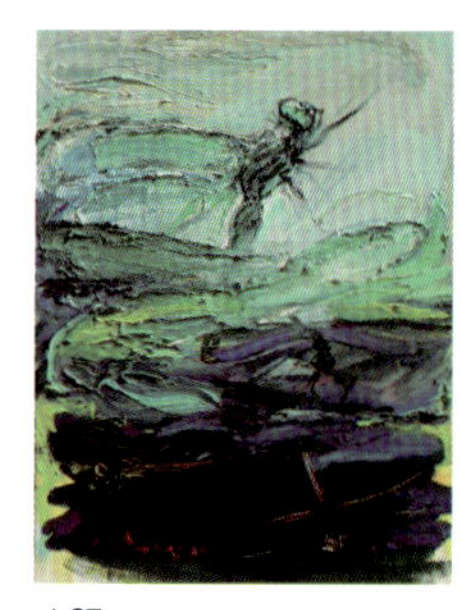

cb37

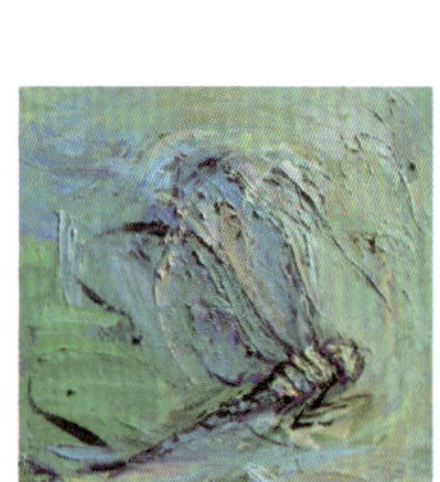

cb38

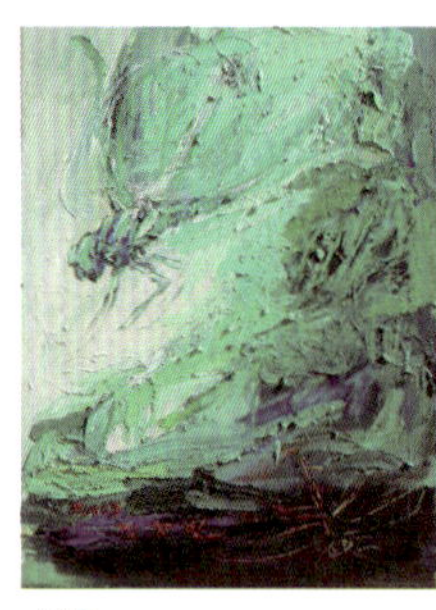

cb39

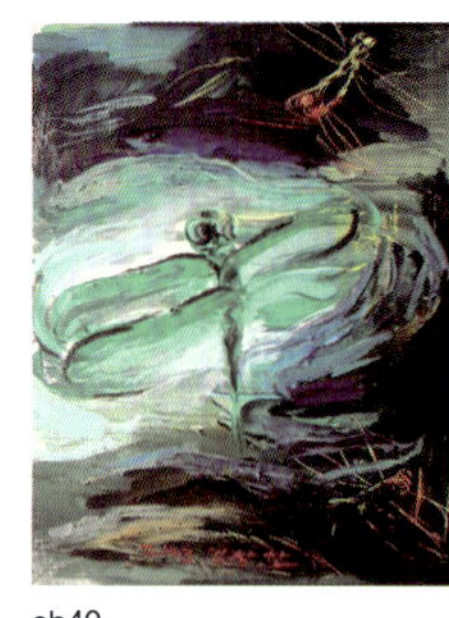

cb40

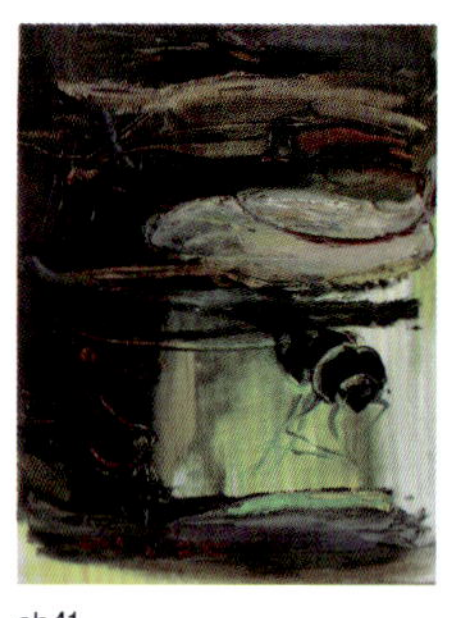

cb41

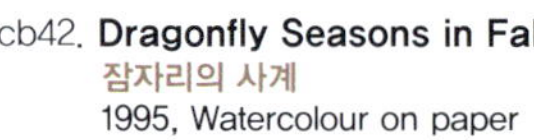

cb33~41. **Dragonfly Seasons in Summer**
잠자리의 사계
2003, Oil on linen
40.9x31.8cm
Private Collection in Seoul, Ulsan,
Tweed Heads (Korea, Australia)

cb42. **Dragonfly Seasons in Fall**
잠자리의 사계
1995, Watercolour on paper
79x109.5cm

cb43,44. **Dragonfly Seasons in Fall**
잠자리의 사계
2000, Watercolour on paper
79x109.5cm

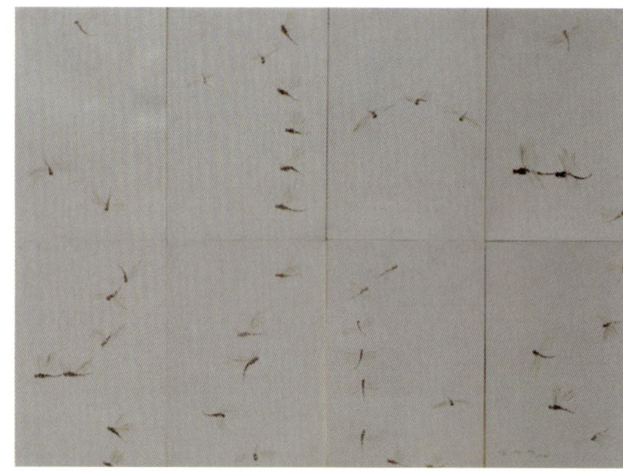

cb42

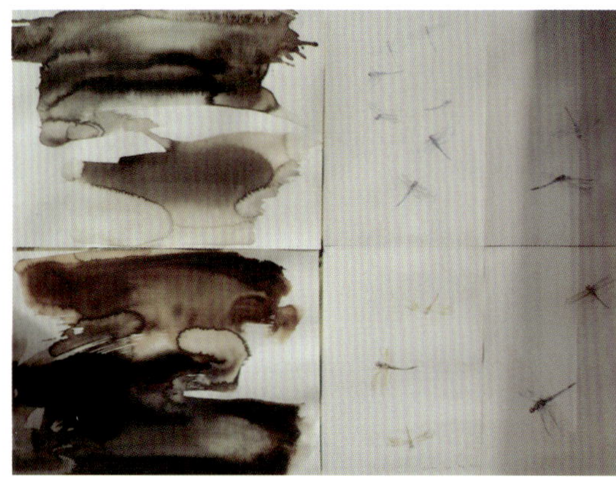

cb43

cb44

Detail of **cb46**

cb45. **Dragonfly Seasons in Fall**
잠자리의 사계
1990, Watercolour on paper
79x109.5cm

cb46. **Dragonfly Seasons in Fall**
잠자리의 사계
1995, Watercolour on paper
79x78cm

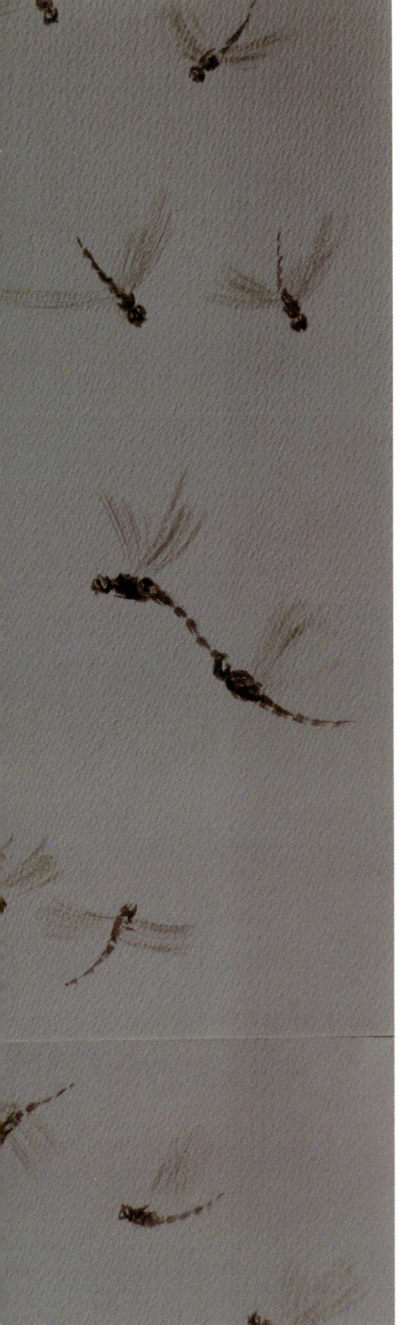

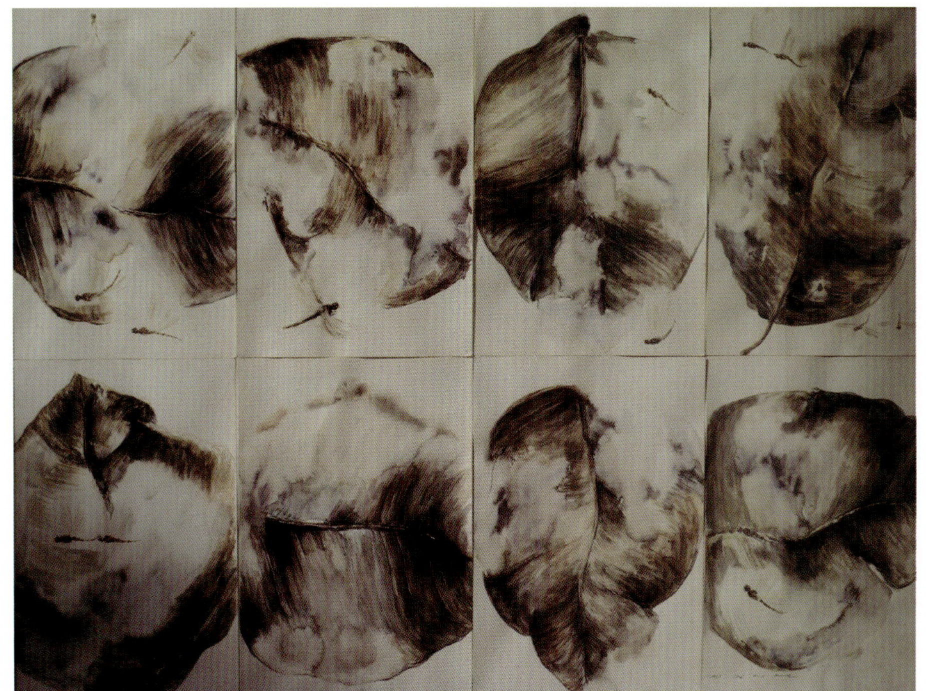

cb45

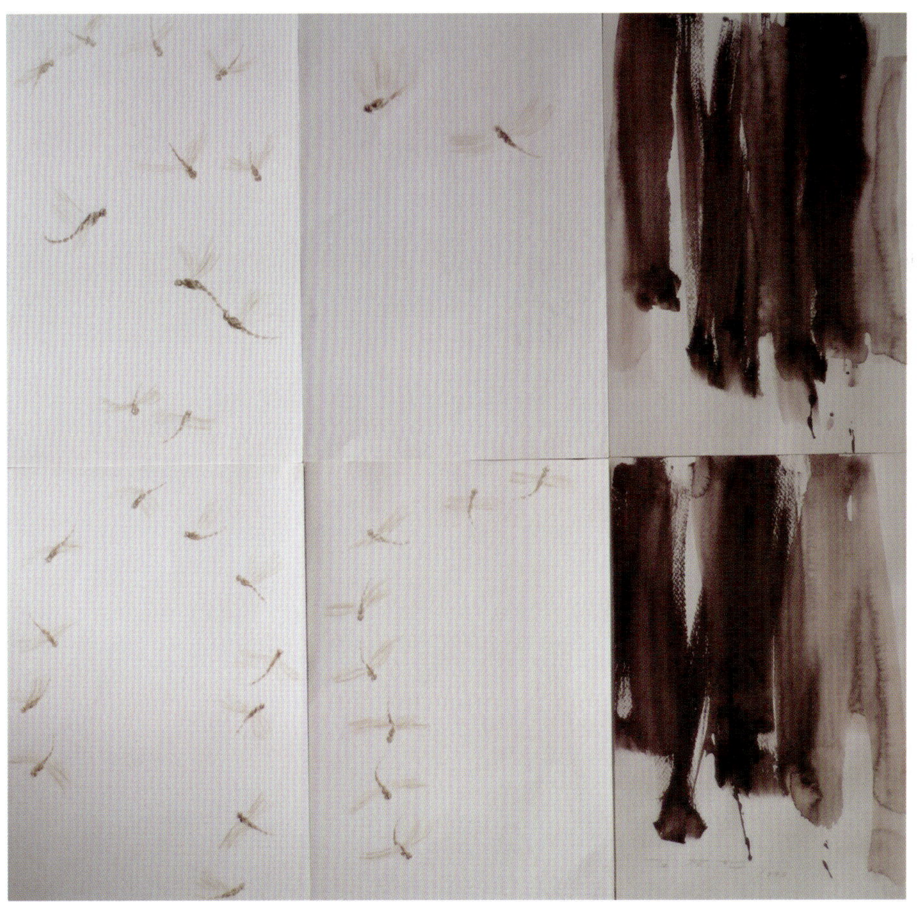

cb46

Keeping up with Kim Chang Han

In 2001 and 2002, I participated in a fusion art show entitled "Painting, Sculpture and Dance (which featured the Miss Lim Yeon Hee's Hayarobi Dance Troupe)."

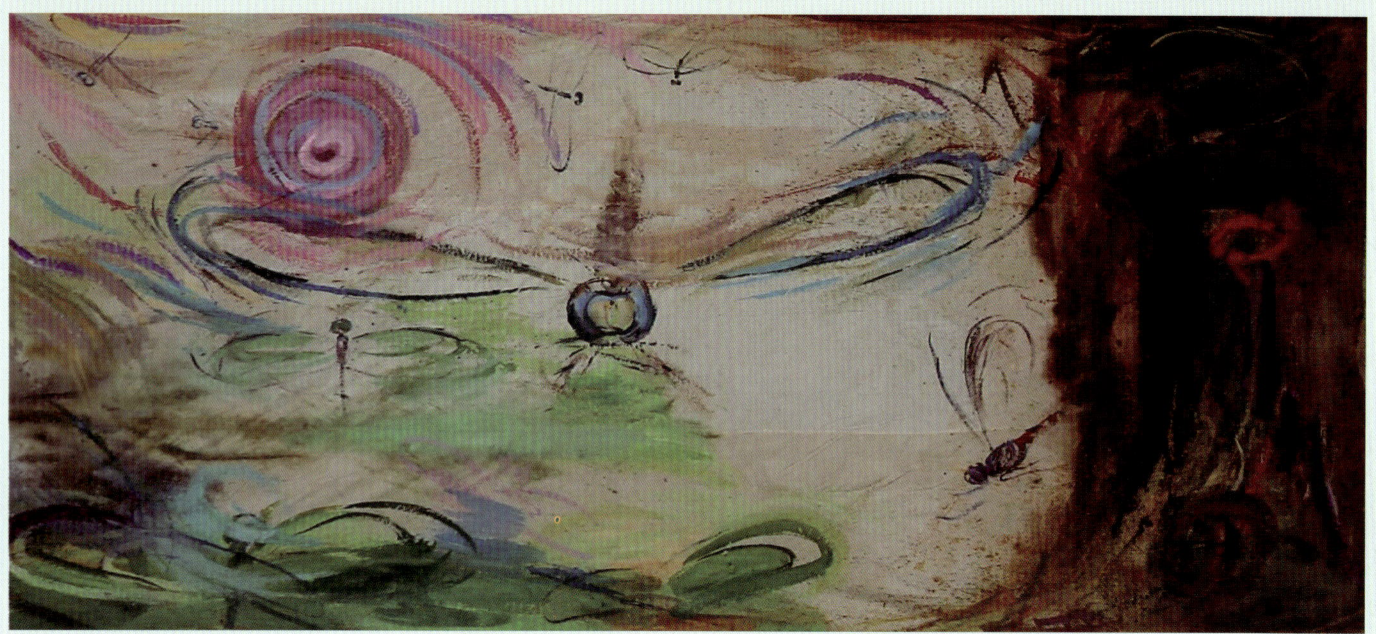

cb47. **Dragonfly Flight** 잠자리−비행(飛行) 2001, Acrylic on cotton 4x8m

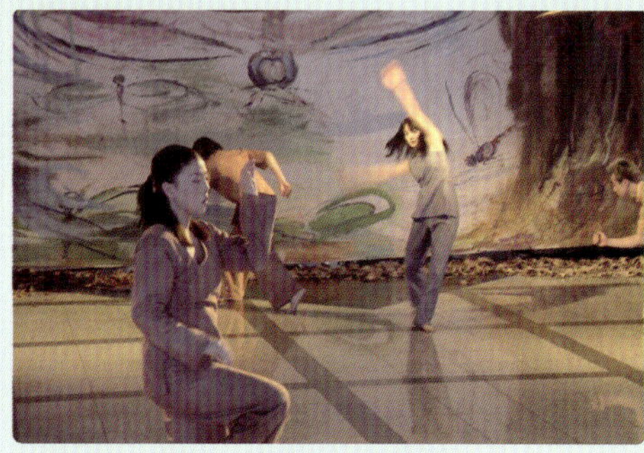
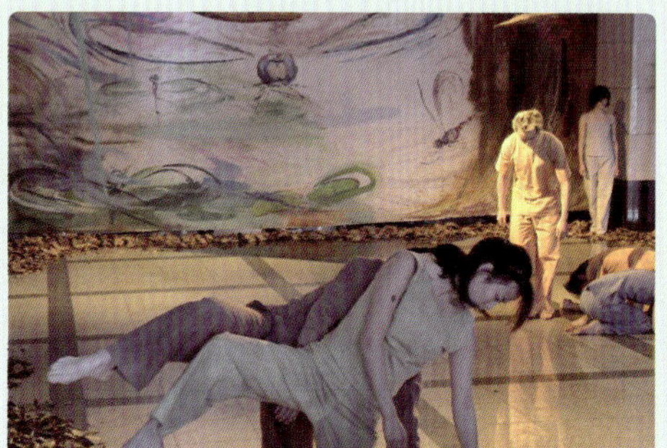
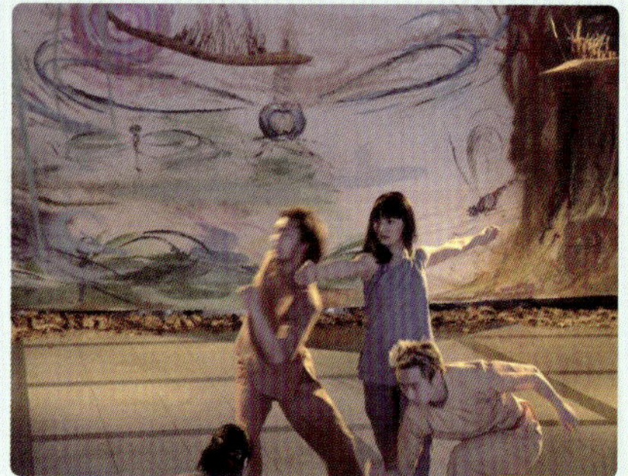
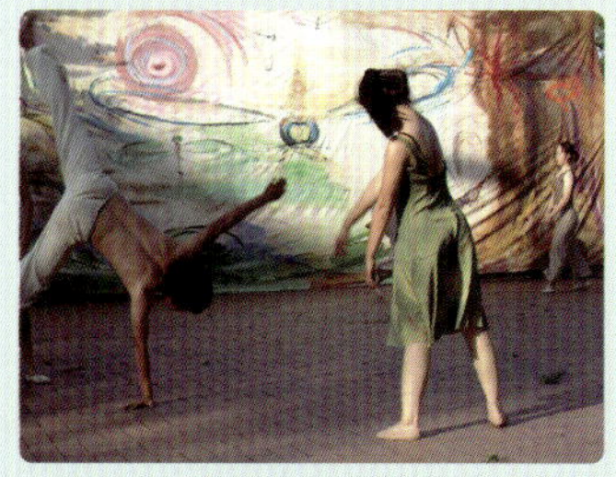
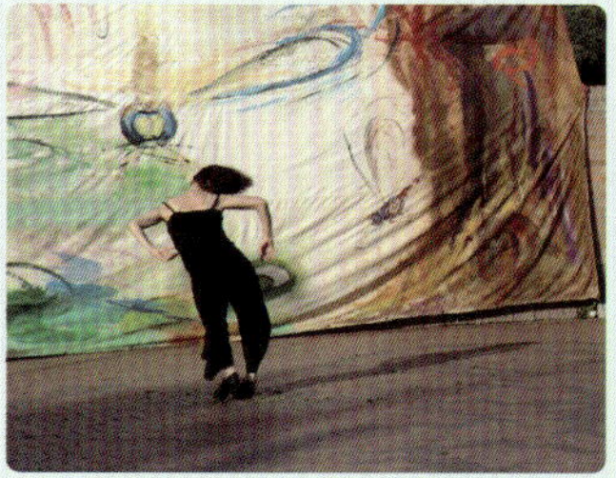
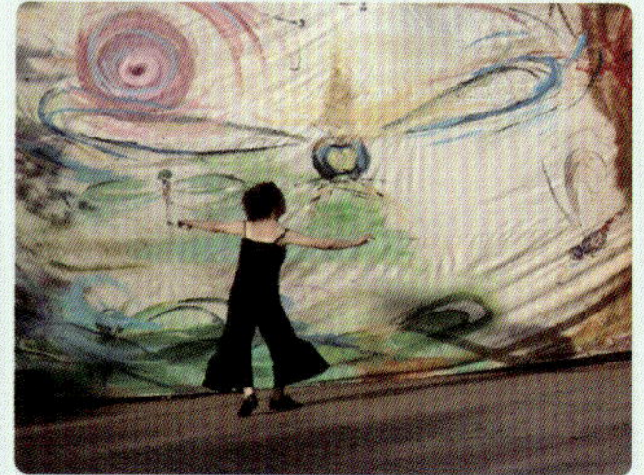
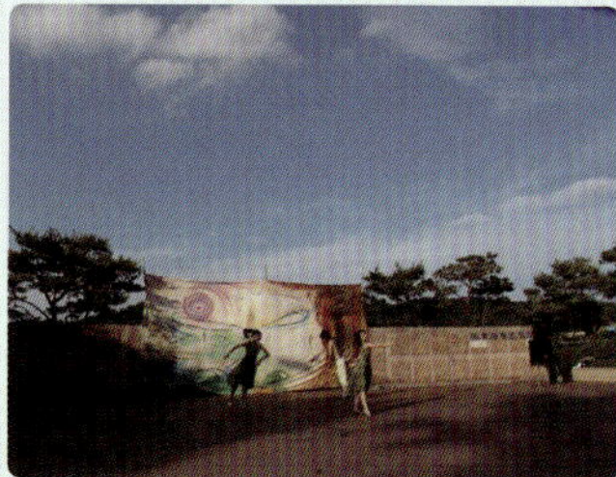

김창한 예술세계의 이해

2001년과 2002년 "그림, 조각 그리고 춤"이라고 명명된 퓨전아트 쇼에 임연희의 하야로비 댄스 팀과 함께 참여했다.

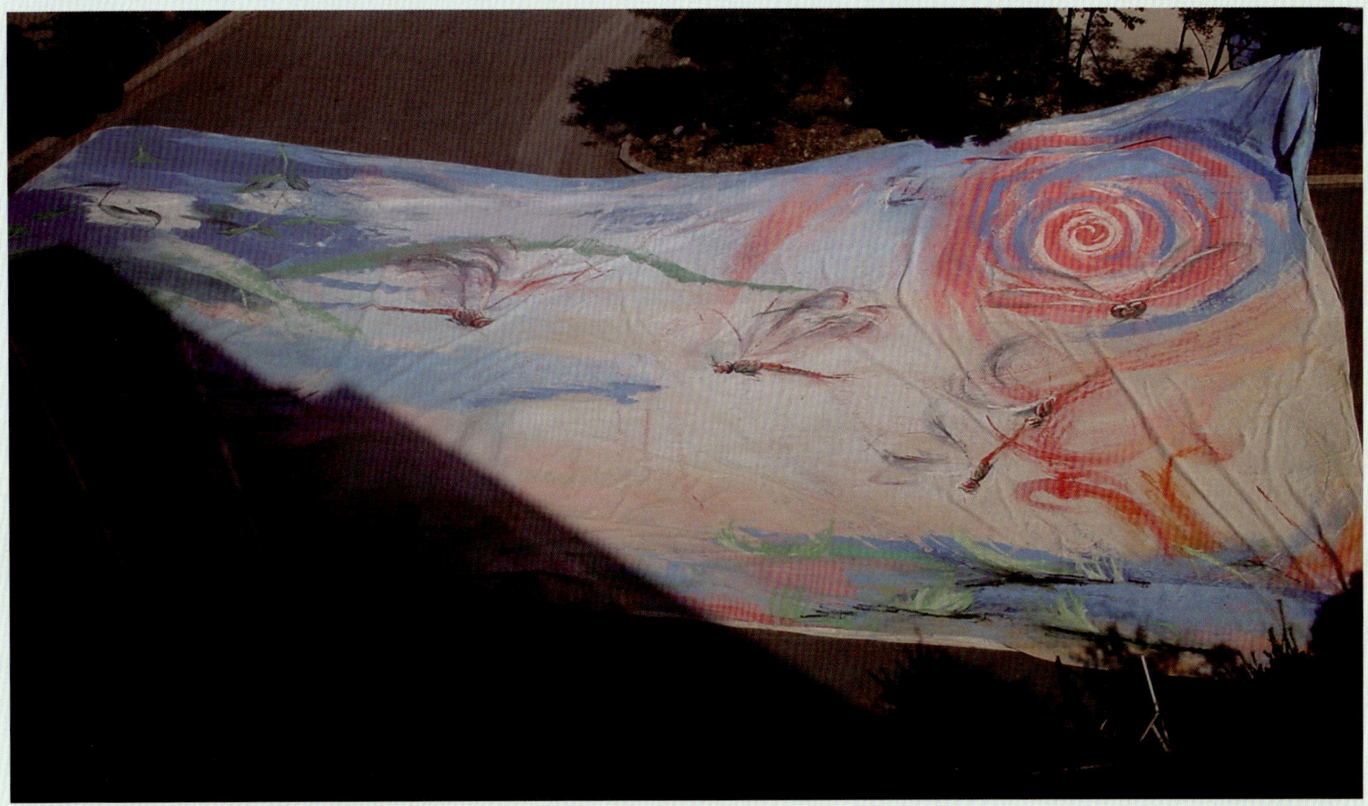

cb48. **Dragonfly Flight** 잠자리-비행(飛行) 2002, Acrylic & Watercolour on cotton 10x20m

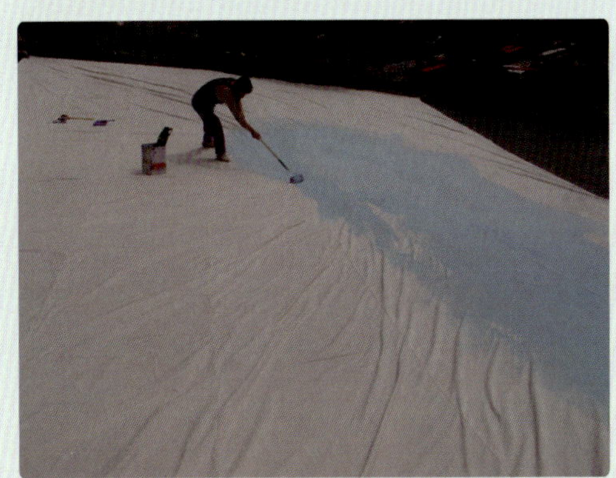
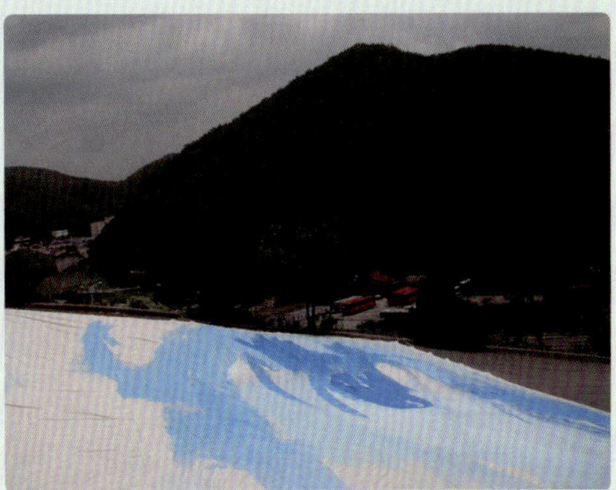

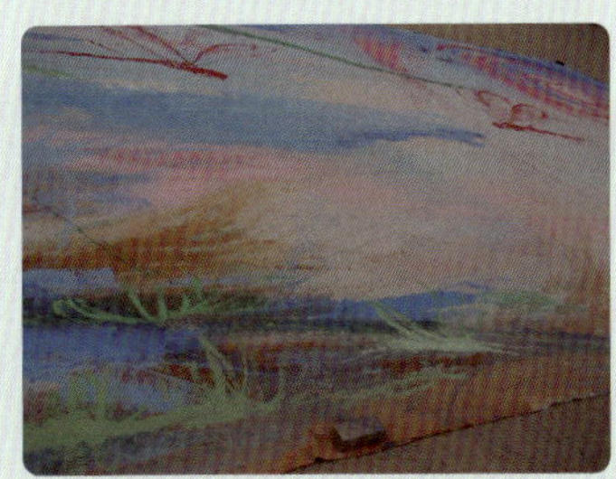
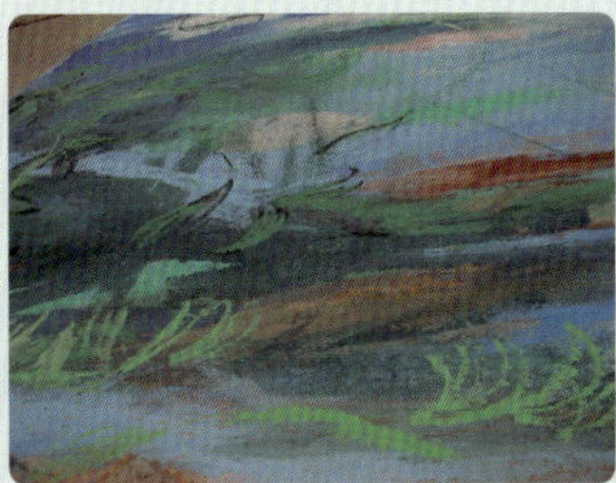
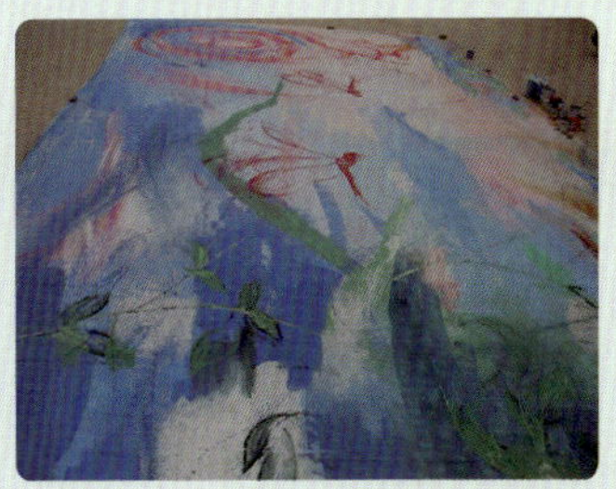
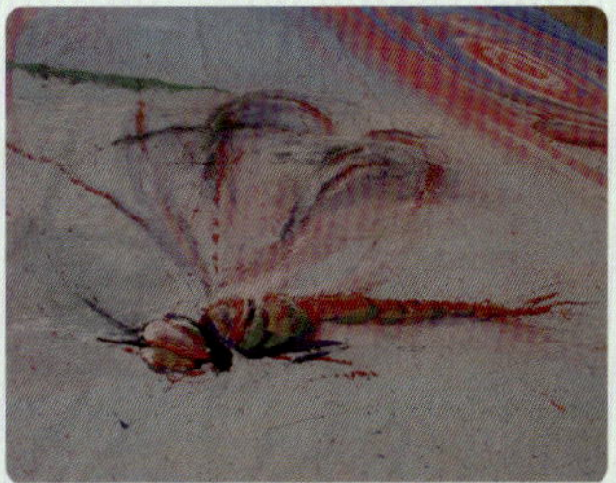

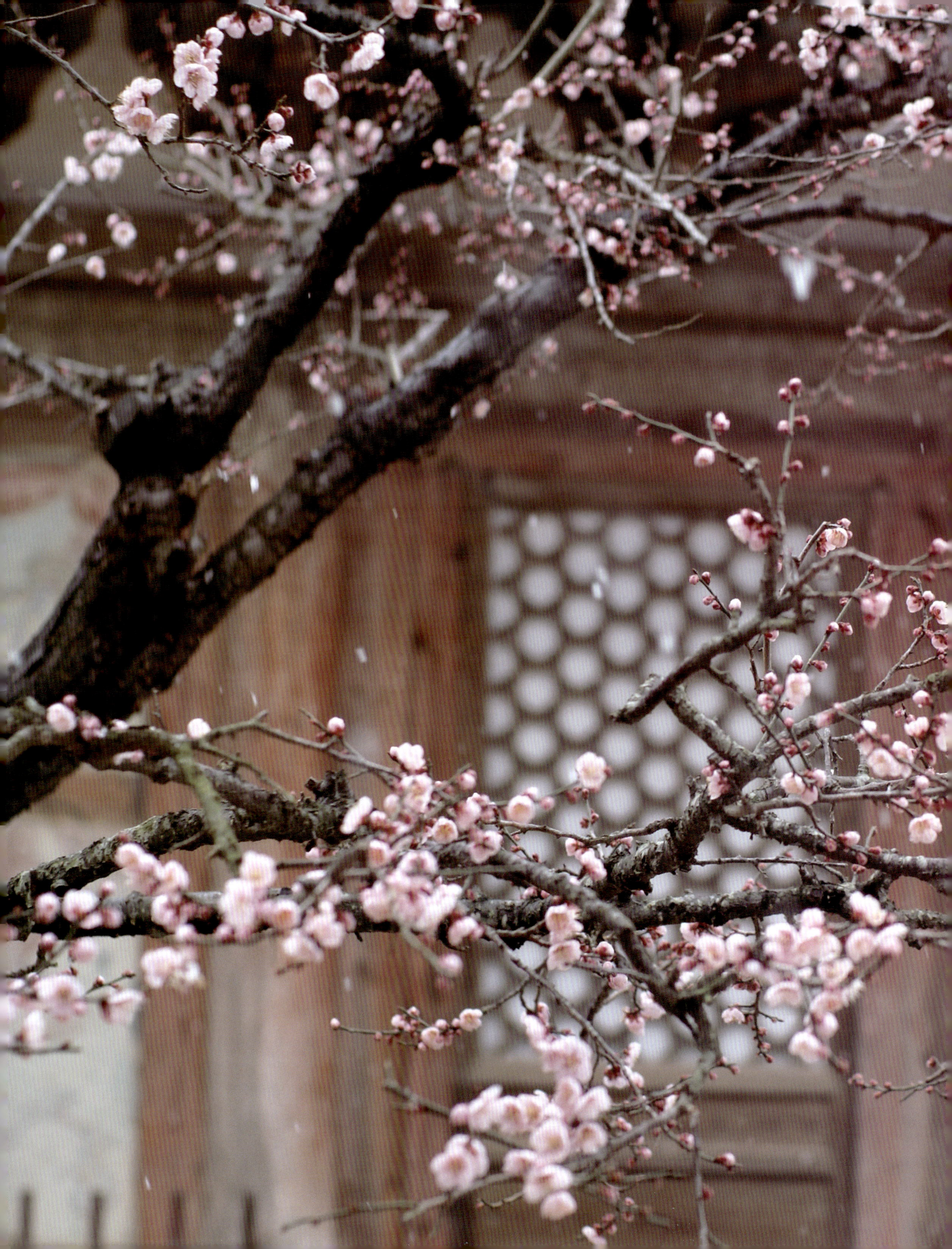

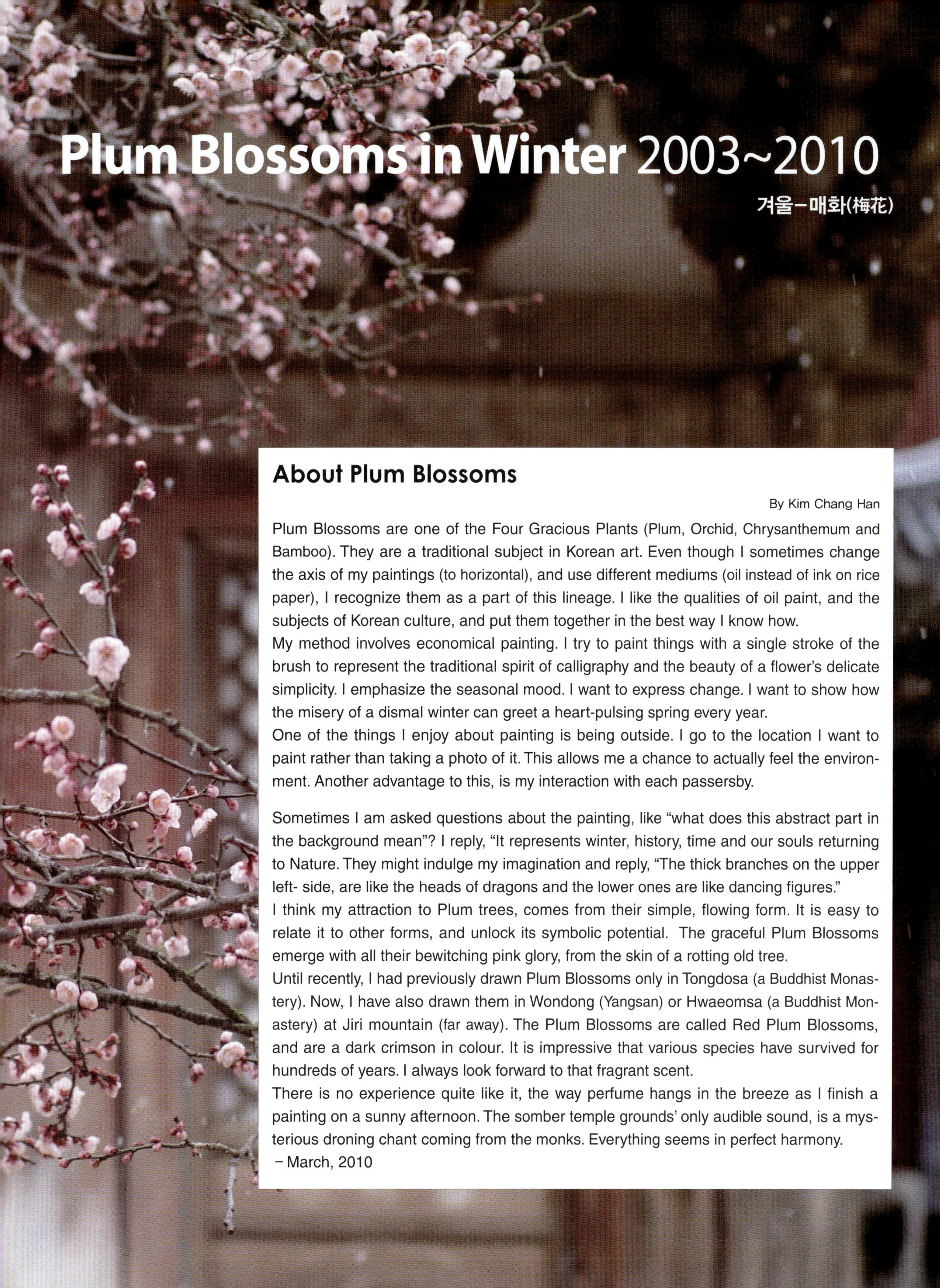

Plum Blossoms in Winter 2003~2010

겨울-매화(梅花)

About Plum Blossoms

By Kim Chang Han

Plum Blossoms are one of the Four Gracious Plants (Plum, Orchid, Chrysanthemum and Bamboo). They are a traditional subject in Korean art. Even though I sometimes change the axis of my paintings (to horizontal), and use different mediums (oil instead of ink on rice paper), I recognize them as a part of this lineage. I like the qualities of oil paint, and the subjects of Korean culture, and put them together in the best way I know how.

My method involves economical painting. I try to paint things with a single stroke of the brush to represent the traditional spirit of calligraphy and the beauty of a flower's delicate simplicity. I emphasize the seasonal mood. I want to express change. I want to show how the misery of a dismal winter can greet a heart-pulsing spring every year.

One of the things I enjoy about painting is being outside. I go to the location I want to paint rather than taking a photo of it. This allows me a chance to actually feel the environment. Another advantage to this, is my interaction with each passersby.

Sometimes I am asked questions about the painting, like "what does this abstract part in the background mean"? I reply, "It represents winter, history, time and our souls returning to Nature. They might indulge my imagination and reply, "The thick branches on the upper left- side, are like the heads of dragons and the lower ones are like dancing figures."

I think my attraction to Plum trees, comes from their simple, flowing form. It is easy to relate it to other forms, and unlock its symbolic potential. The graceful Plum Blossoms emerge with all their bewitching pink glory, from the skin of a rotting old tree.

Until recently, I had previously drawn Plum Blossoms only in Tongdosa (a Buddhist Monastery). Now, I have also drawn them in Wondong (Yangsan) or Hwaeomsa (a Buddhist Monastery) at Jiri mountain (far away). The Plum Blossoms are called Red Plum Blossoms, and are a dark crimson in colour. It is impressive that various species have survived for hundreds of years. I always look forward to that fragrant scent.

There is no experience quite like it, the way perfume hangs in the breeze as I finish a painting on a sunny afternoon. The somber temple grounds' only audible sound, is a mysterious droning chant coming from the monks. Everything seems in perfect harmony.

– March, 2010

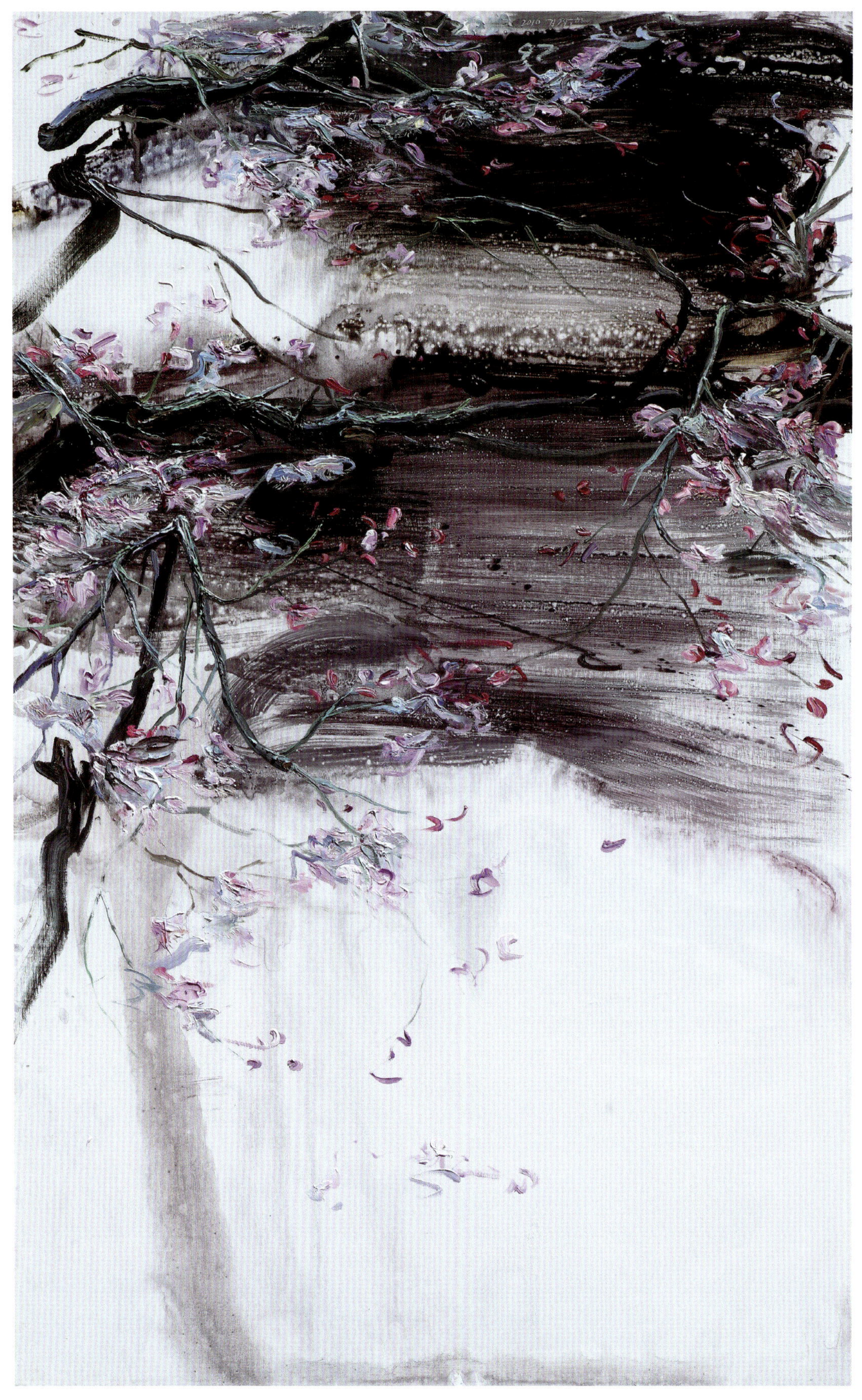

cc1. **Plum Blossoms in Winter** 겨울-매화 2010, Acrylic & Oil on linen 116.8x72.7cm

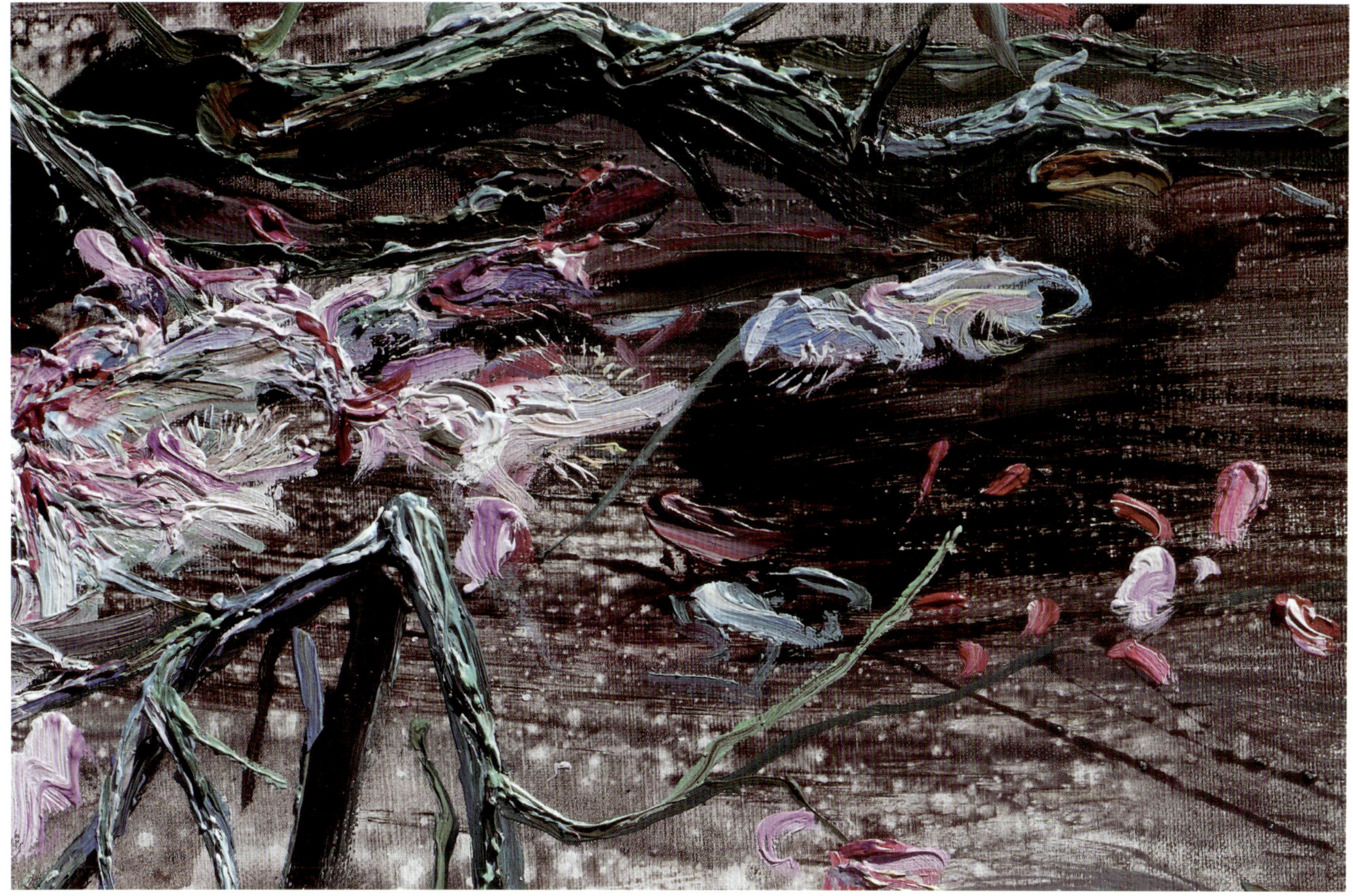

Detail of **cc1**

매화 그림에 대해서

김창한

세로가 긴 캔버스 형식은 한국의 전통적인 양식(樣式)을 참고한 것으로 '겨울-매화' 시리즈에서 새로운 변화를 시도한 것이다. 2003년부터 그려온 매화는 전통적으로 한국인에게 사랑을 받아온 사군자(매화, 난초, 국화, 대나무) 중 하나로 많은 작가들이 화선지에 수묵화로 그려온 것이다. 그러나 나는 캔버스에 유화/아크릴과 몇 가지 보조재료(Medium)를 혼합해서 한국적 정서를 살리면서 서양적인 것의 장점을 함께 담았다. 기법적인 면에서 전체적으로 드로잉하듯 일필(一筆)로 그린 것은 전통적인 서예(書藝/서도書道) 정신과 매화/매화나무의 아름다운 모습을 함축적으로 나타내고자 했기 때문이다. 그리고 겨울을 지나 봄이 오는 계절적 분위기 즉 스산한 겨울을 뚫고 설레는 마음으로 새 봄을 맞이하는 신비로움을 강조했다.

현장에서 그림을 그릴 때 몇 분이 다가와 물었다.
"선생님! 배경의 추상적인 형상은 무엇을 의미합니까?"
 - 겨울, 역사성/세월, 그리고 대자연의 근원적인 것에 대한 회귀(回歸)를 나타낸 것입니다.

"왼쪽 윗부분의 굵은 나뭇가지는 마치 용머리와 같고, 아래의 것은 마치 춤추는 듯합니다."
 - 그렇습니까! 매화나무의 매력은 절제되면서도 자유로움에 있는 것 같습니다. 품격 높은 예술적 경지를 느끼게 합니다. 그리고 썩은 듯한 고목에서 이루 형용할 수 없이 고운 꽃망울을 터트리는 모습은 황홀한 아름다움입니다.

매화는 그 동안 통도사에서만 그렸는데, 최근에는 원동(양산) 및 멀리 지리산의 화엄사(구례)에서도 그렸다. 화엄사의 매화는 검붉어 흑매화(黑梅花)라고 불리기도 한다. 수백 년 세월을 지켜온 품격 높은 매화나무에서 풍기는 은은한 향기는 감동적이다. 오후 늦은 시간, 작업을 마무리할 때 깊고 고요한 산사(山寺-통도사/화엄사)에 펼쳐지는 예불의식과 불경(佛經)소리에 휩싸인 풍경은 신비스럽다.
 −2010년 3월

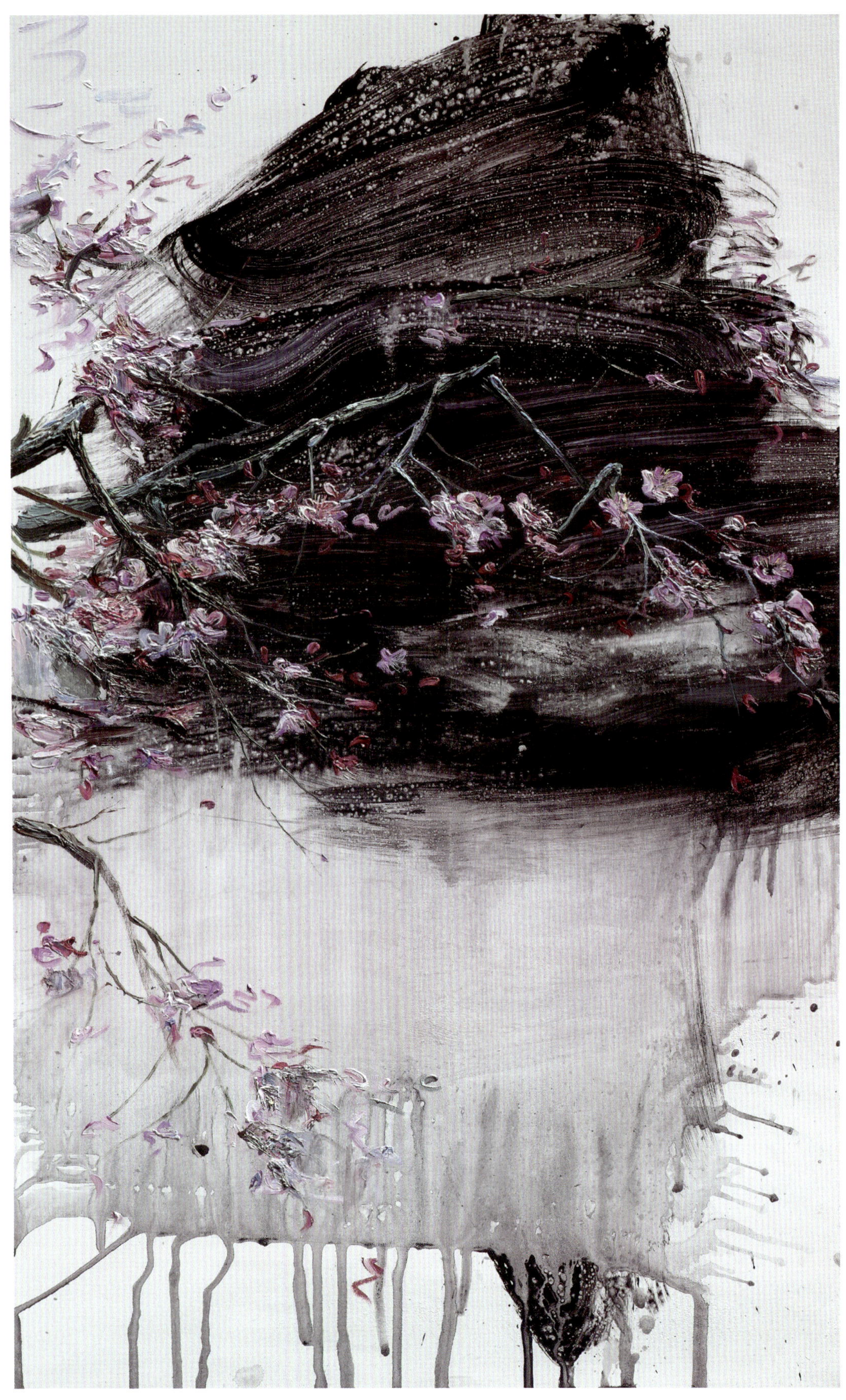

cc2. **Plum Blossoms in Winter** 겨울―매화 2010, Acrylic & Oil on linen 116.8x72.7cm

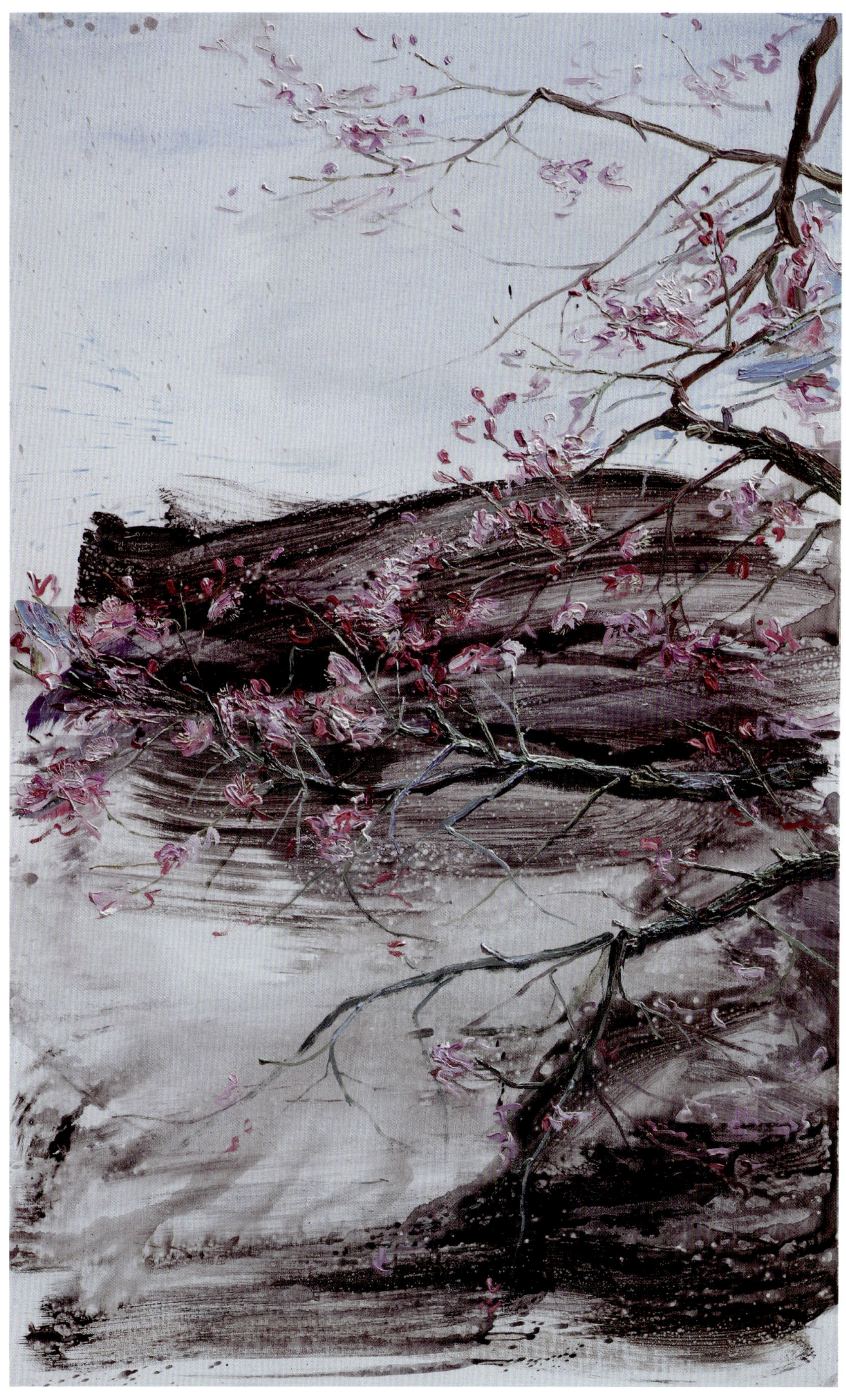

cc3. **Plum Blossoms in Winter** 겨울—매화 2010, Acrylic & Oil on linen 116.8x72.7cm

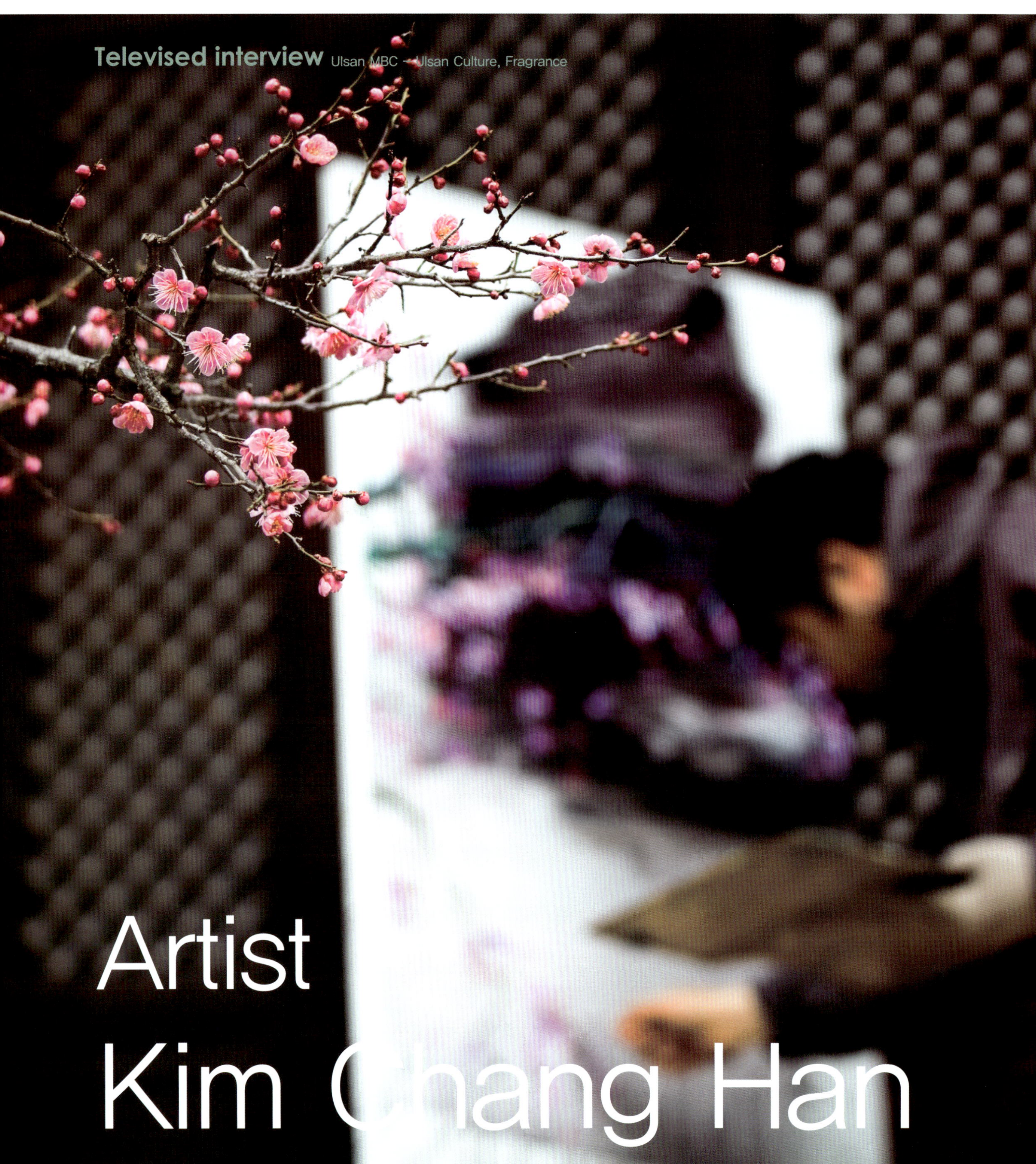

Televised interview Ulsan MBC – Ulsan Culture, Fragrance
Artist
Kim Chang Han

Painting is a joy

Ever since I was very young I've found playful Joy in painting.
It's always been a favorite activity.
When I'm painting, it's still among the most pleasurable times of my life.

Captivated by Plum blossoms

I was initially attracted by the mysterious beauty of plum blossoms, and how they are the first flower to emerge from the cold winter.
Their fresh, rich colours make it hard to believe they're coming out of old lifeless looking trees. I was further intrigued by the Korean stories relating to this marvelous plant.

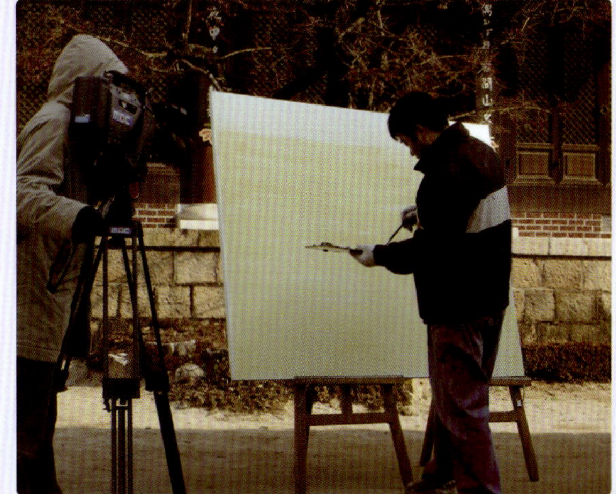

Painting at Tongdosa

It's been 6 years since I first began examining plum trees as a subject.
In the first and second year, I didn't notice any remarkable inspiration toward plum blossoms, but during the third year a deep appreciation developed.
Not only that, but I discovered I have a special appreciation for the plum blossoms at Tongdosa (a Buddhist monastery).

Modern Korean Art

Although plum blossoms are one of the most common subjects, being from 'The Four Gracious Plants' (in traditional Korean painting), I wanted to portray them in a more modern way, while still preserving their relation to Korean culture.

Artistic Confidence

Of course the possible choices of "what to paint" are vastly diverse.
I could have chosen a myriad of other subjects, but I selected plum blossoms.
It was not only my personal interest in the subject that compelled me. I was confident I could depict the blossoms, a traditional subject, in a new and interesting way.
This desire to reinterpret grew more and more ambitious.

A Spiritual-Meditative State

I believe that by entering into a meditative state, with the act of art making, I am able to more acutely express my individuality and unique perception.
All the work I've ever made contributes to a fuller picture of who I am as a person and artist. Being aware of my own spirituality allows me to appreciate the unexplainable, and at times, experience insights in art, culture, and life. This helps me think about my past and anticipate the future. It's only been 6 years of painting plum blossoms. I am curious and excited about how I will feel after 10 years.

– March, 2008

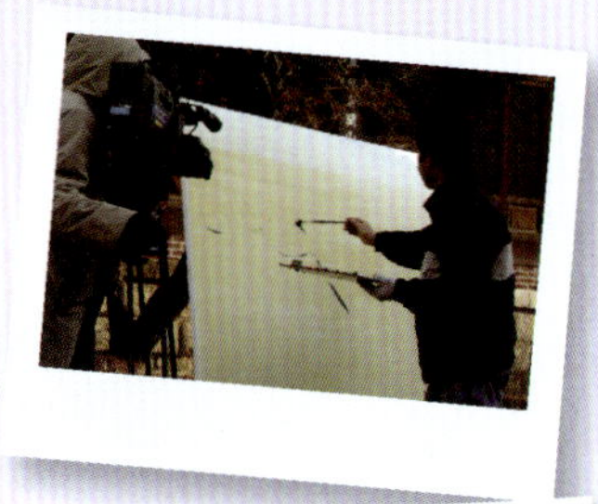

그림은 즐거움

제 자신이 어릴 때부터 그림을 그린 이유는,
그냥 즐기는 것이고 노는 것이고, 가장 즐거운 것이었기 때문이죠,
지금도 마찬가지로 그림 그리는 것이 가장 즐거운 시간입니다.

매화에 빠지다

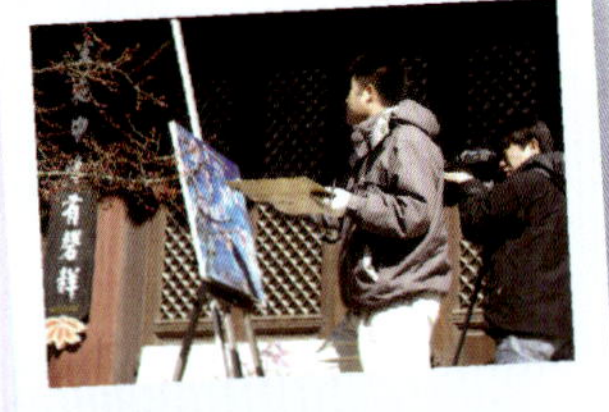

춥고 혹독한 겨울에도 가장 먼저 꽃을 피우는 매화의 신비로움과,
썩은 고목에서 피어나는 고운 형용할 수 없는 그런 빛깔들에 시선이 많이 끌렸고,
또 매화라는 그 자체의 설화(說話)적인 것에도 관심이 많이 끌렸고...

매화를 그리다. 통도사의 매화는 특별하다

해가 쌓이다 보니까 6년이 되었지만
첫째 둘째 해까지는 특별한 감흥(感興)을 못 느꼈는데,
3년째부터는 꽃의 아름다움도 그렇지만(좋았지만),
통도사(通度寺)에서 이렇게 특별하게 피는 꽃이 다른 데에서 피는 꽃보다
훨씬 더 제 마음을 많이 끌었습니다.

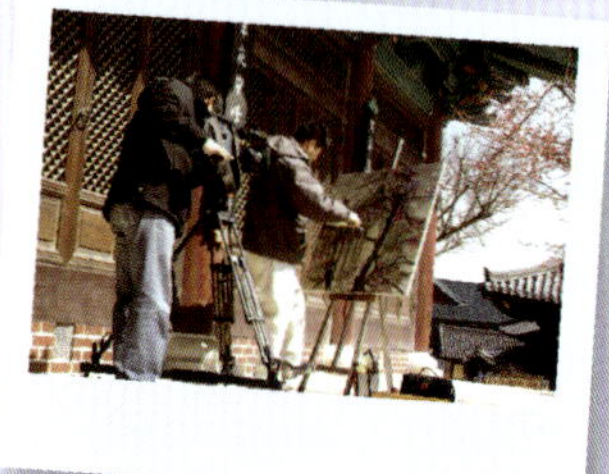

현대적인 그러나 한국적인

그리고 매화는 전통미술에서 사군자의 하나로 그림의 주된 소재이지만,
이것(매화)을 통해서 한국적이면서도 현대적인 것으로 승화시켜보자 하는 생각도 해보게 되었죠.

매화와 자신감

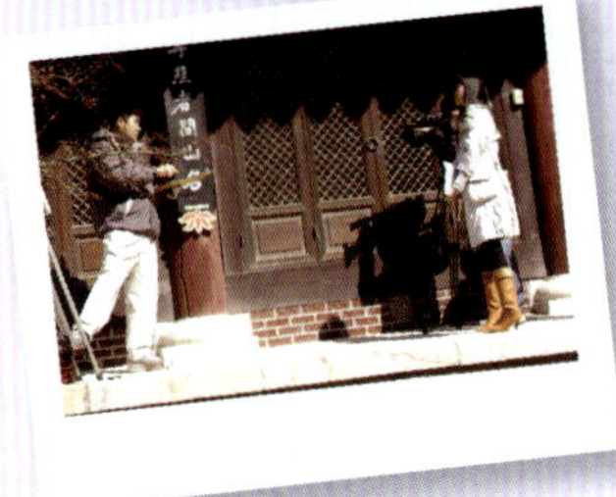

다른 그림 소재들도 많이 있는데 굳이 매화를 그리게 된 것은,
그만큼 매화가 제 마음속에 강하게 끌리게 된 것도 있지만,
매화를 통해서 새로운 작품으로 나타낼 수 있겠다는 자신감이 생긴 거죠,
그러니까 더 큰 작품 더 많은 작품을 하게 되는 것 같습니다.

무아지경에 빠지다

정말 무아지경(無我之境)에 빠져야만 제 내면에 있는 독특한 것들이
작품으로 나타나리라 생각됩니다.
그것을 작품을 보면서 제가 하나하나 설명을 할 수도 있겠지만 그것은 부분적인 현상일 뿐이고,
중요한 것은 무아지경에 빠지면서 나타나는 설명할 수 없는 제 내면의 어떤 것들이,
과거하고 지금하고 또 앞으로도 분명히 달라질 것이라는 점입니다.
지금은 겨우 6년째밖에 안 되는 거죠, 앞으로 10년째쯤 되면 어떻게 될 것인가
저도 궁금하고 앞으로도 계속 찾고 싶습니다.

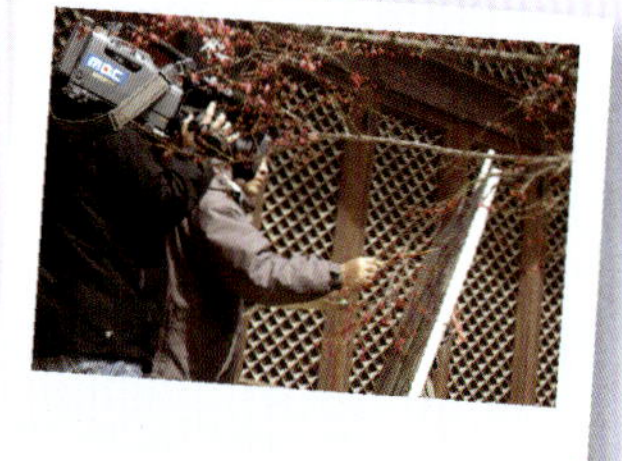

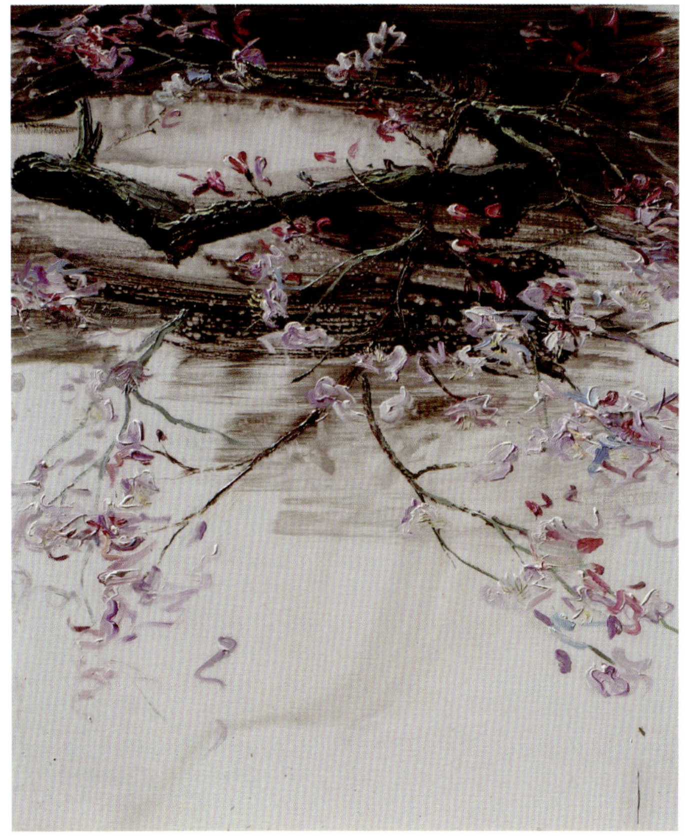

cc4

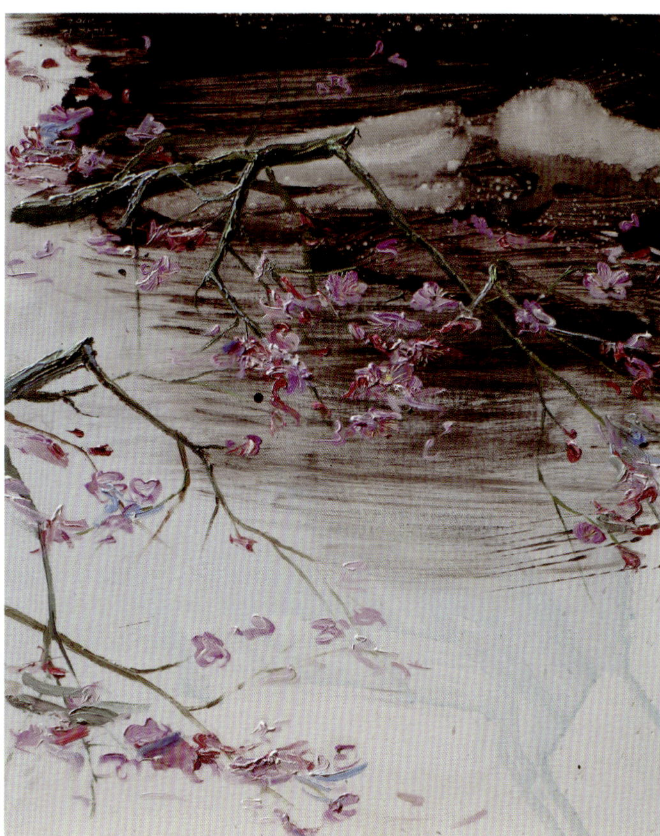

cc5

cc4~6. **Plum Blossoms in Winter**
겨울–매화
2010, Acrylic & Oil on linen
65.1x53cm

cc7. **Plum Blossoms in Winter**
겨울–매화
2010, Acrylic & Oil on linen
65.1x53cm
(in Canada, 2010)

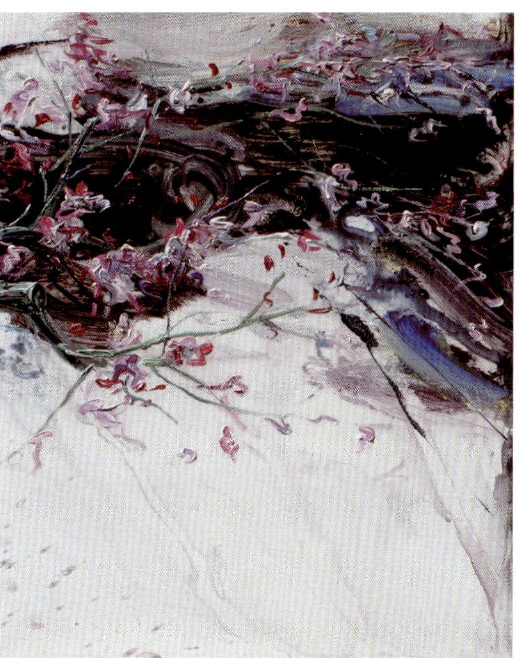

cc6

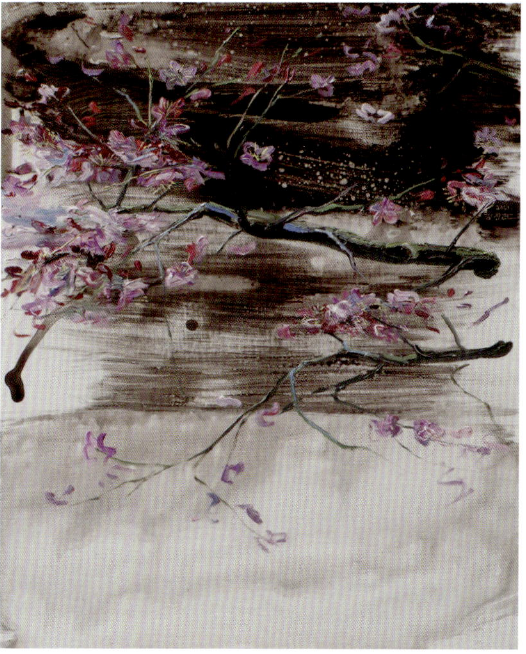

cc7

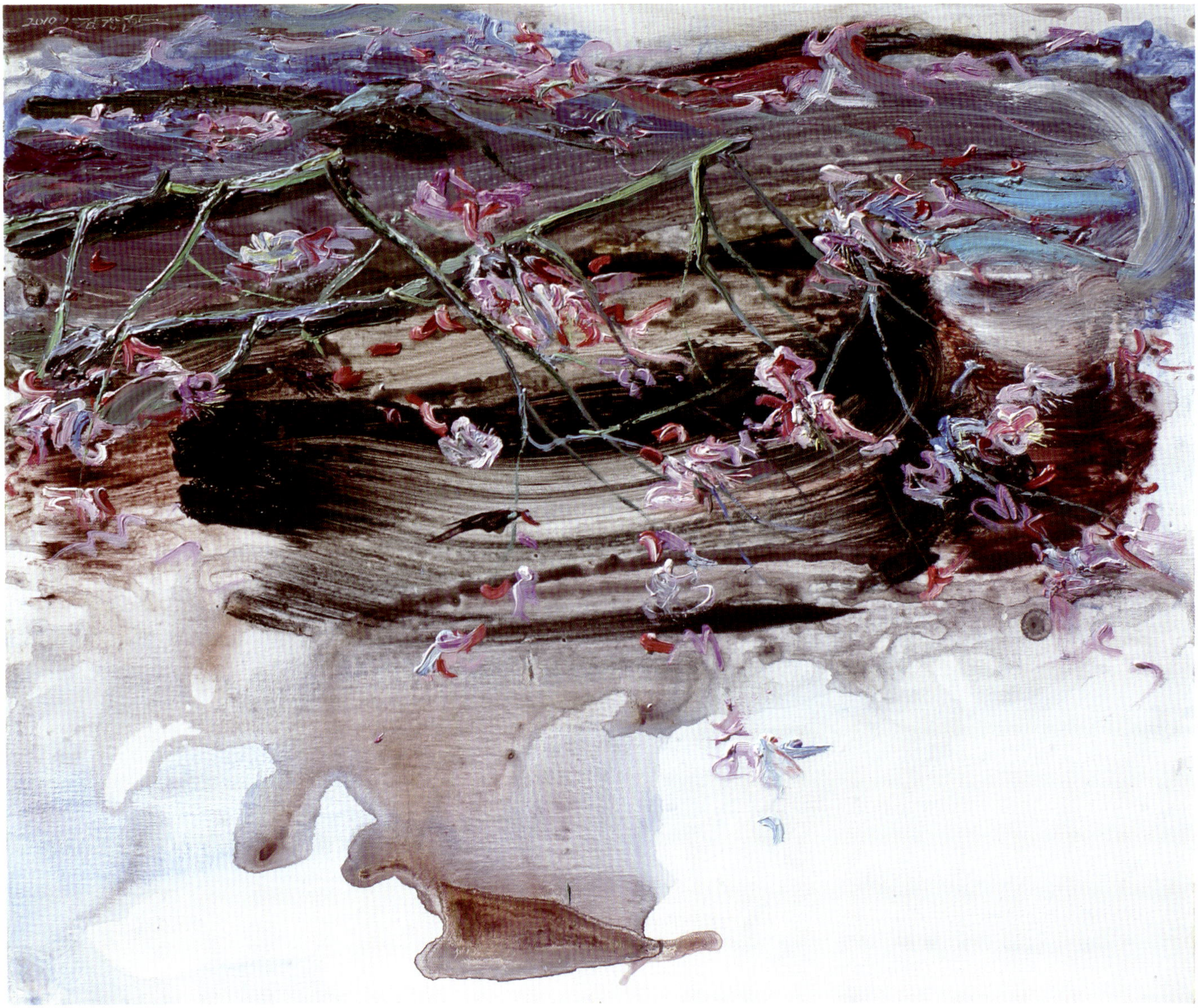

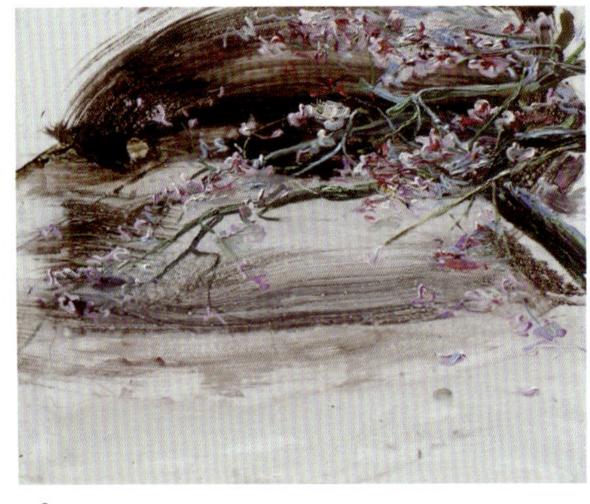

cc9

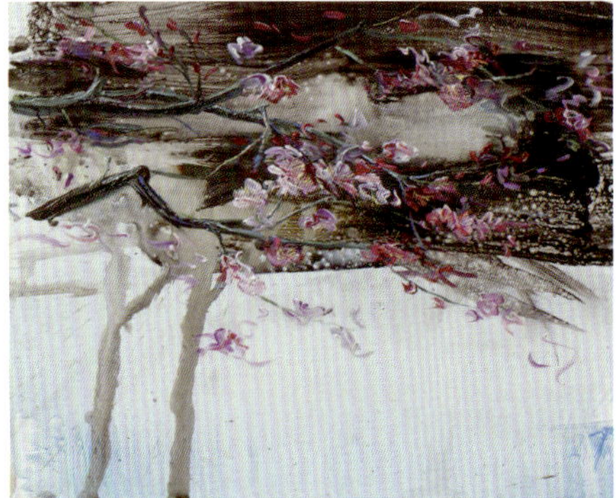

cc10

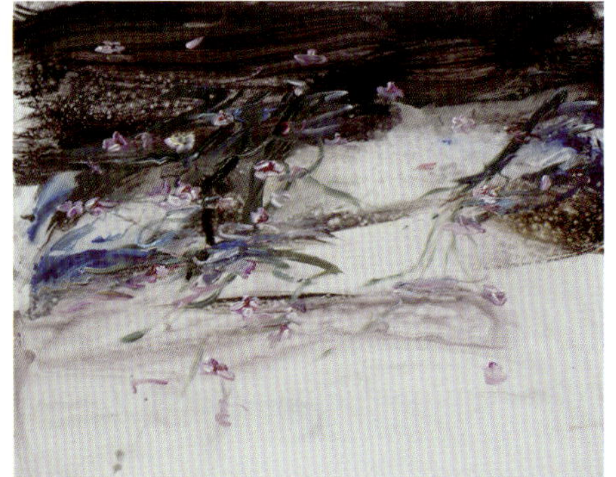

cc11

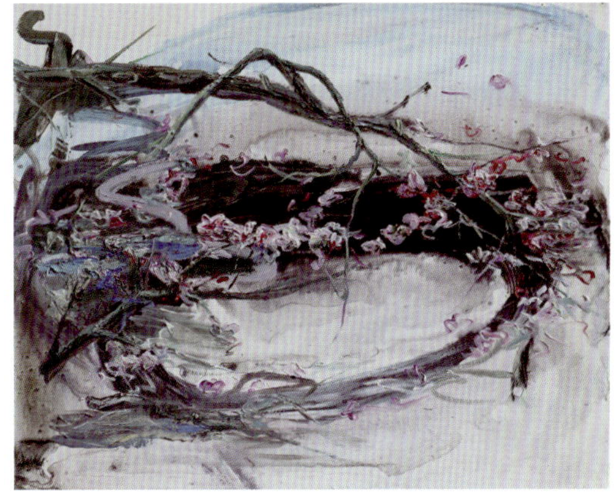

cc12

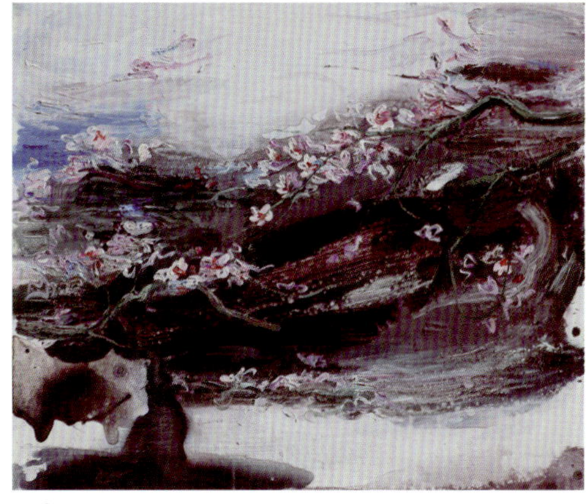

cc13

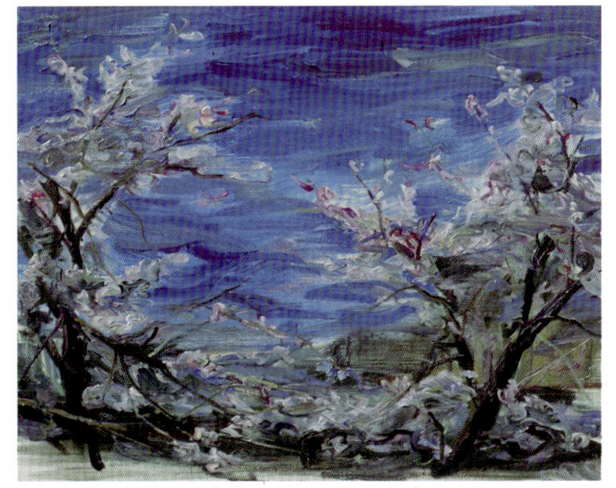

cc14

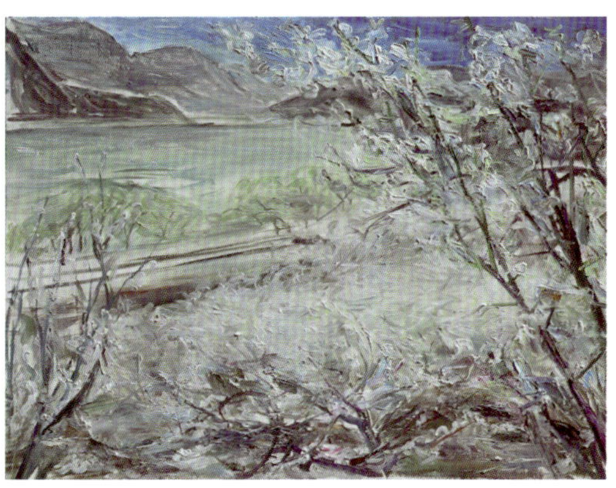

cc15

cc8~11. **Plum Blossoms in Winter**
겨울-매화
2010, Acrylic & Oil on linen
53x65.1cm

cc12,13. **Plum Blossoms in Winter**
겨울-매화
2010, Acrylic & Oil on linen
60.6x72.7cm

cc14. **Plum Blossoms in Winter**
겨울-매화
2010, Oil on linen
53x65.1cm

cc15. **Plum Blossoms in Winter**
겨울-매화
2010, Oil on linen
53x72.7cm

cc16,17. **Plum Blossoms in Winter**
겨울-매화
2010, Oil on linen
65.1x53cm

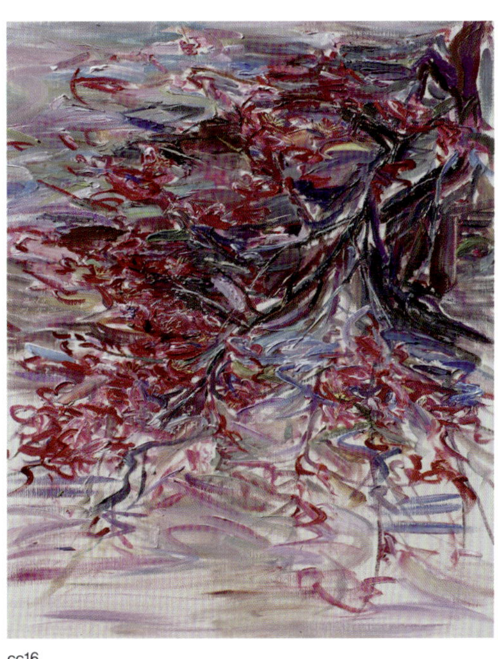

cc16

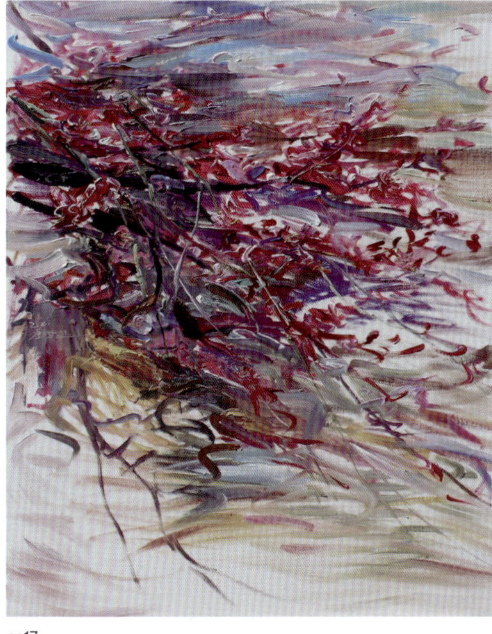

cc17

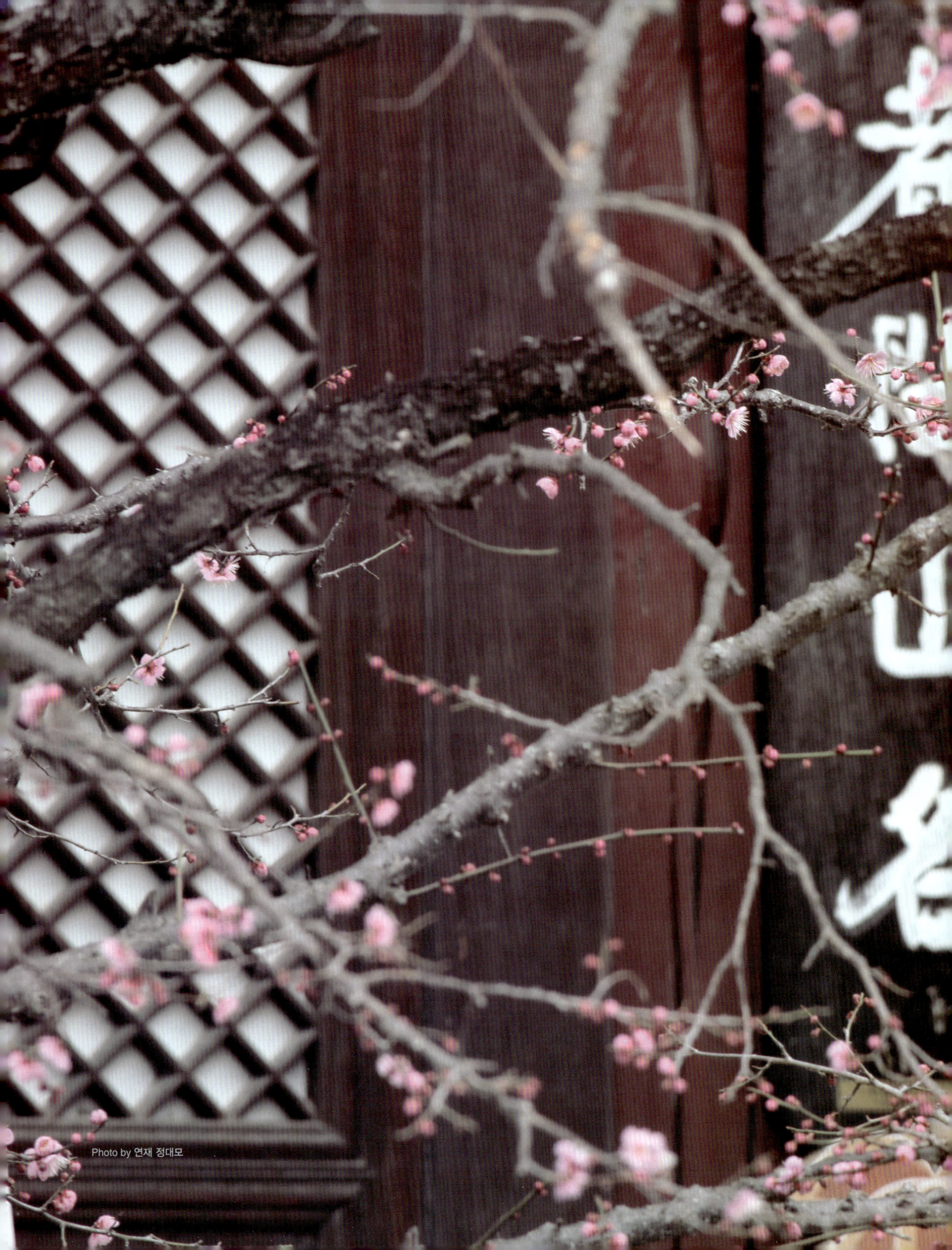
Photo by 연재 정대모

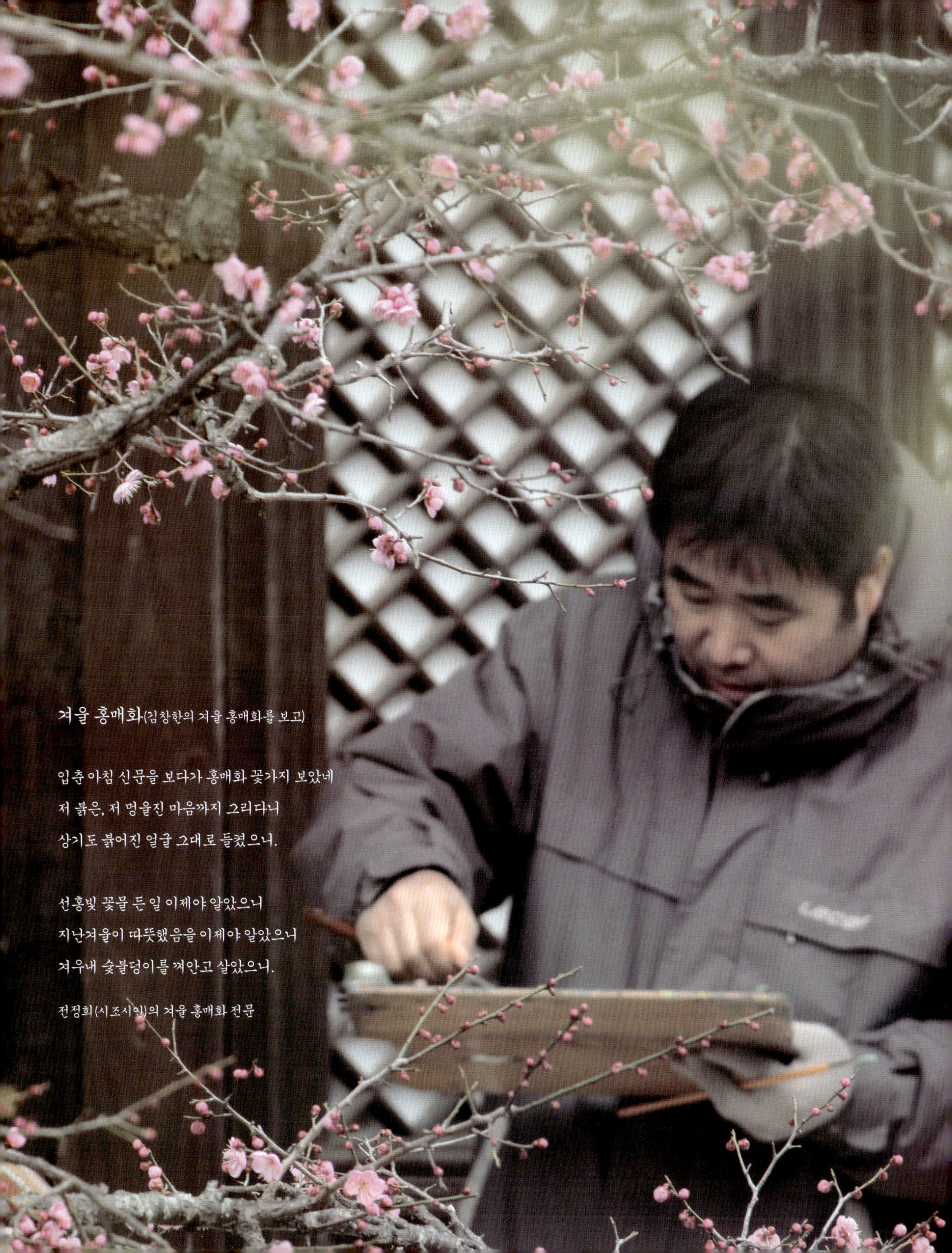

겨울 홍매화(김창한의 겨울 홍매화를 보고)

입춘 아침 신문을 보다가 홍매화 꽃가지 보았네
저 붉은, 저 멍울진 마음까지 그리다니
상기도 붉어진 얼굴 그대로 들켰으니.

선홍빛 꽃물 든 일 이제야 알았으니
지난겨울이 따뜻했음을 이제야 알았으니
겨우내 숯불덩이를 껴안고 살았으니.

전정희(시조시인)의 겨울 홍매화 전문

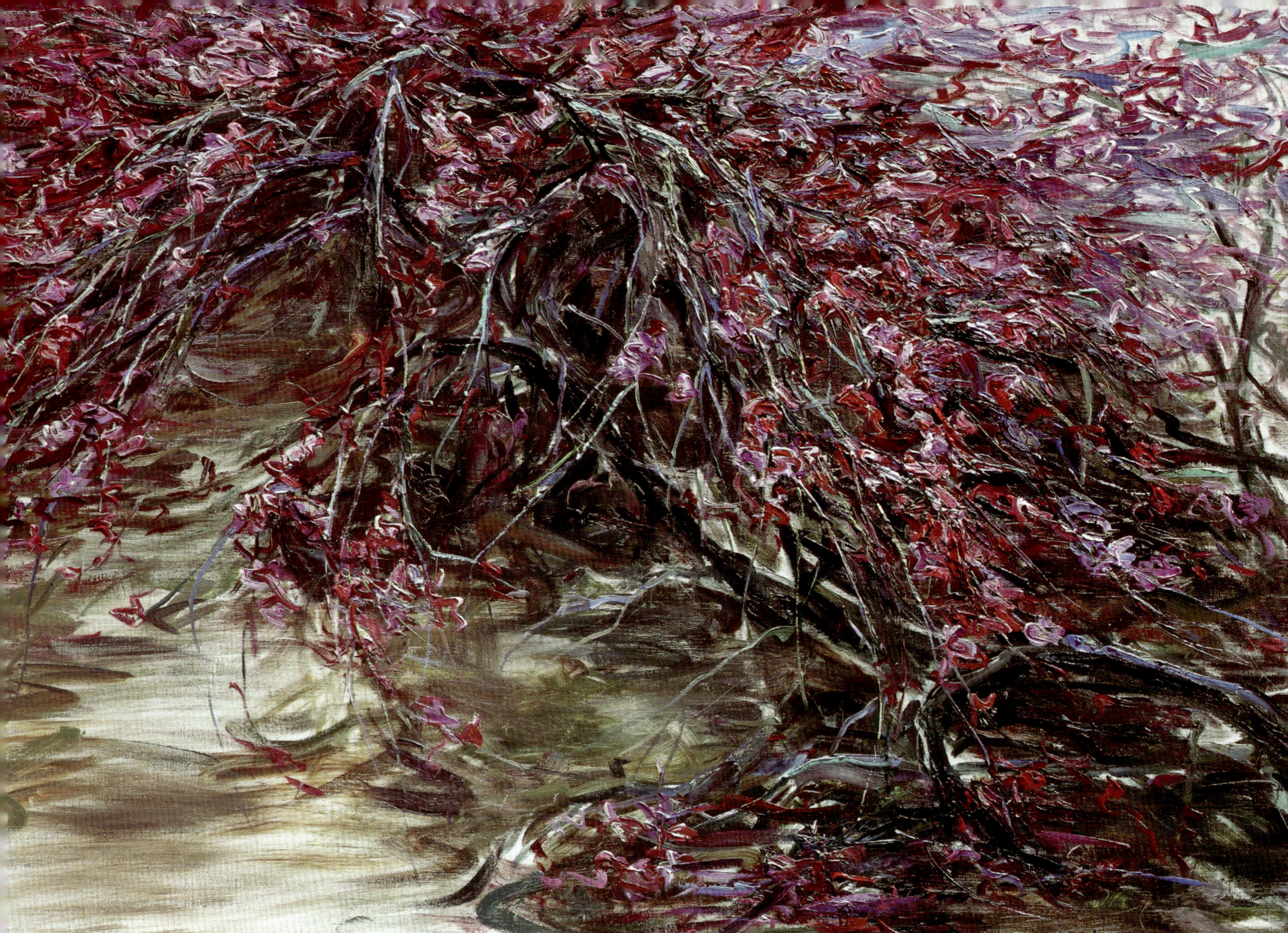

cc18. **Plum Blossoms in Winter** 겨울—매화 2010, Oil on linen 80.3x116.8cm

Winter Dragonflies and the Flowering Plum
– Life Renewed

By Kim Chang Han

Last winter, I resolved to arrange a series of winter dragonflies and plum flowers together on canvas. I first used the acrylics to paint the winter dragonflies with the background of a cloudless night, then rendered the plum flowers generously in oils. I feel that this endeavor was quite successful, achieving a delicate balance between rich, heavy strokes of colour and the light, airy beauty of space. Such celebration of open space is a long-honored tradition in Korean painting.

The vibrant red in the bud of each plum flower has the power of fresh blood pulsing through the heart. And of course the reality of an old, seemingly barren tree bursting forth with new life is one of nature's miracles. Sharing the canvas with my winter moon dragonflies, the flowing plum brings the heartwarming message of natural renewal.

– March, 2005

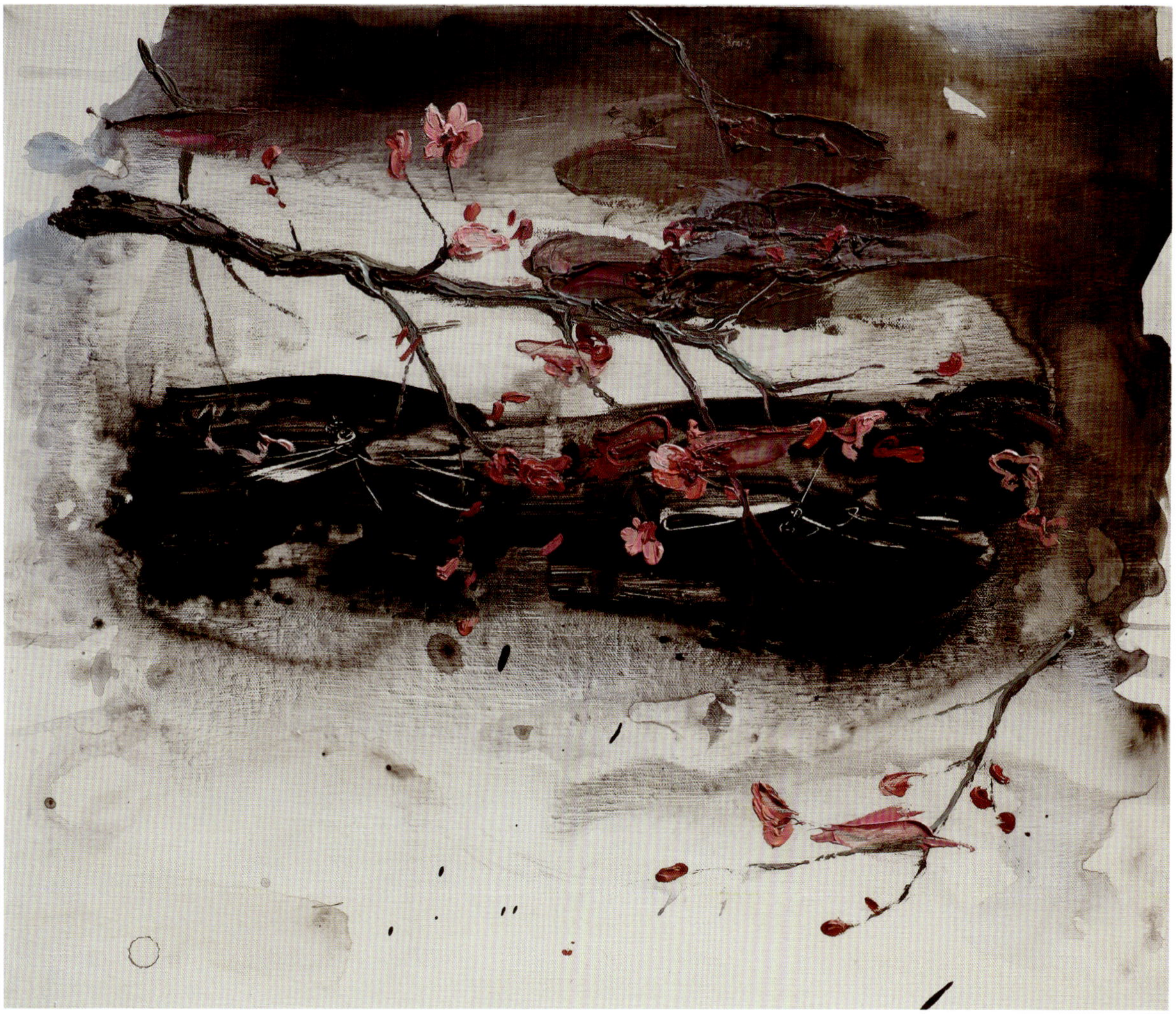

cc19. **Plum Blossoms in Winter** 겨울-매화 2006, Acrylic & Oil on linen 45.5x53cm

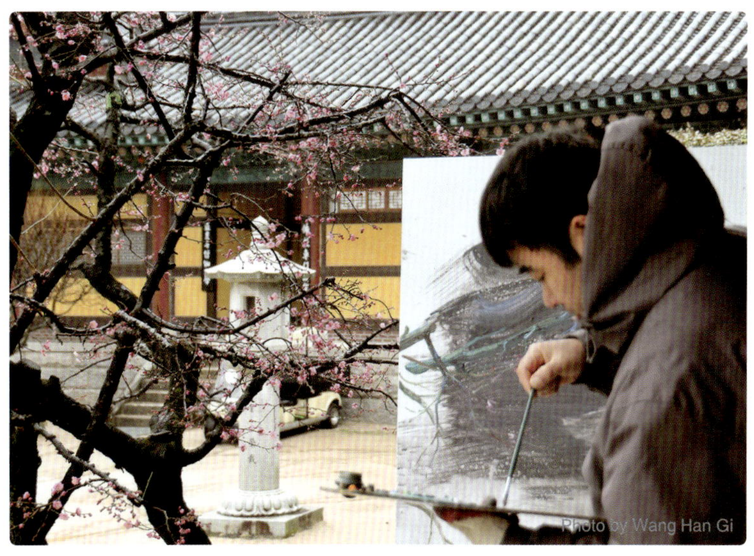

겨울잠자리 그리고 홍매(紅梅)

김창한

지난 겨울, 겨울잠자리 시리즈를 그리면서 홍매를 함께 그리기 시작했다. 겨울잠자리를 배경바탕으로 아크릴 물감으로 깔면서 청명한 밤풍경을 먼저 그린 후 그 위에 유채로 홍매화를 붓끝 가득 물감을 듬뿍 찍어 일필로 그려나갔다. 한국화 작품을 보는 듯 시원한 여백의 미와 유채의 강력한 색채와 마티에르의 조화가 절묘하다.

꽃망울을 품고 있는 홍매화의 붉은 빛은 생명력 넘치는 맑고 신선한 피와 같은 생명의 고동소리가 느껴지고, 썩은 듯한 고목나무에서 새 생명(봄)이 탄생되는 모습은 무어라 형용할 수 없이 곱고 신비롭다. 나의 겨울 잠자리는 가장 먼저 봄소식을 알리는 홍매화와 함께 또 다른 아름다운 설화(說話)를 위하여 캔버스 위를 훨훨 날아간다.

-2005년 3월

cc20. **Plum Blossoms in Winter**
겨울-매화
2006, Acrylic & Oil on linen
60.6x72.7cm

cc21. **Plum Blossoms in Winter**
겨울-매화
2005, Acrylic & Oil on linen
45.5x53cm

cc22. **Plum Blossoms in Winter**
겨울-매화
2005, Acrylic & Oil on linen
60.6x72.7cm
(in Australia, 2010)

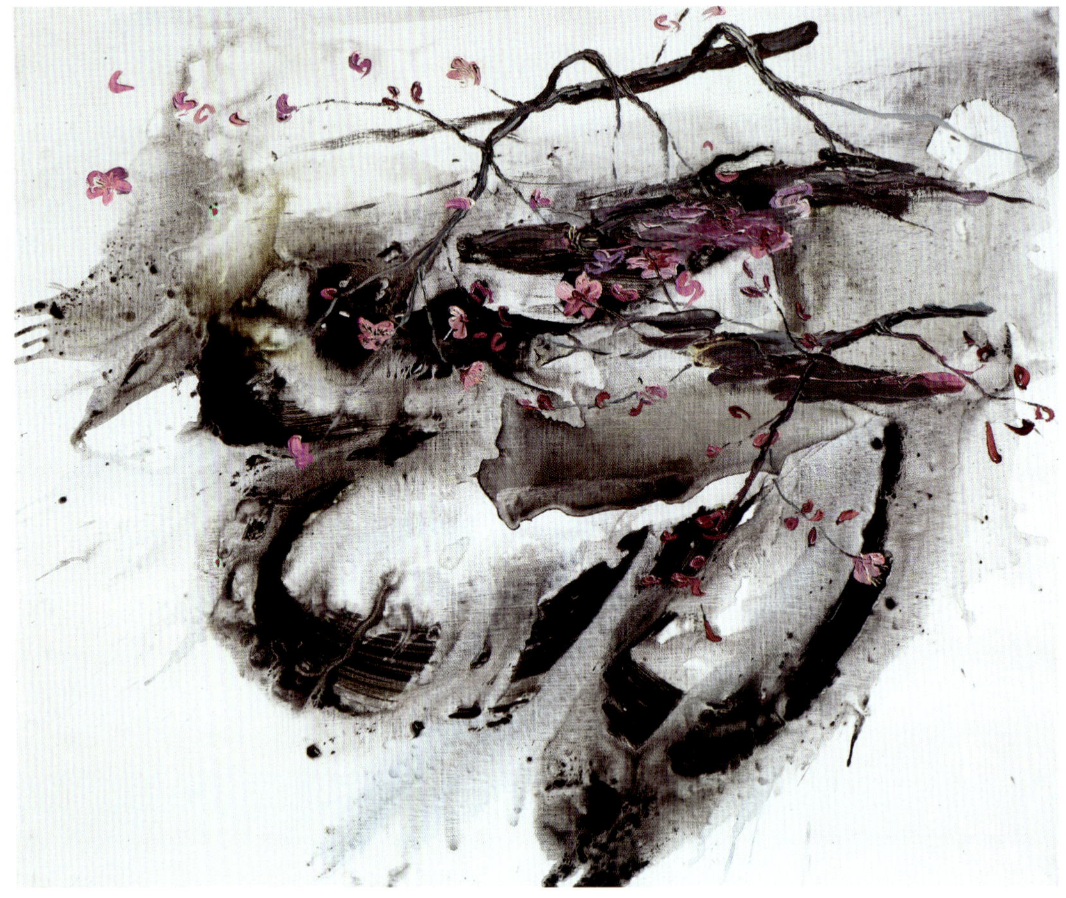

cc20

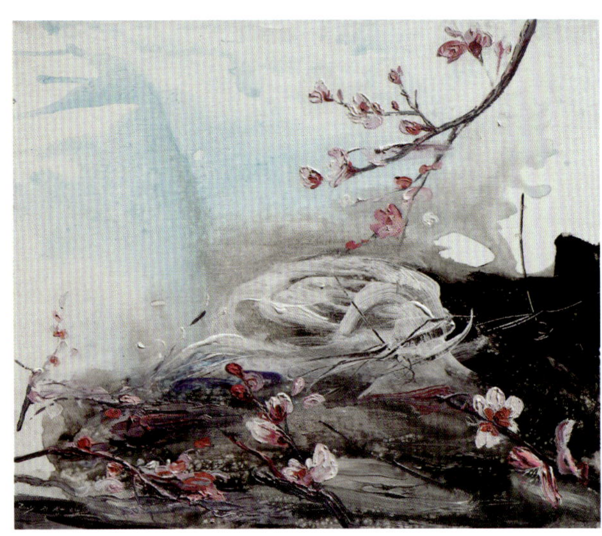

cc21

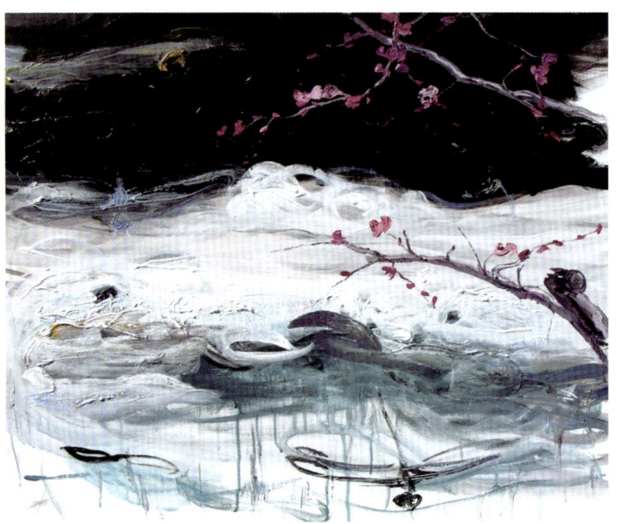

cc22

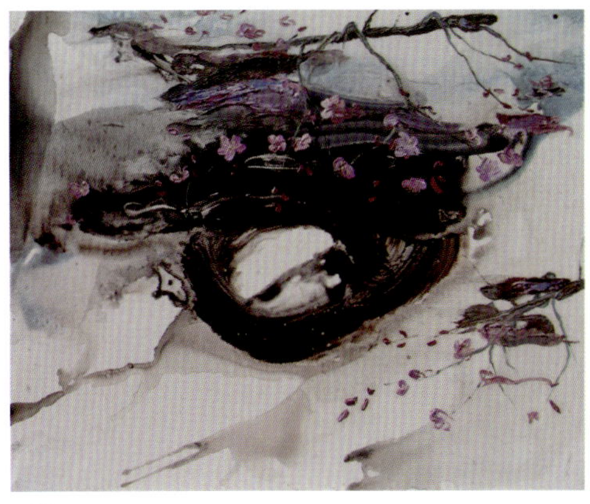
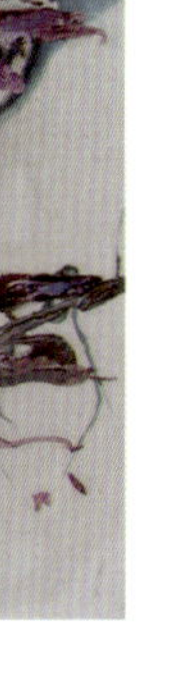

cc23

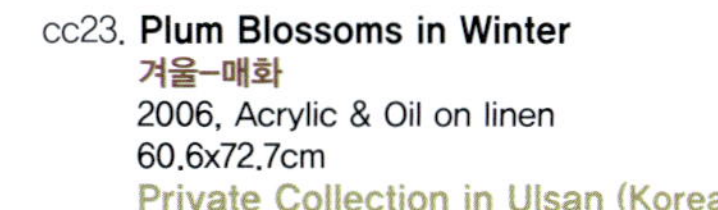

cc23. **Plum Blossoms in Winter**
겨울-매화
2006, Acrylic & Oil on linen
60.6x72.7cm
Private Collection in Ulsan (Korea)

cc24. **Plum Blossoms in Winter**
겨울-매화
2008, Acrylic & Oil on linen
45.5x53cm
Private Collection in Ulsan (Korea)

cc25,26. **Plum Blossoms in Winter**
겨울-매화
2008, Acrylic & Oil on linen
60.6x72.7cm

cc27. **Plum Blossoms in Winter**
겨울-매화
2007, Acrylic & Oil on linen
60.6x72.7cm

cc28. **Plum Blossoms in Winter**
겨울-매화
2008, Acrylic & Oil on linen
60.6x72.7cm
(in Canada, 2010)

cc29. **Plum Blossoms in Winter**
겨울-매화
2007, Acrylic & Oil on linen
60.6x72.7cm

cc30,31. **Plum Blossoms in Winter**
겨울-매화
2007, Acrylic & Oil on linen
45.5x53cm

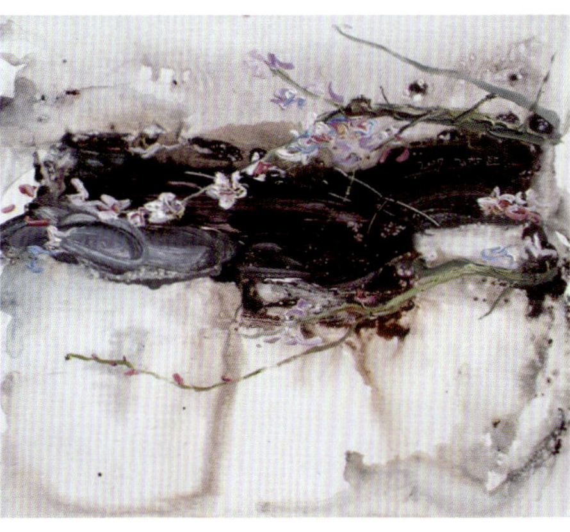

cc24

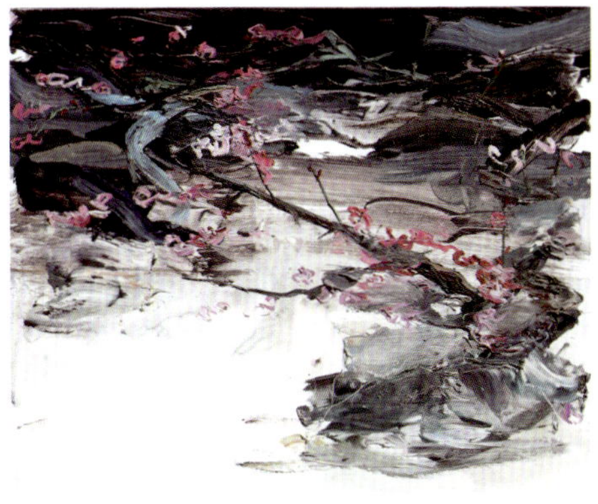

cc25

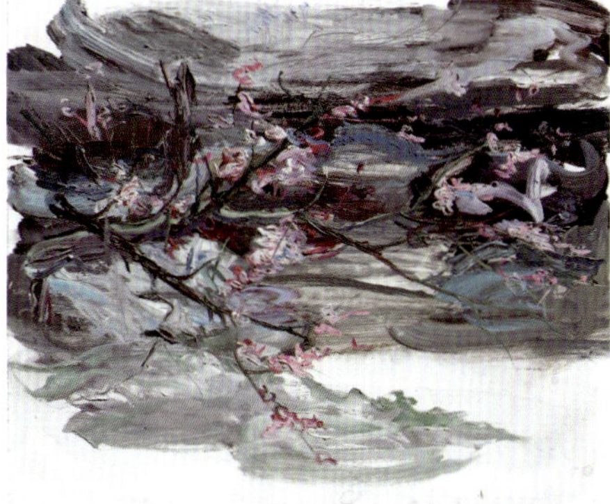

cc26

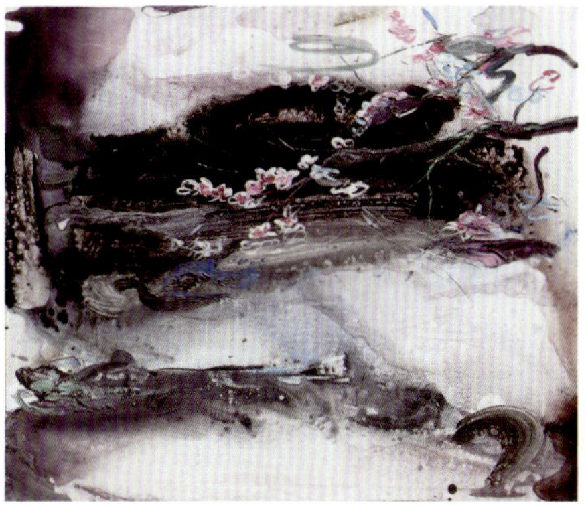

cc27

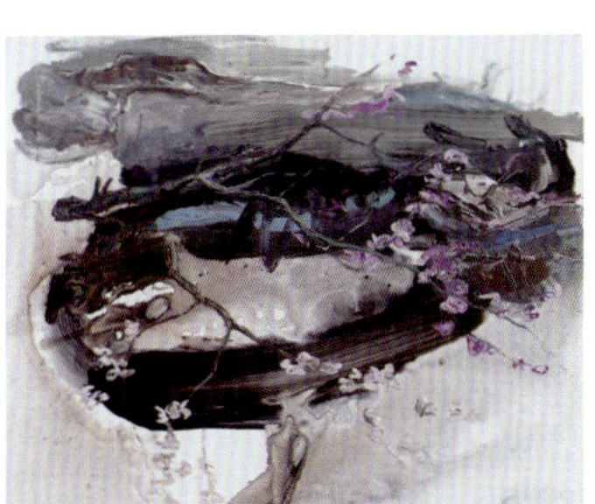

cc28

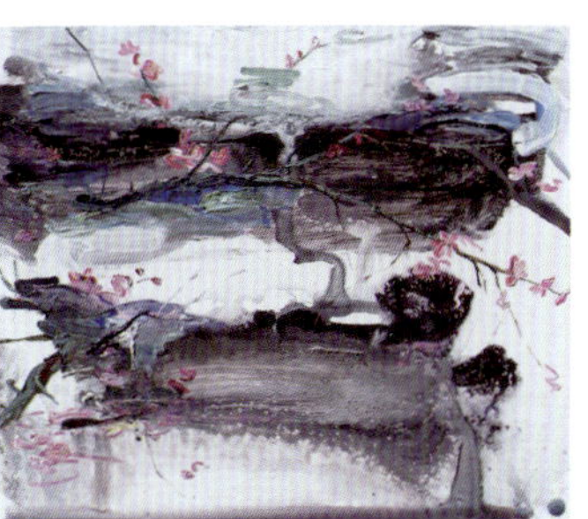

cc29

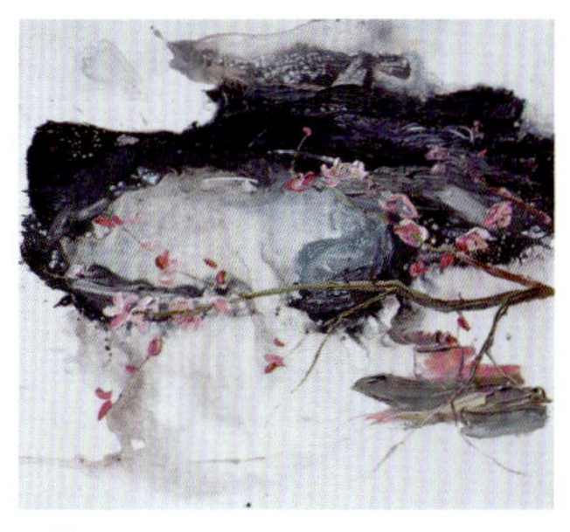

cc30

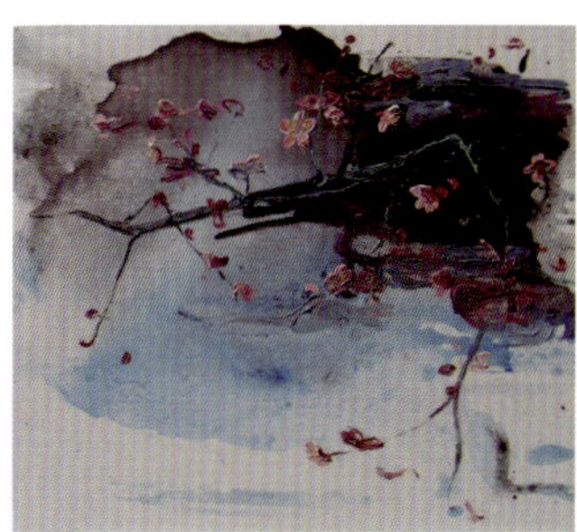

cc31

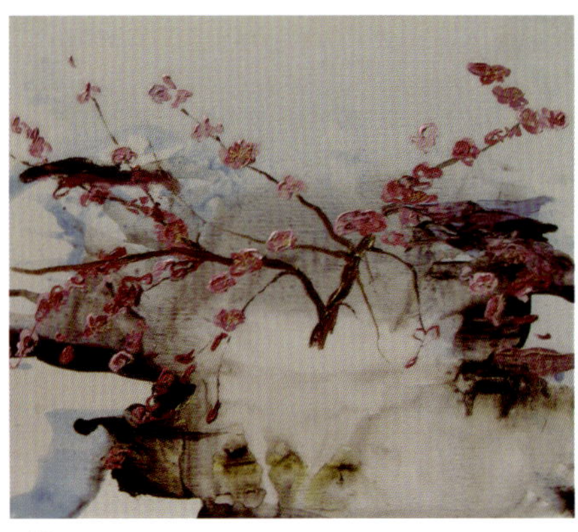

cc32

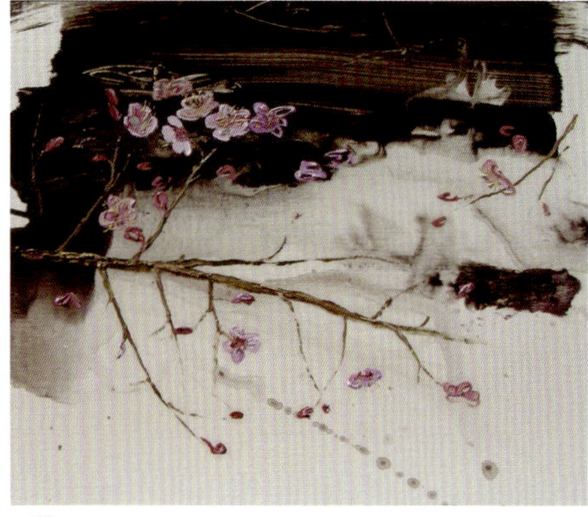

cc33

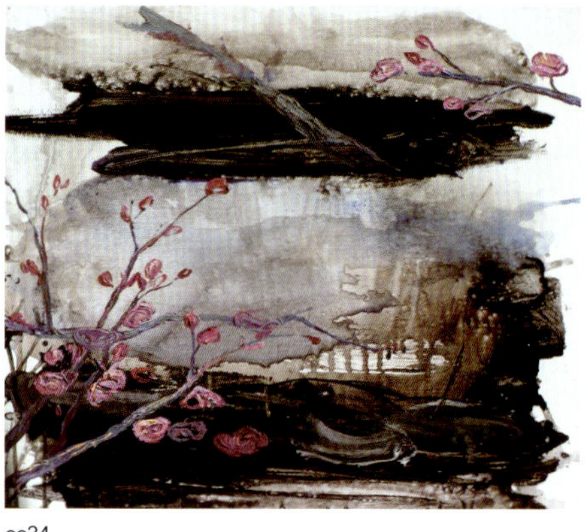

cc34

cc32〜34. **Plum Blossoms in Winter**
겨울-매화
2006,2005, Acrylic & Oil on linen
45.5x53cm

cc35,36. **Plum Blossoms in Winter**
겨울-매화
2007,2005, Acrylic & Oil on linen
60.6x72.7cm
Private Collection in Ulsan (Korea)

cc37. **Plum Blossoms in Winter**
겨울-매화
2006, Acrylic & Oil on linen
60.6x72.7cm
Private collection in Sunshine Coast
(Queensland, Australia)

cc38. **Plum Blossoms in Winter**
겨울-매화
2005, Acrylic & Oil on linen
60.6x72.7cm
Private collection in Byron Bay
(NSW, Australia)

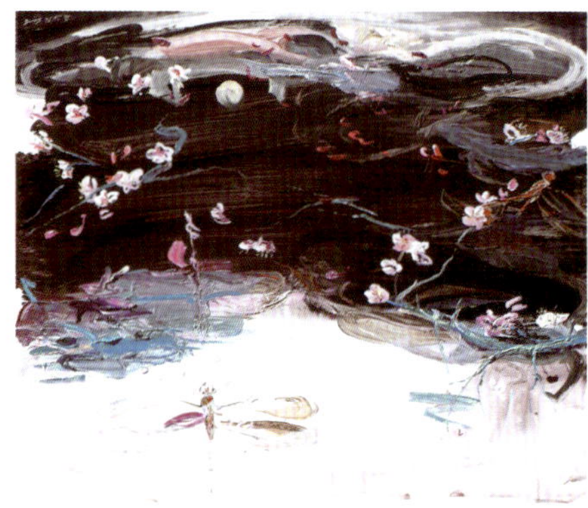

cc35

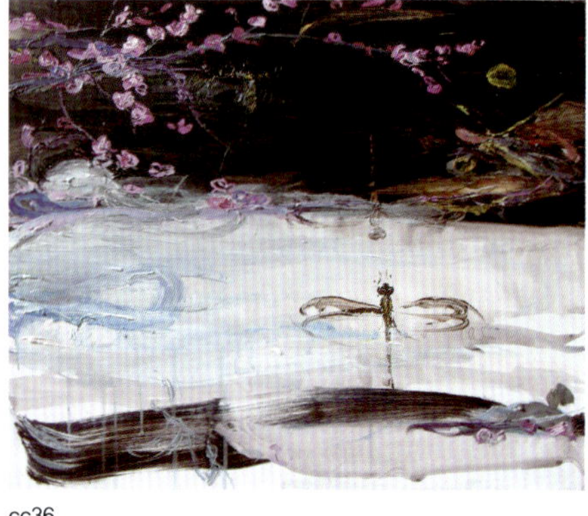

cc36

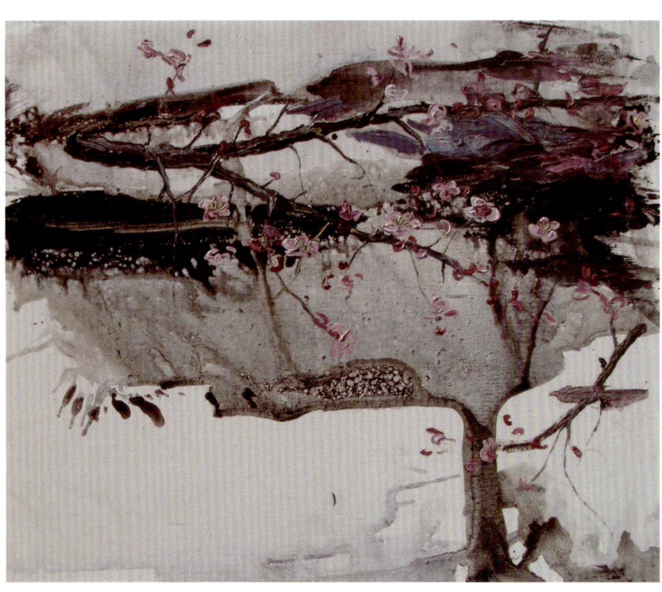

cc37

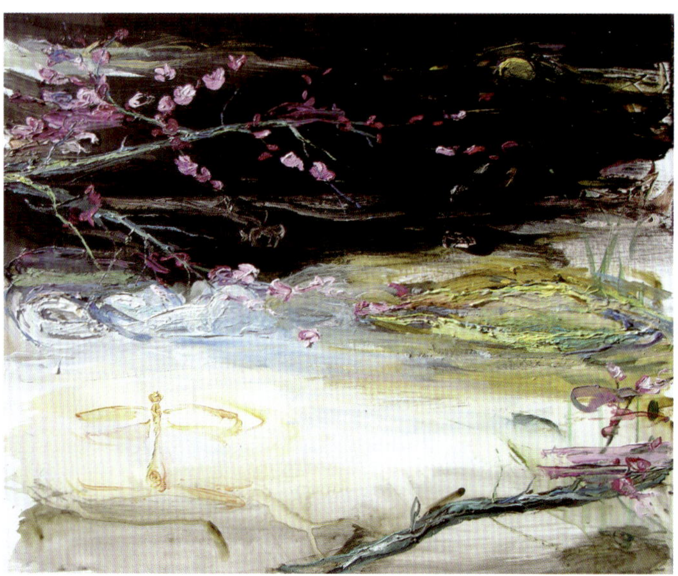

cc38

124

cc39~41. **Plum Blossoms in Winter**
겨울-매화
2005,2006, Acrylic & Oil on linen
60.6x72.7cm
Private collection in Gold Coast
(Queensland, Australia)

cc42. **Plum Blossoms in Winter**
겨울-매화
2006, Acrylic & Oil on linen
45.5x53cm
(in Australia, 2010)

cc43,44. **Plum Blossoms in Winter**
겨울-매화
2007,2006, Acrylic & Oil on linen
45.5x53cm
Private Collection in Busan, Ulsan
(Korea)

cc45. **Plum Blossoms in Winter**
겨울-매화
2005, Acrylic & Oil on linen
45.5x53cm
Public collection in Gold Coast
City Council (Queensland, Australia)

cc46. **Plum Blossoms in Winter**
겨울-매화
2005, Acrylic & Oil on linen
45.5x53cm
(in Australia, 2010)

cc47,48. **Plum Blossoms in Winter**
겨울-매화
2005, Acrylic & Oil on linen
45.5x53cm
Private collection in Murwillumbah
(NSW, Australia)

cc49~53. **Plum Blossoms in Winter**
겨울-매화
2006, Acrylic & Oil on linen
45.5x53cm
Private collection in Gold Coast
(Queensland, Australia)

cc54. **Plum Blossoms in Winter**
겨울-매화
2006, Acrylic & Oil on linen
45.5x53cm
(in Australia, 2010)

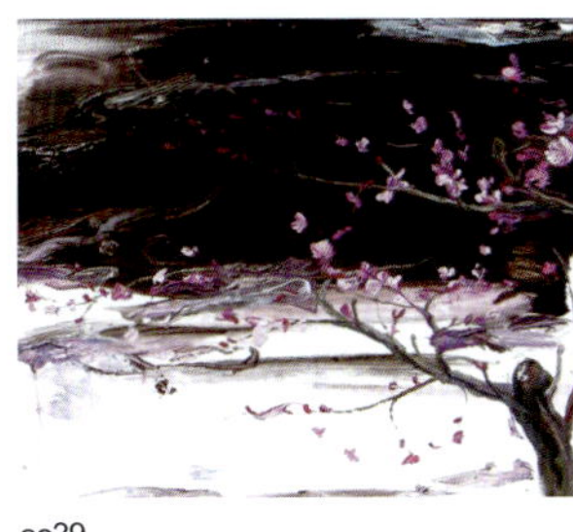

cc39

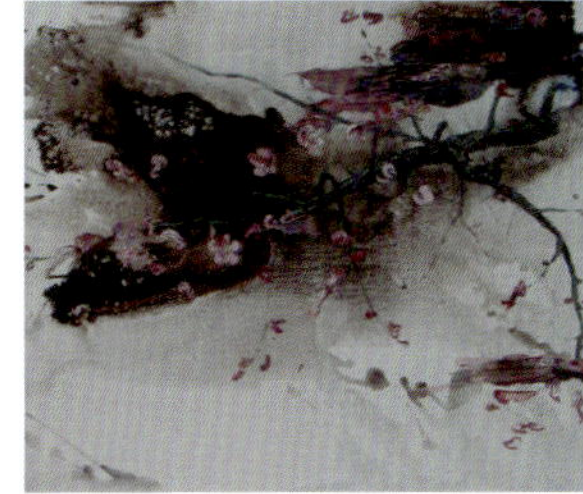

cc40

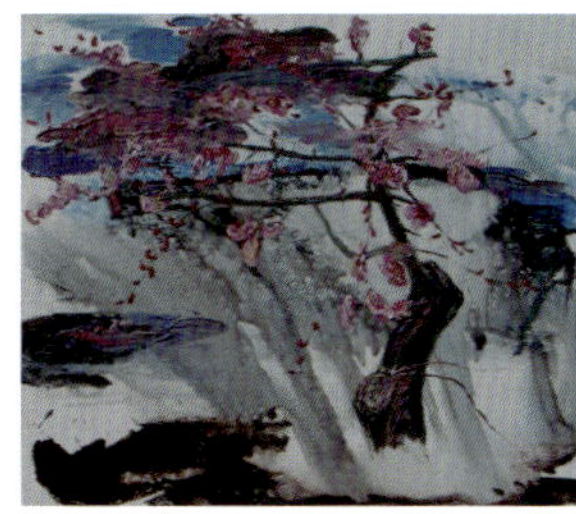

cc41

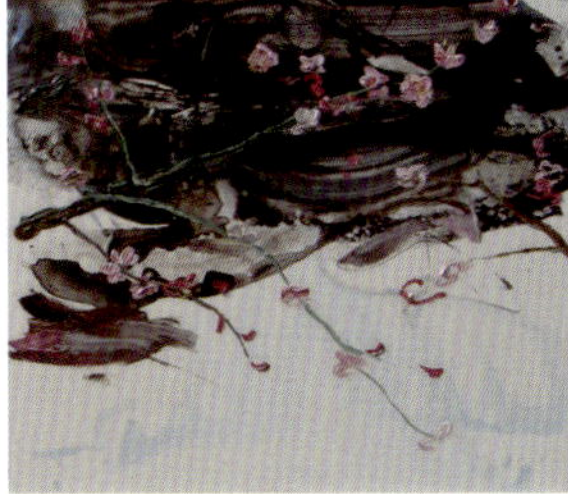

cc42

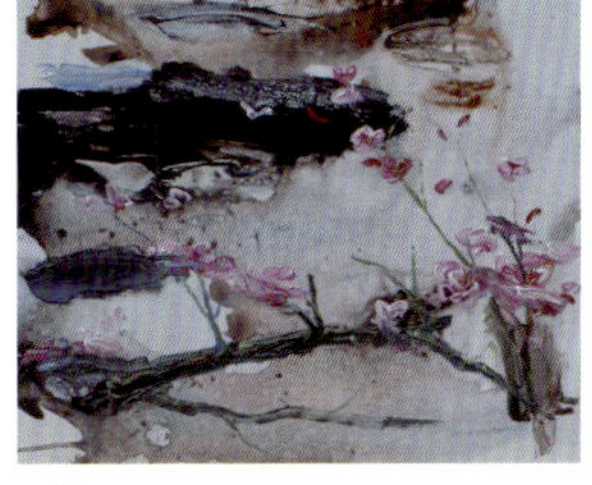

cc43

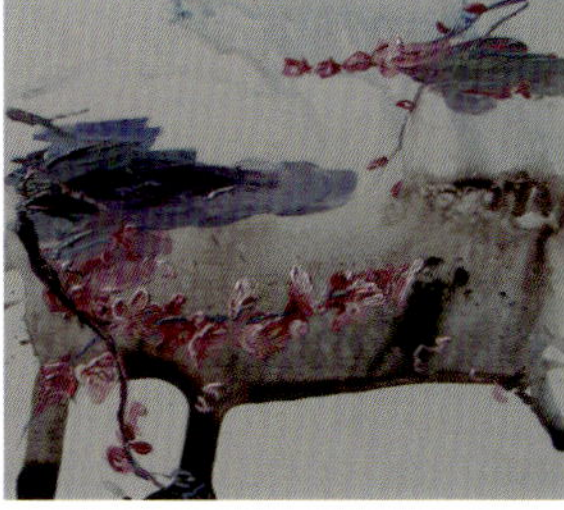

cc44

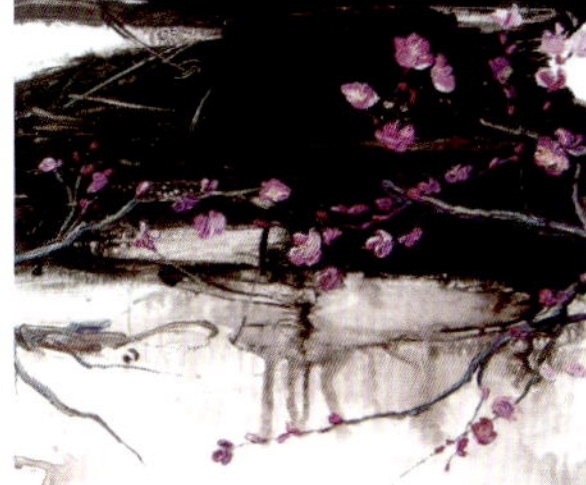

cc45

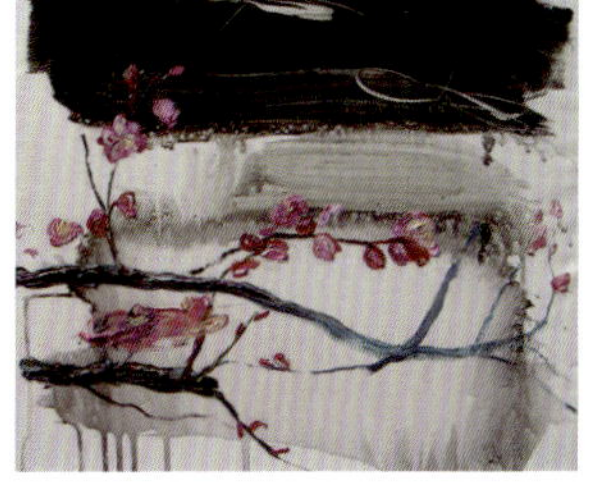

cc46

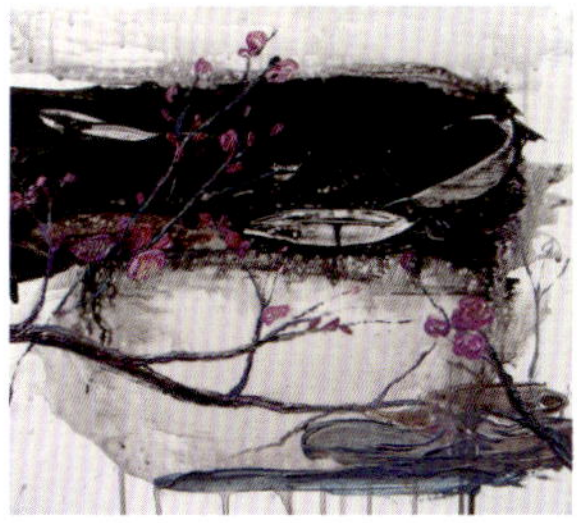

cc47

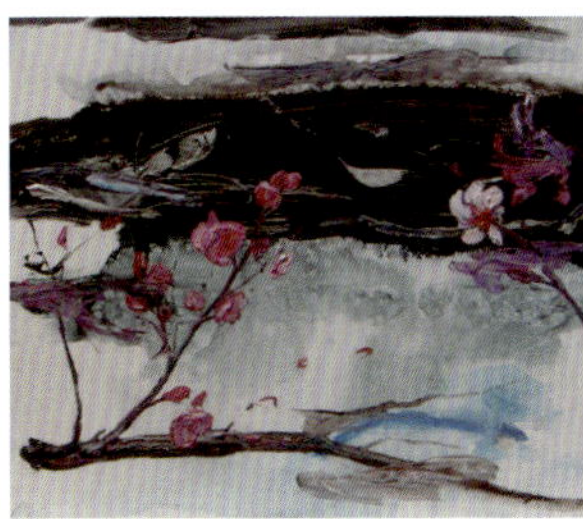

cc48

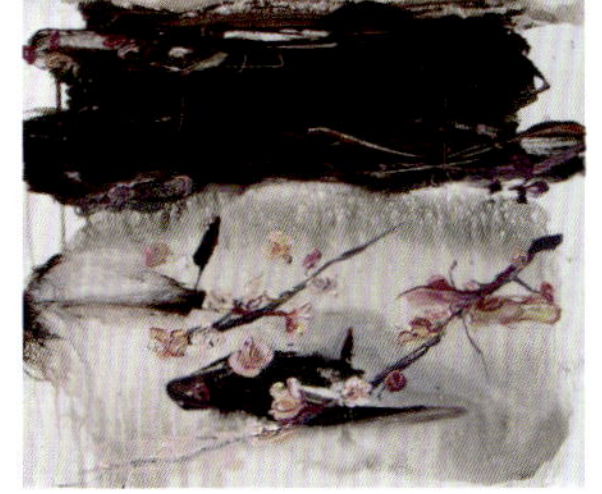

cc49

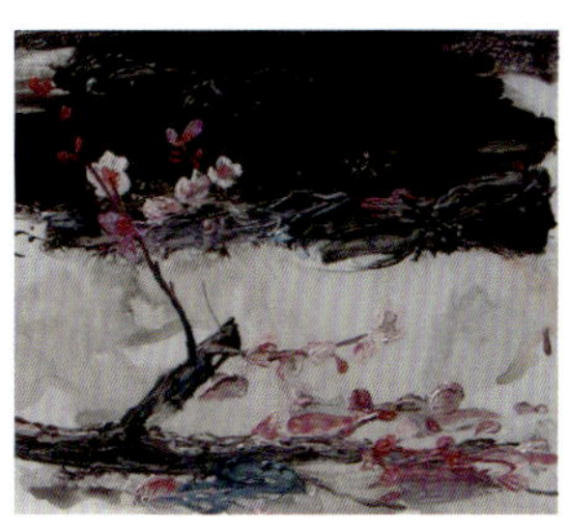

cc50

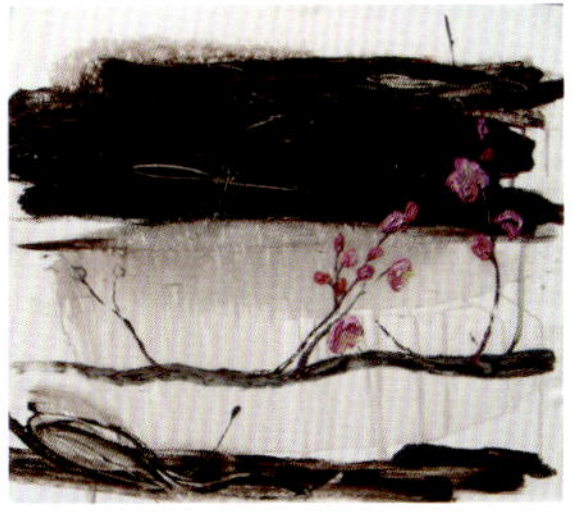

cc51

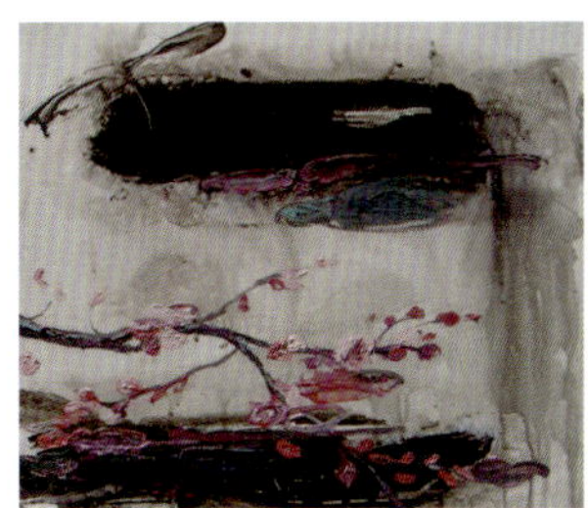

cc52

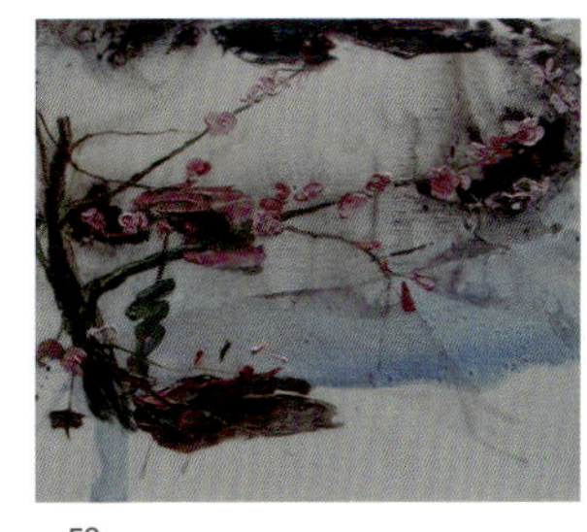

cc53

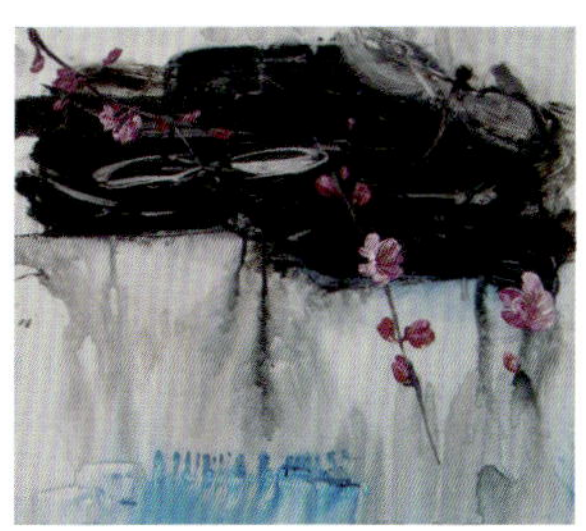

cc54

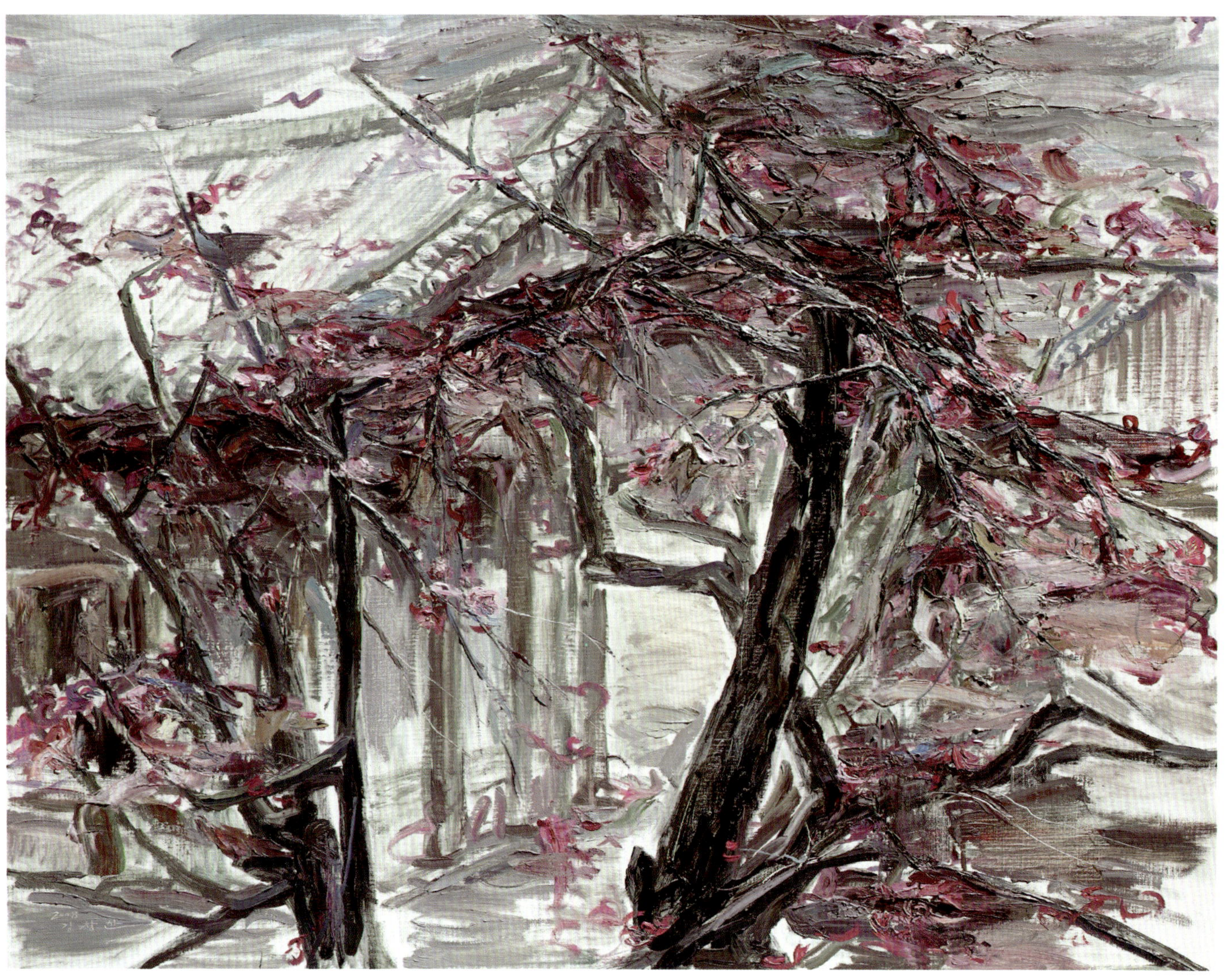

cc55. **Plum Blossoms in Winter** 겨울—매화 2008, Oil on linen 91x116.8cm

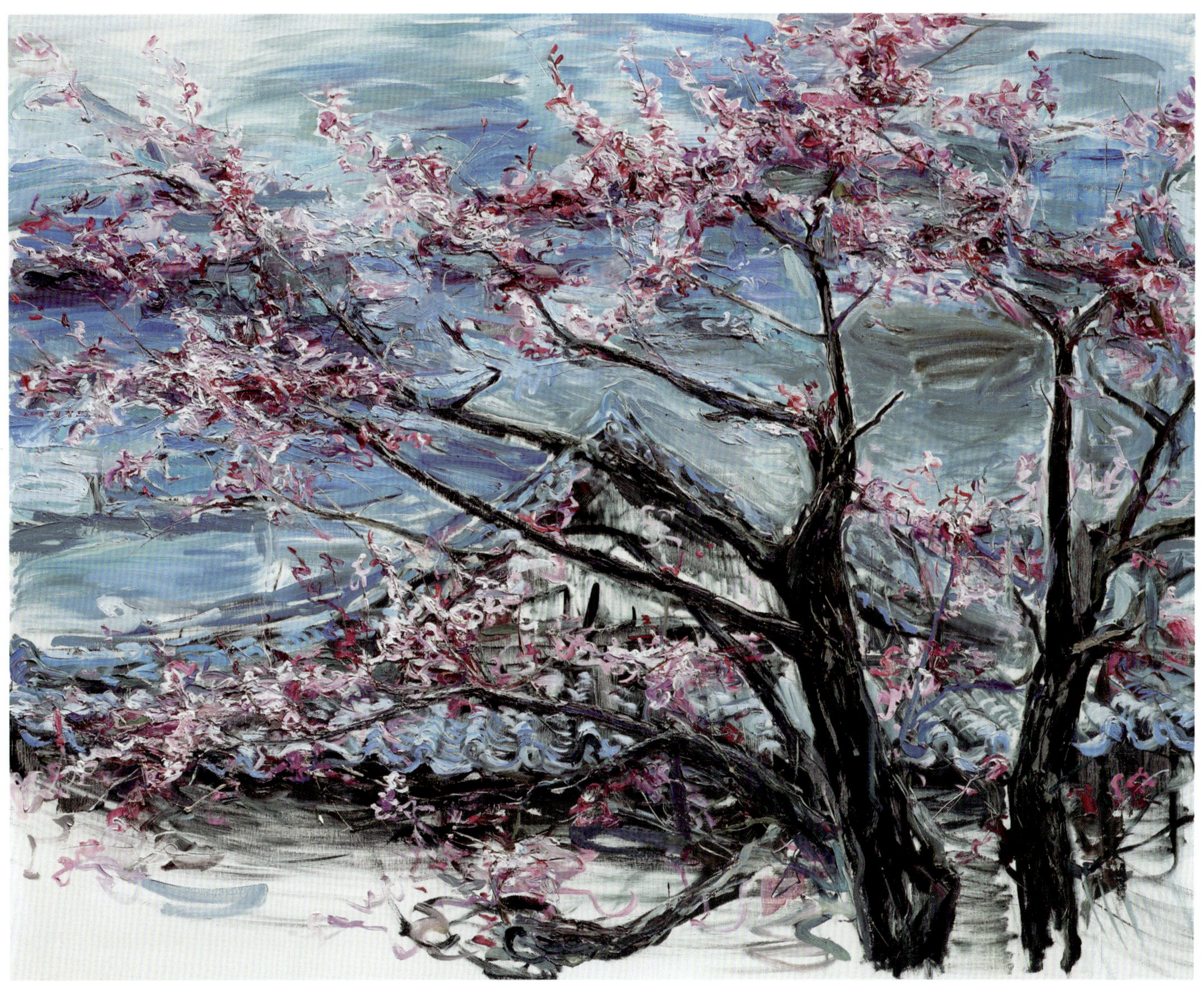

cc56. **Plum Blossoms in Winter** 겨울-매화 2008, Oil on linen 130.3x162.2cm

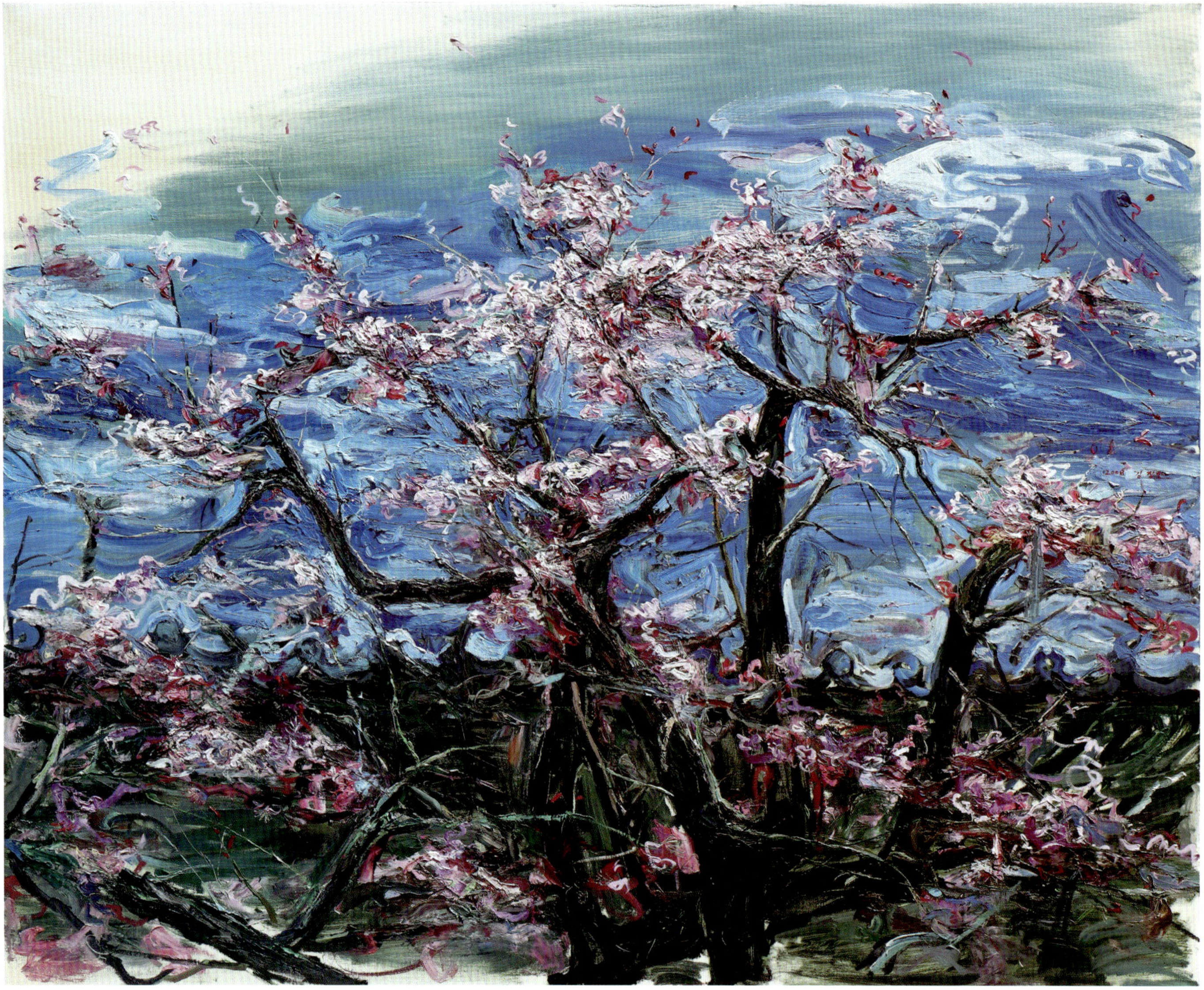

cc57

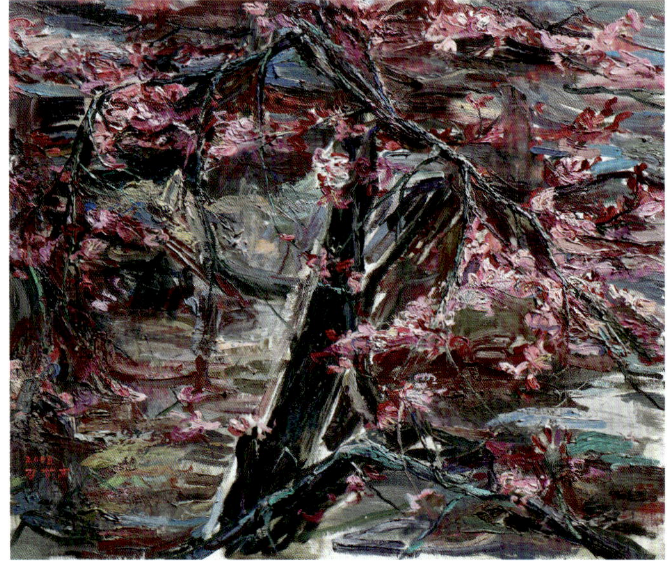

cc58

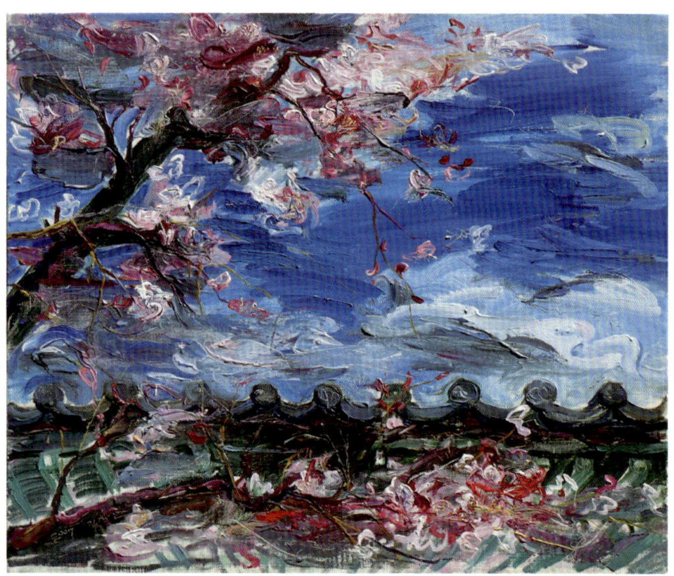

cc59

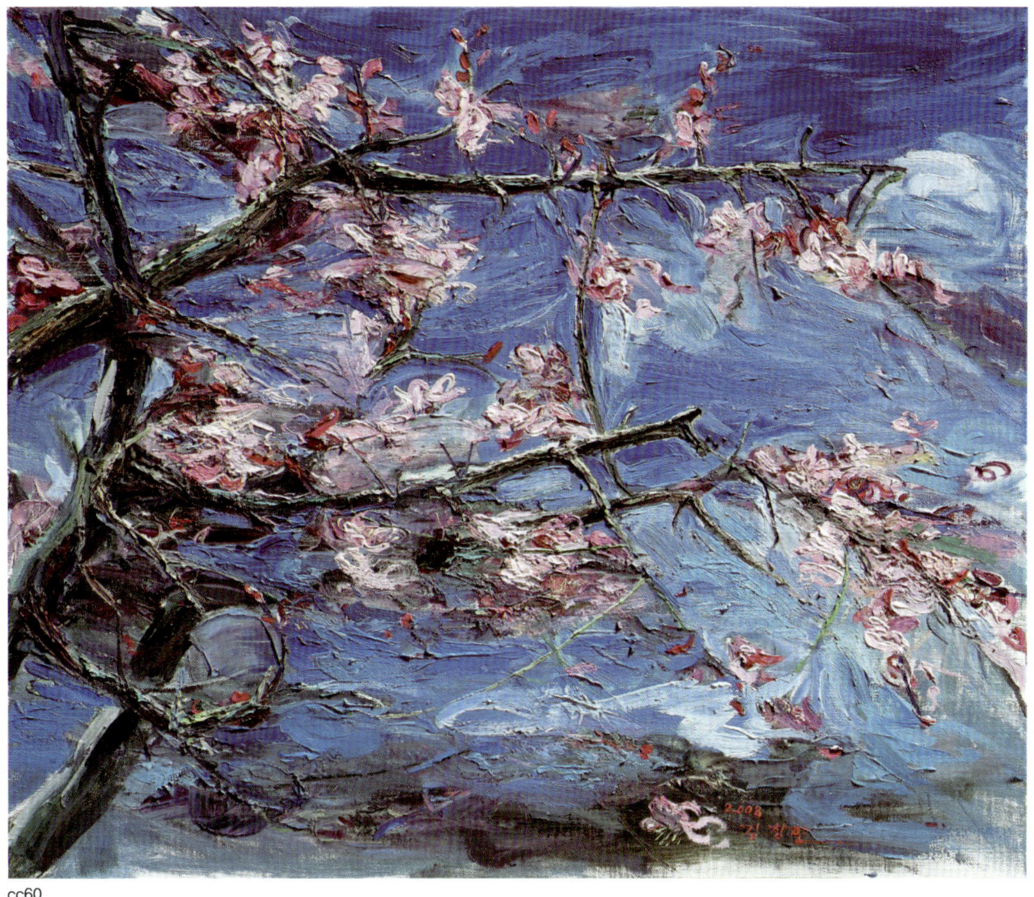

cc60

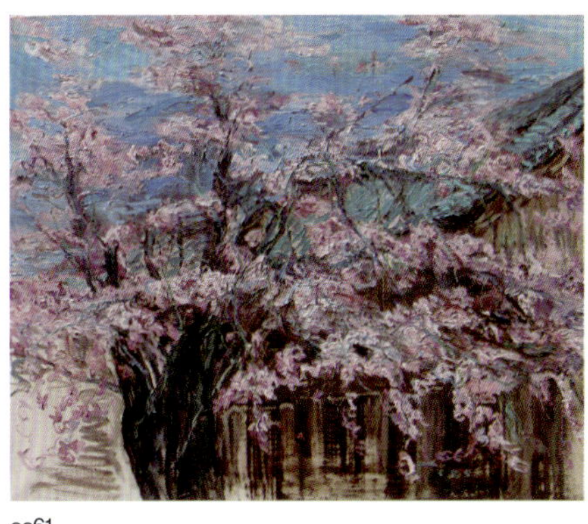

cc61

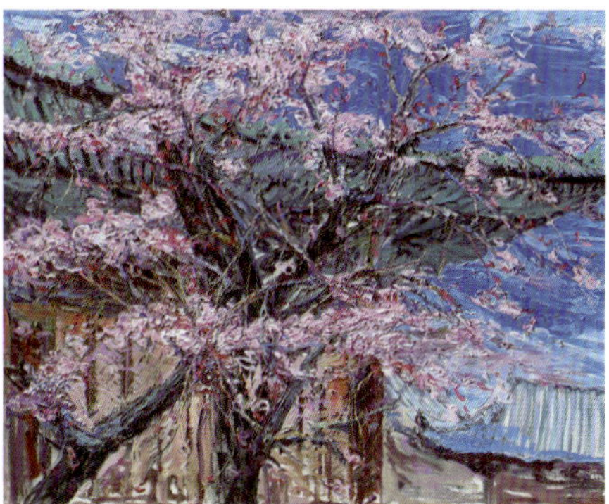

cc62

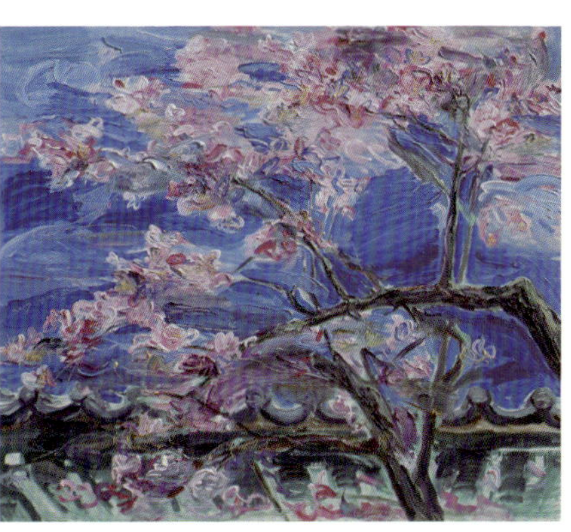

cc63

cc64

cc57. Plum Blossoms in Winter
겨울-매화
2008, Oil on linen
130.3x162.2cm

cc58~60. Plum Blossoms in Winter
겨울-매화
2008, 2007, Oil on linen
60.6x72.7cm

cc61. Plum Blossoms in Winter
겨울-매화
2006, Oil on linen
72.7x90.9cm
Private collection in Gold Coast
(Queensland, Australia)

cc62,63. Plum Blossoms in Winter
겨울-매화
2007, Oil on linen
72.7x90.9cm(60.6x72.7cm)
Private collection in Anyang (Korea)

cc64. Plum Blossoms in Winter
겨울-매화
2007, Oil on linen
80.3x100cm
Private collection in Ulsan (Korea)

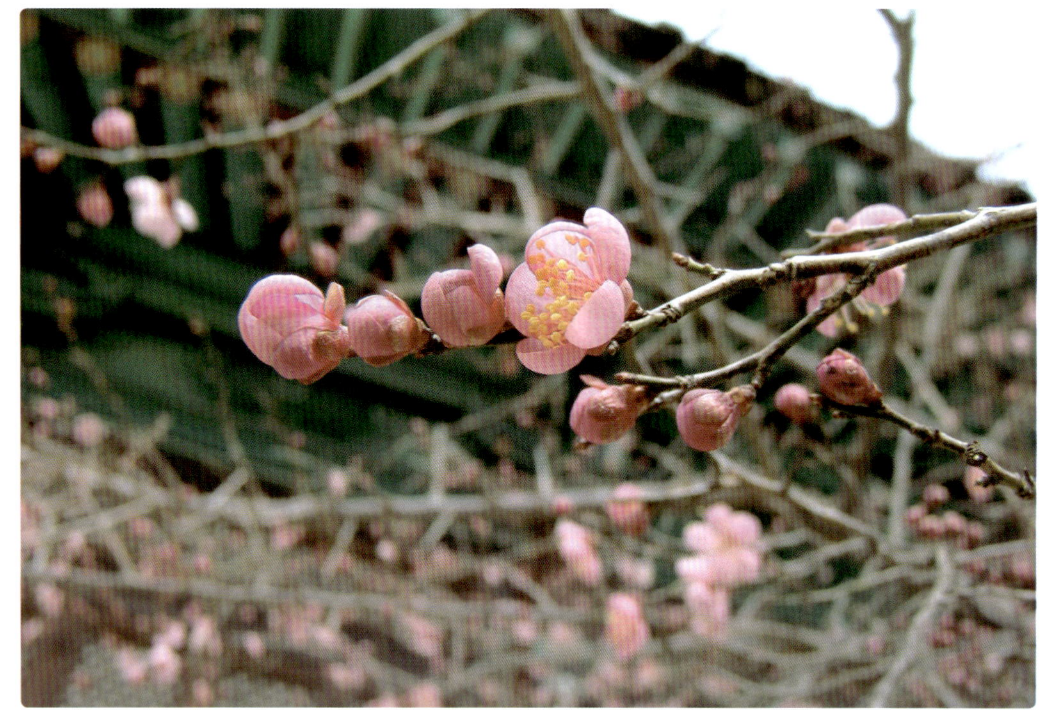

cc65. **Plum Blossoms in Winter**
겨울-매화
2004, Oil on linen
60.6x72.7cm
Private collection in Byron
(NSW, Australia)

cc66. **Plum Blossoms in Winter**
겨울-매화
2005, Oil on linen
45.5x53cm
(in Australia, 2010)

cc67. **Plum Blossoms in Winter**
겨울-매화
2005, Oil on linen
45.5x53cm

cc68. **Plum Blossoms in Winter**
겨울-매화
2006, Oil on linen
91x116.8cm

cc69. **Plum Blossoms in Winter**
겨울-매화
2006, Oil on linen
40.9x53cm

cc70. **Plum Blossoms in Winter**
겨울-매화
2005, Oil on linen
45.5x53cm

cc71. **Plum Blossoms in Winter**
겨울-매화
2004, Oil on linen
40.9x53cm
Public collection in Seounam-
Tongdosa (Korea)

cc72. **Plum Blossoms in Winter**
겨울-매화
2003, Oil on linen
60.6x72.7cm
Private collection in Ulsan
(Korea)

cc73. **Plum Blossoms in Winter**
겨울-매화
2004, Oil on linen
60.6x72.7cm

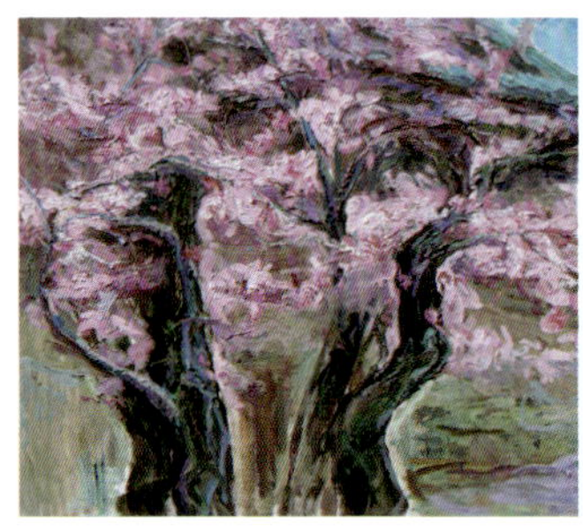
cc65

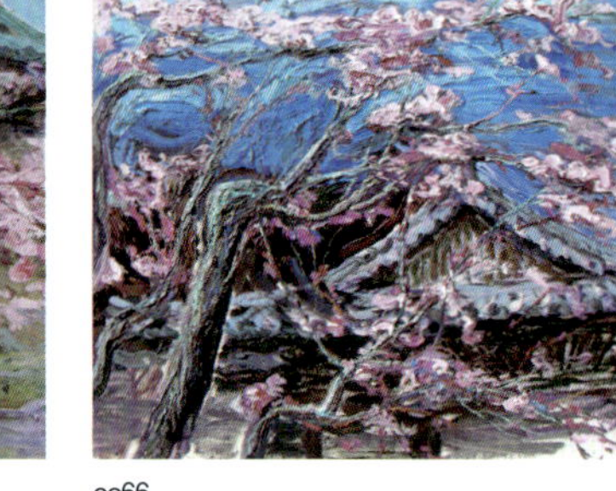
cc66

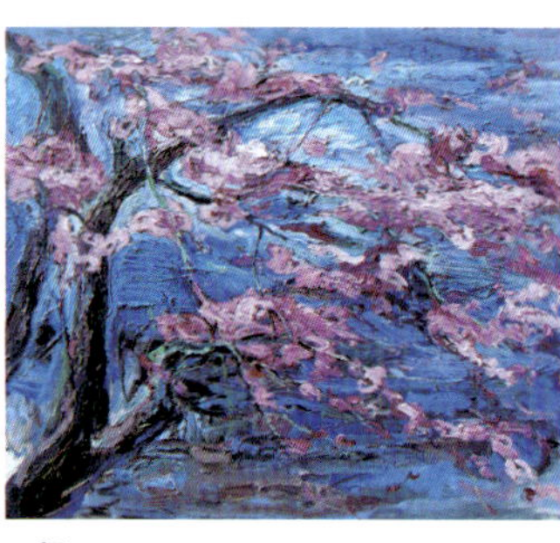
cc67

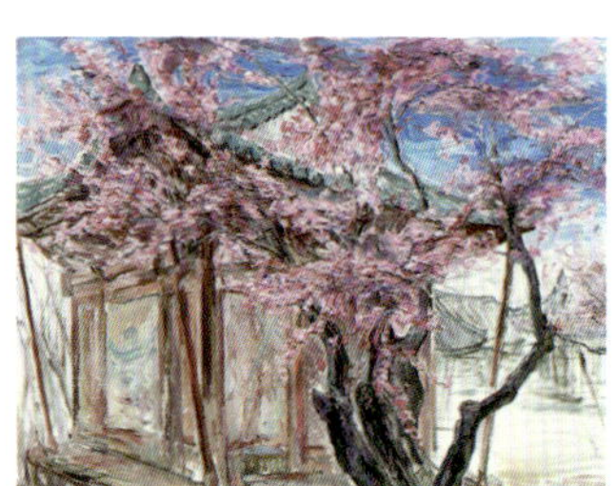
cc68

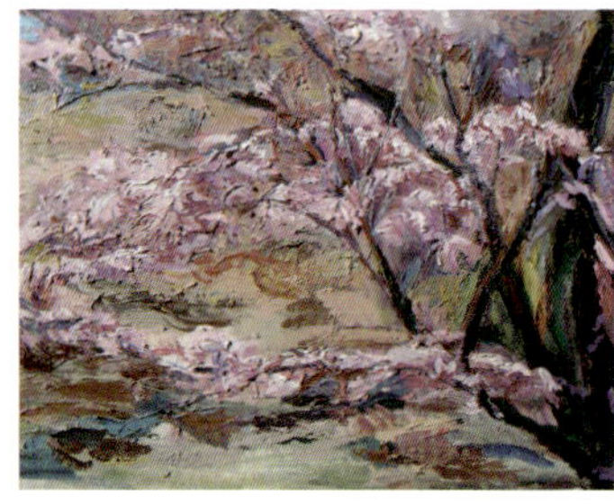
cc69

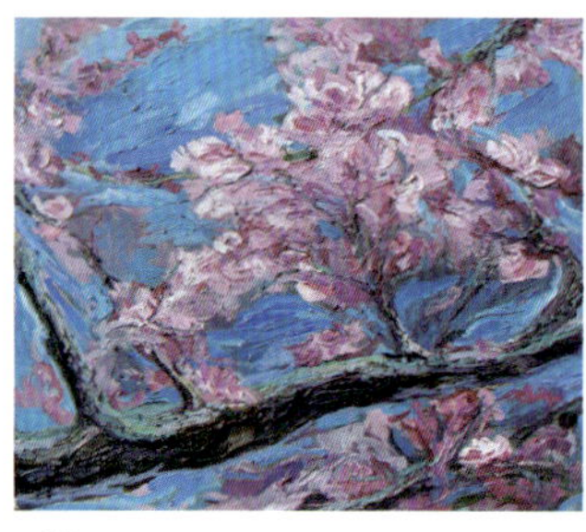
cc70

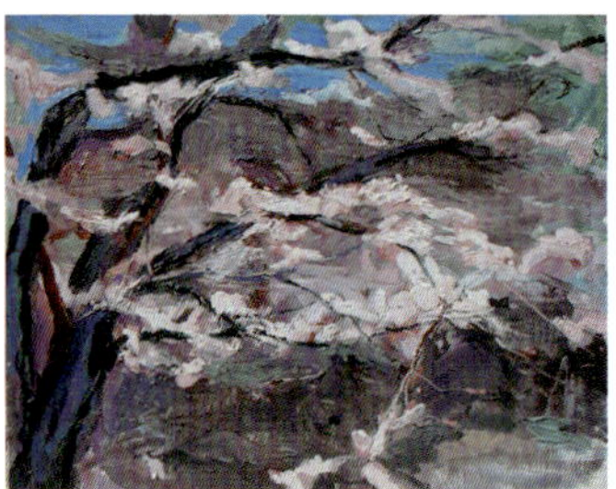
cc71

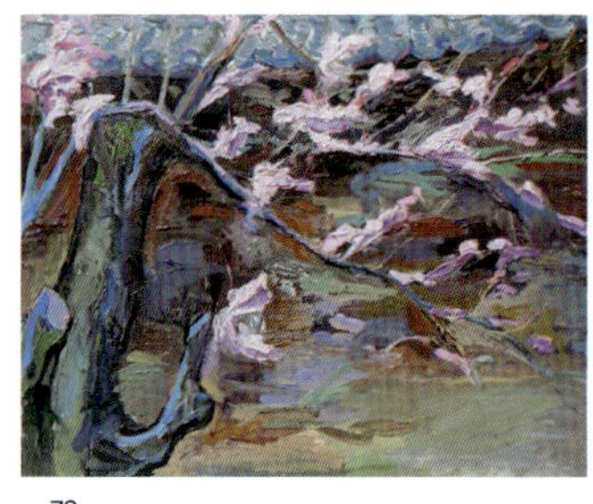
cc72

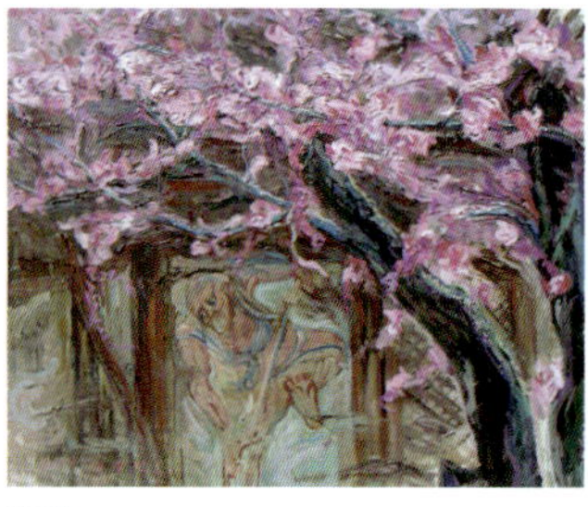
cc73

Plum Blossoms in the Snow

By Kim Chang Han

On the doorstep of spring, I am captivated by plum blossoms opening on an old tree at Tong-do Buddhist Monastery. It reminds me of a story I heard in elementary school about a girl whose mother, as she lay dying in mid-winter, longed to see the plum blossoms once more.

In a feverish dream, the girl met the god of a mountain, who showed her a plum blooming on a snow-covered peak. The girl brought the flower from her dream and showed it to her mother. Miraculously, the mother's health improved, and she lived on happily for many more seasons.

I will never forget my great joy when I first saw the plum blooming in the snow. Unfortunately, the snow soon melted away. I strove to capture the vibrancy of the plum blossoms in powerful strokes and tones as bright and cheerful as watercolours.

– March, 2005

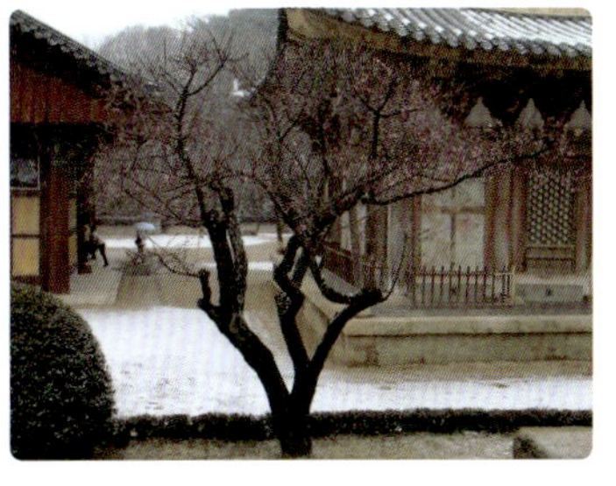

cc74. **Plum Blossoms in the Snow**
설중매(雪中梅)
2005, Oil on linen 60.6x72.7cm
Private collection in Ansan (Korea)

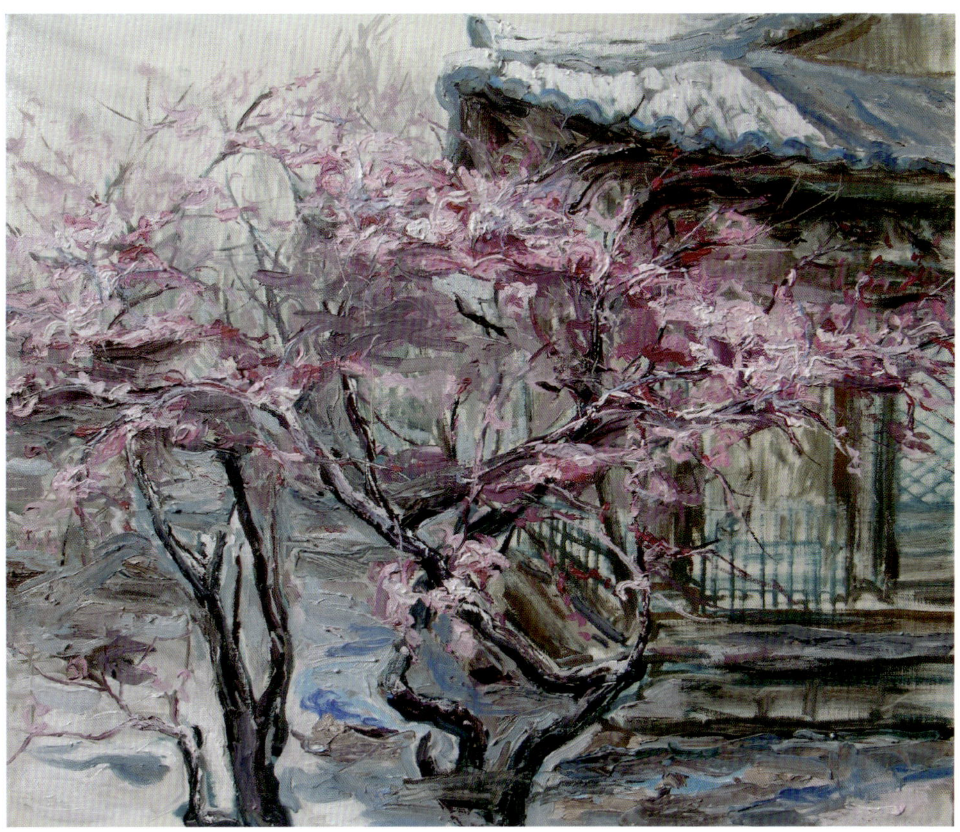

설중매(雪中梅)

김창한

천년 역사를 간직한 통도사에 핀 매화를 볼 때면 어린 시절 초등학교 교과서에서 읽었던 아름다운 전설이 떠오른다. – 어느 깊은 겨울날, 매화를 보고 싶다는 죽음을 앞둔 어머니의 마지막 소원을 위하여 고민하던 중, 꿈에서 산신령님을 만나 눈(雪) 덮인 깊은 산속에서 매화를 발견한 후 그것을 어머니께 보여드리니 다시 살아나 오랫동안 행복하게 함께 살았다. – 눈 속에 활짝 핀 매화를 본 순간의 가슴 벅찬 환희를 나는 지금도 잊을 수 없다. 그러나 너무나 안타깝게도 금방 녹아버렸다. 눈 속에 핀 매화를 밝고 경쾌한 색채로 부드러운 듯 힘찬 필력으로 그려낸 이 작품은 마치 수채화처럼 상큼하면서도 싱그럽다.

– 2005년 3월

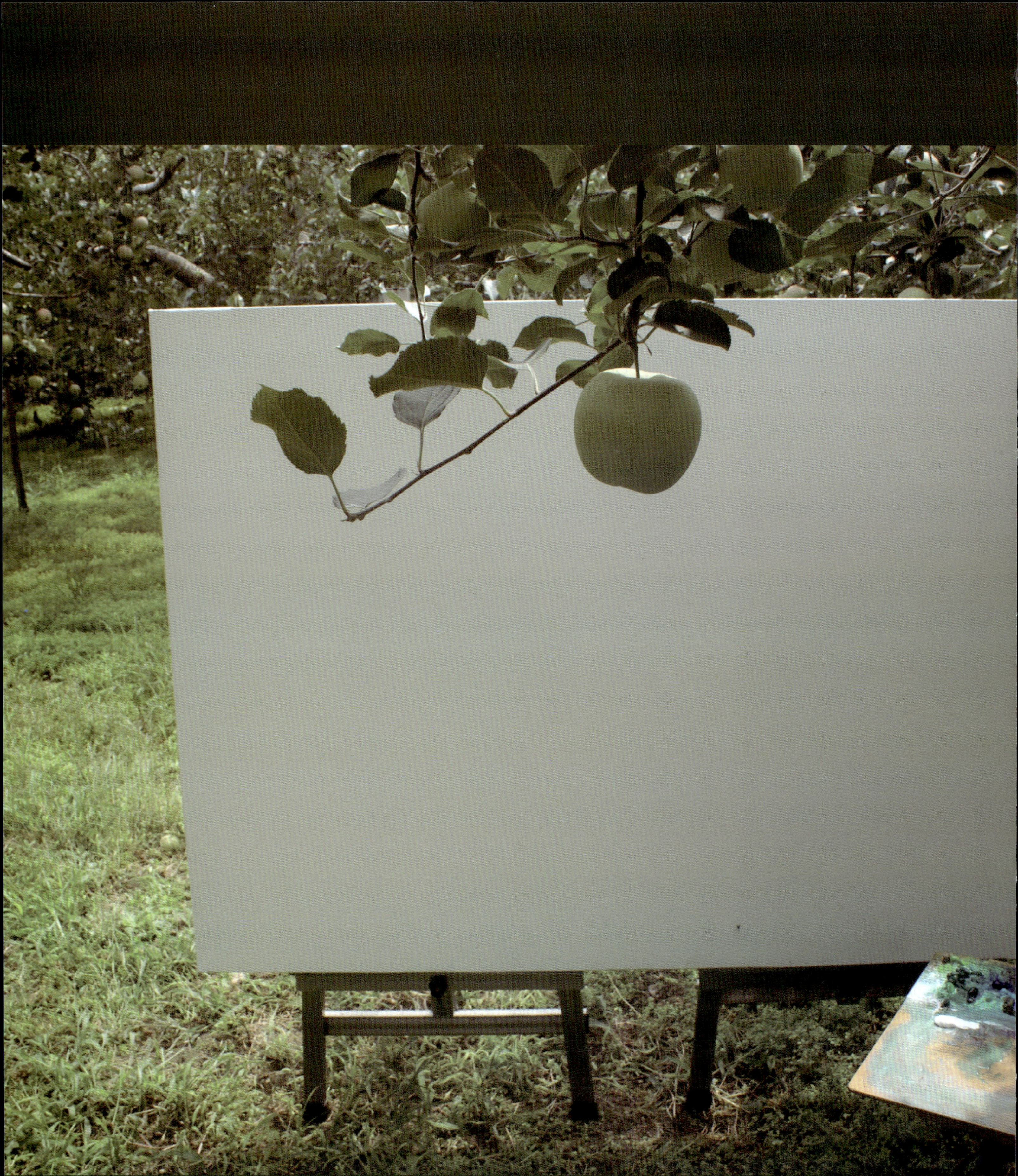

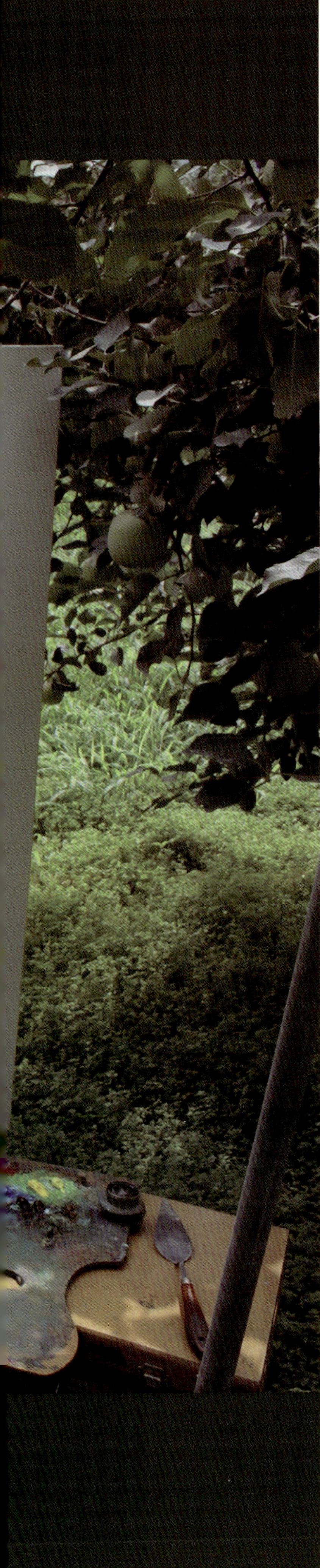

Apple Tree 1994~2009

사과나무

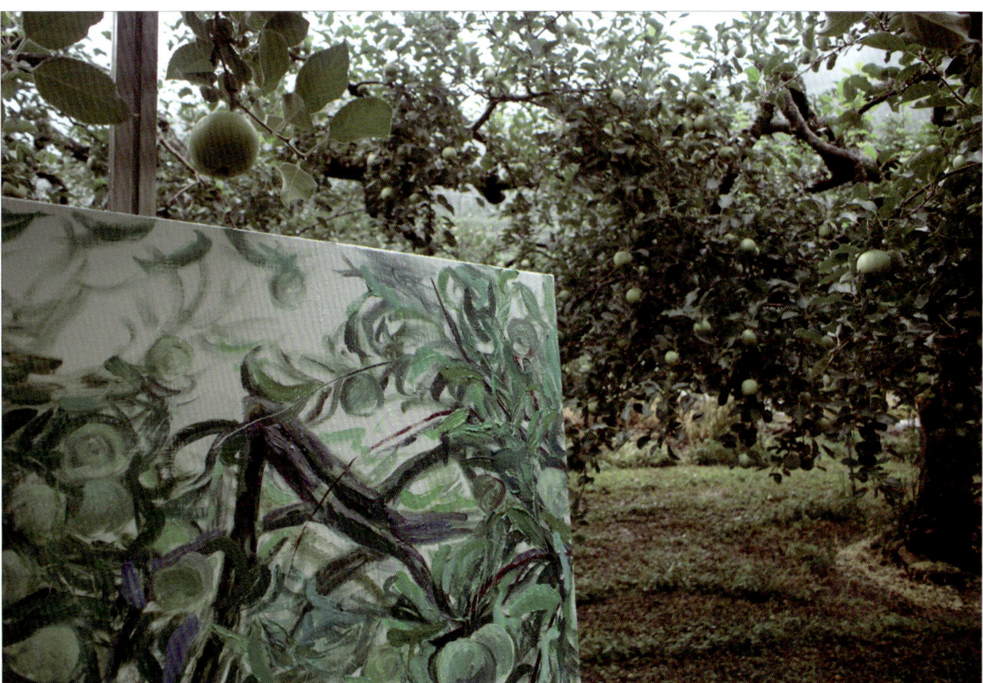

Starting Painting the Summer Apple Trees....

By Kim Chang Han

At this time (from July to August) every year, the apple tree begins to ripen. Though its fruit are always small, they are different every time I see them. I had only painted the apple trees of Bonghwa County in Gyeongbuk Province, until recently, when I painted them outside Yeongcheon City.

The first day, it was terribly hot.

The second day, it was raining. I couldn't stand to wait until the following week, so I painted in the rain. I felt a strange mix of joy and vexation. Even though I was amused by the experience, I had difficulty with controlling the paint (oil). My amusement soon turned to wonder, and I equated the vitality of the tree with life itself. I could feel all the drops of water, the vitality of natural forces, and I felt connected with every cell in my body. It felt as though the rain was heaven sent, to cleanse my soul. The ideals in my orchard paintings come from this energy. I want my paintings to be like a big healthy wet apple tree in July.

– July, 2009

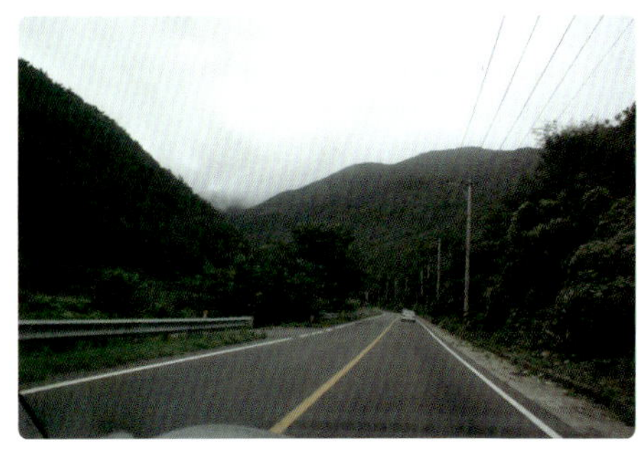 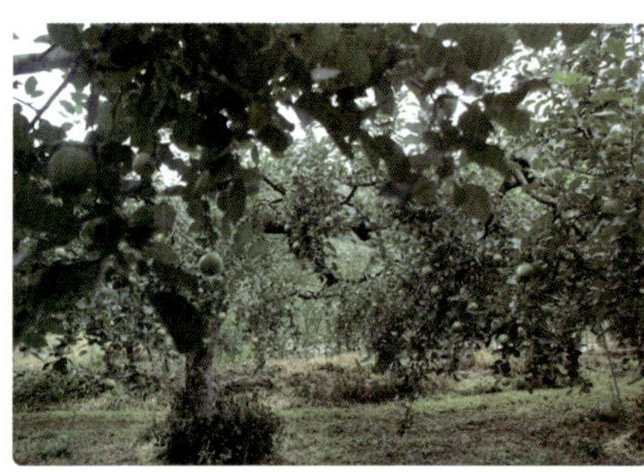 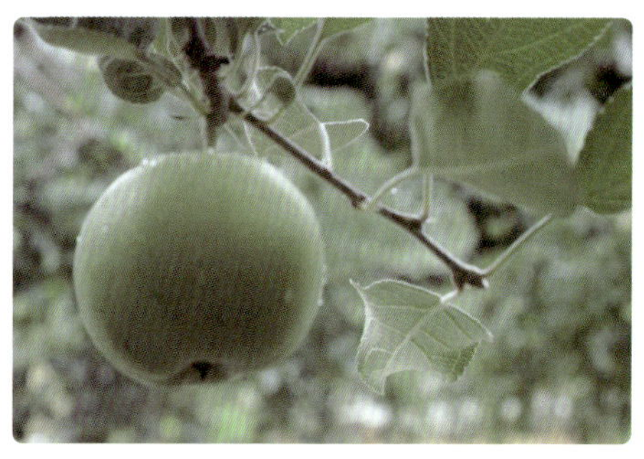

여름사과나무 그림을 다시 시작하면서

김창한

해마다 이맘때(7~8월)면 사과는 무럭무럭 익기 시작한다. 아직 어린 사과 열매이지만 매번 볼 때마다 다르다. 그동안 사과나무는 경북 봉화에서 그렸지만 최근엔 이곳 영천에서도 그린다.

작업 첫날은 무척 더웠다. 둘째 날은 새벽부터 비가 왔다. 매우 난감했지만 다음 주까지 기다릴 수 없었다. 할 수 없이 비를 맞으면서 그렸다. 비를 맞으며 그리는 기분, 큰 희열과 난감함이 교차했다.

유화(油畵)는 기름으로 그리기에 빗물이 물감에 묻으면 미끄럼 현상이 심해서 제대로 붓질이 어렵다. 그러나 비에 젖은 사과나무의 싱그럽고 풋풋한 모습은 살아 숨쉬는 생동감 그 자체였다. 사과나무의 싱싱한 생명력이 내 몸의 수만 개 세포를 통해 온몸 깊숙이 스며드는 기운이 마치 영혼까지 맑아지는 듯하다. 7월의 사과나무는 하늘과 땅의 기운을 맘껏 받으며 생명력의 충만함을 만끽하고 있었다.

내가 사과나무 그림에서 담고자 하는 것은 이렇게 '생명력이 충만한 대자연의 건강하고 풍요로운 근원적인 아름다움'이다. 물론 늦가을 무르익은 사과나무도 아름답지만 그것은 황혼의 아름다움이다. 내가 즐겨 그려온 것은 풋풋한 청춘의 아름다움이다. 즉 살아 숨쉬는 생명력에 대한 찬미이다.

– 2009년 7월

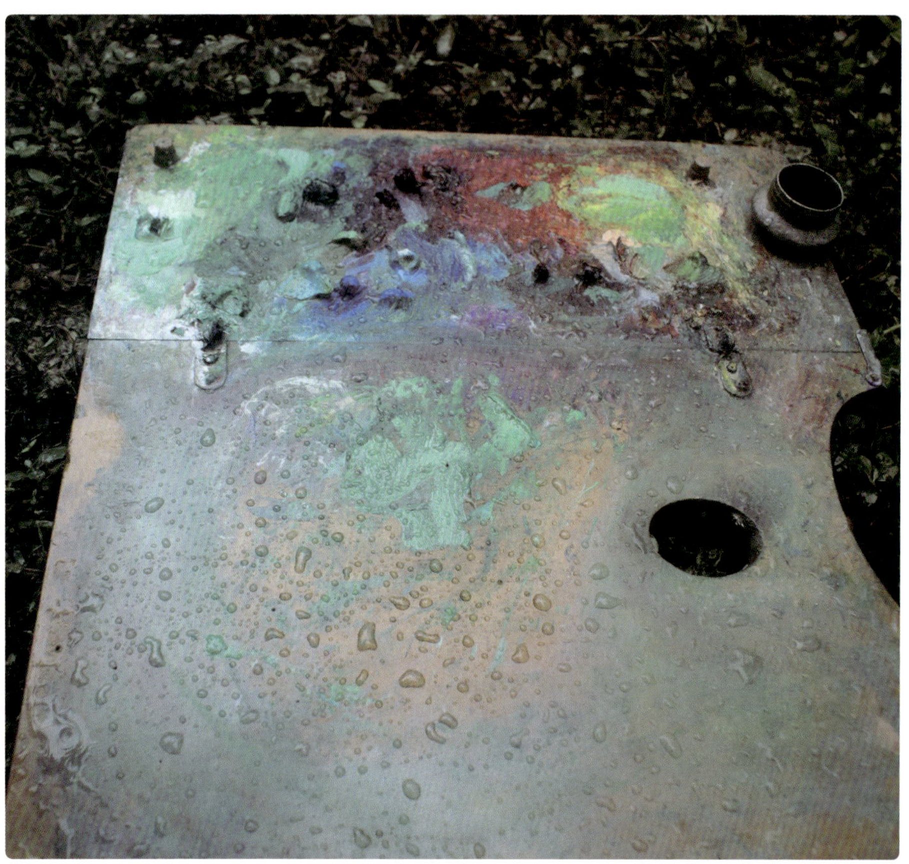

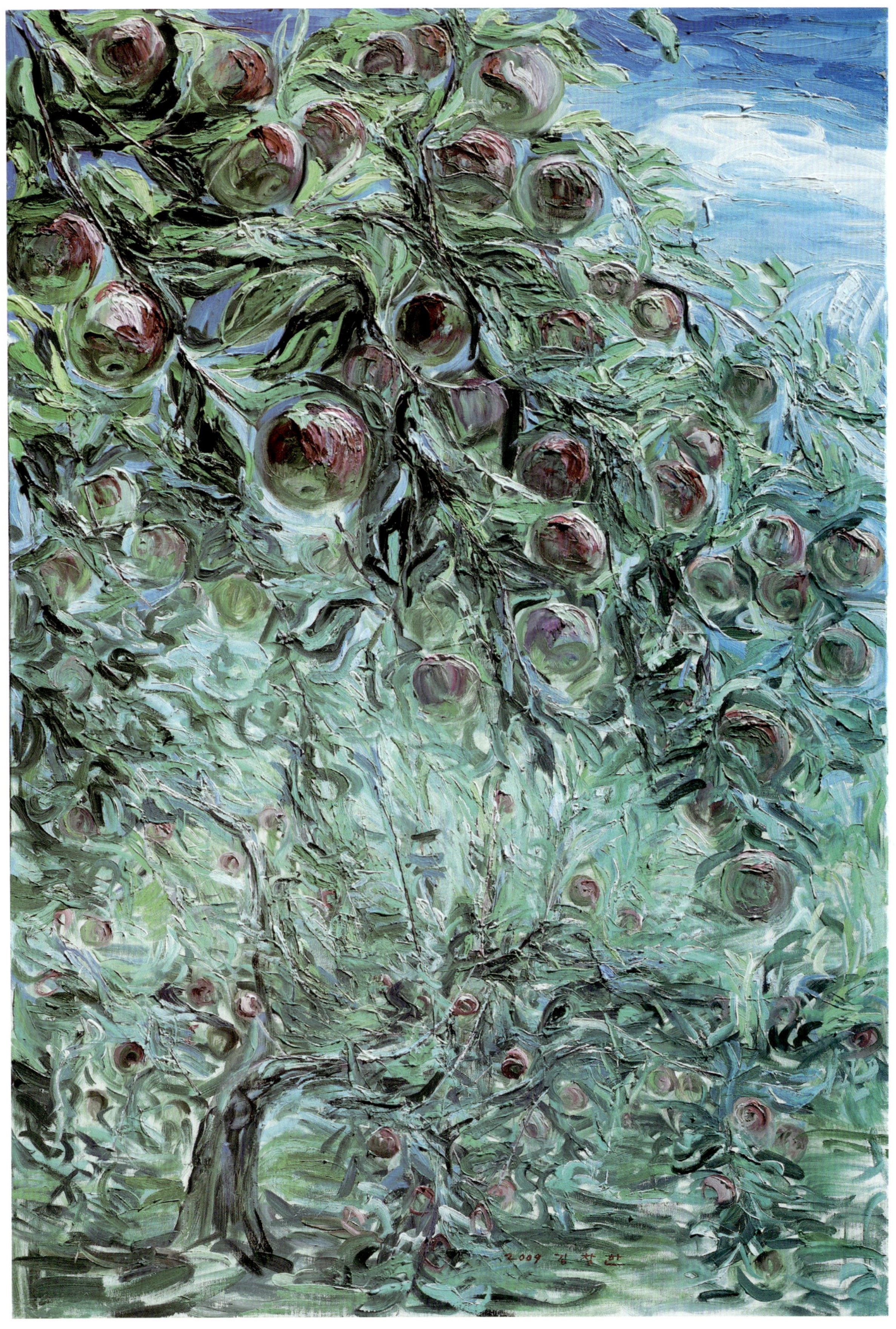

cd1. **Vibrant Apple Tree** 생명력 넘치는 사과나무 2009, Oil on linen 116.8x80.3cm

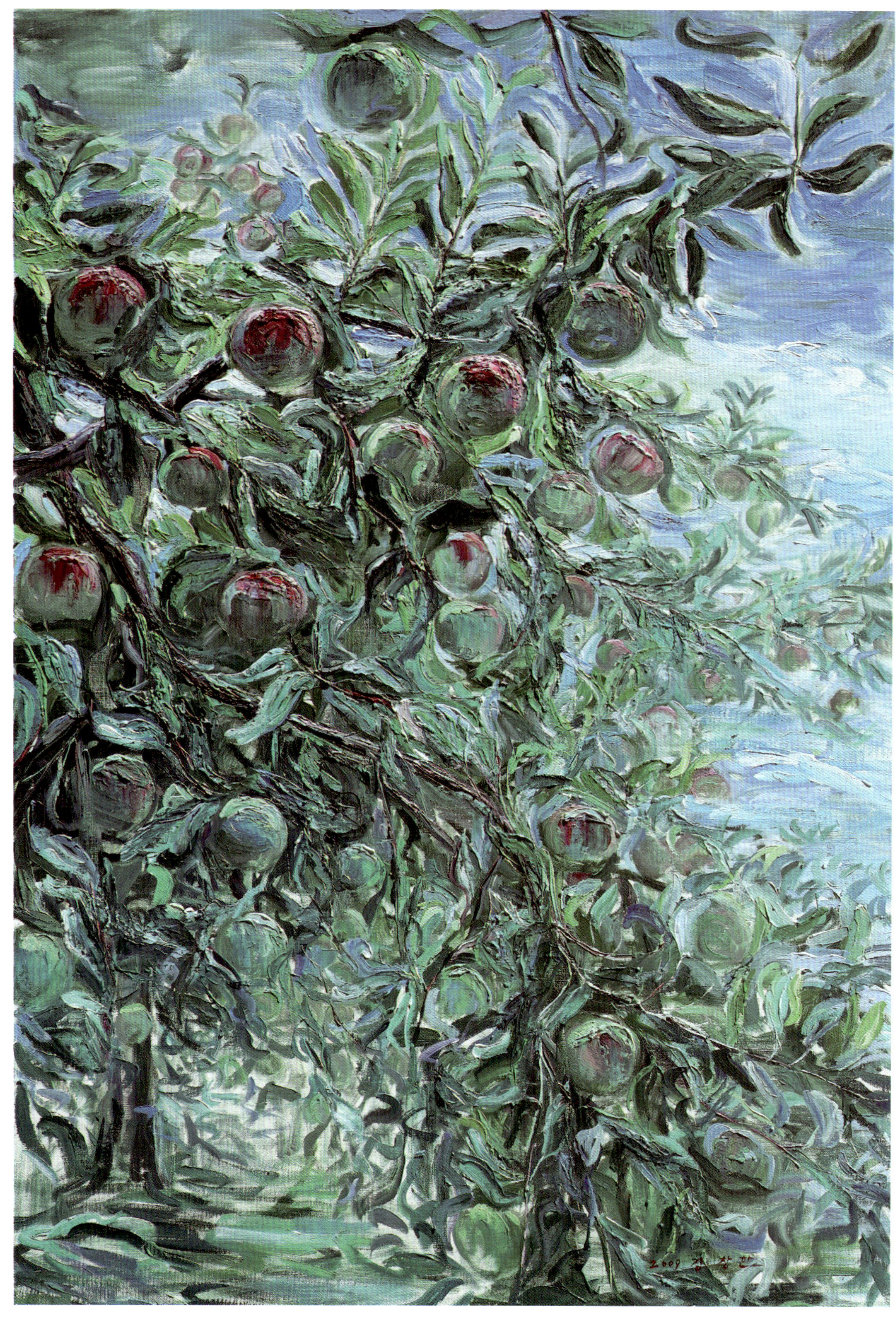

cd2. **Vibrant Apple Tree** 생명력 넘치는 사과나무 2009, Oil on linen 116.8x80.3cm

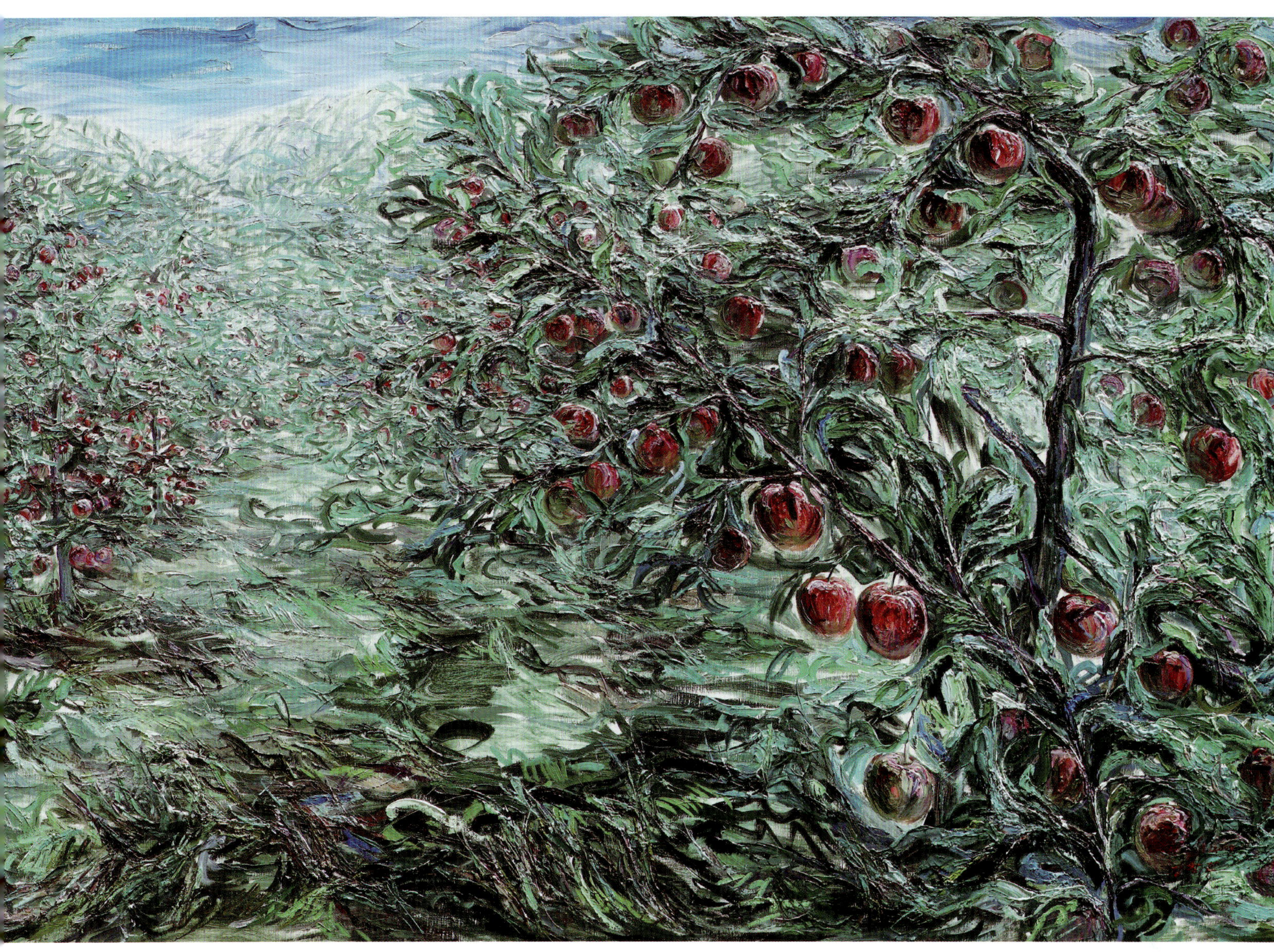

cd3. **Vibrant Apple Tree** 생명력 넘치는 사과나무 2008, Oil on linen 130.3x193.9cm

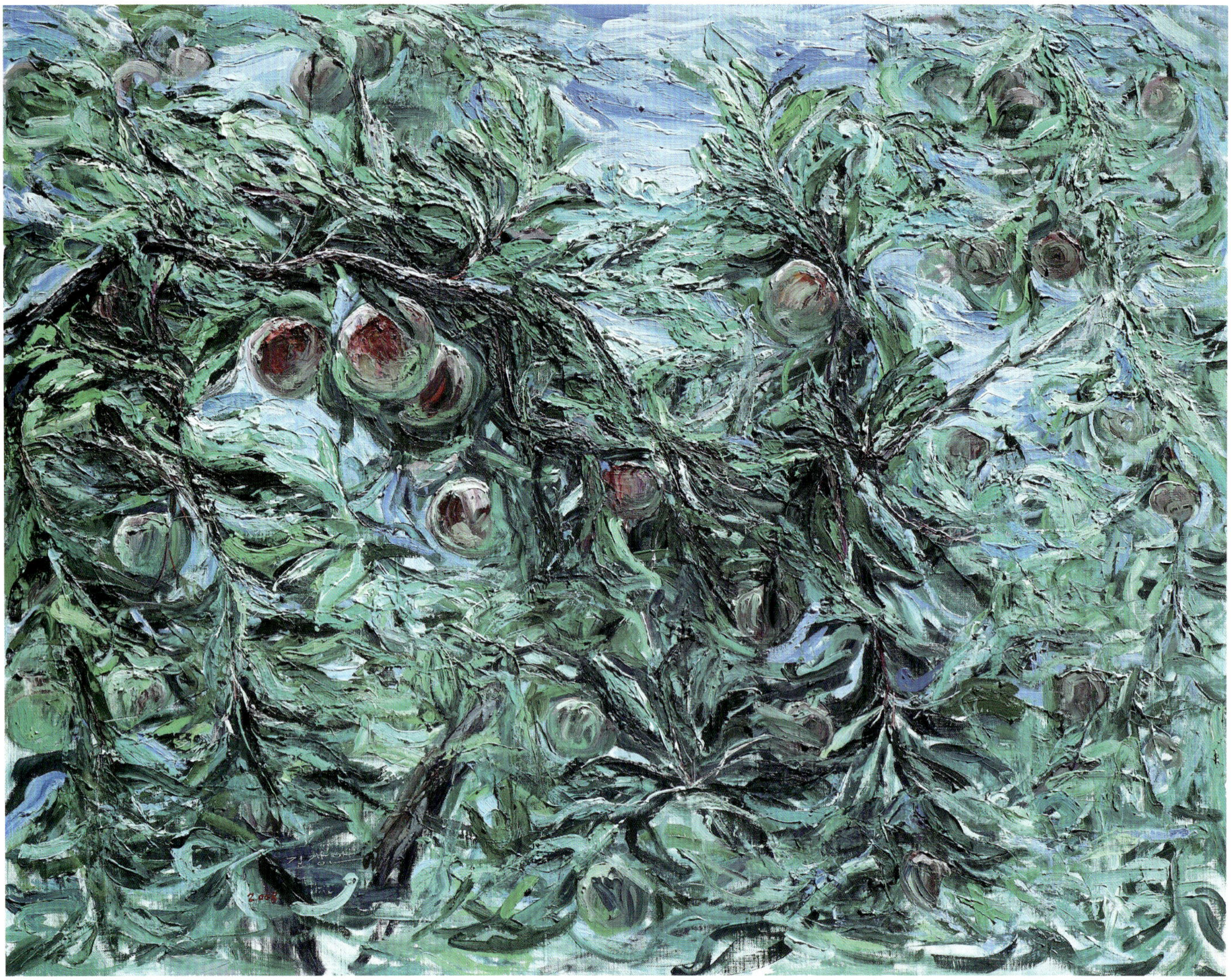

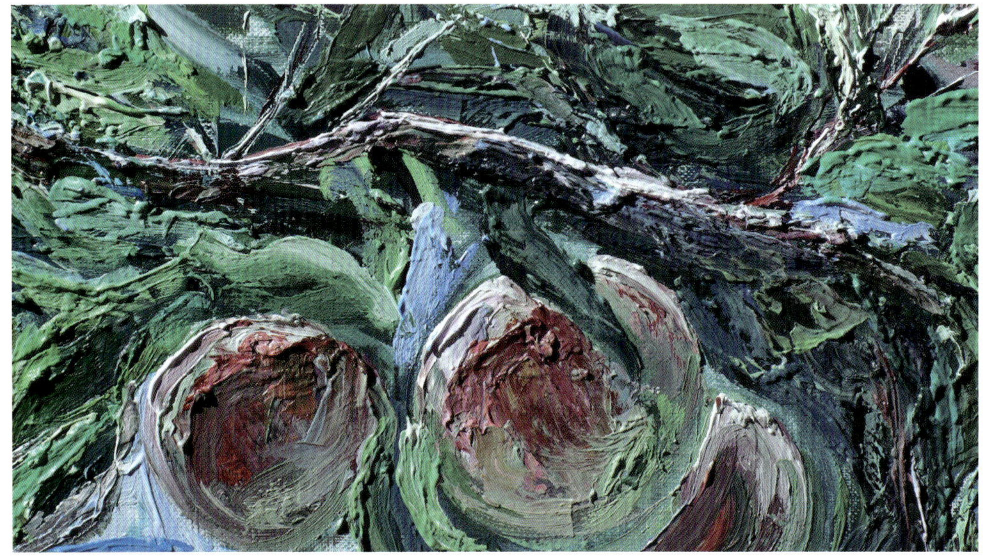

cd4. **Vibrant Apple Tree** 생명력 넘치는 사과나무 2008, Oil on linen 91x116.8cm

Detail of **cd4**

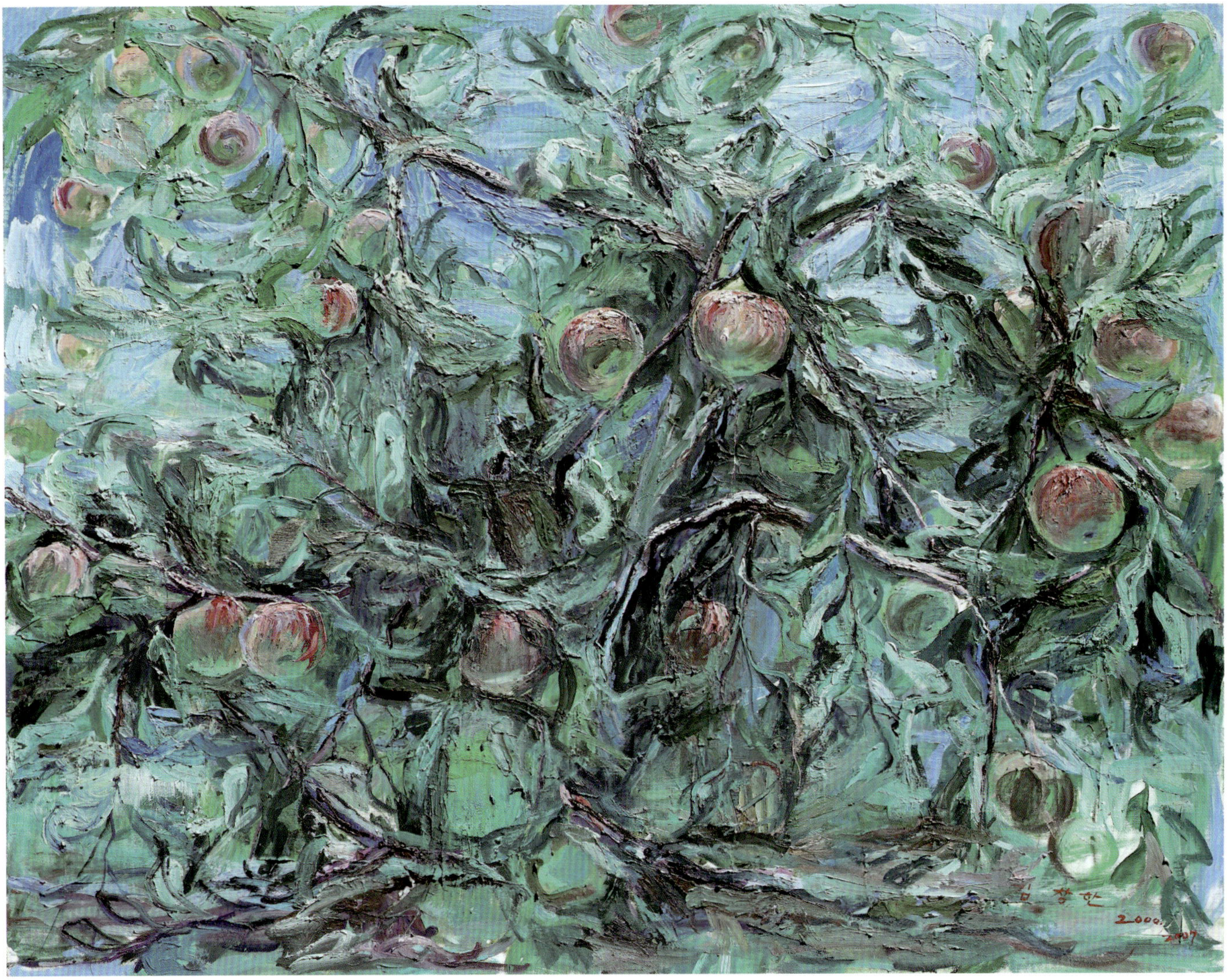

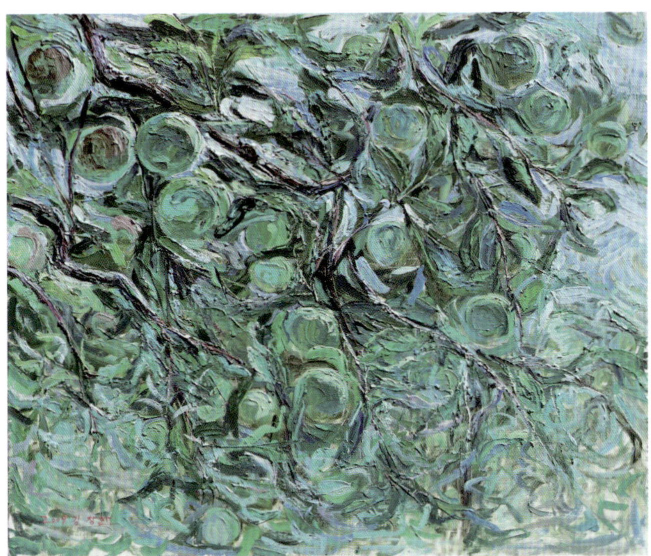

cd5. **Vibrant Apple Tree** 생명력 넘치는 사과나무 2007, Oil on linen 91x116.8cm

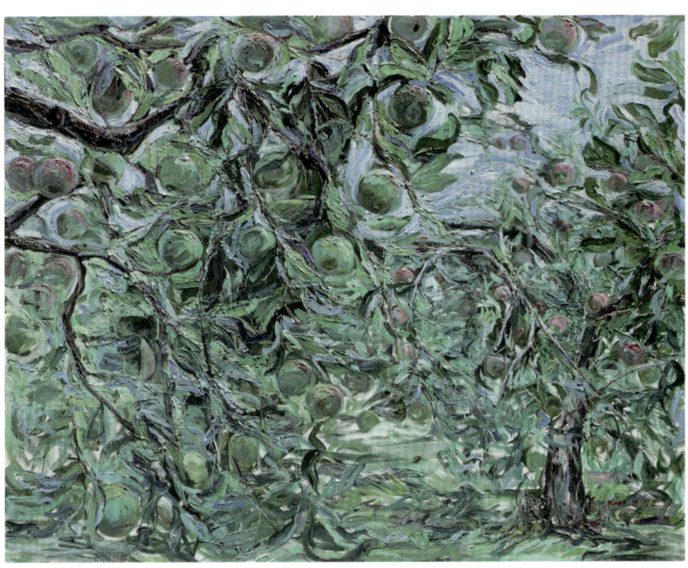

cd6. **A Dewy Apple Tree** 이슬 맺힌 사과나무 2009, Oil on linen 60.6x72.7cm

cd7. **A Dewy Apple Tree** 이슬 맺힌 사과나무 2009, Oil on linen 91x116.8cm

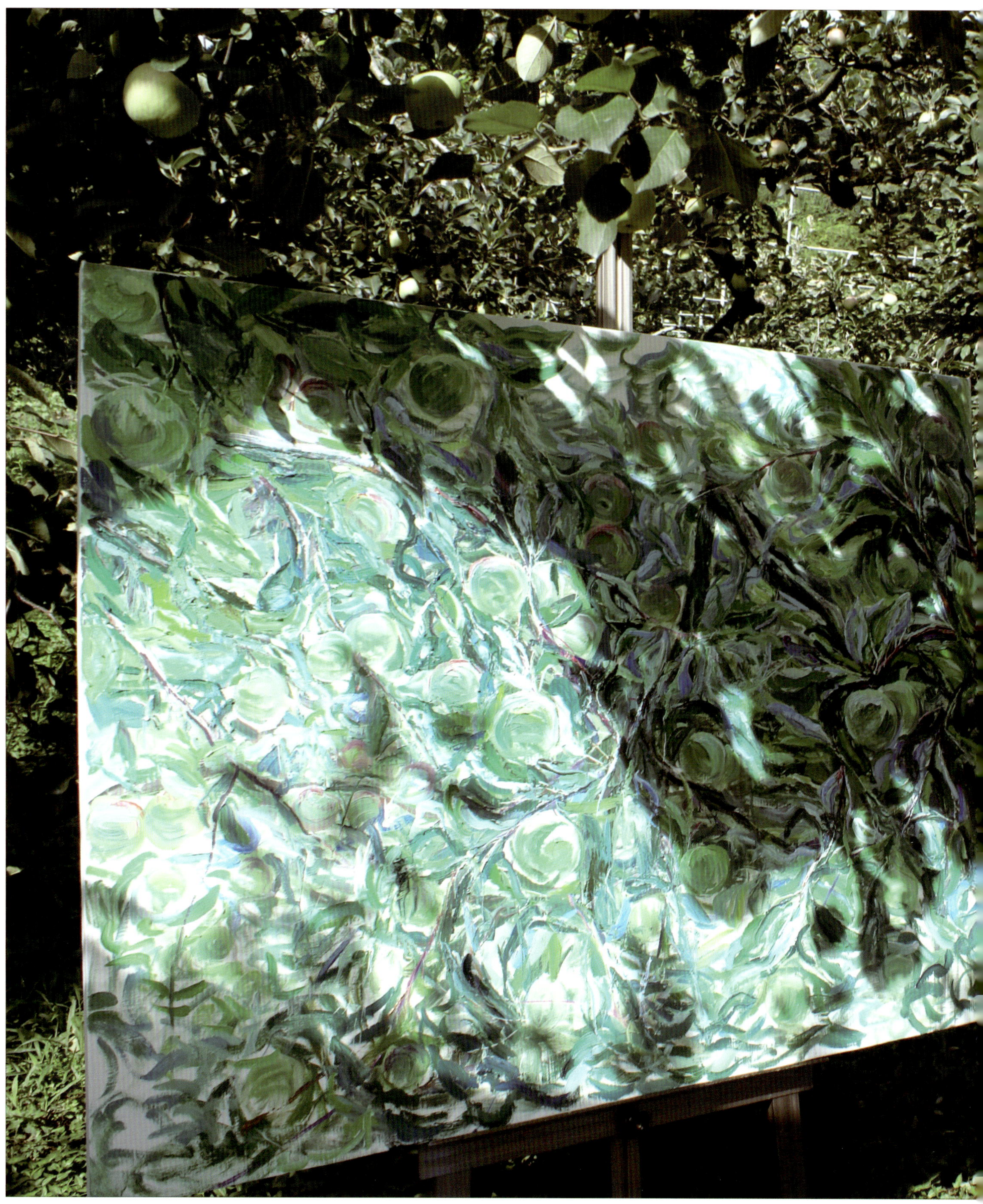

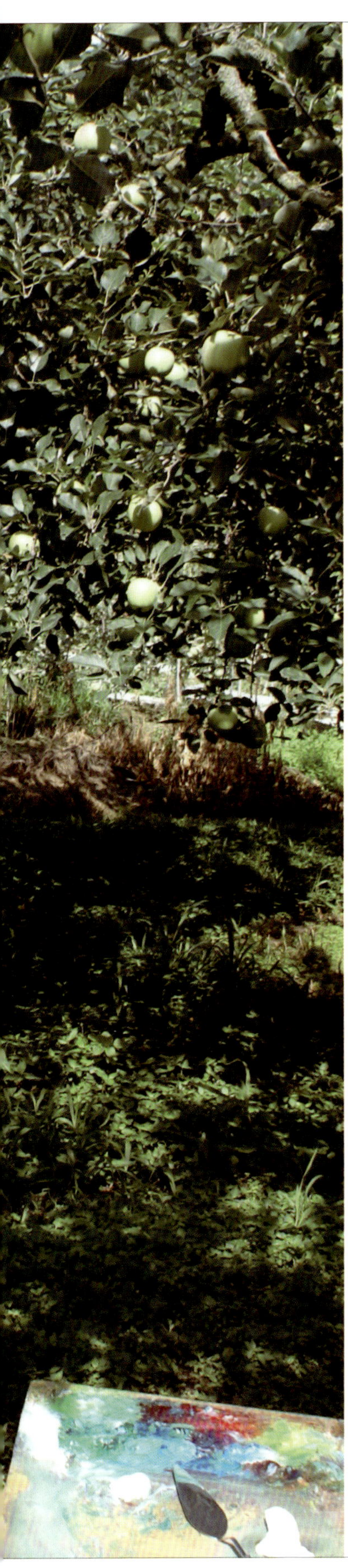

About the work of Apple Tree Series

By Kim Chang Han

I alternate freely between abstract and 'real' with no prejudice. For me, the ultimate goal is a marriage of visual aesthetic and meaning.

In one of my orchard paintings for example, the colour range is almost entirely blues and greens. This simplicity comes from observing nature. When sitting amongst the apple trees in summer, I noticed something fascinating. All the colours, leaves, grass and sky, came from one tiny corner of the spectrum, and all I saw was greens to blues. Everything around me seemed to be in harmony, and I felt content. Hopefully that will come out in the art.

I don't fuss over the realistic description of every leaf. It's interesting how the lines and form of paint can 'automatically' represent natural elements. A gracefully placed daub of paint is usually enough. It often seems the volume and texture of glossy wet paint is more like nature than a carefully rendered leaf. In search of representing vitality, I am also aware of rhythm. Of course, life has rhythms, like heartbeats and seasons. My paintings are representation of time spent, as a rhythm of marks. They are evidence of my own indulgent musings. The brushwork represents how I feel about nature and art. There is a cheerful unencumbered fluidity to how nature grows and moves. My intention is to express that with how I paint. This is not to say going quickly is the inevitable solution. Sometimes my paintings take weeks to complete, other times they take years. The method isn't so much about time, as it is about knowing what I want to do with a palette-knife or brush.

– October, 2009

사과나무 작품에 대해서

김창한

나는 구상(具象)/추상(抽象)에 대해 선입견 없이 자유롭게 그린다. 나에게 있어 궁극적인 목표는 시각적인 미와 의미의 결합이다. 가령 내 과수원 그림 중 하나를 보면, 사용한 색깔들이 대부분 청색 계통이거나 녹색 계통임을 알 수 있다. 이러한 단순성은 자연의 관찰에서 비롯하고 있다.

한여름에 사과나무들 사이에 앉아 있노라면, 뭔가에 매료되어 있는 나 자신을 발견하게 된다. 모든 색깔, 잎사귀, 풀, 하늘 등은 하나의 작은 스펙트럼 영역에서 비롯한다. 보이는 모든 것들이 나에게는 녹색 계열에서부터 청색 계열로 보이고, 내 주위를 둘러싼 모든 것들은 조화를 이루고 있는 것처럼 보인다. 그리고 나는 만족감을 느낀다. 이러한 것들이 내 예술 세계 속에서도 발현되기를 희망한다.

나는 사과나뭇잎의 사실적 묘사에 얽매이지 않는다. 그림 속의 모든 선들과 형태가 서로 자율적으로 조화를 이뤄 자연의 요소를 재현하기 때문이다. 자연의 관대함을 머금은 그림이면 그것으로 충분하다. 이런 그림들은 약간 젖은 듯 광택을 주면 사실적으로 그린 나뭇잎보다 더 자연스러워 보인다. 나는 생명력의 재현을 추구하면서 그와 동시에 리듬감도 고려한다. 물론 삶 자체도 나름의 리듬이 있다. 심장박동이나 계절이 그 예이다. 내 그림은 매 순간을 표시해 놓은 삶의 시간 리듬을 재현하고 있으며, 또한 내 자신의 명상을 증거하고 있다. 그림들에 나타난 붓 놀림은 내가 자연과 예술에 대해 어떤 느낌을 가지고 있는지를 보여주고 있다. 그림 속에는 자연이 어떻게 성장하고 움직이든지 간에 그것을 가로막지 않는 경쾌하고 유려한 자연스러움이 담겨 있다. 나는 나만의 그림 기법으로 그러한 자연스러움을 재현하고자 한다. 이는 빨리 가는 것이 유일한 해법이라고 말하는 것이 아니다. 내 그림 중 어떤 것들은 몇 주(週) 만에 끝내는 것들도 있는 반면, 몇 년씩 걸리는 것들도 있다. 그림을 어떻게 그릴 것인지는 시간에 관한 것이 아니다. 그것보다는 내가 팔레트 나이프나 혹은 붓을 사용해서 무엇을 하고 싶어하는지를 아는 것에 관한 것이라고 볼 수 있다.

– 2009년 10월

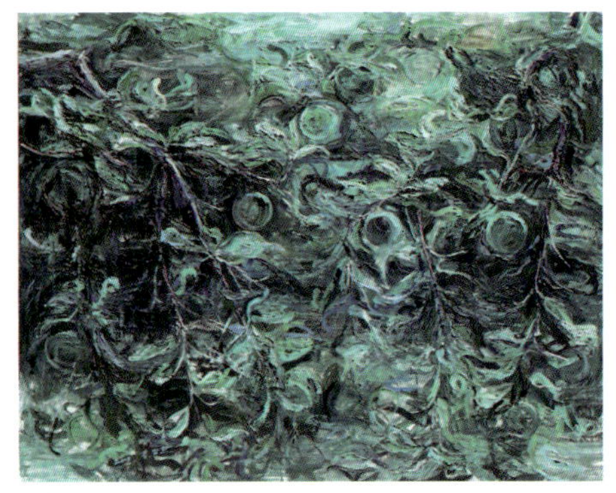

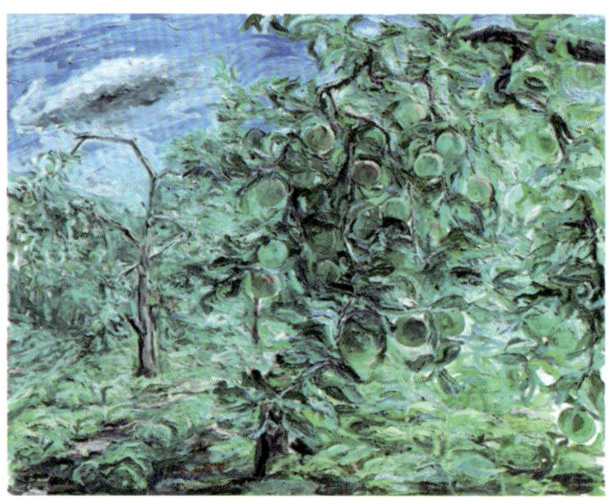

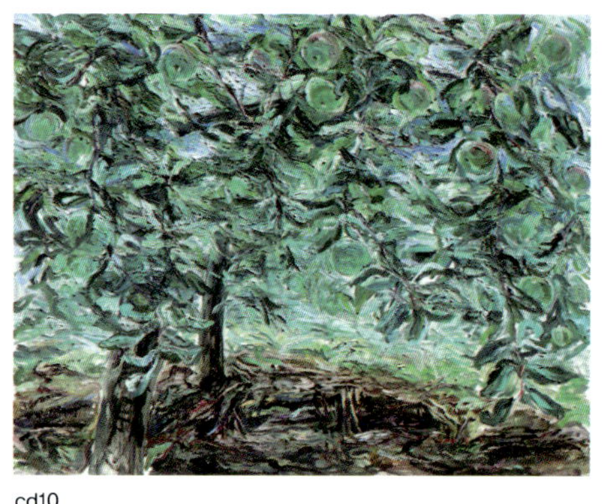

cd8

cd9

cd10

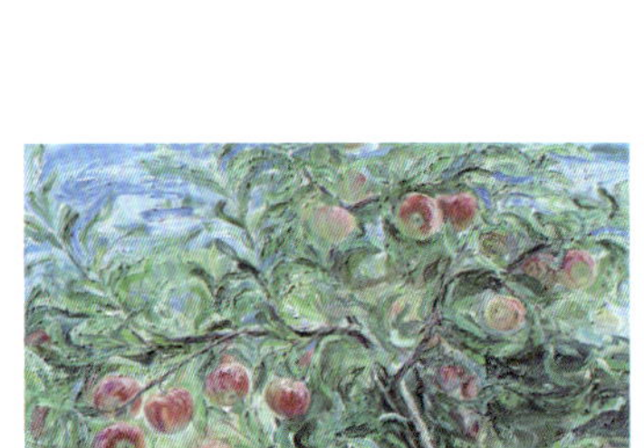

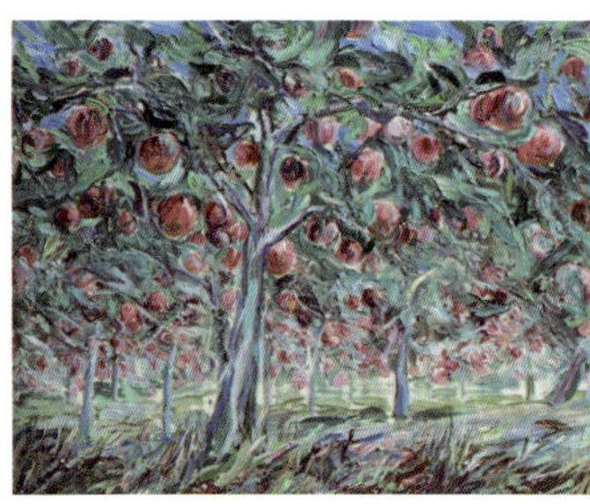

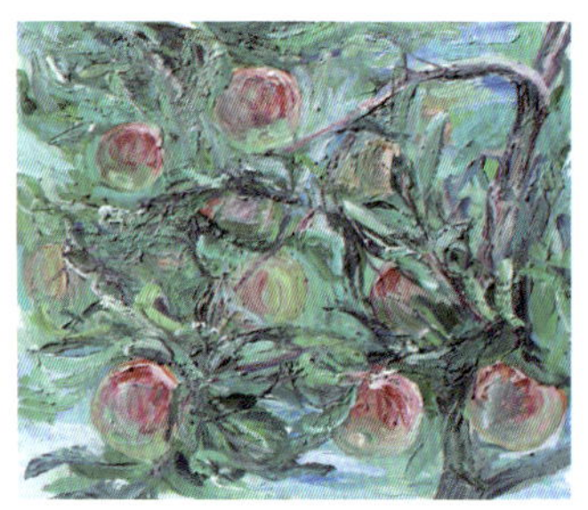

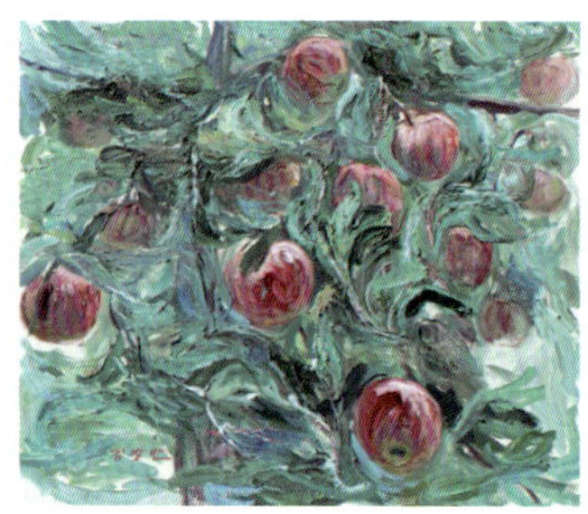

cd11

cd12

cd13

cd14

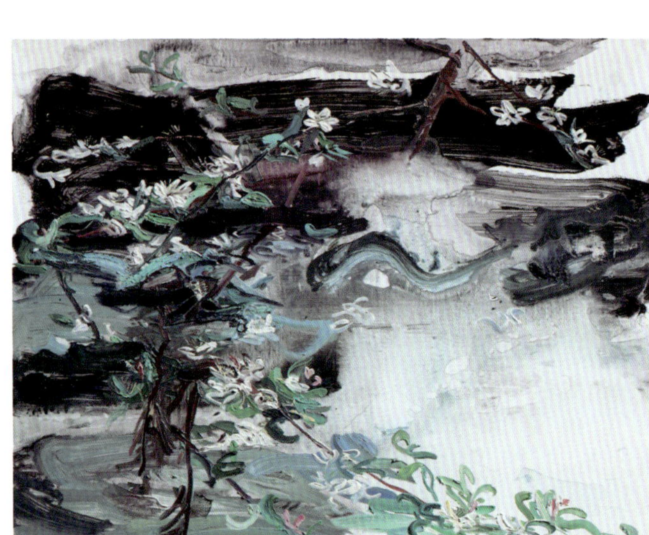

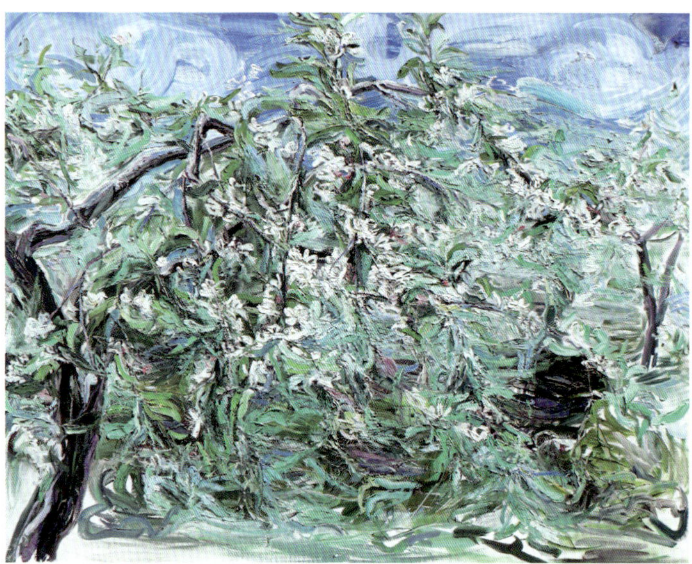

cd15

cd16

cd8. **An Apple Orchard at Dusk**
해질녘의 과수원
2008, Oil on linen
91x116.8cm

cd9,10. **Vibrant Apple Tree**
생명력 넘치는 사과나무
2008, Oil on linen
91x116.8cm

cd11. **Vibrant Apple Tree**
생명력 넘치는 사과나무
2008, Oil on linen
91x116.8cm
Private collection in
Seoul (Korea)

cd12. **Burning Apple Tree**
불타는 사과나무
2008, Oil on linen
53x65.1cm

cd13,14. **Vibrant Apple Tree**
생명력 넘치는 사과나무
2008, Oil on linen
45.5x53cm

cd15. **Breezy Apple Blossom**
흩날리는 사과 꽃
2008, Acrylic & Oil on linen
60.6x72.7cm

cd16. **Apple Tree in Blossom**
꽃핀 사과나무
2009, Oil on linen
91x116.8cm

cd17,18. **Apple Tree in Blossom**
꽃핀 사과나무
2009, Oil on linen
53x72.7cm

cd19. **Apple Tree in Blossom**
꽃핀 사과나무
2009, Oil on linen
60.6x72.7cm

cd20. **Apple Tree in Blossom**
꽃핀 사과나무
2008, Oil on linen
60.6x72.7cm
Private collection in Seoul (Korea)

cd21. **Apple Tree in Blossom**
꽃핀 사과나무
2004, Oil on linen
45.5x53cm
Private collection in Ulsan (Korea)

cd22. **Apple Tree in Blossom**
꽃핀 사과나무
2004, Oil on linen
45.5x53cm
Private collection in Seoul (Korea)

cd23. **Vibrant Apple Tree**
생명력 넘치는 사과나무
2007, Oil on linen
91x116.8cm

cd24,25. **Vibrant Apple Tree**
생명력 넘치는 사과나무
2007, Oil on linen
60.6x72.7cm

cd26. **A Dewy Apple Tree**
이슬 맺힌 사과나무
2007, Oil on linen
60.6x72.7cm

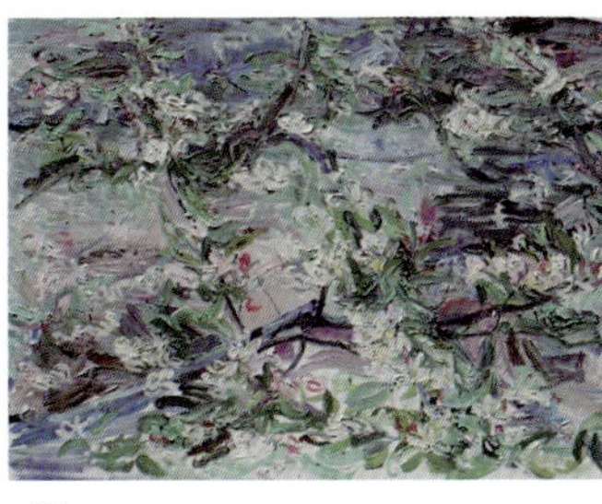
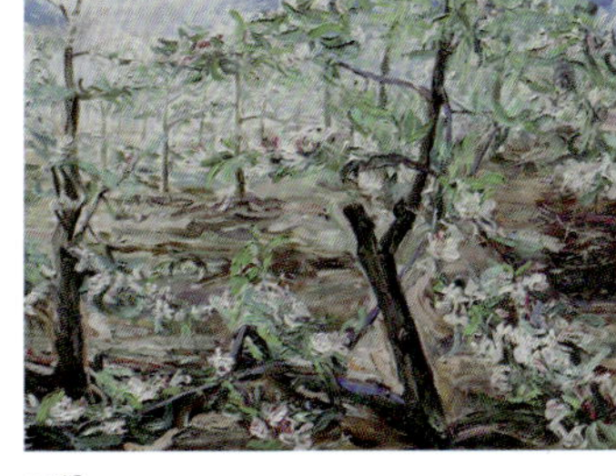
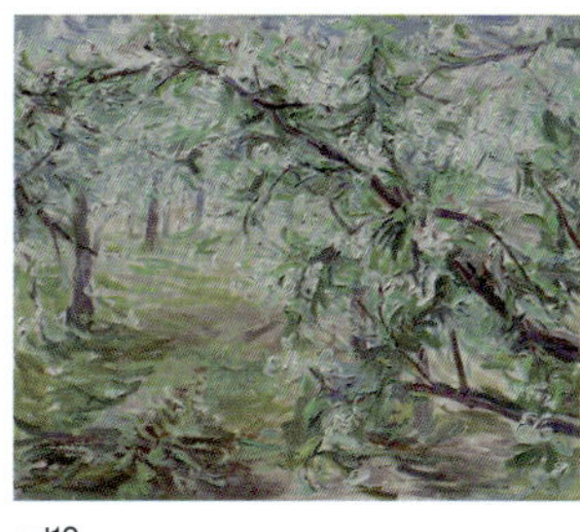

cd17

cd18

cd19

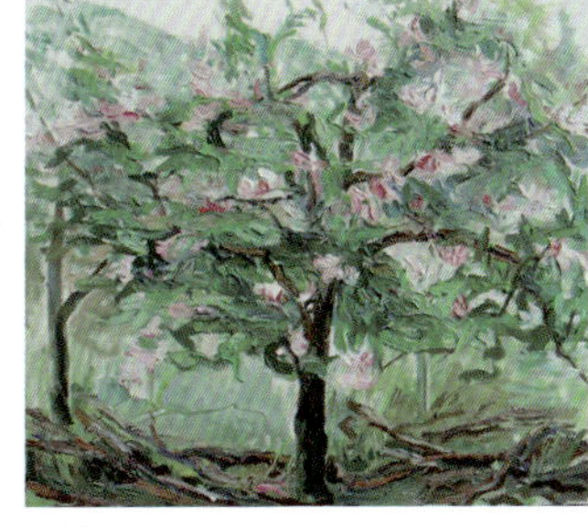
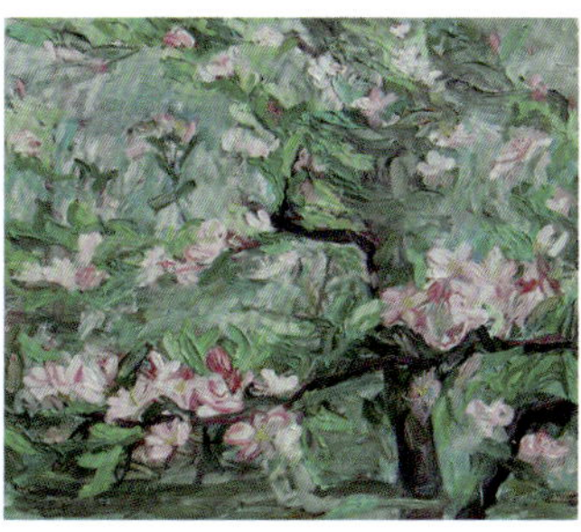

cd20

cd21

cd22

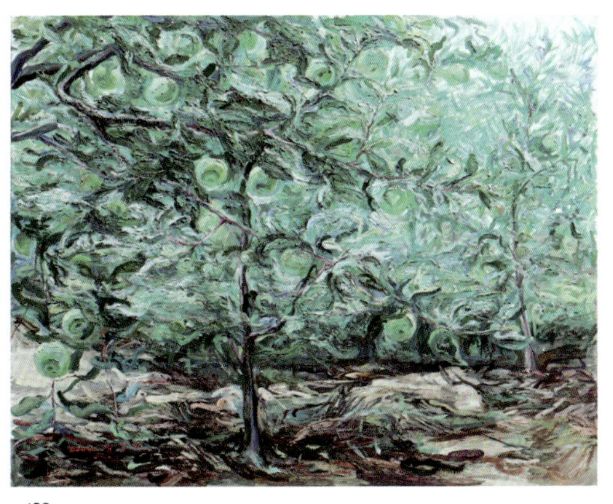
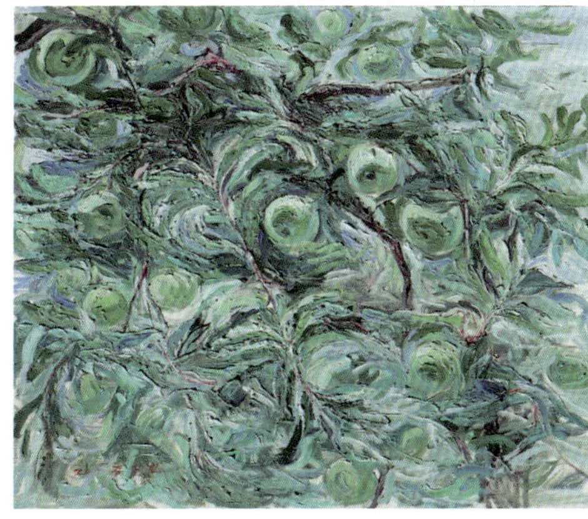

cd23

cd24

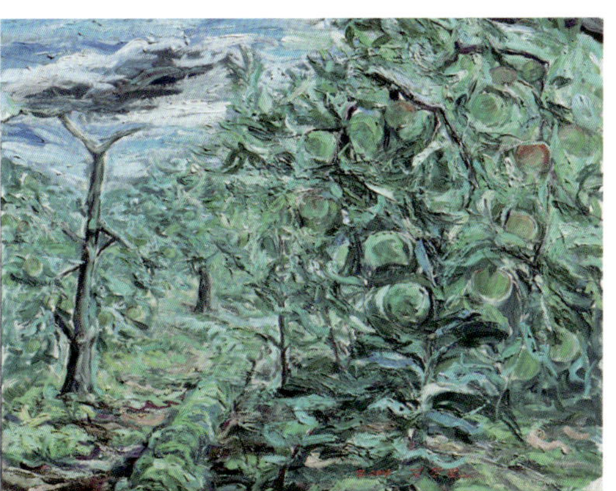
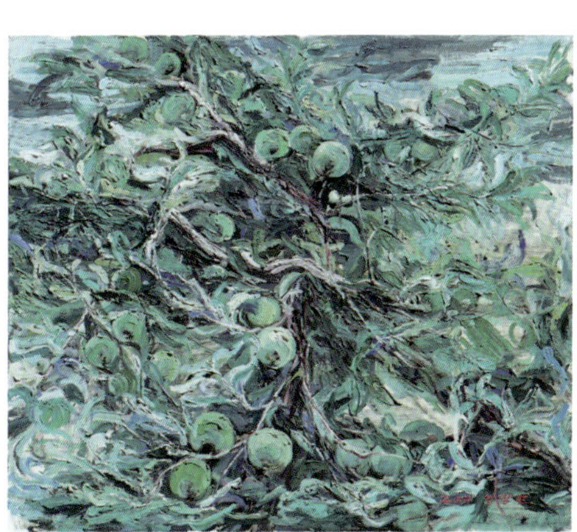

cd25

cd26

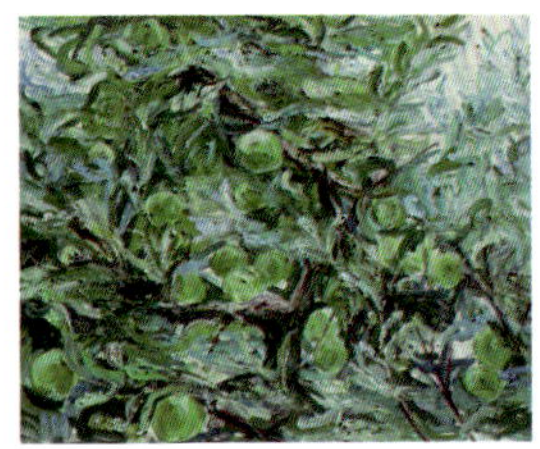

cd27

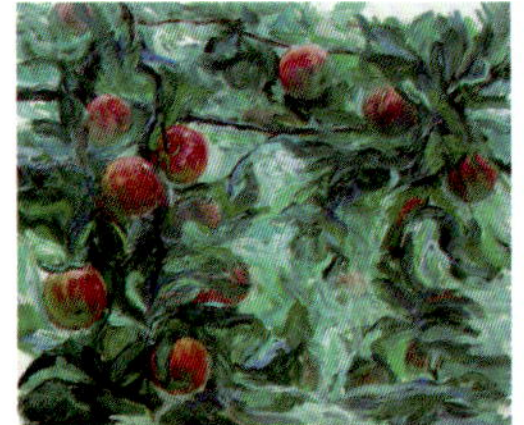

cd28

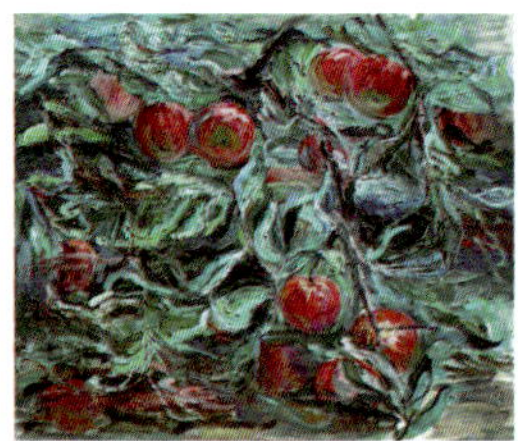

cd29

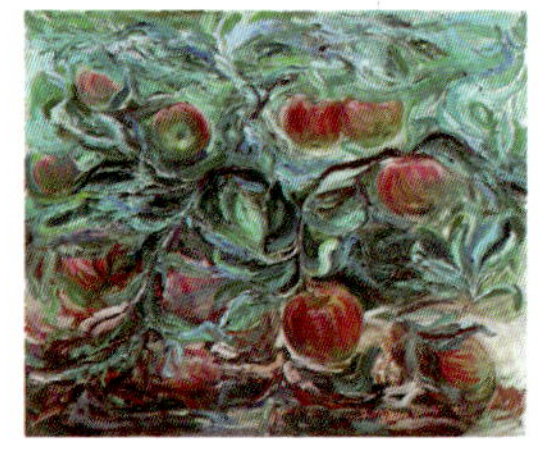

cd30

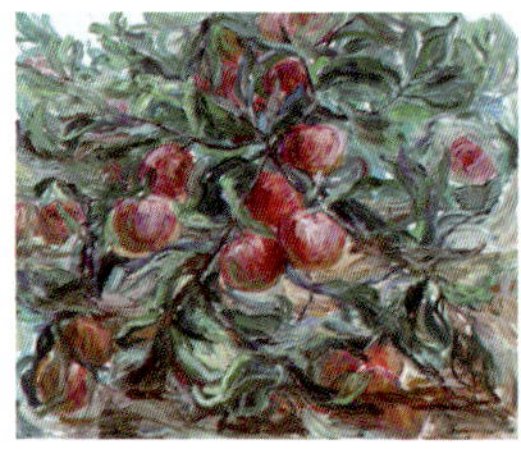

cd31

cd27. **Vibrant Apple Tree**
생명력 넘치는 사과나무
2007, Oil on linen
53x65.1cm

cd28. **Vibrant Apple Tree**
생명력 넘치는 사과나무
2004, Oil on linen
60.6x72.7cm
Private collection in Daegu (Korea)

cd29~32. **Vibrant Apple Tree**
생명력 넘치는 사과나무
2007, Oil on linen
60.6x72.7cm

cd33. **An Apple Orchard in the Early Morning**
과수원의 이른 아침
2004, Oil on linen
91x116.8cm

cd34,35. **Vibrant Apple Tree**
생명력 넘치는 사과나무
2004, Oil on linen
60.6x72.7cm
(in Australia, 2010)

cd36. **Vibrant Apple Tree**
생명력 넘치는 사과나무
2004, Oil on linen
60.6x72.7cm
Private collection in Murwillumbah
(NSW, Australia)

cd37~41. **Vibrant Apple Tree**
생명력 넘치는 사과나무
2004, Oil on linen
45.5x53cm(53x45.5cm)

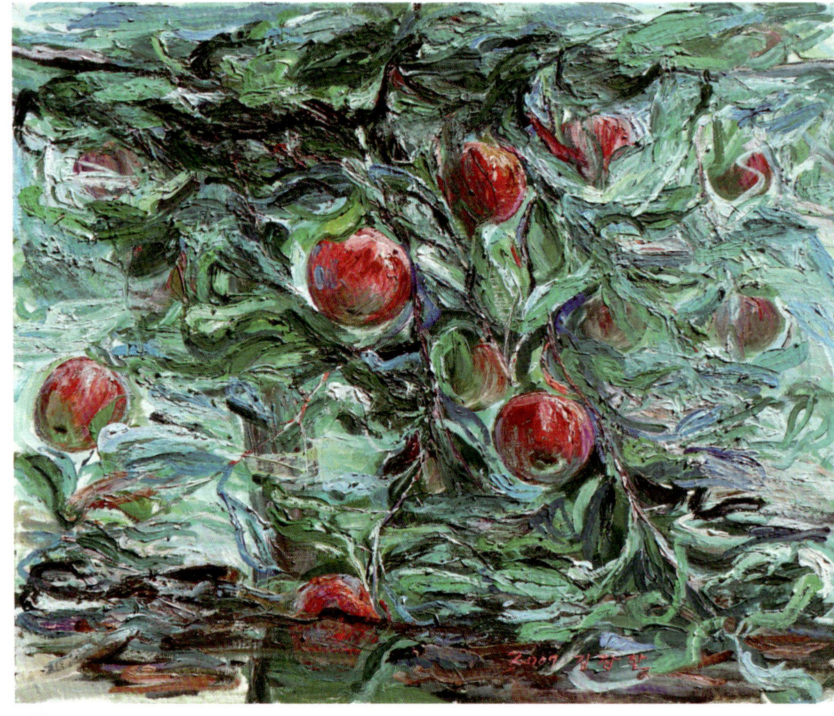

cd32

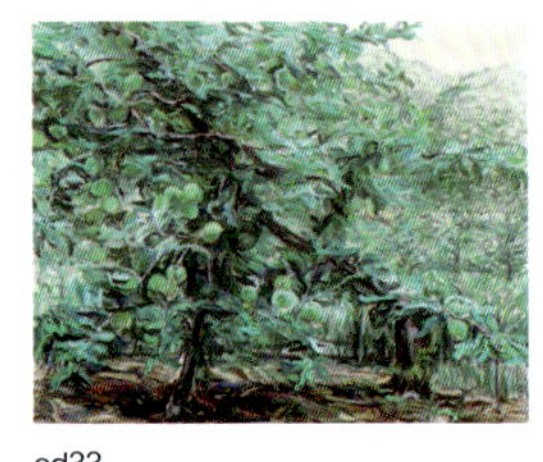

cd33

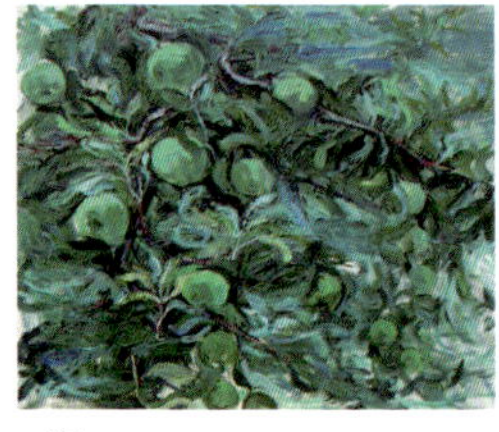

cd34

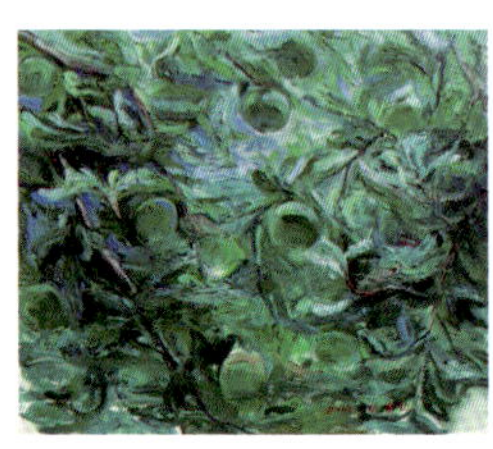

cd35

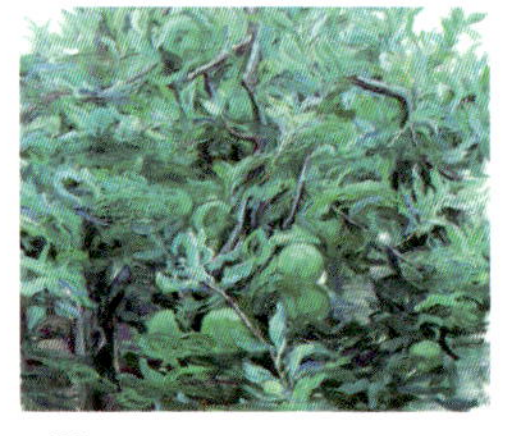

cd36

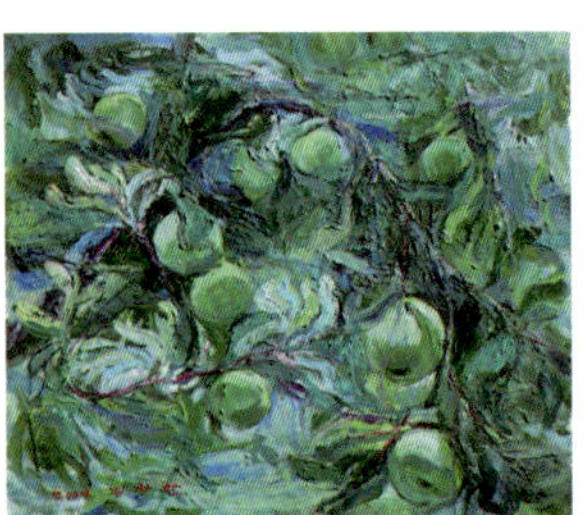

cd37

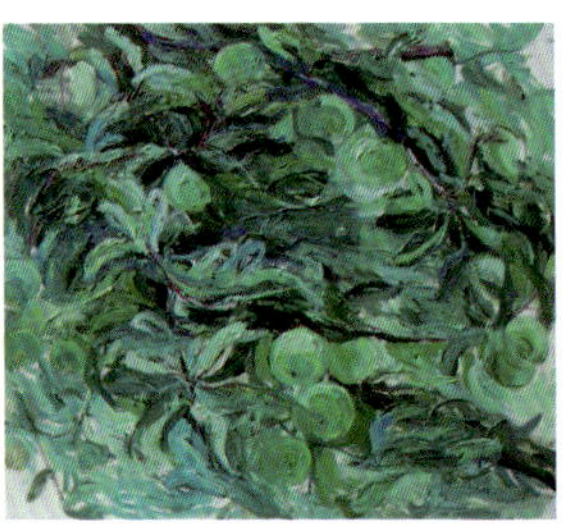

cd38

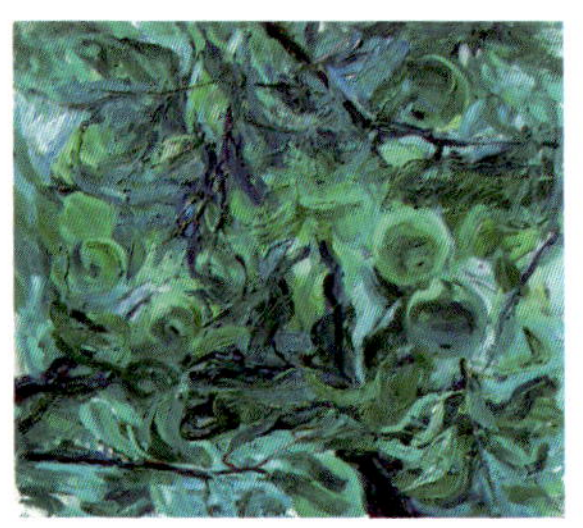

cd39

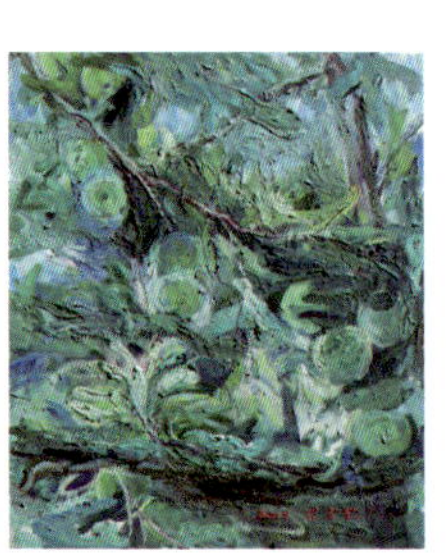

cd40

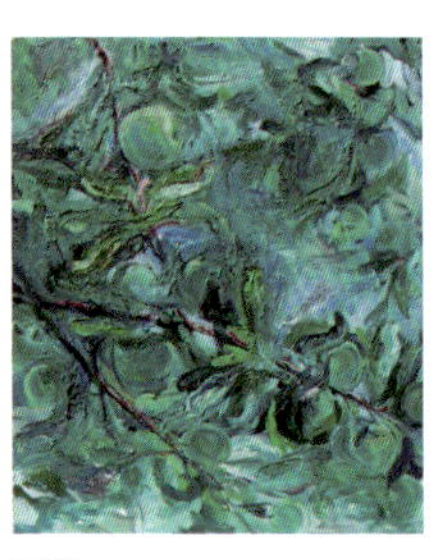

cd41

cd42. **An Apple Orchard at Dusk**
해질녘의 과수원
2004, Oil on linen
45.5x53cm

cd43. **An Apple Orchard in the Heat of the Day**
뜨거운 한낮의 과수원
2004, Oil on linen
112.1x145.5cm

cd44,45. **An Apple Orchard in the Early Morning**
과수원의 이른 아침
2001, Oil on linen
60.6x72.7cm

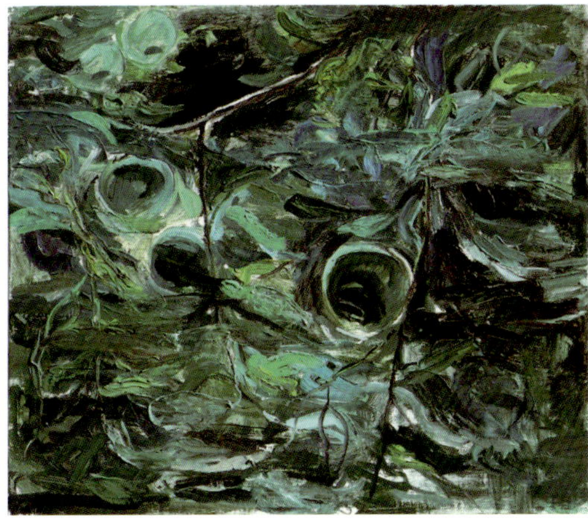

cd42

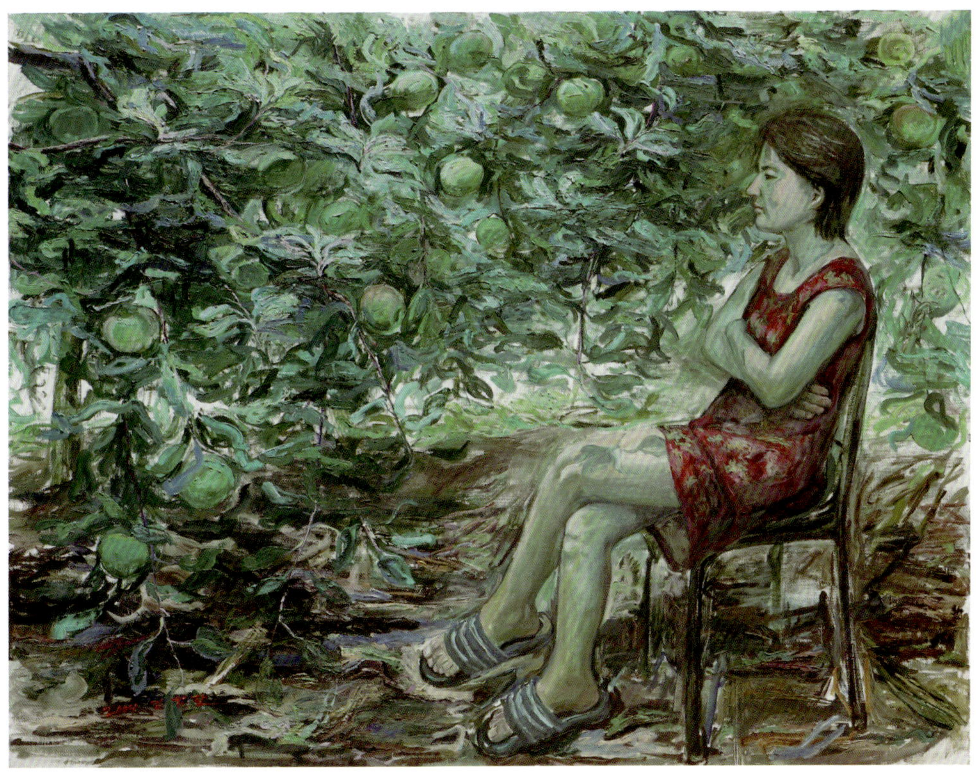

cd43

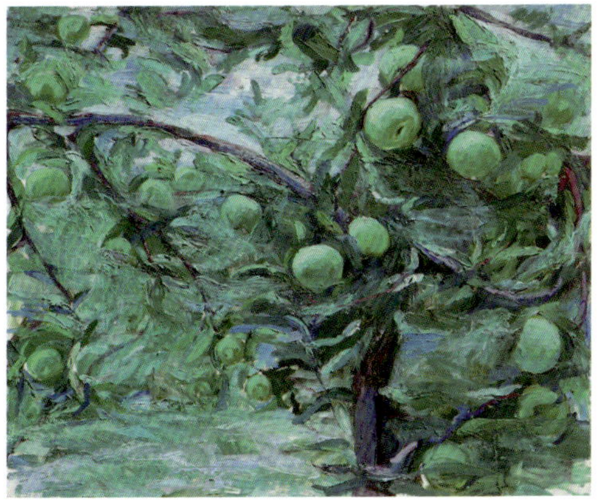

cd44

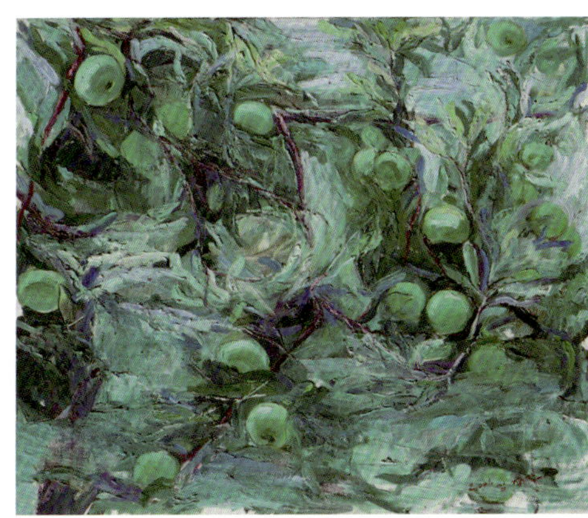

cd45

cd46. **Vibrant Apple Tree**
생명력 넘치는 사과나무
2004, Oil on linen
130.3x162.2cm
Private collection in Ulsan (Korea)

cd47. **Vibrant Apple Tree**
생명력 넘치는 사과나무
2001, Oil on linen
91x116.8cm

cd48. **Vibrant Apple Tree**
생명력 넘치는 사과나무
2001, Oil on linen
60.6x72.7cm
Private collection in Ulsan (Korea)

cd49. **Vibrant Apple Tree**
생명력 넘치는 사과나무
2000, Oil on linen
60.6x72.7cm
Public collection in Ulsan (Korea)
- 울산문화예술회관

cd50,51. **Vibrant Apple Tree**
생명력 넘치는 사과나무
2001,2000, Oil on linen
60.6x72.7cm

cd52. **Vibrant Apple Tree**
생명력 넘치는 사과나무
2001,2000, Oil on linen
60.6x72.7cm
(in Australia, 2010)

cd53. **An Apple Orchard in the Early Morning**
과수원의 이른 아침
1995, Oil on linen
60.6x72.7cm
P rivate collection in Ulsan (Korea)

cd54. **An Apple Orchard at Dusk**
해질녘의 과수원
1994, Oil on linen
91x116.8cm
Private collection in Ulsan (Korea)

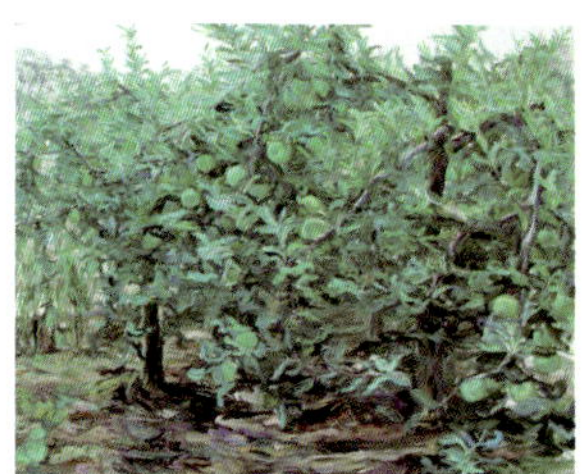
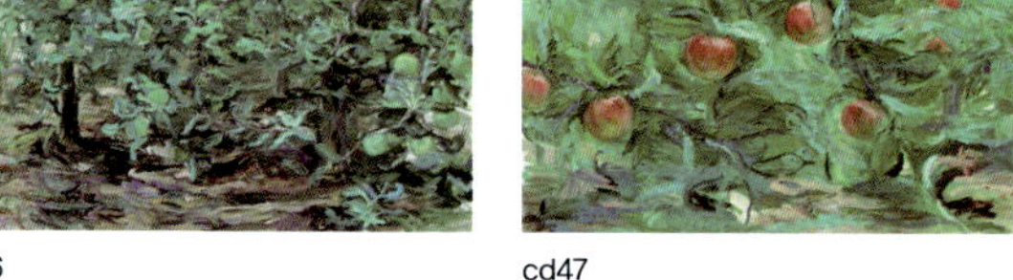
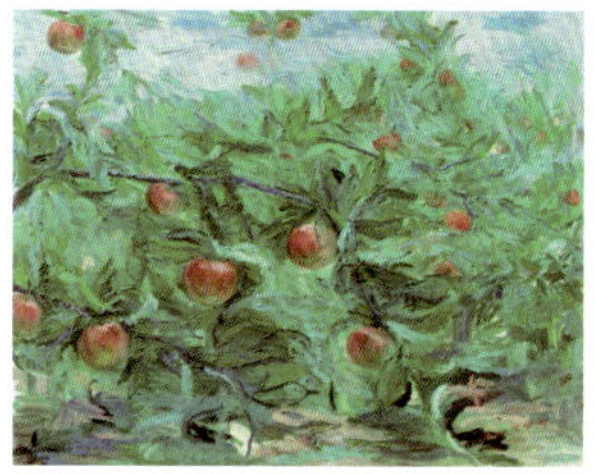
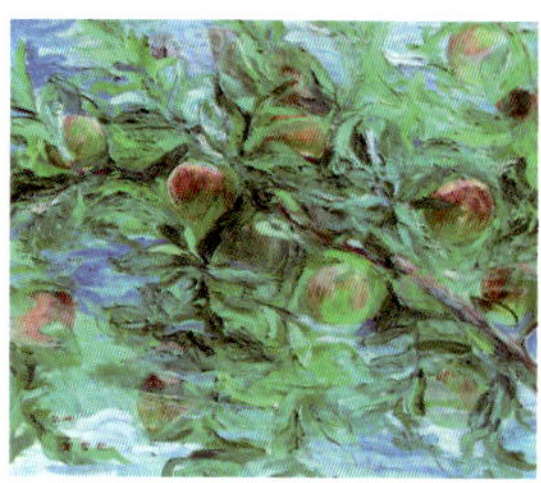

cd46   cd47   cd48

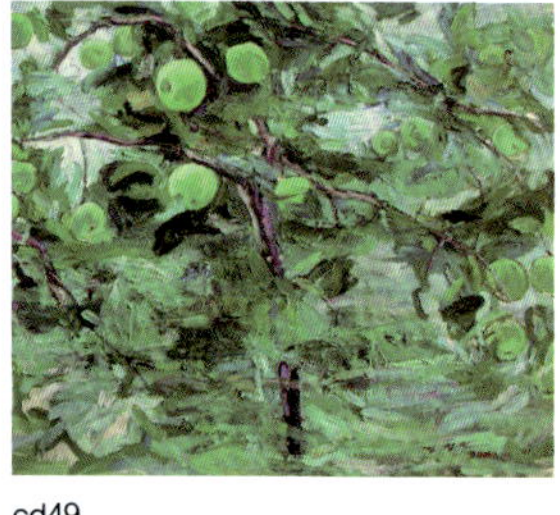
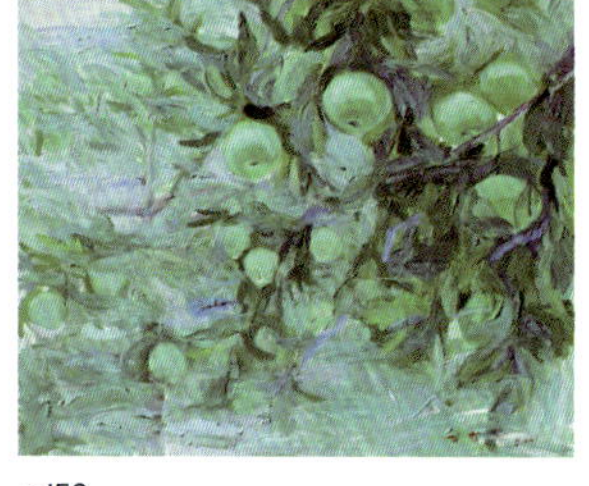
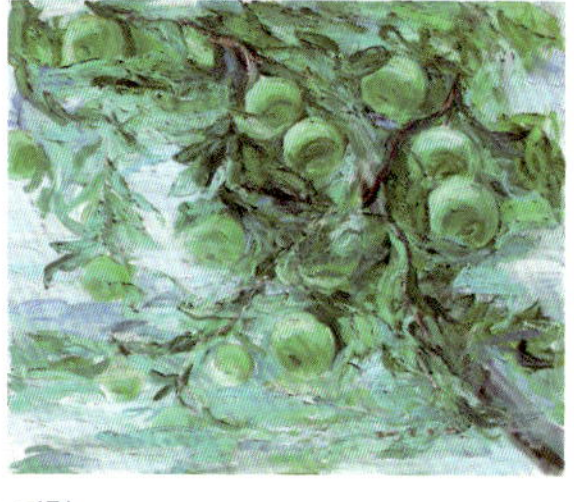

cd49   cd50   cd51

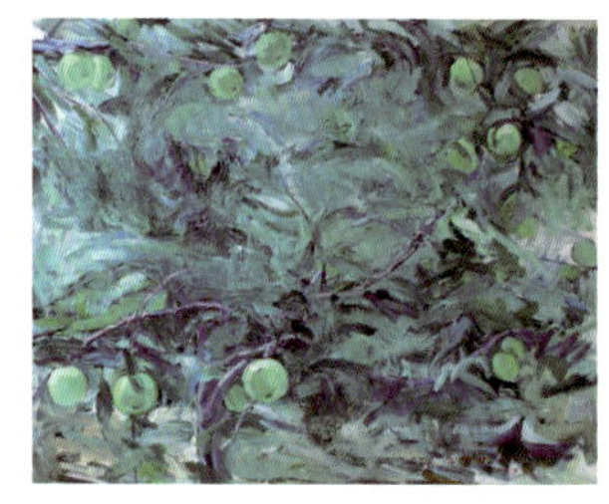

cd52   cd53

cd55. **Vibrant Apple Tree**
생명력 넘치는 사과나무
1994, Oil on linen
91x116.8cm
Private collection
in Ulsan (Korea)

cd56. **Vibrant Apple Tree**
생명력 넘치는 사과나무
1995, Oil on linen
60.6x72.7cm
Private collection
in Ulsan (Korea)

cd57. **Vibrant Apple Tree**
생명력 넘치는 사과나무
1995, Oil on linen
91x116.8cm

cd58. **Vibrant Apple Tree**
생명력 넘치는 사과나무
1995, Oil on linen
91x116.8cm
Private collection
in Ulsan (Korea)

cd59. **An Apple Orchard in the
Heat of the Day**
뜨거운 한낮의 과수원
1995, Oil on linen
91x116.8cm
Public collection in Ulsan
(Korea) - 울산롯데호텔

cd60. **The Way to the Orchard**
과수원 가는 길
1995, Oil on linen
60 .6x72.7cm

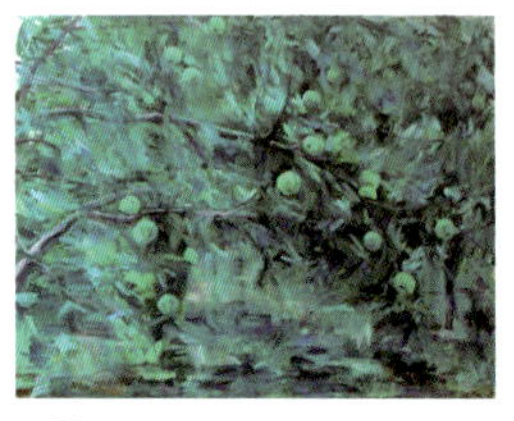
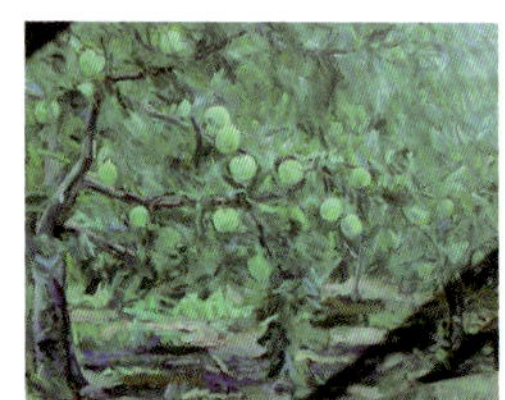
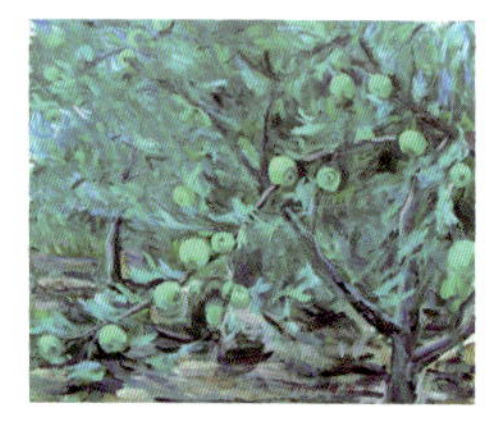
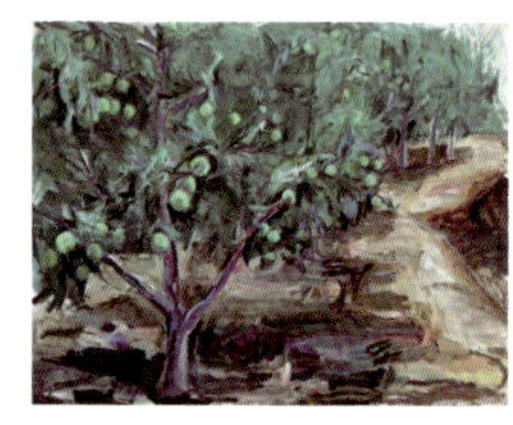

cd54   cd55   cd56   cd57

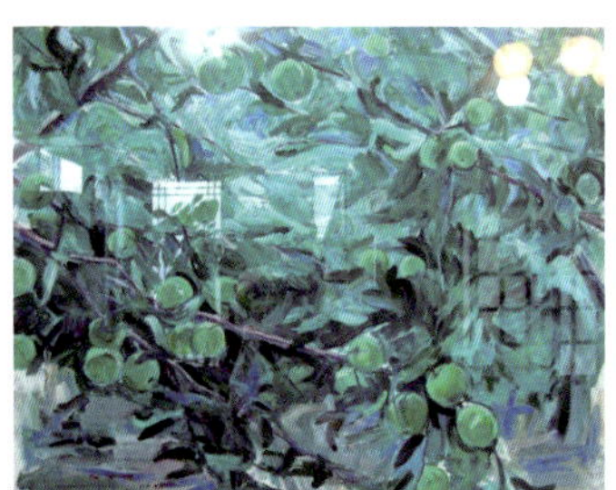
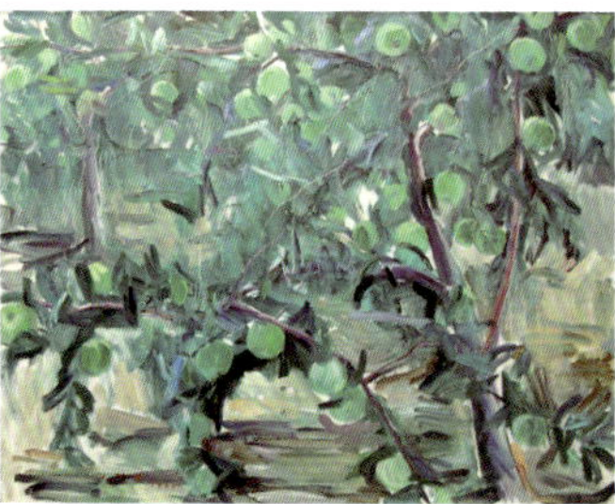
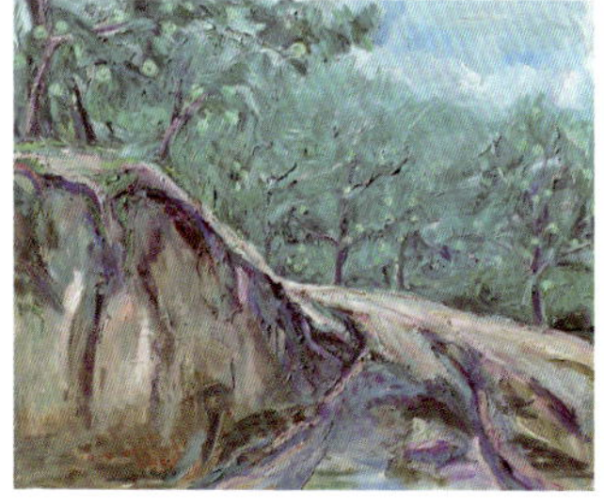

cd58   cd59   cd60

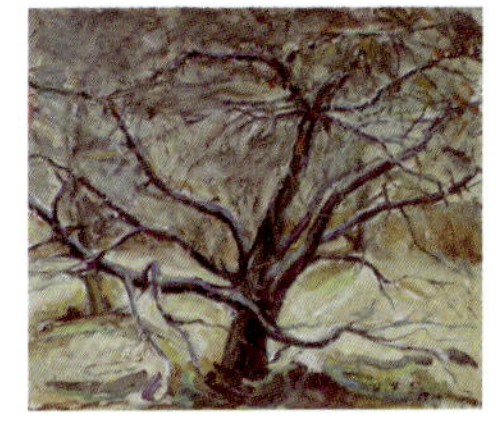

cd61

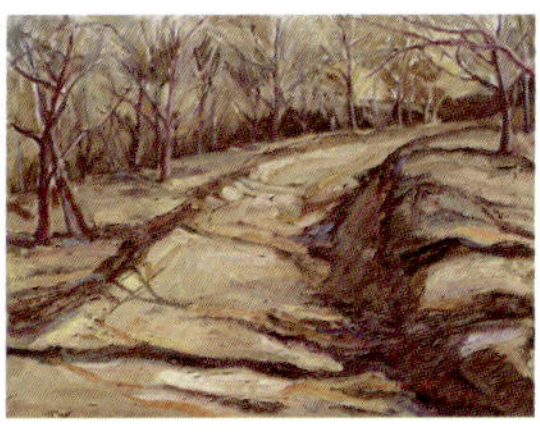

cd62

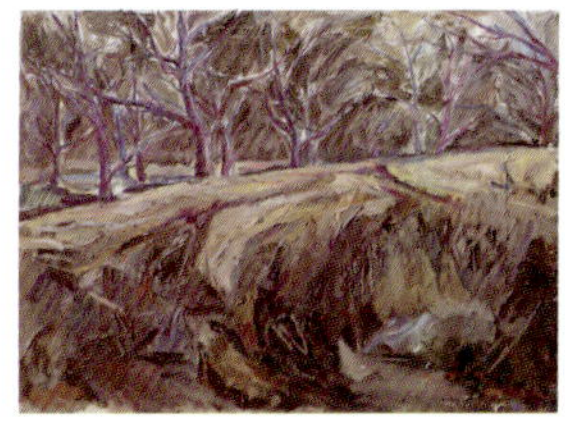

cd63

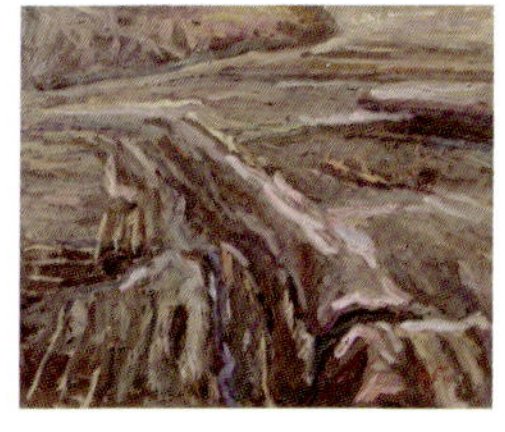

cd64

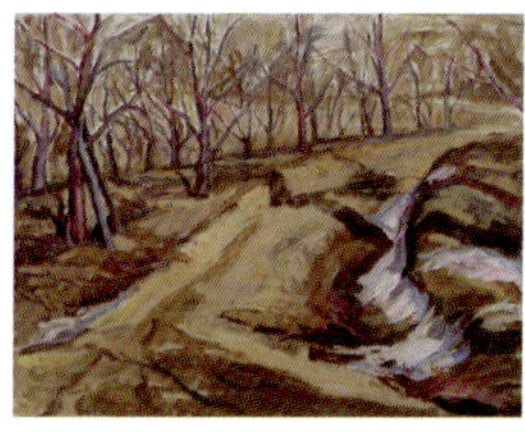

cd65

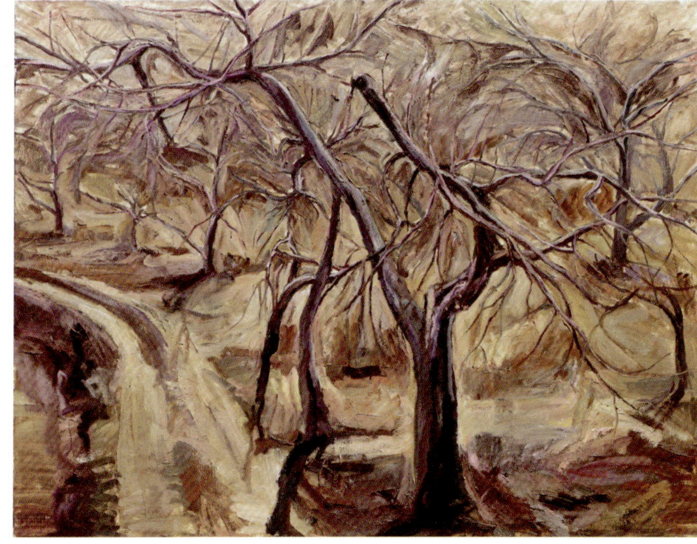

cd66

cd61. **An Apple Tree in Winter**
겨울 사과나무
1994, Oil on linen
45.5x53cm

cd62,63. **An Apple Orchard in Winter**
겨울 과수원
1995, Oil on linen
53x72.7cm

cd64. **The Way to the Orchard**
과수원 가는 길
1994, Oil on linen
72.7x90.9cm

cd65. **Snowy Apple Orchard**
눈 내린 과수원
1994, Oil on linen
40.9x53cm

cd66. **An Apple Tree in Winter**
겨울 사과나무
1995, Oil on linen
91x116.8cm

cd67. **Snowy Apple Orchard**
눈 내린 과수원
1995, Oil on linen
53x72.7cm

cd68. **Snowy Apple Orchard**
눈 내린 과수원
1995, Oil on linen
53x72.7cm

cd69. **An Apple Tree in Winter**
겨울 사과나무
1995, Oil on linen
130.3x162.2cm

cd70. **The Way to the Orchard**
과수원 가는 길
1994, Oil on linen
37.9x45.5cm

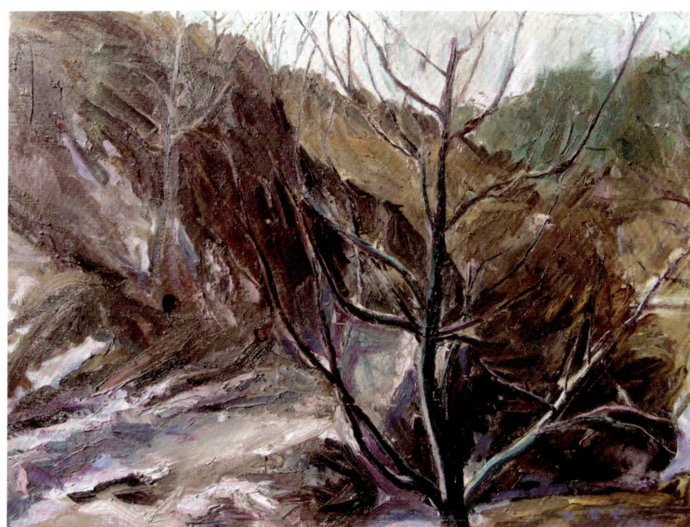

cd67

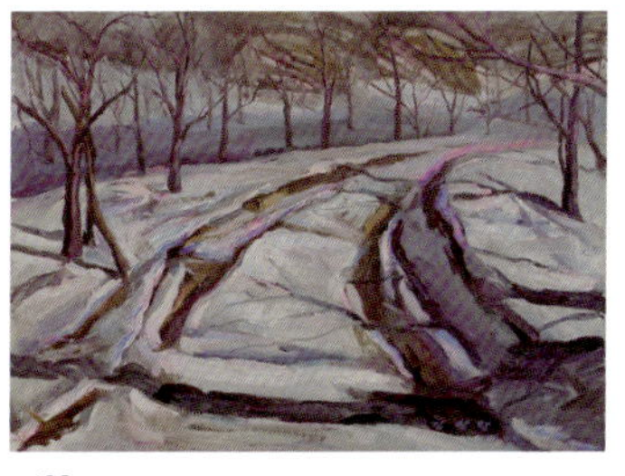

cd68

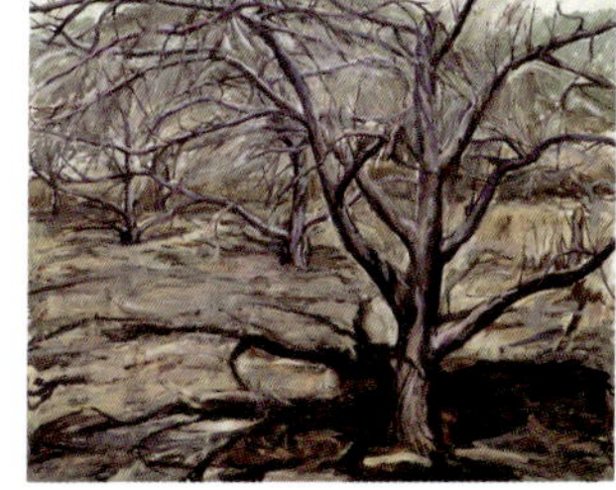

cd69

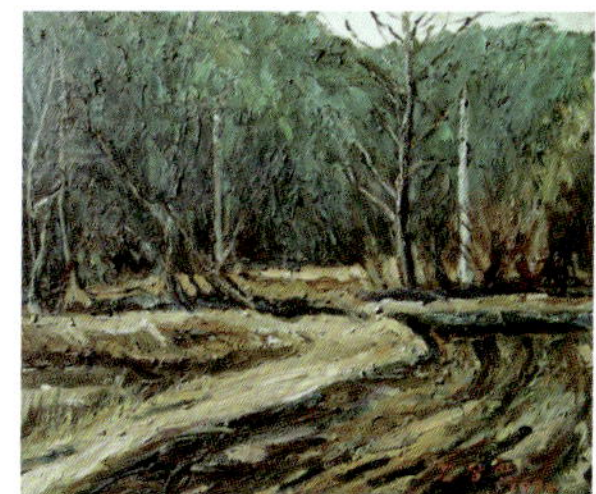

cd70

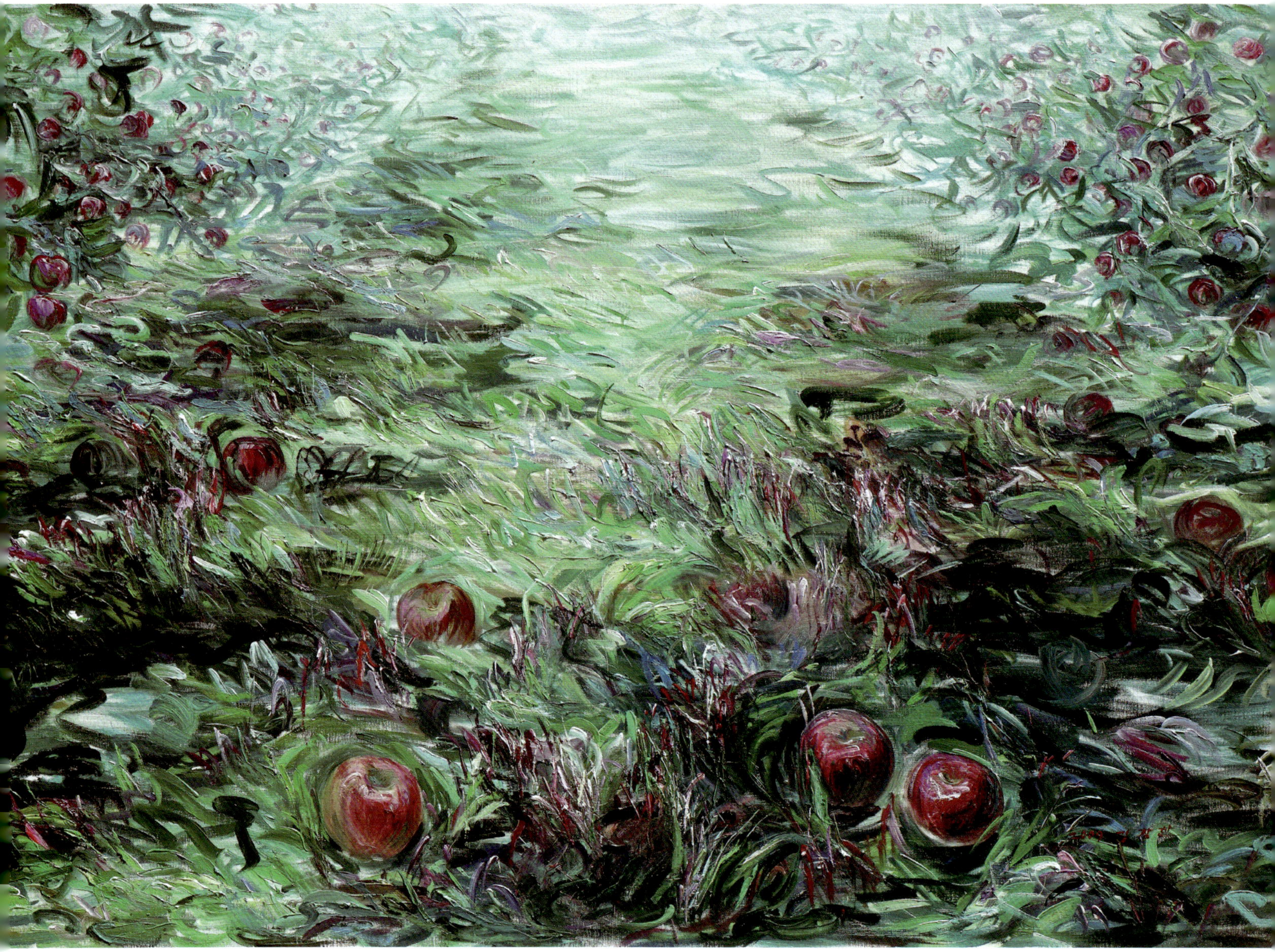

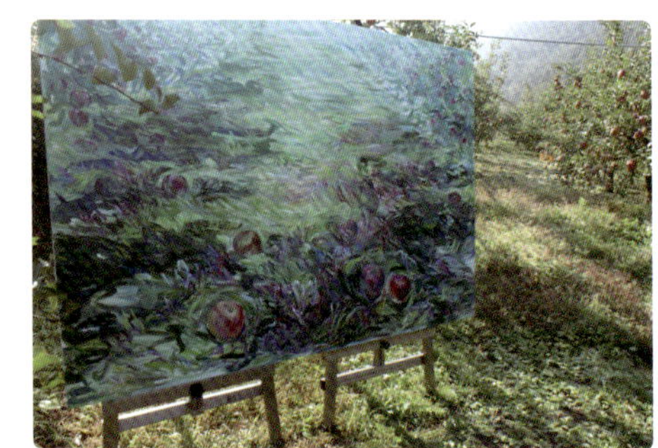

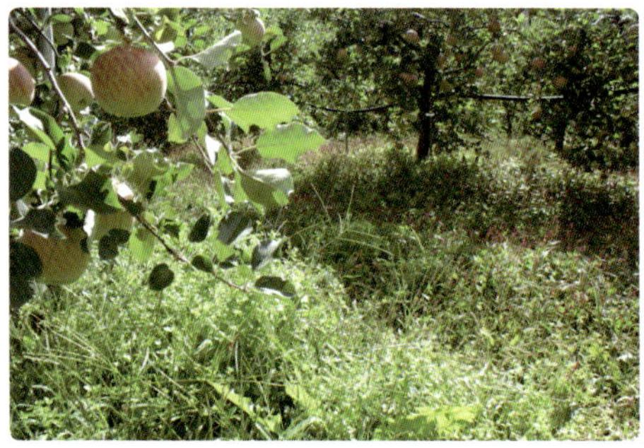

cd71. **A Vibrant Land** 생명력 넘치는 땅 2009, Oil on linen 112,1x162,2cm

Apple Orchard Paintings of Kim Chang Han

By Martha Kruper Straw

I am a truly fortunate person. I am one of a handful of people besides Mr. Kim himself who has experienced the apple orchard and the surrounding habitat first hand. As I have seen both the apple orchards and the paintings, I have the unique honor of being able to compare them to each other. In addition, I have talked with Mr. Kim about his artwork. We discussed the inspiration leading up to the creating of the Apple Orchard Paintings and the philosophy behind his artwork.

The Apple Orchard Paintings were started almost 15 years ago when Mr. Kim was inspired by memories from his childhood. He tried painting in various orchards. After some searching he found a ravine in the Yeongcheon countryside. Not just any orchard, but one of older trees that is tenderly nurtured by caring owners. He immersed himself in this atmosphere of living beauty to soak up the pure essence of

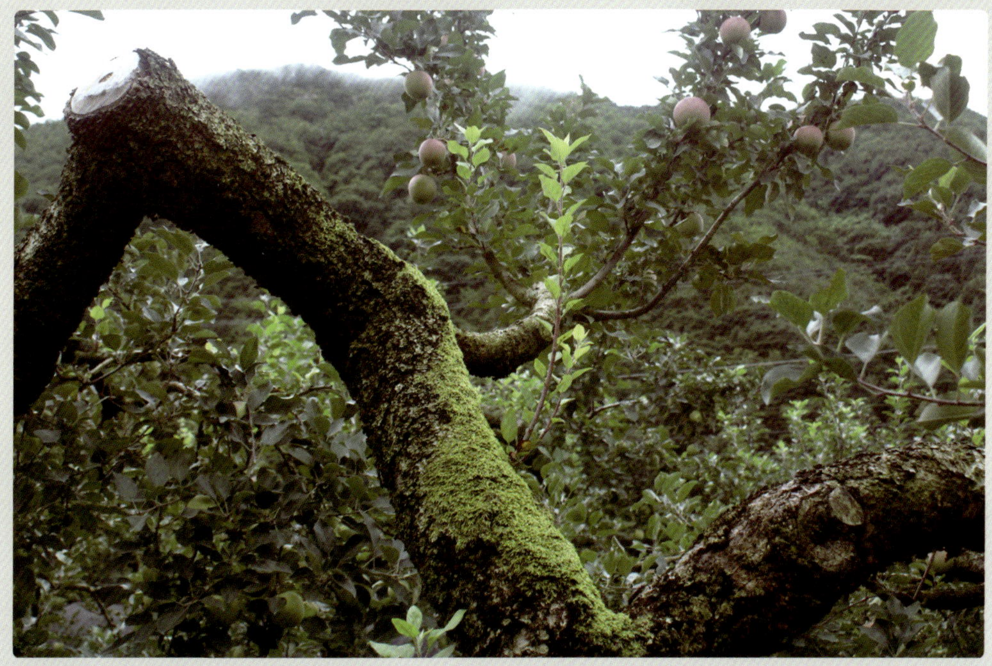

김창한의 사과 과수원 그림

마샤 크루퍼 스트로

나는 정말 행운아다. 나는 창한 씨 본인을 제외하고 그의 사과 과수원 그림과 과수원을 둘러싼 자연환경을 직접 경험해본 몇 안 되는 사람 중 한 명이다. 나는 그 과수원과 그림 모두를 보면서 둘을 비교해 볼 수 있는 영광을 누리게 되었다. 게다가 그의 작품에 대해 창한 씨와 얘기도 나눌 수 있었다. 우리는 그가 사과 과수원을 그리게 된 영감의 원천과 그의 작품에 깃든 철학에 대해 논의했다.

사과 과수원 그림은 창한 씨의 어린 시절 기억에서 영감을 받은 것으로 15년 전부터 시작되었다. 그는 그림을 그리려고 여러 과수원을 돌아다녔다. 여러 군데를 둘러본 후 그는 영천에 있는 한 산골짜기를 찾았고 그 곳에서 보통 사과나무가 아닌 농부의 정성 어린 손길이 간 오래된 사과나무를 보았다.

그는 생육단계를 관찰하면서 봄, 여름, 가을을 보냈다. 나무들은 자라났고 그가 그림을 그리는 만큼이나 무르

"

the orchard. He spent the spring, summer, and fall observing the stages of development. The trees grew and matured as he painted. As the branches, leaves, and fruit changed, so did the magnificent colours on the canvas. Now the various seasons in the orchard have been captured in a group of ten oil paintings. The Apple Orchard Paintings, which have been maturing over many years, are now complete.

The energy of the apple trees, the nearby mountains, the grasses, the wildflowers, and the land itself are transmitted through Mr. Kim to be captured with oil paints on the linen canvas. Just as the apples draw their juicy sweetness through the tree from the air and the land, Mr. Kim absorbs the spirit of nature from his physical environment. It's as if air, sunshine, rain, plants, insects, and soil transmit energy that resonates at the same frequency as his soul. His brain transfers this living energy into brushstrokes of bold colours onto the canvas. His mental energy vibrates in harmony with the natural world that envelopes him. His ability to sense this life power allows him to keenly recreate images of nature so that viewers of his artwork may experience for themselves many marvels of our world.

Though the thick branches are gnarled with age, the leaves and fruit display a healthy, young vitality. The mature apple tree absorbs essential nutrients from the clean air, soil, and water. The absence of agrichemicals in this particular orchard allows the trees to grow strong, undeterred by man-made products. Mother Nature's delicate balance of resources

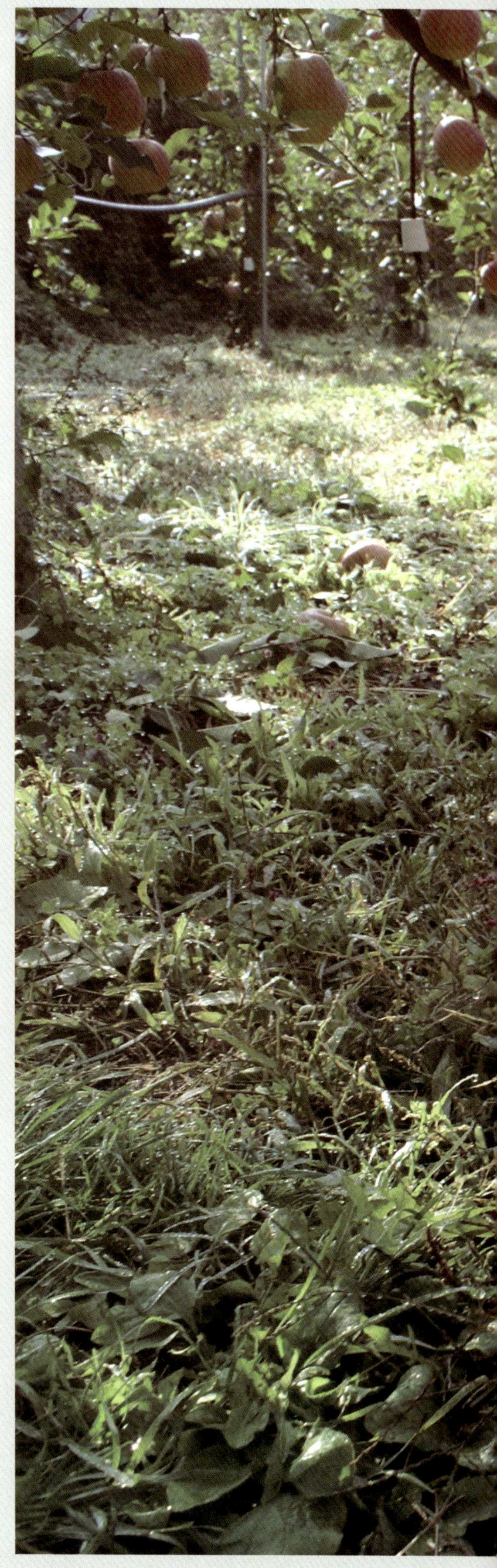

익어갔다. 가지와 잎과 과일이 변화하듯이 캔버스의 화려한 색채도 그렇게 변화되었다. 드디어 과수원의 여러 계절은 열 개의 유화그림 그룹 속에 담기게 되었다. 사과 과수원 그림은 여러 해 동안 진행되어 이제 마무리 단계에 이르렀다.

사과나무의 에너지, 주변의 산, 풀, 야생화 그리고 대지는 창한 씨의 유화를 통해 캔버스로 옮겨졌다. 사과들이 나무를 통해 하늘과 땅의 달콤함을 빨아 모으듯이 창한 씨는 자신의 철학적 환경으로부터 자연의 영감을 흡수하고 있었다. 공기, 햇빛, 비, 나무, 곤충들 그리고 흙은 그의 영혼이 그러하듯 함께 진동하는 에너지를 발산하는 것 같았다. 그의 머리는 이런 삶의 에너지를 대담한 색채의 붓 놀림으로 캔버스에 옮기고 있었다. 그의 정신적 에너지는 그를 둘러싸고 있는 자연과 조화되어 진동하고 있었다. 그는 이런 삶의 힘을 느낌으로써 자연의 이미지를 예리하게 재창조하게 되었고, 그 결과 그의 작품을 보는 사람들 역시 각자 스스로 세상의 많은 경이로움을 경험하게 될 것이다.

세월의 흐름과 함께 굵은 나무 가지들이 마디투성이가 되어도 잎들과 과일은 건강하고 젊은 생명력을 뿜낸다. 잘 익은 사과나무는 깨끗한 공기, 토양 그리고 물에서 필수 영양소를 빨아들인다. 이 특별한 과수원에는 농약이 없다. 그래서 나무들이 사람이 만든 생산물이라는 것에 구애 받지 않고 강하게 커나갈 수 있다. 자연의 섬세한 자원들간의 균형은 그들이 수백 년 전

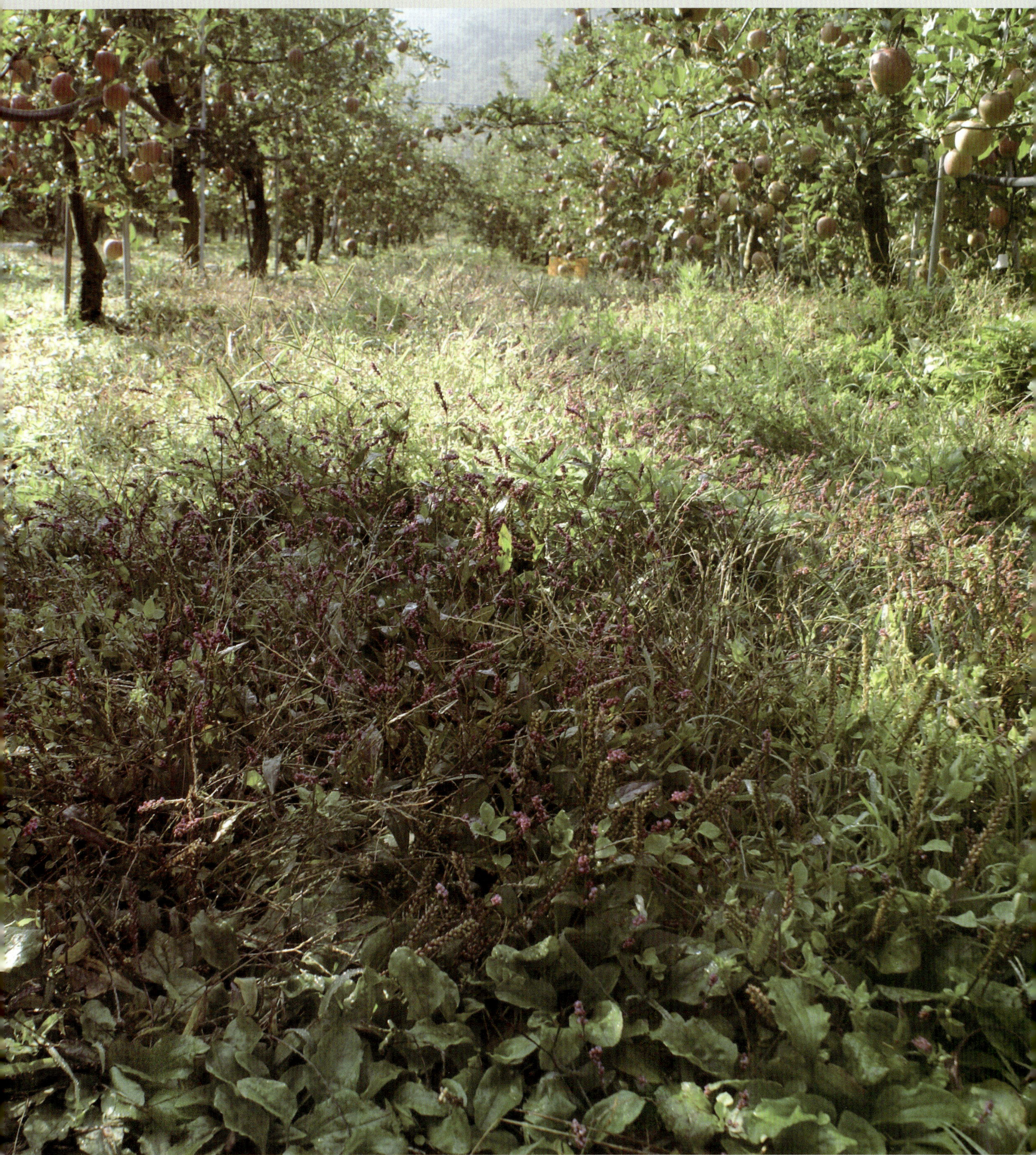

produces healthy apples as they grew hundreds of years ago. The nutrients in the soil are replenished by the other plants, insects, and rain. They all grow together, sustaining each other through the ages. Mr. Kim captures the harmony between the apple trees' vigor and the purity of the rural environment.

The vibrant colours in the paintings of the apple orchard radiate life's energy. Motion and vitality are conveyed by the width of the brushstrokes and the thickness of the paint. Light reflecting off the shiny paint gives depth and aliveness. The bright red and contrasting greens swirl as if stirred by wind blowing the leaves and branches. The large canvas, along with the life-size leaves, apples, and branches wrap around the viewer as if he were standing in the orchard.

Though the overall tone of the paintings is realistic, it is not like a photograph. The feeling of life and motion are evident. His style, though reminiscent of the European Impressionist Painters, is more vivid, dramatic, and bold.

The spirit of life and energy that is portrayed in the apple orchard theme is portrayed consistently throughout Mr. Kim's other paintings. I imagine that a beautiful painting such as these would fill a room with a natural energy, imparting strength, positive enthusiasm and youthful spirit to the viewers.

Some of Mr. Kim's other artwork has a definitely Eastern feel in both the subject and style. **For me, Mr. Kim's Apple Orchard artwork displays the strength, purity and freshness of the earth's natural beauty free from man's cultural interpretation.**

The most recent painting of the Apple Orchard series was painted entirely during the

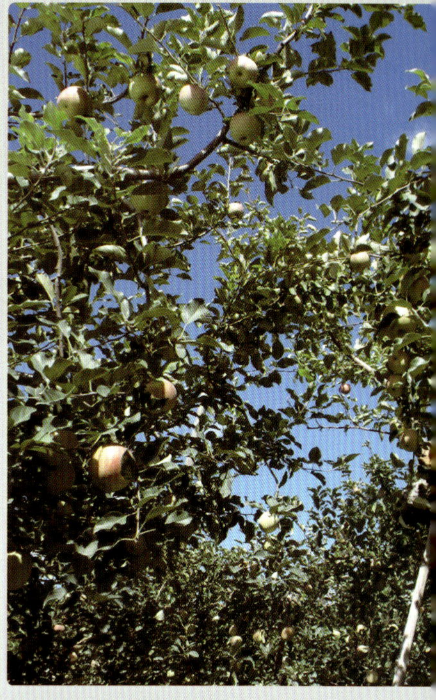

에도 성장했듯이 자연 그대로의 생명력이 살아 있는 사과를 생산한다. 그들 모두는 같이 성장하고 나이가 먹어감에 따라 서로 지탱하고 있었다. 창한 씨는 사과나무의 생명력과 전원의 순수함 간의 조화를 화폭에 담았던 것이다.

사과 과수원의 그림 속에서 울려 퍼지는 색채는 삶의 에너지를 발산한다. 움직임과 활력은 폭넓은 붓 놀림과 그림을 여러 겹 덧칠함으로써 전달되었다. 화려한 붉은 색과 대비되는 녹색은 마치 바람에 날리는 잎들과 가지로 인해 뒤섞이는 것처럼 소용돌이쳤다. 이 커다란 캔버스는 마치 그가 과수원에 서 있는 것처럼 실물크기의 잎, 사과 그리고 가지와 함께 보는 사람들 주위를 휘감았다. 그림의 전체적인 분위기가 사실적임에도 불구하고 그림은 사진 같지가 않았다. 삶과 움직임의 느낌은 명백했다. 그의 스타일은 유럽의 인상주의 화가들을 떠올리게 함에도 불구하고 더욱 생동감 있고 드라마틱하고 대담하였다.

사과 과수원이라는 주제로 그려진 삶과 에너지의 영혼은 창한 씨의 다른 그림에서도 일관되게 나타나고 있었다. 나는 이런 아름다운 그림들이 지닌 자연의 에너지, 발산하는 힘, 분명한 열정과 싱그러움들이 전시장을 가득 채우고 관객들에게도 전달될 것이라고 생각한다. 창한 씨의 작품 중에서 어떤 것들은 분명히 주제와 스타일 모두에서 동양적 느낌이 있다. **나에게 창한 씨의 사과 과수원 작품은 인간의 문화적 해석이 곁들지 않은 대지의 자연미에 대한 활력, 순수함 그리고 신선함으로 다가왔다.**

일련의 사과 과수원 그림 중 가장 최근의 작품은 가을 첫째 주 내내 그려졌다. 주제와 색채는 다른 작품들과 유사했지만, 이 그림의 스타일은 좀 더 추상적이었다. 빨강, 분홍, 녹색 그리고 푸른색의 전율은 여기에도 이

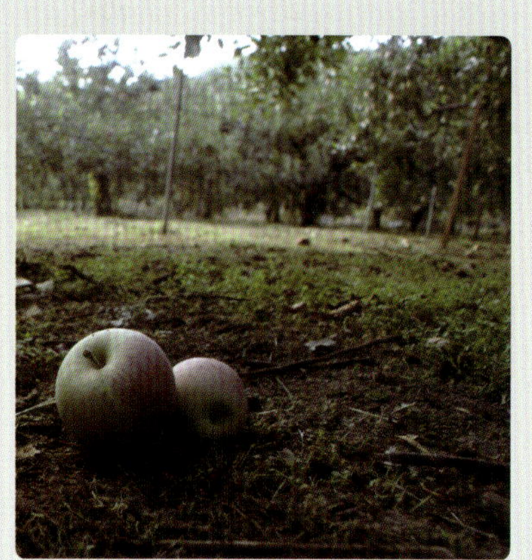

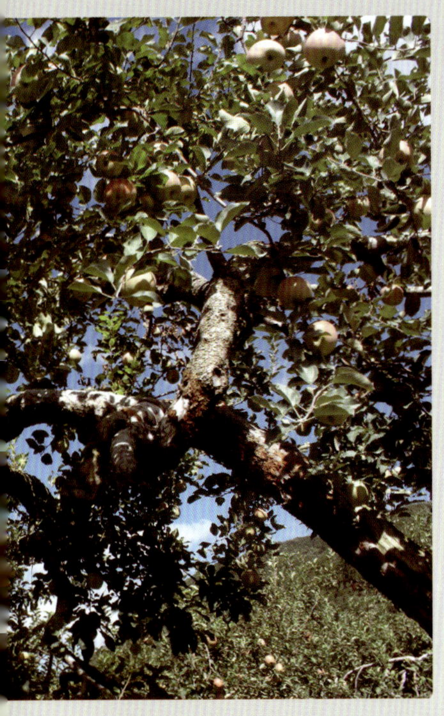

first weeks of autumn. Although the theme and colour are similar to the others, this painting's style is more abstract. The vibrancy of the reds, pinks, greens, and blues continues here, along with the movement of life. However, a wide open feeling of freedom and buoyancy replaces the solid grounding of the trees to the earth. As a viewer, I am less tied to the trees, free to drift upward, drawn away from the apples laying on the ground and lifted up to the openness of the horizon. This latest painting captures the ancient innocence of nature, showing us how beauty exists without human presence. Let us derive enjoyment from this simple beauty.

In the future, Mr. Kim plans to expand the apple orchard theme. He envisions the next paintings evolving into a mystical style. Once again, birth, growth, death and rebirth will be depicted in the apple orchard. The cycle of life will be reflected in a new creative flavor.

It seems to me that Mr. Kim gives everything to his work. He chooses the highest quality linen material, oil paints and mediums. He drives many miles and endures physical inconveniences to be able to paint on site. He devotes hour upon hour with brush and palette in hand. His artwork is sincere, honest, and genuine. Beauty is presented as nature created it. I believe Mr. Kim's true purpose is to share nature's creations with us. Our job as viewers is to stop, take our time, and soak up the positive feelings that his paintings impart. We must relax, and open ourselves to allow the energy of his paintings to be transferred to us. Only then can we savor and enjoy this beauty as if it were a fine wine.

– October 25, 2009, Yeongcheon, South Korea

어졌고, 삶의 움직임과도 함께했다. 그러나 더욱 확장된 해방감과 생명의 기운은 나무가 심겨진 땅으로 옮겨지고 있었다. 관람객 입장에서 나는 나무에 살짝 매여, 하늘로 올려진 듯 가벼웠고 대지에 누운 채 사과에서 떨어져 지평선의 개방된 느낌으로 이끌렸다. 이 최근의 작품은 인간의 손길이 닿지 않아도 미(美)가 어떻게 존재하는지를 보여주면서 태고시절 자연의 순수함을 사로잡고 있었다. 이 단순한 미로부터 즐거움을 끌어낼 수 있도록 해보자.

창한 씨는 앞으로 사과 과수원의 표현 영역을 확장하려고 구상하고 있다. 그는 신비적인 분위기로 전개되는 다음 그림을 마음속에 그리고 있다. 다시 한 번 사과 과수원에서 출생, 성장, 죽음 그리고 재탄생이 그려질 것이다. 삶의 순환은 새로운 창조적 분위기로 반영될 것이다.

창한 씨는 모든 것을 작품에 쏟아 붓는 것처럼 보인다. 그는 최고전문가용 캔버스 천(Linen)과 유화물감 그리고 관련 보조재료를 사용한다. 직접 눈으로 보고 그리기 위해 장시간의 운전이나 육체적 불편함도 마다하지 않는다. 그는 붓과 팔레트를 손에 쥐고 몇 시간씩 보낸다. 그의 작품은 진지하고 정직하고 또한 꾸밈이 없다. 미는 자연이 그것을 창조했듯 표현되고 있다. 나는 창한 씨의 진정한 목적은 자연의 창조물을 우리와 나누는 것이라고 믿는다. 관람객으로서 우리들은 멈춰 서서 시간을 가지고 그의 그림이 발산하는 분명한 어떤 느낌에 젖어 들면 된다. 우리는 긴장을 풀고 그림의 에너지가 우리에게 전이될 수 있도록 스스로 마음을 열어야 한다. 그렇게 해야만 마치 좋은 포도주를 음미하듯 이 아름다움을 느끼고 즐길 수 있는 것이다.

– 2009년 10월 25일, 영천(경상북도)

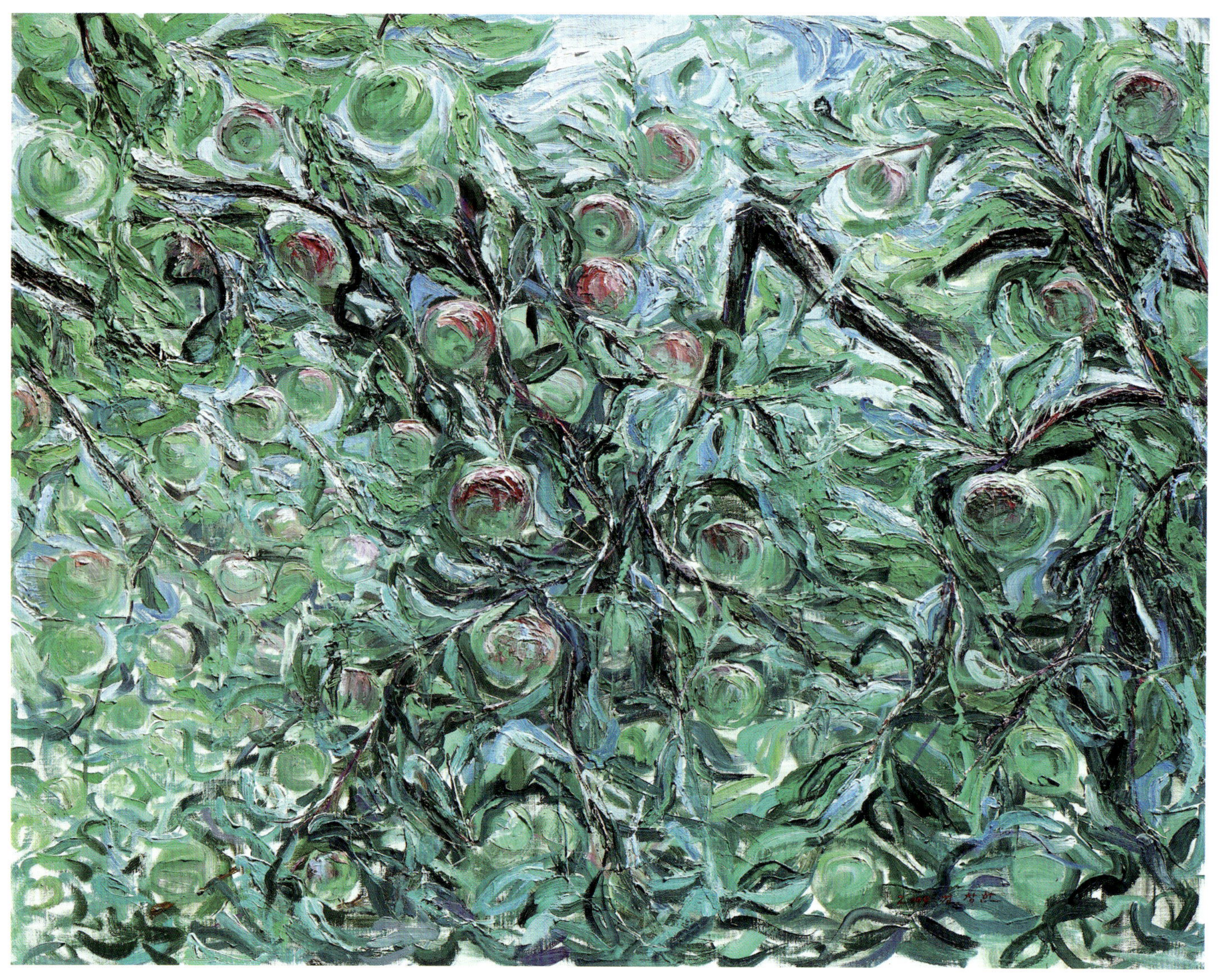

cd72. **Vibrant Apple Tree** 생명력 넘치는 사과나무 2009, Oil on linen 91x116.8cm

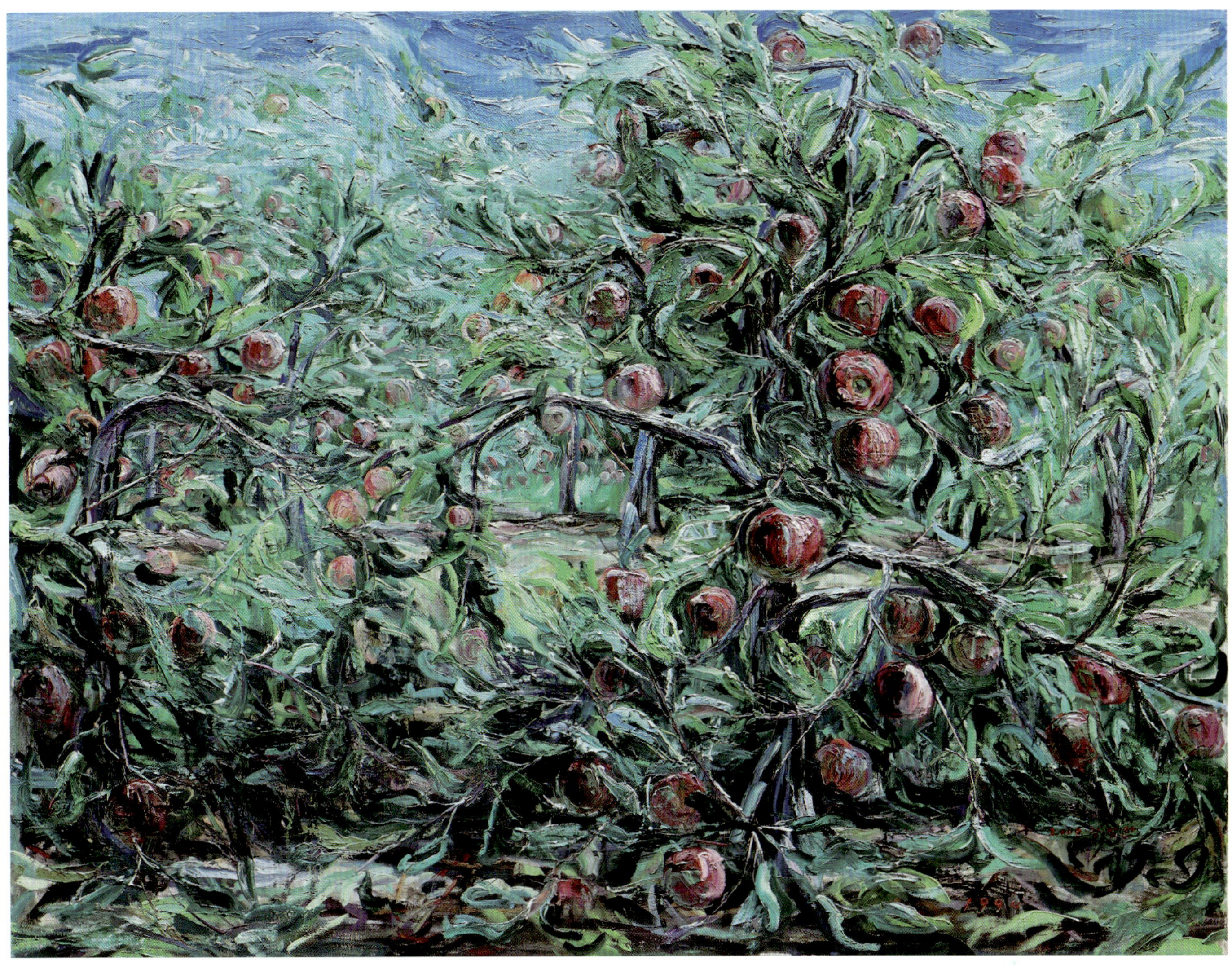

cd73. **Burning Apple Tree** 불타는 사과나무 1994–2009, Oil on linen 112.1x145.5cm

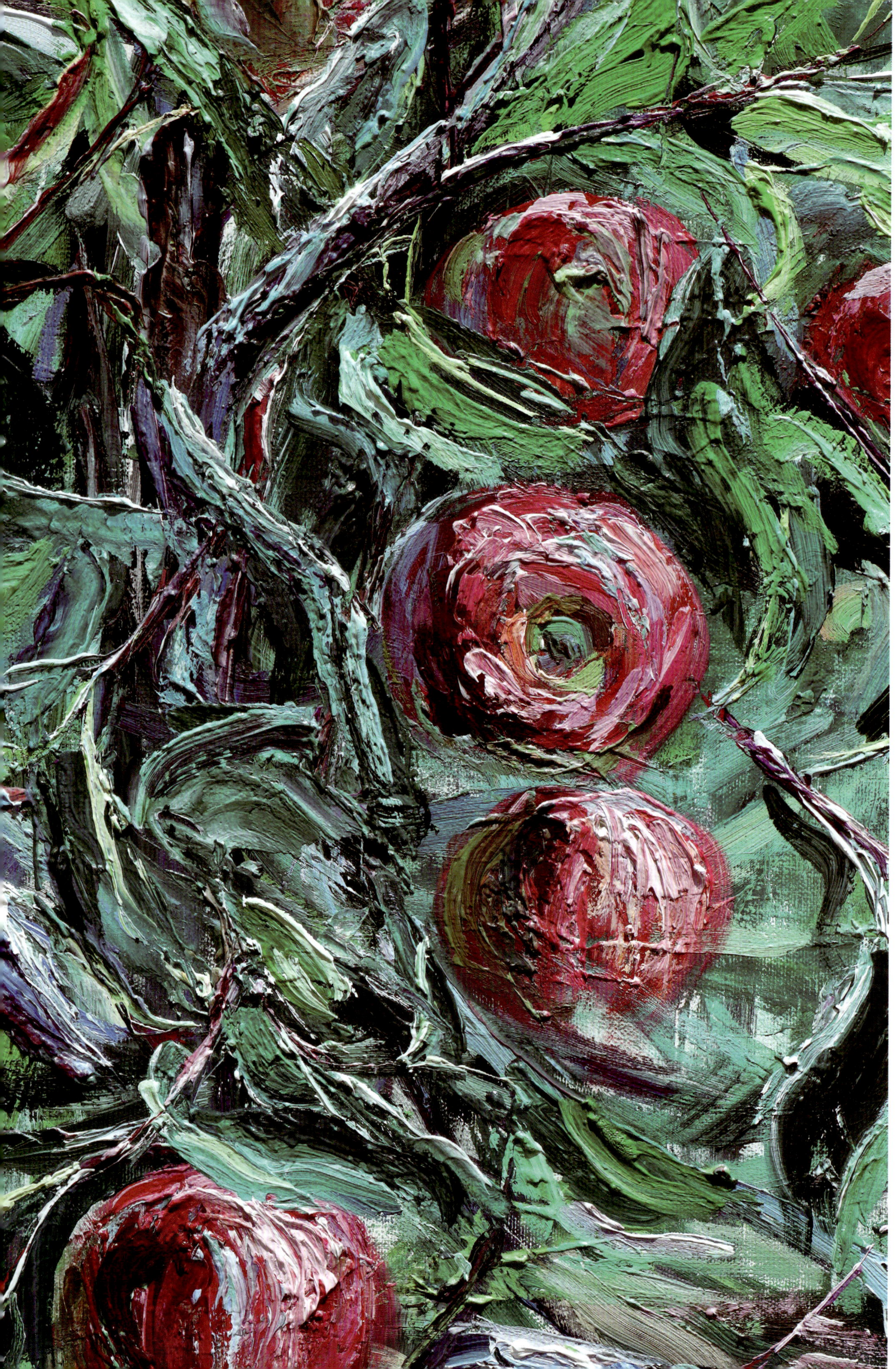

Detail of cd73

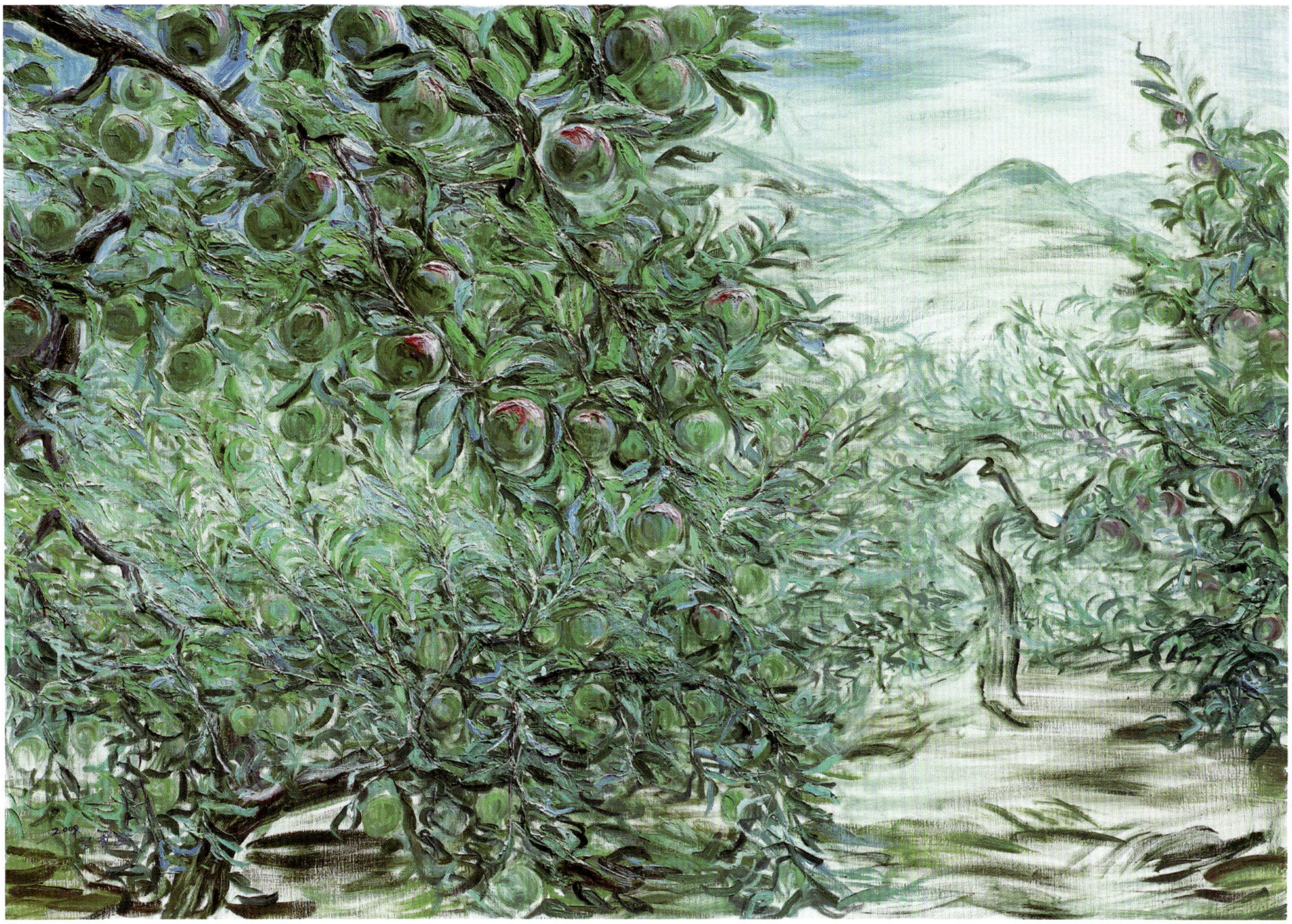

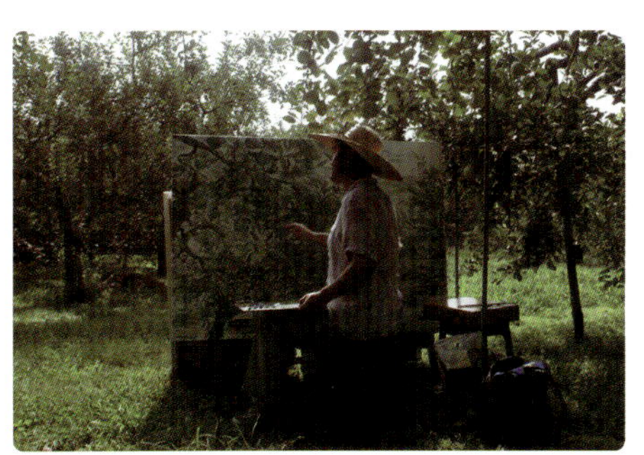

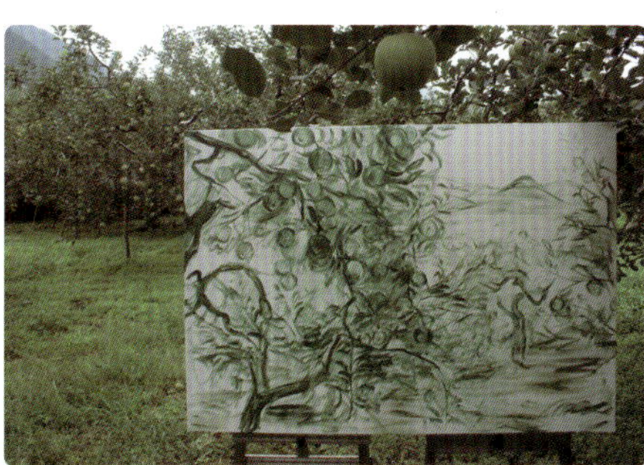

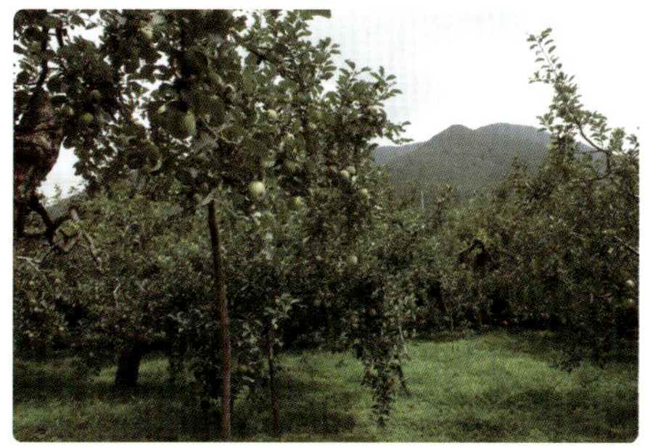

cd74. **Vibrant Apple Tree** 생명력 넘치는 사과나무 2009, Oil on linen 112.1x162.2cm

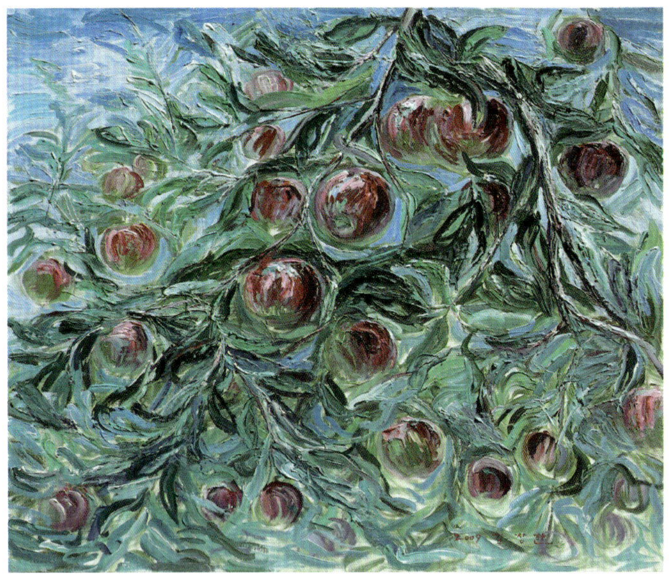
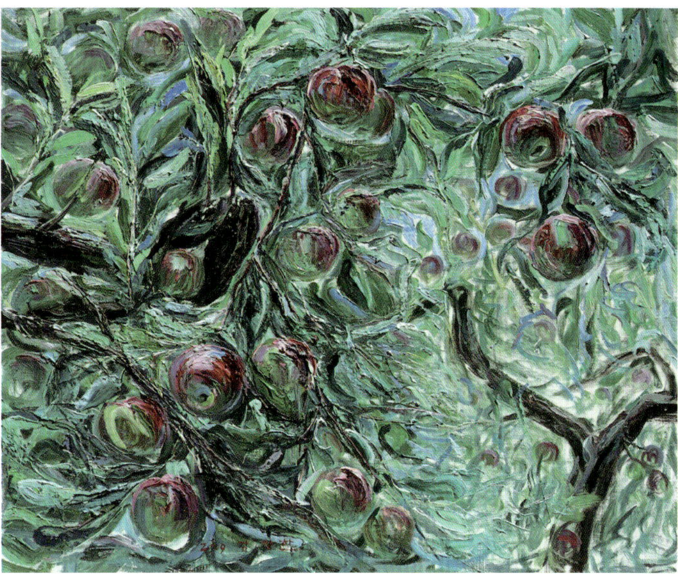

cd75. **Burning Apple Tree** 불타는 사과나무 2009, Oil on linen 60.6x72.7cm

cd76. **Burning Apple Tree** 불타는 사과나무 2009, Oil on linen 60.6x72.7cm

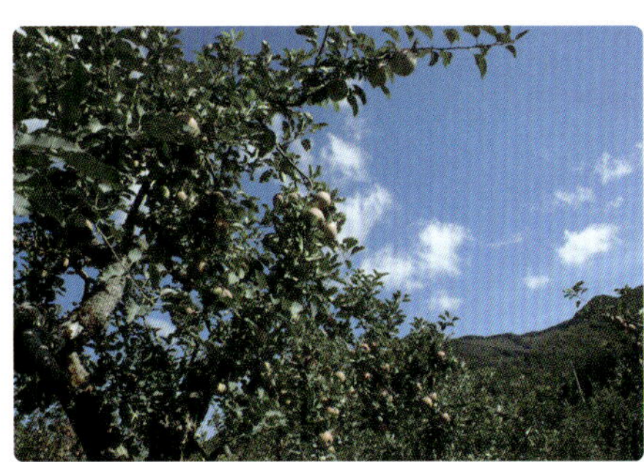

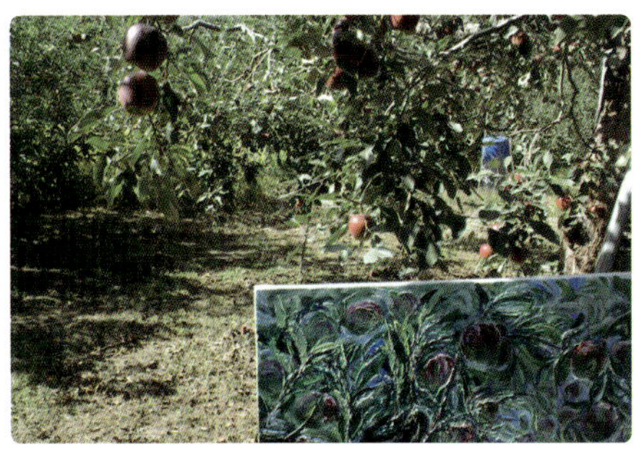

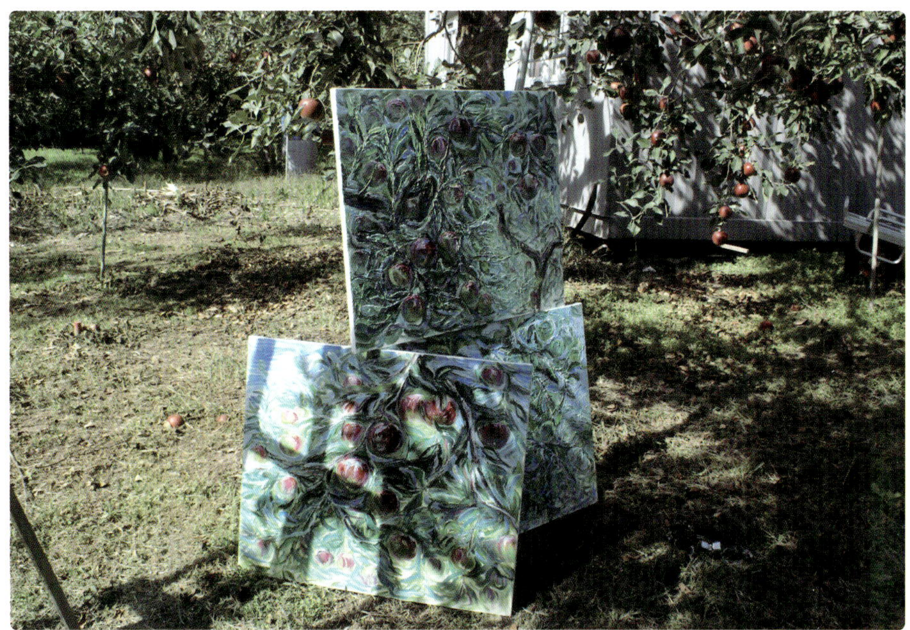

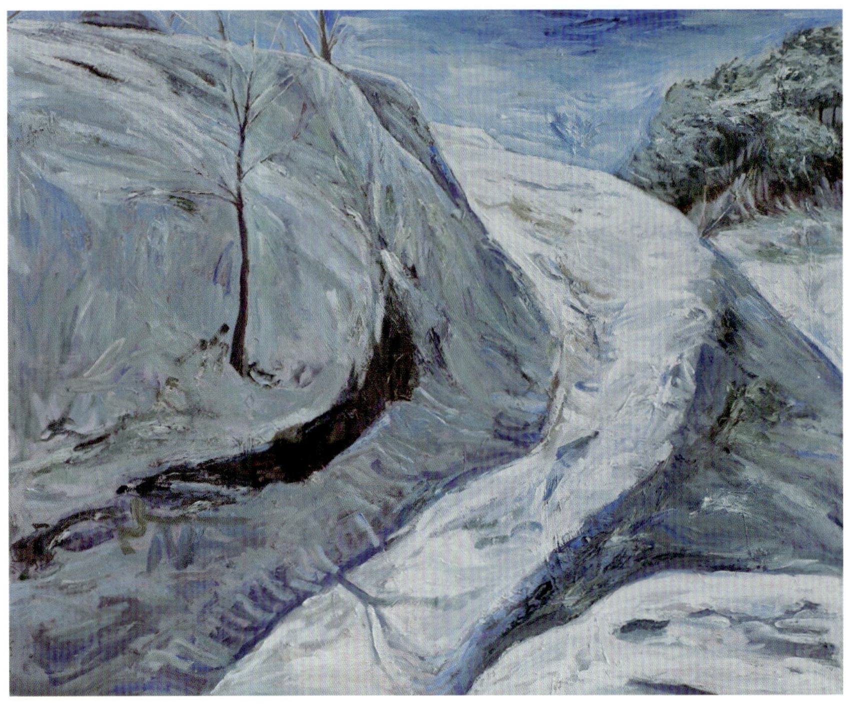

cd77

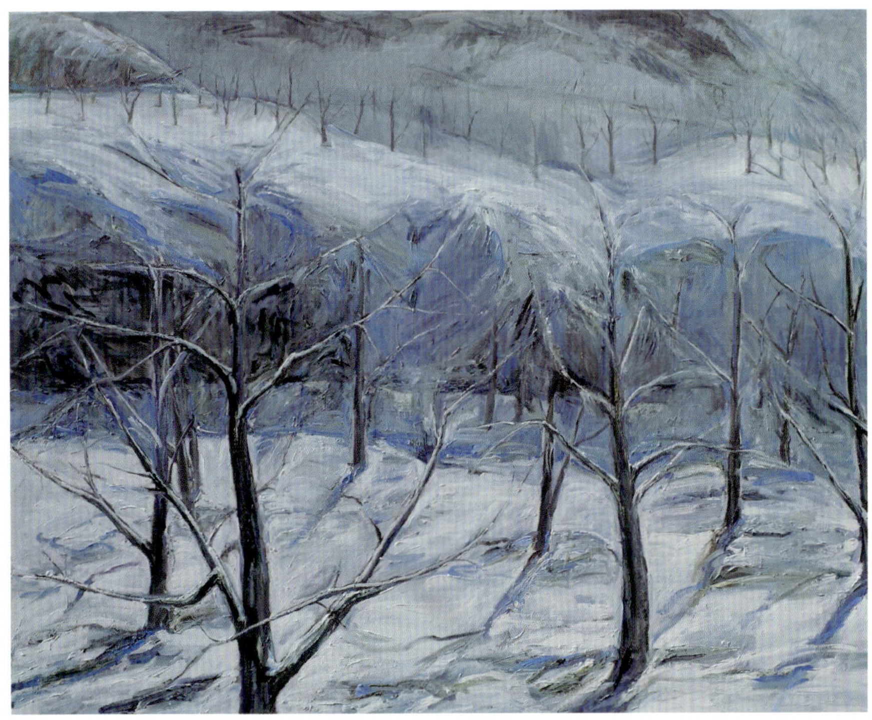

cd78

cd77,78. **Snowy Apple Orchard**
눈 내린 과수원
1995~2009, Oil on linen
130.3x162.2cm

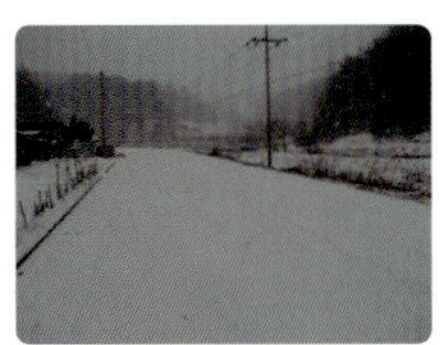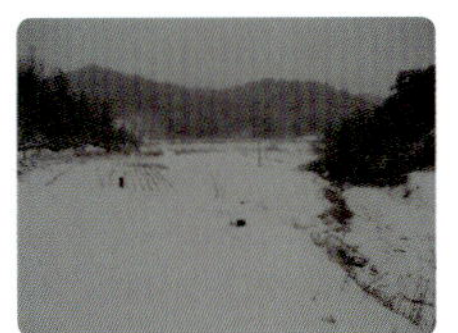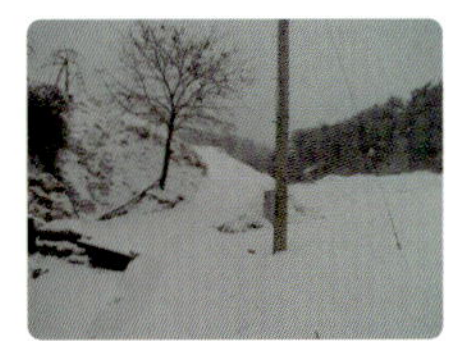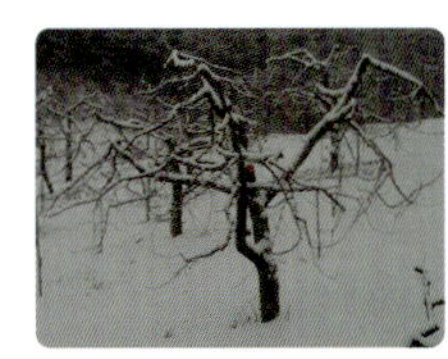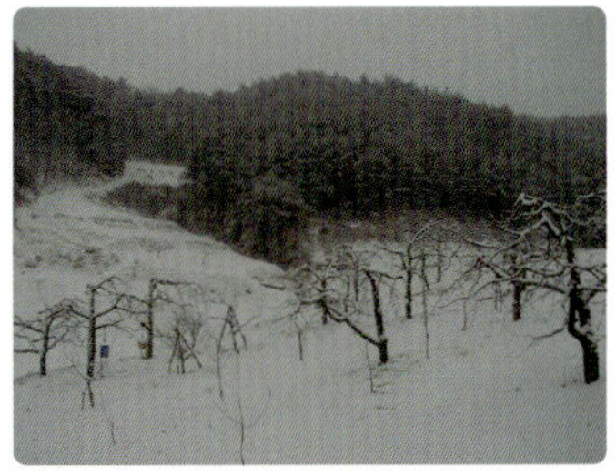

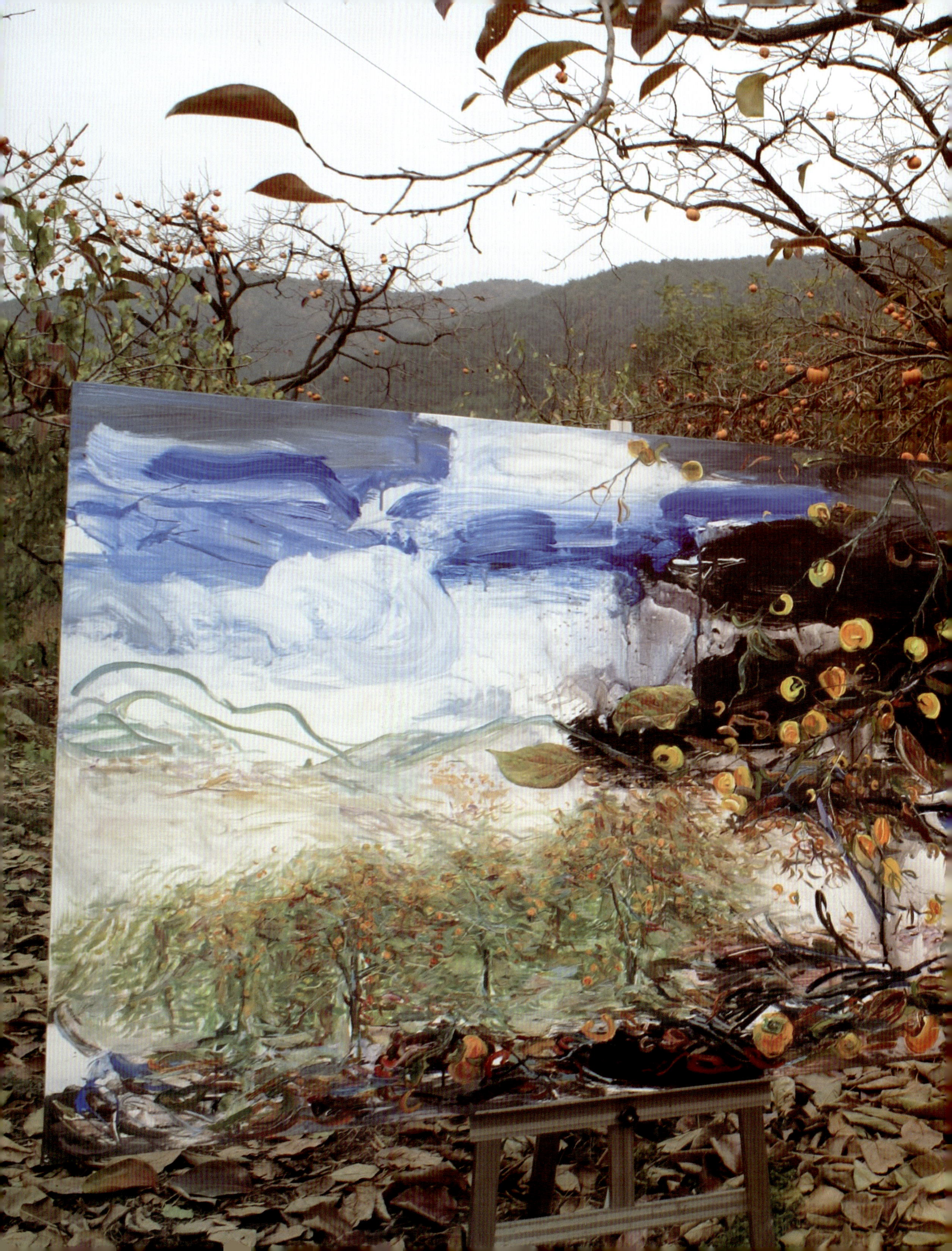

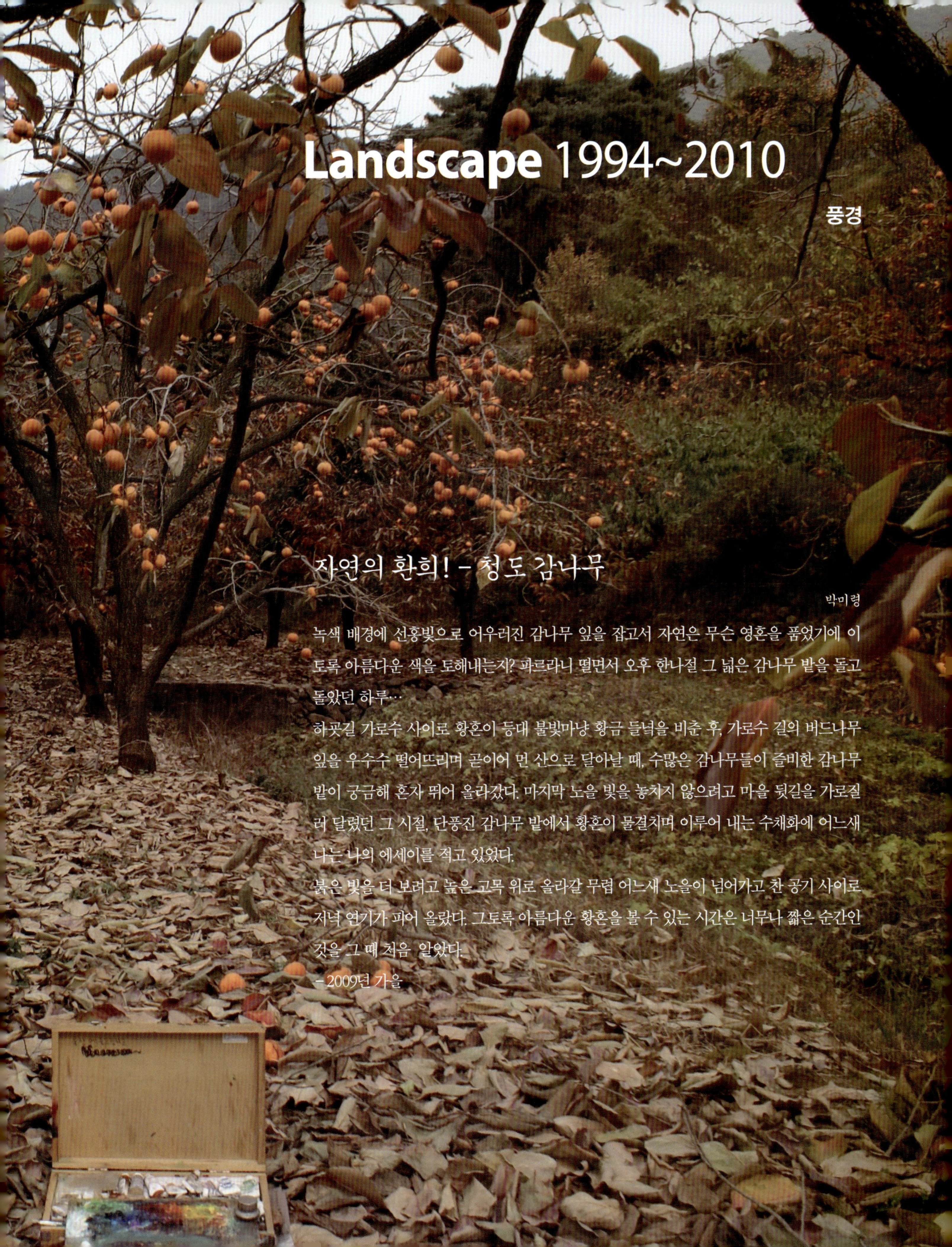

Landscape 1994~2010

풍경

자연의 환희! – 청도 감나무

박미령

녹색 배경에 선홍빛으로 어우러진 감나무 잎을 잡고서 자연은 무슨 영혼을 품었기에 이토록 아름다운 색을 토해내는지? 파르라니 떨면서 오후 한나절 그 넓은 감나무 밭을 돌고 돌았던 하루…

하굣길 가로수 사이로 황혼이 등대 불빛마냥 황금 들녘을 비춘 후, 가로수 길의 버드나무 잎을 우수수 떨어뜨리며 곧이어 먼 산으로 달아날 때, 수많은 감나무들이 즐비한 감나무 밭이 궁금해 혼자 뛰어 올라갔다. 마지막 노을 빛을 놓치지 않으려고 마을 뒷길을 가로질러 달렸던 그 시절, 단풍진 감나무 밭에서 황혼이 물결치며 이루어 내는 수채화에 어느새 나는 나의 에세이를 적고 있었다.

붉은 빛을 더 보려고 높은 고목 위로 올라갈 무렵 어느새 노을이 넘어가고 찬 공기 사이로 저녁 연기가 피어 올랐다. 그토록 아름다운 황혼을 볼 수 있는 시간은 너무나 짧은 순간인 것을 그 때 처음 알았다.

– 2009년 가을

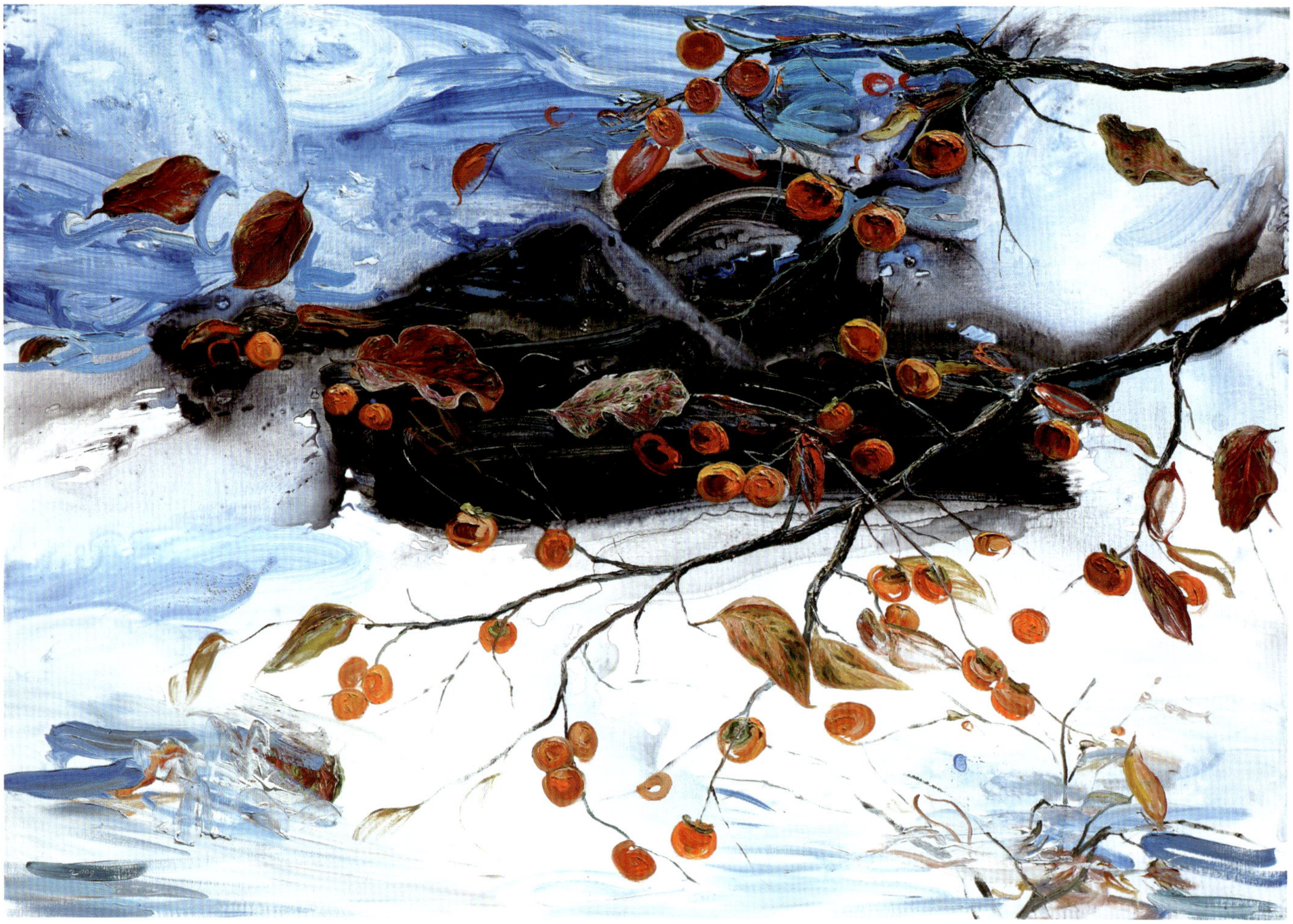

ce1. **Persimmon Season** 감나무-풍경 2009, Acrylic & Oil on linen 112,1x162,2cm

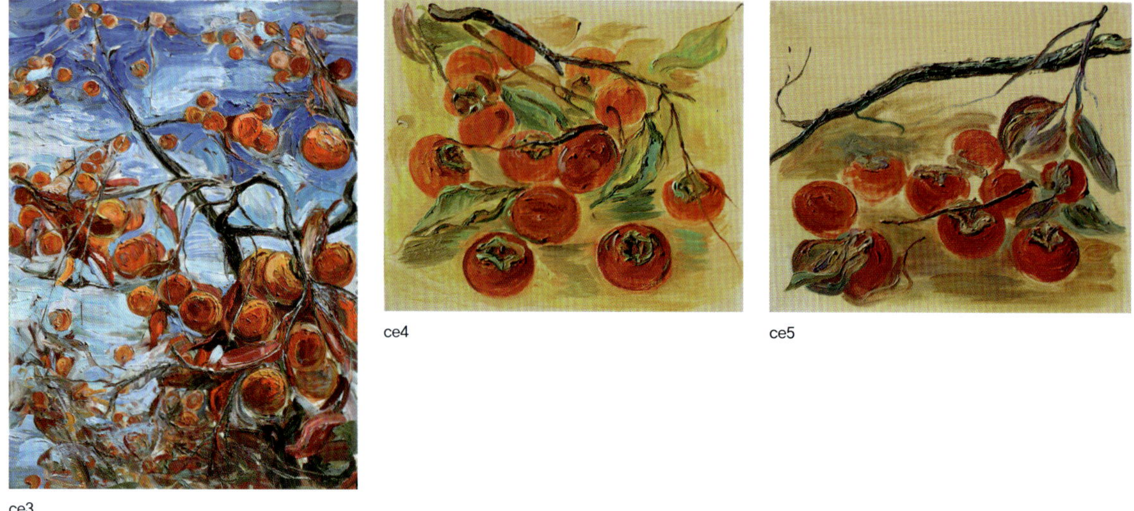

ce3

ce4

ce5

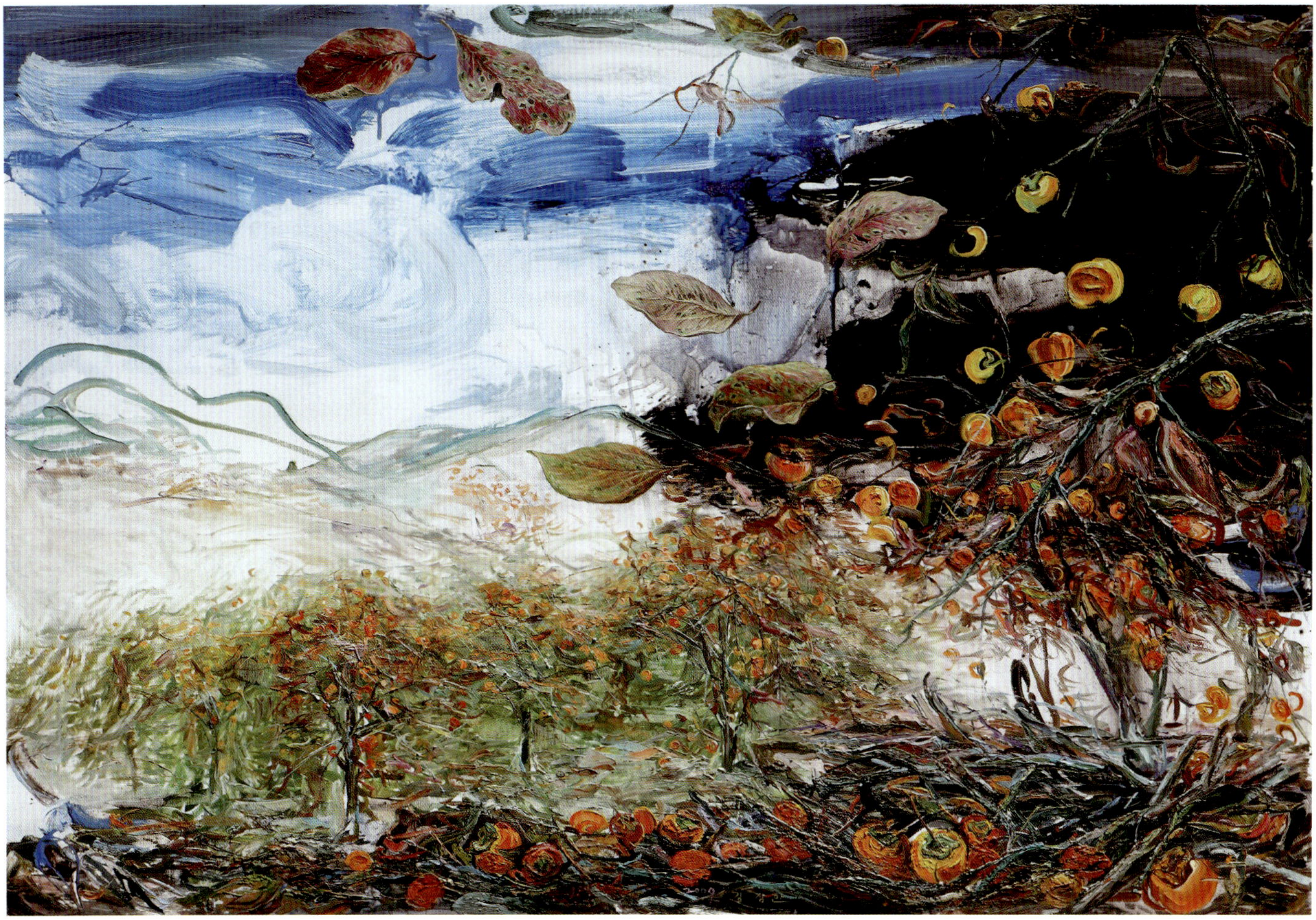

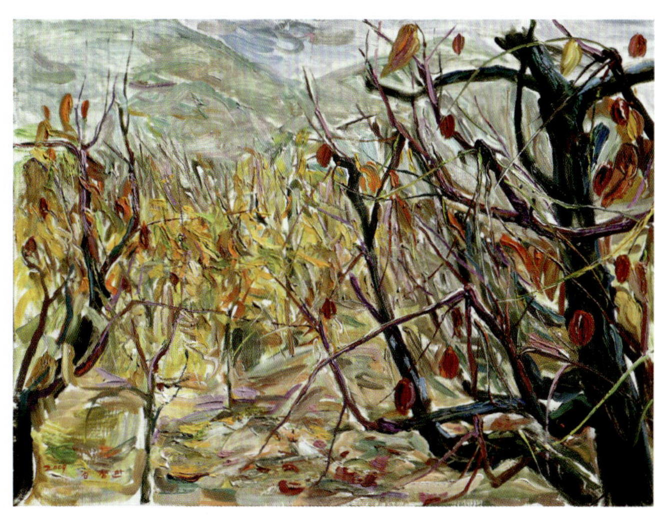

ce2. **Persimmon Season** 감나무−풍경 2009, Acrylic & Oil on linen 112.1x162.2cm

ce3. **Persimmon Season**
감나무−풍경
2009, Oil on linen
72.7x53cm

ce4. **Persimmon Season**
감나무−풍경
2009, Oil on linen
37.9x43.5cm
Private collection in Seoul (Korea)

ce5. **Persimmon Season**
감나무−풍경
2009, Oil on linen
37.9x43.5cm

ce6. **A Jujube Tree**
대추나무−풍경
2009, Oil on linen
53x72.7cm

ce6

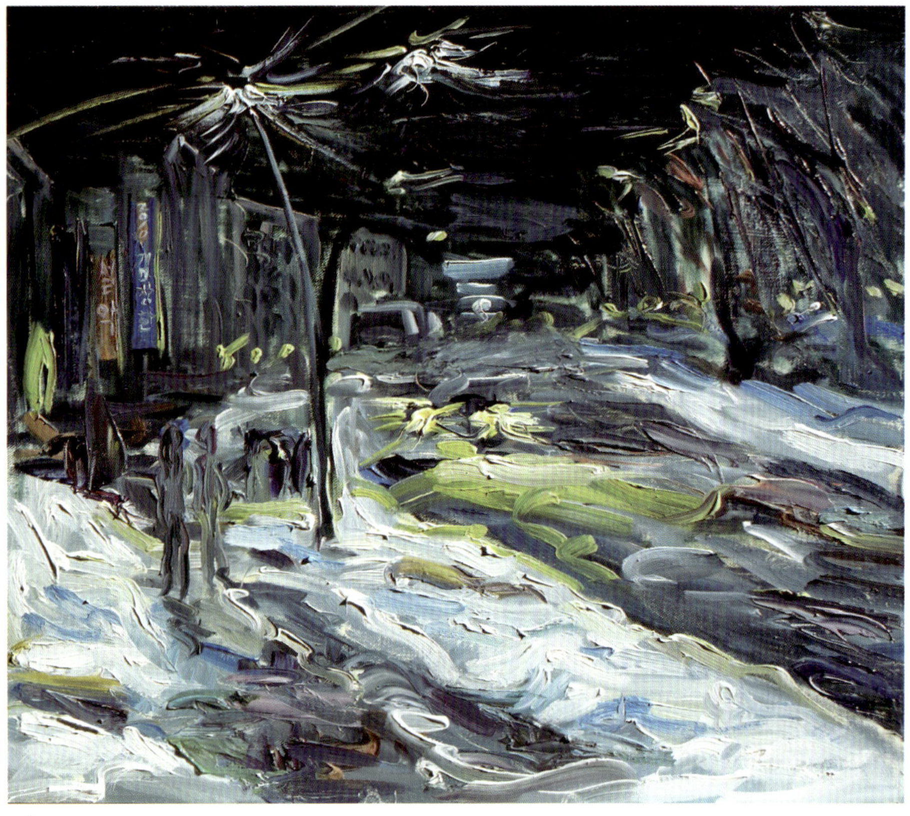
ce7

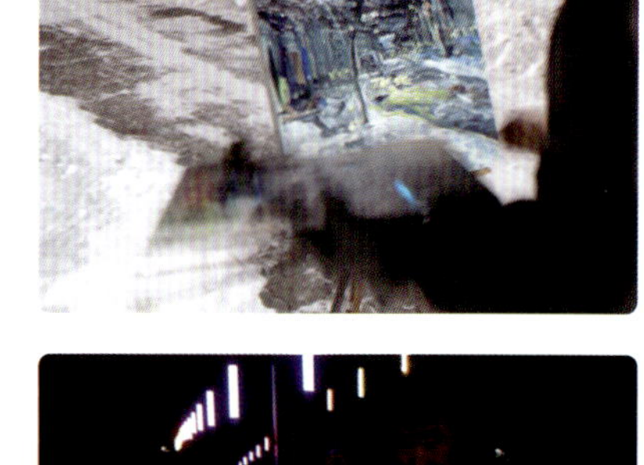

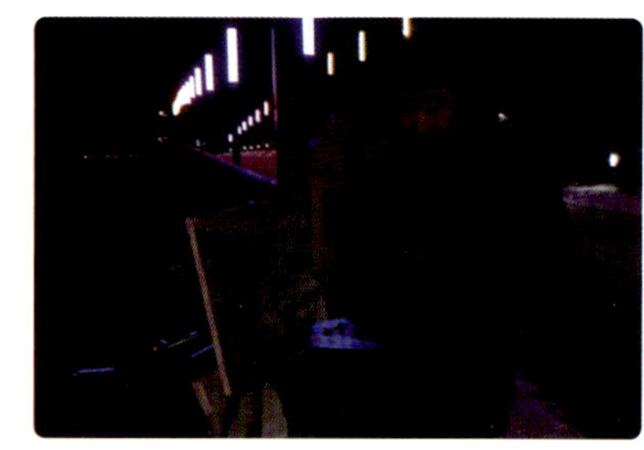

ce7. **A Snowy Landscape at Night**
눈 내린 겨울 밤(설악산)
2010, Oil on canvas
45.5x53cm

ce8. **A Snowy Landscape at Dusk**
해질녘－설경(설악산)
2010, Oil on canvas
45.5x53cm

ce9. **A Snowy Landscape**
설경(울산)
2005, Oil on linen
37.9x45.5cm

ce10. **A Snowy Landscape**
설경(울산)
2010, Oil on linen
60.6x72.7cm

ce11. **A Snowy Landscape**
설경(울산)
2005, Oil on linen
60.6x72.7cm

ce12. **A Snowy Landscape**
설경(울산)
2005, Oil on canvas
45.5x53cm

ce13. **A Snowy Landscape**
설경(울산)
2005, Oil on linen
40.9x53cm

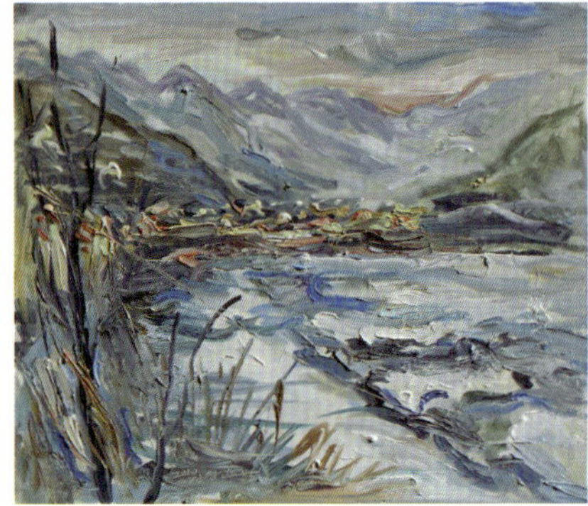
ce8

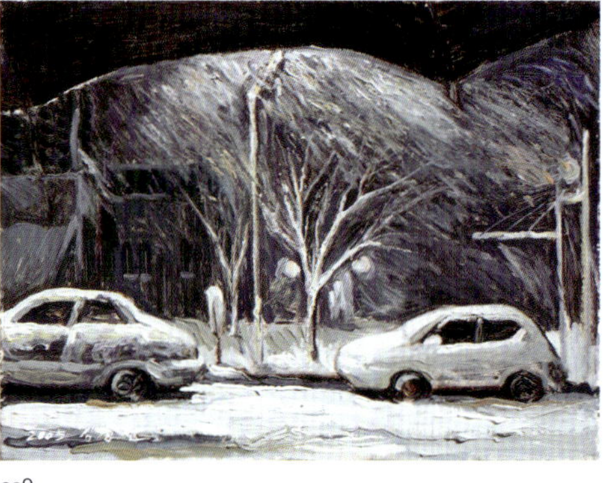
ce9

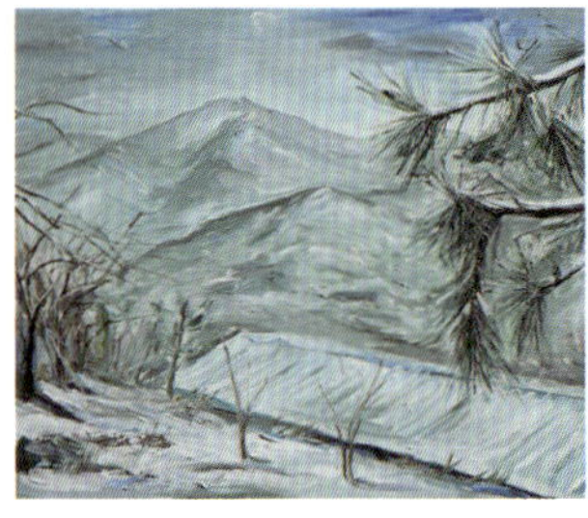
ce10

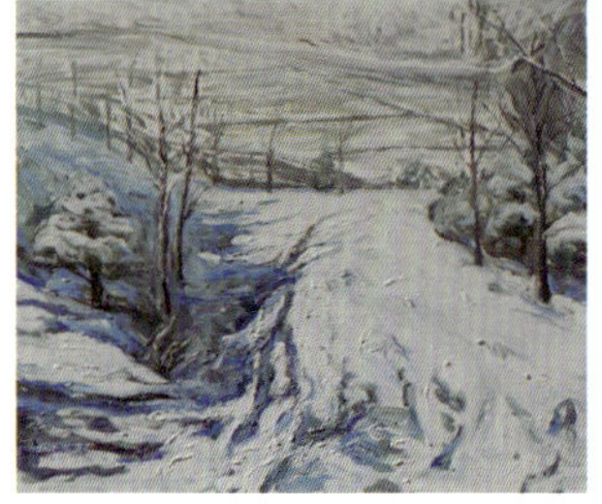
ce11

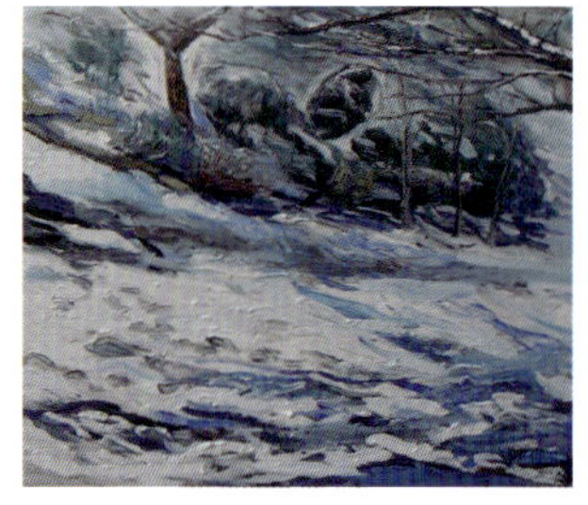
ce12

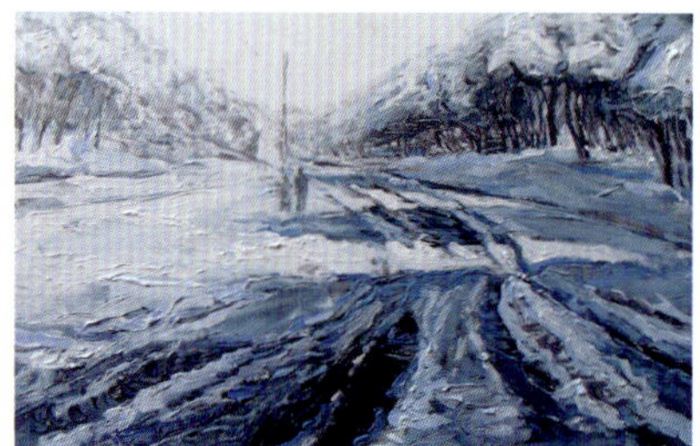
ce13

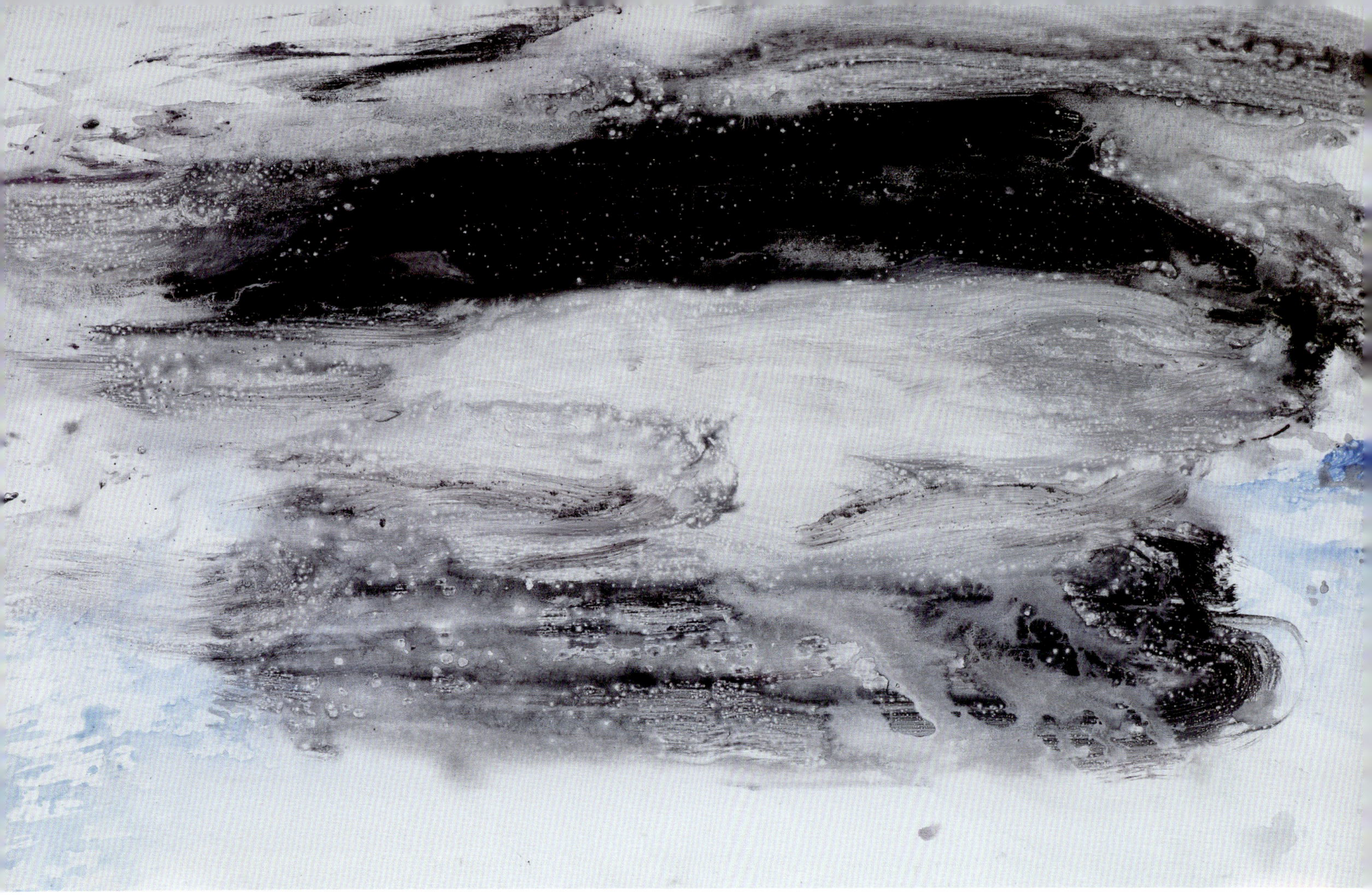

ce14

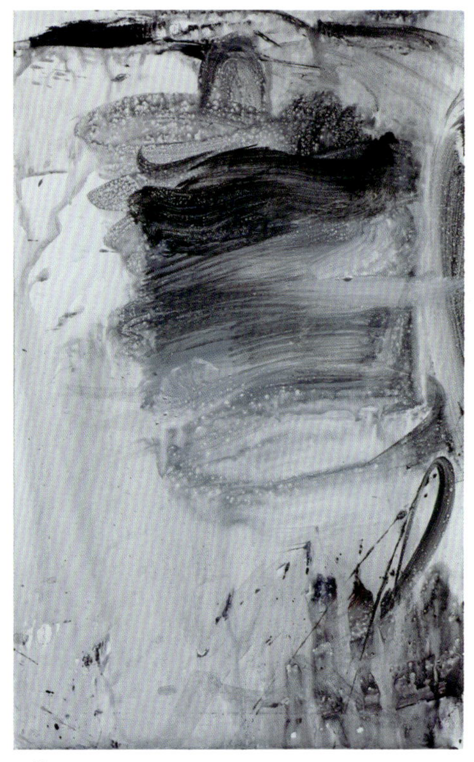

ce15

ce14. **A Snowy Winter Image**
눈 내리는 겨울
2009, Acrylic on linen
72.7x116.8cm

ce15. **A Winter Image**
겨울 이미지
2009, Acrylic on linen
116.8x72.7cm

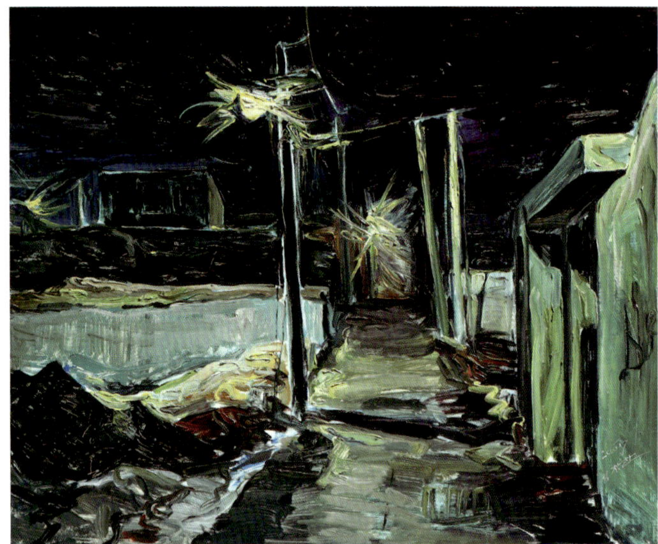

ce16

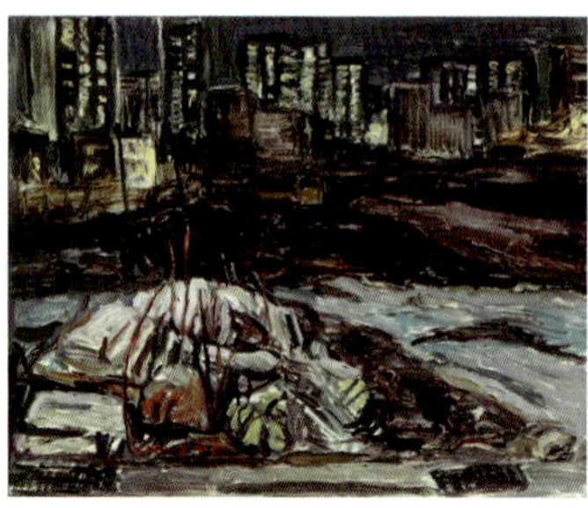

ce17

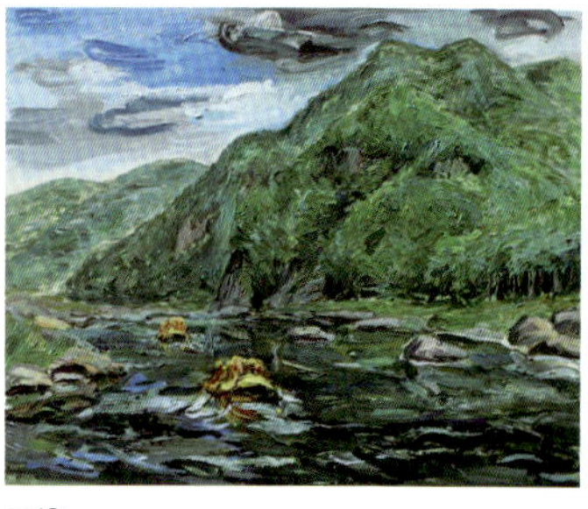

ce18

ce16,17. A Redevelopment Zone in Ulsan
재개발지역(울산)
2007, Oil on linen
53x65.1cm

ce18. Rafting in Bonghwa
래프팅(봉화)
2007, Oil on linen
53x65.1cm

ce19. A Wild Flower
야생화
2007, Oil on linen
53x65.1cm

ce20. Forsythia
개나리
2008, Oil on linen
130.3x193.3cm

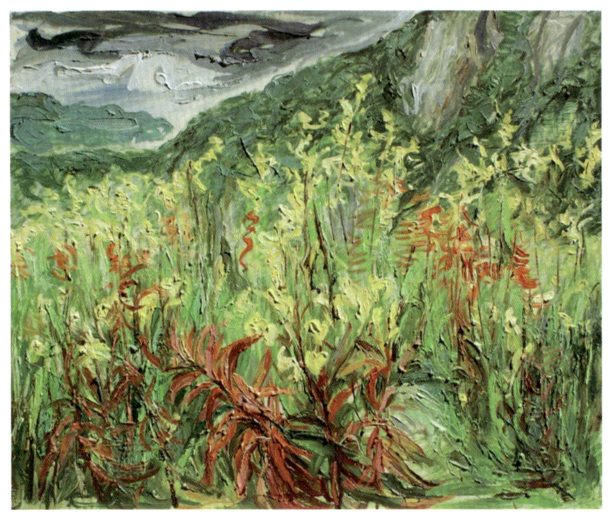

ce19

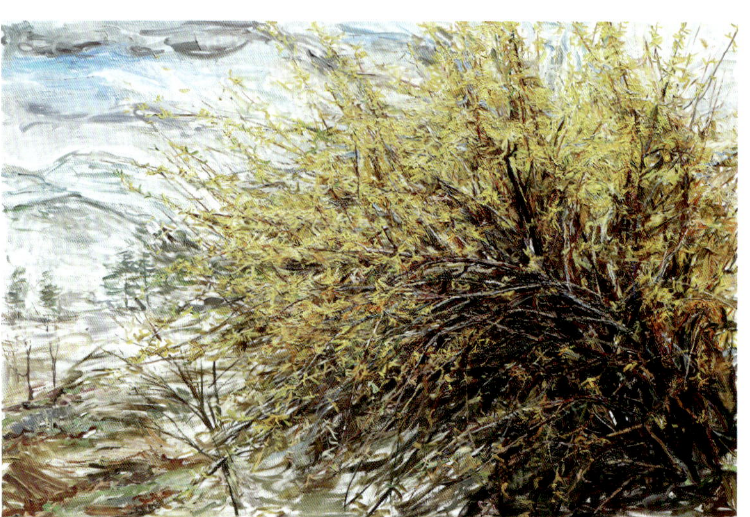

ce20

나는 이 작품(ce21)을 가장 좋아한다. 나를 향해 소용돌이치며 다가오는 듯한 이 느낌이 좋다. 그 충만함과 역동성을 보고 있노라면 자연의 생명력과 힘이 느껴진다. 나는 이 그림의 실제 대상인 나무에 관심이 갔다. 이제는 자라서 도로와 다리 부근에 있는 난간과 울타리까지 뻗쳐 있는 이 나무를 둘러싸고 있는 배경은 딱히 인상적이라고 할 만한 것이 없다. 그러나 그 진가를 놓치지 않고 발견한 사람이 있다. 바로 김창한이다. 그는 그 안에 깃든 아름다움을 발견하고 그것을 하나의 사례로 구현하였다. 그는 태양이 나뭇잎에서 반사되는 순간 영감을 얻었으며, 그 순간에 결코 주저하지 않았다. 그것은 이를 테면 내가 백번을 지나치더라도 결코 알아채지 못했을 것처럼 보인다. 하지만 김창한은 이 기적 같은 순간을 놓치지 않았다. 그는 이렇게 아주 멋진 그림을 통해 순간의 경외감을 표현하였다. **그림 속의 모든 모습들은 그가 자연과 교감을 나누면서 영감이 한껏 고무된 순간에 치르는 일종의 의식이다. 그림은 나에게 이렇게 말한다. "이걸 좀 보세요, 아름답지 않습니까? 아름다움을 아름답다고 느끼는 것은 매우 중요합니다. 우리 모두의 기분을 좋게 만들기 때문입니다. 그러한 아름다움은 모든 곳에 존재합니다. 하지만 그것은 영원히 지속되지는 않습니다."**
– 데이비드 맥리

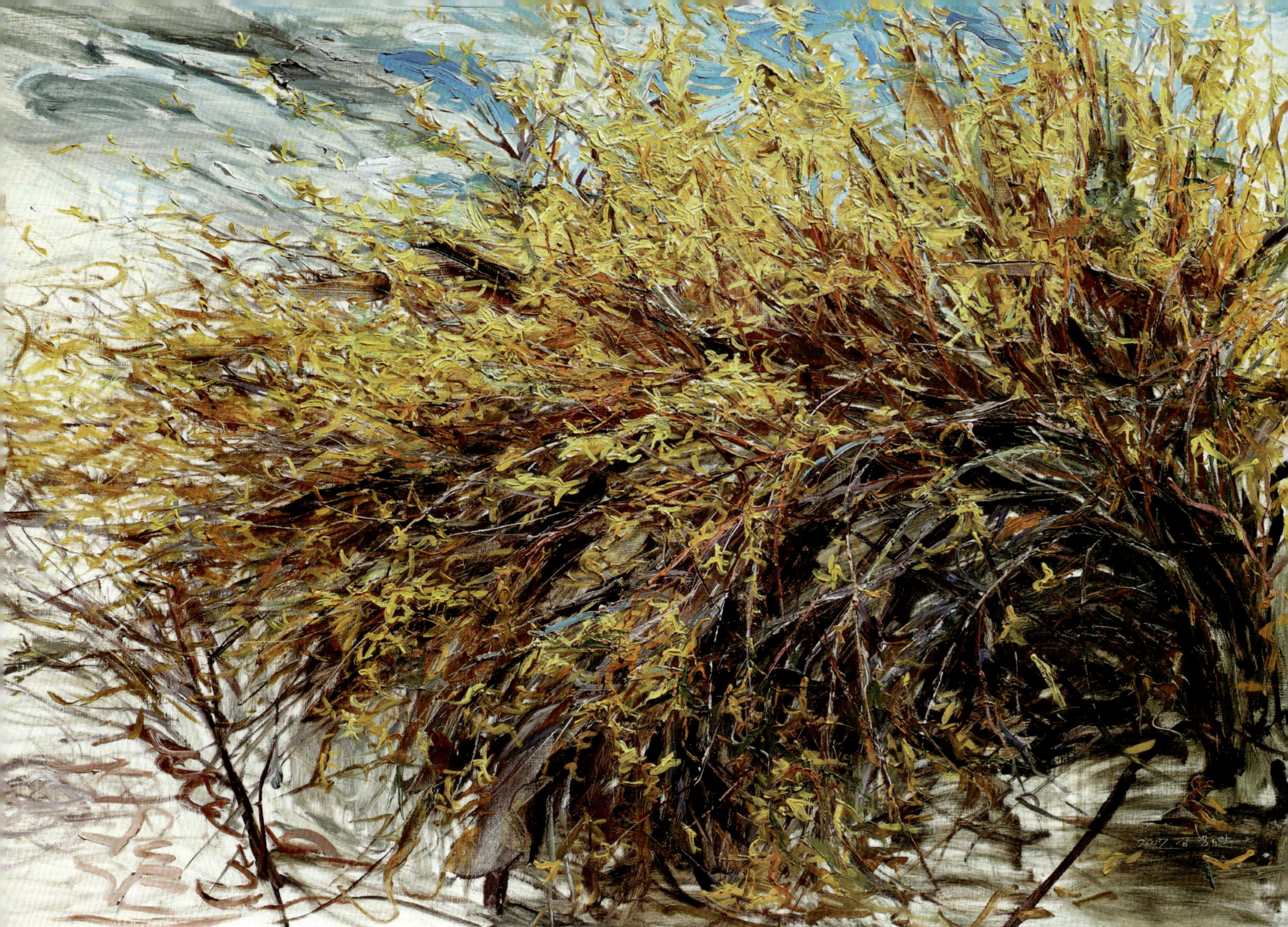

ce21. **Forsythia** 개나리 2007, Oil on linen 112,1x162,2cm

This is one of my favorites. I like how it spirals out toward us. Its fullness and movement represent vitality and the power of nature. I was interested in the source, the actual tree being referred to in this painting. Its locale is not particularly striking, as it grows up next to a railing/fence near a road/bridge. Still it did not go unappreciated. Chang Han saw the beauty in it, and captures an instance of that beauty. A moment where the sun shines on its leaves in a certain way inspires him, and he doesn't hesitate. It seemed like something I would never notice in passing 100 times. Yet Chang Han saw this wonderful thing, went to it and worshipped it with a gorgeous painting. **Every picture is a ritual to a heightened moment, where he communes with his surroundings. It tells us "Look at this! It's beautiful, and it's important to recognize beauty. It's good for you, it makes me feel good, and it will make you feel good too** …and it's everywhere …but fleeting".

− David Macri

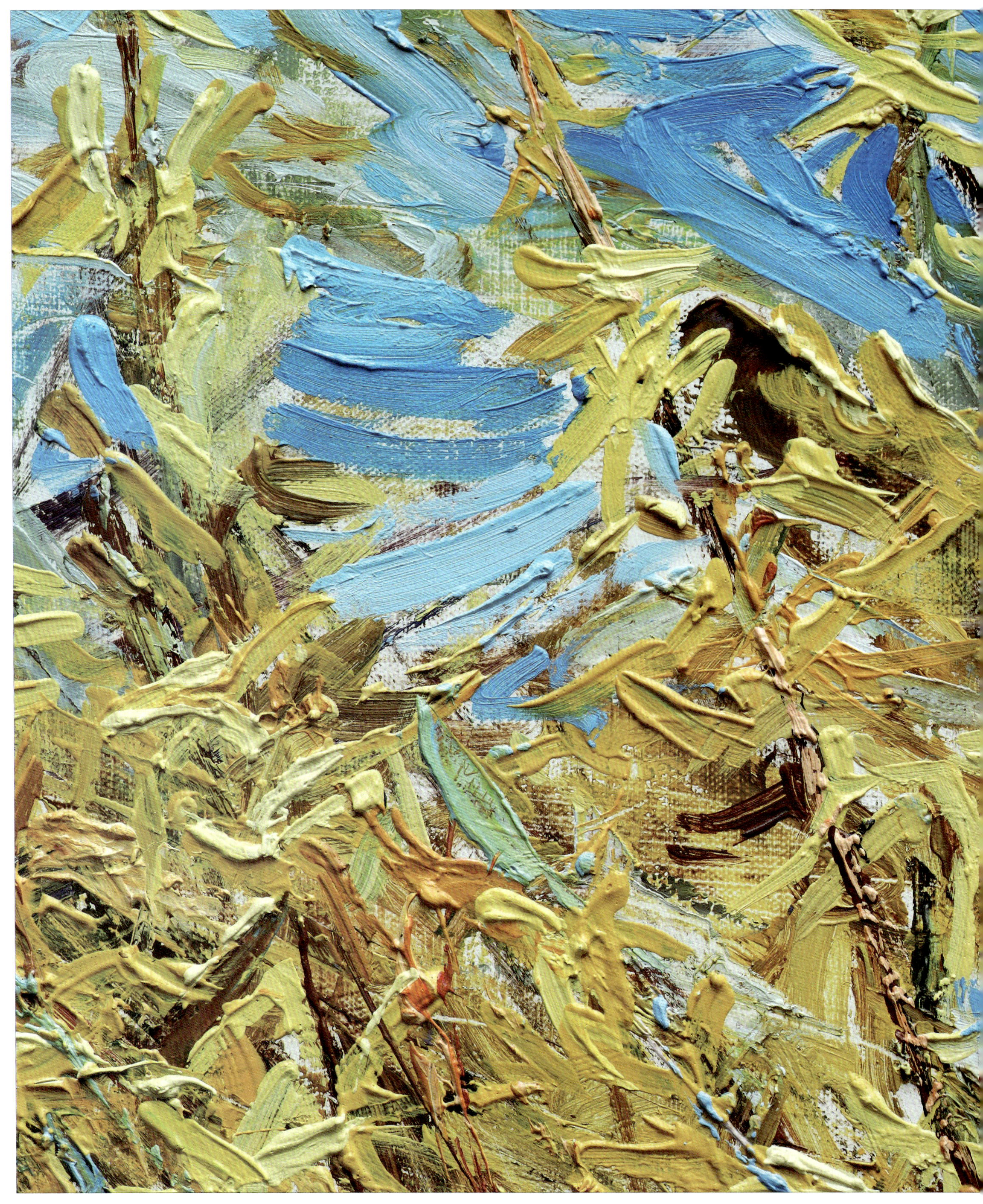

Detail of **ce21**

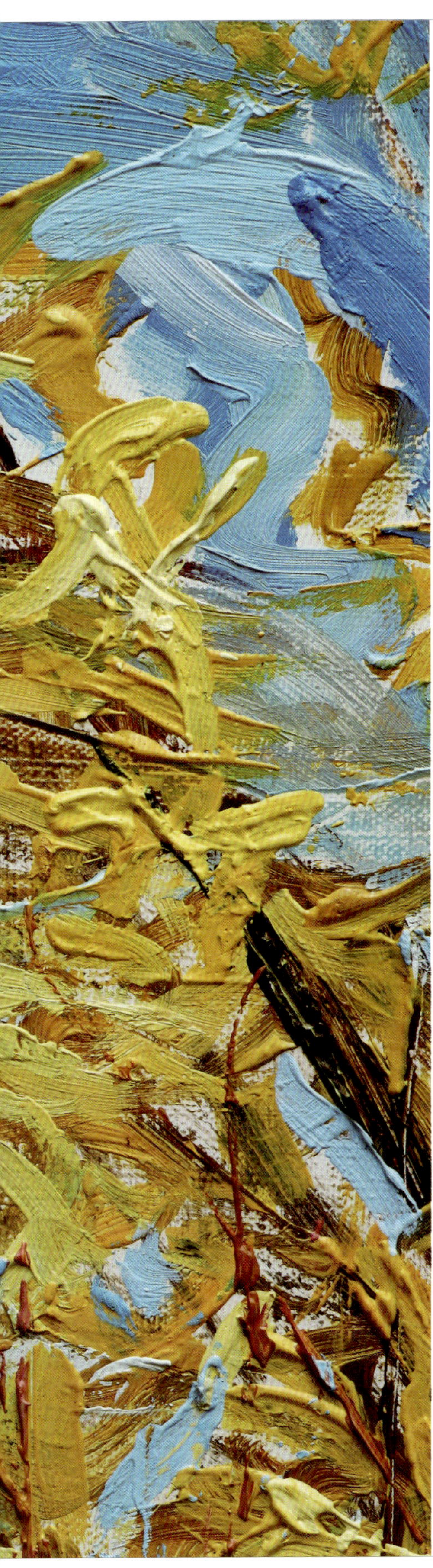

Spring in Ulsan

By Kim Chang Han

There are pear blossoms as white as snow all around Woongchon and Cheongryang-myeon every spring. Blooming alongside azaleas and forsythias, the pear blossoms create a mystical atmosphere and convey the majesty of nature. Since childhood, I have often gone out to sketch and paint on hillsides and in fields. Making art outdoors is not only one of my most fulfilling pastimes, from which I derive great rest and rejuvenation, but also one of the research activities through which I can devote myself to my professions as artist and writer. It is never easy to make outdoor excursions with various supplies and equipment, and it can be laborious to be absorbed in painting under a scorching sun for many hours of the day. Yet none of these hardships can compromise the joy of rendering natural glory into a piece of art.

Throughout my career, I have usually made nature the major subject of my paintings. Most of my works have involved outdoor sketching and painting. I have painted dragonflies and apple orchards for about fifteen years. During this period, wild flowers occasionally appeared in my paintings. Concerning the brief life of flowers in spring, I have always felt the desire to express some of the feelings that they inspire in me. What I want to incorporate into Spring in Ulsan is not only the beauty of nature, but also a nostalgic sense of home, a place well-loved.

There is a recognition that in truth, nature is our home, and that on some level we all long for the utopia we imagine it could be.

–Spring, 2005

울산의 봄

김창한

봄 꽃이 피는 시간은 너무나 짧기 때문에 항상 아쉬움을 느꼈다.
'울산의 봄'에서 담고자 한 것은 자연의 미(美)만은 아니다.
내 마음속의 고향에 대한 그리움과 삶에 대한 이상향을 함께 담고자 했다.

나는 중학교 때부터 들과 산으로 그림을 그리러 다니기 시작했다. 야외에서 그림 그리는 것은 무엇보다 소중한 시간이다. 각종 도구를 겹겹이 챙기고서 작열(灼熱)하는 태양 아래 하루 종일 몰두한다는 것이 결코 쉬운 일은 아니지만 어찌 그림 그리는 기쁨과 비교할 수 있을까.....
매년 봄이 되면 이곳은 꽃들로 장관을 이룬다. 너무나 흔한 것들이지만 가만히 그것들을 들여다보고 있으면 어린 시절 뒷동산에서 뛰놀던 추억들이 떠오른다. 배고픈 어린 시절 진달래꽃을 한껏 따먹으면서 짙푸른 분홍빛에 취해 해지는 것도 잊고 하루 종일 뒷동산에서 뛰놀던 그때가 그립다.
이곳 울산은 배가 유명하다. 해마다 봄이 되면 이곳 웅촌/청량면 일대는 순백의 배꽃이 흰 눈처럼 소복이 천지를 뒤덮는다. 울산에서 10여 년의 세월을 보낸 지금, 내가 살고 있는 이곳은 매년 봄이 되면 진달래 개나리와 함께 찬란한 배꽃 잔치를 펼치면서 수천 년 역사를 간직한 대자연의 장엄함과 오묘한 신비스러움을 내 가슴속에 새기며 또 다른 마음의 고향으로 다가오고 있다.

–2005년 봄

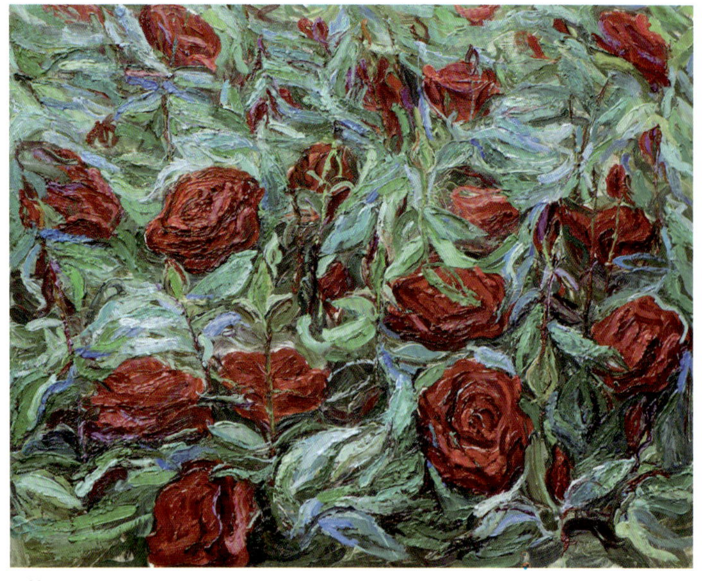

ce22

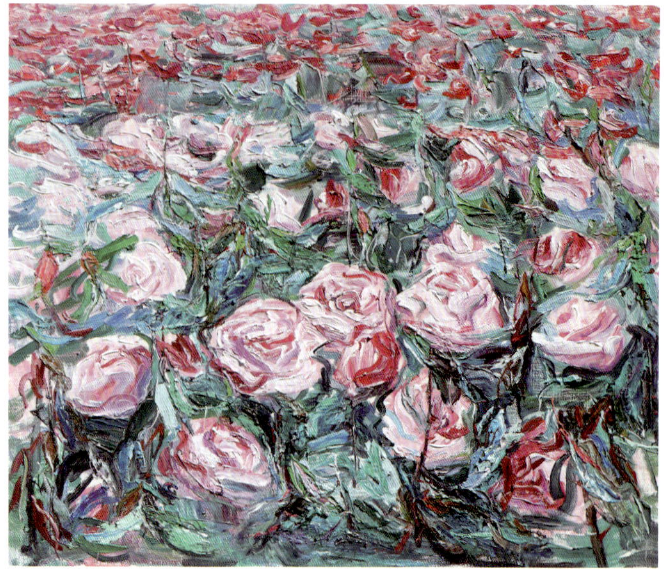

ce23

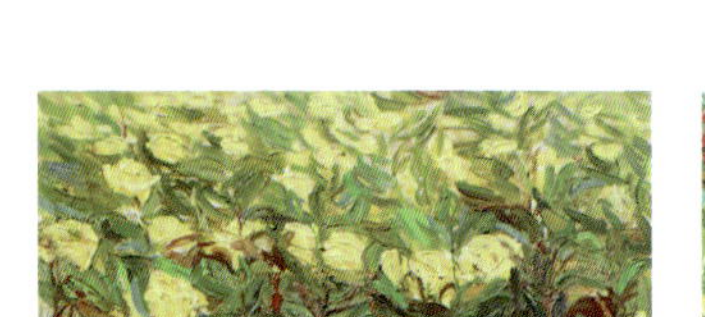

ce24

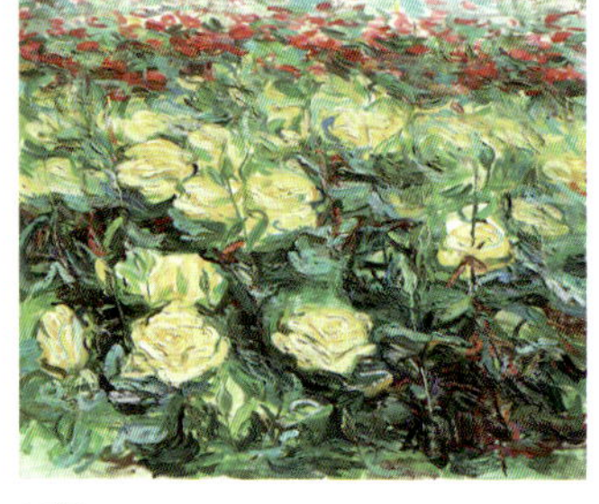

ce25

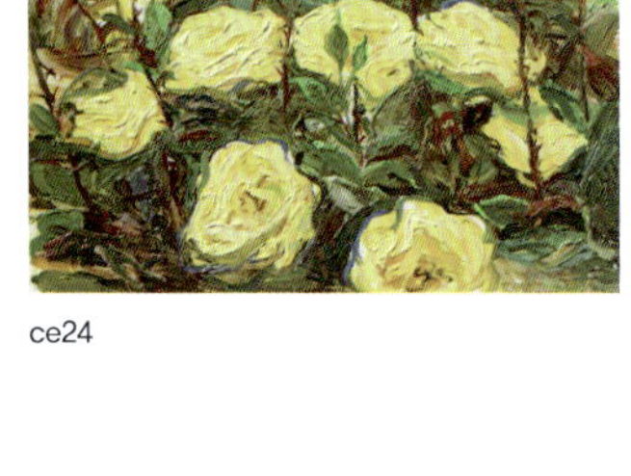

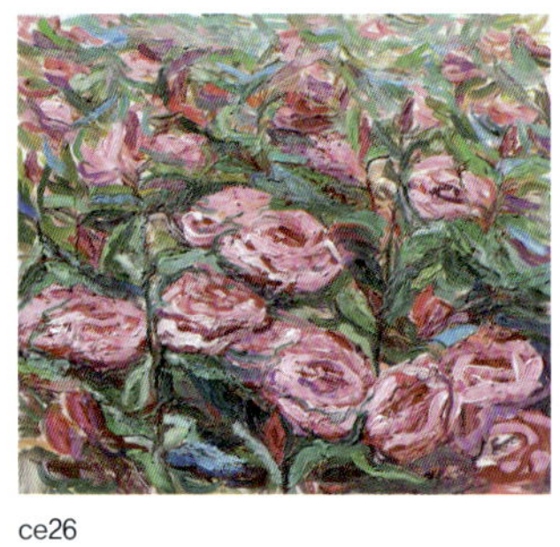

ce26

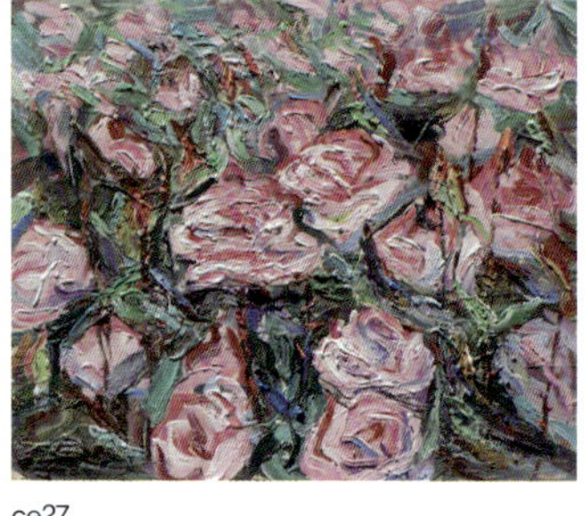

ce27

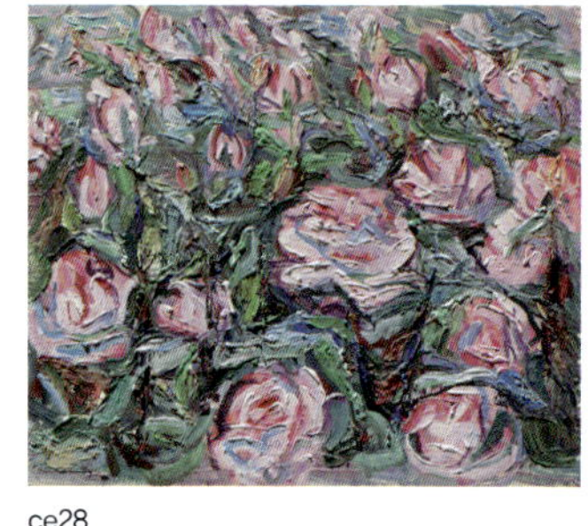

ce28

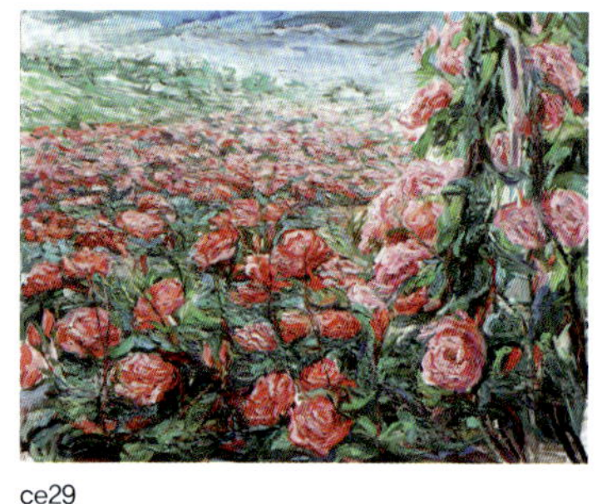

ce29

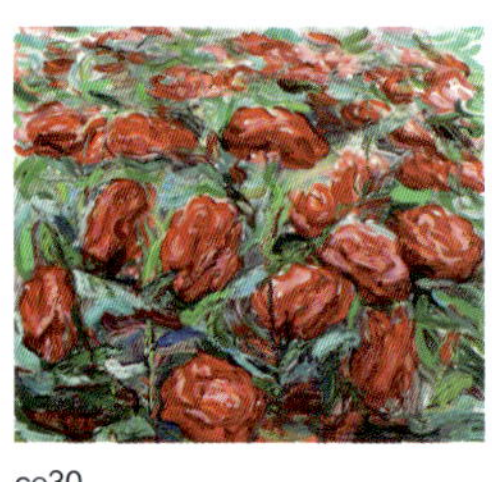

ce30

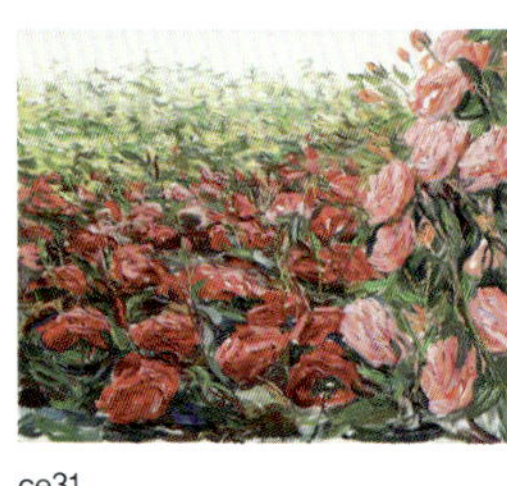

ce31

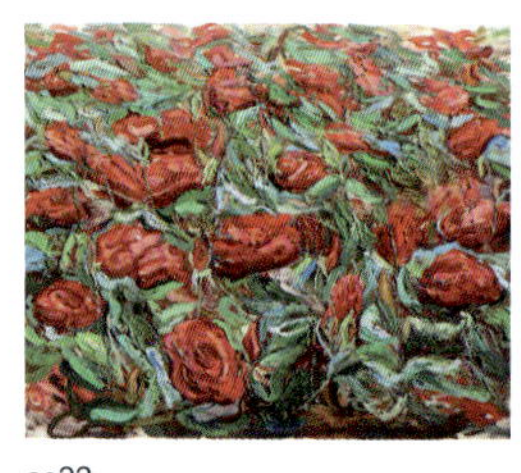

ce32

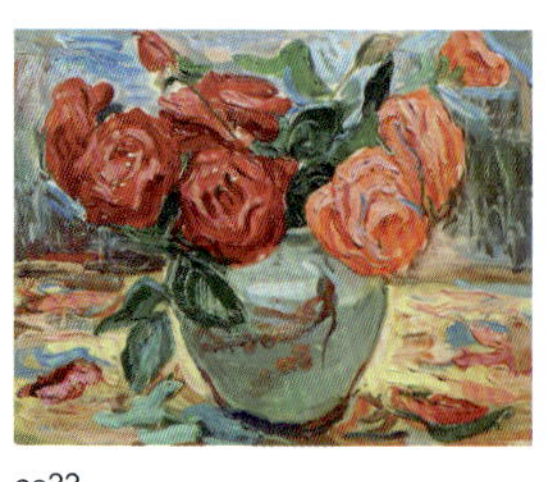

ce33

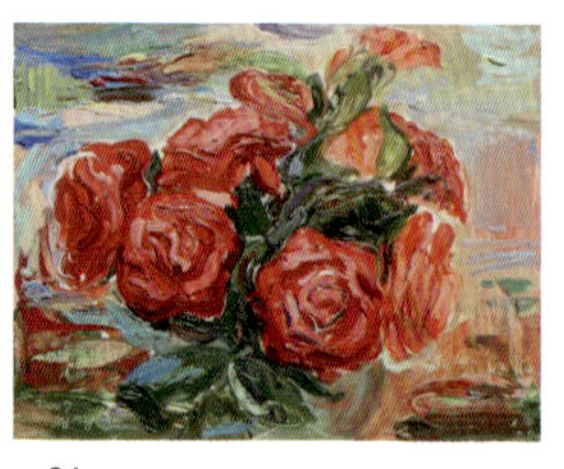

ce34

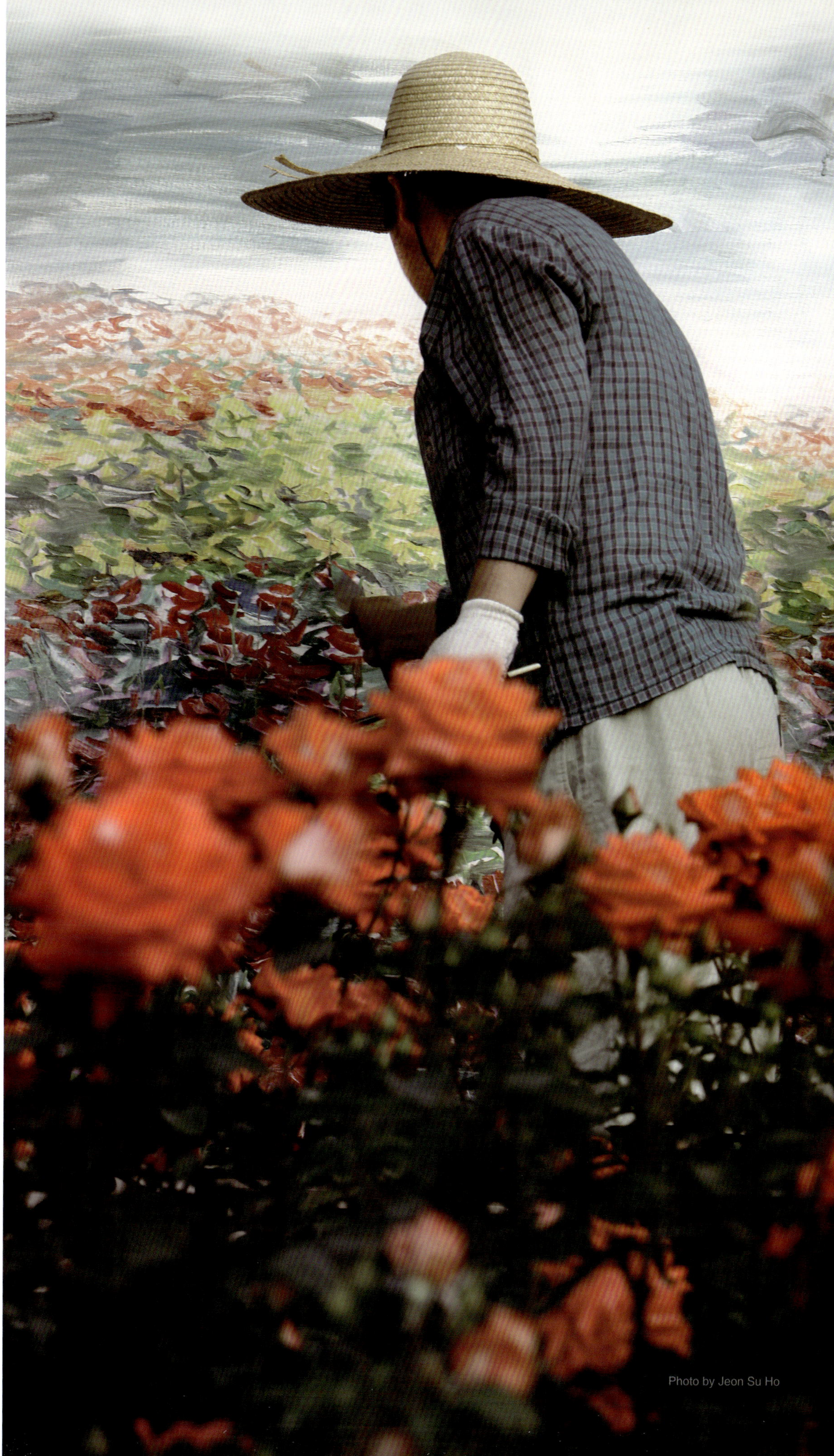

ce22. **A Rose Garden**
장미정원
2007, Oil on linen
60.6x72.7cm
Private collection in Ulsan
(Korea)

ce23. **A Rose Garden**
장미정원
2009, Oil on linen
60.6x72.7cm

ce24. **A Rose Garden**
장미정원
2007, Oil on linen
45.5x53cm

ce25. **A Rose Garden**
장미정원
2007, Oil on linen
60.6x72.7cm

ce26. **A Rose Garden**
장미정원
2007, Oil on linen
45.5x53cm

ce27,28. **A Rose Garden**
장미정원
2009, Oil on linen
45.5x53cm

ce29. **A Rose Garden**
장미정원
2007, Oil on linen
91x116.8cm

ce30. **A Rose Garden**
장미정원
2007, Oil on linen
45.5x53cm

ce31,32. **A Rose Garden**
장미정원
2007, Oil on linen
53x65.1cm

ce33,34. **A Rose**
장미
2007, Oil on linen
31.8 x40.9cm
Private collection in Ulsan/
Seoul (Korea)

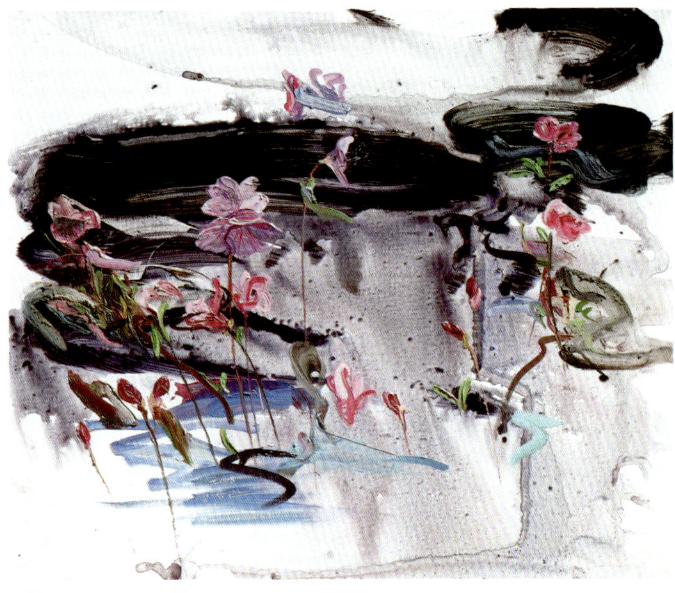

ce35

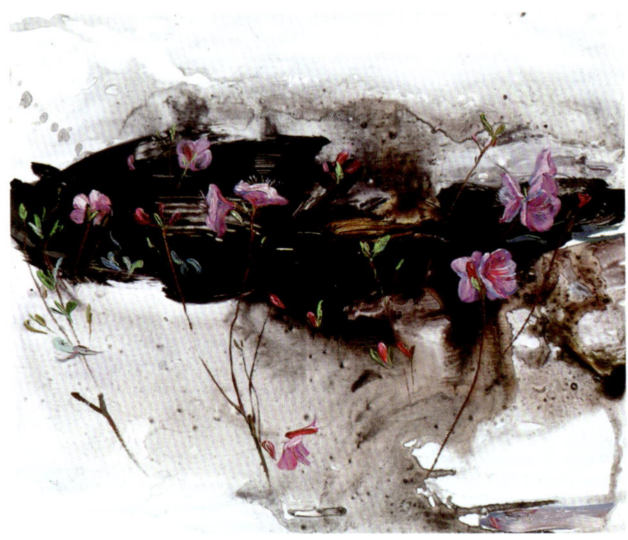

ce36

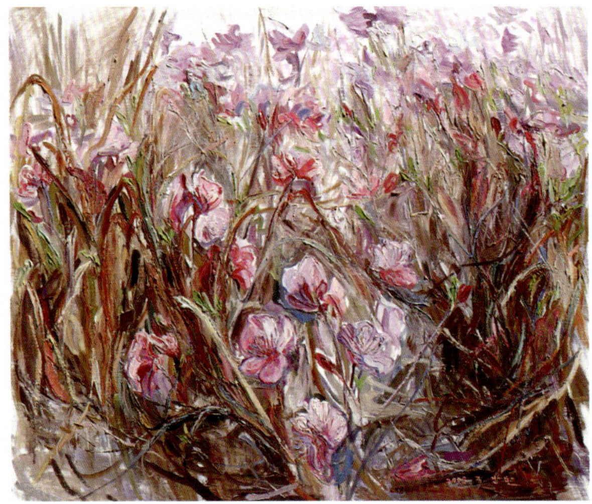

ce37

ce35,36. **Azalea**
진달래
2008, Acrylic & Oil on linen
60.6x72.7cm

ce37. **Azalea**
진달래
2008, Oil on linen
60.6x72.7cm

ce38. **Azalea**
진달래
2008, Acrylic & Oil on linen
45.5x53cm

ce39. **Azalea**
진달래
2008, Acrylic & Oil on linen
45.5x53cm
Public Collection in Ulsan (Korea)
－울산시청

ce40. **Azalea**
진달래
2008, Acrylic & Oil on linen
45.5x53cm
(in America, 2010)

ce41. **Azalea**
진달래
2008, Acrylic & Oil on linen
45.5x53cm
Private collection in Toronto (Canada)

ce42. **Azalea**
진달래
2008, Acrylic & Oil on linen
45.5x53cm
Private Collection in Busan (Korea)

ce43. **Azalea**
진달래
2008, Acrylic & Oil on linen
60.6x72.7cm

ce44. **Azalea**
진달래
2008, Acrylic & Oil on linen
45.5x53cm

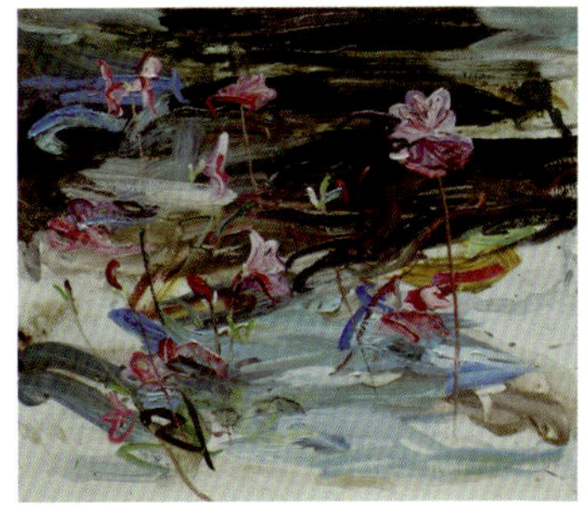

ce38

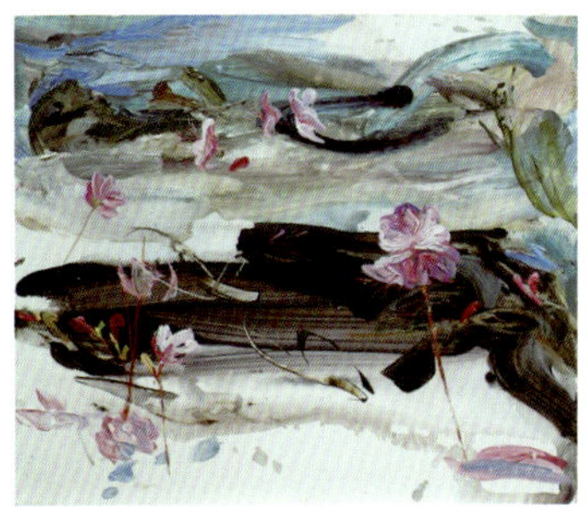

ce39

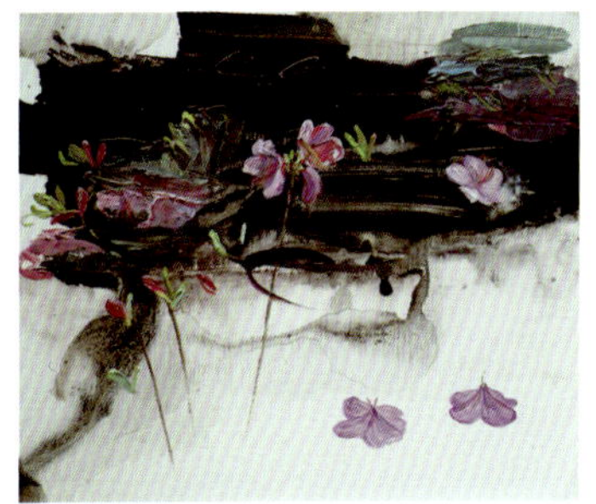

ce40

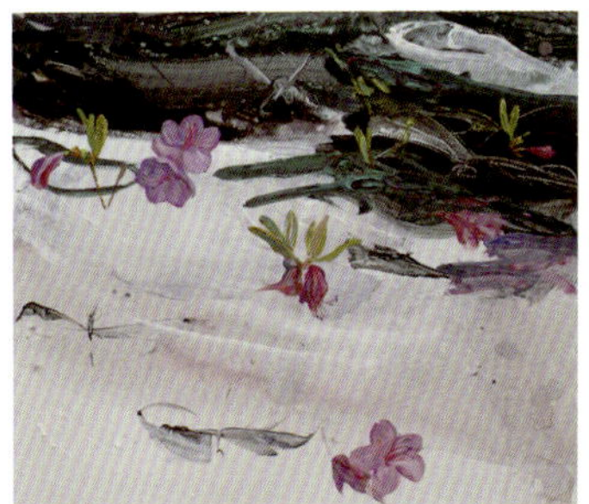

ce41

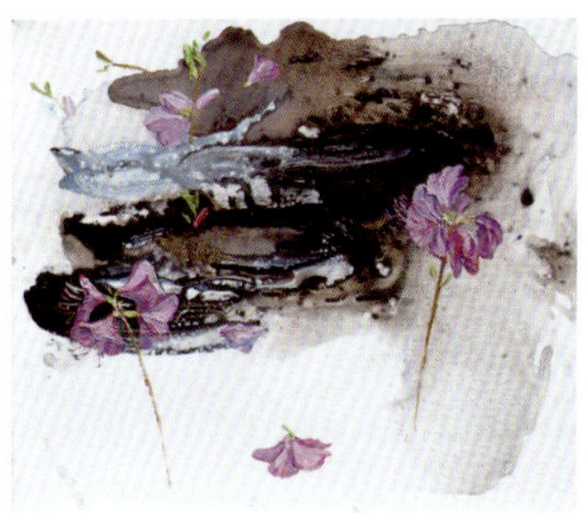

ce42

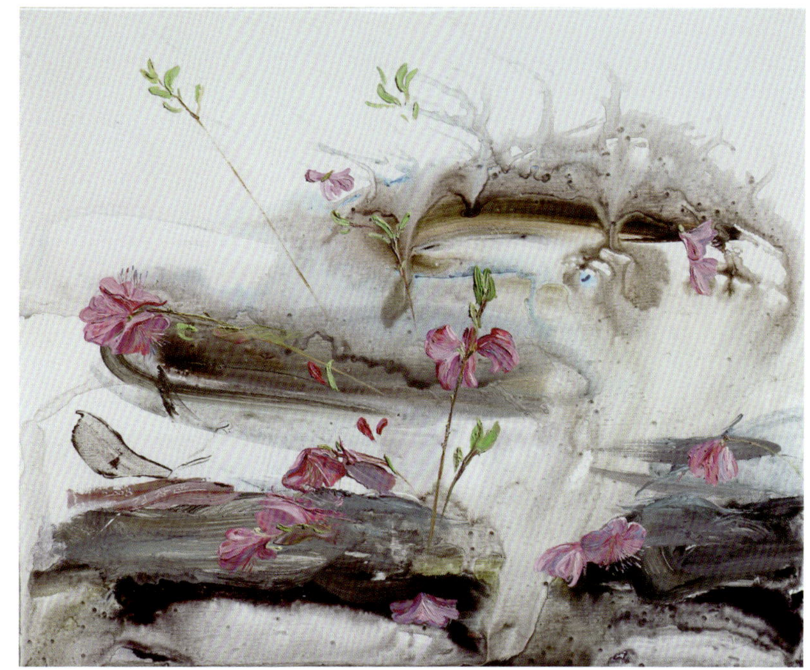

ce43

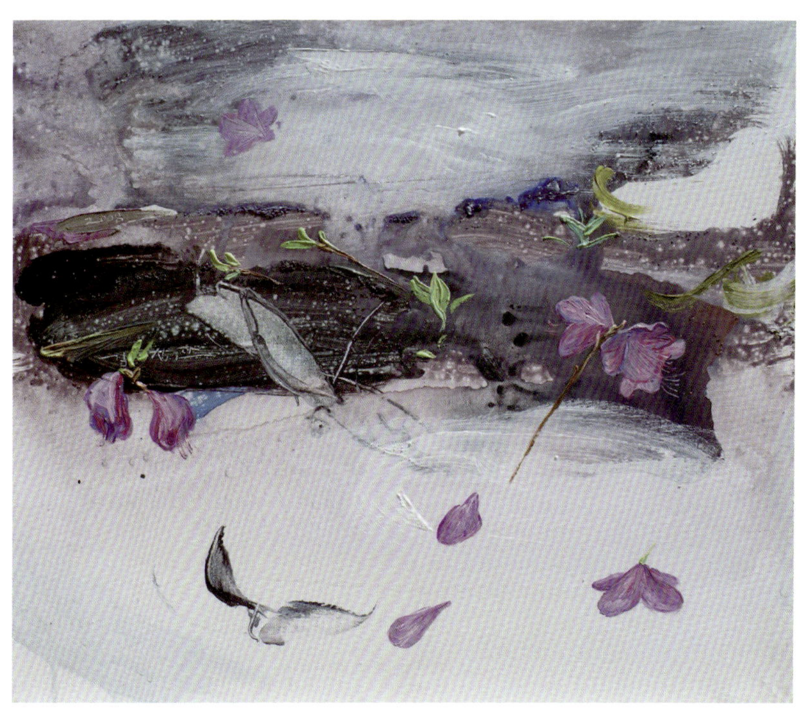

ce44

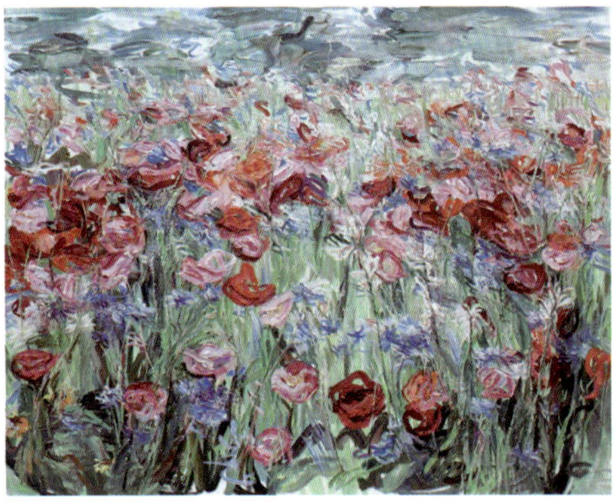

ce45

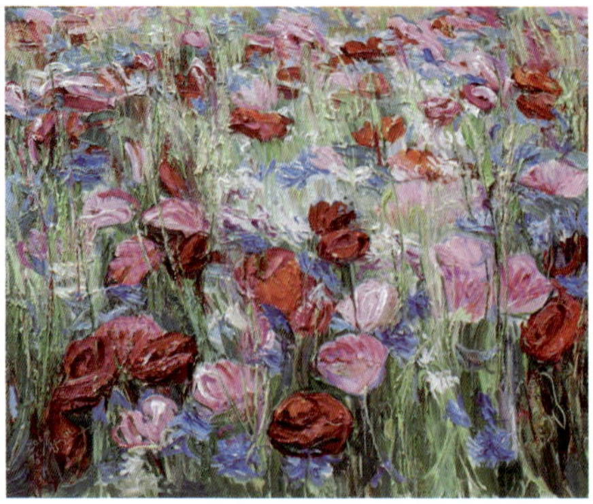

ce46

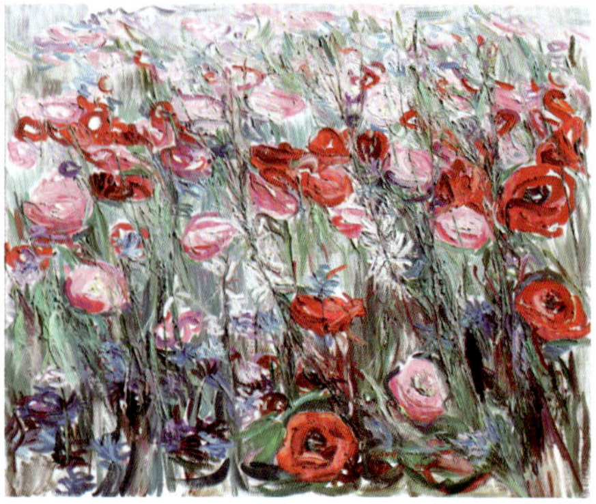

ce47

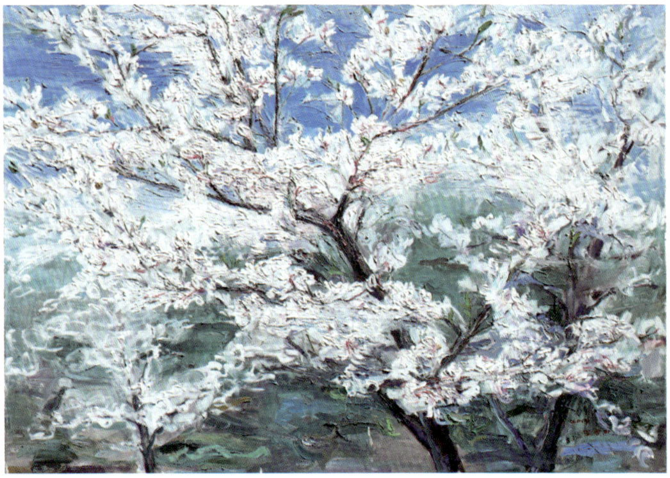

ce48

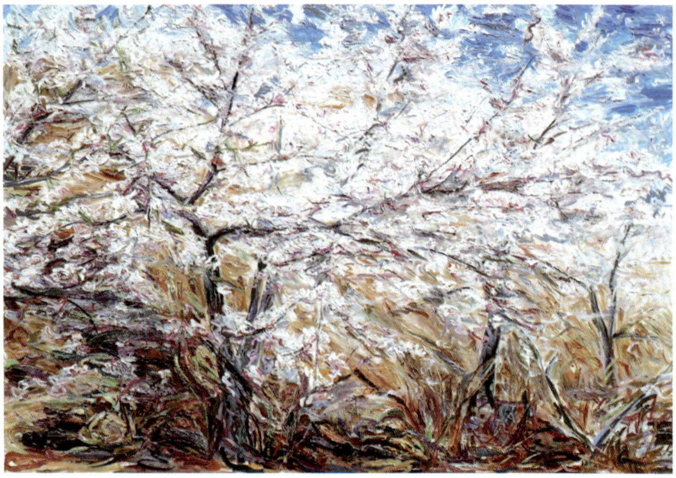

ce49

ce50

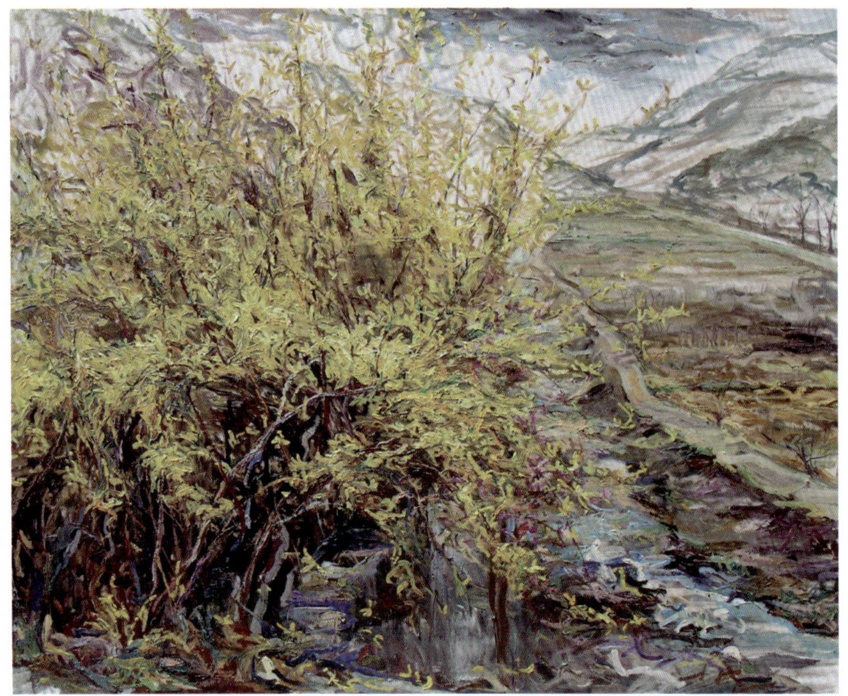

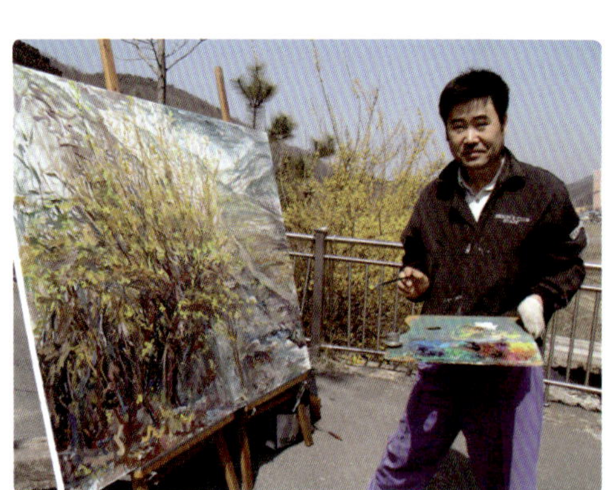

ce45. **Poppy**
양귀비
2008, Oil on linen
91x116.8cm
Private Collection in Ulsan (Korea)

ce46. **Poppy**
양귀비
2008, Oil on linen
53x65.1cm
Private Collection in Ulsan (Korea)

ce47. **Poppy**
양귀비
2008, Oil on linen
60.6x72.7cm

ce48. **Cherry Blossoms**
벚꽃
2007, Oil on linen
80.3x116.8cm

ce49. **Cherry Blossoms**
벚꽃
2007,2009, Oil on linen
112.1x162.2cm

ce50. **Forsythia**
개나리
2005, Oil on linen
130.3x162.2cm
Private collection in Byron Bay
(NSW, Australia)

ce51. **Pair Blossoms**
배꽃
2004, Oil on linen
130.3x162.2cm
Private collection in Gold Coast
(Queensland, Australia)

ce52. **Pair Blossoms**
배꽃
2005, Oil on linen
112.1x162.2cm

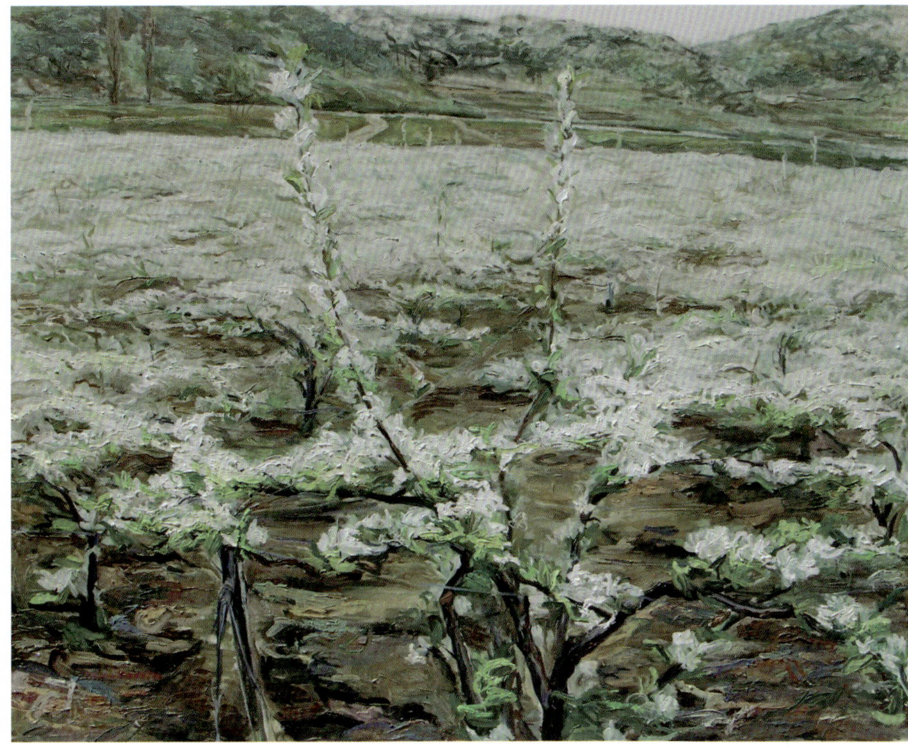
ce51

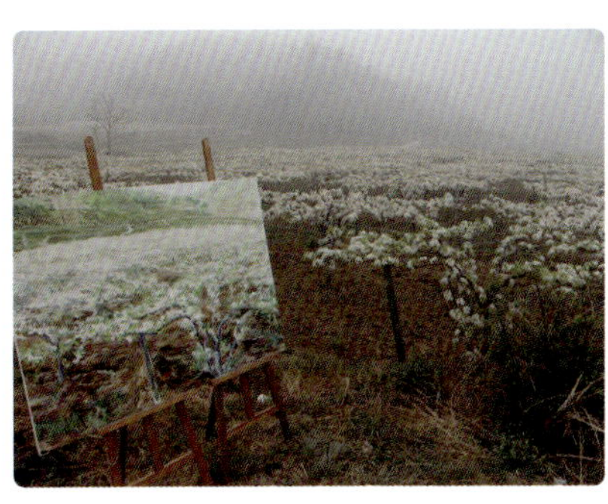

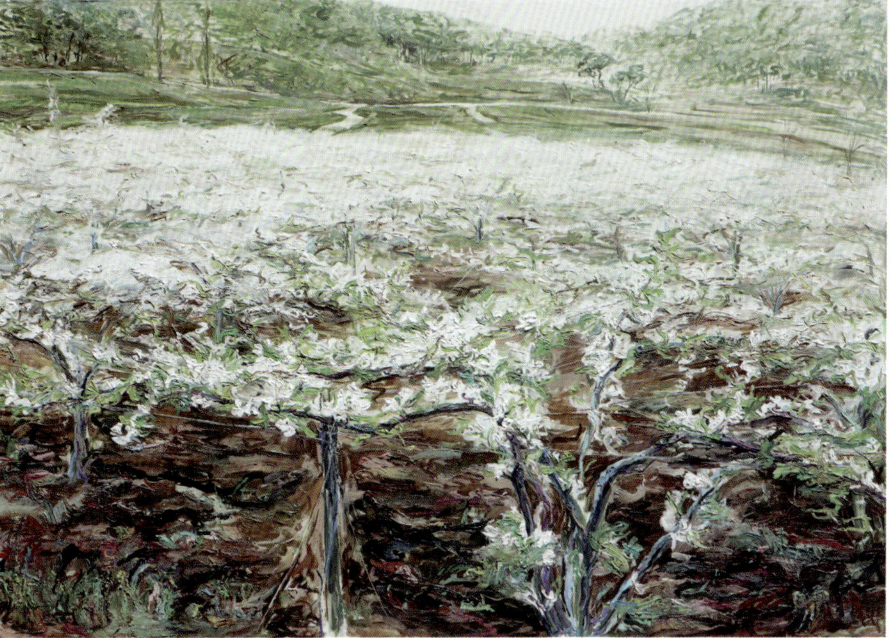
ce52

ce53~55. **A Rose Garden**
장미정원
2005,2004, Oil on linen
60.6x72.7cm

ce56. **Lilac**
라일락
2006, Oil on linen
60.6x72.7cm

Private collection in Gold Coast
(Queensland, Australia)

ce57. **A Rose Garden**
장미정원
2006, Oil on linen
91x116.8cm

ce58,59. **A Rose Garden**
장미정원
2005,2004, Oil on linen
60.6x72.7cm
Private collection in Gold Coast
(Queensland, Australia)

ce60. **A Rose Garden**
장미정원
2004, Oil on linen
45.5x53cm

ce61. **A Rose Garden**
장미정원
2004, Oil on linen
45.5x53cm
Private collection in America

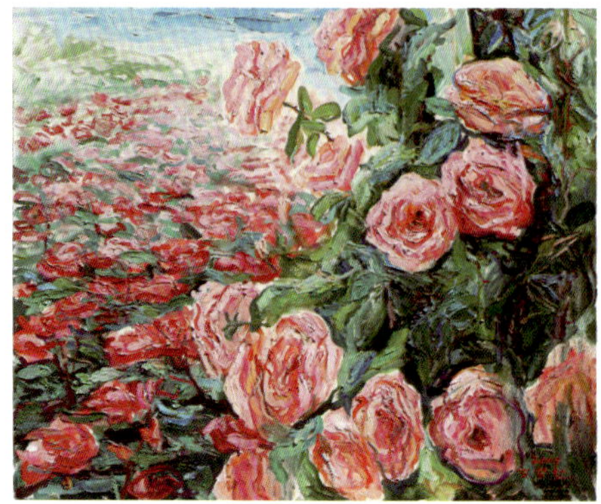
ce53

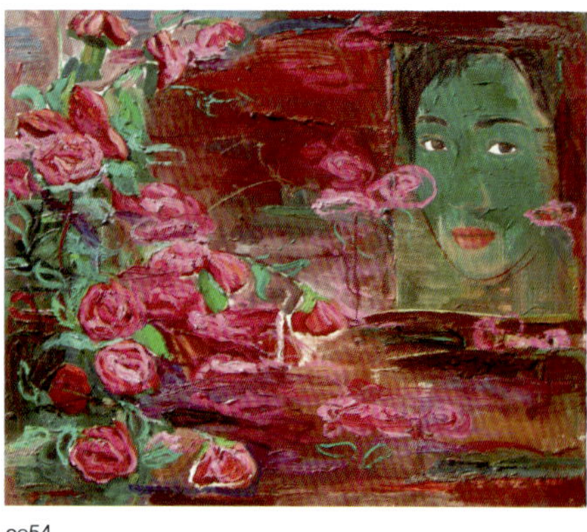
ce54

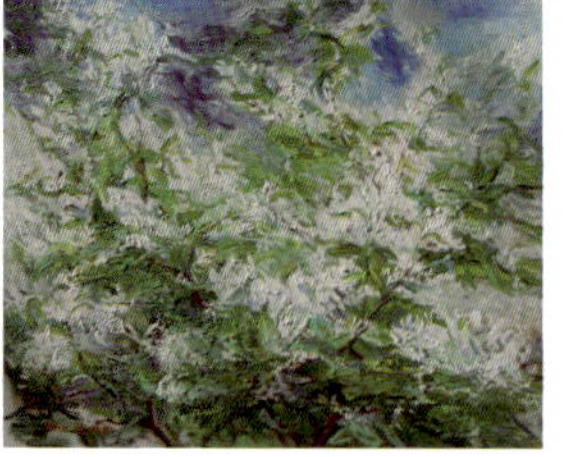

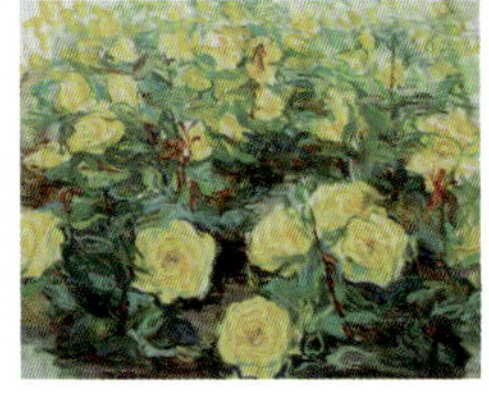
ce55

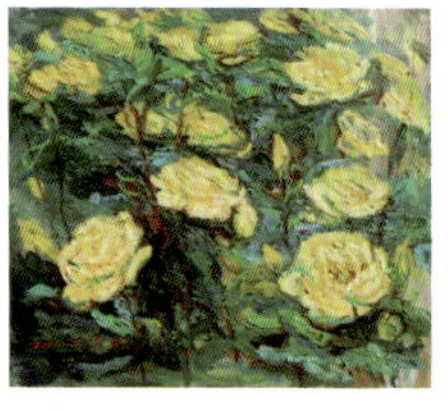
ce56

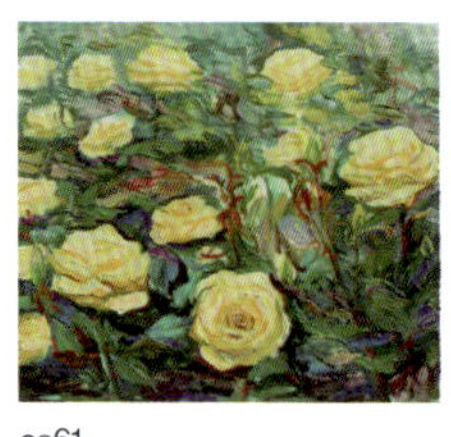
ce57

ce62. **Forsythia**
개나리
2005, Oil on linen
40.9x53cm
Private collection in Andong (Korea)

ce63. **Forsythia**
개나리
2004, Oil on linen
45.5x53cm

ce64. **Forsythia**
개나리
2004, Oil on linen
40.9x53cm

ce65. **Spring in the School**
교정의 봄
2004, Oil on linen
91x116.8cm
Public collection in Ulsan (Korea)
－울산예술고등학교

ce66. **Cherry Blossoms**
벚꽃
2004, Oil on linen
60.6x72.7cm
Private collection in Byron Bay
(NSW, Australia)

ce67. **Cherry Blossoms**
벚꽃
2005, Oil on linen
60.6x72.7cm
Private collection in Ulsan (Korea)

ce68. **Cherry Blossoms**
벚꽃
2005, Oil on linen
53x45.5cm
Private collection in Ulsan (Korea)

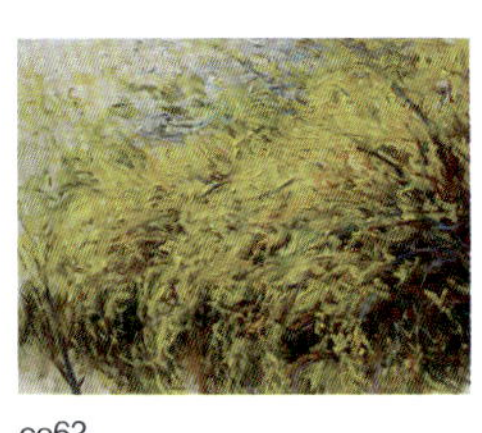
ce58

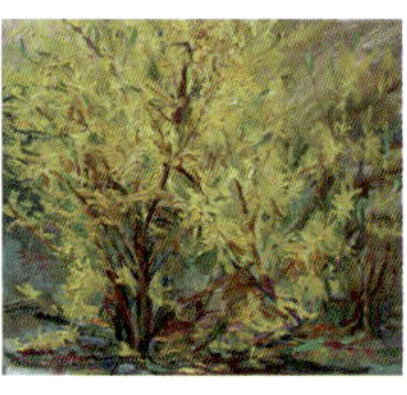
ce59

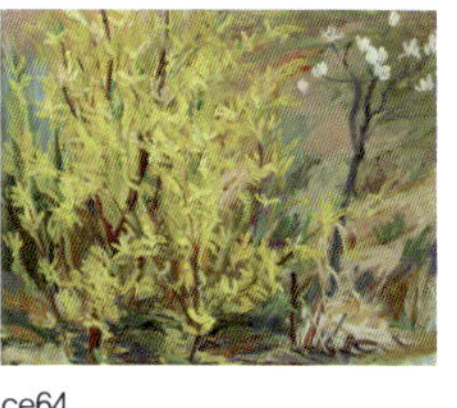
ce60

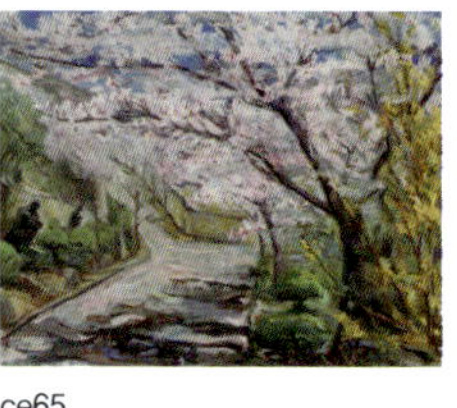
ce61

ce62

ce63

ce64

ce65

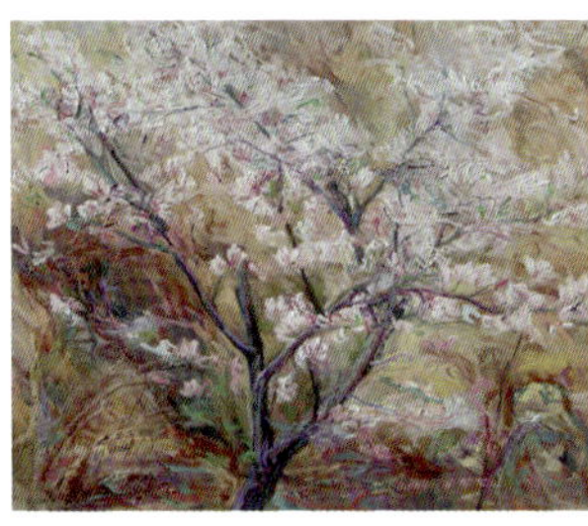
ce66

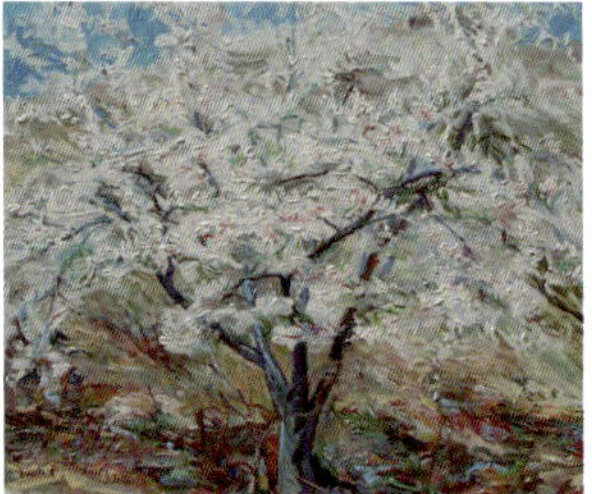
ce67

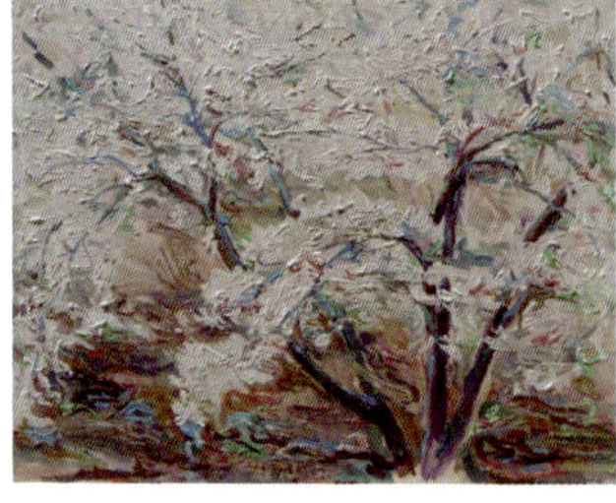
ce68

ce69. **Azalea**
진달래
2004, Oil on linen
91x116.8cm
Public collection in Ulsan (Korea)
－울산온산병원

ce70. **Azalea**
진달래
2004, Oil on linen
60.6x72.7cm
Private collection in Ulsan (Korea)

ce71. **Azalea**
진달래
2000, Oil on linen
60.6x72.7cm

ce72. **Pasqueflower**
할미꽃
2005, Oil on linen
45.5x53cm

ce73. **Pasqueflower**
할미꽃
2004, Watercolour on paper
55x79cm

ce74. **Peach Blossom**
복숭아꽃
1994, Oil on linen
45.5x53cm

ce75. **A Rose Garden**
장미정원
1994, Oil on linen
162.2x130.3cm

ce76. **A Midsummer－night Dream**
한여름 밤의 꿈
1994, Oil on linen
130.3x162.2cm

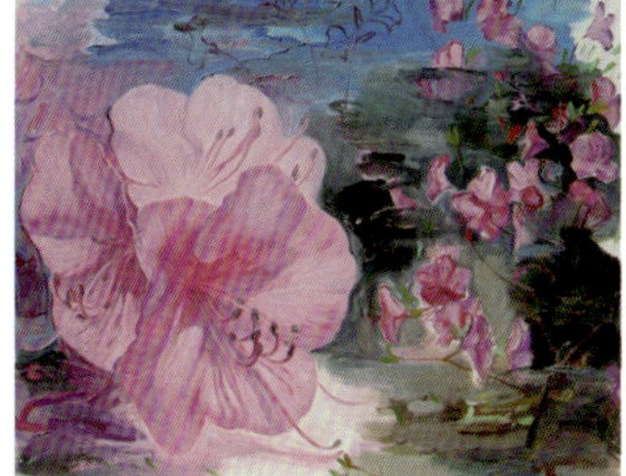

ce69

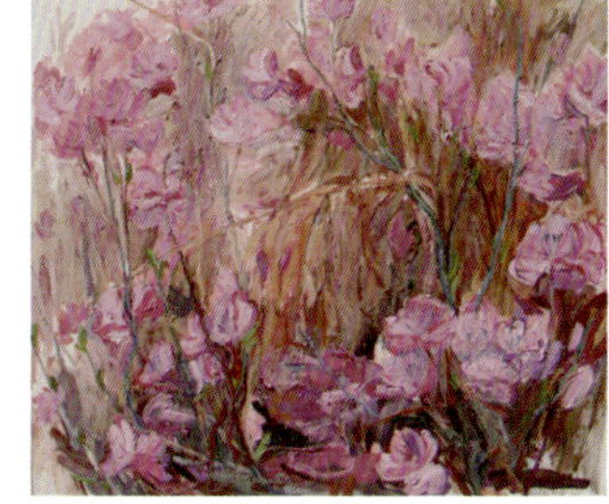

ce70

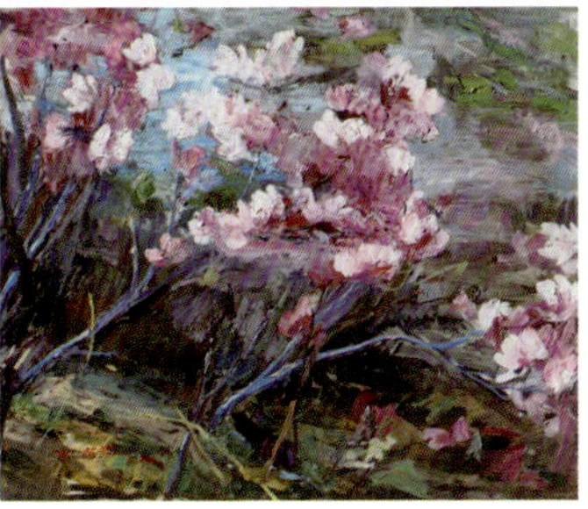

ce71

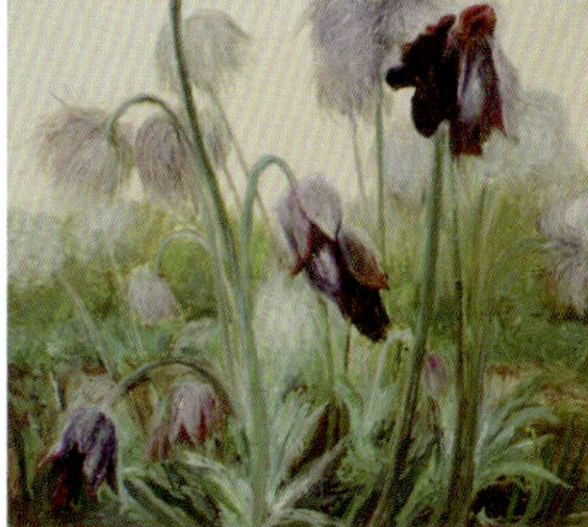

ce72

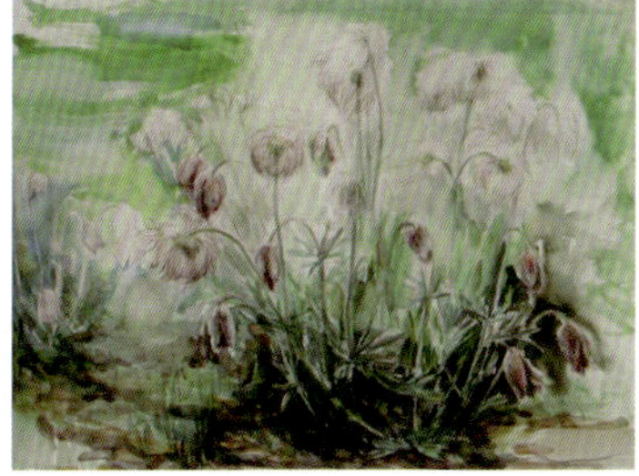

ce73

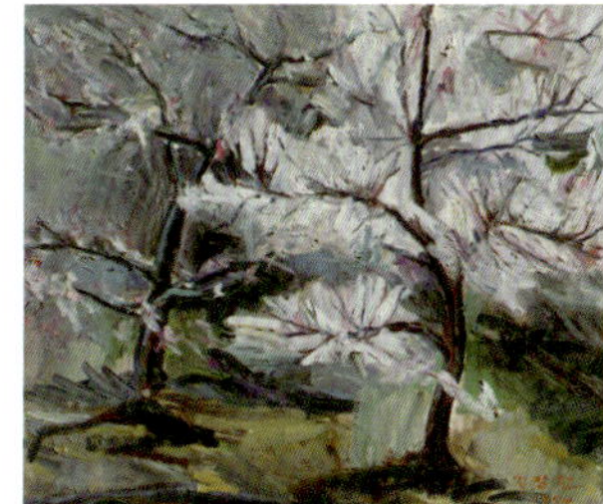

ce74

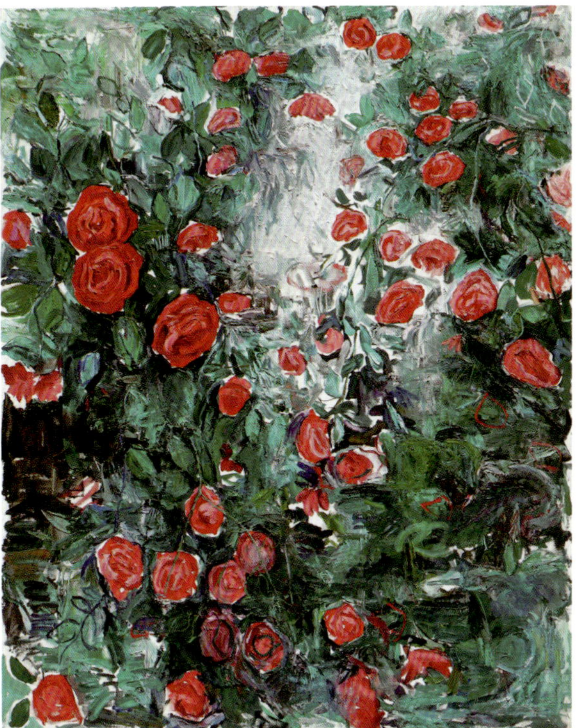

ce75

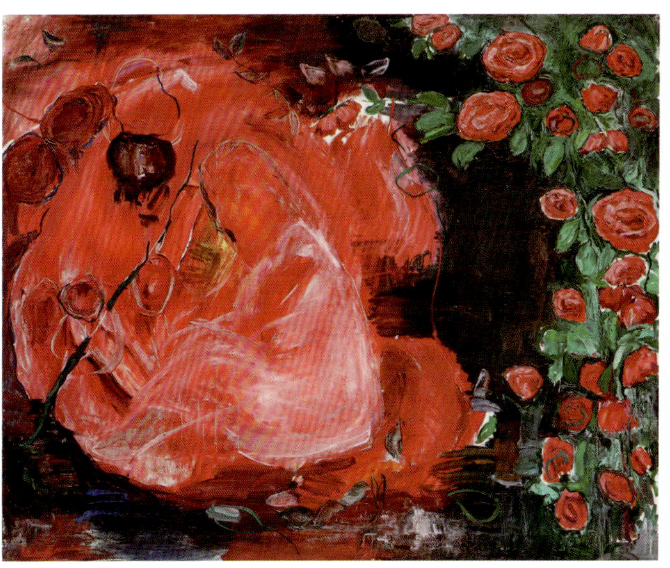

ce76

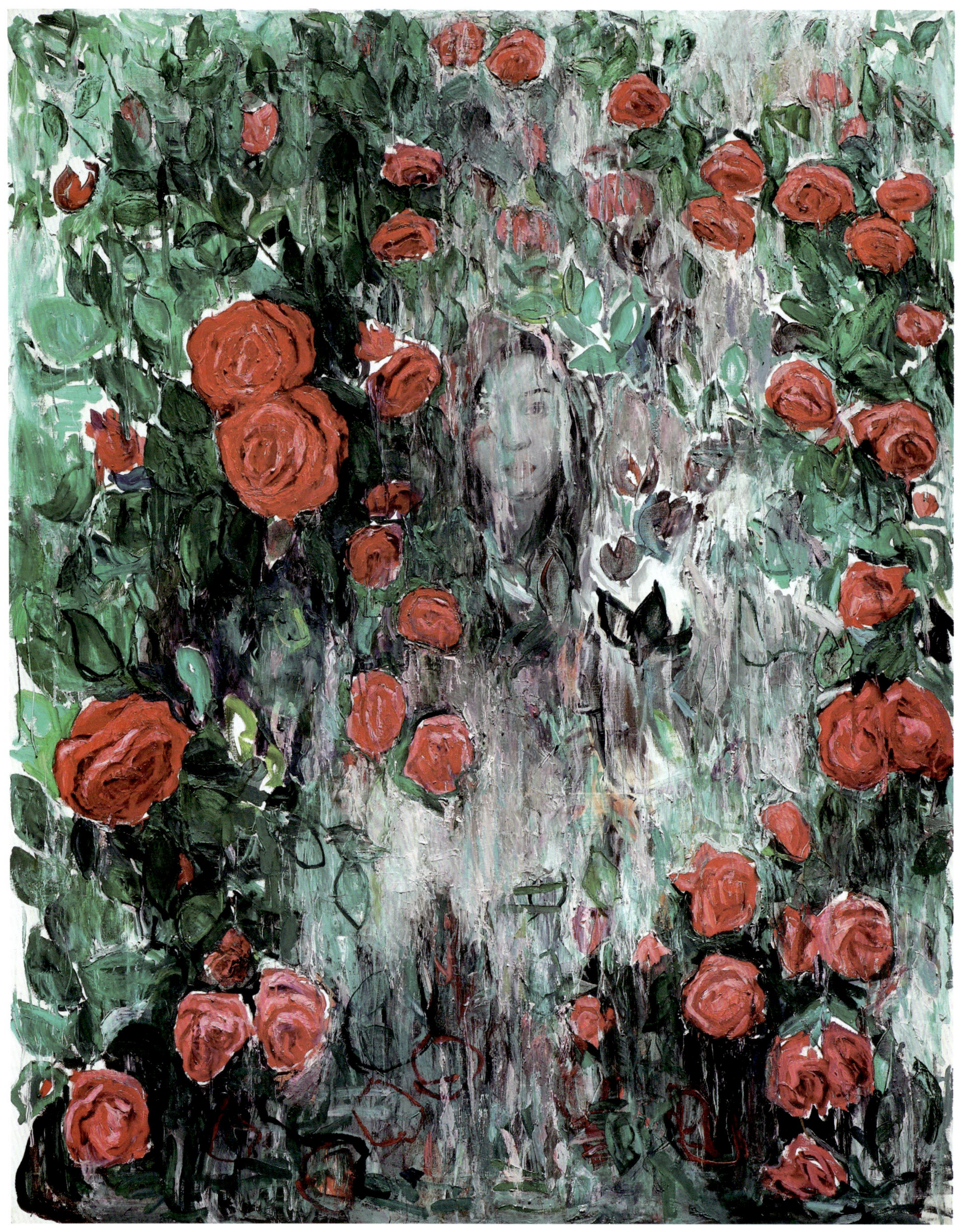

ce77. **A Rainy Rose Garden** 비 오는 장미정원 1994, Oil on linen 162.2x130.3cm

Part IV

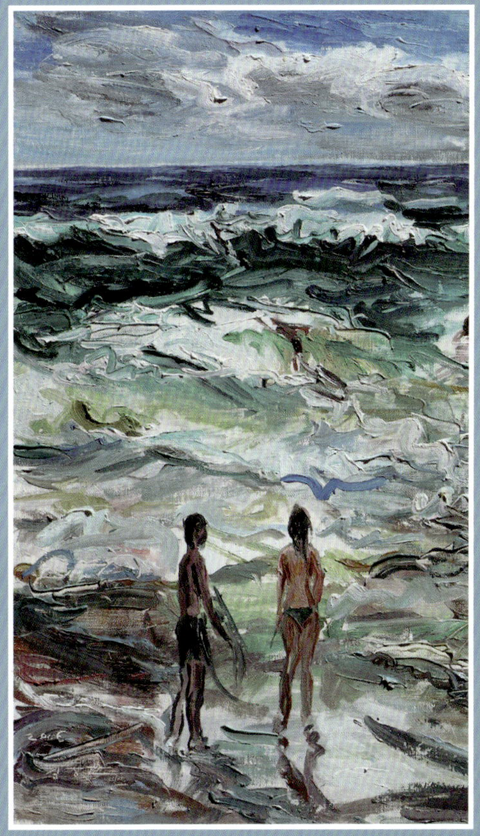

International Exchange 국제교류

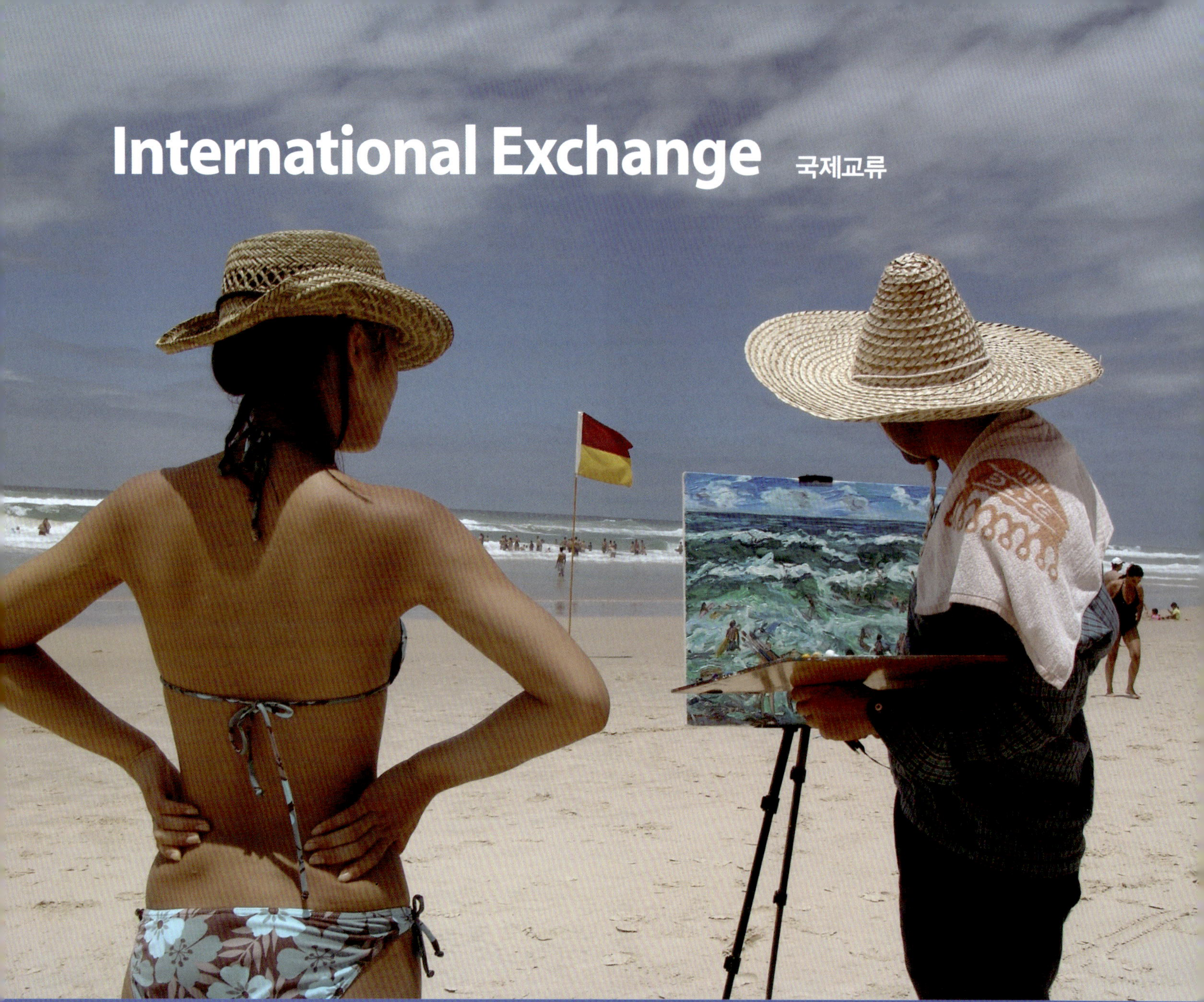

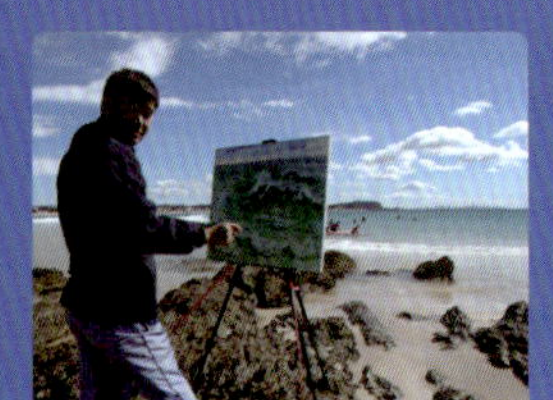
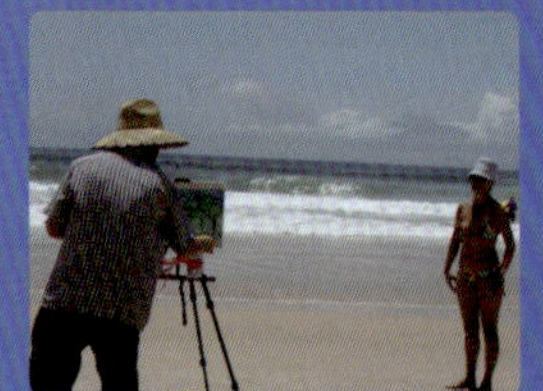
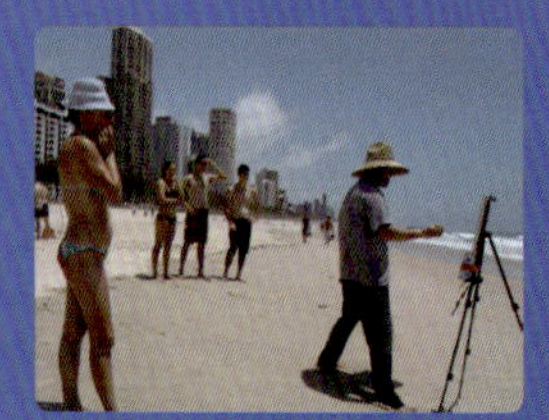
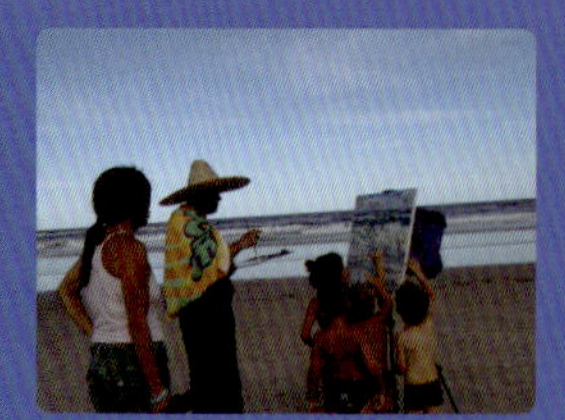
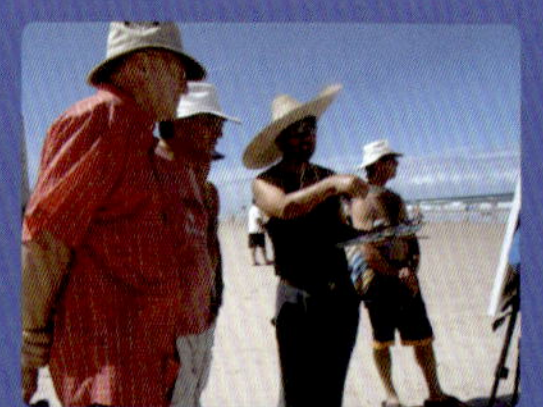

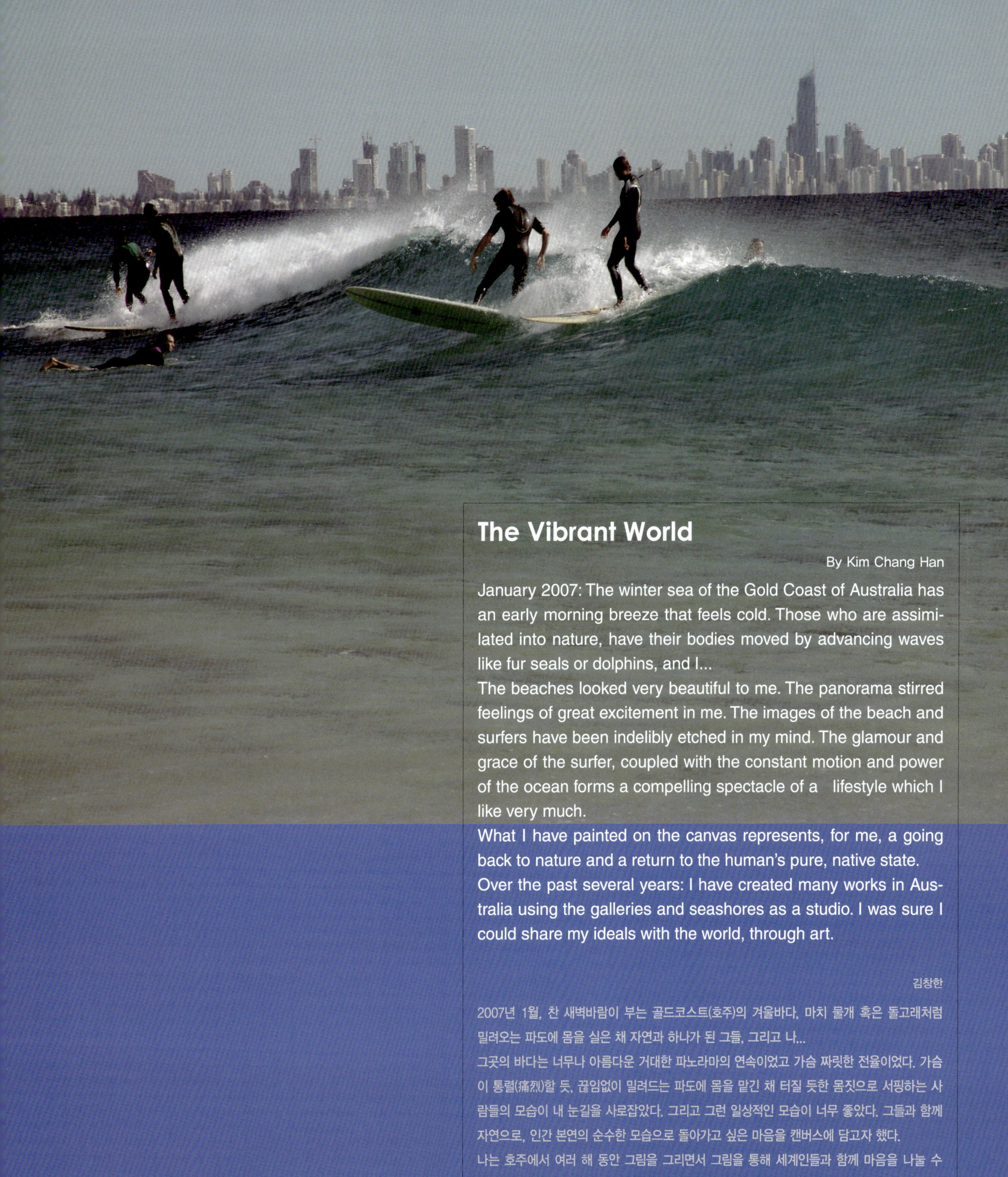

The Vibrant World

By Kim Chang Han

January 2007: The winter sea of the Gold Coast of Australia has an early morning breeze that feels cold. Those who are assimilated into nature, have their bodies moved by advancing waves like fur seals or dolphins, and I...

The beaches looked very beautiful to me. The panorama stirred feelings of great excitement in me. The images of the beach and surfers have been indelibly etched in my mind. The glamour and grace of the surfer, coupled with the constant motion and power of the ocean forms a compelling spectacle of a   lifestyle which I like very much.

What I have painted on the canvas represents, for me, a going back to nature and a return to the human's pure, native state.

Over the past several years: I have created many works in Australia using the galleries and seashores as a studio. I was sure I could share my ideals with the world, through art.

김창한

2007년 1월, 찬 새벽바람이 부는 골드코스트(호주)의 겨울바다, 마치 물개 혹은 돌고래처럼 밀려오는 파도에 몸을 실은 채 자연과 하나가 된 그들, 그리고 나...
그곳의 바다는 너무나 아름다운 거대한 파노라마의 연속이었고 가슴 짜릿한 전율이었다. 가슴이 통렬(痛烈)할 듯, 끊임없이 밀려드는 파도에 몸을 맡긴 채 터질 듯한 몸짓으로 서핑하는 사람들의 모습이 내 눈길을 사로잡았다. 그리고 그런 일상적인 모습이 너무 좋았다. 그들과 함께 자연으로, 인간 본연의 순수한 모습으로 돌아가고 싶은 마음을 캔버스에 담고자 했다.
나는 호주에서 여러 해 동안 그림을 그리면서 그림을 통해 세계인들과 함께 마음을 나눌 수 있다는 것을 확인할 수 있었다.

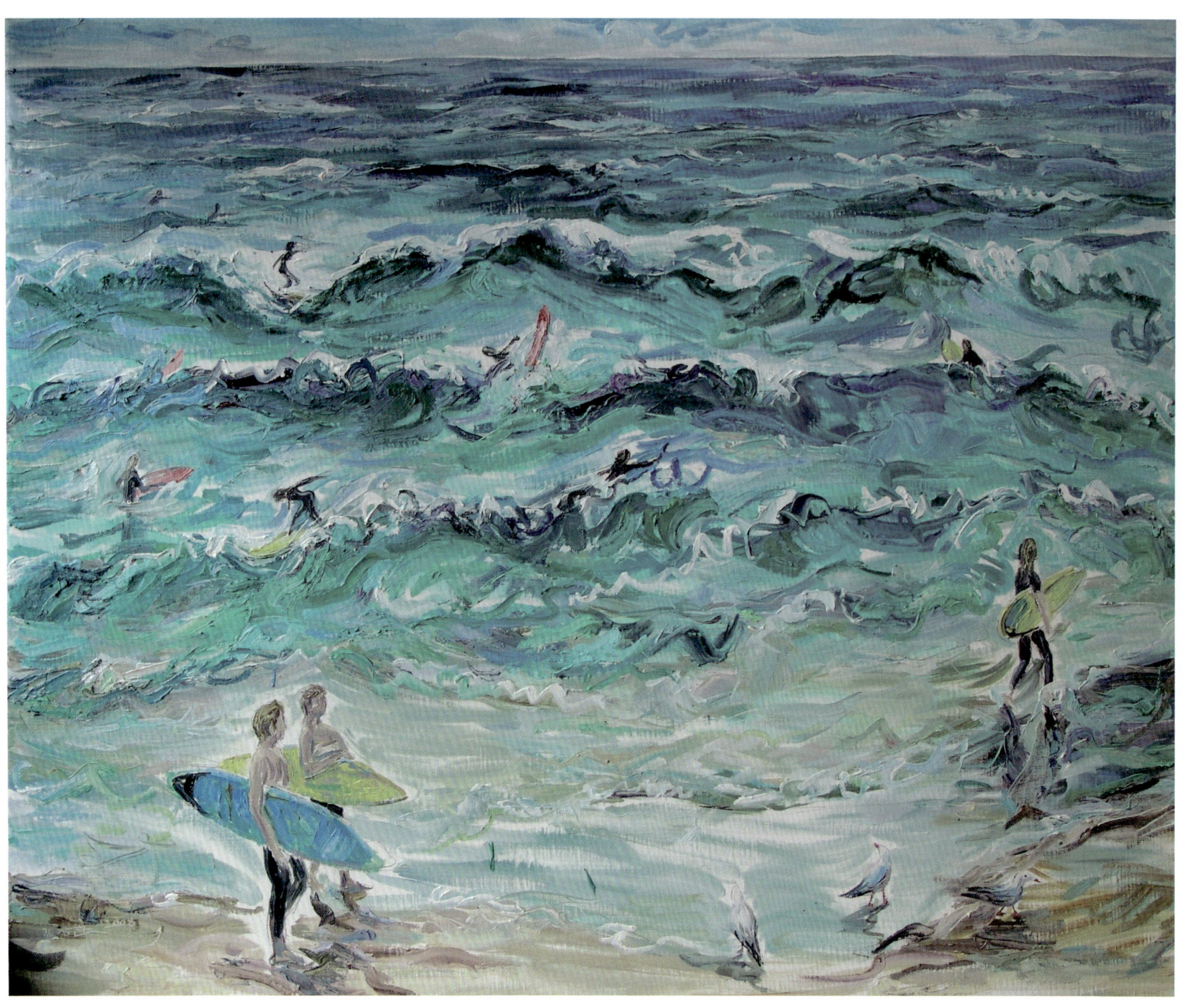

da1. **Vibrant Beach on Sunshine Coast, Australia** 전율하는 해변 2008, Oil on linen(91x116.8cm)
(in Australia, 2010)

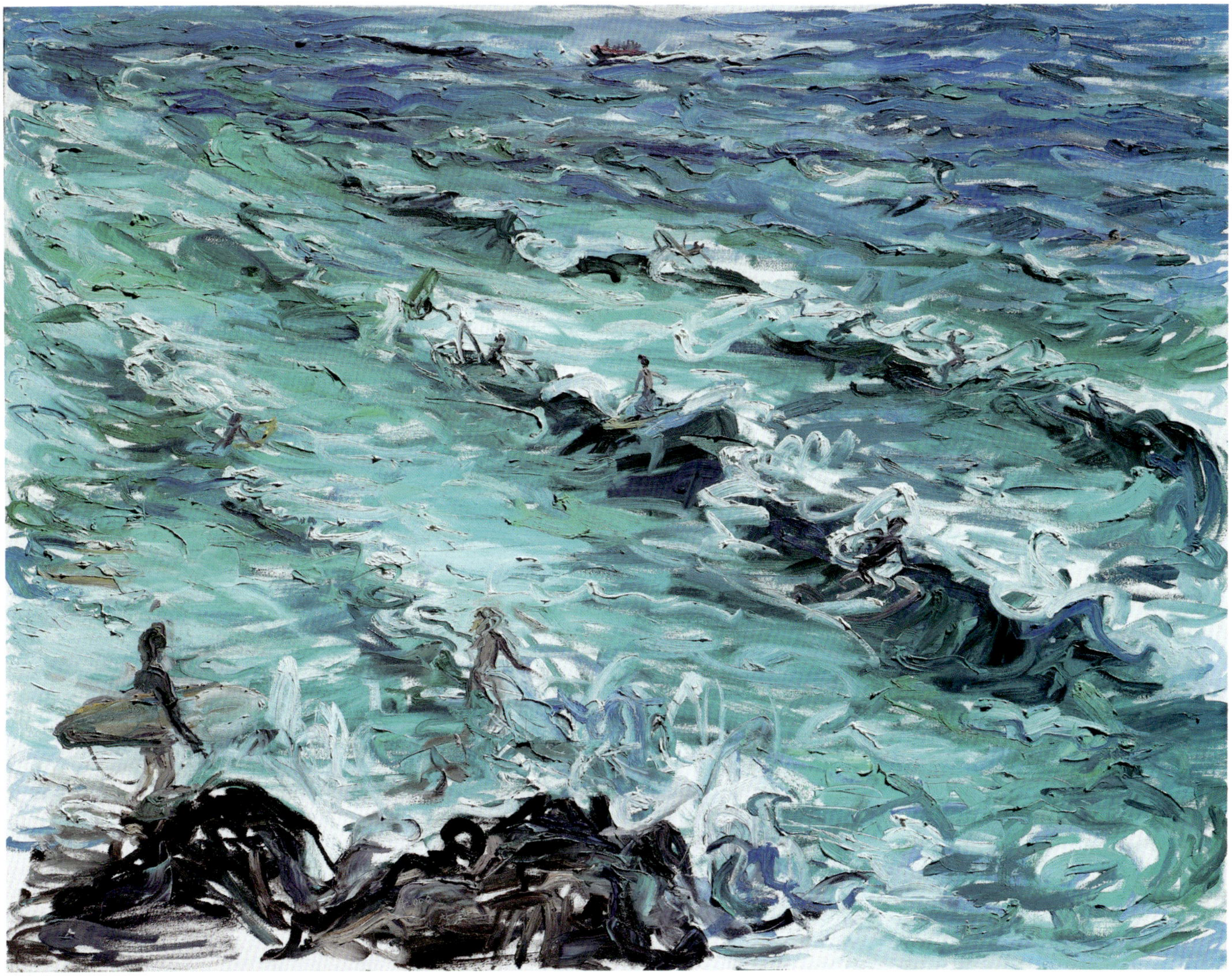

da2. **Vibrant Beach in Byron Bay, Australia** 전율하는 해변 2006, Oil on linen 91x116.8cm

da3. **Vibrant Beach on Gold Coast, Australia**
전율하는 해변
2006, Oil on linen
40.9x53cm

da4. **Vibrant Beach on Gold Coast, Australia**
전율하는 해변
2006, Oil on linen
60.6x72.7cm

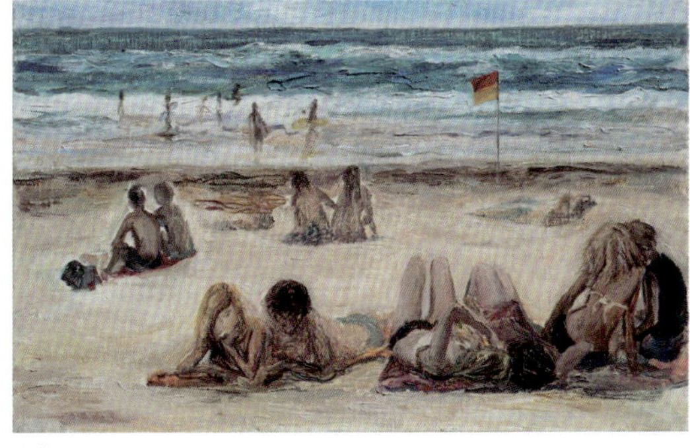
da3

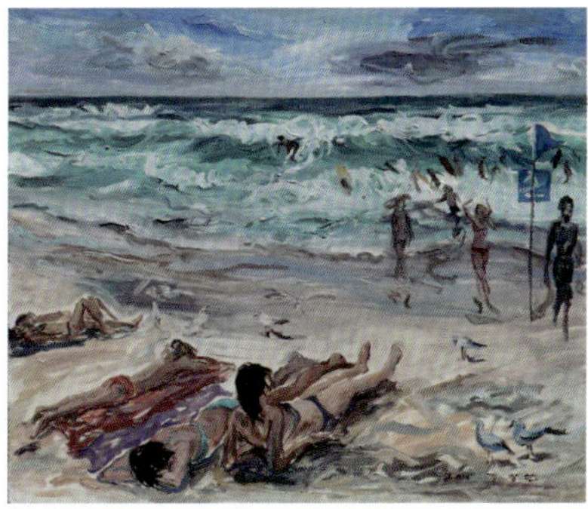
da4

da5,6. **Vibrant Beach on Gold Coast, Australia**
전율하는 해변
2006, Oil on linen
60.6x72.7cm

da7. **Vibrant Beach on Gold Coast, Australia**
전율하는 해변
2006, Oil on linen
60.6x72.7cm

da8. **Vibrant Beach on Gold Coast, Australia**
전율하는 해변
2006, Oil on linen
60.6x72.7cm
Private collection in Ulsan(Korea)

da9. **Vibrant Beach on Gold Coast, Australia**
전율하는 해변
2006, Oil on linen
45.5x53cm

da10. **Vibrant Beach on Sunshine Coast, Australia**
전율하는 해변
2008, Oil on linen
53x72.7cm

da11~13. **Vibrant Beach on Gold Coast, Australia**
전율하는 해변
2008, Acrylic on linen
53x72.7cm
(in Australia, 2010)

da14. **Vibrant Beach in Australia**
전율하는 해변
2005, Oil on linen
45.5x53cm

da15,16. **Vibrant Beach on Gold Coast, Australia**
전율하는 해변
2006, Oil on linen
40.9x53cm

da17. **Vibrant Beach on Gold Coast, Australia**
전율하는 해변
2006, Oil on linen
45.5x53cm

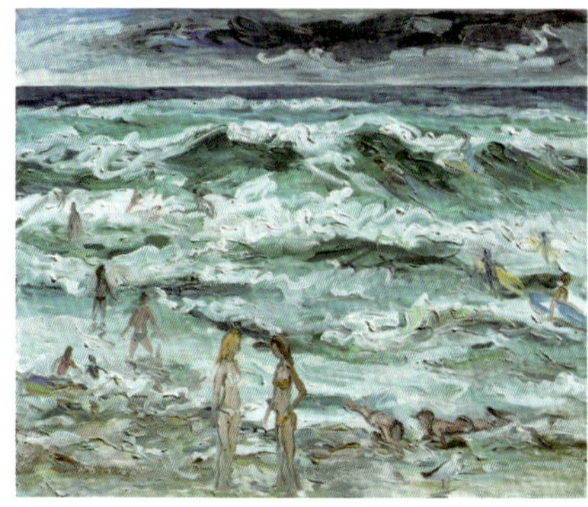
da5

da6

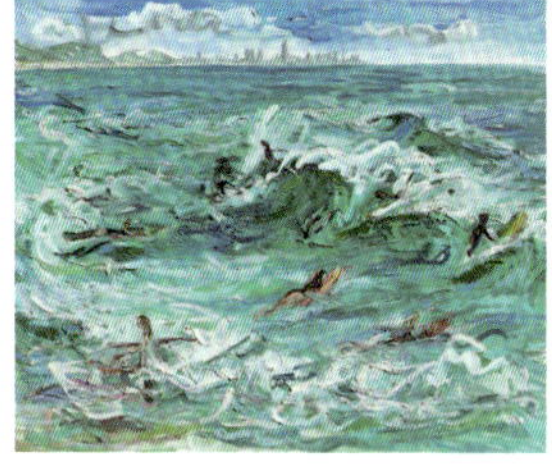
da7

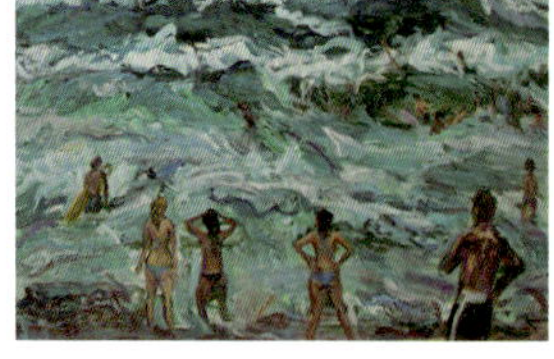
da8

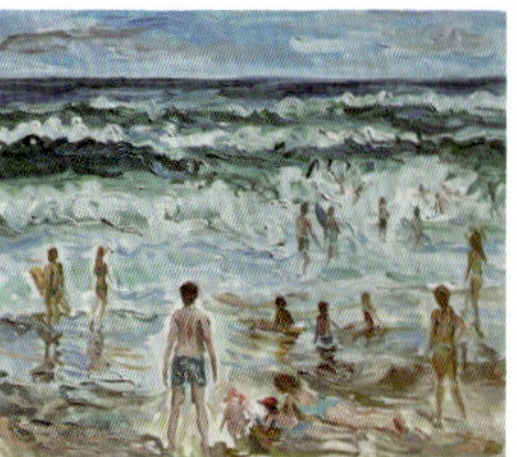
da9

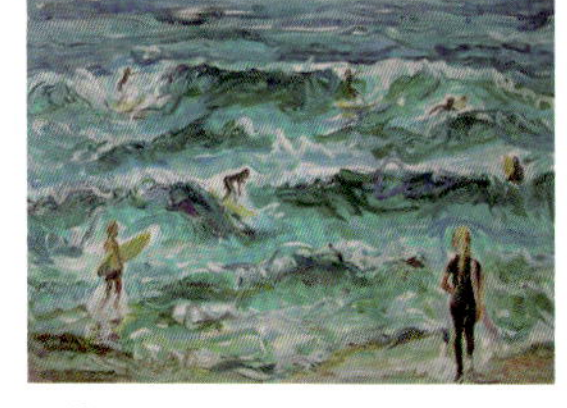
da10

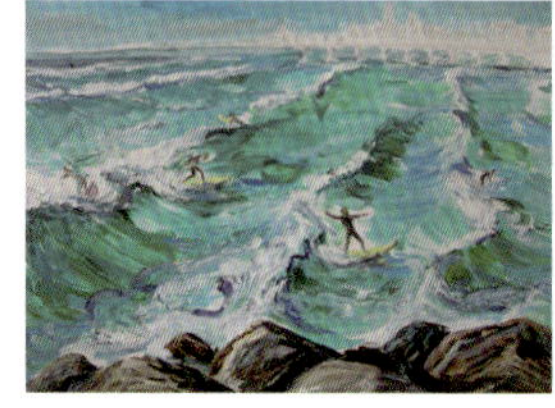
da11

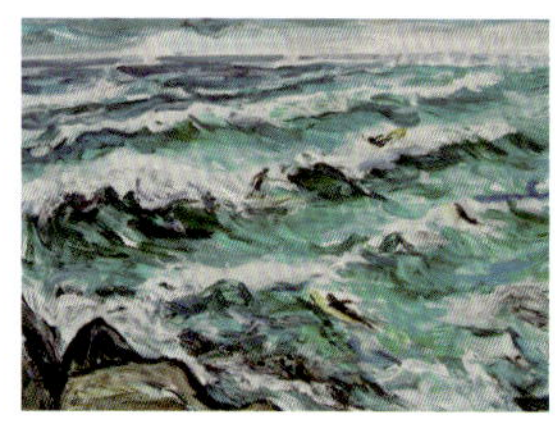
da12

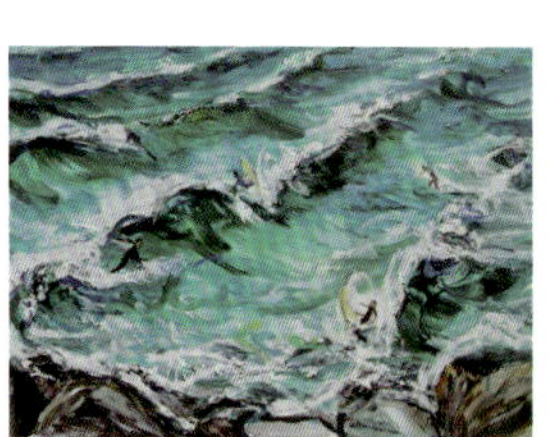
da13

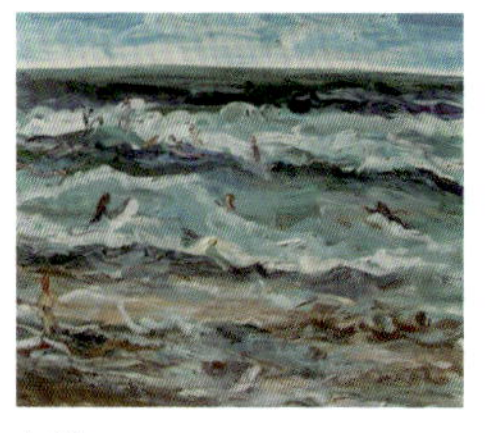
da14

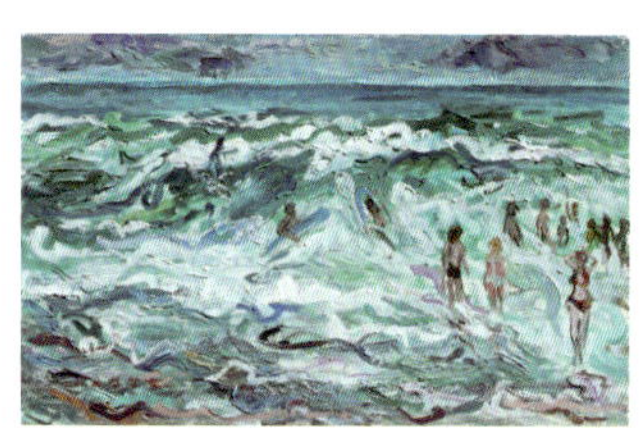
da15

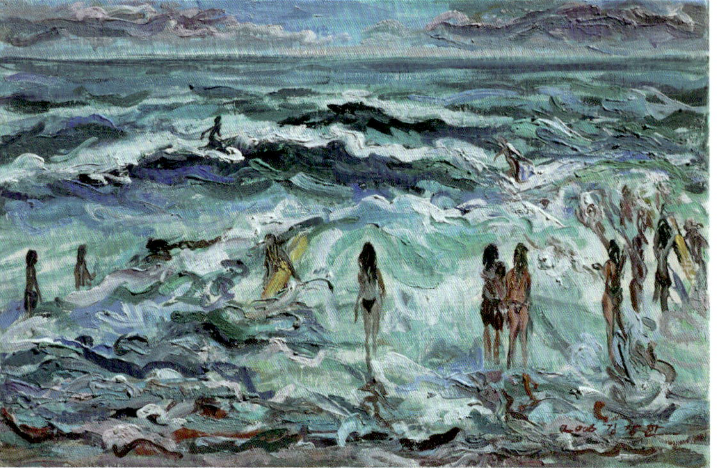
da16

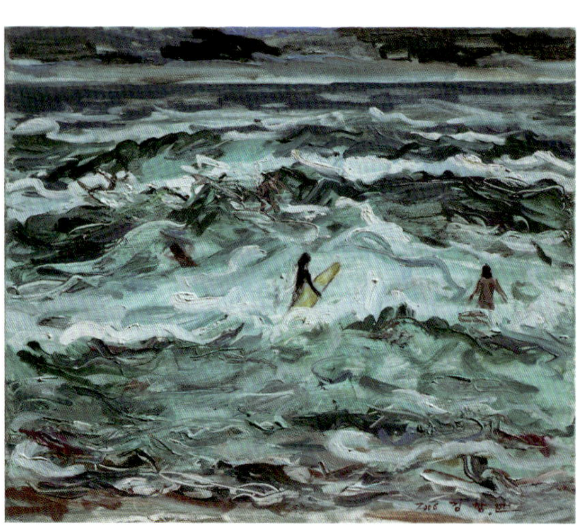
da17

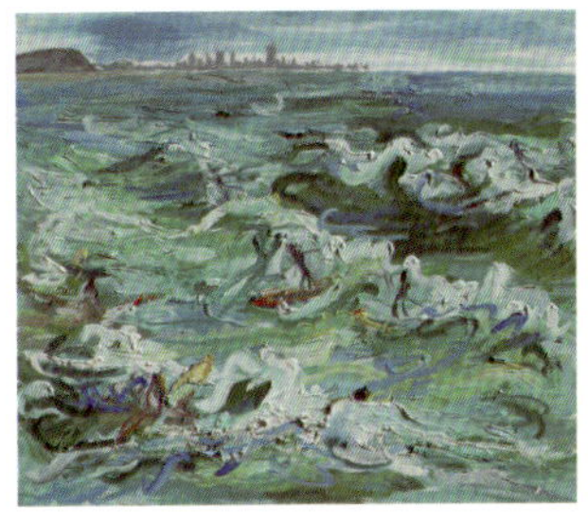
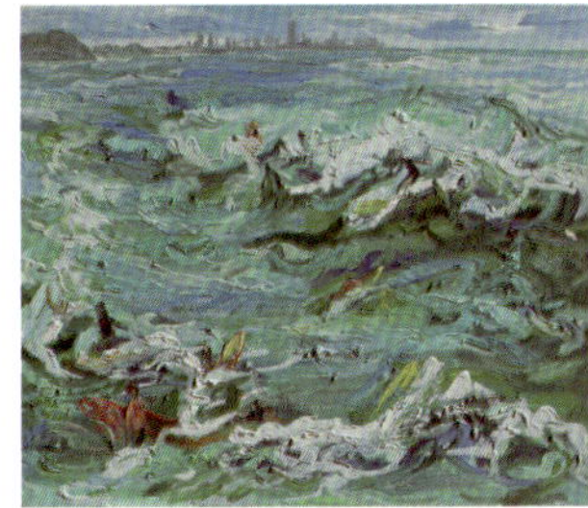
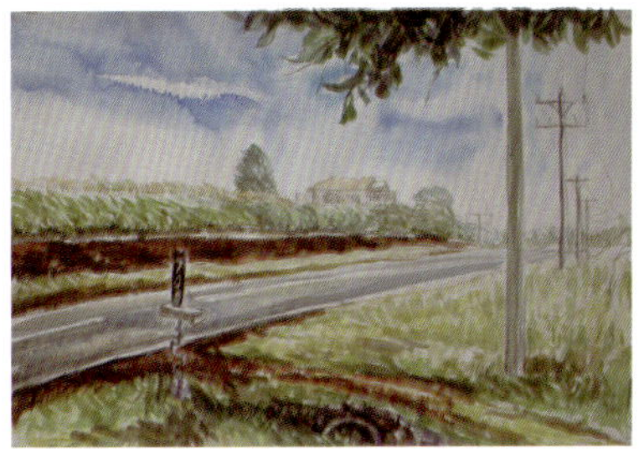
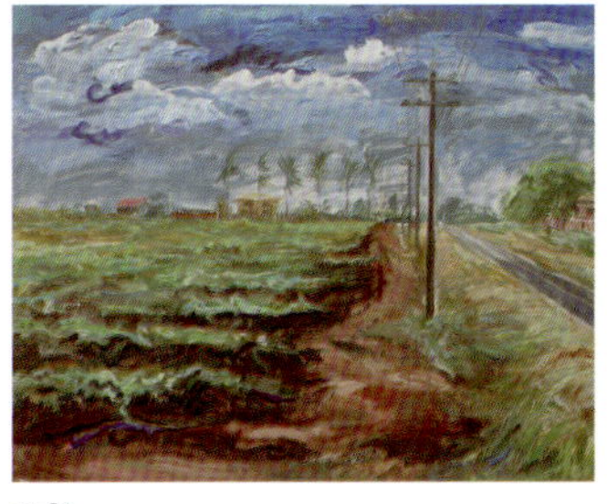

da18   da19   da20   da21

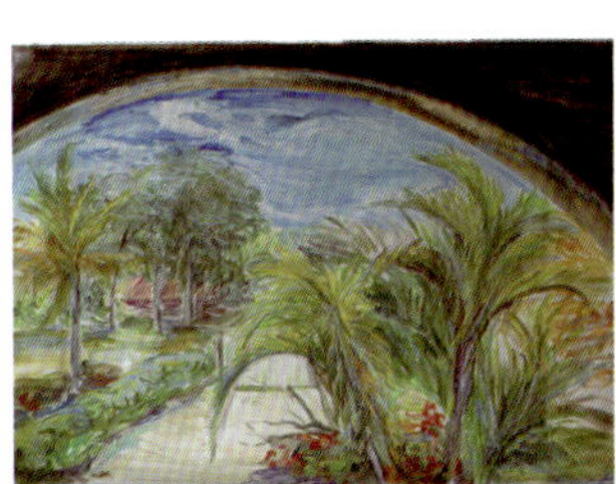
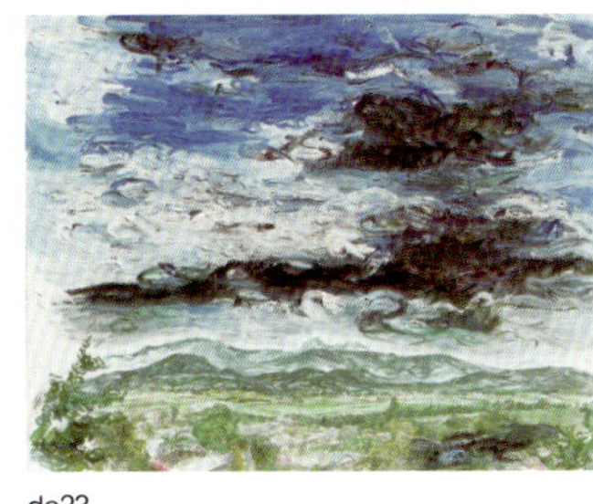
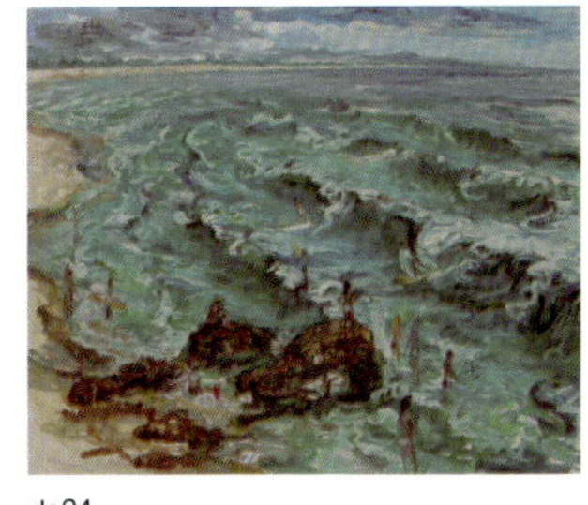
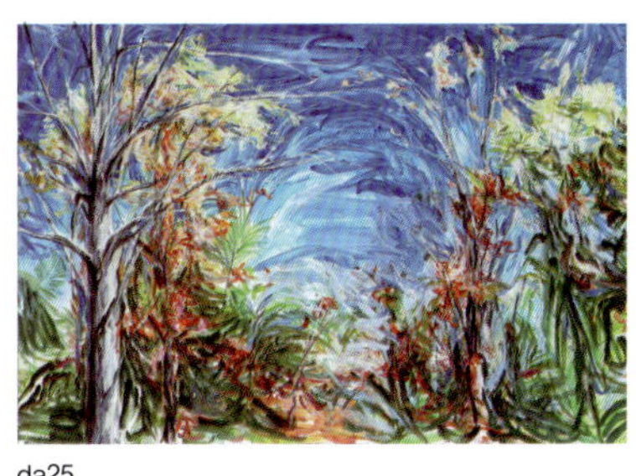

da22   da23   da24   da25

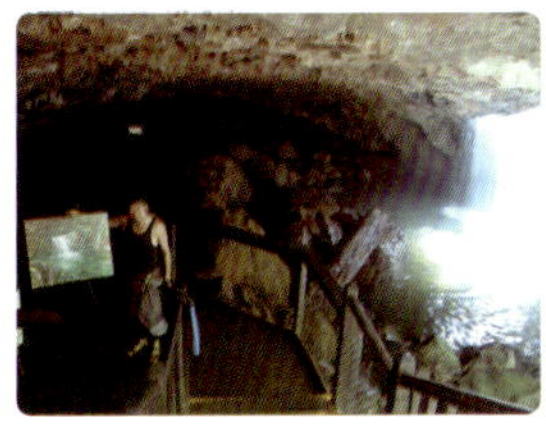
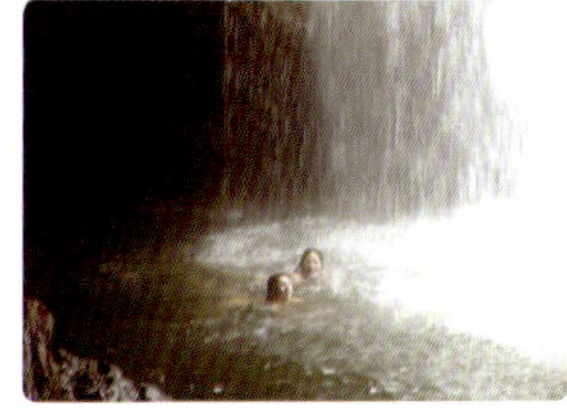
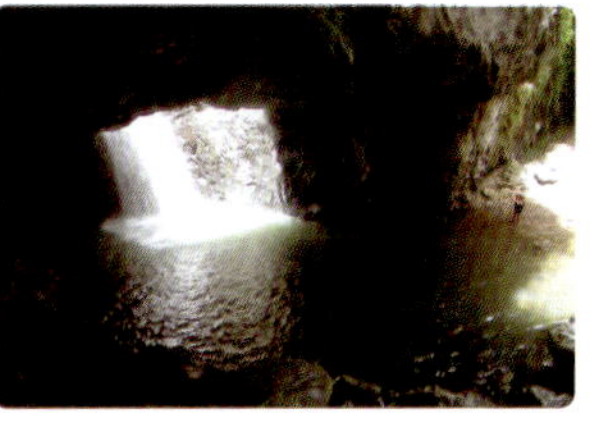

da18,19. **Vibrant Beach on Gold Coast, Australia**
전율하는 해변
2006, Oil on linen
45.5x53cm

da20. **Vibrant Land in Bundarberg**
전율하는 땅 번더버그
2007, Watercolour on paper
39×54cm

da21. **Vibrant Land in Bundarberg**
전율하는 땅 번더버그
2007, Oil on canvas
60.6x72.7cm
(in Australia, 2010)

da22. **Vibrant View in Brisbane**
전율하는 광경−브리즈번
2008, Acrylic on linen
60.6x72.7cm

da23. **Vibrant Sky in Murwillumbah, Australia**
전율하는 창공
2006, Oil on canvas
91x116.8cm

da24. **Vibrant Beach in Byron Bay, Australia**
전율하는 해변
2006, Oil on canvas
91x116.8cm
(in Australia, 2010)

da25. **Vibrant Mt Warning**
전율하는 워닝 산
2008, Oil on linen
97x145.5cm

da26. **Natural Bridge**
자연의 다리
2006, Oil on linen
60.6x72.7cm
Private collection in Bloomington (America)

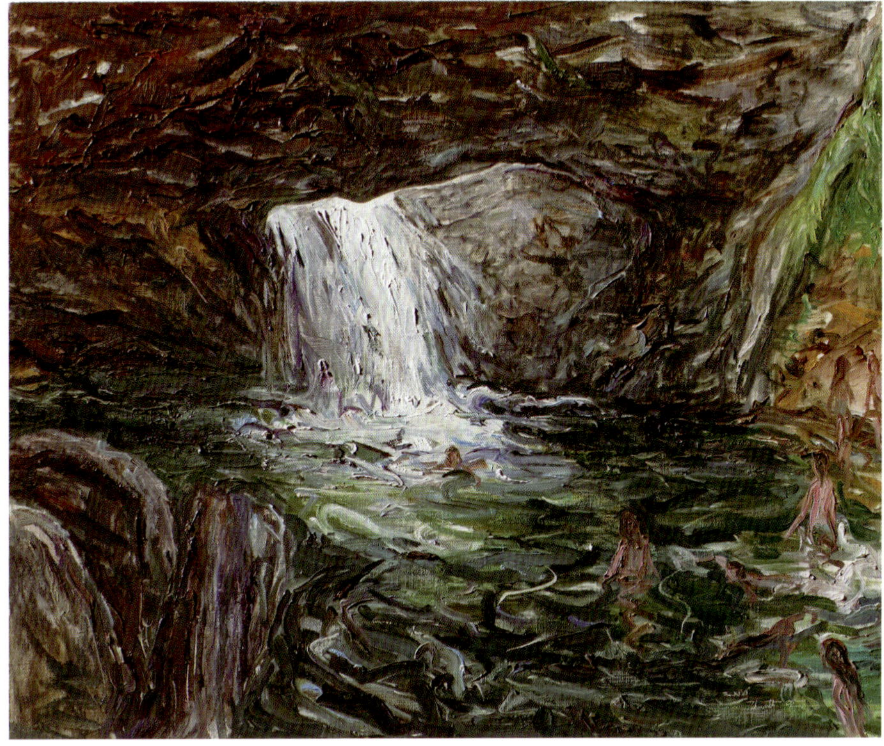

da26

Solo Exhibitions

Bond University Art Gallery, on Gold Coast (Queensland, Australia), 2006
개인전(골드코스트, 호주)

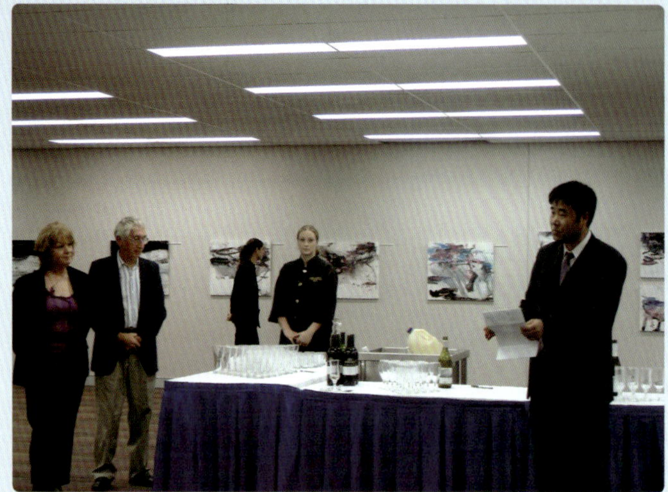

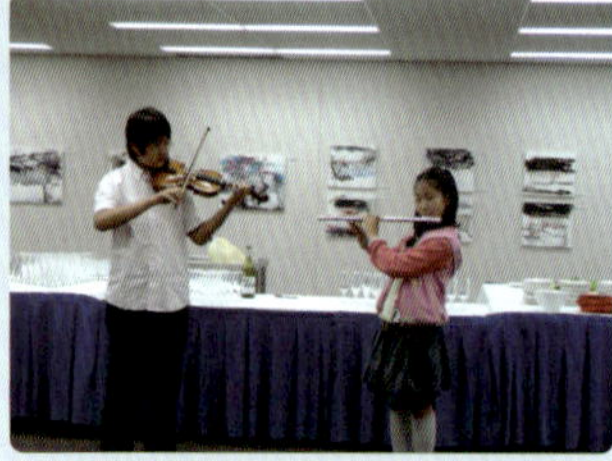

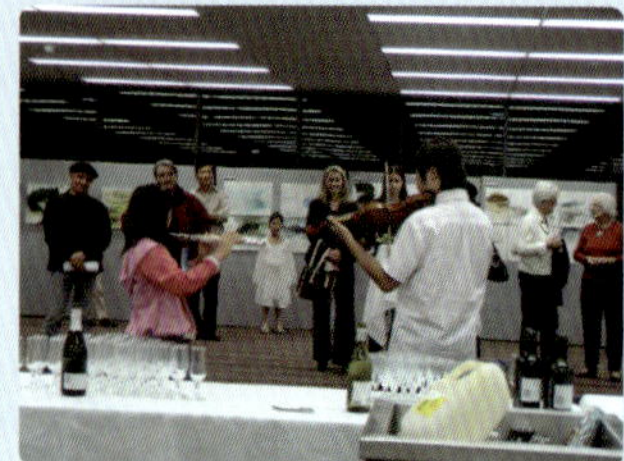

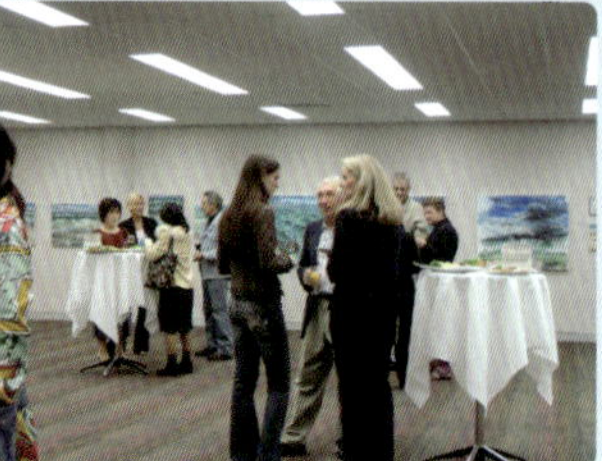

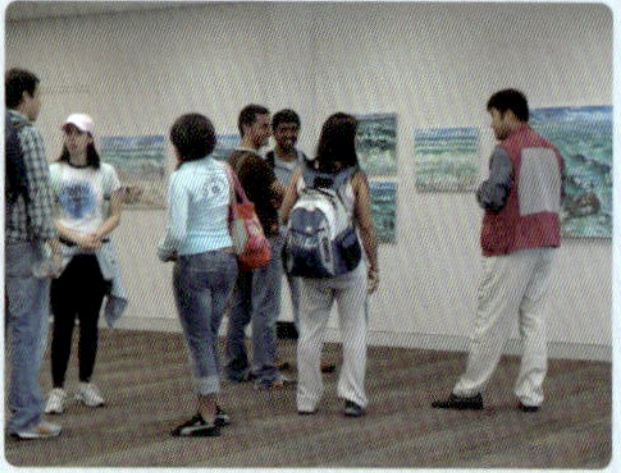

The City of the Arts Space, Murwillumbah (New South Wales, Australia), 2005
개인전(Murwillumbah, 호주)

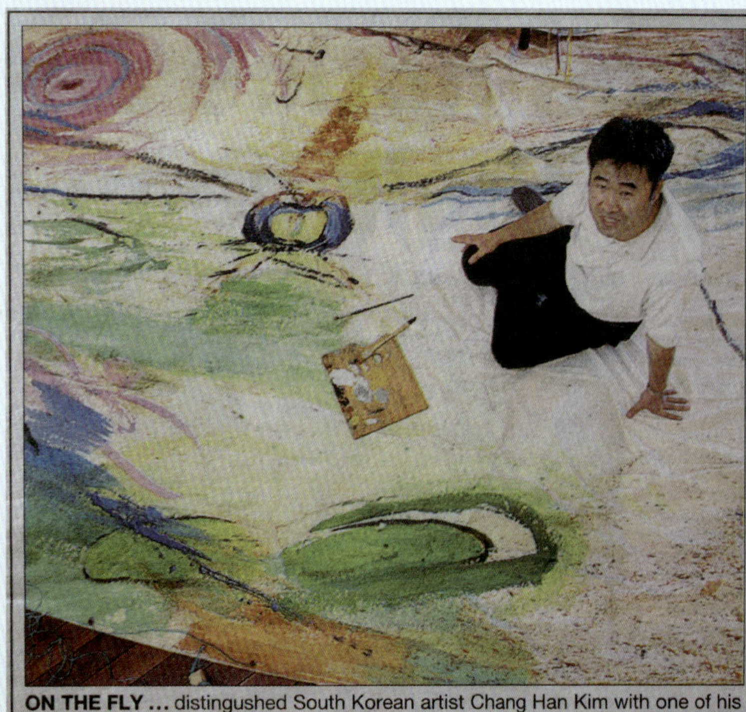

Korea move good move

A DISTINGUISHED South Korean artist on exchange in Australia has been so inspired by our landscape he will paint some pictures here to include in his exhibition.

Chang Han Kim, whose major inspiration over the past 15 years has been the dragonfly, will exhibit his work *Dragonfly Seasons* at the City of the Arts Space in Murwillumbah from tomorrow.

Although yet to spot a dragonfly in Australia, he is mesmerised by and wants to paint the countryside.

"To Koreans, Australia is a very mysterious country," said Mr Kim.

"It is beautiful and such a big continent that is very untouched."

Tweed Shire Council cultural development officer Lesley Buckley said this was a 'not-to-be-missed opporunity'.

"Chang Han is a very distinguished artist and is also currently exhibiting in Tokyo, Osaka and Los Angeles so we are very proud to host this cultural exchange."

The exhibition includes about 70 works using acrylics and oils on canvas and paper.

It runs until August 19 at the City of the Arts Space.

ON THE FLY ... distingushed South Korean artist Chang Han Kim with one of his dragonfly-inspired paintings.
Picture: BRAD WAGNER

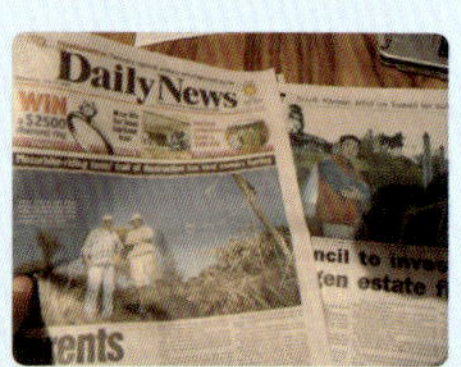

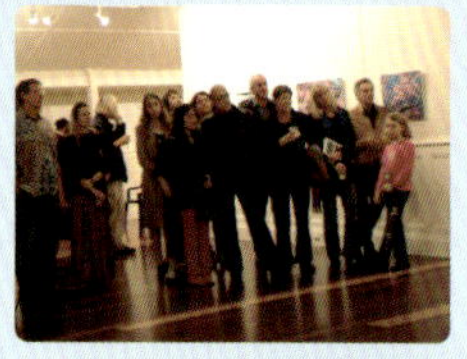

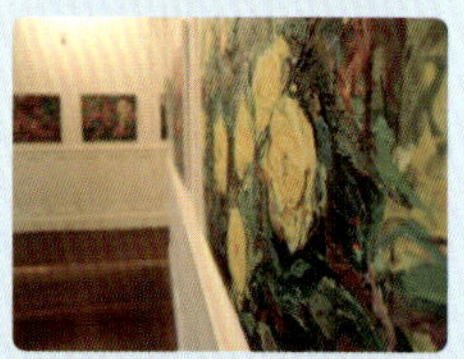

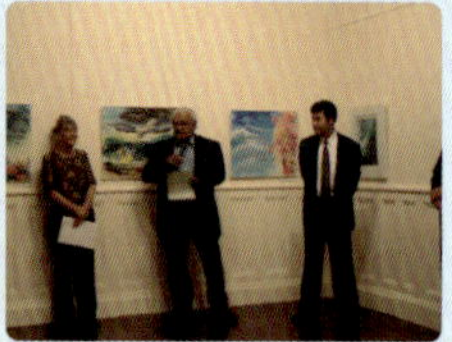

I.C.C. (International Creative Community)

Artists Exchange Exhibition between Australia and South Korea
January 15~24, 2007 (Gold Coast Council Chambers Foyer Gallery, Queensland, Australia),
June 27~July 5, 2007 (Hyundai Arts Center, Ulsan, Korea)
한국과 호주의 창조적 우정展(골드코스트, 호주 – 현대예술관, 울산)

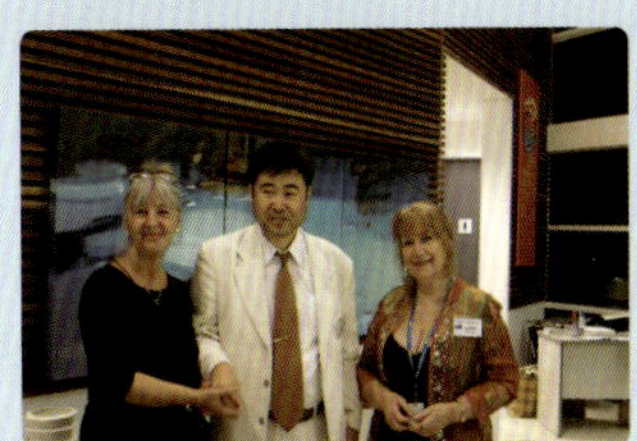 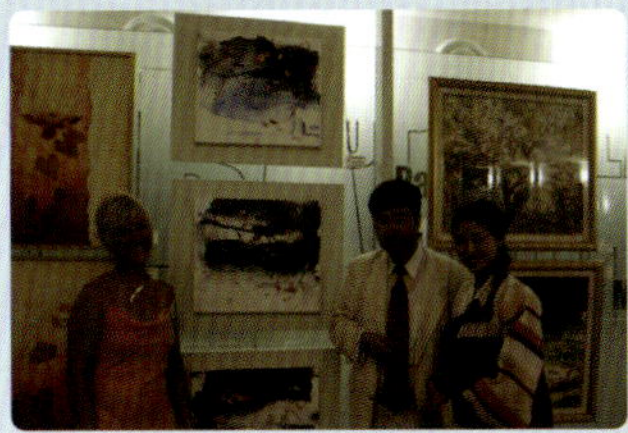 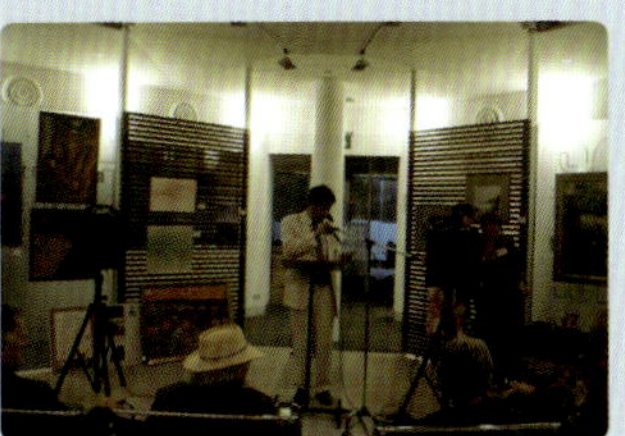 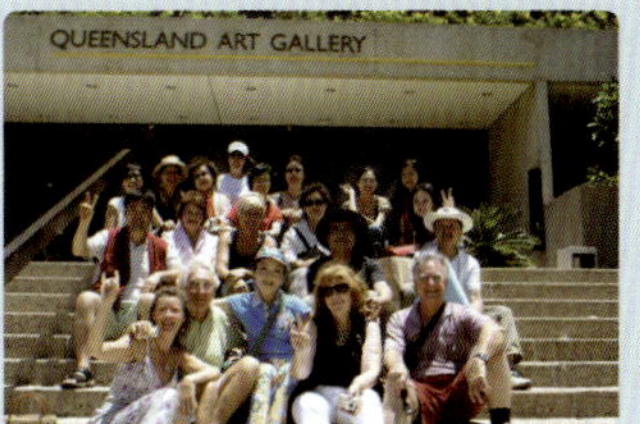

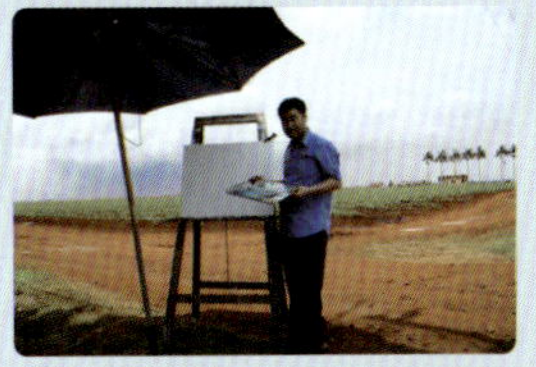 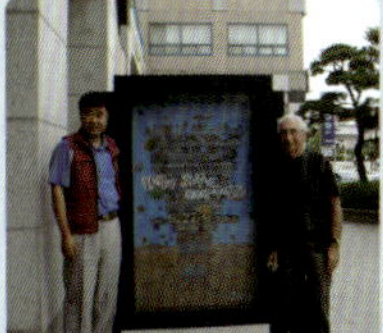 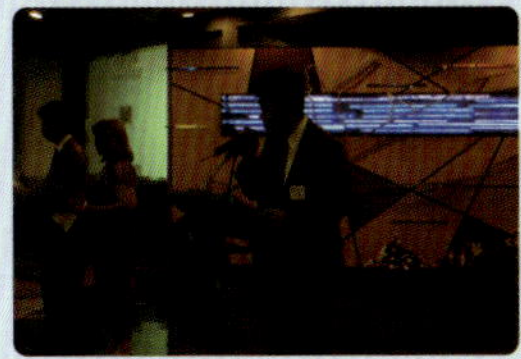 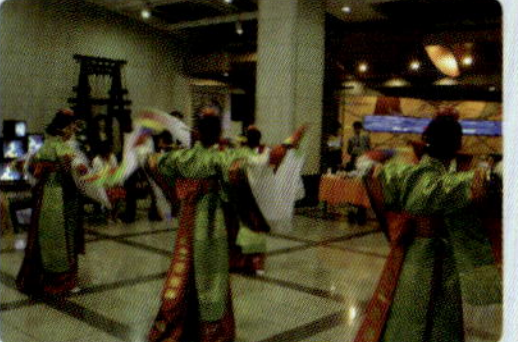 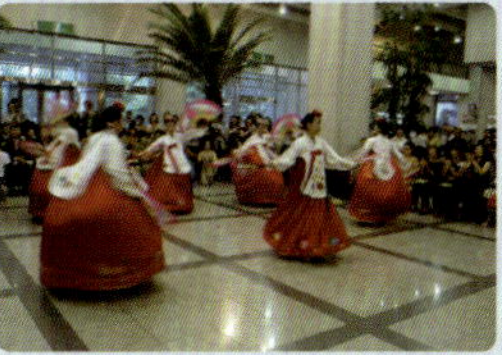

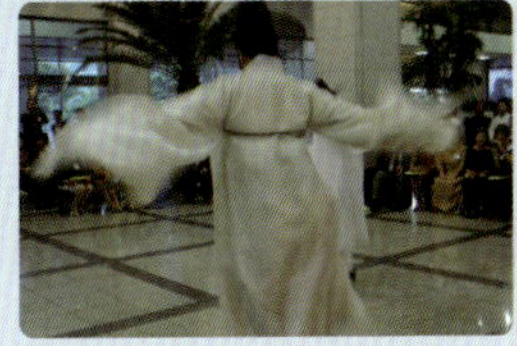 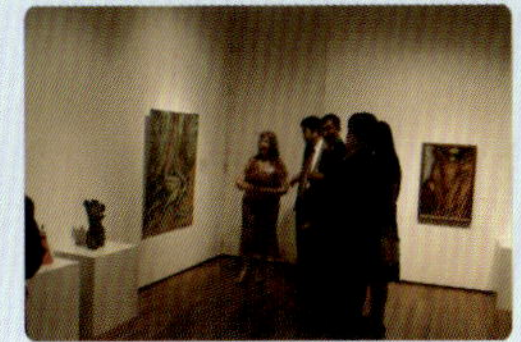 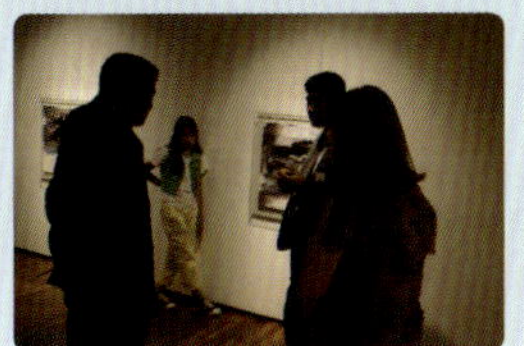 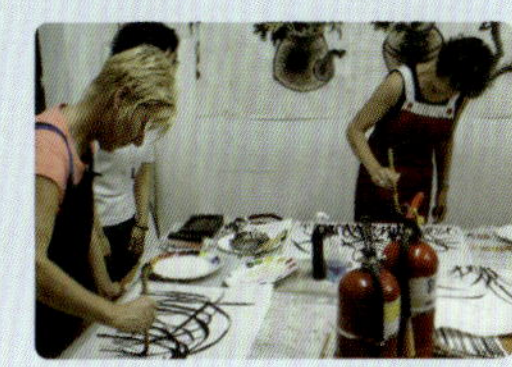 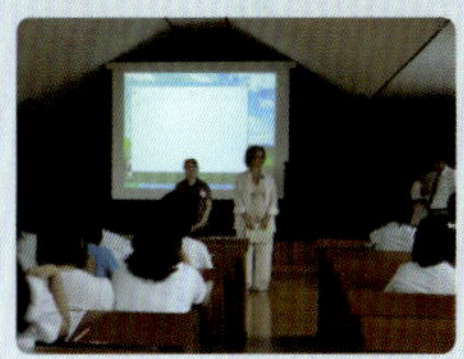

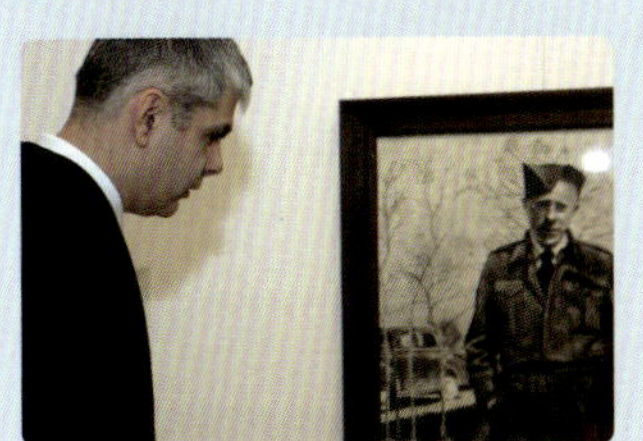

"Impressions from Afar" – A Visitor's Perspective

Ulsan Bukgu Culture & Arts Center Gallery, December 11~20, 2007
Involved 28 artists (Korean, Canadian, United Kingdom, American, Australian)
아름다운 이국의 풍물 展 – 5개국 28명 참가(울산시 북구문화예술회관)

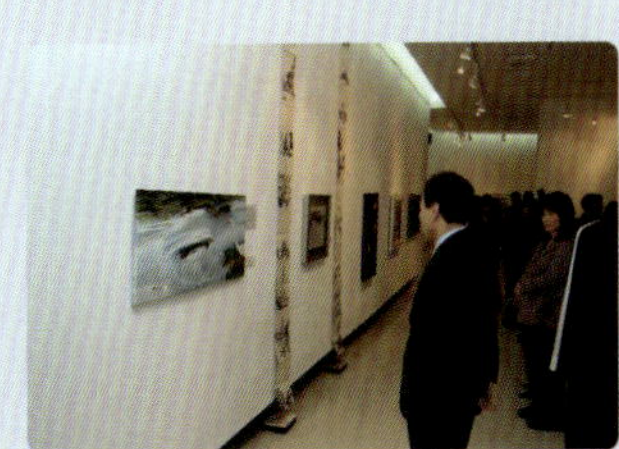 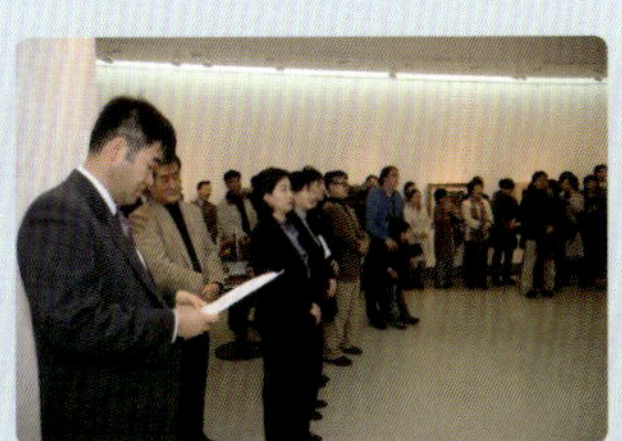 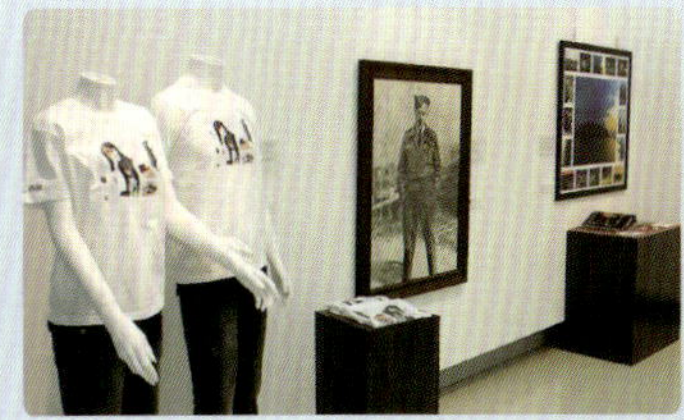 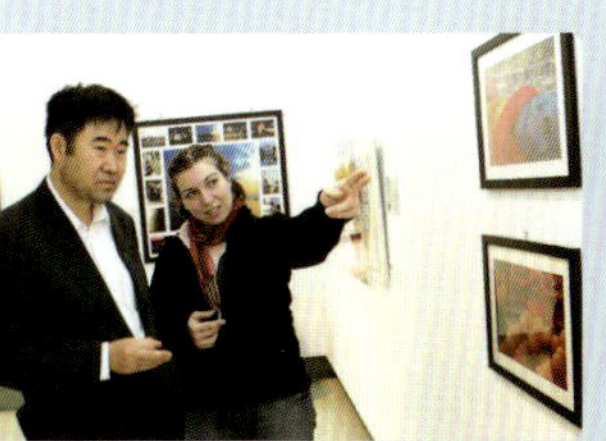

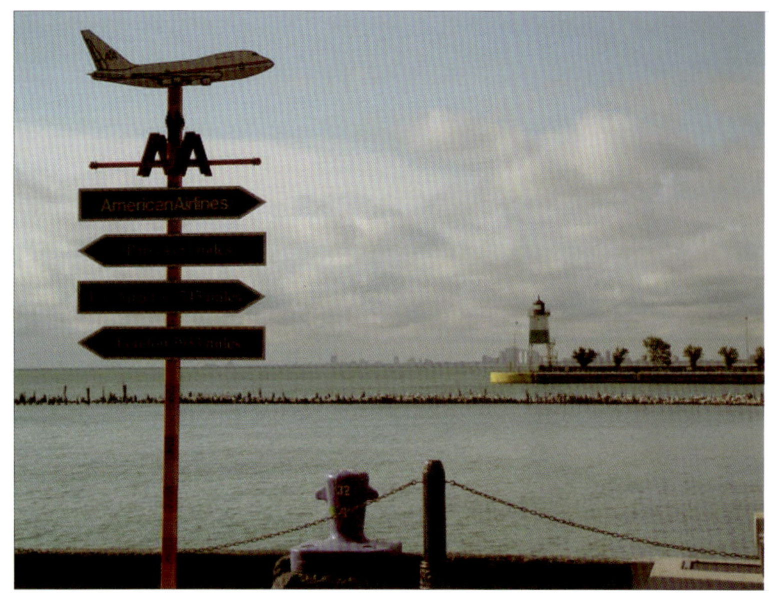

During my summer in America, 2002

By Kim Chang Han

Daniel Julian invited me to his house. When I was drawing his burned cottage he said, "You have a magic hand." That was it. What he wanted was to be able to keep a precious memory about his house through my carefully rendered work. I am still dreaming about exciting world travel, carrying a painting set continually, in order to document and share my values with the people of the world through my paintings.

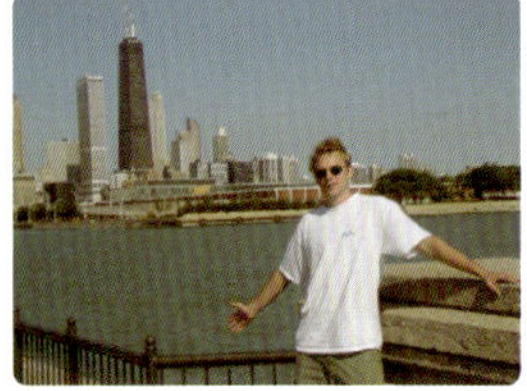
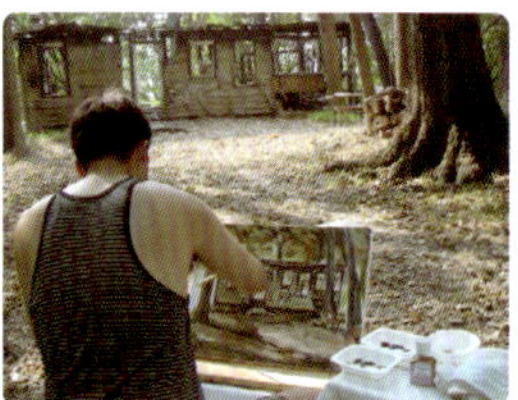
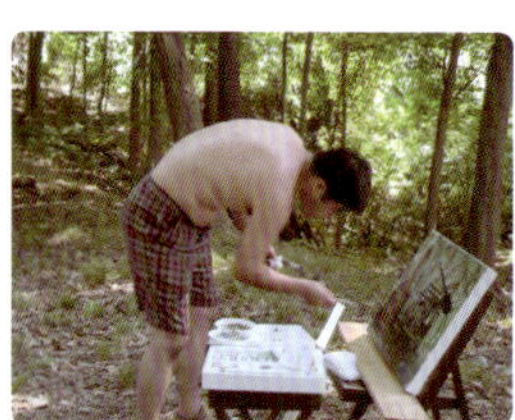
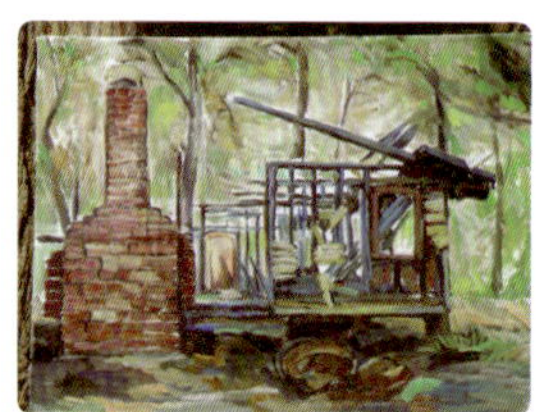
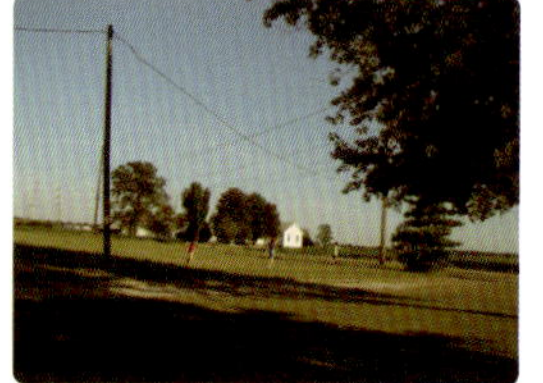

김창한

2002년 여름, 미국(인디애너), 자신의 집으로 나를 초대한 대니얼 줄리안 (Daniel Julian)은 불타버린 그의 별장을 그릴 때 이렇게 말했다, "당신은 마법의 손을 가졌군요". 그렇다, 그가 나를 좋아한 것은 불타버린 그의 집 에 담긴 소중한 추억을 아름다운 작품으로 남길 수 있었기 때문일 것이 다. 나는 내 그림을 통해 세계인들과 마음을 나눌 수 있는 한 앞으로도 계속 화구(畫具)를 들고 신나는 세계여행을 떠날 꿈을 꿀 것이다.

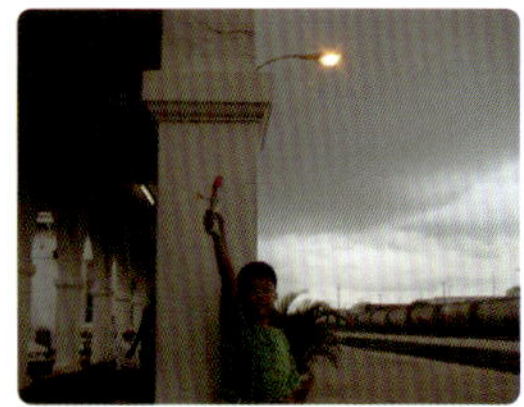
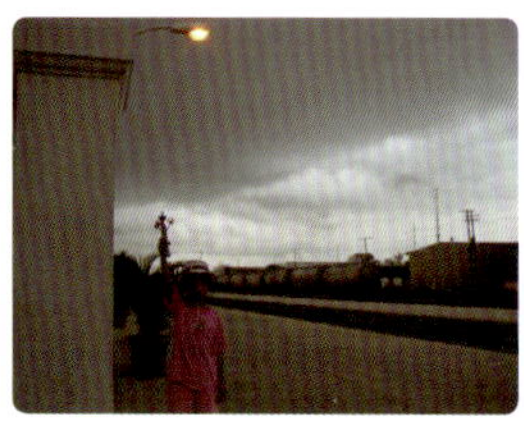
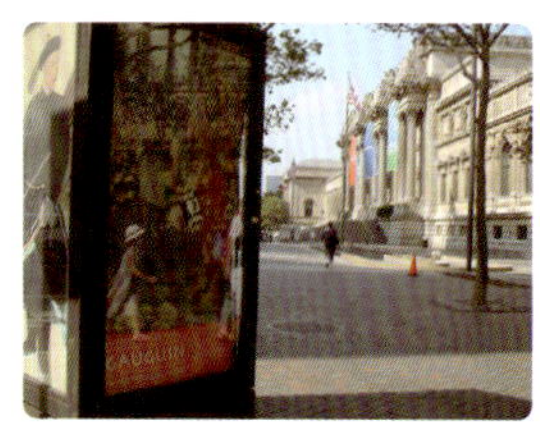
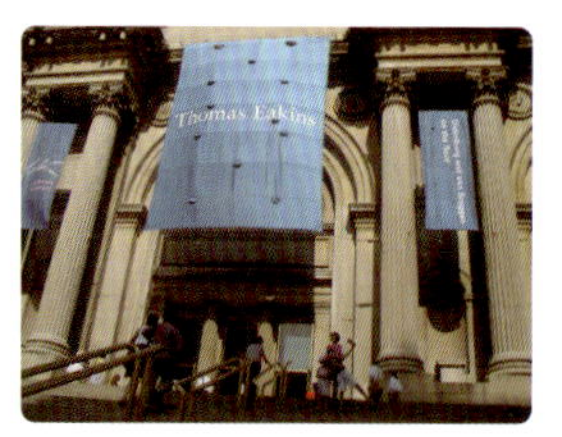
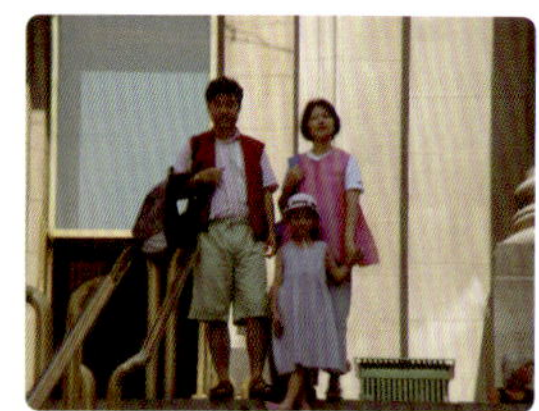

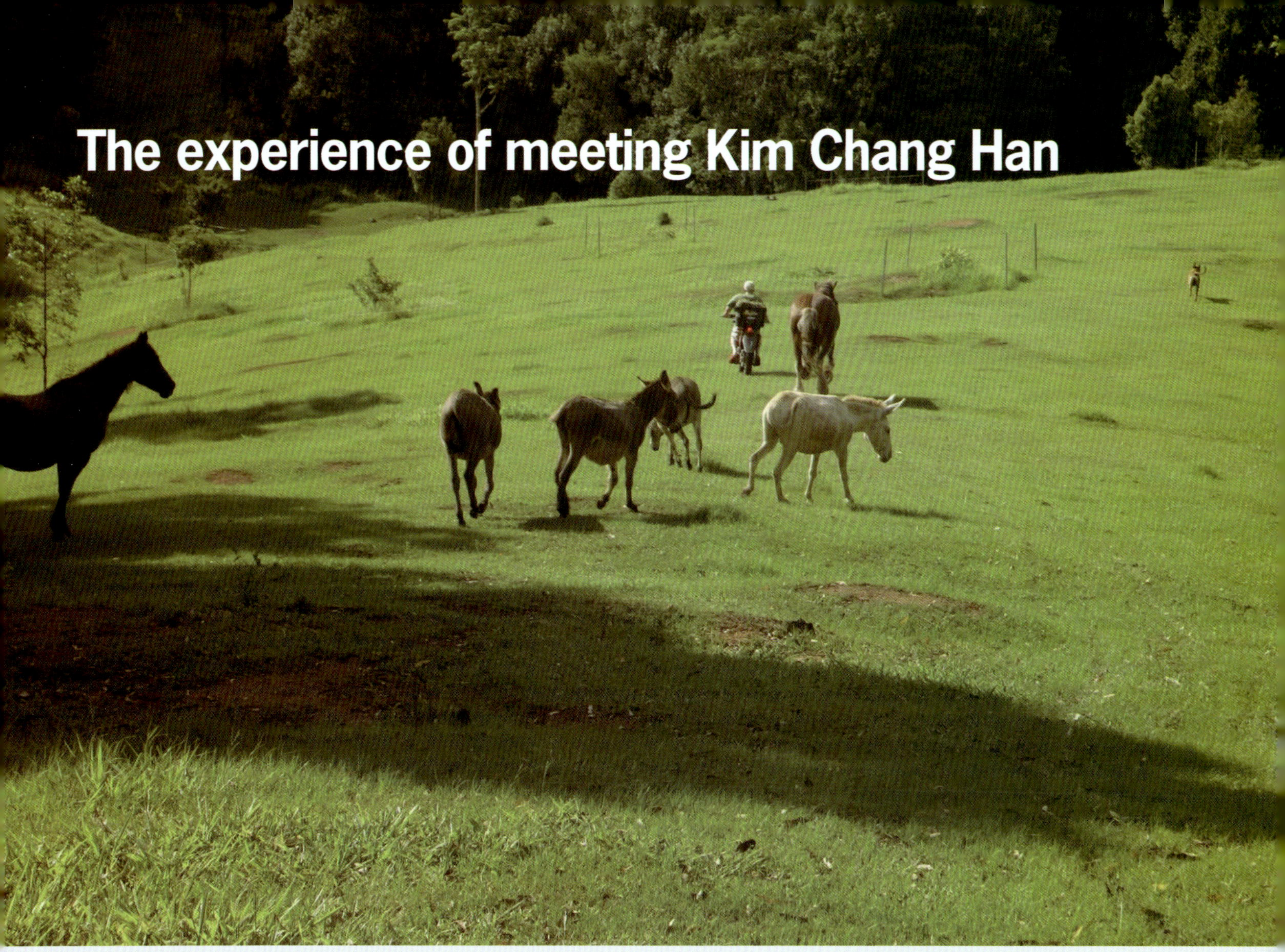

The experience of meeting Kim Chang Han

By Carolyn (Cas) Rifello and Courtney Storm Mye

2005 was a very eventful year for me in many ways, particularly the 'Kim Chang Han experience'. Enrolling in his Art Workshop weekend at the Regional Art Gallery in Murwillumbah proved to be the start of a very special friendship with the Kim family. Along with a very enthusiastic class, I was taught and guided to become aware of this particular Korean's artistic passions, including traditional subjects like the fragile dragonfly and stunning Plum Blossoms. Chang Han generously imparted his knowledge, techniques and vision, sweeping us into his world and telling many tales of his adventures especially those of his own country and painting 'in situ'.

In appreciation of the energy of Chang Han's workshop, my husband Jim and I invited him and his family to our home. They came and were very impressed with the view.

Chang Han returned later, and he and I painted the view of Wollumbin/Mt Warning from our little corner of Uki. The result of his work was a surprising gift, which has pride of place on our wall.

Soon after the workshop, Jim and I attended the Coolamon Centre in Murwillumbah where Chang Han was displaying a very impressive selection of works he had brought with him from Korea. At this time he drew a portrait of both Jim and myself with coloured pencil. We are very honoured to have these as a fond memento of our time together.

Fortunately, at the Coolamon Centre we met Lesley Mye with whom we share an interest in heavy horses and our

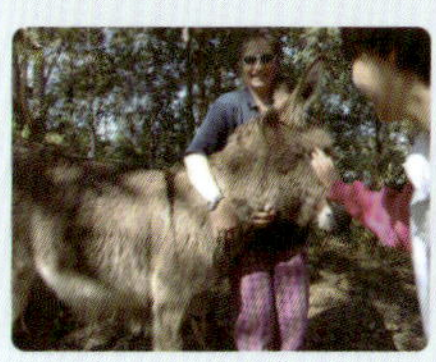 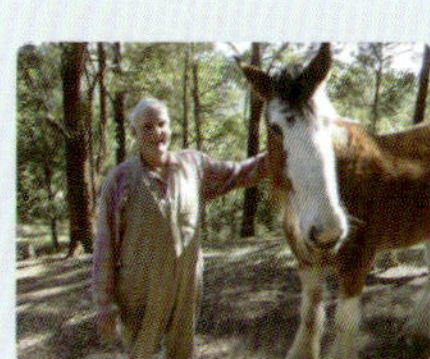 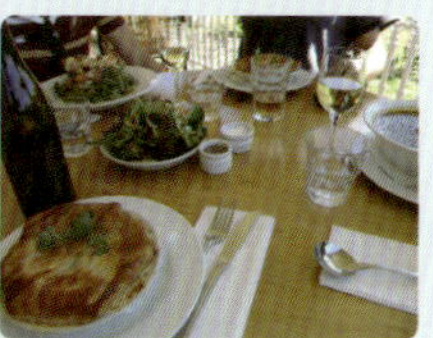

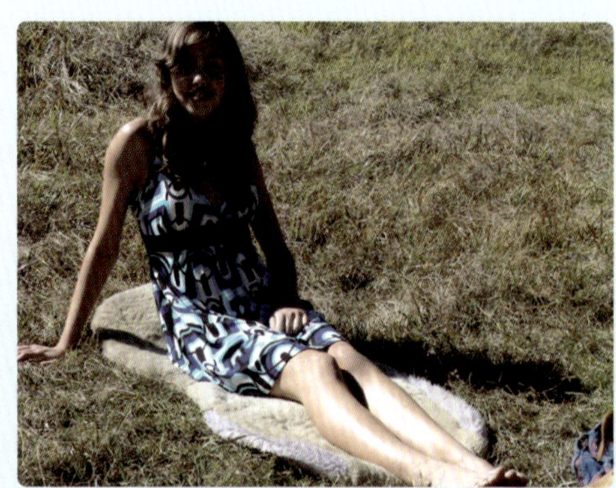

da27. **Courtney Storm Mye** 코니(호주 여인) 2008, Oil on linen 97x145.5cm

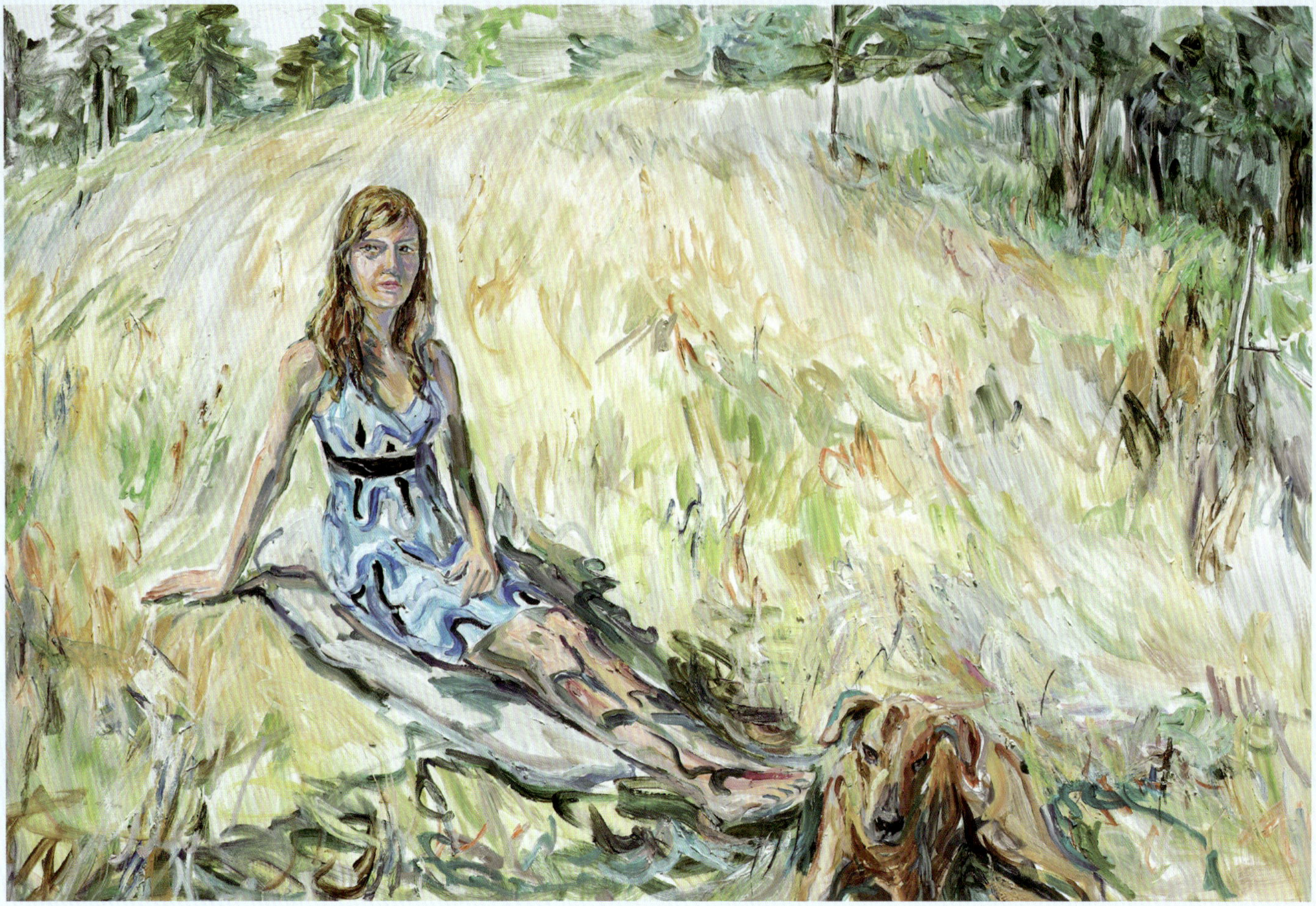

friendship has grown as a consequence. This is how her daughter, Courtney Mye came to be Chang Han's model in 2009. This is her reflection of that time.

Dear Chang Han

It was an honor to be asked to be in your artwork, the experience was unforgettable and amazing. I will remember this experience as long as I live and it is something I will look back on and smile.

The atmosphere created over the two days was relaxed and casual while sitting down amongst the beautiful countryside, which was situated on Cas and Jim's property on one of the paddocks.

While modeling for Chang Han, Squidgy, Cas and Jim's dog, came and sat beside me while the artwork was being made. Squidgy was not supposed to be in the painting originally.

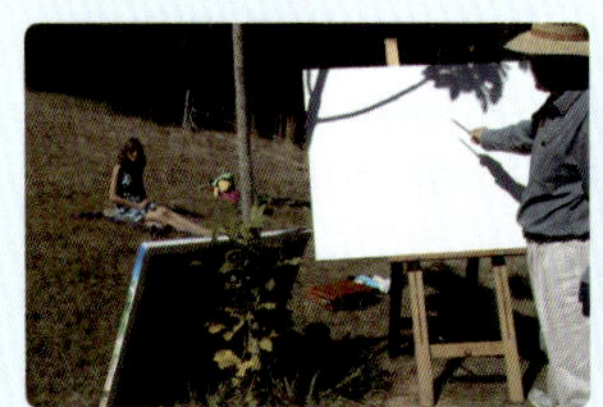

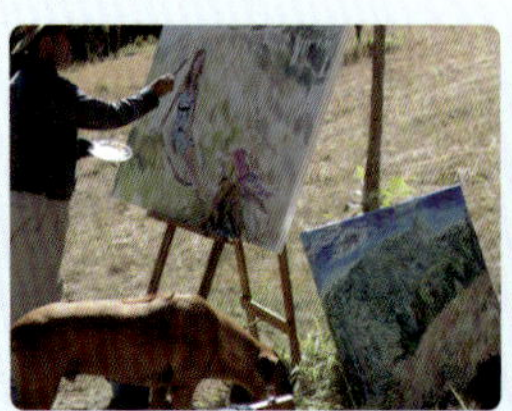

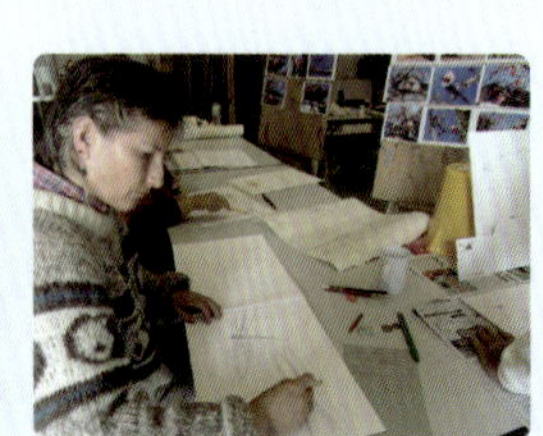

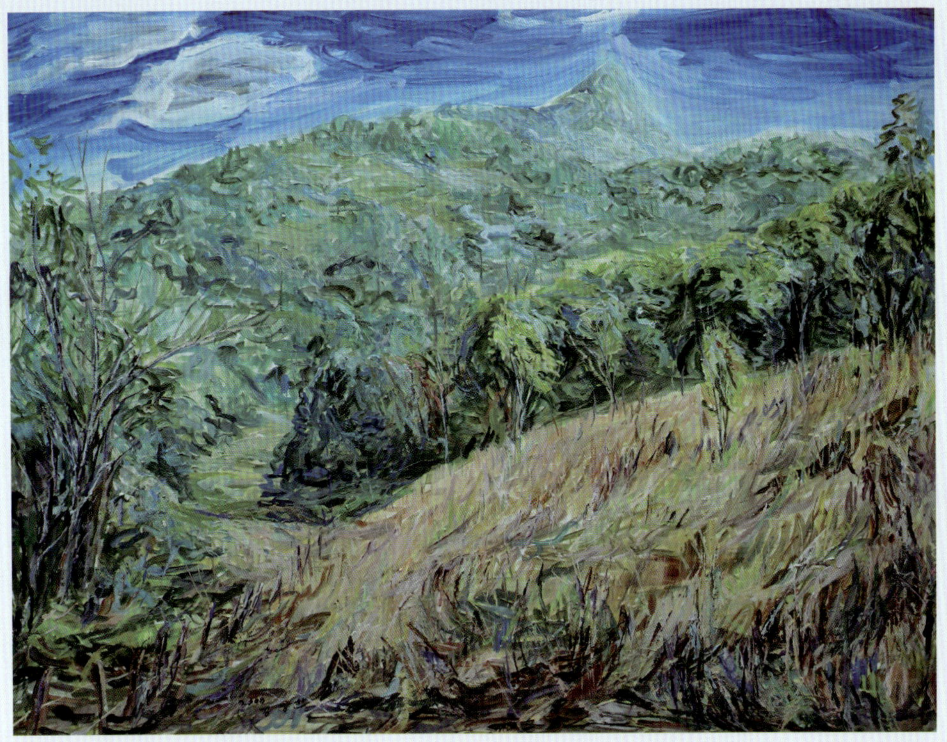
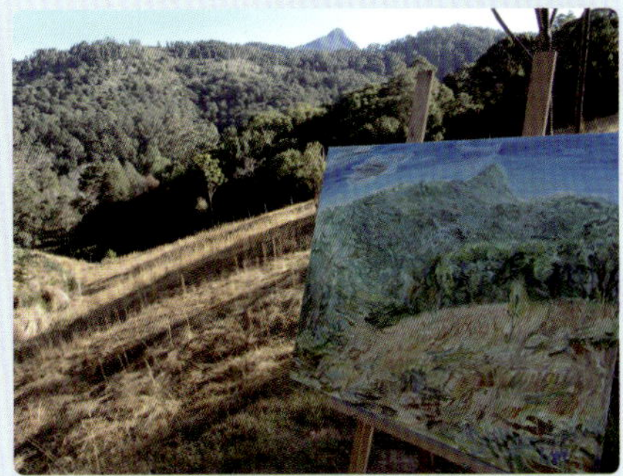

da28. **Vibrant Mt Warning** 워닝 산 2008, Oil on canvas 91x116.8cm
Private collection in Anyang (Korea)

However, since he was there, Chang Han included him in the artwork. Having Squidgy sitting close by me re-inforced the casual and relaxing feeling of the countryside.

I have never modeled before and I hope that Chang Han will ask me again to be a part of one of his beautiful artworks. I hope that every Exhibition that the artwork is shown in, that people will appreciate the splendor of where it was painted. Chang Han was amazing and made me feel very relaxed as did Cas and Squidgy. Admittedly, I was a little nervous at the start of the first day.

I hope that viewers feel the essence of this piece. Chang Han is an amazing artist who I respect and admire. I thank Chang Han for this once-in-a-lifetime experience.

I send Chang Han and his family many blessings and I thank Cas and Squidgy for making me feel comfortable.

Courtney Storm Mye, Nobbys Creek, NSW, Australia

Chang Han has been back to visit us and hold exhibitions in various states across Australia. He is a very special guest. He is always very busy and at the same time extremely organised when touring. We are honoured to know him and his family and to share our part of Australia with them.

With many warm regards,

Carolyn (Cas) Rifello, Uki NSW, Australia

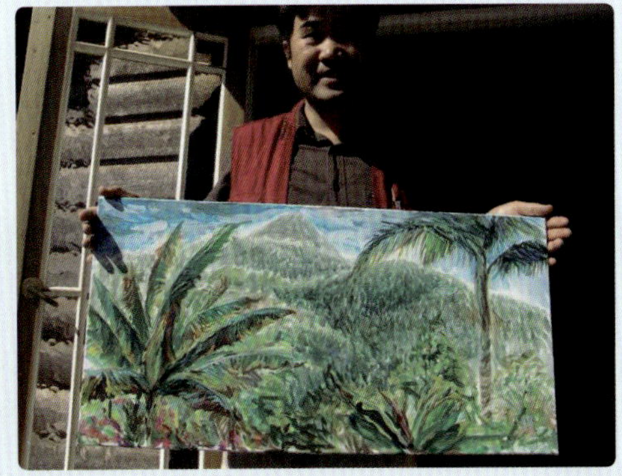
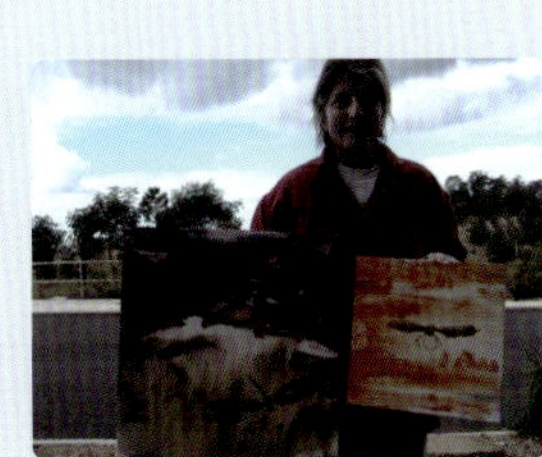
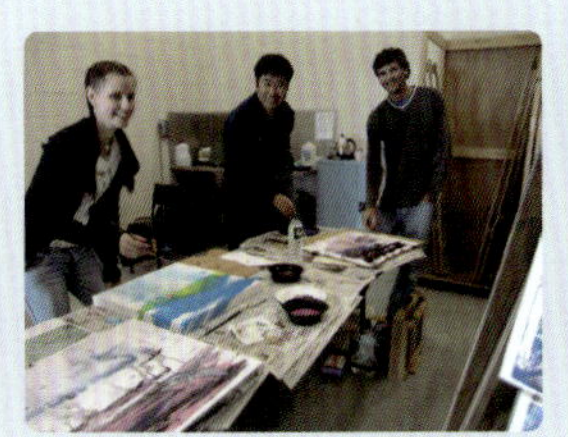
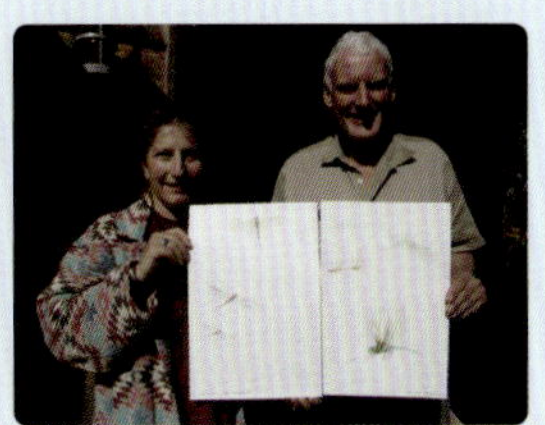

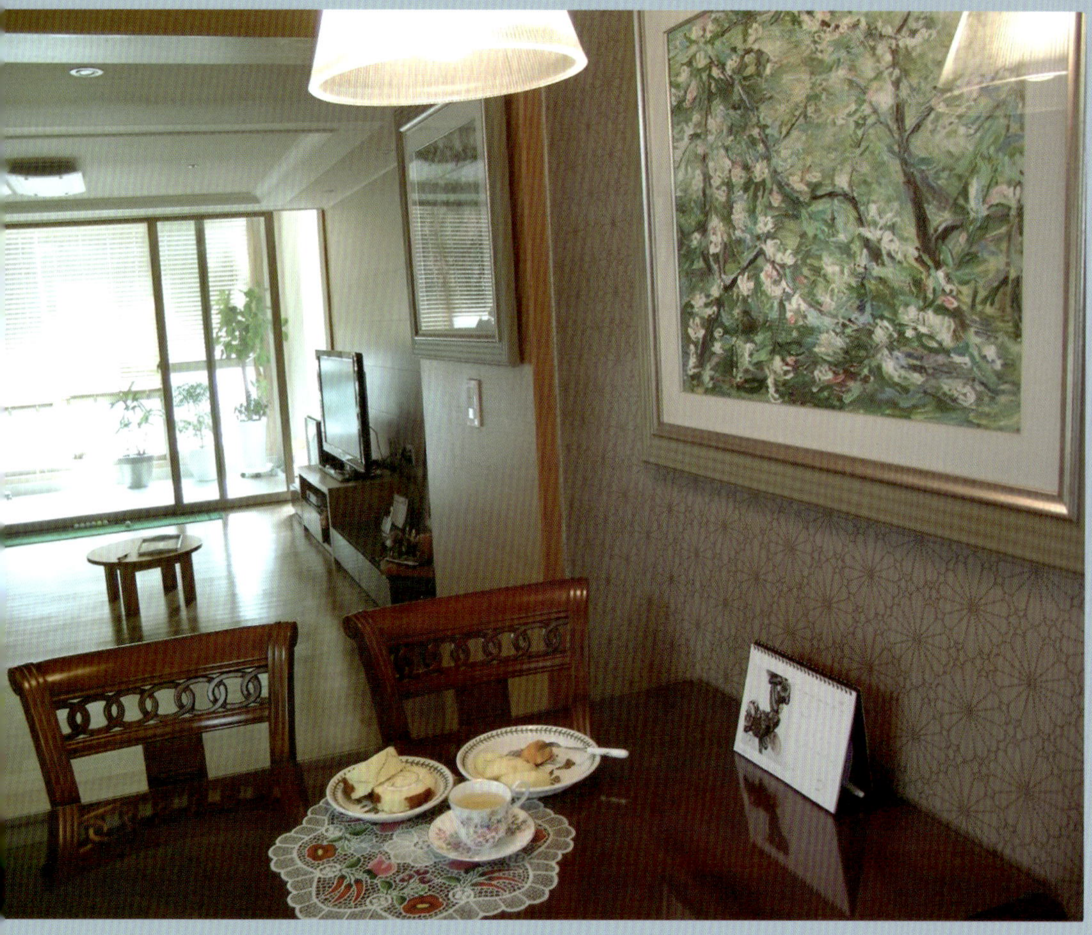
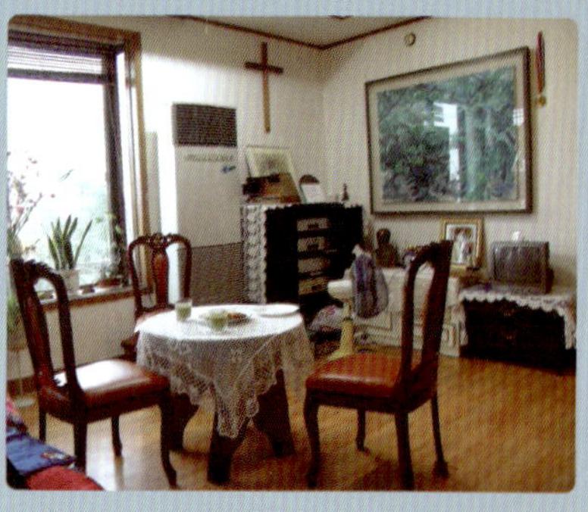
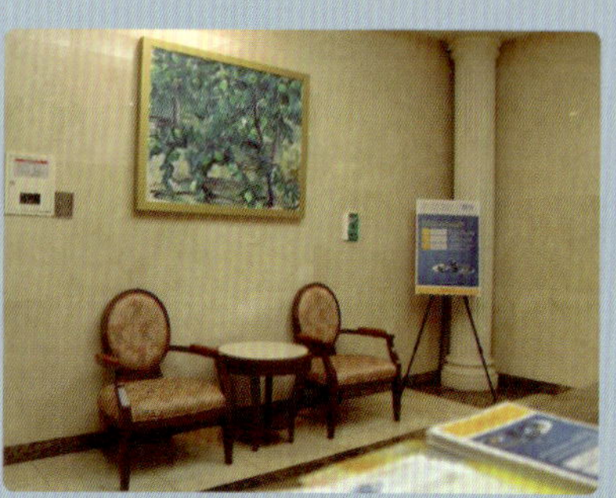
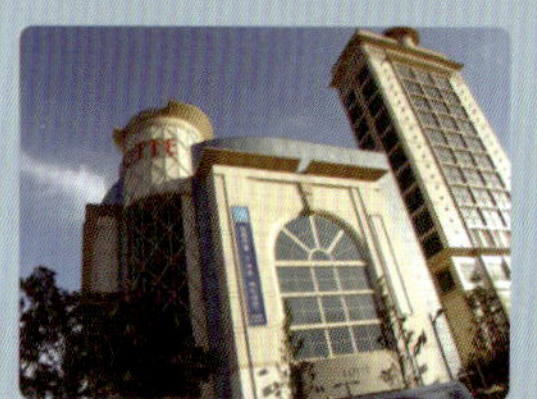
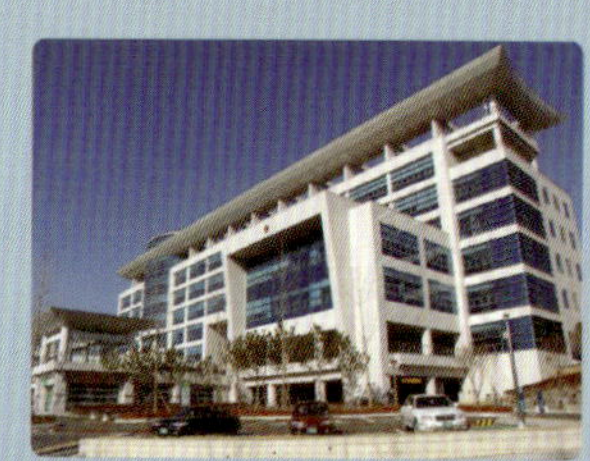
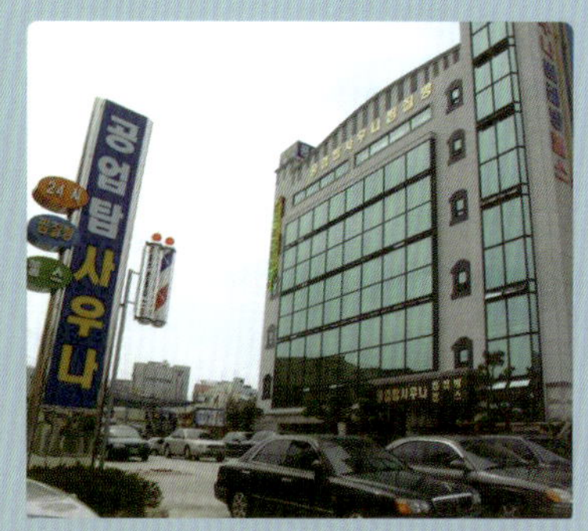

공업탑사우나

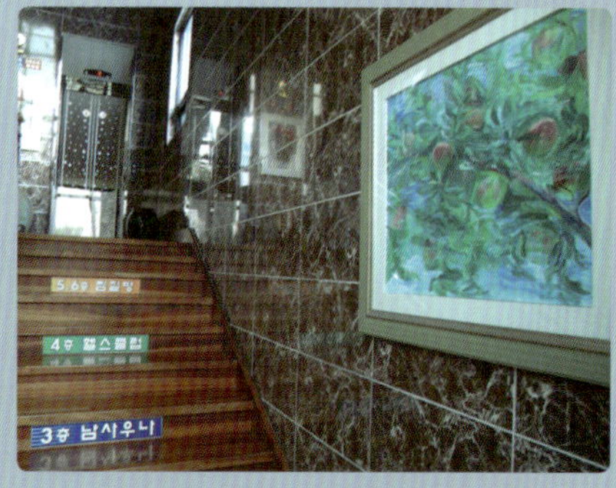

4층 헬스클럽
3층 남사우나

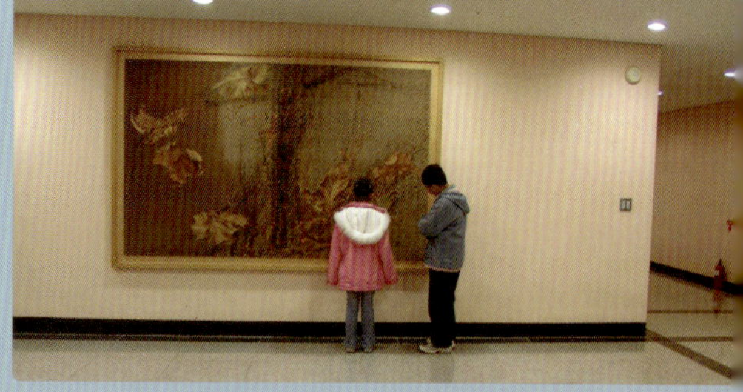

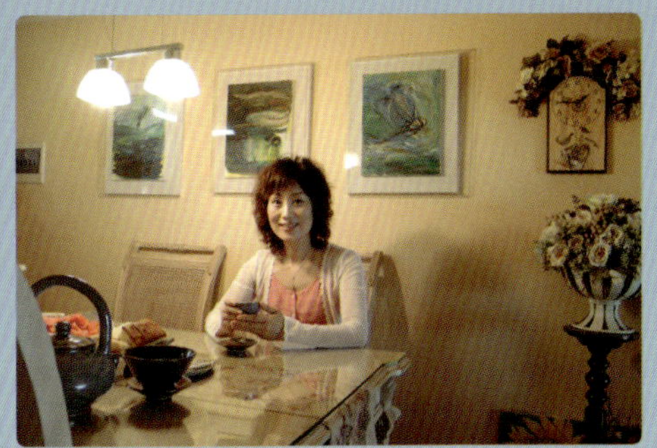

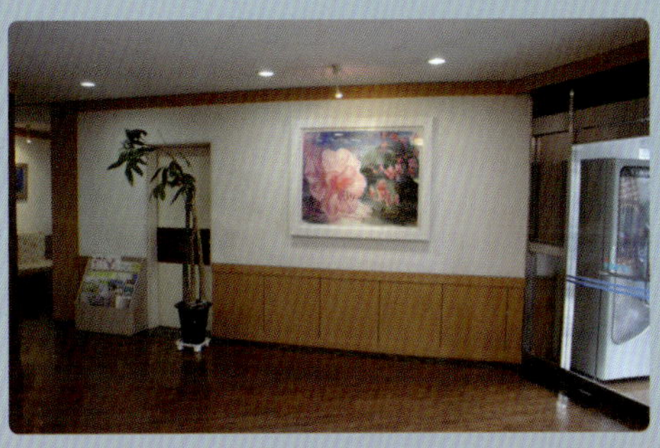

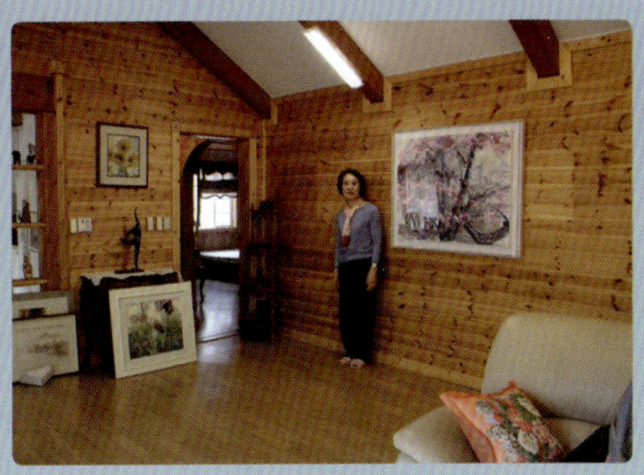

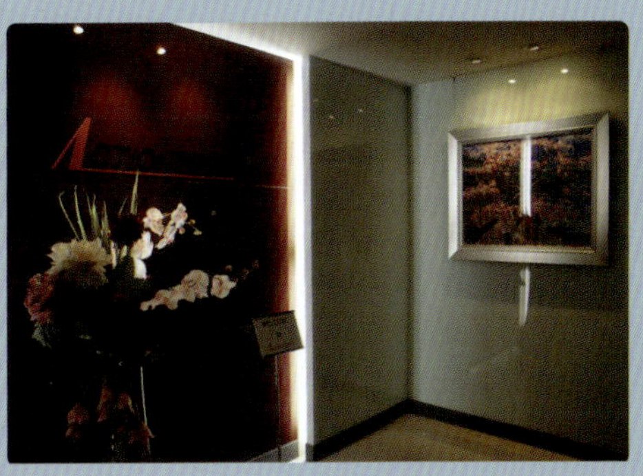

The reasons they love my works of art

By Kim Chang Han

"Collectors" was developed to share the various phases of my art work by listing some of those who have bought my paintings and showing where some of these paintings are now hanging.

"Collectors" focuses on paintings I have sold, why the buyers chose those paintings, and how the paintings are being displayed in the buyers' homes and work places.

Painting is my greatest enjoyment and the mission of my life. I am very pleased when people find their own meaning and feelings in my paintings. When people hang my art work in their homes or work places, they share those feelings with all who visit them. This sharing adds to the value of their relationship with those visitors. As well as the internal or subjective value of the paintings to their collectors, there is an objective and financial investment value. As I participate in more exhibits and more people collect my art work, all of the collectors' paintings will increase in value.

It is very difficult to visit all of the collectors who are collecting my works but I want to visit as many of them as I can.

I regret that I have not been able to mention all of the collectors in this book some of whom I have visited, because this book's space is limited.

I thank my collectors for their appreciation and love of my work. Even though these paintings are no longer with me, this book keeps them alive for me. They will be in my heart forever.

그들이 내 그림을 좋아하는 이유

김창한

"컬렉터 이야기"를 작품집에 싣는 이유는 내 작품이 소장된 곳을 살펴보면서 그것들이 현재 어떤 모습으로 전시되고 있는지 그리고 왜 그들이 내 그림을 소장하게 됐는지를 이해하고 싶어서이다. 그리고 내 작품을 소장한 분들의 따뜻한 마음과 특별한 감식안(鑑識眼)을 함께 나누고 싶었다.

내게 있어 그림 그리는 일은 가장 기쁜 일이지만, "내 작품이 객관적으로 얼마나 인정받고 평가되는지"도 작가로서 중요한 부분이다. 그것은 많은 사람들이 어떻게 내 그림을 받아들이는지를 말해주기 때문이다.

내 그림이 소장된 국내/해외 여러 곳을 모두 방문하는 것은 매우 어렵겠지만 여건이 허락하는 한 앞으로도 계속 찾고 싶다. 지면 관계상 그 동안 방문했던 곳을 모두 소개할 수 없음을 아쉽게 생각한다. 비록 지금은 내 곁을 떠났지만 언제나 내 가슴속에 살아 숨쉬고 있는 내 작품들과 영원히 함께하고 싶다.

Nick Towers
닉 타워

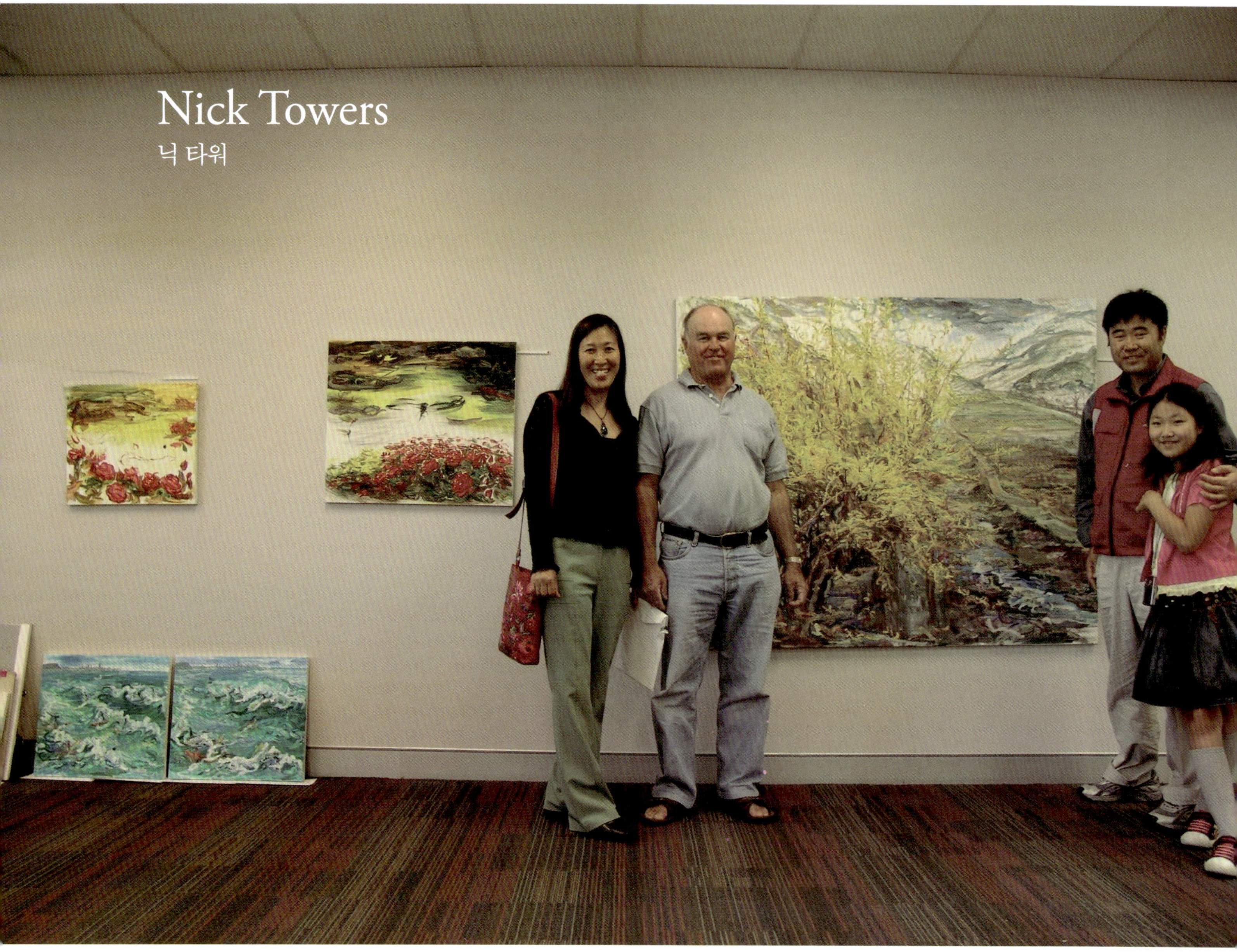

Nick Towers came from England but his wife, HyungPoon, came from Korea.

Now they have been living in Byron Bay, New South Wales, Australia for over 20 years. I met them first in January, 2006 on the Gold Coast where I was painting. They subsequently attended exhibitions of mine and our relationship has blossomed.

About his own collection of my paintings, Nick has this to say:

I receive great enjoyment in looking at the paintings as they are alive like their subjects and constantly change in the different lights. Even the oil on the canvas shines as if still wet, and feels new and vibrant although I have had the paintings for quite some time.

I built my house using Feng Shui principles and the large golden one on the western wall gives a feeling of security from the mountain it portrays as a shield to the real elements. The picture of the sea is on the north wall leading out to my swimming pool of calm water. The artist is a calm man, aware of all the wonders of nature, and can express complex forms of beauty from an abstract dragonfly to the harshness of winter and the blossoms that then follow.

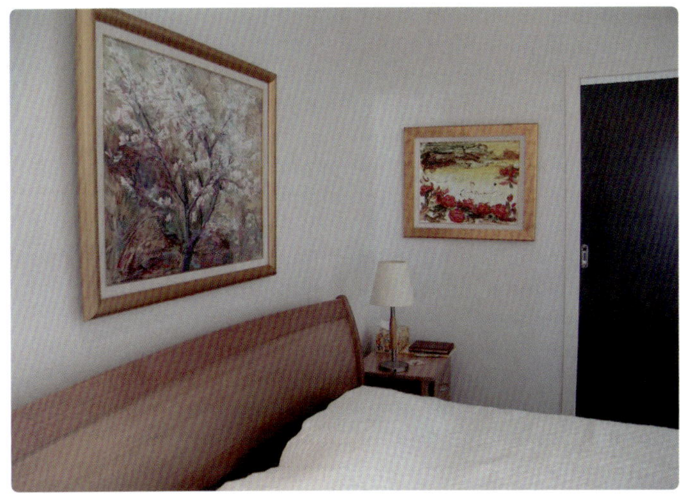

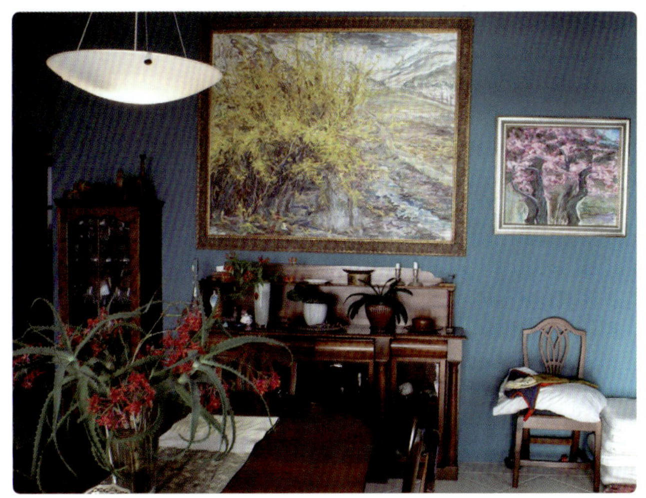

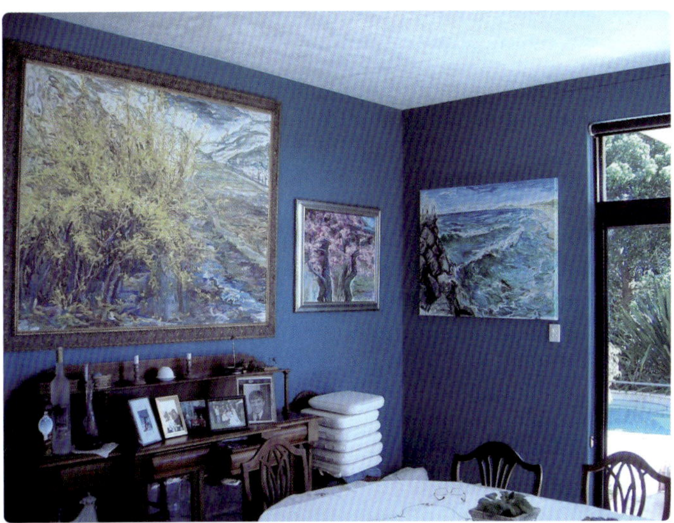

1. **Cherry Blossoms** 벚꽃 2004, Oil on linen 60.6x72.7cm
2. **A Rose Garden** 장미정원 2005, Oil on linen 45.5x53cm
3. **Forsythia** 개나리 2005, Oil on linen 130.3x162.2cm
4. **Plum Blossoms in Winter** 겨울−매화
   2007, Oil on linen 60.6x72.7cm
5. **Vibrant Beach in Byron Bay, Australia** 전율하는 해변
   2008, Oil on linen(91x116.8cm)

닉 타워는 영국 출신이고 그의 아내(형분)는 한국인이다. 그들은 호주에서 20년 이상 지냈으며 지금은 바론베이의 아름다운 해변에서 살고 있다. 내가 그들을 만난 것은 2006년 1월 골드코스트 해변에서 그림을 그릴 때였다. 그 후 그들은 내가 호주에서 전시를 할 때마다 찾아왔고 내 작품을 소장하기 시작했다. 2010년 4월, 닉 타워는 자신이 소장하고 있는 내 작품에 대해 이렇게 말했다.

"이 그림들은 조명을 달리할 때마다 매번 변화를 보이면서 마치 살아 있는 듯한 느낌을 주기 때문에 이 그림들을 보는 것이 즐겁기만 하다. 심지어는 캔버스의 기름이 아직 마르지 않은 듯 반짝거리지 않는가 말이다. 이 그림들을 소장한 지 상당한 시간이 지났건만, 여전히 새로운 기분이 들고 마음이 설렌다.
내 집은 풍수지리에 따라 지어졌다. 서쪽 벽에 걸린 금색의 큰 그림에는 산이 그려져 있는데 이 산은 내가 실제 자연의 시련으로부터 보호받고 있는 듯한 안도감을 준다. 북쪽 벽에는 잔잔한 수면의 수영장까지 닿아 있는 듯한 느낌을 주는 바다 그림이 걸려 있다. 작가는 자연의 모든 신비를 인지하고 있는 잔잔한 성품의 소유자이다. 그는 추상적 형태의 잠자리부터 시작하여 겨울의 혹독함과 이러한 겨울이 끝나면 개화하는 꽃봉오리에 이르기까지 모든 아름다움의 복잡한 형태를 구현할 수 있는 사람이다."

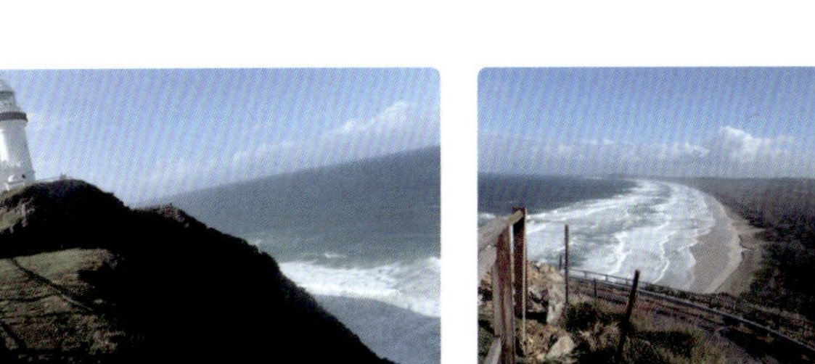

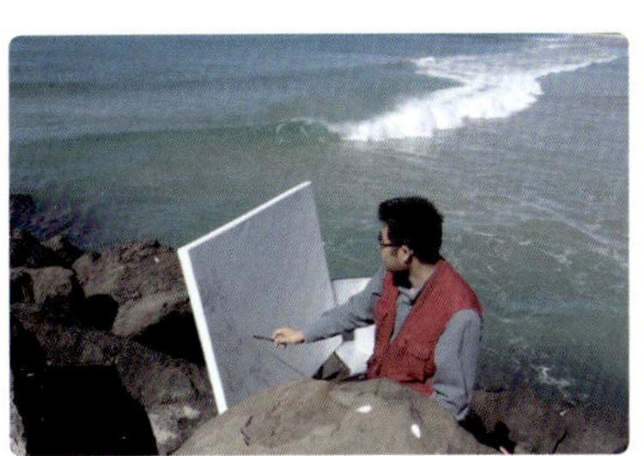

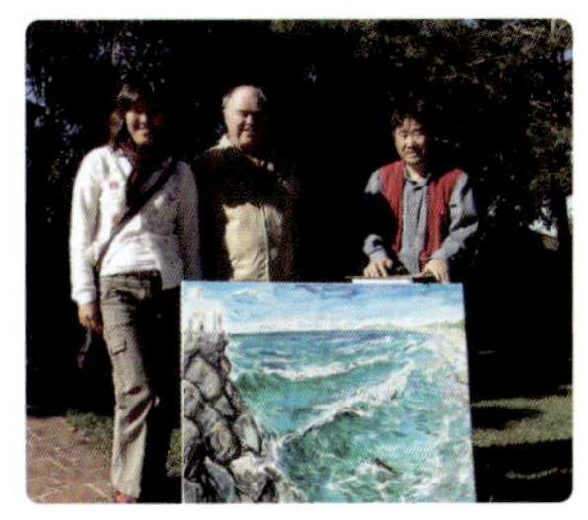

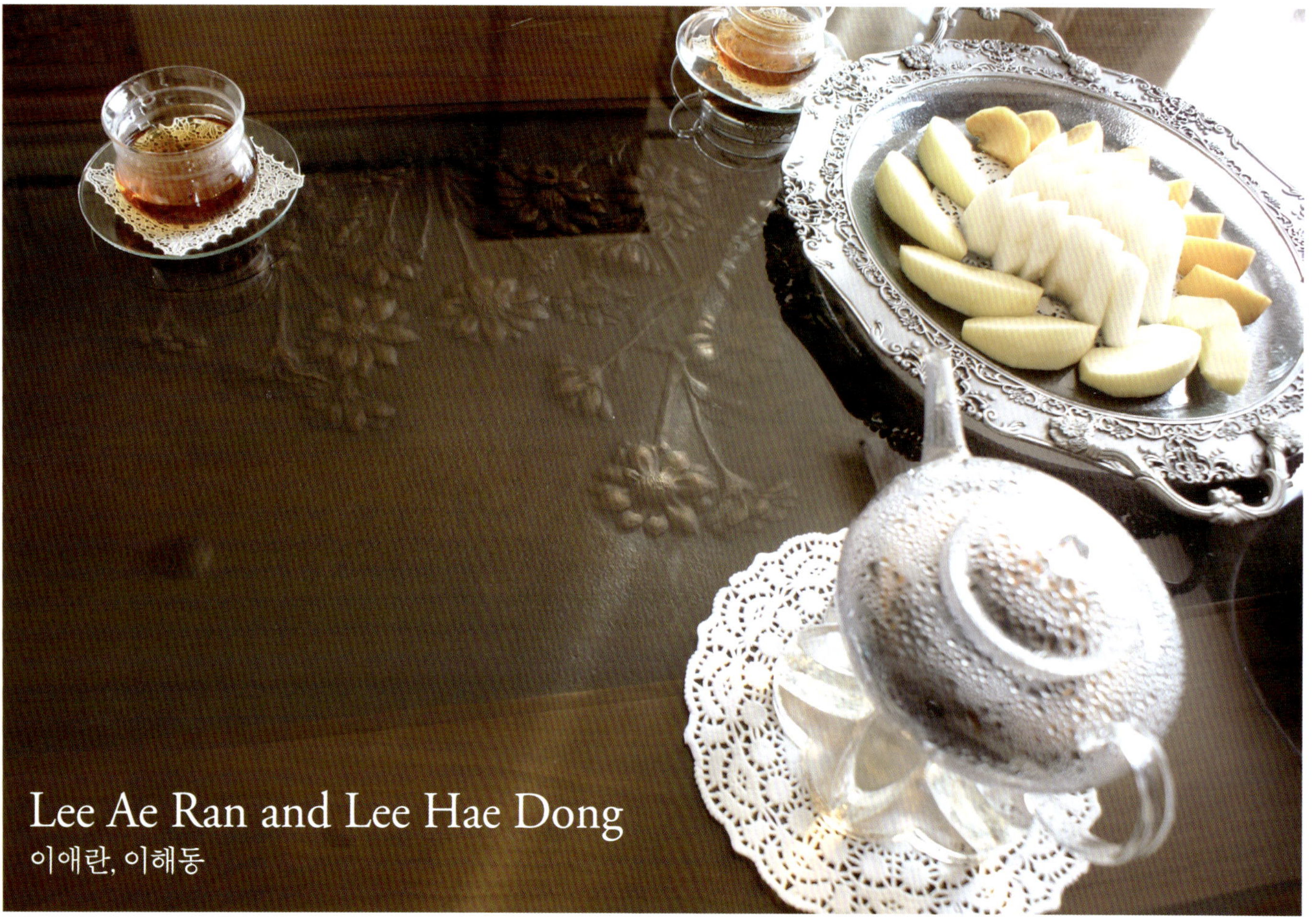

Lee Ae Ran and Lee Hae Dong
이애란, 이해동

An afternoon visiting two collectors of Kim Chang Han's work

By Katrina Baran

It was on a bitterly cold November Sunday that I found myself warmly invited into the homes of two local art collectors. Both collectors were patrons of Kim Chang Han, and it was Chang Han who had arranged for the two of us to view the private collections and speak with the collectors.

I have seen Chang Han's work in several shows and I have always been drawn to it. So many of his paintings evoke subtle yet strong emotions through his use of colour and contrast of Eastern and Western aesthetics. Admittedly, I was excited to see how Chang Han's paint-

ings would function in a living space, surrounded by household objects and the clutter and chaos of daily life.

The first collectors we visited, Lee Ae Ran and her husband, welcomed us into their home with fresh tea and fruit (persimmon!). Everything in their home spoke to a love of art and aesthetics. The rich diversity of art in their apartment showcased the metalwork pieces crafted by their daughter.

Chang Han's work was featured prominently in Lee Ae Ran's home and I had no problem spotting the first work, Plum Blossoms in Winter. It is a work from a series that I

had seen a couple of times before, and each time, I have been fascinated by it. This work, one of Chang Han's more recent pieces, hung over the dining room table.
The black and gray branches contrasting with the soft pink blossoms created a real sense of spring breaking through the cold winter and, as Chang Han explained to me, created "good harmony with the modern-style apartment." The owners, too, seemed fascinated by the piece, telling me that the flower blossoms in winter are very brave, and that the piece really bares this braveness, but also a sense of longing for spring, a welcoming of spring. We discovered another work, Apple blossoms In Spring, in the living room. The work was filled with vibrant greens and a cool, refreshing, playful vibe radiated from it. Lee Ae Ran's feelings about this piece were a reflection of the piece itself straightforward and less layered, but no less passionate.

It was the work hanging in the front foyer that surprised

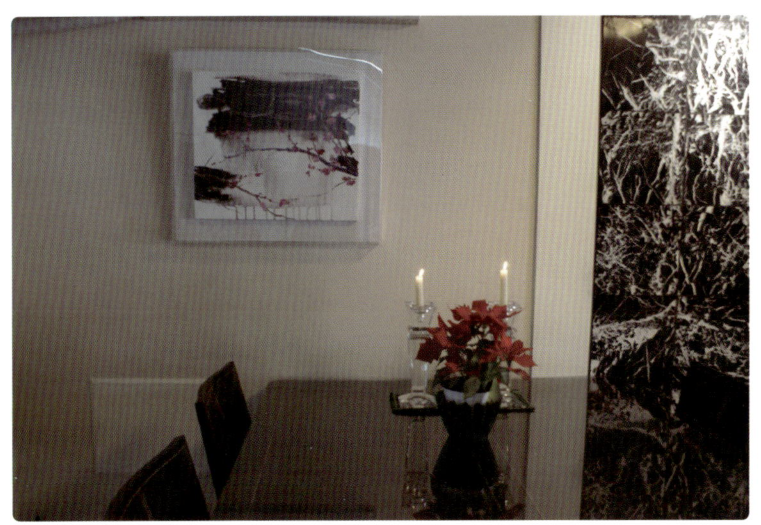
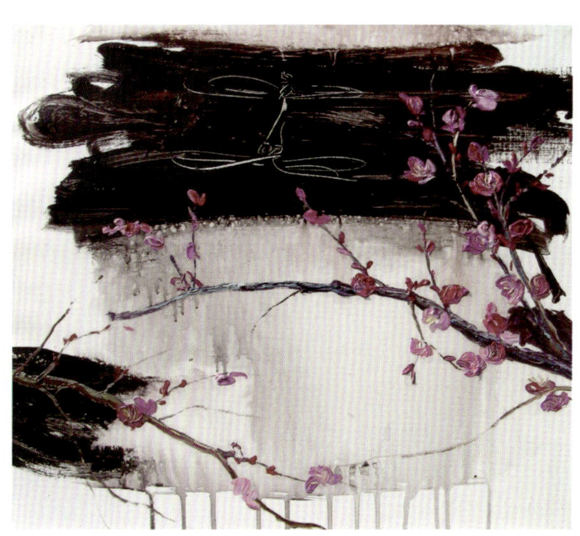

a1. **Plum Blossoms in Winter** 겨울-매화 2005, Acrylic & Oil on linen 45.5x53cm

어느 오후 – 김창한의 작품이 소장된 두 집 방문

카트리나 배런

그날은 11월의 어느 쌀쌀한 일요일이었고, 필자는 이곳 울산의 두 소장가의 집에서 융숭한 대접을 받았다. 그 두 분들은 김창한 씨 그림의 애호가였고, 김창한 씨는 우리들이 그분들의 개인소장품들을 둘러보고 얘기를 나눌 수 있도록 주선해 주었다.
필자는 수 차례의 전시를 통해서 김창한의 작품을 보아왔는데 항상 매력을 느꼈다. 그의 많은 작품들은 그가 사용하는 색상과 동서양의 미의 대비를 통해서 미묘하지만 강렬한 느낌을 불러일으켰다. 고백컨대, 김창한 씨의 작품이 가재 도구들과 일상의 혼란 및 혼돈으로 둘러싸인 생활 속에서 어떻게 교감하는지 흥미로웠다.
우리가 방문했던 첫 번째 소장가는 이애란 씨와 그의 남편이었는데 그분들은 우리들을 신선한 차와 과일(단감)로 따뜻이 맞아 주었다. 그 집에 있는 모든 것들은 주인 내외의 예술과 미에 대한 사랑을 말해주고 있었다. 그들의 아파트에는 딸이 조각한 금속공예품을 비롯한 매우 다양한 예술품들이 진열되어 있었다.
이애란 씨의 집에서 김창한의 작품 특징을 분명히 볼 수 있었는데, 그것은 바로 첫 번째 보았던 '겨울 홍매화' 작품 때문이었다. 그것은 이전에 두세 번 보아왔던 것과 서로 연관성을 가진 작품이었고 매번 필자는 그것들로 인해 매혹되었다. 좀 더 최근 작품 중의 하나인 이 작품은 식당 테이블에 걸려 있었다.
연한 분홍색 꽃봉오리와 대비되는 검고 회색 빛의 나뭇가지는 매서운 겨울을 깨는 진정한 봄의 느낌을 만들어내고 있었다. 김창한 씨는 "현대식 아파트와의 멋진 조화"라는 말을 해주었다.
그 내외 또한 작품들에 매료된 것처럼 보였고 다음과 같이 말했다. "겨울

me the most. Despite the familiar theme of dragonflies, I did not recognize it as Chang Han's "style" (that I have become familiar with). The colours were muted and monotone, the work was done as a series of panels instead of one large canvas. In contrast to the muted browns and blacks of the painting, were the animated and passionate owners of the work. Their enthusiasm and love for this piece was so clear. **Lee Ae Ran felt hope that the dragonflies were off to a bright new world the dragonflies escaping the darkness and a darker world.**

The painting gave her a real sense of joyfulness; the scarcity of dragonflies near the darkness imparts this.

It was not only about the aesthetic, but more clearly about the meaning and the feeling that the work gives them. Entirely engaged in the work and still fascinated by it although they've owned it and displayed it since 1995. And this is why I, too, love certain paintings. You get the feeling that you could look at the painting a million times and still see something different; still get a jolt of emo-

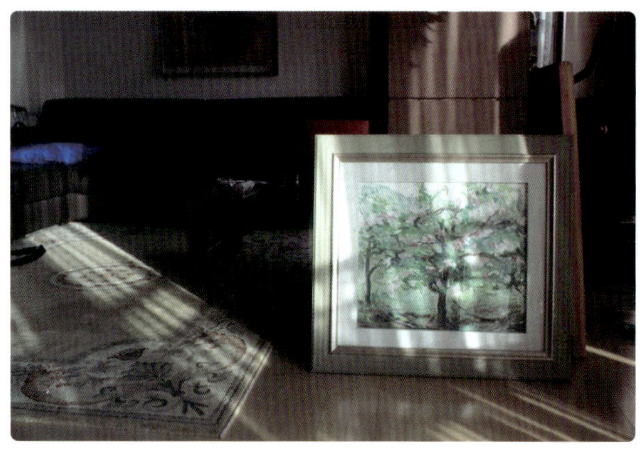

a2. **Apple Tree in Blossom** 꽃핀 사과나무 2004, Oil on linen 45.5x53cm

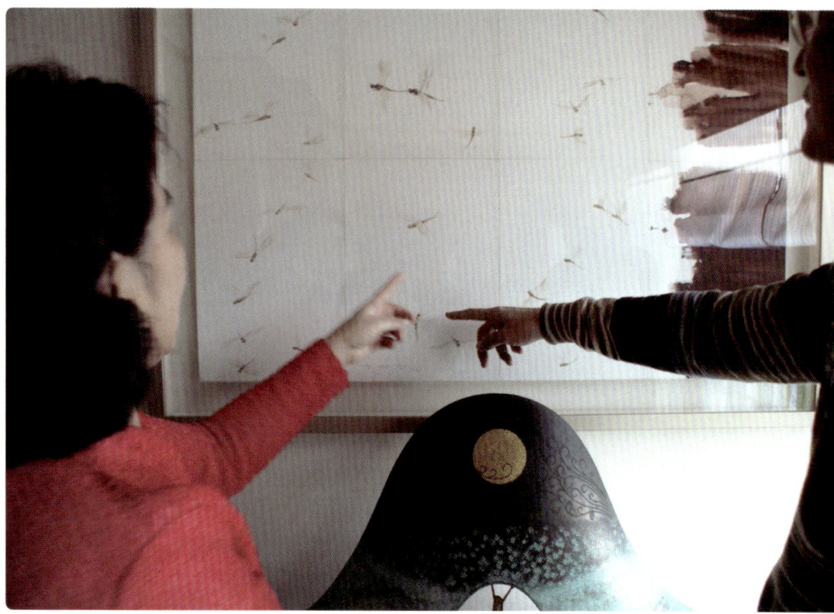

a3. **Dragonfly Seasons in Fall** 잠자리의 사계 1995, Watercolor on paper 79x109.5cm

에 보는 꽃봉오리는 매우 화려해요. 이 작품은 정말 그러한 화려함을 담고 있지요. 하지만 봄을 향한 간절한 기다림, 오는 봄을 기꺼이 맞이하는 마음을 담고 있기도 합니다."

우리들은 거실에서 봄에 핀 사과 꽃 작품도 보았다. 강렬한 녹색과 신선하면서도 상큼하고 활동적인 전율이 그 작품에서 풍겨 나오고 있었다. 이 애란 씨는 중층적이지 않으면서도 열정이 느껴지는 이 작품의 솔직함 자체가 인상적이라고 했다.

내가 가장 놀란 것은 현관에 걸린 작품을 보았을 때였다.

잠자리라는 친숙한 주제였음에도 불구하고, 김창한 씨의(내가 이미 친숙해져 버린) 스타일이라고는 느껴지지 않았다. 색상은 미묘하면서도 함축적이

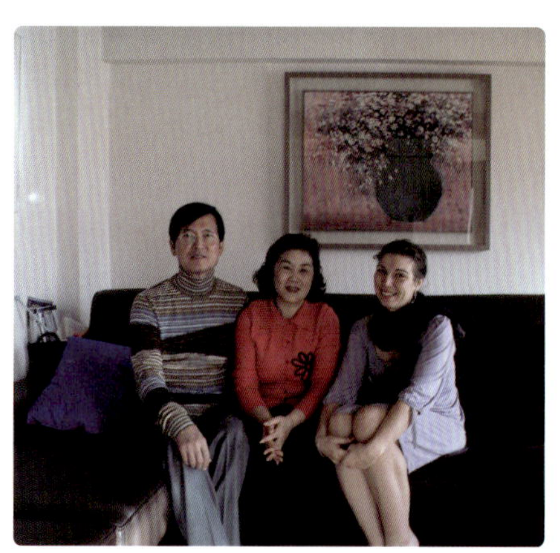

tion, every single time. It is not the same, when a work is hanging in a show… it is temporary; it doesn't have time to resonate the same way. The works that Lee Ae Ran and her husband have collected are quite different from each other, but are all similar in that they are touched by them in some way. By opening their home and sharing their works, their thoughts and their feelings with me, over traditionally steeped tea and fresh fruit, my eyes were opened.

The second home we visited that afternoon was so different in look and feel from the first, but equally as warm and welcoming. Immediately upon entering the apartment, one of Chang Han's works greeted us with the vibrant blues, greens, reds and pinks of wild poppies painted near the Taehwa River, in Ulsan. The amazing life-force radiating from the painting must put everyone who enters the house into a good mood!

The centerpiece of the living room, literally occupying an entire wall, was also one of Chang Han's larger

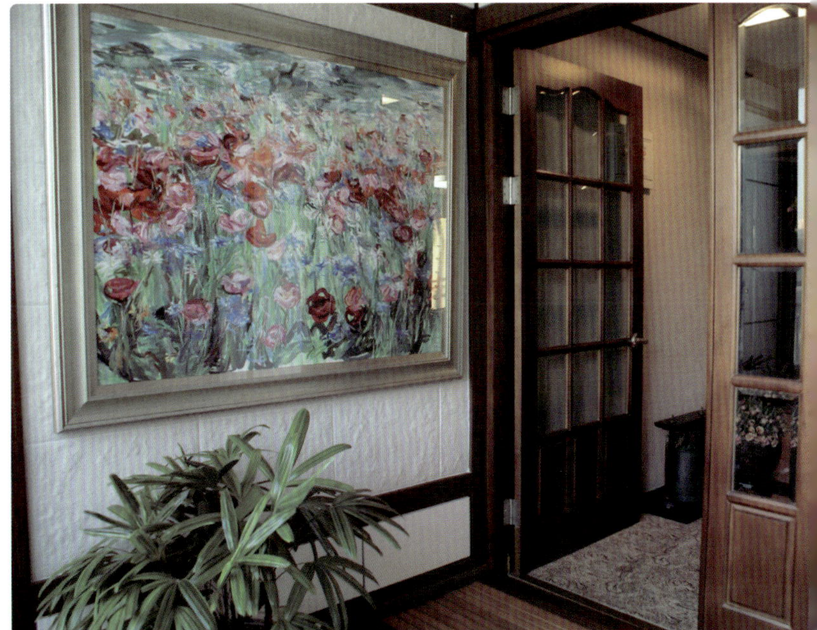

b1. **Poppy** 양귀비 2008, Oil on linen 91x116.8cm

었다. 그 작품은 커다란 캔버스 대신에 여러 조각들로 이루어져 있었다. 작품에 보이는 함축된 갈색 및 검정색과는 대조적으로 그 작품을 소장하고 있는 사람들은 활기차고 의욕적이었다. 이 작품에 대한 그들의 열정과 애정은 명료했다. 이애란 씨는 "잠자리가 어두움과 암흑의 세계에서 빠져 나와 광명의 세계로 나가는 희망을 느꼈다"고 했다. 그 작품은 그녀에게 주변의 어두움으로부터 벗어나는 잠자리의 진정한 즐거움과 갈구를 전하고 있었다.

그녀가 말하는 것은 미(美)뿐만 아니라 좀 더 분명히 말하자면, 이 작품이 그들에게 전하고자 했던 의미와 감정에 대한 것이었다. 그들은 1995년부터 이 작품을 소장하고 있었음에도 여전히 여기에 도취되고 매료되어 있었다. 바로 이것이 나 또한 어떤 작품을 사랑하는 이유이다. 수만 번 그림을 보아도 어떤 느낌을 받을 수 있고 늘 색다른 것을 볼 수 있으며 매번 몰입할 수 있다.

그것은 작품이 전시회장에 걸려 있을 때와는 다르다. 전시회장에서의 느낌은 일시적이다. 같은 식으로 다른 느낌을 받을 만한 시간이 없는 것이다. 이애란 씨와 그의 남편이 수집했던 작품들은 각각이 분명 달랐지만 어떤 식으로든 작품이 전하고자 했던 것은 모든 점이 유사했다.

그들의 집에 들어가서 그들이 소장한 작품들을 둘러보고, 우려낸 전통차와 신선한 과일을 먹으면서 그들과 나눈 생각과 느낌은 내 눈을 트이게 해 주었다.

그날 오후 방문했던 두 번째 집은 첫 번째 집과는 외견 및 느낌에서 매우 달랐다. 하지만 따뜻하게 맞이해준 점은 같았다. 아파트에 들어가자마자 김창한 씨의 작품 중 하나인 울산 태화강 근처에서 그린 강렬한 푸른색, 녹색, 빨강과 핑크색이 어우러진 야생양귀비가 우리를 맞이했다. 작품에서 뿜어져 나오는 놀랄 만한 생동감은 실내에 들어서는 우리 모두에게 좋은 느낌을 선사했다.

거실 한가운데 있는, 말 그대로 벽 전체를 감싸고 있던 작품은 김창한 씨의 대작 중 하나였다. 사과나무 그림 밑에 있는 원목 테이블은 사과의 녹색의 신선함에 악센트를 주고 있었다. 원목 테이블 위에는 많은 도자기 잔과 찻잔 그리고 차들이 있었다.

그 집은 식물들과 원목으로 가득 차 있었는데 마치 그림에서 뻗쳐 나오

works. The green freshness of the apples was accented by the natural wood table below it, with so many earthenware cups, teapots and teas. The house was filled with plants and natural wood; they seem to extend from the paintings. All of the canvases were similar in style, freshness and vibrancy. The paintings gave a real sense of vitality and made the home seem, somehow, of the earth. It amazed me.

The third painting in the collection, actually the first purchased, is the one that seems to connect the strongest with the collectors. The collectors happened upon Chang Han painting at Tongdosa one day when they were visiting the temple. His paintings left a strong impression of the blue sky and blossoms blooming in the cold season, mixed with religious thoughts, the beauty of nature and simply the aesthetic of the painting itself. The collector himself said that they "… can see the trees and flowers in other

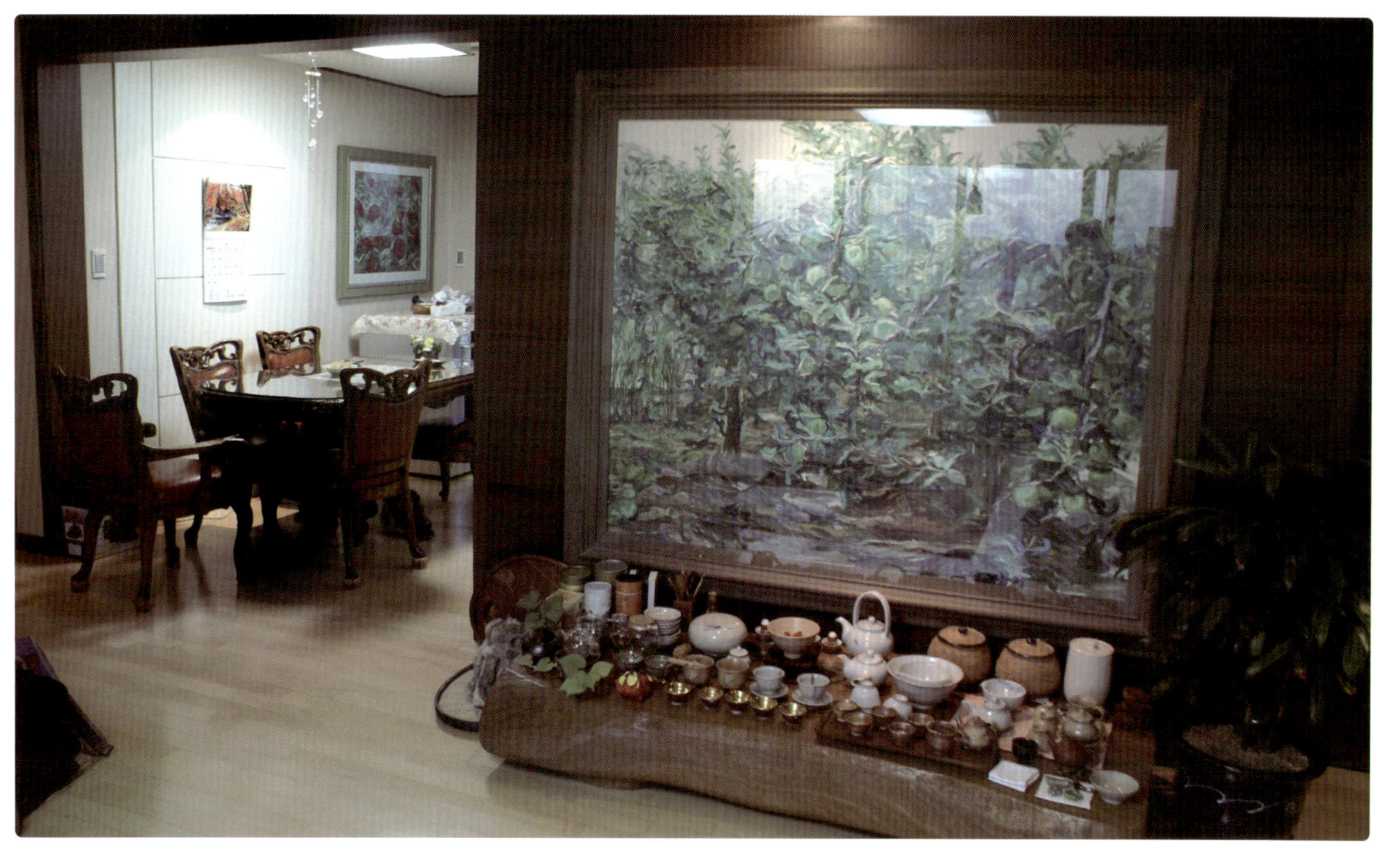

b2. **Vibrant Apple Tree** 생명력 넘치는 사과나무 2004, Oil on linen 130.3x162.2cm

는 것 같았다. 캔버스의 모든 작품들은 신선함과 마음을 설레게 하는 점에서는 비슷한 분위기였다. 그 작품들은 진정한 전율을 주었고, 그 집을 마치 어쩌면 지구의 일부분인 것처럼 느끼게 해 주었다. 그 점이 나를 흥분하게 했다.

소장품 중에서 실제 맨 처음 구입했던 세 번째 작품은 그들에게 강렬한 그 무엇인가를 연결해 주는 것처럼 보였다. 그들은 통도사에 갔던 날 거기서 우연히 김창한 씨의 작품을 접했다. 그의 작품은 창공과 추운 계절에 피는 꽃망울로 강렬한 인상을 주었다. 그것은 신앙심과 자연의 아름다움과 작품의 미 자체가 서로 조화를 이룬 것이었다. 소장가는 "다른 곳에서

도 나무와 꽃은 볼 수 있지만 절 안에서 피고 있기 때문에 좀 더 와 닿았다"는 말을 해 주었다. 이런 강한 인상을 뛰어넘어 그들은 정말로 김창한 씨의 독특한 작품세계를 즐기고 있었다. - 이 세 작품과 나머지 그들이 소장한 김창한 씨의 작품에 나타난 두터운 붓 터치와 색상들은 실제로 작품에 깊이를 더해 주는 것들이다.

전통 한국 요리의 강한 향이 아파트에 감돌았고, 아내가 요리하는 동안 남편과 그의 어머니, 김창한 씨 그리고 나는 거실에 앉아 있었다. 김창한 씨와 소장가는 작품의 위치를 어떻게 조절할까를 두고 얘기하고 있었다. 최근 김치냉장고 위에 걸어놓았다는 장미그림은 거실로 옮겼고 호주의

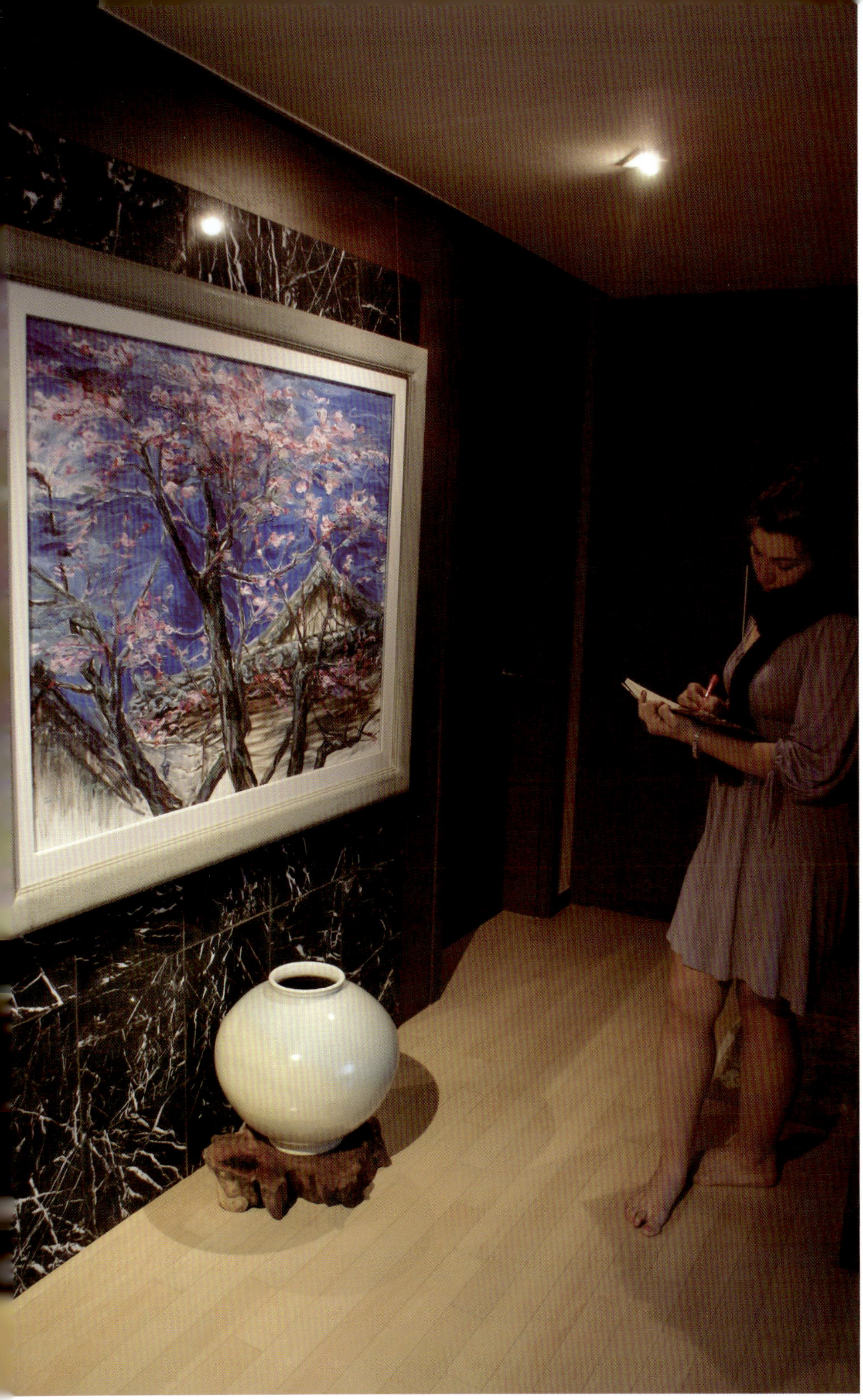

places but because they're blooming inside the temple, it's more of a connection…"

Beyond this strong connection, the collectors truly enjoy Chang Han's unique painting style – the thick oil brushstrokes and the vibrant colours in these three pieces, and in the rest of their collection of Chang Han's work, really increase depth of the paintings.

The strong aromas of a traditional Korean dinner being cooked wafted through the apartment, and as the wife cooked, her husband, her mother, Chang Han and I sat in the living room. Chang Han and the collector were discussing reorganizing the placement of artwork – switching the roses currently hanging above the kimchi fridge to the living room, and the Australian beach scene to the kitchen. The two men got up

b3. **Plum Blossoms in Winter** 겨울-매화 2005, Oil on linen 91x116.8cm

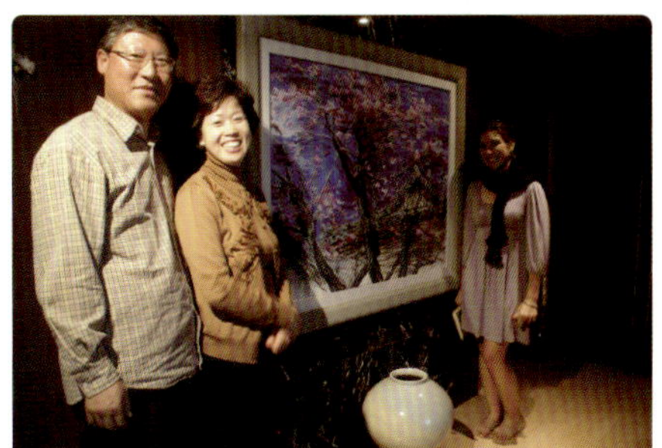

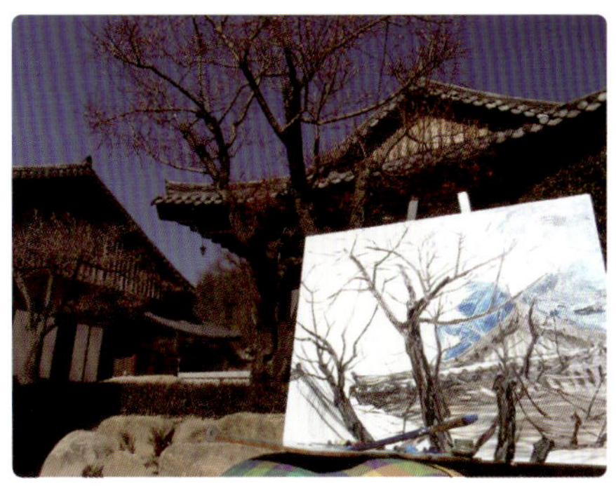

to move the paintings around, as the grandmother and I watched. It was fascinating how much the movement of the art, such different pieces, could change the feeling of the space. The Australian beach scene was so light and airy; it was almost overwhelmed by the heaviness of the kimchi fridge! The roses, on the other hand, when above the heavy leather and wood couch, made the room seem much richer, made the furniture seem more substantial.

It is clear that this evening is more than a meeting between collectors and an artist. As we sat down to enjoy an amazing Korean meal, kind hospitality of the hosts and the tempting aromas of freshly prepared traditional dishes created an environment of friendly conversation about everything but the art!

A connection that had its beginnings in an appreciation of art had clearly sprung free of the constrictions of canvas and gained a life of its own. **At the end of the day, this is what makes art like Chang Han's truly important- its ability to resonate and find its way into other areas of peoples lives.**

– November, 2009, Ulsan, South Korea

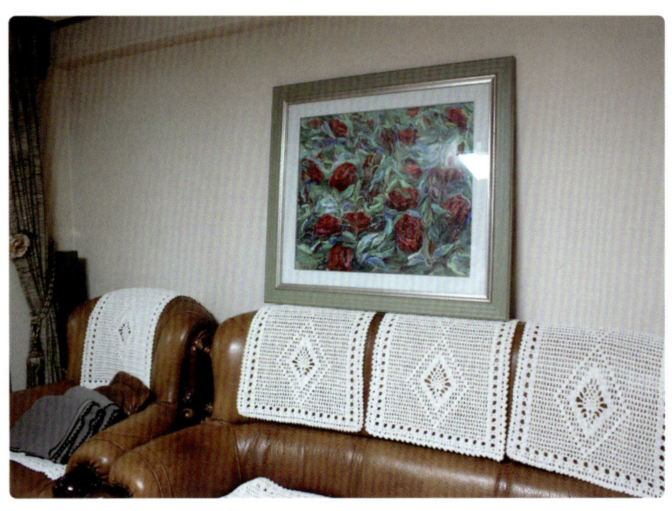

b4. **A Rose Garden** 장미정원 2007, Oil on linen 60,6x72,7cm

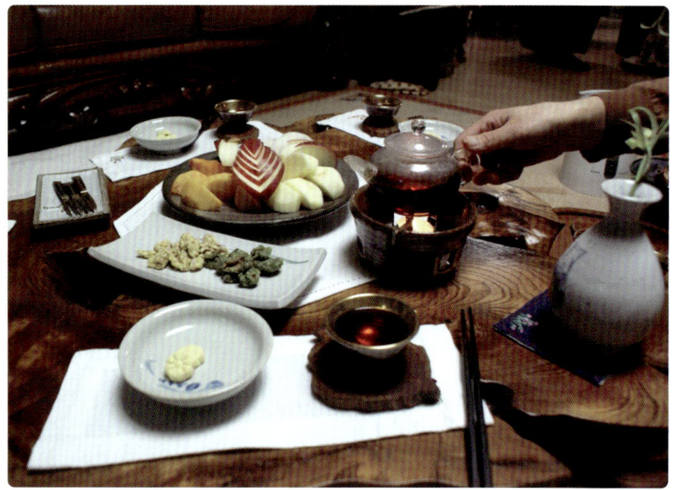

해변 풍경 그림을 식당으로 옮겼다. 할머니와 내가 지켜보는 가운데 두 남자는 그림 쪽으로 갔다. 나는 작품 속의 움직임들이 다른 작품들과 같이 공간의 느낌을 얼마나 변화시킬 수 있을까 너무나 궁금했다.

호주의 해변 풍경은 매우 화사하고 시원했고, 김치냉장고의 중후함에 거의 압도되고 있었다.

한편으로 두꺼운 가죽과 나무로 된 소파 위에 있는 장미들은 방을 좀 더 풍요롭게 보이게 하고 가구들을 좀 더 실제적으로 보이게 했다.

오늘밤 소장가와 화가 사이의 만남 이상의 무엇이 있었음은 분명하다.

색다른 한국 음식을 먹기 위해 앉았을 때 집주인의 환대와 미리 준비한 전통음식에서 나오는 매혹적인 향기로 작품에 대한 대화의 분위기가 한껏 친밀해졌다.

작품의 감동에서 시작된 이런 교류는 분명 캔버스의 압축된 분위기로부터 벗어나 새로운 만남이 되었다. 그날을 마무리하면서, 김창한 씨의 작품은 사람들의 삶이 다른 공간으로 통하는 길을 찾게 해주는 힘이 있기 때문에 진정 중요한 것이 아닌가 하는 생각을 했다.

– 2009년 11월, 울산

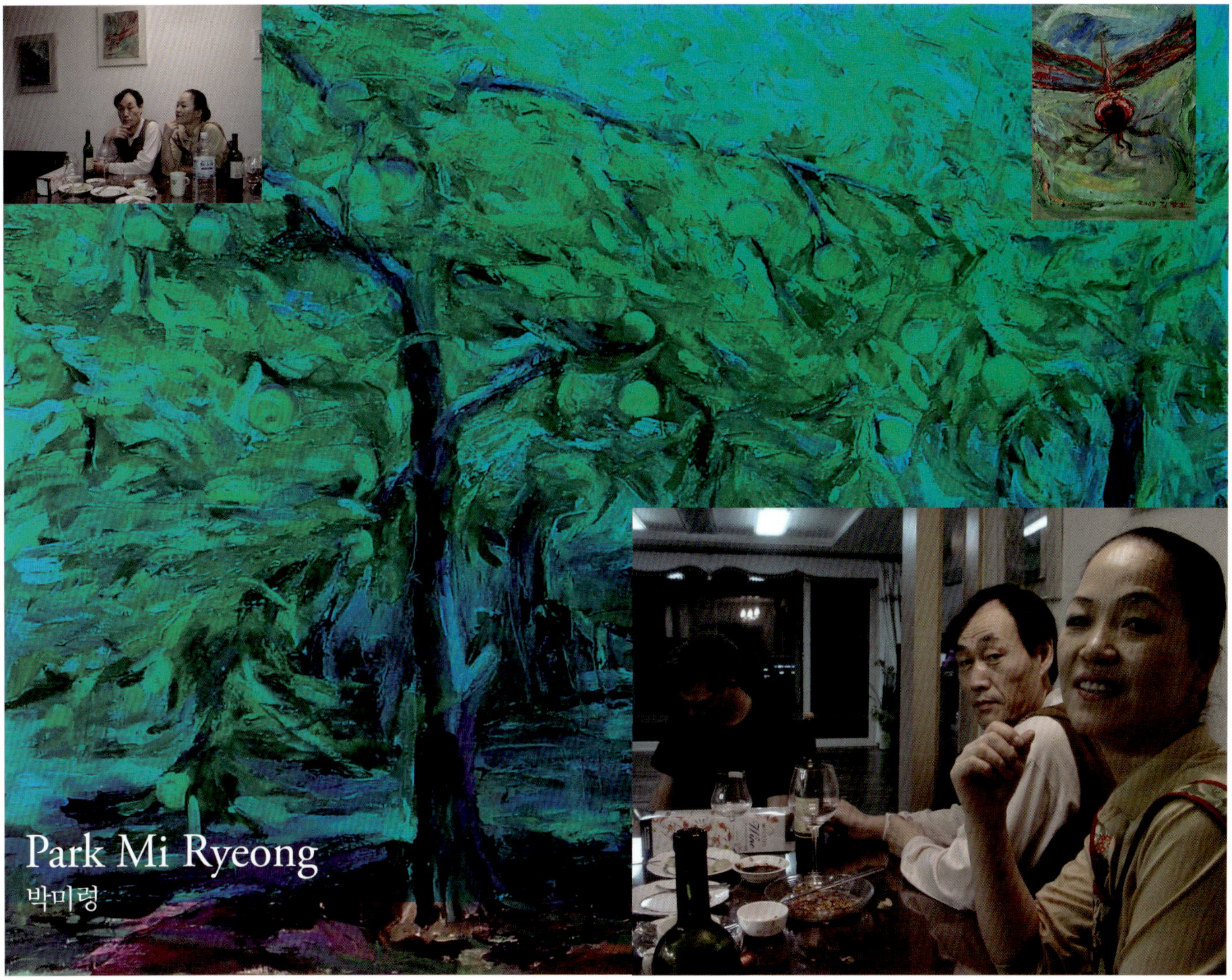

Park Mi Ryeong
박미령

Thirteen Paintings:
a live-in exhibition of the art of Kim Chang Han

By Daniel Julian

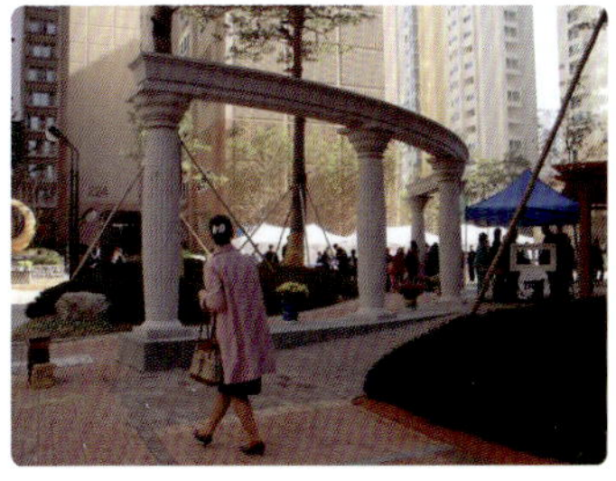

Travelling with Kim Chang Han to Seoul in early spring, I am invited to the home of Park Mi Ryeong and Kim Kyu Soo. They have filled the walls of their new and ample Anyang apartment with Chang Han's artwork, acquired after his solo exhibition in Ulsan late last year. In their collection are many recent paintings which I have seen only in photographs. As we make the long drive north, I am eager to view them directly.

Mi Ryeong welcomes us in from a damp and windy afternoon, serving steaming bowls of pumpkin pudding. Hovering over the dining room table as we eat are two of Chang Han's dragonflies. It is a set of two small paintings – one rendered in icy blue, the other in burning pink. Each piece is complete and striking on its own, yet hanging them together has created a much more powerful effect: the complementary curves of the figures in flight describe a circle – a cycle – simple, elegant, simultaneously reassuring and compelling.

Beneath this yin and yang of dragonflies and between spoonfuls of scrumptious pudding, I introduce myself: an American living and teaching on Jeju Island, a friend of Chang Han's and a longtime admirer of his work. The conversation turns to the paintings, and soon Mi Ryeong is leading us into the hall to point out her favorites: a set of three landscapes painted by Chang Han on the grounds of his parents' apple orchard in Bonghwa, Gyeongbuk province.

The first of the set is a sweep of green: early apples in a row of sprawling trees; broad, ambitious brush strokes on a large canvas; subtle browns below, with white and palest blue filtering in from above. The next painting down the hallway is a smaller piece: detail of a ripening bough, the fruit blushing and pendulous. As we enjoy the images, our hostess explains that she spent her girlhood in a similar orchard, and finds in these works the power to awaken enchanting nostalgia and a hopeful attitude toward the future. The third painting of Mi Ryeong's favorite set hangs

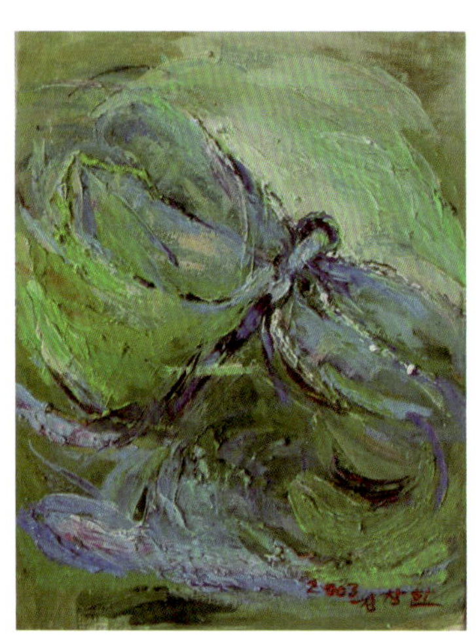
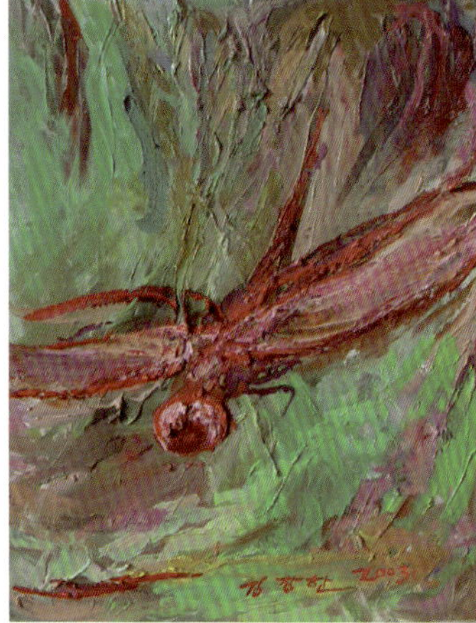

1,2. **Dragonfly Seasons in Summer** 잠자리의 사계
2003, Oil on linen 40.9x31.8cm

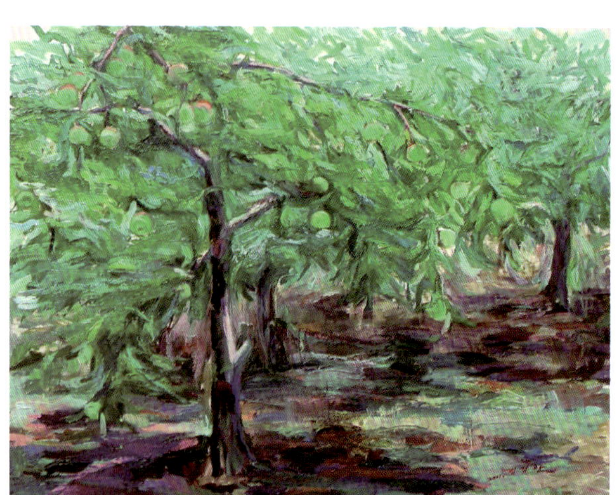

3. **Vibrant Apple Tree** 생명력 넘치는 사과나무
2001, Oil on linen 91x116.8cm

그들과 함께 살고 있는 김창한의 작품 13점

대니얼 줄리안

이른 봄, 김창한 씨와 서울을 동행하게 된 나는 박미령(남편:김규수) 씨의 집으로 초대 받았다. 안양에 있는 그들의 아파트 벽면은 지난 해 울산에서 열렸던 전시회에서 구입한 창한의 그림들로 가득 차 있었다. 사진으로만 보았던 그의 최근 작품들도 많았기에 그 곳으로 가는 동안 직접 작품들을 보고 싶다는 생각이 간절했다.

궂은 날씨에도 불구하고 미령이 우리를 반겨주었고 따듯한 호박죽을 대

접해주었다. 우리가 앉은 식탁 위를 창한의 잠자리 두 마리가 맴돌고 있었다. 작은 그림 두 점이었는데 하나는 차가운 파란색, 다른 하나는 강렬한 분홍색을 띠고 있었다. 그림들을 각각 따로 놓고 보아도 매력이 있었지만 함께 걸어놓음으로써 더 강한 효과를 내는 것 같았다. 서로를 보충해주는 듯한 선들은 원을 의미하는 듯했다. 단조로우면서 세련되고 동시에 안정적이면서도 힘이 있어 보이는 원 말이다.

마치 음과 양을 표현한 듯한 이 잠자리들 아래에서, 그리고 너무 맛있는 죽을 한 스푼 가득 떠먹으면서 "나는 제주도에서 영어를 가르치고 있는 미국인이면서 창한의 친구이자 그의 작품을 좋아하는 팬"이라고 소개했

above the sofa in the living room. Like the first, it is large and lavish. Here we see the crop just before harvest time. Branches bow with the weight of reddening apples. Deep blues and a drowsy maroon shadow the ground, executed in thick swells and ridges of oil which weigh heavily below the sparing brushwork of the trees' foliage, where patches of untouched canvas, gesso-white, lend a light-as-air feel to the canopy of the grove

Following this series from the entryway into the living room of the home gives me a pleasant sense of health and growth. Painted in 2001, these works were a return to familiar ground for Chang Han in more ways than one. He had painted the orchards also in the mid 90's, creating a body of work much more realistic and somber than this more recent series. These later works are far brighter by comparison and more liberal – a step away from grim realism toward a more light-hearted, impressionistic treatment: from Corot toward Van Gogh. For me, as for Mi Ryeong, the later works are comforting and invigorating. Of the thirteen Kim paintings in this collection, Kyu Soo favors a study of cherry blossoms which is positioned opposite the living room sofa. A blaze of red burning

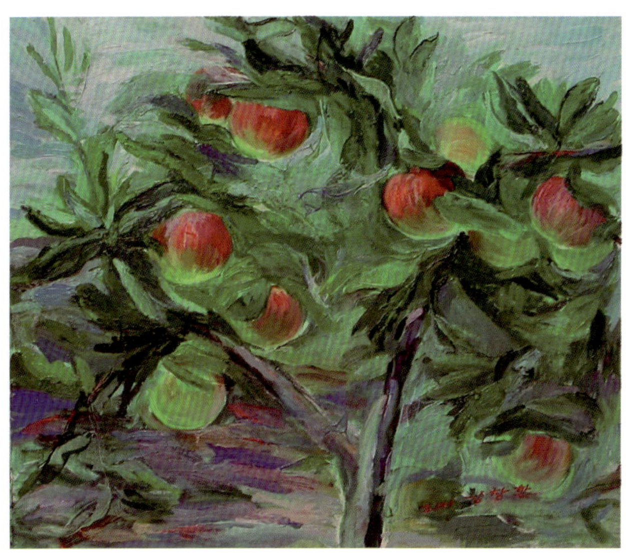

4. **Vibrant Apple Tree** 생명력 넘치는 사과나무
2001, Oil on linen 60.6x72.7cm

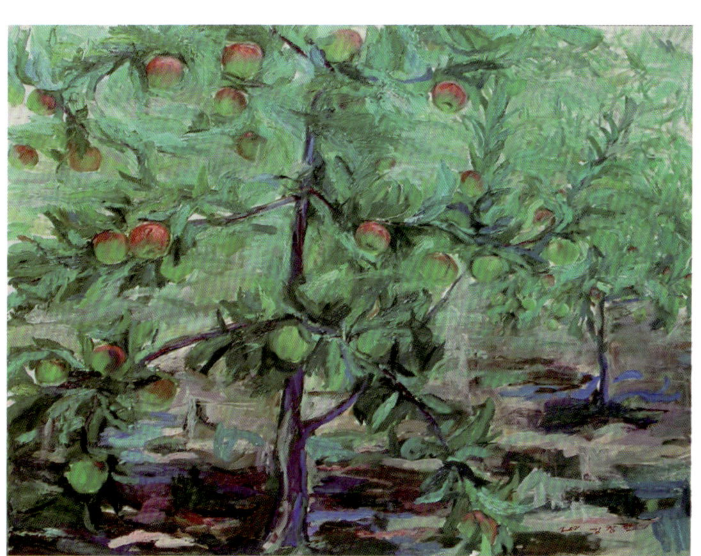

5. **Vibrant Apple Tree** 생명력 넘치는 사과나무
2001, Oil on linen 91x116.8cm

다. 대화의 주제는 어느새 작품으로 기울었고, 미령은 곧 우리를 이끌고 거실로 나와 그녀가 가장 좋아하는 작품들을 보여주었다. 그녀가 보여준 작품은 경북 봉화의 한적한 시골에서, 창한의 부모님이 하시는 사과 과수원에서 그린 3점의 풍경화였다.

첫 번째 작품은 초록의 푸르름으로 가득 차 있었는데 풋사과들이, 줄줄이 늘어선 나무에 가득 열려 있었다. 그것은 큰 캔버스 위에 폭이 넓으면서도 야심적인 붓질이 엿보이는 작품으로, 엷은 갈색 아래에, 그리고 흰색과 투명한 파란색이 그 위에 깔려 있었다. 다음 그림은 처음 것보다 조금 더 작았는데 무르익어 발갛게 달아오른 사과나무가 잘 표현되어 있었다. 우리가 그림들을 감상하고 있을 때 미령은, 자신도 어린 시절 비슷한 과수원에서 자랐기에 이 작품들을 보면 향수에 젖게 되고 미래에 대한 희망을 품게 된다고 말해주었다.

세 번째 작품은 거실 소파 바로 위에 걸려 있었는데 첫 번째 그림과 마찬가지로 큰 작품이었다. 그것은 추수 직전의 수확물을 그린 것인데 잘 익은 사과들에 의해 가지가 구부러져 있었다. 짙은 청색과 밤색의 그림자가 드리워진 바닥 부분에는 유화물감이 두껍게 돌출되어 나타났으며 사과나무의 나뭇잎을 그린 아래 부분은 무겁게 느껴졌고, 붓질을 하지 않은 캔버스의 바탕(흰색 제소) 부분은 과수원 숲을 덮고 있는 것을 공기처럼

through wintery white creates the brilliant pink of this smaller piece from 2003. The purpled grey of aged trunks works against the tenderness of spring's first blossoms, forging a harmony which Kyu Soo finds exuberant and inspiring. Alongside this study is a larger piece from 2003, a wash of lake and sky in which two dragonflies rendezvous under a fluid moon. Mi Ryeong and Kyu Soo enjoy the muted blues and browns of this piece as a welcome calm in their busy lives.

Another 2003 nightscape hangs in the hall at the door to the master bedroom, and for me it is the most lyrical and haunting of the collection. Violet night swept with grey and alive with deep greens and reds, cloaking a ridgeline of distant mountains, is the setting for the meeting of these two dragonflies. Their spiraling chase sends my eye eddying along the raw, unprimed canvas, where strong lines of reed and weed draw me back to the center.

Dynamic and resonant with primal patterns, this painting is a product of what Chang Han sometimes refers to as his dreaming mind. The scene recalls the region near Ulsan where he lives, yet returns those familiar surroundings to a primitive, perhaps prehistoric period. The

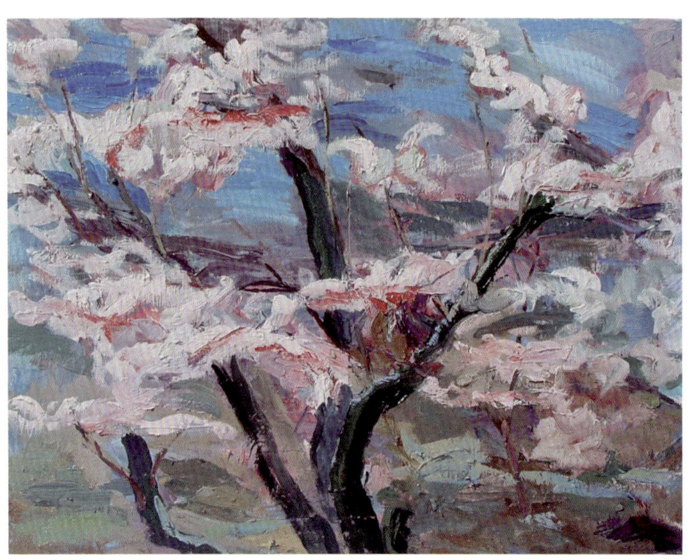

6. **Plum Blossoms in Winter** 겨울—매화
2003, Oil on linen 45.5x53cm

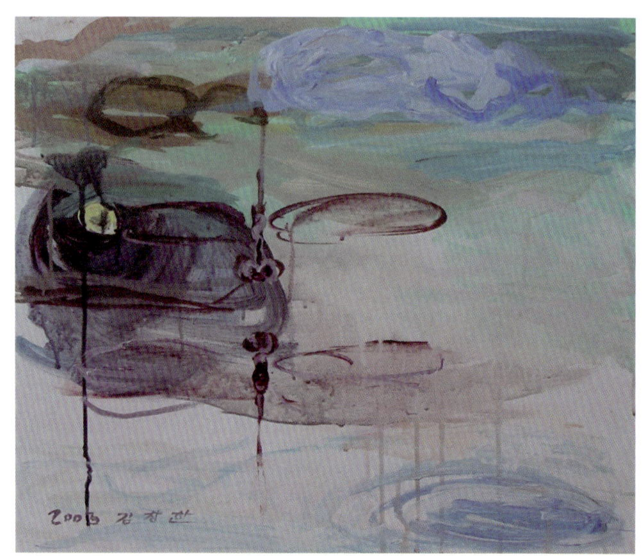

7. **Dragonfly Seasons in Summer** 잠자리의 사계
2003, Acrylic on linen 45.5x53cm

가볍게 느껴지게 했다.

작품들을 따라 현관에서 거실로 가면서 건강과 발전의 기운을 느낄 수 있었다. 2001년에 완성된 이 작품들은 창한에게 있어 친숙함으로 돌아가는 많은 것을 의미하는 듯했다. 그는 90년대 중반에도 과수원에서 그림을 그렸는데 최근의 작품들에 비해 조금 더 사실적이고 어두운 것들이었다. 이 최근 작품들은 훨씬 더 밝고 자유로워 보였는데 이것은 마치 엄격한 사실주의에서 인상파로 변한 듯, 비유하자면 코로(Camille Corot, 1796~1875, 프랑스 풍경화가)에서 반 고흐(1853~1890, Vincent van Gogh, 네덜란드 후기인상주의 화가)로 변한 듯 경쾌한 느낌이 들었다. 미령과 마찬가지로 나도 이런 최신 작품들이 편안하고 상쾌했다.

13점의 그림 중 규수 씨가 가장 좋아하는 것은 바로 거실 소파 맞은편에 걸린 매화였다. 그것은 불타오르는 듯한 붉은색과 겨울의 백색이 합쳐져 매혹적인 분홍색을 만들어내는 2003년에 완성된 작은 작품이었다. 오래된 나무줄기는 보랏빛의 회색을 띠고 있었는데 부드러운 봄날의 꽃과 어울려 훌륭한 조화를 만들고 있었다. 규수 씨는 바로 이 조화가 자신을 원기 왕성하게 만들고 영감을 준다고 했다. 이 작품 옆에는 마찬가지로 2003년에 완성된 좀 더 큰 그림이 있었는데, 영롱한 달빛 아래 강가를 맴도는 두 마리의 잠자리가 그려져 있었다. 미령과 규수는 이 그림 속의 차분한 파란색과 갈색이 주는 평온함이 마치 바쁜 일상에서 돌아온 그들을 반겨주는 듯하다고 했다.

dragonflies shine an eerie turquoise under a dusky, golden moon. Ephemeral, unknowable, they are utterly free in unadulterated nature, a state of grace achingly alien to modernity.

Within the master bedroom is a large watercolour from the year 2000. Here we see several dragonflies flitting individually and in pairs through currents of textured blue and frosted white. The watercolour dragonflies are magically articulate and detailed. Vibrant colour courses through their segmented bodies and plays like light upon their skin. It is a piece that would be whimsical but for the illustrative precision which sharpens it to a snapshot of a dream.

Also in the master suite is a darker study in oils. Into a thick night, Chang Han has knifed the fine-lined figures of yellow and orange dragonflies coupled in coitus. This Chagall-like skyscape is presided over by a regal, glowingly green creature, her double sets of wings clearly defined as she climbs through the foreground. To me, she is queen of the dragonflies. She brightens the room as she brightens my mood.

I pass a restful night in a guest bedroom attended by the

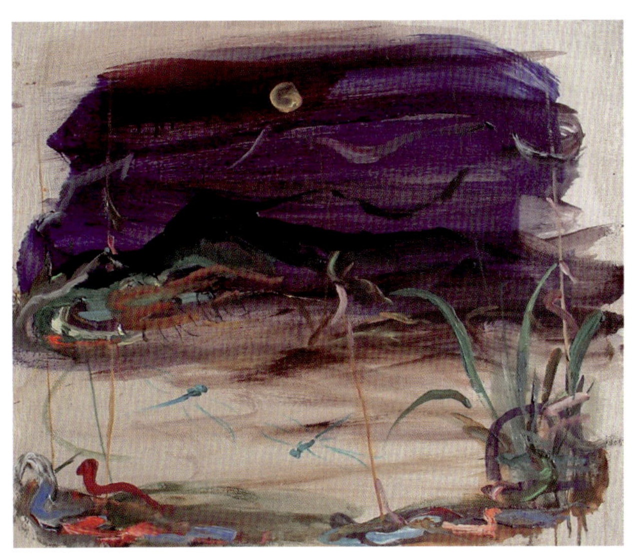

8. **Dragonfly Seasons in Fall** 잠자리의 사계
2003, Acrylic on linen 60.6x72.7cm

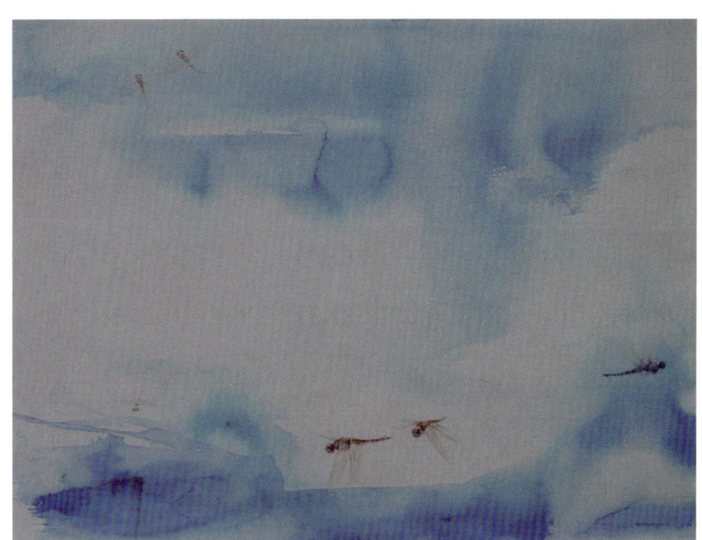

9. **Dragonfly Seasons** 잠자리의 사계
2005, Watercolour on paper 55x79cm

또 다른 2003년의 밤 풍경이 든 작품이 그들의 방문 근처에 걸려 있었는데 나에게 있어 그 작품은 가장 서정적이고 마음에서 지워지지 않는 작품이었다. 보라 빛 밤은 회색 빛을 감싸고 있었고 생기 있는 진한 녹색과 붉은색은 먼발치의 산등성이를 가리고 있었다. 그리고 두 잠자리가 만나기에 좋은 환경을 나타내고 있었다. 두 잠자리는 마치 서로의 꼬리를 쫓는 듯했고 내 눈은 원을 그리며 그들을 따라갔고 강한 선을 가진 풀과 갈대들이 나를 다시 중심으로 인도했다.

역동적이고 공명하는 듯한 최초의 문양을 담은 이 작품이야말로 창한이 말하는 꿈꾸는 마음을 표현한 것이 아닐까. 그가 사는 울산을 떠오르게 하는 동시에 소박한 친숙함을 간직하고 있어 마치 선사시대를 생각나게 하는 듯했다. 잠자리들은 어스레하고 금빛이 도는 달 밑에서 청록색을 반짝이고 있었다. 그들은 아무것도 알지 못하는 양 덧없이 너무나 자유롭게 현대사회와 동떨어진 순수한 자연 속에서 날고 있었다.

안방에는 2000년에 그려진 큰 수채화가 걸려 있었다. 이 그림에선 잠자리들이 혼자, 혹은 짝을 지어 파란 색과 얼음장 같은 백색 사이에서 날갯짓을 하고 있었다. 이 수채화 잠자리들은 마술같이 명확하고 정교했다. 가슴 설레는 색이 그들의 몸을 순환하고 피부에 닿은 빛처럼 움직였다. 이 그림은 묘하면서도 꿈속의 모습을 정확하게 설명하는 듯했다.

안방에는 또 다른, 조금 더 어두운 유화 작품이 있었다. 칠흑 같은 밤에 성교하는 잠자리 커플을 창한은 노란색과 오렌지색으로 긁어 정교하게

portrait of a lone cherry tree. From the 2003 series, this painting possesses the enthusiasm and liberty of that in the living room, yet I feel it maintains a hint of reserve, a stately dignity. Its presence lends a certain refinement to the room.

In the morning, I return to the living room to sip peach tea beneath what is easily the most abstracted painting of the collection. Bold, thick lines suggest two dragonflies, but in such close focus that the muted red tones of their heads dominate the canvas. Gossamer wing shapes are visible in the oranges and greens describing their flight.

Perhaps they are joined, yet granted a veil of privacy by the abstraction of their forms.

On the balcony, a similar swirl of lines has been drawn by a fingertip in the dewy condensation on the outer window. It seems to say, 'Chang Han was here.' Certainly, there is a sense of his signature in the dragonfly, like the 'tag' glyph left by graffiti artists to mark their passing in a public space. In the years which he has devoted to this figure, Chang Han has become the dragonfly, his identity merging with the natural sovereignty he sees in the captivating creature.

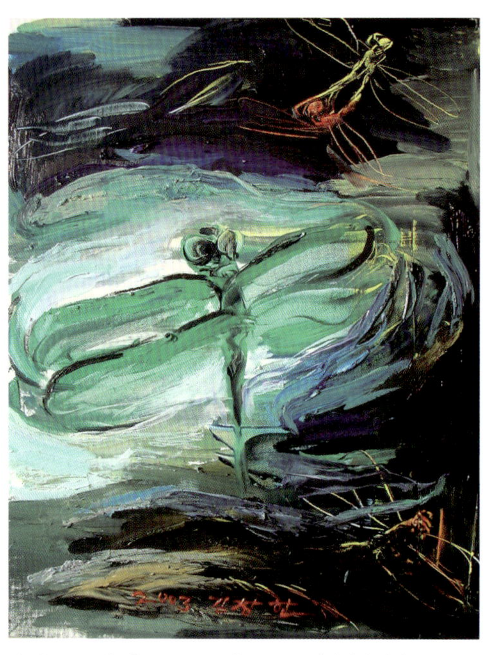

10. **Dragonfly Seasons in Summer** 잠자리의 사계
2003, Oil on linen 40.9x31.8cm

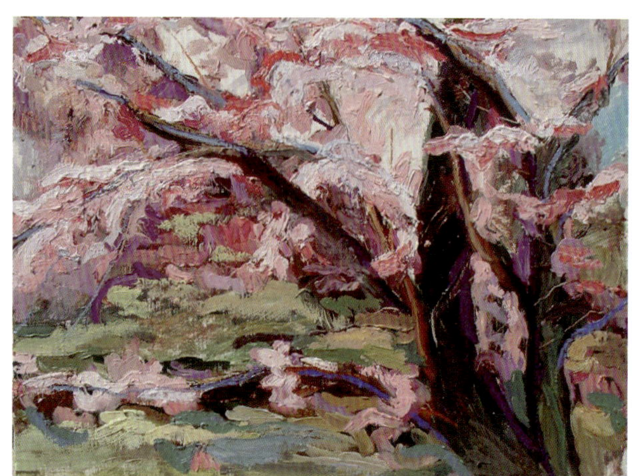

11. **Plum Blossoms in Winter** 겨울—매화
2003, Oil on linen 40.9x53cm

표현했다. 샤갈의 그림 같은 이 하늘 풍경을 주도하는 것은 장엄하게 빛나는 초록색 잠자리의 모습이었다. 이 잠자리의 두 쌍의 날개는 전경을 향해 날아오르듯 분명히 표현되어 있었다. 나에게 그것은 잠자리 여왕처럼 보였고 나의 기분을 밝게 해준 것처럼 방을 밝히고 있었다.

나는 그날 밤을 매화나무 그림이 있는 손님방에서 지냈다. 2003년 작품들 중 이 작품은 거실에 있던 작품처럼 열광과 자유를 품고 있었지만 조금 더 제한된 느낌과 당당한 위엄도 함께 느껴졌다. 이 작품의 존재는 방의 세련미를 더해 주고 있었다.

다음 날 아침, 나는 복숭아 차를 마시기 위해 거실로 나갔고 거기서 지금껏 이 집에서 본 작품들 중 가장 추상적인 그림을 봤다. 대담하면서도 굵은 선은 두 마리의 잠자리를 나타내고 있었고 너무나 가까이 초점이 맞춰져 있어서 그들의 붉은색 머리가 캔버스 위에서 두드러지게 나타나고 있었다. 작은 거미줄 같은 날개들은 오렌지 색과 녹색으로 그들의 비행을 나타내고 있었다. 그들은 결합한 듯 보였지만 추상적인 형식을 사용함으로써 그들의 사생활을 베일 속에 가리고 있었다.

발코니에는 이슬을 머금은 바깥 창문에 손끝으로 그린 듯한 비슷한 선들이 원을 그리고 있었는데 마치 '창한이 왔다 갔음'이라고 말하는 듯했다. 확실히 잠자리에게는 그의 사인이 적혀 있는 듯한 표시가 있었다. 마치 공공장소에서 자신의 존재를 표시하는 그래피티 화가들처럼. 그림을 그려온 지난 수년간 창한은 그가 그리는 매혹적인 생명체들을 닮아

In the apartment's back bedroom, I find the final painting of my home-gallery tour. In this aggressive work, a blood-red dragonfly dives outward from the center of the canvas, pulling forward a wake of purple and green vectors. Questing limbs stretch from the arched undercarriage of the creature, as if he is aware of the viewer and eager to make contact. It is easy for me to imagine this winged mystery escaping the oils to alight on my shoulder, or reaching out to drag me into the world of the painting.

It has been heartwarming to see this collection communicating with a living space. **Chang Han's work breathes nature into this otherwise urban environment. The vibrant colour of the paintings accentuates the apartment's decor, and their timeless intimations of seasonal cycles, maturation and sensuality, nostalgia and optimism, create a dignified and thought-provoking atmosphere.** As we depart, I feel great gratitude for the hospitality I have been shown by the fortunate owners of these works. I am honored that they have shared with me both their home and their art.

– February, 2004

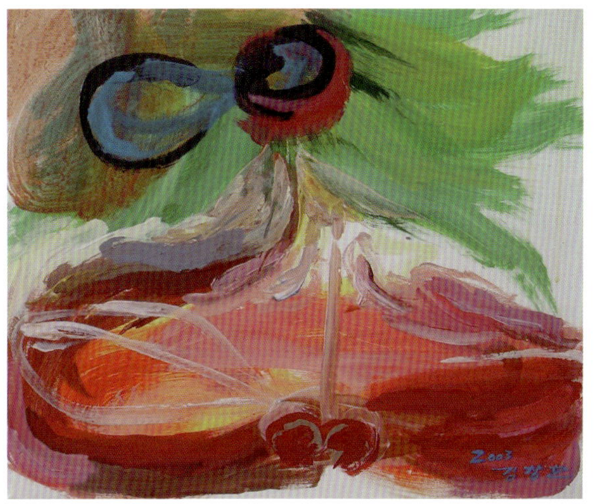

12. **Dragonfly Seasons in Summer** 잠자리의 사계
2003, Acrylic on linen 45.5x53cm

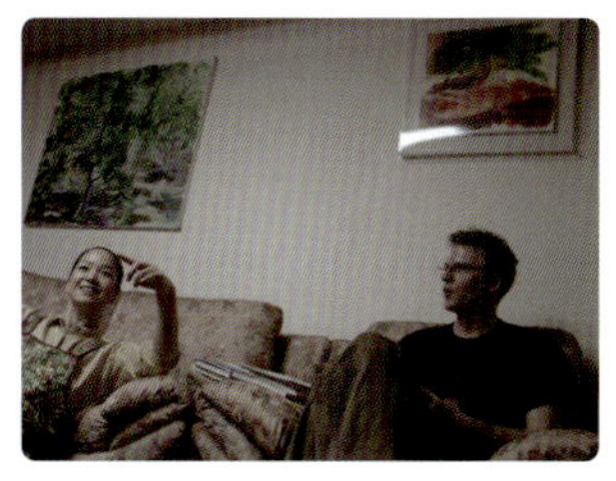

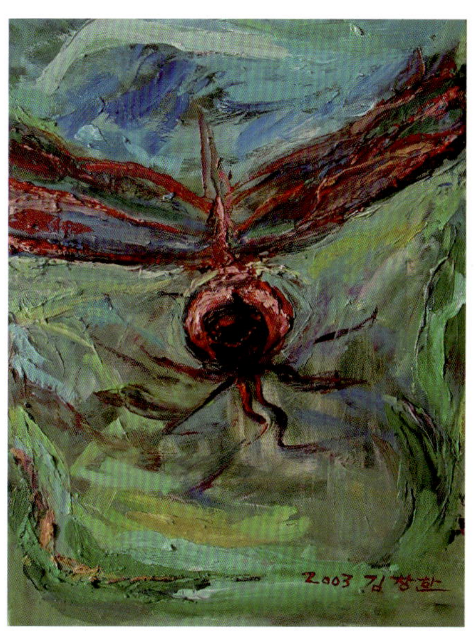

13. **Dragonfly Seasons in Summer** 잠자리의 사계
2003, Oil on linen 40.9x31.8cm

잠자리가 되어 있었다.

아파트의 뒷방에서 나는 마지막 작품을 찾았는데 이 공격적인 작품은 핏빛의 붉은 잠자리가 캔버스 중심에서 앞으로 보라색과 녹색의 벡터로 솟아오르는 모습을 그린 것이었다. 잠자리는 활 모양의 하부를 넓게 늘리며 마치 관람객을 의식이라도 하는 듯 그렇게 접촉을 재촉하고 있었다. 나는 곧 이 날개 달린 생물체가 금방이라도 그림 속을 빠져 나와 내 어깨에 앉거나, 혹은 나를 끌고 그림의 세계로 데려 갈 것 같은 환상에 빠져들었다. 창한의 작품들을 이렇게 실생활 속에서 볼 수 있게 되어 가슴 벅찬 시간이었다.

그의 작품들은 도시 생활에 자연적인 활력소를 불어넣어주고 있었다. 작품들의 가슴 설레는 색상들은 집안을 화려하게 꾸며주고 있었고, 시간을 잃어버린 듯한 계절도 암시할 뿐만 아니라, 성숙함과 관능성, 향수와 낙천주의로 위엄 있고 진지한 사색을 이끌어내는 분위기를 만들고 있었다. 떠나오면서 나는 창한의 작품들을 가지고 있는 행운의 주인들이 베푼 후한 대접에 감사했다. 그분들이 내어준 그들의 집과 그림들은 나에게 큰 영광이었다.

– 2004년 2월

209

Material

By Kim Chang Han

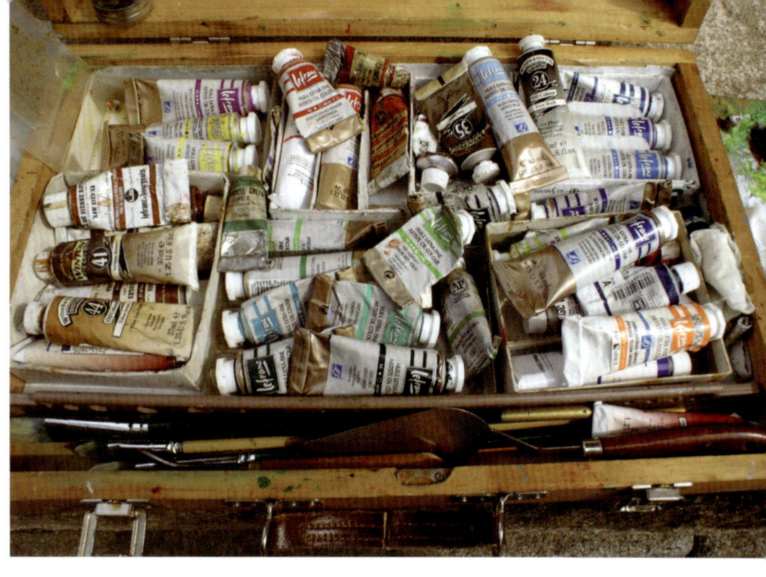

I generally use stretched linen (which is higher quality than cotton canvas). I prepare the canvas over several months, applying multiple layers of thinned Gesso, followed by a mixture of white oils, linseed and mineral spirits. This allows me the best possible starting point, a beautiful white surface, that is both optimal for painting and longevity.

It's important to start with a good surface, since I often leave some blank space (unpainted canvas), as sky or some other world, a kind of "spiritual space". I use this concept in relation to many traditional Korean paintings, where the absence of marking or form represents the infinite of sky or heaven.

I use many different mediums including acrylics and watercolours, but I prefer oil paint.

Since the 1980s, I have mainly used Lefranc professional oils. I find that this line of paint produces a truer pigmentation and intensity than other brands. Its matiere effect seems suitable for my painting style. While using oils for many aesthetic reasons, I still pursue the vibrancy, sensitivity, and sometimes transparency, which are usually only found in watercolours.

As a medium, I most often use a mixture of Winsor & Newton's Liquin and Poppy oil. Recently, I've used Liquin or poppy oil independently as a medium. This allows certain areas of the painting greater distinction, and overall better preservation.

When working with acrylics, I commonly use Winsor & Newton, Altelier or Alpha/Shinhan. As with oils, the effect of acrylics varies depending on the medium. The subtle differences between values and hues is of importance to me when selecting acrylics, as I want the greatest range of light and shadow in my work. I also use gel medium and Crystal Gel Medium (Altelier) to give the acrylics improved luminosity.

Considering the slight difference among watercolours (depth of range), I use a variety of high quality papers. The motif or subject I plan to work with often affects my choice. I pay much attention to processes of display and storage, because watercolours are very vulnerable to damage (fading) from light.

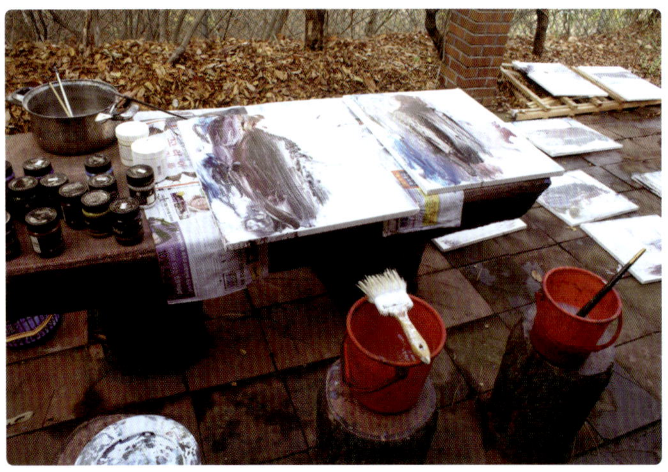

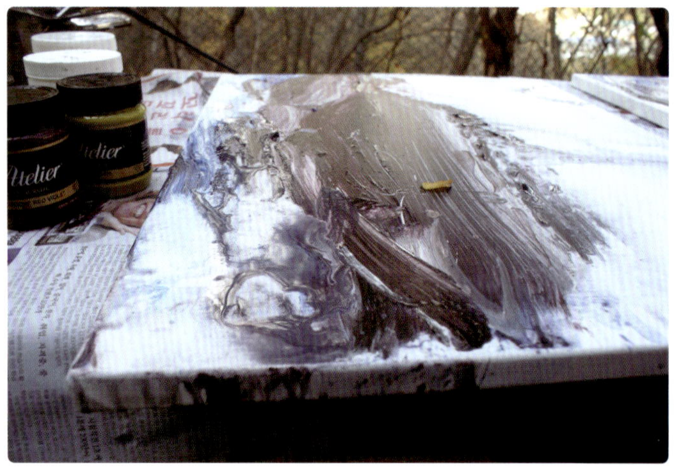

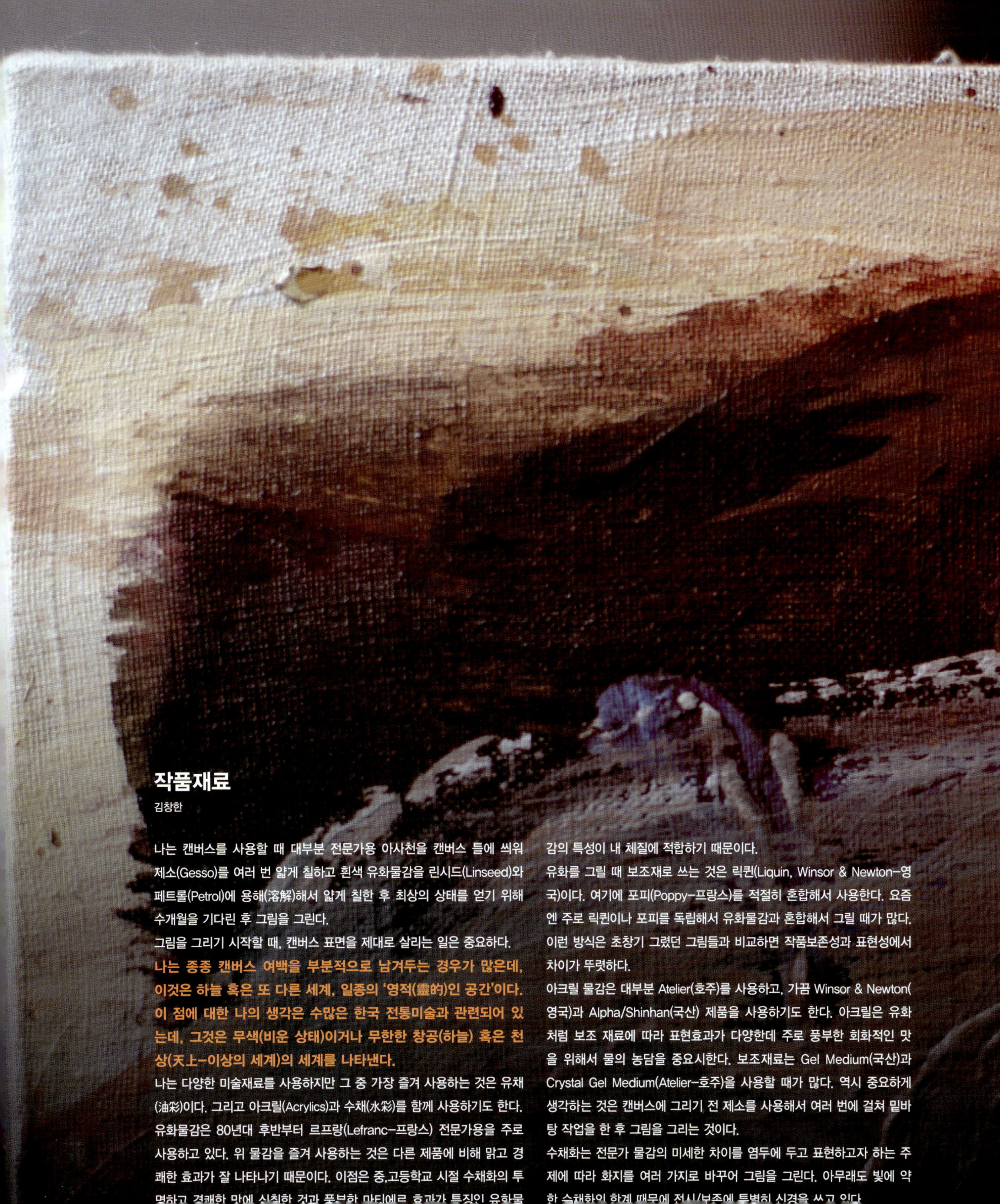

작품재료

김창한

나는 캔버스를 사용할 때 대부분 전문가용 아사천을 캔버스 틀에 씌워 제소(Gesso)를 여러 번 얇게 칠하고 흰색 유화물감을 린시드(Linseed)와 페트롤(Petrol)에 용해(溶解)해서 얇게 칠한 후 최상의 상태를 얻기 위해 수개월을 기다린 후 그림을 그린다.

그림을 그리기 시작할 때, 캔버스 표면을 제대로 살리는 일은 중요하다. 나는 종종 캔버스 여백을 부분적으로 남겨두는 경우가 많은데, 이것은 하늘 혹은 또 다른 세계, 일종의 '영적(靈的)인 공간'이다. 이 점에 대한 나의 생각은 수많은 한국 전통미술과 관련되어 있는데, 그것은 무색(비운 상태)이거나 무한한 창공(하늘) 혹은 천상(天上-이상의 세계)의 세계를 나타낸다.

나는 다양한 미술재료를 사용하지만 그 중 가장 즐겨 사용하는 것은 유채(油彩)이다. 그리고 아크릴(Acrylics)과 수채(水彩)를 함께 사용하기도 한다. 유화물감은 80년대 후반부터 르프랑(Lefranc-프랑스) 전문가용을 주로 사용하고 있다. 위 물감을 즐겨 사용하는 것은 다른 제품에 비해 맑고 경쾌한 효과가 잘 나타나기 때문이다. 이점은 중,고등학교 시절 수채화의 투명하고 경쾌한 맛에 심취한 것과 풍부한 마티에르 효과가 특징인 유화물

감의 특성이 내 체질에 적합하기 때문이다.

유화를 그릴 때 보조재료로 쓰는 것은 릭퀸(Liquin, Winsor & Newton-영국)이다. 여기에 포피(Poppy-프랑스)를 적절히 혼합해서 사용한다. 요즘엔 주로 릭퀸이나 포피를 독립해서 유화물감과 혼합해서 그릴 때가 많다. 이런 방식은 초창기 그렸던 그림들과 비교하면 작품보존성과 표현성에서 차이가 뚜렷하다.

아크릴 물감은 대부분 Atelier(호주)를 사용하고, 가끔 Winsor & Newton(영국)과 Alpha/Shinhan(국산) 제품을 사용하기도 한다. 아크릴은 유화처럼 보조 재료에 따라 표현효과가 다양한데 주로 풍부한 회화적인 맛을 위해서 물의 농담을 중요시한다. 보조재료는 Gel Medium(국산)과 Crystal Gel Medium(Atelier-호주)을 사용할 때가 많다. 역시 중요하게 생각하는 것은 캔버스에 그리기 전 제소를 사용해서 여러 번에 걸쳐 밑바탕 작업을 한 후 그림을 그리는 것이다.

수채화는 전문가 물감의 미세한 차이를 염두에 두고 표현하고자 하는 주제에 따라 화지를 여러 가지로 바꾸어 그림을 그린다. 아무래도 빛에 약한 수채화의 한계 때문에 전시/보존에 특별히 신경을 쓰고 있다.

The Landscape of Rural Korea

By Andrew Douch

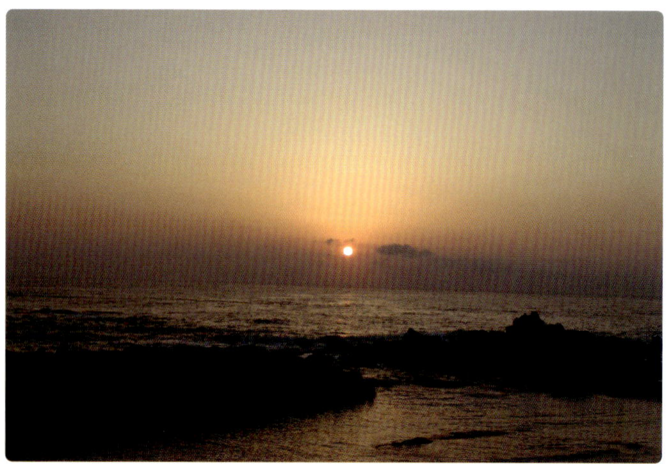

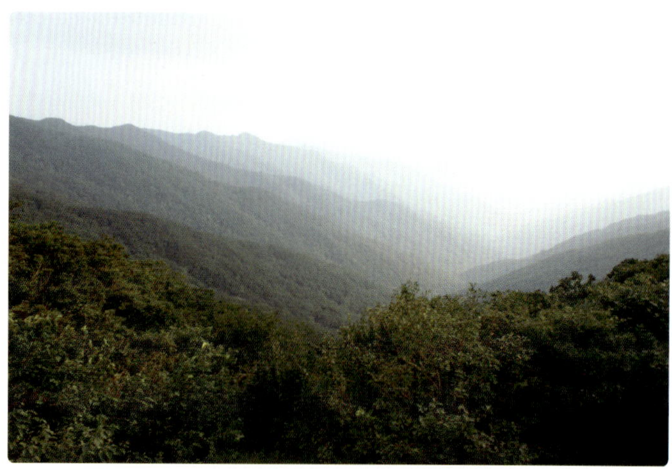

Beyond the industrial zones and bustling cities of modern Korea lies a land of incredible scenic beauty and old world charm. Korea is a rugged, mountainous land, with a network of connecting ridges that stretch throughout its entire peninsula. These mountains create natural physical borders between counties, wildlife refuges, and locations of dramatic scenery that collectively form the backdrop to a unique mountain village lifestyle in which Kim Chang Han spent his childhood years.

For traditional Koreans, mountain ridges were seen as energy lines connecting all areas of the peninsula to their spiritual home of Baekdu-san, the massive volcanic peak on the northern border with China, and the mythical birthplace of all Koreans. Indeed these mountains do provide essential life giving energy in the form of abundant mountain vegetables, mushrooms, highly prized ginseng, and beautiful fresh water which bubbles to the surface through mineral springs often known for their strong medicinal qualities.

Countless stunning gorges hide below the peaks and spurs of the ridge system. The granite walls of the mountains have been carved by life-giving water which rages down waterfalls and through crystal clear pools, before entering open valleys. Here, set along the banks of clear streams, you'll find Korea's mountain farming villages. These village communities have maintained their traditional way of life for hundreds of years, and in a country of great and swift technological advancement they are one of the last vestiges of a simpler time.

Co-existing in the natural world for many generations, the mountain villagers have developed a strong connection to the environment around them. This is evident in their traditional religious practices of worshipping 'Mountain Spirits' and sacred Guardian Trees, which are still found today in the centre of most modern villages. It can also be seen in the layout of the villages which have been designed in harmony with the surrounding environment. Buildings such as Buddhist temples are located on sites favorable to the principles of pungsu-jiri (Korean Feng-shui or Geomancy), which tap into the natural flow of energy emanating from the mountains. Rice fields, beautifully landscaped over generations by walls of overgrown rock, contour the river valleys, as they hold waters from the mountain. These fields not only provide food for man, but

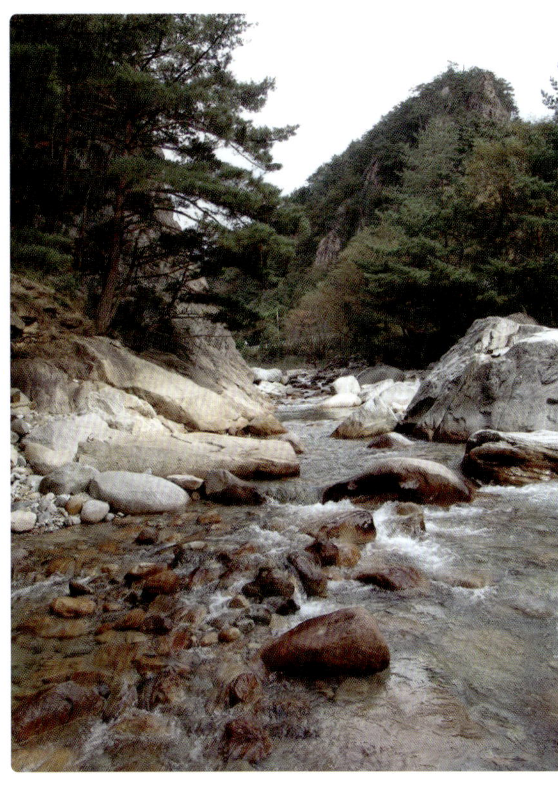

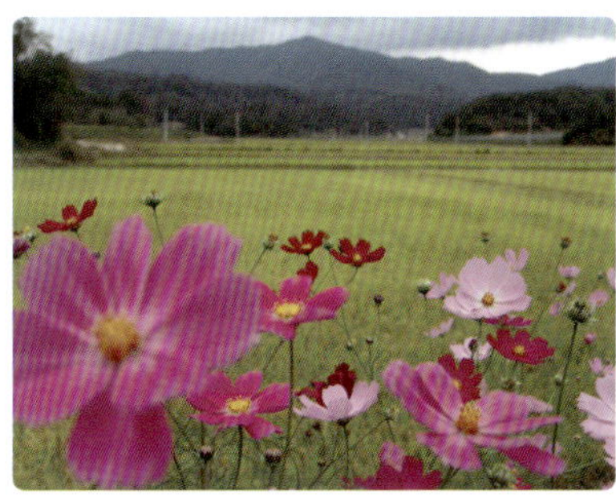

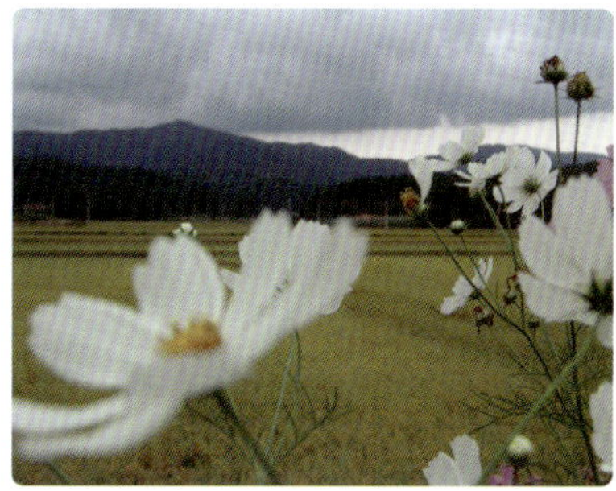

a home for creatures such as snakes, frogs and small fish – and a hunting ground for their fishermen, like the graceful White Heron, a ubiquitous presence in rural Korea.

During its four distinct seasons the landscape of rural Korea changes dramatically. After a cold winter, spring arrives with a blast of colour. Apples, pears, plums and peaches blossom in the village orchards, their rich colours blending dramatically with brilliant pink azaleas that speckle the mountain forest above. Meanwhile the roads to the villages are fringed with Cherry blossoms before they are replaced by leaves of the freshest green.

With summer comes heat and humidity, and rural Korea smells of ripe summer fruit, and rain. Dragonflies take to the skies in their millions and young children chase them with nets, while adults take shelter from the heat in riverside pavilions or the shade of the guardian tree. The world is a cacophony of cicada drone during the day, while at night sleep is accompanied by the croak of thousands of frogs singing in the rice fields.

As the weather cools, autumnal colours set the mountains and valleys ablaze in reds and oranges. The fields of rice turn a brilliant bright yellow and it is time for harvest. As the leaves fall, they create bare skeletons of gnarled fruit trees that stand resting in fields blanketed in snow - wait-

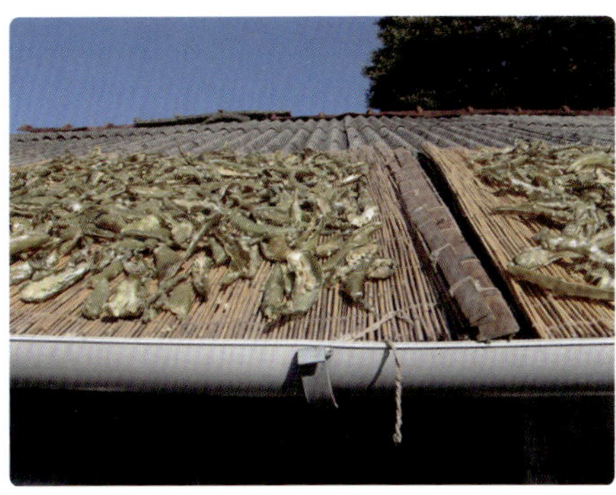

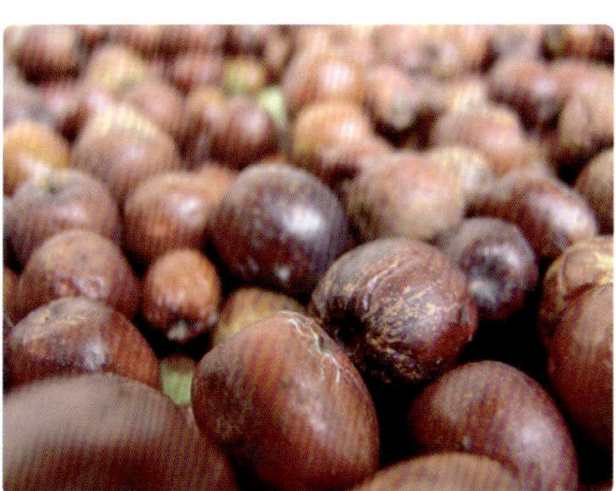

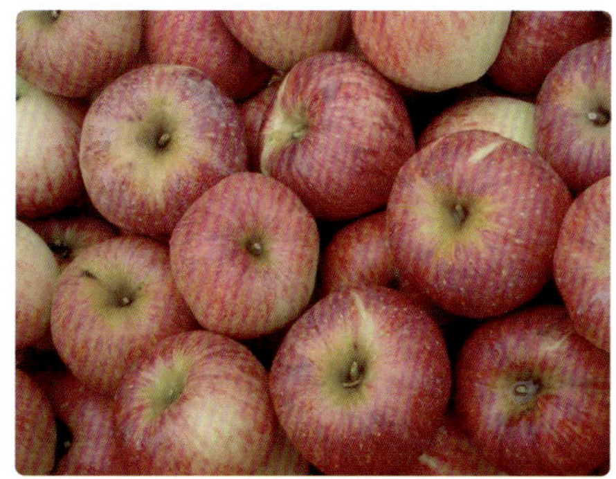

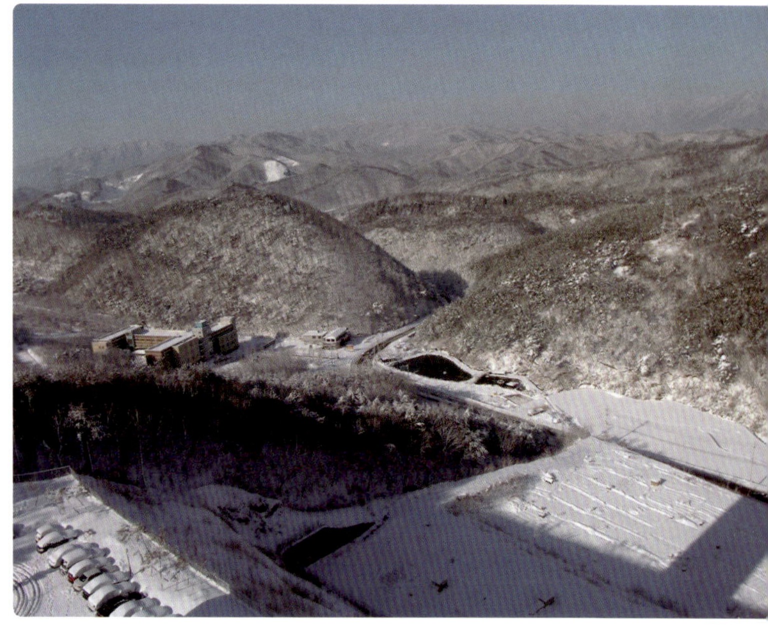

ing solemnly for renewed life next spring.

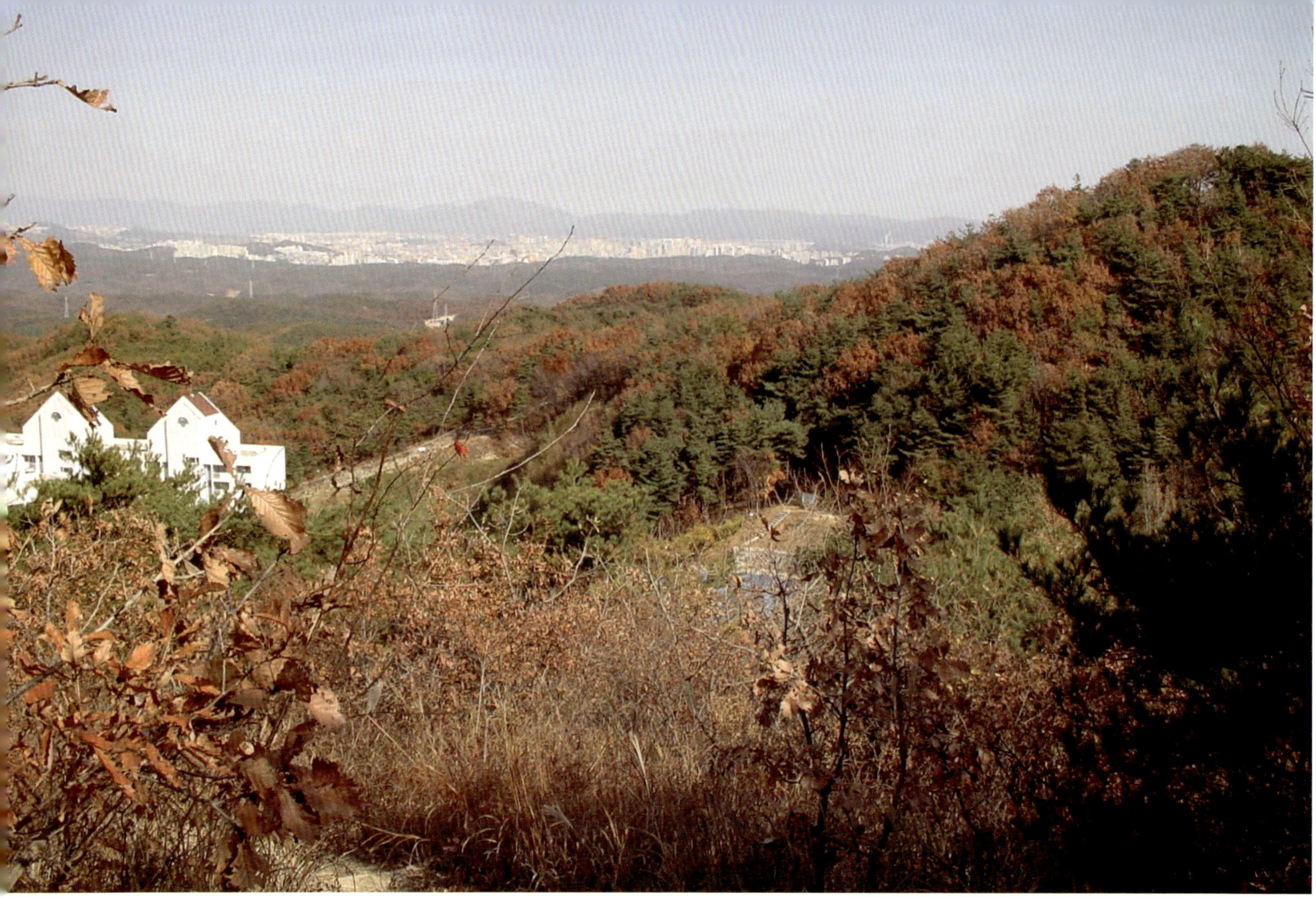

As a boy, Kim Chang Han grew up in a mountain village environment in the fertile region of Yeong Ju, in the shadow of the mighty white peaks of Mt. Sobaek and the rocky tops of Mt. Cheongryang. Chang Han describes his childhood fondly as a time of wonder at the mysteries of nature that surrounded him, a time of well-being, good health and happiness. The idyllic village life of his youth has left Chang Han with a lifelong passion and reverence for nature, and a commitment to relive the discovery and wonder of life through his art.

As a slow moving traveler through Korea I have been charmed by the easy pace of the countryside, which evokes memories of the carefree life and adventure of childhood. It becomes easy to understand the nostalgic feeling toward the life Kim Chang Han knew as a child, and his desire to search for what he describes as "hidden pockets of beauty", in his rugged homeland. Through his paintings, Chang Han captures the purity of the natural world and the force of life on this ever-changing earth and relives the wonder, imagination and experiences of his youth in beautiful rural Korea.

– March, 2010

한국의 자연

앤드류 다우치

현대 한국의 산업지대와 떠들썩한 도시 너머에는 믿기지 않을 풍경과 옛 매력이 있다. 한국은 바위가 많고 산악지대가 많은 곳이며, 각 산등성이들이 이어져 반도 전체에 뻗쳐 있다. 이러한 산들은 시도간의 자연적 경계를 이루고, 야생동물들에게는 숲 속 피난처를 제공하며, 또한 드라마틱한 풍경과 함께 산 지형 특유의 마을을 형성하는데, 창한 씨가 어린 시절을 보낸 곳도 이런 곳이었다

전통적 한국의 산등성이는 반도의 모든 지역을 연결하는 힘의 원천으로 여겨졌으며 이것은 그들의 정신적 고향인 백두산까지 이어지고 있다. 백두산은 북쪽을 중국과 접하고 있는 거대한 화산 봉우리이며 모든 한국인에게는 신화의 근원이기도 하다. 실제로 이러한 산들은 지천에 널린 산나물, 버섯, 품질 좋은 인삼, 아름답고 신선한 물과 같은 에너지의 형태로 필수적인 생명력을 제공하고 있다. 이 물은 종종 약효가 있다고 알려진 광천수를 통해 지표면으로 부글부글 넘쳐 나오고 있다.

무수히 많은 엄청난 계곡은 산봉우리와 산등성이 아래에 가려져 있다. 산속 화강암 벽은 폭포에서 맹렬하게 떨어지거나 계곡이 생성되기 전에 만들어진 수정과 같이 맑은 못을 이루는 생명력 넘치는 물로 뒤덮여 있다. 여기 맑은 시냇가에 앉으면 한국의 농가를 볼 수 있다. 한국의 마을공동체는 그들의 전통방식을 수백 년째 이어오고 있으며, 엄청나게 빠른 기술적 발전을 이루고 있는 나라에서 이것은 소박한 삶을 보여주는 마지막 흔적 중의 하나라고 여겨진다.

여러 세대 동안 자연세계에서도 그러했듯, 한국의 산촌사람들은 그들 주변의 환경과 강력한 유대관계를 발전시켰다. 이것은 산신령을 숭배하는 전통적 신앙과 오늘날까지도 대부분의 시골 마을 한가운데서 보이는 신성한 보호수에서 분명히 나타나고 있다. 또한 주변 환경과 조화되도록 자리 잡은 마을의 배치에서도 그것을 엿볼 수 있다. 절과 같은 건물은 산에서 기인한 자연적 에너지 흐름을 활용하는 풍수지리 사상에 순응하는 지역에 위치해 있다. 논은 수 세대에 걸쳐 오랜 세월 잡초와 함께 형성된 논두렁으로 아름다운 조경을 이루고 있고, 계곡과 같은 형세를 띠고 있으며, 산에서 흘러내려온 물을 일시적으로 담아 두는 역할도 한다. 이런 밭들은 사람에게 먹거리를 제공할 뿐만 아니라 뱀, 개구리 또는 작은 물고

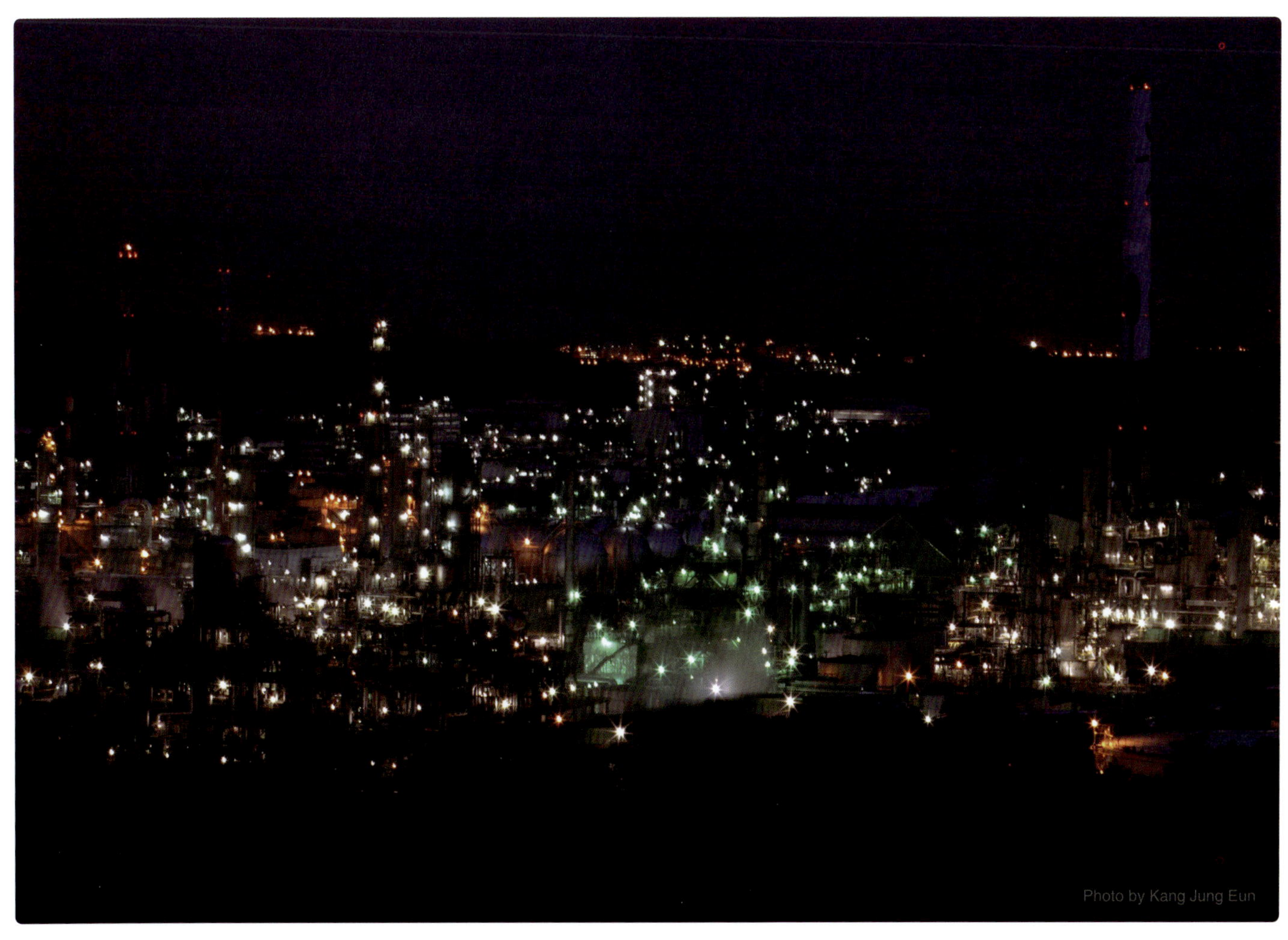

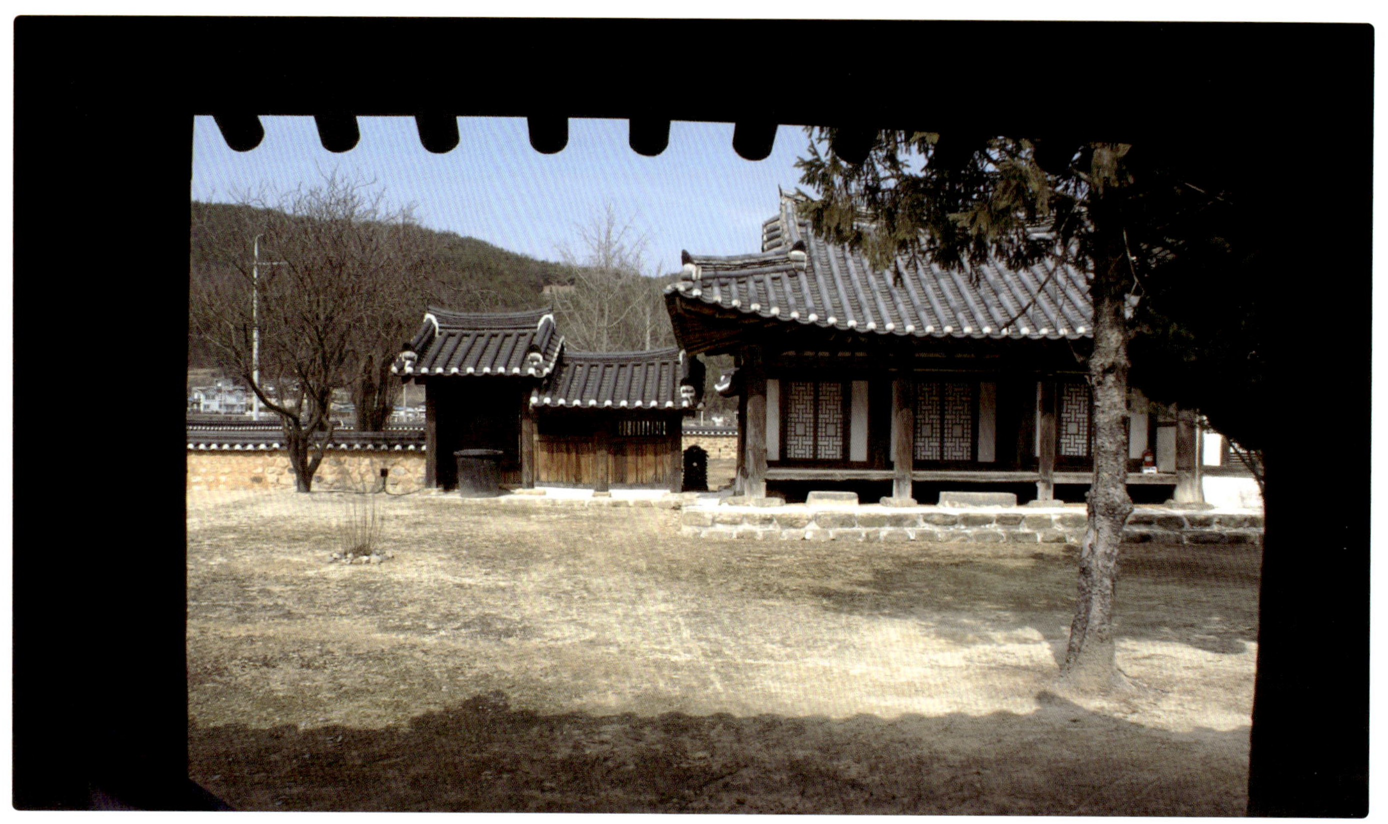

기와 같은 생명체에게는 집이 되어 주기도 한다. 또한 낚시꾼이나 시골 여러 곳에서 볼 수 있는 우아한 백로에게는 사냥터를 제공하기도 한다.

사계절이 뚜렷한 한국의 산하는 드라마틱하게 변화한다. 추운 겨울이 지나면 색채의 향연이 펼쳐지는 봄이 온다. 과수원에서는 사과, 배, 자두와 복숭아 꽃이 피고, 숲 속 여기저기 점을 찍어놓은 듯 화려한 분홍 진달래와 도심의 도로변에 핀 벚꽃들이 어우러진 풍부한 색채는 새싹의 싱그러움이 그 자리를 차지하기 전까지 그들의 향연을 펼친다.

여름에는 덥고 습해지며 시골에서는 잘 익은 여름 과일의 향기가 풍기고 장마가 온다. 잠자리는 수백만 마리씩 짝을 이뤄 하늘 높이 날아오르며 아이들은 잠자리채를 들고 그들을 쫓아 다니고, 어른들은 강가 원두막이나 아름드리 나무가 만들어준 그늘에서 더위를 피한다. 낮에는 매미들의 불협화음이 진동하고, 밤에는 논밭에서 울려 퍼지는 수천 마리 개구리들의 개굴대는 소리가 이어진다.

날씨가 선선해지면 가을의 색채는 산과 계곡을 붉은색과 오렌지색으로 불타오르게 한다. 논밭은 황금빛 들판으로 변하고 수확의 계절이 된다. 잎이 떨어지면 밭에는 앙상한 모습의 과일나무만 덩그러니 남고, 봄의 새로운 생명을 기다리면서 들판은 흰 눈으로 덮이게 된다.

소년시절 김창한 씨는 비옥한 땅 영주, 웅장한 흰 봉우리의 소백산과 봉우리가 바위인 청량산으로 둘러쳐진 산골에서 자랐다. 창한 씨는 자신을 둘러싼 신비로운 자연과 보낸 경이로운 어린 시절을 흥겹게 설명해주었다. 그 시간은 참된 삶과 건강과 행복이 있었던 시간이었다. 전원 속에 뛰놀던 유년시절은 그에게 일생의 열정과 자연에 대한 공경심을 남겼고, 그

가 작품을 통해 새로운 삶과 경이로움을 되살려 내도록 했다.

한가롭게 한국을 돌아보면서 나는 시골의 편안한 발걸음에 매료되었고, 근심 없는 삶에 대한 기억과 어린 시절의 모험심이 되살아났다. 또한 창한 씨의 소년시절에 대한 향수를 쉽게 이해하게 되었으며, 그가 험준한 고국의 '주머니 속에 숨겨진 미'라고 표현한 아름다움을 왜 찾고 싶어 하는지 금세 알게 되었다. 그림을 통해 창한 씨는 자연의 순수함과 또한 이렇게 계속 변화하는 세상의 생명력을 그리고 있으며, 아름다운 한국에서의 유년시절에 대한 경이로움과 상상력 그리고 그 경험을 되살리고 있는 것이다.

－2010년 3월

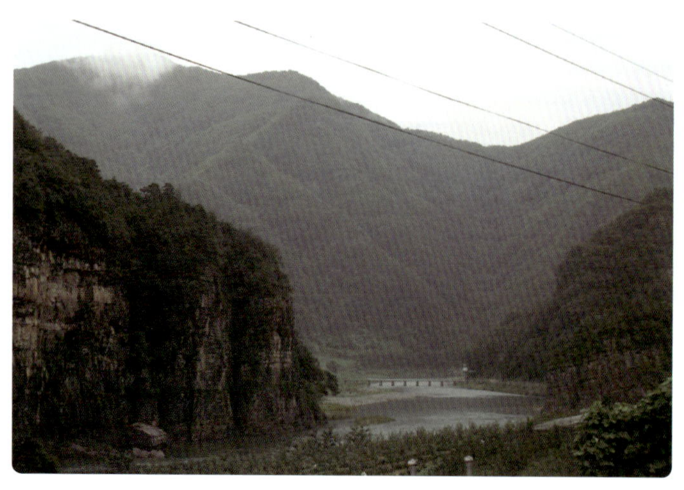

Curriculum Vitae

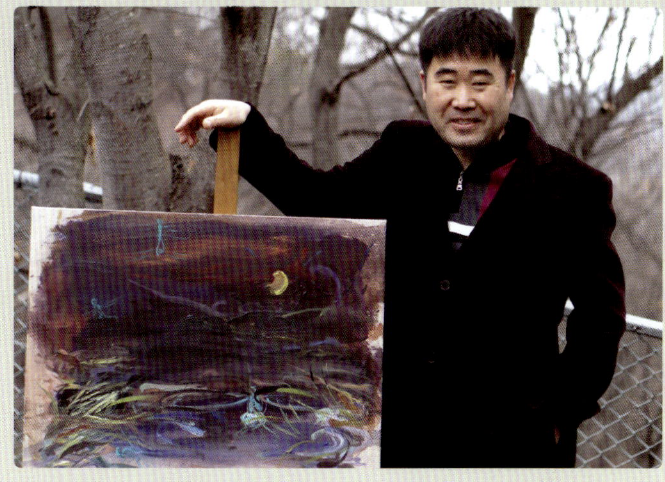

Name   **Kim Chang Han**

Address   Ssangyong Hana Bilriji 3danji Apt 304-203, Cheongnyang-myeon, Ulju-gun, Ulsan, SEOUL 689-781 KOREA

Telephone   +82 18-591-3338, (+82 52-935-3337)

E-mail   **kchn@use.go.kr**   changhan64@hanmail.net

Website   **www.kch.pe.kr**

Occupation   Artist/Art Educator
Media - Mixed media painting and drawing, History of Art

Date of Birth   13 June 1964

Education

1991   Master of Fine Art, Dept of Painting (Western Focus), Hong-ik University, Seoul

1987   Bachelor of Fine Arts, Dept of Painting (Western Focus), Hong-ik University, Seoul

Invited Solo Exhibitions

Upcoming Exhibition: August 6~14, 2010 The John Waldron Arts Center Education Gallery (Bloomington, Indiana, USA) www.artlives.org

2009   Gallery Gac (Seoul, Korea) - Gongpyeong Gallery (Seoul, Korea) –Gallery H (Ulsan, Korea)

2006   Ann Gallery (Seoul, Korea)

2005   The City of the Arts Space (Murwillumbah, NSW, Australia)

2005   Paraiso Gallery (Osaka, Japan)

2005   Seounam (Buddhist Monastery) in Tongdosa (Yangsan, Korea)

2004   Sinmi Gallery (Daegu, Korea)

2003   Ulsan Culture & Arts Center Gallery (Ulsan, Korea)

2003   Gonggan Gallery (Ulsan, Korea)

Solo Exhibitions

Upcoming Exhibition: December 15~21, 2010 Insa Art Center (Seoul, Korea) www.insaartcenter.com

2006   Bond University Art Gallery (Gold Coast, Australia)

2006   Bow Gallery (Ulsan, Korea)

2005   Hyundai Art Gallery (Ulsan, Korea)

2004   Chang Gallery (Ulsan, Korea)

2003   Bukgu Cultural & Arts Center Gallery (Ulsan, Korea)

1995   Modeny Gallery (Ulsan, Korea)

1994   Insa Gallery (Seoul, Korea)

1994   Yoon Gallery (Ulsan, Korea)

1991   Batanggol Gallery (Seoul, Korea)

Art Fair Exhibitions

2006   San Diego Art Fair (CJ Gallery, USA)
KAFF (Korea America International Art Fair) Organizing Committee

2006   KAFF, Seoul International Art Fair (Insa Art Center, Seoul, Korea)

2005   Osaka International Art Fair (A.T.C. Center, Japan)

2005   KAFF, L.A. Art Fair (Gallery Jim Harter, USA)

Director of the International Exchange Exhibitions / Workshops

2007 December   **Impressions from Afar - A Visitor's Perspective** (Ulsan Bukgu Culture & Arts Center Gallery, Korea), Involved 28 artists (Korean, Canadian, United Kingdom, American and Australian)

2007 I.C.C (International Creative Community) **Artists Exchange Exhibition & Workshops**
June~July (Hyundai Arts Center, Ulsan, Korea)
January (Gold Coast City Council, Foyer Gallery, Queensland, Australia), Involved 29 artists (Korean, Canadian, Australian)

2005 August   Workshop - Tweed River Regional Art Gallery (Murwillumbah, NSW, Australia)

Collections / Commissions

My work is on permanent display in the following locations:

Domestic   Ulsan Metropolitan City Hall, Ulsan Metropolitan Office of Education,The Lotte Hotel (Ulsan), Hyundai Arts Center (Ulsan), The Ulsan Culture & Arts Center,
Numerous individually owned pieces in Ulsan and other cities.

Overseas   Australia - Gold Coast City Hall and numerous individually owned pieces in America, Canada and Japan.

Group Exhibitions / Competitions

From 1987 to the present, I have participated in approximately 130 group exhibitions throughout Korea and abroad in the USA, China, Canada and Australia as below.

1987 ~ 2010 (Selected)

2010 Piano Nobile Gallery (Winnipeg, Canada)

2009 'ISM' (The Siuter Art Space, Seoul, Korea)

2008 Cool Art Gallery (Sunshine Coast, Queensland, Australia)
Cruising towards Sea of Art (Hyundai Art Gallery, Ulsan, Korea)

2007 A Contemporary View 2007 (Soul Art Space, Busan, Korea)

2006 Waywood Gallery (Byron Bay, NSW, Australia)
Escape Gallery (Murwillumbah, NSW, Australia)
Art Gallery Collections (Gold Coast, Queensland, Australia)
KAFF 'San Diego Art Fair (CJ & Art Work Gallery, San Diego, USA)

2005/2004 Korean Artists And Their Tour Of America (825 Gallery / JD, Gallery-L.A, Gallery3-Lakewood, Scent Gallery-Chicago, USA)

2005 Art Gallery Collections (Gold Coast, Queensland, Australia), Seohae Belt Exhibition, Ansan Culture and Arts Center, Ansan.

2004 Educators in Korea & China Exhibition (Kyungin Art Gallery, Busan, Korea)

2003 China-Korea arts exchange exhibition (Weondong Art Center, Changchun, China)

2002 Designed the stage of the Busan Dance Festival (Busan Culture & Arts Center, Korea), The 30th anniversary exhibition of the Ulsan Fine Arts Association (Ulsan Culture & Arts Center, Korea)

2001 'Splendid Outing' (Posco Gallery, Pohang, Korea), Designed the stage of the dance performance 'Plane, Solid and Dance' (Hyundai Arts Center, Ulsan, Korea)

1998 Ulsan Contemporary Arts Exhibition (Ulsan Culture & Arts Center, Korea)

1995 Exhibition of the Ulsan Fine Arts Association in celebration of the opening of the Ulsan Culture & Arts Center (Korea)

1994 Korean Fine Arts Today (Seoul Arts Center, Korea)

1993 Nambu Contemporary Arts Exhibition (MBC Gallery, Ulsan, Korea)

1987 The Independent Exhibition (National Museum of Contemporary Arts, Kwacheon, Korea), Exhibition of the accepted work for the Jungang Arts Competition (Hoam Gallery, Seoul, Korea), Exhibition of work. Received second prize for the Grand Competition of Korean Arts & Culture (Korea Design Package Center, Seoul, Korea)

1993 ~ 2009 Exhibition of Youngju Young Artists Association (Korea)

1995 ~ 2009 Exhibition by the Ulsan Fine Arts Association at the Ulsan Culture & Arts Center (Korea)

1998 ~ 2009 Exhibition of Miyukhoi (The Association of Ulsan Middle/High School Art Teachers, Korea)

Teaching Career at Universities

1991 ~ 2007 Design Department of Dongju Women's College - "Sketch", Design Department of Youngsan University - "Drawing", The Institute for Continuing Education at Ulsan University - "Practice in Western Painting", Arts Department of Changshin College - "Watercolour", Western Painting Department of Uiduk University - "Expression Techniques in Watercolour Paintings"

Teaching Career at Art Academies and Public Centers

2006 November Seminar on General Art Work Viewing (Onsan Boram Hospital, Korea)

1993 ~ 1994 Kyung-nam Art Academy for University entry preparation as a head teacher (Ulsan)

1991 ~ 1992 Busan Hong-ik Art Academy for University entry preparation as a head teacher (Busan)

1983 ~ 1990 Art studio for University entry preparation (Seoul)

Publications in Korea

2009 Fall Cafe Orange (Korean Fashion Magazine)

2008 May Korea Sun (English Magazine) – "An Artist and an Apricot Tree"

2008 July Korea Sun (English Magazine) – "Korea Fine Art Contest"

2007 June/July/December KBS TV (Length: 20 min, broadcast in Busan and Ulsan area), MBC/UBS TV (in the news, Ulsan), Korea Herald and other various local newspapers

1990s Han-Kook Ilbo, No Cut News, Ulsan Kyungsang Ilbo, Ulsan Mail newspaper, Ulsan Kwang yuk Ilbo and other various television programs on KBS, MBC, and UBC TV

Other

- Korean Representative of I.C.C (International Creative Community)
- International Culture Exchange Consultant (Buk-gu District of Ulsan Metropolitan City)
- Member of The Korean Fine Arts Association

Employment

1995 ~ Present Full-time teacher in Art (Teaching Painting/Drawing/ and Art History), Department of Art, Ulsan Art High School

2007 ~ Present Part time teacher in the Gifted Students of Art program in Ulsan.

김창한(金昶漢)

주소	(689-781) 울산광역시 울주군 청량면 삼정리 쌍용하나빌리지 304동-203호
전화	018-591-3338, (052-935-3337)
이메일	kchn@use.go.kr changhan64@hanmail.net
홈페이지	www.kch.pe.kr
출생	1964 경상북도 영주
학력	1991 홍익대학교 대학원 서양화과 졸업
	1987 홍익대학교 미술대학 서양화과 졸업

기획/초대 개인展

2010 (예정) 8.6~14 The John Waldron Arts Center Education Gallery
(블루밍턴, 인디애너, 미국) www.artlives.org
2009 갤러리 각(서울), 공평갤러리(서울 – 순회전)
갤러리 H(현대백화점, 울산)
2006 안 갤러리(서울)
2005 The City of the Arts Space(멀룸바, 뉴사우스웰즈, 호주)
2005 파라소 갤러리(오사카, 일본)
2005 통도사 서운암 들꽃축제(서운암, 양산)
2004 신미 갤러리(대구)
2003 울산문화예술회관(울산)
2000 공간갤러리(울산)

개인展

2010 (예정) 12.15~21 인사아트센터(서울) www.insaartcenter.com
2006 본드 대학교 갤러리(골드코스트, 호주)
2006 보우 갤러리(울산)
2005 현대백화점(현대아트갤러리, 울산)
2004 창 갤러리(울산)
2003 북구문화예술회관(울산)
1995 모드니 미술관(울산)
1994 갤러리 인사(서울)
1994 윤 화랑(울산)
1991 바탕골미술관(서울)

아트페어展

2006 KAFF, 샌디에고 아트페어(CJ Gallery, 미국)
2006 KAFF, 서울국제 아트페어(인사아트센터, 서울)
2005 오사카 국제아트페어(A.T.C Center, 오사카, 일본)
2005 KAFF, L.A 아트페어(Gallery Jimharter, 미국)

국제교류展/워크샵 기획

2007 I.C.C. 국제창작미술공동체: 한국과 호주의 창조적 우정展
(골드코스트, 호주 – 현대예술관, 울산), 3개국 29명(한국, 캐나다, 호주)참가
2007 아름다운 이국의 풍물展(북구문화예술회관, 울산)
5개국 28명(한국, 캐나다, 영국, 미국, 호주)참가
2005 워크샵 – Tweed River Regional Art Gallery(Murwillumbah, NSW, 호주)

작품소장

울산시청, 울산시교육청, 울산문화예술회관, 롯데호텔(울산), 현대예술관 한마음회관(울산),
호주 골드코스트시청 – 국내/해외(호주/미국/캐나다/일본) 개인소장 다수

단체/기획/공모展

1987 ~ 2010 약 130여 회(국내/미국/호주/중국/캐나다)

– Selected –

2010 Piano Nobile Gallery(Winnipeg, 캐나다)
2009 한국미술대표작가 100인의 오늘展(세종문화회관 본관, 서울),
'이즘'(시우터 갤러리, 서울)
2008 Cool Art Gallery(Sunshine Coast, Queensland, 호주),
예술의 바다로의 항해展 – 현대예술관 개관10주년 기획(울산)
2007 A Contemporary View 2007 – 소울아트스페이스 기획초대展(부산)
2006 ~ 2005 Art Gallery Collections(Gold Coast, Queensland, 호주)
2006 KAFF 'SAN DIEGO ART FAIR 참가작가 견본展(CJ & ART WORK GALLERY,
SANDIEGO, 미국), Waywood Gallery(Byron Bay, New South Wales, 호주),
Escape Gallery(Murwillumbah, New South Wales, 호주)
2005/2004 한국작가들 그리고 그들의 미국展(825 Gallery / JD Gallery–L.A, Gallery3–
Lakewood, SCENT Gallery–Chicago)
2005 서해–Belt展(안산문화예술의 전당, 안산), Ann 갤러리 기획展(서울)
2004 한국,중국 교육자 작품展(부산예술대학 경인미술관, 부산)
2003 韓,中 미술 교류展(원동예술관, 장춘시, 중국)
2002 부산무용제: '임연희의 춤', 무대미술작품제작, 20x10m(부산문화예술회관, 부산),
울산미술협회 창립30주년 대작展(문화예술회관, 울산)
2001 포스코 갤러리 기획초대展, '화려한 외출'(포항),
평면/입체/공간(무용) 연출展–무대미술작품제작 – 8x4m(현대예술관, 울산)
1993 ~ 2009 영주청년작가회展
1995 ~ 2009 울산미술협회展
1998 ~ 2009 울산중등미술교육연구회展

강의

1991 ~ 2007 동주여자대학, 영산대학교, 울산대학교, 위덕대학교, 창신대학

언론보도

2009 Fall Cafe Orange(패션잡지 창간호) – "잠자리의 비상"(4쪽 분량)
2008 May Korea Sun(영문잡지) – "An Artist and an Apricot Tree" 보도
2008 July Korea Sun(영문잡지) – "Korea Fine Art Contest" 글 기고(寄稿)
2007 June/July/December I.C.C Artists Exchange Exhibition 보도 –
KBS TV(20분간 단독방영–부산/울산, 문화소개 2회),
MBC/UBC TV(울산 뉴스시간) Korea Herald 및 지역신문 다수 보도
1990s ~ 한국일보, 노컷뉴스, 울산경상일보, 울산매일신문, 울산광역일보 등 다수
TV – 울산KBS, MBC, UBC

기타활동

I.C.C. 국제창작미술공동체 한국측 대표, 울산광역시 북구청 국제문화교류 자문위원,
(사)한국미술협회회원, (사)울산미술협회원

2007 ~ 현재 지역공동 영재학급 미술영재 지도교사
1995 ~ 현재 울산예술고등학교 미술과 전임

Meeting KCH

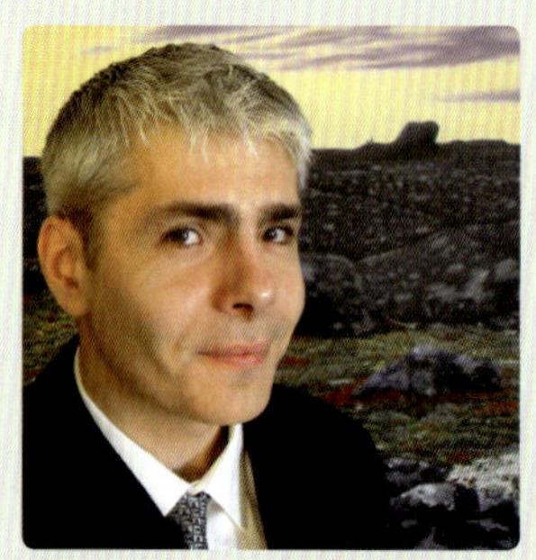

My name is David Macri. I'm a visual artist from Winnipeg Manitoba, Canada. I lived and worked in South Korea (Ulsan) for over 2 years. During my time there, I made sure to enjoy the culture. I went to see some of the local tourist attractions and historic sites. I saw amethyst mines, beautiful temples, petroglyphs and mountain trails. I tried to sample as many kinds of Korean food as I could. I also tried to learn about Korean art. For that I was very fortunate to meet Chang Han. I traveled thousands of miles away from my home, and still managed to find a kindred spirit such as him. We enjoyed almost routine visits of swimming, dining out and painting or drawing. When he asked me to help him with this book, I was happy to oblige. It has been more challenging than I expected, but I feel it was worth it, to help Chang Han share his ideas and art.

David Macri

김창한과의 만남

나는 한국의 울산에서 2년 동안 작업을 한 적이 있다. 물론 그곳에 살면서 한국의 문화를 즐기는 것 또한 잊지 않았다. 지방의 관광명소와 역사유적지를 답사하였고, 자수정 광산이나 정경이 빼어난 사찰 그리고 암각화를 둘러 보았으며, 산골의 오솔길도 걸어보았다. 한국의 전통음식 또한 맘껏 시식해 보았고, 한국의 예술에 대해서도 보다 많은 것을 배우고자 하였다. 이런 의미에서 김창한을 만난 것은 나에게 큰 행운이었다. 내가 사는 곳과 수천 마일이나 떨어져 있는 그곳에서 영혼의 친구를 만날 수 있다는 것을 누가 생각이나 할 수 있었겠는가? 우리는 거의 매일 수영과 식사를 같이 했으며 그림도 같이 그렸다.

그가 이번에 작품집과 관련하여 도움을 요청했을 때 기꺼이 그러겠다고 하였다. 그런데 내가 기대했던 것보다 이 작업은 훨씬 더 어려운 작업이었다. 하지만 그의 생각과 예술을 공유하기 위한 이 작업이 그만한 가치가 있음은 의심할 여지가 없을 것이다.

데이비드 맥리

Writer 글쓴이

David Macri (Canadian)

In 2003, I received a Bachelor of Fine Arts (Honours) in Painting from the University of Manitoba. I hope to continue cultivating and sharing my creativity. My focus is on painting, but I look forward to applying my existing knowledge in new and innovative ways. Visual art has been a point of interest for me, as long as I can remember. Even at a young age, I knew art as a powerful tool for introspection, communication, and recreation. It has long been a priority for me to explore these functions in various settings, and further understand my own experiences relating to art, culture and relationships. In search of dialogue with other artists, I've had a reoccurring role in community art, including murals, instruction, exhibition and collaborative art projects. I am experimental by nature, easily crossing disciplinary boundaries, and see it as fundamental to my own creativity and imagination. I see all my art as contributing to a larger narrative, whether it's "realistic" like my charcoal drawing, or a composition of dots and lines and squiggles. My practice questions the equilibrium between artistic freedom, discipline, and perception. I feel it is my responsibility as an artist to use the canvas as a philosophical platform and negotiate it with the most lucid vision possible. In the future, it would be my intent to continue building on earlier discoveries and the inherent support, challenges, and opportunities of each new learning environment.

www.davidmacri.blogspot.com macridavid@gmail.com

Daniel Julian

Daniel Julian is an American living in Bloomington, Indiana. He has studied and taught English there and in Fairbanks, Alaska, as well as in Korea in Ulsan and on Jeju Island.

dcjulian@gmail.com

Andrew Douch

Andrew Douch grew up in Te Awamutu, North Island, New Zealand. He has since lived in Wellington and the Korean cities of Daegu, Andong, Pohang and Yang-san. He graduated from Waikato University with a Bachelor of Social Sciences majoring in Geography. During his travels in Korea Andrew has walked the 700km Baekdu-daegan trail, and co-authored a guidebook on the subject. He now teaches High School English near the famous Tongdo-sa temple complex.

trekkorea@gmail.com

http://www.nakdong.blogspot.com

Martha K. Straw

Martha Straw was born and raised in Pittsburgh, Pennsylvania, USA. She has lived in numerous states, as well as Spain and South Korea. She graduated from Allegheny College, Meadville, Pa in 1978 with a Bachelor of Arts degree in Spanish. Fluent in Spanish, she is presently trying to learn Korean. Since becoming a licensed teacher in 2001, she has taught Spanish in the USA and English as a Foreign Language in South Korea.

mkstraw@live.com

Katrina Baran

Katrina Baran grew up in Southwestern Ontario, Canada, and has since lived in Ottawa, Toronto and Ulsan, South Korea. She is a graduate of Carleton University, Ottawa, ON, with a Bachelor of Arts(hons) in Linguistics, and of Humber College, Toronto, ON, with a PGC in Arts Administration and Cultural Management. As an arts administrator, she worked in professional theatre for over 5 years, before becoming a full-time English-as-a-Foreign-Language teacher. As an ESL/EFL teacher, she has taught students in Ottawa, Toronto and Ulsan.

katrinabaran@yahoo.com

Carolyn Rifello

Carolyn is now a Tourism Officer in Murwillumbah, Northern NSW, Australia and was a Secondary School Drama and Media Studies Teacher in Melbourne, Victoria for many years. Her world travels have inspired and enriched her love and appreciation for the art world. She has an extensive collection and very much enjoys a 'dabble' in her studio at home. Her current focus is the regeneration of bushland in the beautiful Mt Warning area.

rif.raff@bigpond.com

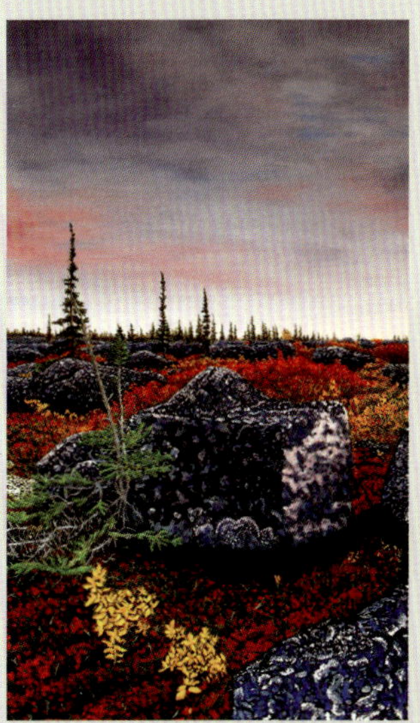

Tundra Rainy 통토대 2006, Oil on canvas 46x27cm

Courtney Mye

Courtney Storm Mye was born on the 7 June 1991 on the northern tip of NSW, Australia and has enjoyed it there since. She lives in the country and assists with the running of the family horse stud "Little Foot Shires of the Tweed". Courtney is a descendant of the traditional owners of the land, the Yugambeh people, who are part of the Bundjalung Nation, and she is a very proud and strong Aboriginal woman. In 2009 she completed year 12 at Mount Saint Patrick's College and in 2010 will be attending university to study an Associate Degree in Applied Science/Equine Studies for the next two years.
ilovefood@activ8.net.au

Jeon Jeong Hee 전정회(시조시인)
1997 조선일보신춘문예에 시조 "겨울 사북행" 당선
2005 중앙시조대상 신인상 수상
2007 울산문학 올해의 작품상, 계간 문예지 우수작품 선정
2009 시집 발간 『물에도 때가 있다』
jjh6636@hanmail.net 011-9307-6616

Park Mi Ryeong 박미령
초등학교 교직경력 30년
현재: 안양 호계초등학교
pmr0525@hanmail.net 011-662-6230

Editor / Translator 번역/교정

Carlos (Canadian)

Robert Dogulas (Australian)

Kevin Joseph Pope (American)

Bennitte http://www.benith.com

Photography 사진

Park Nam Gyu 박남규
dpsto@paran.com 011-9544-3761
www.dpsto.com
http://cafe.daum.net/udpc
(사)한국사진작가협회 울산광역시지회 회원
(사)한국프로사진협회 추천작가, 울산지회 재무
(사)한국프로사진협회 울산주재기자
드림디지털스튜디오 대표

Jeon Su Ho 전수호
daetoo1@naver.com 011-9515-8769

Kim Sung Kil 김성길
mokrokim@yahoo.co.kr 010-9735-7221
(사)한국사진작가협회,
대구사진대전초대작가,
대구/경북미술대전초대작가
cafe.daum.net/daeguimages

연재(研齋) 정대모
ssukssin@naver.com
한국화가(포항미협)

Yoon Joo Hong 윤주홍
yoonn7200@hanmail.net 011-282-6006
http://blog.joins.com/ysy205

Wang Han Gi 왕한기
vine97@hanmail.net 017-553-9700
http://cafe.daum.net/yeniphoto

Kim Ju Hyun 김주현
cnnfree@naver.com 010-5143-0770

Jeong Jin Woo 정진우
019-597-8287

Kang Jung Eun 강정은
jung2un@empal.com www.jung-eun.com
010-3685-2335

Ryan McLay
ryan@ryandavidmclay.com
www.ryandavidmclay.com

Kim Chang Han

First printed July 10th, 2010
First published July 30th, 2010

Editor Sang hyun sook **Design** ArTe 203
Paper Finepaper Inc. **Print & Production** YeowonPR

Publisher BMK publishing co.
4th, Plus Bldg, 463-31 Seogyo-dong, Mapo-gu, Seoul, 121-842, Korea
Tel +82 2-323-4893(~4)
Fax +82 2-332-4031
E-mail arteahn@naver.com

Copyright©Kim Chang Han, 2010

ISBN 978-89-958356-8-5 06650

김창한 작품집

1판 1쇄 인쇄 2010년 7월 10일
1판 1쇄 발행 2010년 7월 30일

지은이 김창한
펴낸이 안광욱
펴낸곳 도서출판 비엠케이

편집 상현숙 **디자인** ArTe 203
종이 화인페이퍼(주) **제작책임** 예원피알
출판등록 2006년 5월 29일(제313-2006-000117호)
주소 서울시 마포구 서교동 463-31 플러스빌딩 4층
전화 02) 323-4893~4 **팩스** 02) 332-4031
이메일 arteahn@naver.com

Copyright©Kim Chang Han, 2010

값은 표지에 있습니다.
ISBN 978-89-958356-8-5 06650

일원화 공급처(주)북새통
주소 서울시 마포구 서교동 464-59 6층
전화 02) 338-0117 **팩스** 02) 338-7160
이메일 bookmania@booksetong.com

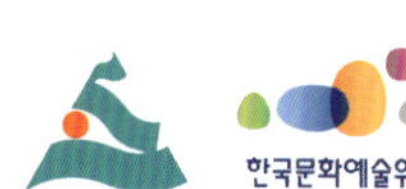

이 책은 울산광역시 및 한국문화예술위원회의 문예진흥기금을 보조받아 발간되었습니다.
This project is proudly supported by Ulsan Metropolitan City and Arts Council Korea.